Statistik für Wirtschaftswissenschaftler

Peter P. Eckstein

Statistik für Wirtschaftswissenschaftler

Eine realdatenbasierte Einführung mit SPSS

5., aktualisierte und erweiterte Auflage

 Springer Gabler

Peter P. Eckstein
HTW Berlin
Berlin, Deutschland

ISBN 978-3-658-10220-3   ISBN 978-3-658-10221-0 (eBook)
DOI 10.1007/978-3-658-10221-0

Die Deutsche Nationalbibliothek verzeichnet diese Publikation in der Deutschen Nationalbibliografie; detail-lierte bibliografische Daten sind im Internet über http://dnb.d-nb.de abrufbar.

Springer Gabler
© Springer Fachmedien Wiesbaden 2008, 2010, 2012, 2014, 2016

Gedruckt auf säurefreiem und chlorfrei gebleichtem Papier

Springer Fachmedien Wiesbaden ist Teil der Fachverlagsgruppe Springer Science+Business Media
(www.springer.com)

Vorwort zur 5. Auflage

Die positive Resonanz, die das Lehrbuch erfuhr, bestärkte mich, eine fünfte, aktualisierte und erweiterte Auflage bereitzustellen. Die augenscheinlichen Neuerungen der fünften Auflage werden einerseits durch die Nutzung des Programmpakets IBM SPSS Statistics in der Version 23 und andererseits durch inhaltliche Erweiterungen auf der Basis aktualisierter Daten getragen. Die im Lehrbuch benutzten SPSS Datendateien stehen im Internet unter der im Anhang B angegebenen Adresse zur freien Verfügung. Zudem erfährt das vorliegende Lehrbuch eine inhaltliche Ergänzung durch das gleichfalls bei SPRINGER GABLER erschienene Lehrbuch „Datenanalyse mit SPSS", im Rahmen dessen in einer fünften und erweiterten Auflage eine breite Palette realdatenbasierter Übungs- und Klausuraufgaben mit vollständigen Lösungen angeboten wird.

Die vorliegende Auflage wäre ohne die Unterstützung von geschätzten Damen und Herren nicht möglich gewesen. In diesem Zusammenhang gilt mein besonderer Dank: Frau Mag. theol. Irene BUTTKUS und Frau Dipl.-Ing. Renate SCHILLING für die Betreuung dieses Buchprojekts seitens des Verlages, Frau Professor Dr. Monika KUMMER und Herrn Dr. Manfred MOCKER für die sachdienlichen Hinweise zur inhaltlichen Gestaltung des Lehrbuches sowie Herrn Diplom-Wirtschaftsinformatiker Frank STEINKE für die Gestaltung und Betreuung des Downloadbereichs. Äußerst dankbar bin ich meiner geliebten Gattin für ihre erwiesene Geduld bei der Fertigstellung des Lehrbuches.

Wandlitz, im Juni 2015

Peter P. ECKSTEIN

Aus dem Vorwort zur 1. Auflage

Die Einrichtung von Bachelor- und Master-Studiengängen an den deutschen Universitäten und Hochschulen hat in logischer Konsequenz auch die Installation und Umsetzung geeigneter und effizienter Methoden der akademischen Bildung zur Folge. Der politische, gesellschaftliche und unternehmerische Ruf nach einer theoretisch anspruchsvollen, problemorientierten, praxisrelevanten und zeitlich straffen akademischen Bildung ist nicht zu überhören. Soll der fordernde Ruf nicht ungehört verhallen, bedarf es gleichermaßen Anstrengungen seitens der Lehrenden und der Studierenden. Bloßes theoretisches Dozieren ist ebenso wenig zielführend wie amorphes und stupides Absorbieren vermittelten Wissens. Eine theoretisch profunde, praxisrelevante, anschauliche und zugleich verständliche curriculare Wissensvermittlung gilt es durch ein konsequentes, kontinuierliches und effektives extracurriculares Selbststudium zu ergänzen.

Das vorliegende Lehrbuch ist in diesem Sinne konzipiert und soll einen Beitrag zur Qualifizierung akademischer Lehre auf dem Gebiet der Statistik in wirtschaftswissenschaftlichen Bachelor- und Master-Studiengängen leisten.

Der Zugang zur Statistik, der in diesem Lehrbuch angeboten wird, ist sowohl das Resultat meiner langjährigen Lehrerfahrungen auf dem Gebiet der Statistik als auch das Komprimat von vorlesungs- und übungsbegleitenden Skripten sowie der gleichsam bei SPRINGER GABLER in mehreren Auflagen publizierten Statistik-Lehrbücher. Anhand realer Daten werden mit Hilfe des Statistik-Programm-Pakets SPSS 15 einfache und anspruchsvolle Verfahren und Modelle der Deskriptiven Statistik, der Explorativen Datenanalyse, der Stochastik und der Induktiven Statistik paradigmatisch dargestellt. Dabei liegt der inhaltliche Schwerpunkt des Lehrbuches nicht auf der mathematischen Herleitung und theoretischen Begründung der dargestellten statistischen Verfahren, sondern auf ihrer wirtschaftswissenschaftlichen und realdatenbasierten Applikation, worin stets eine sachlogische Interpretation der Analyseergebnisse eingeschlossen ist.

Das Lehrbuch ist in zwölf Kapitel gegliedert. Das erste Kapitel beinhaltet einige historische Notizen zur Statistik. Das zweite Kapitel hat die Erläuterung statistischer Grundbegriffe zum Gegenstand, ohne deren elementares Verständnis ein statistisches Arbeiten nicht möglich ist. Im dritten Kapitel werden zwei praxisrelevante Datenerhebungskonzepte paradigmatisch eingeführt: das sogenannte Urlisten- und das Fragebogenkonzept. Das vierte Kapitel hat eine Einführung in das Statistik-Programm-Paket SPSS 15 in der deutschen Ausgabe zum Inhalt. Das fünfte Kapitel ist der Beschreibung statistisch erhobener Daten gewidmet. Das sechste Kapitel hat eine elementare Einführung in die Stochastik zum Gegenstand, ohne die das Verständnis von Verfahren der statistischen Induktion, die ein spezieller Gegenstand des siebenten Kapitels sind, nicht denkbar ist. Im achten Kapitel werden klassische Verfahren der statistischen Zusammenhangsanalyse exemplarisch dargestellt. Während das neunte Kapitel eine Einführung in die Regressionsanalyse zum Gegenstand hat, vermittelt das zehnte Kapitel die Grundidee der Zeitreihenanalyse. Schließlich und endlich werden im elften und zwölften Kapitel zwei Analysekonzepte am praktischen Sachverhalt skizziert, ohne die man in der empirischen Wirtschaftsforschung nicht mehr auskommt: die Faktorenanalyse und die Clusteranalyse.

Um die Arbeit mit dem Lehrbuch zu erleichtern, wurden die Beispiele, Tabellen und Abbildungen „verschlüsselt". So besitzt zum Beispiel der Schlüssel *Abbildung 1.2-1* (Statistik als empirische Wissenschaft) die folgende Semantik: eine Abbildung, die im Abschnitt 1.2 dargestellt ist und innerhalb des Abschnittes 1.2 die fortlaufende Nummer 1 besitzt. Analog sind die Schlüssel für die Beispiele und Tabellen zu deuten.

Für meine Frau Regina

Berlin, im Februar 2008

Peter P. ECKSTEIN

Inhaltsverzeichnis

1

Statistik

Schlüsselwörter

Deskriptive Statistik	Politische Arithmetik
Explorative Statistik	Statistikbegriff
Induktive Statistik	Stochastik
Materielle Statistik	Universitätsstatistik

Zielstellung. Das Ziel des ersten Kapitels besteht in einer punktuellen Vermittlung historischer Fakten zur Statistik, worin final die Bestimmung und die Erläuterung des modernen Statistikbegriffs eingeschlossen ist, der allerdings in der einschlägigen Literatur und in der statistischen Praxis unterschiedlich weit gefasst und interpretiert wird.

Gegenstand. Das erste Kapitel hat historische Notizen zur Statistik zum Gegenstand. Darin eingeschlossen sind sowohl Wortursprungserklärungen als auch ein kurzgefasster Überblick über traditionelle Teilgebiete und über aktuelle Neuerungstendenzen in der Statistik.

Wortursprung. Was heutzutage allgemein mit dem Begriff „Statistik" umschrieben bzw. belegt wird, bedeutet aus etymologischer (grch.: *etymologia* → Nachweis eines Wortursprungs) Sicht nichts anderes als eine Zustandsbeschreibung (lat.: *status* → Zustand + *statisticus* → den Zustand betreffend) natürlicher, gesellschaftlicher, ökonomischer, wissenschaftlicher oder theoretischer Phänomene, Vorgänge oder Prozesse. ♣

1.1   Historische Notizen

Materielle Statistik. Die Abbildung 1.1-1 beinhaltet das Faksimile von Original-
textseiten des Weihnachtsoratoriums von Johann Sebastian BACH (*1685, †1750)
aus dem Jahr 1734, das zu Zeiten des Genius der spätbarocken Musik traditionell
„... in der Frühe zu Sankt Nicolai und Nachmittage zu Sankt Thomae in den bey-
den Haupt-Kirchen zu Leipzig musiciret wurde." BACH lässt in Anlehnung an
das Biblische Geschichtsbuch nach LUKAS in der ersten Kantate seines Weihnachtsoratoriums nach dem Eingangschor „Jauchzet, frohlocket ..." den Evange-
listen in einem Tenor-Rezitativ mitteilen, „... daß ein Gebot von dem Kayser Au-
gusto ausgieng, daß alle Welt geschätzet würde. Und jedermann gieng daß er
sich schätzen liesse, ein ieglicher in seine Stadt ..."

Abbildung 1.1-1: Faksimile des BACHschen Weihnachtsoratoriums[1]

Gleichwohl die biblische Weihnachtsgeschichte nach LUKAS historisch nicht belegt ist, eignet sie sich dennoch vorzüglich zur Erleuchtung einer der historischen
Quellen der modernen Statistik, der sogenannten materiellen Statistik. Wann, wo
und wie auch immer Menschen in einem Gemeinwesen lebten, sie bedurften zu
dessen Verwaltung stets Kenntnisse über seine elementaren inneren Strukturen
sowie über seine natürlichen und seine räumlichen Veränderungen. Das Motiv
der Volkszählung, die in der Weihnachtsgeschichte erwähnt wird, liegt daher auf
der Hand: Der römische Landpfleger CYRENIUS konnte sich anhand dieser
„Schätzung" zum Beispiel nicht nur einen Überblick über die Anzahl der waffen-
fähigen Männer, sondern auch über die Anzahl der steuerpflichtigen Bevölke-

---

[1] Quelle: Begleittext zum Weihnachtsoratorium, Deutsche Schallplatten GmbH, Berlin 1992

rung in Judäa verschaffen. Erwähnenswert ist in diesem Zusammenhang gleichsam die allegorische Darstellung dessen, was heute in der modernen Bevölkerungsstatistik unter dem Begriff der räumlichen und der natürlichen Bevölkerungsbewegung subsumiert wird: „Da machte sich auch auf Joseph aus Galiläa ... in das jüdische Land zur Stadt David, die da heißet Bethlehem ..., daß er sich schätzen liesse mit Maria, seinem vertrauten Weibe, die war schwanger. Und als sie da selbst waren, kam die Zeit, daß sie gebären sollte." Bemerkenswert ist in diesem Zusammenhang, dass im Unterschied zur biblischen Weihnachtsgeschichte nach LUKAS der römische Zensus, der ihr zugrunde liegt, historisch verbrieft ist. Die synonyme Verwendung des Begriffs „Zensus" für die Bevölkerungszählung eines bestimmten Territoriums findet ihren Ursprung in der Vermögensschätzung der freien Bürger des alten Roms und ihrer Erfassung in sogenannten Steuerlisten unter Angabe ihres Namens und ihres Wohnortes.

Universitätsstatistik. Interessant ist dabei, dass der heute allseits geläufige Begriff „Statistik" allerdings erst ausgangs des 17. Jahrhunderts und eingangs des 18. Jahrhunderts in den Vorlesungstiteln deutscher Universitätsprofessoren auftaucht, die traditionell ihre Kollegien in lateinischer Sprache ministrierten. Der wohl bekannteste Vertreter der sogenannten deutschen Universitätsstatistik, die als eine zweite historische Quelle der modernen Statistik angesehen werden kann, ist Gottfried ACHENWALL (*1719, †1772), der als Ordinarius für „Staatenkunde" an der Universität Göttingen lehrte und im Jahre 1748 begann, seine Kollegien zu den „Staatsmerkwürdigkeiten" mit dem originären lateinischen Titel „Noticia politica vulgo statistica" (lat.: *noticia* → Kunde, Aufzeichnung + *politicus* → den Staat betreffend + *vulgo* → allgemein + *statisticus* → den Zustand betreffend) zu versehen und zu lesen. ACHENWALL bezeichnete erstmalig sein Kolleg als „Statistik", weshalb ihm in der einschlägigen historischen Literatur auch der Ehrenname „Vater der Statistik" verliehen wurde.[2] Der etymologische Ursprung des Begriffs „Statistik" liegt letztlich in der Zustandsbeschreibung eines Staates bzw. von „Land und Leuten" und koinzidiert mit den eingangs skizzierten Vorgängen und Zielstellungen der sogenannten materiellen Statistik. Die „verstaubte" Kathederlehre der Universitätsstatistiker erfuhr allerdings eingangs des 18. Jahrhunderts eine „erfrischende" und anfangs von den Universitätsstatistikern schärfstens befehdete Konkurrenz: die politischen Arithmetiker.

Politische Arithmetik. Im Unterschied zu der verbalen Kathederlehre der deutschen Universitätsstatistiker mit ihren vorrangig theoretischen Arbeiten zu den Staatsmerkwürdigkeiten waren die sogenannten politischen Arithmetiker mit Hilfe von Zahlen auf der Suche nach den Gesetzmäßigkeiten sozialer und wirt-

---

[2] vgl. VON TYSZKA, Carl: Statistik, Teil I: Theorie, Methode und Geschichte der Statistik, Gustav Fischer Verlag, Jena 1924, Seite 84 ff

schaftlicher Zustände und Vorgänge. Der wohl bekannteste deutsche Vertreter der sogenannten Politischen Arithmetik, die als eine dritte historische Quelle der Statistik angesehen werden kann, war der Brandenburg-Preußische Feldprediger und spätere Probst zu Berlin-Cölln Johann Peter SÜßMILCH (*1707, †1767). SÜßMILCH erbat sich von seinen Pastorenkollegen aus insgesamt 1068 Dörfern der brandenburgischen Kurmark Kirchenbuchauszüge über Taufen, Trauungen und Sterbefälle und fasste seine fundamentalen und im Wesentlichen heute noch gültigen bevölkerungsstatistischen Erkenntnisse in seiner faszinierenden „Göttlichen Ordnung"[3] zusammen, deren Titelblatt in der Ausgabe aus dem Jahr 1741 als Faksimile in der Abbildung 1.1-2 dargestellt ist.

Abbildung 1.1-2: SÜßMILCH-Porträt, Faksimile „Göttliche Ordnung"[4]

Bereits in der „Vorrede des Verfassers", in der SÜßMILCH den Leser in seine Ge-dankenwelt einführt, vermag er diesen mittels seiner theologisch und allegorisch geprägten Sprache und durch sein geradezu modern anmutendes statistisches Denken zu fesseln, wenn er konstatiert: „Alles ist hieben nach gewissen Zahlen und Verhältnissen eingerichtet. Die Menschen werden gebohren und sterben, aber allezeit in einer gewissen Verhältniß. Es werden Kinder, Söhne und Töchter

---

[3] SÜßMILCH, Johann Peter: Die göttliche Ordnung in den Veränderungen des menschlichen Ge-schlechts, aus der Geburt, Tod, Fortpflanzung desselben erwiesen von Johann Peter Süßmilch, Prediger beym hochlöblichen Kalcksteinischen Regiment. Nebst einer Vorrede Herrn Christian Wolffens. Berlin, zu finden bey J. C. Spener 1741, Faksimile der Originalausgabe
[4] Quelle: BIRG, Herwig, Eckart ELSNER, Jacqueline HECHT: Über Johann Peter Süßmilchs „Göttliche Ordnung", Verlag Wirtschaft und Finanzen, Düsseldorf 2001, Seite 16

durcheinander, geboren, aber ohne Verletzung der einmal von der Vorsehung beliebten Ordnung. Die Menschen sterben in Ansehung des Alters dem ersten Anblick nach ganz unordentlich untereinander, bey genauerer Wahrnehmung aber gleichfalls nach einer bestimmten Verhältniß. Da nun zu dem allen der Mensch wenig oder nichts beyträget, und ein ohngefehrer Zufall ein verlachungswürdiges Unding ist: so werden wir dadurch in dieser Wahrheit bevestiget, dass Gott für das menschliche Geschlecht Sorge trage."[5]

Mathematische Statistik. Als eine vierte Quelle der modernen Statistik kann die sogenannte mathematische Statistik aufgefasst werden, die im Unterschied zur politischen Arithmetik nicht nur die bloße statistische Deskription massenhaft erhobener Informationen über soziale Phänomene, sondern ursprünglich die Beschreibung und Nachbildung massenhaft erhobener Informationen über natürliche Phänomene mit Hilfe mathematischer Verfahren zum Gegenstand hatte.

Abbildung 1.1-3: 10-Mark-Note mit Porträt von Carl Friedrich GAUß[6]

Stellvertretend für die Phalanx berühmter mathematischer Statistiker sollen im Kontext der historischen Notizen zur Statistik lediglich zwei Berühmtheiten erwähnt und zugleich gewürdigt werden: zum einen der geniale deutsche Mathematiker, Astronom und Geodät Carl Friedrich GAUß (*1777, †1855) und zum anderen der englische Erforscher, Meteorologe, Biometriker und Statistiker Sir Francis GALTON (*1822, †1911). Mit GAUß, dessen Porträt als markanter Bestandteil der 10-Mark-Banknote in Abbildung 1.1-3 dargestellt ist, werden in der mathematischen Statistik vor allem die Methode der kleinsten Quadratesumme

---

[5] SÜßMILCH, a.a.O., Seite 21 ff

[6] Die 10-Mark-Banknote war von 1991 bis zur Einführung des Euro im Jahre 2002 im Umlauf. Dem seitenverkehrten Bildnis von GAUß liegt ein Gemälde des dänischen Malers Christian Albrecht JENSEN (*1792, †1870) aus dem Jahr 1840 zugrunde. Während die Normalverteilungskurve ein Hinweis auf die mathematischen Leistungen von GAUß ist, symbolisieren die Universität und die Neue Sternwarte seine Wirkungsstätten in der Stadt Göttingen.

(vgl. Kapitel 9) und das Modell einer Normalverteilung (vgl. Kapitel 6) assozi-
iert, die er beide im Zuge der Auswertung massenhaft erhobener geodätischer
Daten, die im Rahmen seiner langjährig währenden Landesvermessung des Kö-
nigreichs Hannover anfielen, zum Zwecke der Ausgleichsrechnung von Messfeh-
lern entwickelte bzw. als Messfehlergesetz entdeckte.

Abbildung 1.1-4: GALTONs Regressionsprinzip

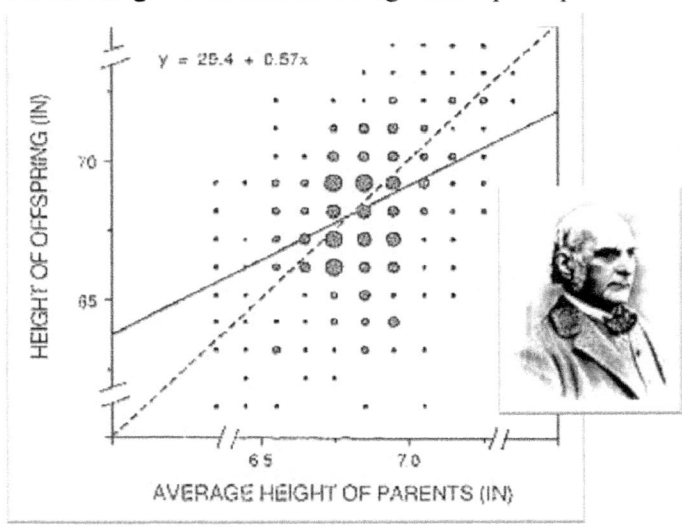

GALTON, der ein Cousin des Begründers der Evolutionstheorie Charles DARWIN
(*1809, †1882) war und dessen Porträt in der Abbildung 1.1-4 dargestellt ist,
wird als der geistige Vater der Korrelationsanalyse und der Regressionsanalyse
gewürdigt, die er in seinem 1889 erschienenen Werk „Natural Inheritance"
(engl.: *natural* → natürlich + *inheritance* → Erbe) im statistischen Sinne anhand
der Vererbung der menschlichen Körpergröße begründete und die beide ein spezieller Gegenstand der Kapitel 8 und 9 sind. GALTON ist zudem auch der Erfinder
des nach ihm benannten GALTON-Brettes (vgl. Abbildung 6.6-1), das wegen seiner Originalität und Anschaulichkeit ein brillantes didaktisches Instrument zur
bildhaften Verdeutlichung anspruchsvoller und substantieller statistischer Konzepte ist, worunter vor allem das schwache Gesetz großer Zahlen und die beiden
theoretischen Verteilungsmodelle einer Binomialverteilung und einer Normalverteilung zu nennen wären, die ein spezieller Gegenstand des Kapitels 6 sind.

Stochastik. Der Vollständigkeit halber muss im Kontext der historischen Notizen zur Statistik noch die Stochastik (grch.: *stochastikos* → im Erraten geschickt, dem Zufall geschuldet) als eine fünfte historische Quelle der modernen
Statistik erwähnt werden, die im Unterschied zu den vorher vermerkten vier
Quellen losgelöst von realen wirtschaftlichen, sozialen und natürlichen Phäno-

menen ihren Ursprung in theoretischen Abhandlungen über das Glücksspiel hat. Ihr Kernstück ist die Wahrscheinlichkeitstheorie, die neben Verfahren und Modellen zur mathematisch-statistischen Beschreibung von zufälligen Ereignissen mit Hilfe von Wahrscheinlichkeiten auch Aussagen über deren Gesetzmäßigkeiten liefert und ohne deren Axiome, Methoden und Modelle heute keine Entscheidungsfindung unter Risiko mehr denkbar erscheint, unabhängig davon, ob es sich um Entscheidungsprozesse in Natur-, Ingenieur-, Wirtschafts- oder Sozialwissenschaften handelt. Als die geistigen Väter der Stochastik im Allgemeinen und der Wahrscheinlichkeitsrechnung im Speziellen können der Schweizer Mathematiker Jacob BERNOULLI (*1654, †1705) und der französische Physiker und Mathematiker Pierre Simon Marquis le Comte LAPLACE (*1749, †1827) angesehen werden.

Abbildung 1.1-5: BERNOULLI „Ars conjectandi"[7]

Während Jacob BERNOULLI (als Spross einer berühmten Schweizer Mathematiker-Familie) in seinem 1713 postum veröffentlichten Traktat „Ars conjectandi", dessen Faksimile in der Abbildung 1.1-5 enthalten ist, dem Wahrscheinlichkeitsbegriff eine universelle Bedeutung zuweist und ihn damit von den Ketten befreit, die ihn ursprünglich an die bloße und pragmatische Betrachtung von Chancen (frz.: *chance* → Glücksfall) beim Glücksspiel schmiedeten, fasste LAPLACE in seinem erstmals 1812 erschienenen Buch „Théorie analytique des probabilités", dessen Faksimile in der Abbildung 1.1-6 dargestellt ist, das wahrscheinlichkeitstheoretische Wissen seiner Zeit zusammen.

---

[7] Quelle: Kleine Enzyklopädie Mathematik, 10., völlig überarbeitete Auflage, VEB Bibliographisches Institut Leipzig 1977, Bilderanhang

Abbildung 1.1-6: LAPLACE „Théorie analytique des probabilités"[8]

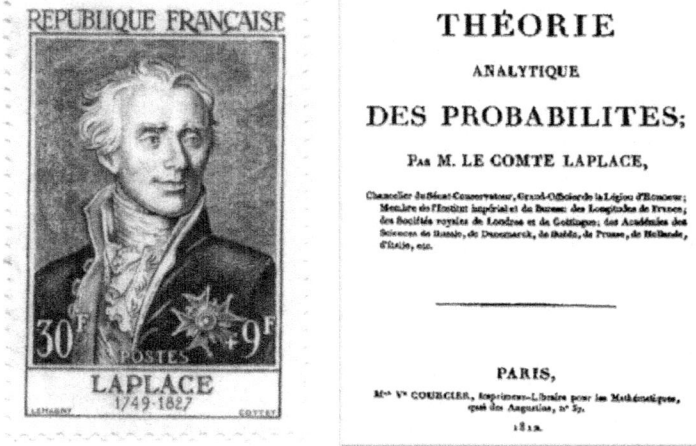

Auf LAPLACE geht unter anderem der klassische Wahrscheinlichkeitsbegriff zurück, der ein spezieller Gegenstand des Kapitels 6 ist und didaktisch-methodisch im Kontext von Glücksspielen (etwa das Werfen einer Münze oder eines „idealen" Spielwürfels) eingeführt wird.

Abbildung 1.1-7: KOLMOGOROV „Theory of Probability"

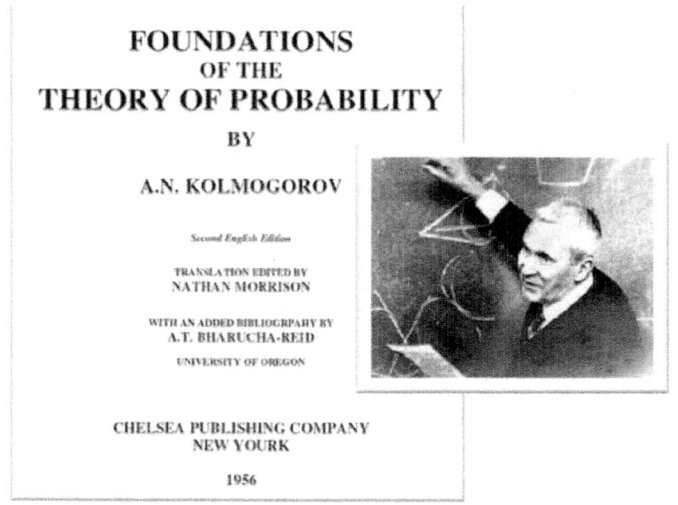

Nicht unerwähnt bleiben darf und soll in diesem Zusammenhang der russische Mathematiker Andrej Nikolajewitsch KOLMOGOROV (*1903, †1987), der in ei-

---

[8] Quelle: Kleine Enzyklopädie Mathematik, 10., völlig überarbeitete Auflage, VEB Bibliographisches Institut Leipzig 1977, Bilderanhang

nem erstmals 1933 publizierten Traktat nicht nur den axiomatischen Wahrscheinlichkeitsbegriff begründete, sondern damit auch einen fundamentalen Baustein
der modernen Wahrscheinlichkeitstheorie legte, die heute ein integraler Bestandteil der akademischen Ausbildung auch und gerade auf dem Gebiet der Wirtschaftswissenschaften ist. Die Kernaussagen der drei KOLMOGOROVschen Axiome (grch.: *axioun* → für recht halten bzw. Lehrsatz, den man nicht zu beweisen
braucht) lassen sich auf die folgende Kernaussage zusammenfassen: Die Wahrscheinlichkeit ist ein reellwertiges Maß für den Grad der Gewissheit bzw. Ungewissheit des Eintretens eines zufälligen Ereignisses, das nur Werte zwischen null
und eins annehmen kann. Die erwähnten drei Axiome und daraus abgeleitete
elementare Rechenregeln für Wahrscheinlichkeiten sind ein spezieller Gegenstand des sechsten Kapitels dieses Lehrbuches.

Fazit. Wenn auch losgelöst von den praktischen Dingen des Lebens, so leiste-
ten die Wahrscheinlichkeitstheoretiker, aus deren Phalanx einmal nur drei Per-
sönlichkeiten eine Erwähnung und kurze Würdigung fanden, zweifelsfrei einen
unschätzbaren und substantiellen Beitrag zur inhaltlichen Gestaltung und methodischen Qualifizierung dessen, was heute unter dem Begriff der „modernen Statistik" subsumiert wird und der im Kontext des folgenden Abschnittes kurz um-
rissen und erläutert wird. ♣

1.2   Statistik-Begriff

Motivation. Aus den historischen Notizen zur Statistik als der „Wissenschaft
von der empirischen Erkenntnis" kann der folgende moderne Statistikbegriff abgeleitet werden, der (obgleich in der einschlägigen Literatur unterschiedlich gefasst) mittels der Abbildung 1.2-1 allegorisch untermauert werden soll.

Abbildung 1.2-1: Statistik als empirische Wissenschaft

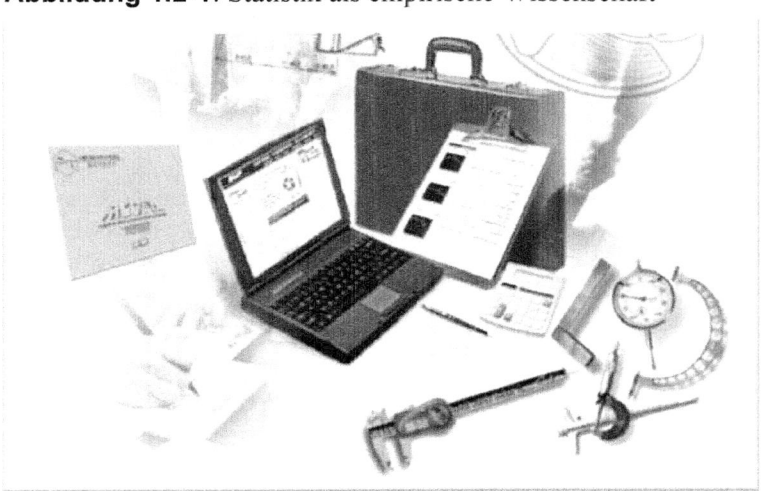

Statistik

Statistik ist die Bezeichnung für die Gesamtheit von Verfahren und Methoden zur Gewinnung, Erfassung, Aufbereitung, Analyse, Darstellung, Modellierung und Vorhersage von (möglichst) massenhaften, zähl-, mess- und systematisch beobachtbaren Daten über reale Sachverhalte zum Zwecke der Erkenntnisgewinnung und Entscheidungsfindung (meist unter Ungewissheit).

Hinweise. Für das Verständnis des Statistikbegriffs erweisen sich die folgenden Anmerkungen und Hinweise als hilfreich und nützlich: i) **Anwendungsgebiete.** Die Statistik kommt sowohl in den Wirtschafts-, Kommunikations-, Sozial-, Natur- und Ingenieurwissenschaften als auch in Wirtschaft, Verwaltung, Politik und in den Medien zu einer breiten und universellen Anwendung. ii) **Synonyme.** Umgangssprachlich wird der Begriff der Statistik funktionell im Sinne der Auflistung von Daten (etwa in Preis-, Einkommens-, Unfall- oder Besuchsstatistiken) und institutionell hinsichtlich der daran beteiligten Institutionen (etwa in Gestalt der amtlichen Statistik, Industrie-, Banken- oder Betriebsstatistik) erweitert und gebraucht. iii) **Teilgebiete.** Aus der historischen Entwicklung der Statistik erklärt sich die heute in der einschlägigen Fachliteratur noch übliche Untergliederung in die Teilgebiete der Deskriptiven Statistik (lat.: *descriptio* → Beschreibung), der Stochastik (grch.: *stochastikos* → dem Zufall geschuldet) und der Induktiven Statistik (lat.: *inductio* → das Hineinführen). Während die Deskriptive Statistik auf das „bloße" Beschreiben von statistisch erhobenen Daten abstellt, wagt man unter Einbeziehung der Stochastik mit Hilfe der Induktiven Statistik einen wahrscheinlichkeitstheoretisch begründeten statistischen Schluss von einem „bekannten" Stichprobenbefund auf eine „unbekannte" Grundgesamtheit, also einen statistischen Schluss „vom Teil aufs Ganze". iv) **Methodenlehre.** Als Methodenlehre unterteilt man die Statistik in die theoretische Statistik und in die angewandte Statistik. Die theoretische Statistik umfasst alle Methoden, die unabhängig von der konkreten fachwissenschaftlichen Anwendung zur Verfügung gestellt werden. Die angewandte Statistik vermittelt die konkrete fachwissenschaftliche Anwendung der statistischen Methoden etwa im Kontext der Wirtschafts-, der Sozial- oder der Bevölkerungsstatistik. v) **Neuerungen.** Mit der Verfügbarkeit leistungsfähiger Rechentechnik und einschlägiger Software entstanden neue Teilgebiete, worunter vor allem die Computerstatistik, die explorative Datenanalyse oder das Data-Mining zu nennen sind. Während die explorative Statistik (lat.: *exploratio* → Erforschung) vor allem auf die „Ergründung" massenhaft erhobener Daten abstellt und somit eine Brücke zum „Data-Mining" (engl.: *data* → Daten + *mining* → Bergbau) schlägt, hat die Computerstatistik vor allem die Erforschung spezieller Eigenschaften statistischer Schätzfunktionen zum Gegenstand. vi) **SPSS.** Aus dem umfangreichen Katalog der heutzutage angebotenen Statistik-Programm-Pakete kommt SPSS (engl.: *Statistical Package for Social Sciences*) wegen seiner Leistungsfähigkeit sowohl in der akademischen Lehre als auch in der statistischen Praxis eine besondere Bedeutung zu. ♦

Lehrbuch. Das vorliegende Lehrbuch hat eine paradigmatische und realdatenbasierte Einführung in die statistische Methodenlehre für Studierende in wirtschaftswissenschaftlichen Bachelor- und Master-Studiengängen mit Hilfe des Statistik-Programm-Pakets *IBM SPSS Statistics 23* zum Gegenstand. ♣

2

Grundbegriffe

Schlüsselwörter

Erhebungsmerkmal	Ordinale Skala
Identifikationsmerkmal	Statistische Einheit
Merkmalsausprägung	Statistische Gesamtheit
Metrische Skala	Statistische Skala
Nominale Skala	Zustandsmenge

Gegenstand. Das zweite Kapitel hat die inhaltliche Bestimmung und die paradigmatische Erläuterung statistischer Grundbegriffe zum Gegenstand, ohne die sowohl ein elementares Verständnis als auch ein sinnvoller sowie zielführender Einsatz der statistischen Verfahren und Methoden, die in den nachfolgenden Kapiteln skizziert und appliziert werden, nicht möglich ist.

Grundbegriffe. Im Kontext des ersten Kapitels wurde vermerkt, dass die Statistik eine historisch gewachsene wissenschaftliche Disziplin ist. Dies ist auch ein Grund dafür, warum die statistischen Grundbegriffe zu einem überwiegenden Teil ihren etymologischen Ursprung sowohl in der lateinischen als auch in der griechischen Sprache haben. Um den Zugang zu und den Umgang mit den Fachtermini zu erleichtern, werden die Fachbegriffe mit ihrer inhaltlichen Einführung auch kurz etymologisch erläutert. Darin eingeschlossen sind zudem die Fachtermini, die der englischen Sprache entlehnt sind und vor allem mit dem Einzug moderner Rechentechnik und einschlägiger Software Eingang in den statistischen Sprachgebrauch gefunden haben. ♣

2.1   Einheit, Gesamtheit, Stichprobe

Motivation. Die Berliner Senatsverwaltung für Stadtentwicklung veröffentlicht alle zwei Jahre den sogenannten Berliner Miet(en)spiegel, der eine statistische Beschreibung des Berliner Mietwohnungsmarktes im Allgemeinen und der ortsüblichen Vergleichsmieten für verschiedene Wohnungstypen vergleichbarer Art, Größe, Ausstattung, Beschaffenheit und Lage im Speziellen zum Gegenstand hat. Ein integraler Bestandteil des Berliner Mietspiegels für das Jahr 2015 ist die Wohnlagenkarte, die in der Abbildung 2.1-1 dargestellt ist und auf einem Blick eine bildhafte Vorstellung vom Berliner Mietwohnungsmarkt vermittelt.

Abbildung 2.1-1: Berliner Mietspiegel 2015, Wohnlagenkarte

Aus statistisch-methodischer Sicht ist der Berliner Mietwohnungsmarkt nichts anderes als eine endliche, allerdings hinsichtlich ihres Umfanges nicht näher bestimmte, jedoch sachlich, örtlich und zeitlich genau abgegrenzte Menge von Mietwohnungen, die es hinsichtlich interessierender Eigenschaften wie Wohnlage, Wohnfläche, Warm- oder Kaltmiete, Mietpreis, Ausstattungsgrad usw. statistisch zu erfassen und zu beschreiben gilt. Dabei erscheint das reale Objekt in Gestalt einer Mietwohnung als das kleinste statistische Element der angestrebten Marktbeschreibung, das synonym auch als statistische Einheit, Merkmalsträger, Beobachtungseinheit, Erfassungs- oder Erhebungseinheit bezeichnet wird. Während man im konkreten Fall die Menge aller Berliner Mietwohnungen unter dem Begriff der statistischen Grundgesamtheit subsumiert, bezeichnet man eine wohldefinierte, bezüglich der Marktgegebenheiten repräsentative und bezüglich ihres

Umfanges konkret bestimmte Teilmenge von Berliner Mietwohnungen im Sinne der Deskriptiven Statistik (lat.: *descriptio* → Beschreibung) als eine statistische Gesamtheit und im Sinne der Induktiven Statistik (lat.: *inductio* → das Hineinführen) als eine Stichprobe, mit der man einen Schluss von einer Teilmenge der Mietwohnungen auf die statistische Grundgesamtheit aller Mietwohnungen wagt.

Grundbegriffe. Aus den einführenden und paradigmatischen Betrachtungen lassen sich die folgenden statistischen Grundbegriffe ableiten:

Statistische Einheit

Eine statistische Einheit γ (lies: *Klein-Gamma*) ist das kleinste Element in der Statistik. Eine statistische Einheit γ ist Träger von Informationen bzw. Eigenschaften, die für eine statistische Untersuchung von Interesse sind.

Hinweise. Für das Verständnis des Begriffs einer statistischen Einheit sind die folgenden Hinweise nützlich: i) **Synonyme.** Eine statistische Einheit wird synonym auch als Merkmalsträger, Beobachtungseinheit, Erfassungs- oder Erhebungseinheit bezeichnet. ii) **Objekt** versus **Fall.** Eine statistische Einheit γ, die in der englischsprachigen Literatur als „case" (engl.: *case* → Fall) bezeichnet wird, kann ein reales Objekt (zum Beispiel eine Person, ein Unternehmen, ein Kraftfahrzeug etc.) oder ein Vorgang bzw. ein Fall (zum Beispiel ein Verkehrsunfall, ein Krankheitsfall, ein Theaterbesuch, ein Arztbesuch etc.) sein. Bei einer Vorgangs- bzw. Fallstatistik ist stets zwischen dem einzelnen Vorgang und den daran beteiligten realen Objekten zu unterscheiden. ♦

Beispiel 2.1-1: Statistische Einheit als reales Objekt
Im Sommersemester 2015 haben sich am Fachbereich Wirtschafts- und Rechtswissenschaften der HTW Berlin in den Bachelor-Studiengängen insgesamt 314 Studierende in die Lehrveranstaltung „Statistik" eingeschrieben. In dieser Einschreibestatistik repräsentiert eine Studentin bzw. ein Student die statistische Einheit γ, die erfassungsstatistisch als ein reales Objekt betrachtet wird. ♣

Beispiel 2.1-2: Statistische Einheit als Vorgang[9]
Verkehrsunfall. In Deutschland wurden im Jahr 2013 insgesamt 291.205 Verkehrsunfälle mit Personenschaden registriert. In dieser Unfallstatistik ist der einzelne Verkehrsunfall die statistische Einheit γ. Das Charakteristische am Vorgang eines Verkehrsunfalls ist, dass daran in der Regel mehrere reale Objekte (etwa verunglückte Personen und/oder beschädigte Fahrzeuge) beteiligt sind.

Theaterbesuch. In der Spielzeit 2011/12 wurden in den 38 öffentlichen Theatern Berlins 1.755.000 Theaterbesuche registriert. In dieser Besuchsstatistik ist der statistisch erfasste Vorgang eines einzelnen Theaterbesuches die (kleinste) statistische Einheit γ. Das Charakteristische am Vorgang eines Theaterbesuches ist, dass ein Theaterbesucher als ein und dieselbe Person durch Wiederholung des Vorganges eines Theaterbesuches mehrmals statistisch erfasst werden kann. ♣

---

[9] Quelle: Statistisches Jahrbuch Deutschland 2014, Seite 595, 193

Statistische Gesamtheit

Eine endliche Menge $\Gamma_n = \{\gamma_i, \; i = 1,2,...,n\}$ wohl unterschiedener statistischer Einheiten γ_i, die hinsichtlich sachlicher, örtlicher und zeitlicher Identifikations-merkmale gleich abgegrenzt sind, heißt statistische Gesamtheit Γ_n (lies: *Groß-Gamma*) vom Umfang n.

Hinweise. Für das Verständnis des Begriffs einer statistischen Gesamtheit sind die folgenden Hinweise nützlich: i) **Synonyme.** Eine statistische Gesamtheit wird synonym auch als statistische Masse, statistische Population, statistisches Kollektiv oder statistische Grundgesamtheit bezeichnet. ii) **Abgrenzung.** Die Festlegung einer gleichen sachlichen (wer, was), örtlichen (wo) und zeitlichen (wann) Abgrenzung einer statistischen Gesamtheit $\Gamma_n = \{\gamma_i, \; i = 1,2,...,n\}$ von n Merkmalsträgern γ_i wird durch die Zielsetzung der statistischen Untersuchung bestimmt und mit Hilfe sogenannter Ab-grenzungs- oder Identifikationsmerkmale bewerkstelligt (vgl. Beispiel 2.2-1). iii) **Umfang.** Die Anzahl n der statistischen Einheiten bzw. der Merkmalsträger $\gamma_i \in \Gamma_n$ einer sta-tistischen Gesamtheit Γ_n heißt Umfang der Gesamtheit. Hinsichtlich des Umfangs einer statistischen Gesamtheit unterscheidet man zwischen endlichen und potentiell unendli-chen Gesamtheiten. In der angewandten Statistik werden stets nur endliche statistische Gesamtheiten betrachtet. iv) **Grundgesamtheit.** In der Induktiven Statistik (vgl. Kapitel 7) erfährt vor allem aus theoretischer Sicht der Begriff einer statistischen Gesamtheit eine Erweiterung derart, dass man ihn im Sinne des statistischen Schlusses „vom Teil aufs Ganze" nicht nur auf eine (in der Regel hinreichend große) endliche Menge von Merk-malsträgern γ_i begrenzt. Im Kontext der Induktiven Statistik wird eine (in der Regel end-liche und hinreichend große) Menge $\Gamma = \{\gamma_i, \; i = 1,2,...,N\}$ wohl unterschiedener, sachlich, örtlich und zeitlich gleich abgegrenzter statistischer Einheiten (bzw. Merkmalsträger) γ_i als eine statistische Grundgesamtheit Γ (lies: *Groß-Gamma*) vom Umfang N bezeichnet, deren Umfang N nicht immer bekannt ist bzw. sein muss. v) **Stichprobe.** In praxi ist aus Zeit-, Kosten- und Realisierbarkeitsgründen eine „Totalerhebung" (vgl. Kapitel 3) einer in der Regel sehr großen und hinsichtlich ihres Umfanges N nicht näher bestimmten sta-tistischen Grundgesamtheit Γ oft nicht praktikabel und/oder nicht sinnvoll. Man erhebt daher aus einer statistischen Grundgesamtheit $\Gamma = \{\gamma_i, \; i = 1,2,...,N\}$ vom Umfang N eine (möglichst) repräsentative Teilmenge $\Gamma_n = \{\gamma_i, \; i = 1,2,...,n\}$ vom Umfang n < N statisti-sche Einheiten γ_i, mit dem Ziel, einen induktiven Schluss „von einer statistischen und zu-gleich zufallsbedingten Stichprobe Γ_n auf eine statistische Grundgesamtheit Γ" zu be-werkstelligen. vi) **Notation.** Der Begriff einer Stichprobe Γ_n ist ebenso wie der Begriff einer statistischen Grundgesamtheit Γ untrennbar mit den Konzepten der Induktiven Sta-tistik (vgl. Kapitel 7) verbunden. Im Kontext der Deskriptiven Statistik bzw. einer „blo-ßen" Datendeskription (vgl. Kapitel 5) wird eine endliche Menge $\Gamma_n = \{\gamma_i, \; i = 1,2,...,n\}$ von statistischen Einheiten γ_i, selbst wenn sie stichprobenartig erhoben wurde, als eine statistische Gesamtheit Γ_n vom Umfang n bezeichnet, da in der Deskriptiven Statistik bzw. Datendeskription der induktive Schluss von einer Stichprobe Γ_n auf eine Grundge-samtheit Γ ohne Belang ist. Die begriffliche und zugleich formale Unterscheidung zwi-schen einer statistischen Gesamtheit bzw. Stichprobe Γ_n im „deskriptiven Sinne" und ei-ner statistischen Grundgesamtheit Γ im „induktiven Sinne" ist einzig und allein theore-tisch und statistisch-methodisch begründet. ♦

Beispiel 2.1-3: Statistische Gesamtheiten

Studierende. Gemäß Beispiel 2.1-1 bildet die wohldefinierte und endliche Menge $\Gamma_n = \{\gamma_i,\ i = 1,2,...,n\}$ der Studierenden γ_i, die sich am Fachbereich Wirtschafts- und Rechtswissenschaften im Sommersemester 2015 in den Bachelor-Studiengängen in die Lehrveranstaltung „Statistik" eingeschrieben haben, eine statistische Gesamtheit. Ihr Umfang umfasst n = 314 Studierende γ_i. Die statistische Gesamtheit Γ_n ist wie folgt abgegrenzt: i) sachlich: Studierende γ_i in den Bachelor-Studiengängen, die sich in die Lehrveranstaltung „Statistik" eingeschrieben haben, ii) örtlich: am Fachbereich Wirtschafts- und Rechtswissenschaften der HTW Berlin und iii) zeitlich: im Sommersemester 2015.

Verkehrsunfälle. Analog bilden gemäß Beispiel 2.1-2 die n = 291205 Verkehrsunfälle γ_i mit Personenschaden, die in Deutschland im Jahr 2013 insgesamt registriert wurden, eine statistische Gesamtheit $\Gamma = \{\gamma_i,\ i = 1,2,...,n\}$, die inhaltlich wie folgt abgegrenzt ist bzw. inhaltlich wie folgt identifiziert werden kann: i) sachlich: Verkehrsunfall γ_i mit Personenschaden, ii) örtlich: in Deutschland und iii) zeitlich: im Jahr 2013. ♣

Statistische Stichprobe

Eine n-elementige Teilmenge $\Gamma_n = \{\gamma_i,\ i = 1,2,...,n\}$ von Merkmalsträgern γ_i, die mit Hilfe eines bestimmten Auswahlverfahrens aus einer endlichen statistischen Grundgesamtheit $\Gamma = \{\gamma_i,\ i = 1,2,\ ...,N\}$ vom Umfang N ermittelt bzw. „gezogen" wurde, heißt Stichprobe vom Umfang n.

Hinweise. Für das Verständnis des Begriffs einer statistischen Stichprobe sind die folgenden Hinweise nützlich: i) **Statistische Induktion**. Der Stichprobenbegriff ist ebenso wie der Begriff einer statistischen Grundgesamtheit untrennbar mit den Konzepten der Induktiven Statistik verbunden (vgl. Kapitel 7). Im Kontext der Deskriptiven Statistik bzw. in Zuge einer „bloßen" Datendeskription (vgl. Kapitel 5) wird eine Menge $\Gamma_n = \{\gamma_i,\ i = 1,2,...,n\}$ von statistischen Einheiten γ_i auch als eine statistische Gesamtheit Γ_n vom Umfang n gedeutet bzw. bezeichnet. ii) **Auswahlsatz**. Der Quotient $A = (n / N) \times 100\,\%$ aus dem Umfang n einer Stichprobe Γ_n und dem Umfang N einer (endlichen) Grundgesamtheit Γ heißt (prozentualer) Auswahlsatz. iii) **Stichprobenverfahren**. In der empirischen Wirtschafts- und Sozialforschung häufig angewandte Auswahl- oder Stichprobenverfahren sind in der Tabelle 2.1-1 zusammengefasst.

Tabelle 2.1-1: Auswahlverfahren

zufallsbedingt	nicht zufallsbedingt
reine Zufallsauswahl	Quotenauswahl
systematische Zufallsauswahl	typische Auswahl
geschichtete Zufallsauswahl	willkürliche Auswahl

iv) **Zufallsstichprobe**. Stichproben, die mit Hilfe von zufallsbedingten Auswahlverfahren gezogen werden, heißen Zufallsstichproben. Zufallsstichproben bilden das theoretische und empirische Rüstzeug für einen induktiven Schluss „vom Teil aufs Ganze" (vgl. Kapitel 7). v) **Repräsentativität**. Motiv und Grundidee einer statistischen Stichprobenerhebung bestehen darin, Rückschlüsse auf eine zugrunde liegende statistische Grundgesamtheit Γ zu ziehen. Die Zuverlässigkeit eines „induktiven Schlusses" ist wesentlich davon abhängig, inwieweit eine statistische Zufallsstichprobe Γ_n eine statistische Grundgesamtheit Γ sachadäquat repräsentiert. Im statistisch-methodischen Sinne bezeichnet man eine Zufallsstichprobe Γ_n als repräsentativ, wenn sie die „innere Struktur und die Charakteristika" einer statistischen Grundgesamtheit Γ adäquat (lat.: *adaequatus* $\rightarrow$ gleichgemacht) abbildet. vi) **Historie**. Ursprünglich stammt der Begriff einer Stichprobe aus dem Hüttenwesen. Er bezeichnete den Vorgang, mit dem Probelöffel aus der Schmelzmasse eines Hochofens, auch Stichofen genannt, eine Probe zu ziehen. $\blacklozenge$

Beispiel 2.1-4: Grundgesamtheit, Stichprobe, Auswahlsatz
Grundgesamtheit. Im Abschnitt 7.1.1 wird das Grundprinzip einer Stichprobenziehung paradigmatisch anhand der zufälligen Auswahl eines Dutzends Hühnereier aus einem großen Los von Hühnereiern erläutert. Im Kontext dieser Betrachtungen wird die endliche Menge $\Gamma = \{\gamma_i, i = 1,2,...,N\}$ vom Umfang $N = 729$ Hühnereier γ_i als eine (endliche) statistische Grundgesamtheit gedeutet.
Zufallsstichprobe. Ein zufällig ausgewähltes Dutzend $\Gamma_n = \{\gamma_i, i = 1,2,...,12\}$ von Hühnereiern γ_i aus der statistischen Grundgesamtheit $\Gamma = \{\gamma_i, i = 1,2,...,N\}$ von $N = 729$ Hühnereiern γ_i bezeichnet man aus mengentheoretischer Sicht als eine Teilmenge und aus statistischer Sicht als eine Zufallsstichprobe.
Auswahlsatz. Der prozentuale Anteil
$$A = (12 / 729) \times 100 \% \approx 1{,}65 \%$$
des Stichprobenumfanges von $n = 12$ Hühnereiern am „bekannten" Grundgesamtheitsumfang von $N = 729$ Hühnereiern wird in der Induktiven Statistik (vgl. Kapitel 7) auch als (prozentualer) Auswahlsatz A bezeichnet. $\clubsuit$

Reine Zufallsauswahl

Ein Auswahlverfahren, bei dem jeder Merkmalsträger $\gamma_i \in \Gamma$ einer endlichen statistischen Grundgesamtheit $\Gamma = \{\gamma_i, i = 1,2,...,N\}$ vom Umfang N eine gleiche Chance (frz.: *chance* $\rightarrow$ Glücksfall) besitzt, in die Auswahl zu gelangen, heißt reine Zufallsauswahl.

Hinweise. Für das Verständnis des Begriffs einer reinen Zufallsauswahl sind die folgenden Hinweise nützlich: i) **Synonyme**. Eine reine Zufallsauswahl wird synonym auch als eine uneingeschränkte oder einfache Zufallsauswahl bezeichnet. ii) **Zufallsstichprobe**. Das Ergebnis einer reinen Zufallsauswahl in Gestalt statistischer Informationen heißt reine Zufallsstichprobe. Aus statistisch-methodischer Sicht ist dabei stets zwischen einem Auswahlverfahren und einem Auswahlergebnis in Gestalt einer Zufallsstichprobe zu unterscheiden. iii) **Lostrommel**. Ein „alt bewährtes, einfaches und praktikables" Auswahlverfahren, mit dem man reine Zufallsstichproben ziehen kann, ist die Auslosung mit Hilfe einer Lostrommel (Urnenmodell). Dabei unterscheidet man zwischen einer Auswahl „mit Zurücklegen" und „ohne Zurücklegen" eines Loses. iv) **Zufallszahlen**. In praxi werden reine Zufallsstichproben mit Hilfe gleichverteilter Zufallszahlen gezogen, die mittels Zufallsgeneratoren erzeugt und als „Lostrommel bzw. Urne auf Vorrat" angesehen werden können (vgl. Abschnitt 7.1.1). v) **Homogenität**. Der induktive Schluss auf der Grundlage einer reinen Zufallsstichprobe ist an die Bedingung gebunden, dass die statistische Grundgesamtheit Γ homogen ist, also die Merkmalsträger γ_i sachlich, örtlich und zeitlich vergleichbar sind und ein Abbild der Grundgesamtheit Γ (etwa in Form einer Urliste) der Merkmalsträger γ_i vorliegt. ♦

Beispiel 2.1-5: Reine Zufallsauswahl

Das Prinzip einer reinen Zufallsauswahl wird im Kontext des Abschnittes 7.1.1 am praktischen Sachverhalt des zufälligen Auswählens von jeweils $n = 12$ Hühnereiern (Dutzendauswahl) aus einer endlichen statistischen Grundgesamtheit $\Gamma = \{\gamma_i, i = 1,2,...,N\}$ von $N = 729$ Hühnereiern γ_i exemplarisch und rechengestützt erläutert und demonstriert. ♣

Systematische Zufallsauswahl

Ein Auswahlverfahren, bei dem aus einer ungeordneten und „gut gemischten" endlichen statistischen Grundgesamtheit $\Gamma = \{\gamma_i, i = 1,2,...,N\}$ vom Umfang N die Merkmalsträger $\gamma_r \in \Gamma$ mit der Nummer $r = 1 + (i - 1) \times INT(N / n)$ in die Auswahl gelangen, heißt systematische Zufallsauswahl.

Hinweise. Für das Verständnis des Begriffs einer systematischen Zufallsauswahl erweisen sich die folgenden Hinweise als hilfreich und nützlich: i) **Zufallsstichprobe**. Das Ergebnis einer systematischen Zufallsauswahl in Gestalt statistischer Informationen heißt systematische Zufallsstichprobe. ii) **Bedeutung**. In der angewandten Statistik kommt der systematischen Zufallsauswahl wegen ihrer einfachen Handhabung eine besondere praktische Bedeutung zu. Unterliegen die Merkmalsträger γ_i einer statistischen Grundgesamtheit Γ keinem Ordnungsprinzip, gelten sie also als „gut gemischt", dann kann in der praktischen statistischen Arbeit eine systematische Zufallsstichprobe als ein „gleichwertiger Ersatz" für eine reine Zufallsstichprobe angesehen werden. iii) **Zählabstand**. Ist ein (prozentualer) Auswahlsatz $A = (n / N) \times 100 \%$ vorgegeben, dann kann die Auswahlordnung mittels der folgenden Berechnungsvorschrift bestimmt werden: $r = 1 + (i - 1) \times INT(100 / A)$. Die natürliche Zahl $INT(100 / A)$ kennzeichnet den sogenannten Zähl- oder Auswahlabstand zwischen den „systematisch zu ziehenden" Merkmalsträgern. Der Auswahlabstand ist der (ganzzahlig gerundete und mit der Zahl 100 gewichtete) reziproke Auswahlsatz A. In Anlehnung an Programmiersprachen gibt die Funktion INT (engl.: *integer* $\rightarrow$ ganze Zahl) den ganzzahligen Teil des Quotienten $(100 / A)$ an. Für den Fall, dass der Umfang N einer endlichen statistischen Grundgesamtheit Γ nicht bekannt ist, legt man einen geeigneten und sachlogisch begründeten Zählabstand fest. iv) **Spezialfälle**. Als Spezialfälle einer systematischen Zufallsauswahl können die Buchstaben- oder die Geburtstagsauswahl sowie das Schlussziffernverfahren aufgefasst werden. So können zum Beispiel aus einer Personaldatei alle die Personen ausgewählt werden, deren Nachname mit E oder der Vorname mit der Buchstabenkombination Pe beginnt bzw. die am 28. Oktober Geburtstag haben. Das Schlussziffernverfahren findet vor allem bei der Gewinnauslosung in Lotterien eine breite Anwendung. In praxi gleichsam üblich ist die Auswahl und zeitliche Zuordnung von Studierenden zu einem Klausurtermin nach den Schlussziffern ihrer Immatrikulationsnummer. ♦

Beispiel 2.1-6: Systematische Zufallsauswahl

Motivation. Das Prinzip einer systematischen Zufallsauswahl soll anhand des folgenden Szenarios exemplarisch erläutert werden: Zur wöchentlich stattfindenden Statistik-Vorlesung haben sich im Hörsaal 222 Studierende eingefunden, die aus statistisch-methodischer Sicht als eine endliche statistische Grundgesamtheit $\Gamma = \{\gamma_i, i = 1,2,...,N\}$ vom Umfang $N = 222$ Studierende γ_i aufgefasst werden können. Für das Auditorium wird (als durchaus realistisch) unterstellt, dass die Sitzordnung der Hörer als „bunt gemischt" angesehen werden kann. Zur Verdeutlichung des statistischen Sachverhalts einer Zufallsauswahl beabsichtigt der Professor, $n = 10$ Studierende γ_i auszuwählen und sie nach ihrem Geburtstag zu fragen. Da er die Studierendenauswahl im statistischen Sinne als „gerecht" verstanden wissen und dem Zufall genügend „Spielraum" bei der Auswahl der Studierenden einräumen möchte, entschließt er sich kurzerhand, die $n = 10$ Studierenden mittels einer systematischen Zufallsauswahl zu bestimmen.

Zufallsstichprobe. Dazu bestimmt er via
$$A = (10 / 222) \times 100\ \% \cong 4,5\ \%$$
den Zählabstand $INT(100 / 4,5) = 22$, zählt die „bunt gemischt" sitzenden Hörer ab und erfragt für alle $i = 1,2,...,10$ jeweils vom Hörer γ_r der Ordnung
$$r = 1 + (i - 1) \times 22,$$
also vom 1., vom 23., vom 45. und letztlich vom 199. Hörer γ_r den Geburtstag X, den er jeweils auf seiner „Geburtstagsurliste" sorgfältig notiert. Während man in der statistischen Methodenlehre die $n = 10$ zufällig ausgewählten Hörer γ_i als eine systematische Zufallsstichprobe $\Gamma_n = \{\gamma_i, i = 1,2,...,n\}$ vom Umfang $n = 10$ Hörer γ_i bezeichnet, subsumiert man die erfassten $n = 10$ Geburtstagsdaten $X(\gamma_r) = x_r$ bzw. $X(\gamma_i) = x_i$ unter dem Begriff einer realisierten systematischen Zufallsstichprobe, die als eine Menge $\{X(\gamma_i) = x_i, i = 1,2,...,n\}$ von $n = 10$ Geburtstagsdaten x_i erscheint. ♣

Geschichtete Zufallsauswahl
Eine endliche Grundgesamtheit $\Gamma = \{\gamma_i, i = 1,2,...,N\}$ mit einem Umfang von N Merkmalsträgern γ_i wird in m (ausreichend) homogene und disjunkte Teilgesamtheiten Γ_j mit den Umfängen N_j ($j = 1,2,...,m$) aufgeteilt. Das Auswahlverfahren, bei dem aus jeder der m endlichen Teilgesamtheiten Γ_j proportional zu ihrem Umfang N_j zufällig n_j Merkmalsträger γ ausgewählt werden, heißt geschichtete Zufallsauswahl.

Hinweise. Für das Verständnis des Begriffs einer geschichteten Zufallsauswahl sind die folgenden Hinweise nützlich: i) **Synonyme**. Eine geschichtete Zufallsauswahl wird synonym auch als eine stratifizierte oder proportionale Zufallsauswahl bezeichnet. ii) **Zufallsstichprobe**. Eine Teilmenge $\Gamma_n = \{\gamma_i, i = 1,2,...,n\}$ aus
$$n = n_1 + n_2 + ... + n_m$$

Merkmalsträgern, die im Zuge einer geschichteten Zufallsauswahl aus einer endlichen statistischen Grundgesamtheit Γ ausgewählt wurde, heißt geschichtete Zufallsstichprobe vom Umfang n. iii) **Schichten**. Die (ausreichend) homogenen und disjunkten (lat.: *disiunctio* $\rightarrow$ Trennung) bzw. elementefremden Teilgesamtheiten Γ_j werden auch als Schichten oder Strata (lat.: *stratum* $\rightarrow$ Decke, Schicht) bezeichnet. Die Homogenität einer Schicht bezieht sich vor allem auf gleiche Identifikationsmerkmale der Merkmalsträger. Für metrische Merkmale (vgl. Abschnitt 2.2) wird der Homogenitätsbegriff auch auf eine relativ kleine Streuung (vgl. Abschnitt 5.3) der jeweiligen Merkmalswerte innerhalb der jeweiligen Schicht bezogen. In der Reduzierung der Streuung und damit des Hochrechnungsfehlers liegt das treibende Motiv für eine geschichtete Zufallsauswahl. In der Tat liefert eine geschichtete Zufallsstichprobe in der Regel bessere Hochrechnungsergebnisse als eine reine Zufallsstichprobe. iv) **Applikation**. Geschichtete Zufallsauswahlen finden vor allem in der Marktforschung eine breite Anwendung. ♦

Beispiel 2.1-7: Geschichtete Zufallsauswahl

Motivation. Das Prinzip einer geschichteten Zufallsauswahl soll anhand des folgenden Szenarios exemplarisch erläutert werden: Gemäß dem Immatrikulationsverzeichnis haben sich am Fachbereich Wirtschafts- und Rechtswissenschaften der HTW Berlin im laufenden Semester insgesamt 240 Studierende für die Vorlesungen und Übungen zur Statistik eingeschrieben. Die statistische Grundgesamtheit $\Gamma = \{\gamma_i,\ i = 1,2,...,N\}$ vom Umfang N = 240 Studierende γ_i ist hinsichtlich der Geschlechtsspezifik und der Studiengangspezifik wie folgt strukturiert:

Tabelle 2.1-2: Immatrikulationsstruktur (Angaben in %)

Geschlecht	Studiengang			insgesamt
	BWL	Immobilien	Wirtschaft & Politik	
	66,6	16,7	16,7	100
männlich	40	50	70	
weiblich	60	50	30	
insgesamt	100	100	100	

Schichtungsmerkmale. Die beiden nominalen Merkmale (vgl. Abschnitt 2.2) „Geschlechts- und Studiengangzugehörigkeit" eines Studierenden γ_i der Ordnung i fungieren dabei als sogenannte Schichtungsmerkmale. Demnach gehörten zum Beispiel 66,6 % aller Studierenden, die sich in die Lehrveranstaltungen zur Statistik eingeschrieben haben, dem Studiengang BWL an. Von diesen

$$240 \times 66{,}6\ \% \ /\ 100\ \% \cong 160$$

im Studiengang BWL eingeschriebenen Studierenden sind wiederum 40 % bzw.

$$160 \times 40\ \% \ /\ 100\ \% = 64$$

männlichen Geschlechts und in logischer Konsequenz 60 % bzw.

$$160 \times 60\ \% \ /\ 100\ \% = 96$$

weiblichen Geschlechts. Analog sind die restlichen Strukturdaten und die darauf beruhenden „homogenen und disjunkten Teilgesamtheiten" zu interpretieren.

Zufallsstichprobe. Aus didaktisch-methodischen Gründen soll aus der endlichen statistischen Grundgesamtheit $\Gamma = \{\gamma_i, i = 1,2,...,N\}$ vom Umfang $N = 240$ Studierende γ_i eine Zufallsstichprobe Γ_n gezogen werden, die wiederum auf einem (prozentualen) Auswahlsatz von $A = 10\ \%$ basiert. Für eine endliche statistische Grundgesamtheit Γ vom Umfang $N = 240$ Studierende γ_i ist die Festlegung eines Auswahlsatzes von $A = 10\ \%$ wegen

$$10\ \% = (n\ /\ 240) \times 100\ \% \text{ und } n = 240 \times 10\ \%\ /\ 100\ \% = 24$$

identisch mit einem Stichprobenumfang von $n = 24$ Studierenden γ_i, die es zum Zwecke einer „zeitsparenden und hinsichtlich der beiden Schichtungsmerkmale möglichst repräsentativen statistischen Erhebung" zufällig auszuwählen gilt.

Stichprobenplan. Unter Verwendung der Immatrikulationsstruktur aus der Tabelle 2.1-2 ergibt sich der in der Tabelle 2.1-3 skizzierte Stichprobenplan, der aus Praktikabilitätsgründen auf ganzzahlig gerundeten Werten beruht.

Tabelle 2.1-3: Stichprobenplan (Anzahlen gerundet)

Geschlecht	Studiengang			insgesamt
	BWL	Immobilien	Wirtschaft & Politik	
männlich	$16 \times 0{,}4 \approx 6$	$4 \times 0{,}5 = 2$	$4 \times 0{,}7 \approx 3$	11
weiblich	$16 \times 0{,}6 \approx 10$	$4 \times 0{,}5 = 2$	$4 \times 0{,}3 \approx 1$	13
insgesamt	16	4	4	24

Beachtenswert ist dabei, dass im Stichprobenplan aus der Tabelle 2.1-3 nur festgelegt ist, wie viele Studierende γ in jeder „Schicht" zufällig auszuwählen sind. Wie diese schichtenspezifischen Zufallsauswahlen zu bewerkstelligen sind, etwa mittels einer reinen oder einer systematischen Zufallsauswahl, hängt vom jeweiligen Untersuchungsdesign ab. Eine einfache, praktikable und in praxi häufig applizierte Auswahlstrategie wäre in Anlehnung an das Beispiel 2.1-6 etwa die Folgende: In jeder der sechs geschlechts- und studiengangspezifischen „Schichten", die aus mengentheoretischer Sicht disjunkte bzw. sich paarweise gegenseitig ausschließende Teilmengen von Studierenden sind, wird zum Beispiel jeder dritte Studierende ausgewählt und befragt. Im konkreten Fall würde der Professor schlussendlich aus der Teilmenge der weiblichen Studierenden im Studiengang Wirtschaft und Politik gemäß dem Stichprobenplan in der Tabelle 2.1-3 allerdings nur eine Studentin zufällig auswählen und befragen.

Urliste. Als gewissenhafter Statistiker hat der Professor alle erfragten Geburtstage der zufällig und schichtenspezifisch ausgewählten Studierenden auf einem Blatt Papier notiert, das in der statistischen Terminologie auch als Urliste bezeichnet wird (vgl. Kapitel 3). Die Urliste $\{x_i, i = 1,2,...,n\}$ mit den insgesamt $n = 24$ notierten Geburtstagsdaten x_i subsumiert man in der Induktiven Statistik (vgl. Kapitel 7) unter dem Begriff einer realisierten geschichteten Zufallsstichprobe vom Umfang $n = 24$ Geburtstagsdaten. ♣

2.2   Merkmal, Merkmalsausprägung, Skala

Motivation. In Anlehnung an die paradigmatischen Betrachtungen, die eingangs des Abschnittes 2.1 angestellt wurden, plakatiert die Abbildung 2.2-1 eine sogenannte Mietspiegelabfrage.

Abbildung 2.2-1: Mietspiegelabfrage

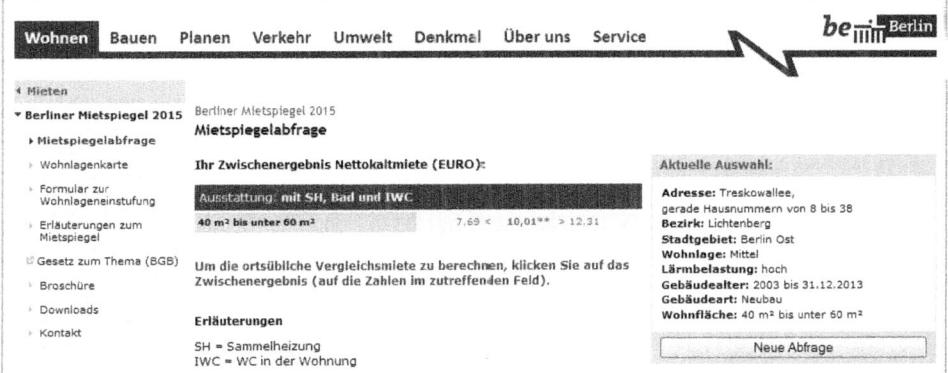

In der plakatierten internetbasierten Mietspiegelabfrage fungiert eine Mietwohnung als die statistische Einheit γ, die durch solche Eigenschaften wie zum Beispiel Adresse, Bezirk, Stadtgebiet, Wohnlage, Lärmbelastung, Gebäudealter, Gebäudeart, Wohnfläche und Mietpreis (Basis: monatliche Nettokaltmiete) beschrieben wird.

Interessierende Eigenschaften, die an einer statistischen Einheit γ erhoben werden, subsumiert man unter dem statistischen Merkmalsbegriff. Aus erfassungsstatistischer Sicht unterscheidet man zwischen sogenannten Identifikations- und Erhebungsmerkmalen. Während in Abhängigkeit vom Untersuchungsgegenstand statistische Identifikationsmerkmale für alle interessierenden statistischen Einheiten auf bestimmte Ausprägungen fixiert werden, können statistische Erhebungsmerkmale hinsichtlich ihrer möglichen Ausprägungen, die mittels einer Zustandsmenge definiert bzw. gekennzeichnet werden, auf dieser Zustandsmenge beliebig variieren. Aufgrund dessen, dass im Zuge einer statistischen Untersuchung vor allem statistische Erhebungsmerkmale von Interesse sind, leuchtet es in diesem Zusammenhang auch ein, warum in der statistischen Methodenlehre eine statistische Einheit γ synonym als Merkmalsträger bezeichnet wird.

Statistisches Merkmal
Eine Eigenschaft einer statistischen Einheit $γ ∈ Γ_n$, welche die zielführende Grundlage bzw. der interessierende Gegenstand einer statistischen Untersuchung ist, heißt statistisches Merkmal.

Hinweise. Für das Verständnis des Begriffs eines statistischen Merkmals sind die folgenden Hinweise nützlich: i) **Unterscheidung**. Für die statistische Daten-erfassung ist die Unterscheidung von Identifikations- und Erhebungsmerkmalen von Bedeutung. ii) **Identifikationsmerkmal**. Die eindeutige Definition und inhaltliche Abgrenzung (Identifikation) der statistischen Einheiten γ_i einer statistischen Gesamtheit bzw. Stichprobe $\Gamma_n = \{\gamma_i, i = 1,2,...,n\}$ vom Umfang n bzw. einer (endlichen) statistischen Grundgesamtheit $\Gamma = \{\gamma_i, i = 1,2,...,N\}$ vom Umfang N erfordert die Festlegung mindes-tens eines sachlichen, örtlichen und zeitlichen Identifikationsmerkmals, das auf jeweils eine Merkmalsausprägung festgelegt ist. iii) **Erhebungsmerkmal**. Im Unterschied zu den „fixierten" Identifikationsmerkmalen variieren in der Regel die Erhebungs- oder Be-obachtungsmerkmale, hinsichtlich ihrer möglichen bzw. empirisch beobachteten und in einer Zustandsmenge definierten Ausprägungen. Erhebungsmerkmale sind der eigentliche Gegenstand einer statistischen Untersuchung. iv) **Notation**. Statistische Erhebungsmerk-male, die ihrem Wesen nach Variablen sind, werden in der Regel mit den großen lateini-schen Endbuchstaben ... X, Y, Z bezeichnet. Die lateinischen Großbuchstaben fungieren dabei als Variablennamen. ◆

Beispiel 2.2-1: Identifikationsmerkmale
Gemäß Beispiel 2.1-3 bildet die Menge $\Gamma_n = \{\gamma_i, i = 1,2,...,n\}$ der n = 314 Studie-renden γ_i, die sich am Fachbereich Wirtschafts- und Rechtswissenschaften im Sommersemester 2015 in den Bachelor-Studiengängen in die Lehrveranstaltung „Statistik" eingeschrieben haben, die statistische Gesamtheit Γ_n. Die statistische Gesamtheit ist inhaltlich wie folgt abgegrenzt: i) sachlich: Studierende, die sich in die Lehrveranstaltung „Statistik für wirtschaftswissenschaftliche Bachelor-Studiengänge" eingeschrieben haben, ii) örtlich: Fachbereich Wirtschafts- und Rechtswissenschaften der HTW Berlin, iii) zeitlich: Sommersemester 2015. Be-achtenswert ist dabei, dass die Identifikationsmerkmale für eine statistische Ge-samtheit in ihren Ausprägungen festgelegt sind und daher nicht variieren. ♣

Beispiel 2.2-2: Erhebungsmerkmale
Ist man zum Beispiel an der statistischen Analyse der geschlechtsspezifischen Altersstruktur in der statistischen Gesamtheit $\Gamma_n = \{\gamma_i, i = 1,2,...,n\}$ der an der HTW Berlin im Sommersemester 2015 in den wirtschaftswissenschaftlichen Ba-chelor-Studiengängen immatrikulierten Studierenden interessiert, dann bilden das Alter X und die Geschlechtszugehörigkeit Y die interessierenden Erhebungs-merkmale der statistischen Einheit γ_i „Studentin bzw. Student" der Ordnung i. Die jeweils beobachteten Ausprägungen $X(\gamma_i) = x_i$ bzw. $Y(\gamma_i) = y_i$ der Erhe-bungsmerkmale X bzw. Y sind im Zuge einer statistischen Untersuchung zu er-fassen, aufzubereiten und zu analysieren (vgl. Kapitel 3). ♣

Merkmalsausprägung
Eine merkmalsbezogene Aussage bzw. ein Wert, die bzw. der für eine statisti-sche Einheit statistisch erhoben wird, heißt Merkmalsausprägung.

Hinweise. Für das Verständnis des Begriffs einer statistischen Merkmalsausprägung erweisen sich die folgenden Hinweise als hilfreich und nützlich: i) **Synonyme.** Für eine Merkmalsausprägung werden (in Abhängigkeit von der Skalierung) die Begriffe *Modalität, Realisation, Datum* (lat.: *datum* → das Gegebene), *Beobachtung* bzw. *Merkmalswert* synonym verwendet. ii) **Notation.** Die Merkmalsausprägungen eines Erhebungsmerkmals werden (im Unterschied zum jeweiligen Erhebungsmerkmal) in der Regel mit den jeweiligen kleinen lateinischen Endbuchstaben ... x, y, z bezeichnet. Bezeichnet X ein interessierendes Erhebungsmerkmal, das zum Beispiel an n Einheiten γ_i einer statistischen Gesamtheit bzw. (Zufalls)Stichprobe $\Gamma_n = \{\gamma_i, i = 1,2,...,n\}$ beobachtet wird, dann kann eine beobachtete Merkmalsausprägung formal durch die folgende Zuordnung beschrieben werden: Jeder statistischen Einheit $\gamma_i \in \Gamma_n$ der Ordnung i wird durch die Abbildung X: $\gamma_i \in \Gamma_n \to x_i = X(\gamma_i) \in \Xi$ eine Merkmalsausprägung x_i der zugehörigen Zustandsmenge Ξ zugeordnet. ♦

Zustandsmenge

Die Menge $\Xi = \{\xi_j, j = 1,2,...,m\}$ aller m theoretisch möglichen bzw. aller m empirisch beobachteten und wohl voneinander unterschiedenen Merkmalsausprägungen eines statistischen Erhebungsmerkmals X, die an den n Merkmalsträgern γ_i einer statistischen Gesamtheit $\Gamma_n = \{\gamma_i, i = 1,2,...,n\}$ erhoben werden können bzw. erhoben wurden, heißt Zustandsmenge Ξ (lies: *Groß-Xi*) des statistischen Erhebungsmerkmals X.

Hinweise. Für das Verständnis des Begriffs einer Zustandsmenge sind die folgenden Hinweise nützlich: i) **Verzeichnis.** Die Zustandsmenge eines statistischen Erhebungsmerkmals lässt sich bildhaft deuten als ein Verzeichnis aller möglichen bzw. empirisch beobachteten und voneinander verschiedenen Aussagen ξ_j (lies: *Klein-Xi*) über eine interessierende Eigenschaft X einer wohldefinierten statistischen Gesamtheit Γ_n von statistischen Merkmalsträgern γ_i. ii) **Aussagen.** Die voneinander verschiedenen Aussagen ξ_j, die Elemente einer Zustandsmenge Ξ sind, können Begriffe und/oder Zahlen sein. iii) **Skala.** Die Betrachtung einer beobachteten Merkmalsausprägung $x_i = X(\gamma_i) \in \Xi$ eines statistischen Erhebungsmerkmals X, die ein Element der zugehörigen Zustandsmenge Ξ ist, führt unmittelbar zum statistischen Skalenbegriff. ♦

Statistische Skala

Eine relationstreue Abbildung von Merkmalsausprägungen eines Erhebungsmerkmals auf eine Zeichen- bzw. Zahlenmenge heißt statistische Skala.

Hinweise. Für das Verständnis des statistischen Skalenbegriffs sind die folgenden Hinweise nützlich: i) **Semantik.** Eine Skala (lat., ital.: *scala* → Treppe, Leiter) ist (stark vereinfacht ausgedrückt) eine Art „Messlatte" für Merkmalsausprägungen eines statistischen Erhebungsmerkmals. ii) **Bedeutung.** Die Anwendung statistischer Analyseverfahren hängt entscheidend von der Skala ab, mit deren Hilfe die Ausprägungen statistischen Merkmals erfasst wurden. iii) **Typen.** In der angewandten Statistik kommt vor allem den folgenden drei hierarchisch (grch.: *hieros* → heilig + *archein* → herrschen) geordneten Skalentypen eine besondere praktische und theoretische Bedeutung zu: der *nominalen*, der *ordinalen* und der *metrischen* Skala. ♦

Nominale Skala

Eine statistische Skala, mit der lediglich die Gleichartigkeit oder die Verschiedenartigkeit von Merkmalsausprägungen eines Erhebungsmerkmals zum Ausdruck gebracht werden kann, heißt nominale Skala.

Hinweise. Für das Verständnis des nominalen Skalenbegriffs sind die folgenden Hinweise nützlich: i) **Synonyme.** Nominalskala (lat.: *nominalis* → zum Namen gehörig, begrifflich), Namen(s)skala, Attributskala. ii) **Hierarchie.** Eine nominale Skala ist in der Statistik die niedrigstwertige Skala mit dem niedrigsten Informationsgehalt. iii) **Ausprägung.** Statistisch erfasste Ausprägungen $x_i = X(\gamma_i) \in \Xi$ eines nominalen Merkmals X, die ein Element der zugehörigen Zustandsmenge Ξ sind, werden auch als Kategorien oder Attribute bezeichnet. iv) **Dichotomie.** Ein nominales Merkmal, das nur zwei mögliche Ausprägungen besitzt, heißt dichotom (grch.: *dicha* → zweifach + *tome* → Schritt). iv) **Häufbarkeit.** Ein nominales Merkmal heißt häufbar, wenn sich auf ein und dieselbe statistische Einheit γ mehrere Ausprägungen eines Erhebungsmerkmals „häufen" können. Ansonsten heißt es nicht häufbar. Der Häufbarkeitsbegriff ist wohl zu unterscheiden vom Häufigkeitsbegriff (vgl. Abschnitt 5.1), mit dessen Hilfe man analysiert, wie sich die Einheiten γ_i einer Gesamtheit $\Gamma_n = \{\gamma_i, i = 1,2,...,n\}$ auf die in einer Zustandsmenge Ξ erfassten Ausprägungen $\xi \in \Xi$ eines Erhebungsmerkmals verteilen. ♦

Beispiel 2.2-3: Nominale Merkmale
Merkmale. Das Geschlecht, der Familienstand, die Religionszugehörigkeit, die Nationalität oder der Beruf sind nominale Merkmale einer Person.

Zustandsmenge. Ist für eine statistische Gesamtheit $\Gamma_n = \{\gamma_i, i = 1,2,...,n\}$ von n Personen γ_i zum Beispiel das Merkmal *X: Familienstand* von Interesse, dann ergibt sich das folgende Bild: Die Zustandsmenge Ξ (lies: *Groß-Xi*) mit

$$\Xi = \{\xi_j, j = 1,2,...,m\} =$$
$$\{\xi_1 = \text{ledig}, \xi_2 = \text{verheiratet}, \xi_3 = \text{geschieden}, \xi_4 = \text{verwitwet}\}$$

ist (laut amtlicher Statistik) durch m = 4 wohl voneinander verschiedene und begrifflich gefasste Merkmalsausprägungen ξ_j (lies: *Klein-Xi*) gegeben.

Merkmalsausprägung. Erfasst man das Merkmal X für alle n statistischen Einheiten $\gamma_i \in \Gamma_n$ einer Gesamtheit Γ_n, so kann man mittels der n statistisch erfassten Merkmalsausprägungen $x_i \in \Xi$, wobei der Anschaulichkeit halber einmal

$$X(\gamma_1) = x_1 = \text{verheiratet}, X(\gamma_2) = x_2 = \text{ledig}, ... \text{ und } X(\gamma_n) = x_n = \text{verheiratet}$$

gelten soll, lediglich eine Gleichartigkeit oder eine Verschiedenartigkeit der betrachteten Personen $\gamma_i \in \Gamma_n$ bezüglich des Erhebungsmerkmals *X: Familienstand* mit seinen beobachteten Ausprägungen $x_i \in \Xi$ statistisch beschreiben. Während die Merkmalsträger $\gamma_i \in \Gamma_n$ der Ordnung i = 1 und i = 2 bezüglich des Erhebungsmerkmals X gleichartig sind, kennzeichnet man im paarweisen Vergleich die Merkmalsträger $\gamma_i \in \Gamma_n$ der Ordnung i = 1 und i = n bezüglich des erfassten Familienstandes X, der im Hinblick auf seine m = 4 zulässigen und wohl voneinander zu unterscheidenden Merkmalsausprägungen $\xi_i \in \Xi$ ein nominales Erhebungsmerkmal ist, als verschiedenartig. ♣

Beispiel 2.2-4: Dichotomes Merkmal

Die Geschlechtszugehörigkeit ist ein nominales und dichotomes Merkmal X einer Person γ. Diese Charakteristik erklärt sich daraus, dass die Zustandsmenge

$$\Xi = \{\xi_j, j = 1, 2\} = \{\xi_1 = \text{männlich}, \xi_2 = \text{weiblich})$$

lediglich aus den beiden (theoretisch und praktisch) möglichen Merkmalsausprägungen „männlich" oder „weiblich" besteht. Während eine Person als statistische Einheit $\gamma \in \Gamma_n$ fungiert, bildet die Menge aller Personen, die für eine statistische Erhebung von Interesse sind, eine statistische Gesamtheit Γ_n, die im konkreten Fall auch als dichotome Gesamtheit bezeichnet wird. ♣

Beispiel 2.2-5: Häufbares versus nicht häufbares Merkmal

Der Beruf $X(\gamma)$ ist ein häufbares nominales Merkmal X einer Person γ. Dies erklärt sich daraus, dass eine Person durchaus mehrere Berufe besitzen bzw. ausüben kann. Demgegenüber ist die Geschlechtszugehörigkeit $Y(\gamma)$ ein nicht häufbares nominales Merkmal Y einer Person γ. ♣

Ordinale Skala

Eine statistische Skala, mit der sowohl die Gleich- oder die Verschiedenartigkeit als auch eine natürliche Rangfolge von Merkmalsausprägungen eines Erhebungsmerkmals zum Ausdruck gebracht werden kann, heißt ordinale Skala.

Hinweise. Für das Verständnis des Begriffs einer ordinalen Skala sind die folgenden Hinweise nützlich: i) **Synonyme**. Ordinalskala, Intensität(s)skala, Prädikat(s)skala, Rangplatzskala. ii) **Ordnungsprinzip**. Bei einem statistischen Erhebungsmerkmal X, das mittels einer ordinalen Skala (lat.: *ordinare* → ordnen) „gemessen" wurde und dessen voneinander verschiedenen Ausprägungen $\xi_i \in \Xi$ sich nach der Intensität unterscheiden, ist das Ordnungsprinzip die Stärke bzw. der Grad der Intensität. Dies ist ein Grund dafür, warum man (meist begriffliche) Ausprägungen $\xi_i \in \Xi$ eines ordinalen Merkmals X auch als Intensitäten oder Prädikate bezeichnet und diese in der Regel mit Hilfe von Rangzahlen kodiert. iii) **Rangzahl**. Mit Hilfe ganzer (meist jedoch natürlicher) Zahlen kodierte begriffliche Ausprägungen eines ordinalen Merkmals X heißen Rangzahlen R_X oder Rangwerte. Rangzahlen bilden zum Beispiel die Grundlage des Rangkorrelationskoeffizienten nach SPEARMAN (vgl. Abschnitt 8.2). iv) **Applikation**. Die Ordinalskala findet bei der statistischen Deskription und Analyse wirtschafts- und sozialwissenschaftlicher Sachverhalte (etwa in Form von Qualitäts- und Leistungsmerkmalen, Prädikaten, sozialer Status etc.) eine breite Anwendung. v) **Komparativ**. In praxi werden die voneinander verschiedenen und in einer Zustandsmenge Ξ definierten Ausprägungen $\xi_j \in \Xi$ eines ordinalen Merkmals X in der Regel begrifflich und sprachlich mittels des Komparativs (lat.: *gradus comparativus* → dem Vergleich dienender Steigerungsgrad), also der ersten Steigerungsstufe eines Adjektivs, dargestellt. ♦

Beispiel 2.2-6: Ordinale Merkmale

Prädikat. Das Gesamtprädikat eines abgeschlossenen Bachelor-Studiums mit seinen in der Regel in einer Rahmenprüfungsordnung festgelegten und die Zustandsmenge $\Xi = \{\xi_j, j = 1,2,...,m\}$ bildenden, m = 5 (theoretisch möglichen und)

voneinander verschiedenen Ausprägungen $\xi_1 = sehr\ gut$, $\xi_2 = gut$, $\xi_3 = befriedigend$, $\xi_4 = ausreichend$ oder $\xi_5 = ungenügend$ ist ein ordinales Merkmal X eines Hochschulabsolventen $\gamma_i \in \Gamma_n$ einer Gesamtheit $\Gamma_n = \{\gamma_i,\ i = 1,2,...,n\}$ von Hochschulabsolventen. Die formale Symbolik $X(\gamma_i) = x_i \in \Xi$ bezeichnet eine statistisch erfasste Ausprägung des ordinalen Erhebungsmerkmals X: *Gesamtprädikat* für den Hochschulabsolventen $\gamma_i \in \Gamma_n$ der Ordnung i.

Konfektionsgröße. Die Konfektionsgröße Y ist ein ordinales Merkmal einer statistischen Gesamtheit $\Gamma_n = \{\gamma_i,\ i = 1,2,...,n\}$ von n Personen γ_i. Die Zustandsmenge $\Xi = \{\xi_j,\ j = 1,2,...,m\}$ ist durch die m = 7 voneinander verschiedenen und der englischen Sprache entlehnten Ausprägungen $\xi_1 = eXtra\ eXtra\ Small$, $\xi_2 = eXtra\ Small$, $\xi_3 = Small$, $\xi_4 = Medium$, $\xi_5 = Large$, $\xi_6 = eXtra\ Large$ oder $\xi_7 = eXtra\ eXtra\ Large$ gegeben. Die formale Symbolik $X(\gamma_i) = x_i \in \Xi$ bezeichnet eine statistisch beobachtete Ausprägung des ordinalen Merkmals Y: *Konfektionsgröße* für die Person $\gamma_i \in \Gamma_n$ der Ordnung i.

Tabellenplatz. Der Tabellenplatz X nach Ablauf eines Meisterschaftsjahres ist ein ordinales Merkmal der statistischen Gesamtheit $\Gamma_n = \{\gamma_i,\ i = 1,2,...,n\}$ von n = 18 Fußballclubs γ_i, die in der ersten Bundesliga die deutsche Fußballmeisterschaft austragen. Die Zustandsmenge $\Xi = \{\xi_j,\ j = 1,2,...,m\}$ ist durch die $m \leq n$ voneinander verschiedenen Ausprägungen $\xi_1 = Erster$, $\xi_2 = Zweiter$ ... gegeben. Die formale Symbolik $X(\gamma_i) = x_i \in \Xi$ bezeichnet die Ausprägung des ordinalen Merkmals X: *Tabellenplatz* für einen Fußballclub $\gamma_i \in \Gamma_n$ der Ordnung i. ♣

Metrische Skala

Eine statistische Skala, die mit Hilfe der Menge der reellen Zahlen sowohl die Gleich- oder die Verschiedenartigkeit und die Rangfolge als auch mess- und zählbare Unterschiede (Abstand, Vielfaches) von Merkmalsausprägungen eines Erhebungsmerkmals zum Ausdruck bringen kann, heißt metrische Skala.

Hinweise. Für das Verständnis des metrischen (grch.: *metron* → Maß) Skalenbegriffs sind die folgenden Hinweise nützlich: i) **Synonyme.** Kardinalskala (lat.: *cardinalis* → im Angelpunkt stehend, hauptsächlich), kardinale Skala, Hauptskala. ii) **Arten.** Eine metrische Skala kann eine Intervallskala, eine Verhältnisskala oder eine Absolutskala sein. iii) **Intervallskala.** Eine metrische Skala, die keinen natürlichen Nullpunkt und keine natürliche Maßeinheit besitzt, heißt Intervallskala. Die Intervallskala ist die niedrigstwertige metrische Skala. Für ein intervallskaliertes Merkmal ist es nur sinnvoll, Abstände bzw. Differenzen zwischen seinen Merkmalswerten zu messen, zu berechnen und zu interpretieren. iv) **Verhältnisskala.** Eine metrische Skala, die einen natürlichen Nullpunkt, aber keine natürliche Maßeinheit besitzt, heißt Verhältnis- oder Ratio-Skala (lat.: *ratio* → Vernunft, Berechnung). Für die Merkmalswerte eines verhältnisskalierten Merkmals sind alle Vergleichs- und Rechenoperationen definiert. Die Bezeichnung selbst rührt daher, dass es für ein verhältnisskaliertes Merkmal sinnvoll ist, Verhältniszahlen bzw. rationale Zahlen (lat.: *rationalis* → vernünftig) zu berechnen und zu interpretieren. Messvorgänge basieren auf einer Verhältnisskala. Demnach sind zum Beispiel

Längen-, Flächen-, Volumen- und Gewichtsangaben ihrem Wesen nach verhältnisskaliert.
v) **Absolutskala**. Eine metrische Skala, die einen natürlichen Nullpunkt und eine natürliche Maßeinheit besitzt, heißt Absolutskala. Die Absolutskala ist die höchstwertige statistische Skala. Sämtliche Zählvorgänge basieren auf einer Absolutskala. ♦

Beispiel 2.2-7: Intervallskaliertes Merkmal
Temperatur. In Wandlitz wurden am Freitag, dem 15. Mai 2015 um 15 Uhr 15°C gemessen. In dieser statistischen Aussage ist die Temperatur ein intervallskaliertes Merkmal X einer Gemeinde γ mit dem beobachteten bzw. gemessenen Merkmalswert $X(\gamma) = x = 15°C$ entsprechend der Temperaturskala, die nach dem schwedischen Naturforscher Anders CELSIUS (*1701, †1744) benannt wurde und auf einem von CELSIUS künstlich festgelegten Nullpunkt von 0°C beruht. Die Aussage „... heute ist es um 5°C wärmer als gestern ..." ist sinnvoll. Nicht sinnvoll hingegen ist die Aussage „... 30°C sind doppelt so warm wie 15°C."

Zustandsmenge. Beachtenswert ist dabei, dass die Zustandsmenge Ξ des intervallskalierten Merkmals X: *Temperatur* mit Hilfe der Menge der reellen Zahlen $\mathbb{R}$ beschrieben werden kann, so dass allgemein für jede in der Gemeinde Wandlitz statistisch beobachtete Temperatur $X(\gamma) = x \in \mathbb{R}$ gilt. ♣

Beispiel 2.2-8: Verhältnisskalierte Merkmale
Fahrleistung. Die jährliche Fahrleistung (Angaben in km) ist ein verhältnisskaliertes Merkmal Y eines Kraftfahrzeuges γ. Die Maßeinheit „Kilometer" (grch.: *chilioi* → tausend + *metron* → Maß) ist eine durch das „Urmeter", das im Zuge der französischen Revolution 1795 als „egales Maß" eingeführt wurde und im Museum zu Sevres bei Paris ausliegt, künstlich festgelegte Maßeinheit. Der natürliche Nullpunkt wäre durch den Umstand gekennzeichnet, dass ein Kraftfahrzeug γ im Verlaufe eines Jahres keine Fahrleistung aufzuweisen hätte, für das man im konkreten Fall einen Merkmalswert $Y(\gamma) = y = 0$ km statistisch beobachtet hätte. Sinnvoll ist zum Beispiel die Aussage, dass sich im Jahr t im Vergleich zum Vorjahr $t - 1$ die Fahrleistung eines Kraftfahrzeuges von $y_{t-1} = 10000$ km auf $y_t = 15000$ km, also um $y_t - y_{t-1} = 5000$ km bzw. auf das $y_t / y_{t-1} = 1{,}5$-Fache erhöht hat. Beachtenswert ist dabei, dass die Zustandsmenge Ξ des Merkmals Y durch die Menge der nichtnegativen reellen Zahlen $\mathbb{R}^+$ (worin die künstliche Zahl Null eingeschlossen ist) gegeben ist, so dass für eine beobachtete Fahrleistung y eines Kraftfahrzeuges γ allgemein $Y(\gamma) = y \in \mathbb{R}^+$ gilt.

Preise. Der Preis ist ein verhältnisskaliertes Merkmal $X(\gamma) = x \in \mathbb{R}^+$ eines Gutes $\gamma_i \in \Gamma$ eines Warenkorbes $\Gamma_n = \{\gamma_i, i = 1,2,...,n\}$. Es ist sinnvoll einen Preisvergleich für zwei gleichartige Güter anzustellen, wenn die Güter zum Beispiel wie folgt „ausgepreist" sind: $X(\gamma_1) = x_1 = 5{,}43$ € je kg und $X(\gamma_2) = x_2 = 4{,}56$ € je kg. Mit Hilfe der positiven reellen Zahlen 5,43 und 4,56 kann ein Preisvergleich mittels der hierarchischen Skalen etwa wie folgt bewerkstelligt werden:

Nominalskala. Mit der Aussage „… der Preis $X(\gamma_1) = x_1$ des Gutes γ_1 ist gleich bzw. verschieden vom Preis $X(\gamma_2) = x_2$ des Gutes x_2 …" wird lediglich auf dem Niveau einer Nominalskala die Gleichartigkeit $x_1 = x_2$ bzw. die Verschiedenartigkeit $x_1 \neq x_2$ der Preise x_1 und x_2 zum Ausdruck gebracht.

Ordinalskala. Durch die Aussage „… das Gut γ_1 ist teurer als das Gut γ_2 …" wird auf dem Niveau einer Ordinalskala die Verschiedenartigkeit der Preisangaben $x_1 \neq x_2$ noch durch eine Rangfolge $x_1 > x_2$ ergänzt. Beachtenswert ist dabei, dass die Verwendung des Komparativs (lat.: *comparare* $\rightarrow$ vergleichen), also der ersten und einem Vergleich dienenden Steigerungsstufe eines Adjektivs, im Kontext eines Vergleichs stets ein Indiz für eine Ordinalskala ist.

Intervallskala. Die Aussage „… der Preis des Gutes γ_1 liegt um 0,87 € je kg über dem Preis des Gutes γ_2 …" kennzeichnet auf dem Niveau einer Intervallskala die Preisdifferenz $x_1 - x_2 = (5{,}43 \text{ € je kg}) - (4{,}56 \text{ € je kg}) = 0{,}87$ € je kg.

Verhältnisskala. Der dimensionslose Quotient
$$x_1 / x_2 = (5{,}43 \text{ € je kg}) / (4{,}56 \text{ € je kg}) \cong 1{,}191$$
aus den beiden Güterpreisen $X(\gamma_i) = x_i$ ($i = 1, 2$) wird als Preismesszahl bezeichnet und lässt auf dem Niveau einer Verhältnisskala die folgende Aussage zu: „Der Preis des Gutes γ_1 macht das 1,191-Fache des Preises des Gutes γ_2 aus."

Hierarchie. Aus den vier preisbezogenen Aussagen wird augenscheinlich, dass die vier verwendeten statistischen Skalen in ihrem Niveau abgestuft und somit hierarchisch (grch.: *hieros* $\rightarrow$ heilig + *archein* $\rightarrow$ herrschen) sind. ♣

Beispiel 2.2-9: Absolutskala
Stück- oder Anzahlen sind absolut skalierte Merkmalsausprägungen. Die Mengenangabe 1 Stück ist (etwa im Unterschied zu 1 €, 1 kg, 1 m etc.) von keiner künstlich festgelegten Maßeinheit abhängig. Seit jeher benutzten die Menschen ihre (zehn) Finger (im Sinne einer Absolutskala) beim Zählen. ♣

Diskretes Merkmal
Ein metrisches Merkmal, das in einem geschlossenen Intervall nur einzelne bzw. endlich viele Merkmalswerte annehmen kann, heißt diskretes Merkmal.

Hinweise. Für das Verständnis des Begriffs eines diskreten statistischen Erhebungsmerkmals sind die folgenden Hinweise nützlich: i) **Synonyme**. diskontinuierliches Merkmal, ganzzahliges Merkmal, ii) **Absolutskala**. Erhebungsmerkmale, deren Merkmalsausprägungen auf einer Absolutskala definiert sind bzw. statistisch erhoben wurden, sind stets diskrete Merkmale. ♦

Beispiel 2.2-10: Diskrete Merkmale
Anzahl. Die Anzahl der Kinder $X(\gamma)$ ist ein absolutskaliertes und diskretes Merkmal X eines Arbeitnehmers $\gamma \in \Gamma_n$ einer statistischen Gesamtheit $\Gamma_n = \{\gamma_i,$ $i = 1, 2, \ldots, n\}$ von n Arbeitnehmern. Die Zustandsmenge Ξ des Merkmals X ist durch die Menge der natürlichen Zahlen $\mathbb{N}$ sowie der Zahl Null gegeben, so dass

$\Xi = \{0\} \cup \mathbb{N} = \{0, 1, 2,...\}$ gilt. Für einen Arbeitnehmer $\gamma_i \in \Gamma_n$ der Ordnung i symbolisiert die Zuordnungsvorschrift $X(\gamma_i) = x_i \in \Xi$ eine statistisch beobachtete Merkmalsausprägung, die als ein diskreter Merkmalswert $x_i \in \Xi$ definiert ist.

Gehalt. Das monatliche Nettogehalt $Y(\gamma_i)$ ist ein verhältnisskaliertes und diskretes Merkmal eines Arbeitnehmers $\gamma_i \in \Gamma_n$, weil es zum Beispiel bei der europäischen Währung „auf Euro und Cent genau" eine (abzählbar endlich) kleinste Geldeinheit in Gestalt der kleinsten Scheidemünze „1 Cent" (lat.: *centum* $\rightarrow$ Hundert) als hundertster Teil eines Euro gibt. Die Zustandsmenge Ξ des Merkmals Y ist durch die Menge $\mathbb{R}^+$ der positiven reellen Zahlen gegeben. Für einen Arbeitnehmer $\gamma_i \in \Gamma_n$ der Ordnung i einer wohldefinierten statistischen Gesamtheit $\Gamma_n = \{\gamma_i, i = 1,2,...,n\}$ von n Arbeitnehmern symbolisiert die Zuordnungsvorschrift $Y(\gamma_i) = x_i \in \mathbb{R}^+$ eine beobachtete Merkmalsausprägung, die zum Beispiel wegen $y_i = 1234,56 €$ als ein diskreter Merkmalswert aufgefasst wird. ♣

Stetiges Merkmal
Ein metrisches Merkmal, das in einem geschlossenen Intervall jeden beliebigen aller theoretisch möglichen (und potenziell unendlich vielen) Merkmalswerte annehmen kann, heißt stetiges Merkmal.

Hinweise. Für das Verständnis des Begriffs eines stetigen statistischen Erhebungsmerkmals sind die folgenden Hinweise nützlich: i) **Synonyme.** kontinuierliches Merkmal, reellwertiges Merkmal. ii) **Messvorgänge.** Statistische Erhebungsmerkmale, deren Merkmalsausprägungen auf einer Intervall- oder einer Verhältnisskala definiert sind bzw. statistisch erhoben wurden, sind ihrem Wesen nach stetige Merkmale, selbst wenn sie der Einfachheit halber nur ganzzahlig erfasst werden. Diese Aussage gilt insbesondere für Angaben, die auf Messvorgängen basieren. ♦

Beispiel 2.2-11: Stetige Merkmale
Zapfmenge. Die gezapfte Tagesmenge X (Angaben in Hektolitern) an Dieselkraftstoff ist ein verhältnisskaliertes und stetiges Merkmal einer Tankstelle γ. Die Zustandsmenge Ξ des Merkmals X ist durch die Menge der nichtnegativen reellen Zahlen $\mathbb{R}^+$ gegeben, worin die Zahl Null eingeschlossen ist. Demnach kennzeichnet zum Beispiel $X(\gamma) = x = 28,1050$ hl eine gezapfte und statistisch erfasste Tagesmenge Dieselkraftstoff.

Wohnfläche. Die Wohnfläche Y (Angaben in m²) ist ein verhältnisskaliertes und stetiges Merkmal einer Mietwohnung γ. Die Zustandsmenge Ξ des Merkmals Y ist durch die Menge der positiven reellen Zahlen $\mathbb{R}^+$ gegeben, worin die Zahl Null aus Plausibilitätsgründen nicht eingeschlossen ist. Demnach kennzeichnet zum Beispiel $Y(\gamma) = y = 67,89$ m² eine statistisch erfasste Wohnfläche einer Mietwohnung γ.

Gewinn. Obgleich der Gewinn G streng genommen ein verhältnisskaliertes und diskretes Merkmal eines Unternehmens γ ist, das auf Euro und Cent genau angegeben werden kann, wird ein statistisch erfasster Gewinn zum Beispiel von $G(\gamma) = g = 1,234$ Mio. € meist wegen seiner Darstellung in einer höheren Dimension als ein quasi-stetiges statistisches Erhebungsmerkmal behandelt, dessen Zustandsmenge Ξ durch die Menge $\mathbb{R}$ der reellen Zahlen gegeben ist, worin die positiven $\mathbb{R}^+$ und die negativen $\mathbb{R}^-$ reellen Zahlen sowie die Zahl Null eingeschlossen sind. Dies erklärt sich sachlogisch daraus, dass ein Unternehmen γ zum Beispiel im Verlaufe eines Wirtschaftsjahres durchaus einen Gewinn oder keinen Gewinn bzw. Verlust oder einen Verlust erwirtschaften kann. ♣

Zusammenfassung

In der Tabelle 2.2-1 sind der Übersichtlichkeit halber nochmals die Skalen und Merkmalsklassifikationen zusammengefasst, die in der Statistik üblich sind.

Tabelle 2.2-1: Skalen und Merkmalsklassifikationen

Skala					
Typ	kategorial		metrisch		
Name	Nominal-	Ordinal-	Intervall-	Verhältnis-	Absolut-
Operation	$= \neq$	$= \neq > <$	$= \neq > < + -$	$= \neq > < + -$	$= \neq > < + - \cdot / \sqrt{\ }$
Beispiel	Geschlecht	Prädikat	Temperatur	Umsatz	Anzahl
Merkmal					
Art	qualitativ		quantitativ		
Skalierung	nominal	ordinal	kardinal, metrisch		
Ausprä-gung	Kategorie		Wert		
	Begriff	Intensität	stetig	quasi-stetig	diskret
Beispiel	männlich	sehr gut	$12,34^\circ$ C	1,2 Mio. €	20 Stück

Hinweise. Für das Verständnis und für die Nutzung der Tabelle 2.2-1 erweisen sich die folgenden Hinweise als nützlich: i) **Operationen**. Die Symbole, die in der Rubrik „Operation" aufgeführt wurden, kennzeichnen die für die jeweilige Skala definierten und aus statistisch-methodischer Sicht zulässigen und sinnvollen Vergleichs- und Rechenoperationen. ii) **Erfassbarkeit**. Im Blickwinkel der Erfassbarkeit von statistischen Erhebungsmerkmalen unterscheidet man in der Statistik zwischen direkt bzw. indirekt erfassbaren Erhebungsmerkmalen. Während zum Beispiel die Geschlechtszugehörigkeit einer Person direkt bzw. unmittelbar erfassbar ist, kann die Intelligenz einer Person (etwa mittels eines IQ-Tests) nur indirekt bzw. mittelbar erfasst bzw. gemessen werden. iii) **Häufbarkeit**. Vor allem im Blickwinkel der Analyse von Mehrfachantworten, die ein spezieller Gegenstand des Beispiels 5.1-2 ist, erweist sich die Betrachtung von häufbaren nominalen Erhebungsmerkmalen als substantiell. Ein nominales Erhebungsmerkmal X heißt häufbar, wenn sich mehr als eine der m wohl voneinander verschiedenen Merkmalsausprägungen $\xi_j \in \Xi = \{\xi_j, j = 1,2,...,m\}$ auf einen Merkmalsträger γ „häufen". iv) **Häufigkeit**. Im Unterschied zum Häufbarkeitsbegriff subsumiert man in der Statistik die Anzahl $n(X = \xi_j)$ der Merkmalsträger γ_i einer statistischen Gesamtheit $\Gamma_n = \{\gamma_i, i = 1,2,...,n\}$, die sich auf eine zulässige Merkmalsausprägung $\xi_j \in \Xi$ „häufen", unter dem Begriff einer absoluten Häufigkeit (vgl. Abschnitt 5.1). ♦

3

Datenerhebung

Schlüsselwörter

Datenbegriff   Sekundärerhebung
Erhebungskonzept   Teilerhebung
Fragebogen   Totalerhebung
Primärerhebung   Urliste

Gegenstand. Das dritte Kapitel hat eine elementare Einführung in ausgewählte, typische und häufig applizierte Verfahren einer statistischen Erhebung zum Gegenstand. Dabei stehen zwei Konzepte der statistischen Primärerhebung, die in der empirischen Wirtschafts- und Sozialforschung eine breite Anwendung erfahren, im Vordergrund. Es ist dies zum einem das sogenannte Urlistenkonzept und zum anderen das sogenannte Fragebogenkonzept. Die beiden paradigmatisch (grch.: *paradeigma* → Beispiel) skizzierten primärstatistischen Erhebungskonzepte können gleichsam als „Musterlösungen" für eine Vielzahl praktischer Problemstellungen angesehen werden.

Zielstellung. Das Ziel dieses Kapitel besteht darin, anhand praktischer Problem- und Fragestellungen die beiden primärstatistischen Erhebungskonzepte paradigmatisch zu erläutern und zu demonstrieren. Aus didaktisch-methodischen Gründen ist in die Darstellung der Erhebungskonzepte eine problembezogene Erläuterung der statistischen Grundbegriffe, die im Kontext des zweiten Kapitels eingeführt wurden, eingeschlossen. ♣

3.1   Grundbegriffe

Motivation. Eine statistische Erhebung, deren Kernstück die Datenerhebung ist, bildet den Ausgangspunkt jeglichen statistischen Arbeitens. Im Vorfeld einer statistischen Erhebung ist es stets geboten, sich der statistischen Grundbegriffe zu bedienen, die im Kontext des zweiten Kapitels paradigmatisch eingeführt wurden. Darin eingeschlossen ist die exakte inhaltliche Abgrenzung der zu analysierenden statistischen Gesamtheit, die Festlegung der Erhebungsmerkmale, die Definition der jeweiligen Zustandsmenge und der zugehörigen Skala.

Erhebung. In Abhängigkeit davon, ob alle Merkmalsträger einer statistischen Grundgesamtheit oder nur eine (möglichst repräsentative) Teilmenge von Merkmalsträgern in Gestalt einer Stichprobe erhoben werden, unterscheidet man im Kontext einer Datenerhebung zwischen einer Voll- bzw. Totalerhebung oder einer Teil- bzw. Stichprobenerhebung.

Datenerhebung

Für eine statistische Gesamtheit $\Gamma_n = \{\gamma_i, i = 1,2,...,n\}$ mit einem Umfang von n Merkmalsträgern γ_i heißt der Vorgang der Ermittlung und der Erfassung von Ausprägungen $X(\gamma_i) = x_i \in \Xi$ (mindestens) eines statistischen Merkmals X, das über einer Zustandsmenge Ξ definiert ist, Datenerhebung.

Hinweise. Für das Verständnis des Begriffes einer statistischen Datenerhebung erweisen sich die folgenden Hinweise als hilfreich: i) **Arten.** Werden die Daten für eine statistische Untersuchung durch eine besondere Erhebung nach speziellen Ausprägungen von sachlichen, örtlichen und zeitlichen Identifikationsmerkmalen gewonnen, spricht man von einer *Primärerhebung*, deren Resultat eine *Primärstatistik* ist. Die Verwendung von bereits vorhandenem (im Allgemeinen nicht für die jeweilige Untersuchung erhobenem) Datenmaterial bezeichnet man als *Sekundärerhebung* bzw. *Sekundärstatistik*. ii) **Primärerhebung.** Primärerhebungen werden in der Regel mit Hilfe von mündlichen bzw. schriftlichen Befragungen, Beobachtungen oder Experimenten bewerkstelligt. Die Ergebnisse einer Primärerhebung werden in einer sogenannten statistischen *Urliste* erfasst. iii) **Sekundärerhebung.** In nahezu allen Unternehmen, Verbänden und Verwaltungen werden Daten statistisch erhoben und aufbereitet. Sie bilden die Quellen für sogenannte sekundärstatistische Daten. iv) **Träger.** Hinsichtlich der Träger (Produzenten) von Statistiken unterscheidet man zwischen der amtlichen bzw. staatlichen und der nichtamtlichen bzw. privaten Statistik. Träger der amtlichen Statistik sind das Statistische Bundesamt in Wiesbaden sowie die Statistischen Ämter der Länder und Gemeinden. Träger der nichtamtlichen Statistik sind zum Beispiel die Wirtschaftsverbände, die Wirtschaftsinstitute, die Marktforschungsinstitute und der Paritätische Deutsche Wohlfahrtsverband. v) **Datenquellen.** Die Vielzahl von Datenquellen ist vor allem seit der Verfügbarkeit von modernen Kommunikationsmitteln (etwa des Internets) schier unerschöpflich. Eine nützliche und ergiebige sekundärstatistische Datenquelle ist das vom Statistischen Bundesamt herausgegebene und jährlich erscheinende *Statistische Jahrbuch* für die Bundesrepublik Deutschland. ♦

Urliste

Ist X ein über einer Zustandsmenge Ξ definiertes Merkmal, das für die n Merkmalsträger γ_i einer statistischen Gesamtheit $\Gamma_n = \{\gamma_i, i = 1,2,...,n\}$ erhoben wurde, dann heißt die Zusammenstellung der Merkmalsausprägungen $X(\gamma_i) = x_i \in \Xi$ in der Reihenfolge ihrer statistischen Erhebung (statistische) Urliste.

Hinweise. Für das Verständnis des Begriffs einer statistischen Urliste sind die folgenden Hinweise nützlich: i) **Index**. Der Index i (lat.: *index* → Zeiger, Verzeichnis) ist eine Variable, die im Bereich der natürlichen Zahlen variiert und die an den Merkmalsträgern γ_i erhobenen Merkmalsausprägungen x_i nummeriert. ii) **Reihe**. Eine (meist aufsteigend) geordnete Folge von Merkmalsausprägungen aus einer Urliste heißt geordnete Urliste, statistische Reihe oder Datenreihe. In Abhängigkeit vom Ordnungskriterium (Reihungsmerkmal) unterscheidet man zwischen Querschnittsreihen und Zeitreihen. Datenreihen, welche die statistische Beschreibung (nur) eines statistischen Erhebungsmerkmals zum Gegenstand haben, heißen univariat (lat.: *unus* → eins + *varia* → Allerlei). Basiert eine Datenreihe auf zwei oder mehr Erhebungsmerkmalen, dann wird sie als bivariat (lat.: *bis* → zweifach) oder multivariat (lat.: *multus* → vielfach) bezeichnet und klassifiziert. iii) **Querschnittsreihe**. Eine Querschnittsreihe ist eine Folge von Daten, die auf eine gleiche Zeit bezogen sind und entweder im sachlichen oder im örtlichen Reihungsmerkmal variieren. iv) **Zeitreihe**. Eine Zeitreihe ist eine Folge von sachlich oder örtlich gleichartigen Daten, deren Ordnungskriterium die Zeit ist. ♦

Daten. In Anlehnung an die Begriffswelt der Informatik wird für alle weiteren Betrachtungen der statistische Datenbegriff inhaltlich wie folgt gefasst:

Datenbegriff

Eigenschaften von Merkmalsträgern einer sachlich, örtlich und zeitlich abgegrenzten statistischen Gesamtheit, die empirisch erhoben wurden, werden als Erhebungsmerkmale bezeichnet. Aussagen über Erhebungsmerkmale, die primärstatistisch erhoben und in einer Urliste erfasst wurden bzw. im sekundärstatistischen Sinne bereits aufbereitet vorliegen, heißen Merkmalsausprägungen. Merkmalsausprägungen, die für die automatisierte statistische Verarbeitung mittels einer statistischen Software formalisiert werden, heißen Daten. Die für eine Menge von Erhebungsmerkmalen eines Merkmalsträgers aufbereiteten Daten bilden einen Datensatz. Die Menge aller im Kontext einer statistischen Erhebung erfassten Datensätze bilden eine Datendatei.

Hinweis. Eine zweidimensionale Tabelle bzw. eine (n × m)-Matrix mit ihren n Zeilen und m Spalten ist eine bildhafte und anschauliche Betrachtung einer Datendatei. Projiziert man gemäß dem Programmpaket SPSS (vgl. Kapitel 4) die n Merkmalsträger einer Gesamtheit Γ_n in die Tabellenzeilen und die m Erhebungsmerkmale in die Tabellenspalten, dann fungiert eine Tabellenzeile als ein Platzhalter für einen merkmalsträgerbasierten Datensatz, eine Tabellenspalte als ein Platzhalter für ein Erhebungsmerkmal und eine Tabellenzelle als Zeilen-Spalten-Schnittstelle als ein Platzhalter für eine Merkmalsausprägung. ♦

3.2   Urlistenkonzept

Motivation. Analog zu den problemorientierten Betrachtungen, die eingangs des Abschnittes 2.1 skizziert wurden, soll wiederum der sogenannte Berliner Mietspiegel die Grundlage zur paradigmatischen Erläuterung und Verdeutlichung des sogenannten Urlistenkonzepts bilden. Aus didaktisch-methodischer Sicht kann diese Herangehensweise wie folgt motiviert und begründet werden: Erstens ist ein Mietspiegel das Resultat einer primärstatistischen Beschreibung des Mietwohnungsmarktes eines Territoriums in einem bestimmten Zeitraum und damit eine spezielle Form von Marktforschung. Zweitens kann die Beschreibung eines sachlich, örtlich und zeitlich abgegrenzten Mietwohnungsmarktes bereits durch die statistische Erhebung vergleichsweise weniger Eigenschaften von Mietwohnungen bewerkstelligt werden, die ohne großen Erhebungsaufwand den einschlägigen Seiten lokaler Tageszeitungen oder des Internets entnommen werden können. Drittens eignen sich eine Mietwohnung und die statistische Beschreibung ihrer marktrelevanten Eigenschaften wie monatliche Kaltmiete, Wohnfläche, Zimmeranzahl, Wohnlage etc. ideal für eine problemorientierte Einführung sowohl in eine urlistenbasierte Datenerhebung als auch in das SPSS Datei- und Daten-Management.

Erhebungskonzept. Im Zuge einer statistischen Datenerhebung im Allgemeinen und der praktischen Arbeit mit SPSS als einem merkmalsträgerorientierten Statistik-Programm-Paket im Speziellen ist es erforderlich, die in der Tabelle 3.2-1 zusammengefassten Grundbegriffe konkret zu spezifizieren.

Tabelle 3.2-1: Erhebungskonzept

Merkmalsträger	Wohnung		
Grundgesamtheit	(unbestimmte) Menge von Wohnungen		
Identifikationsmerkmale mit festgelegter Ausprägung	Mietwohnung	Stadt	Zeitraum
	annonciert	Berlin	2015
Erhebungsmerkmal(e)	Variablenname	Skalierung	Typ
Stadtteil	Stadtteil	nominal	String
Zimmeranzahl	Zimmer	metrisch	numerisch
Wohnfläche (m²)	Fläche	metrisch	numerisch
monatliche Kaltmiete (€)	Miete	metrisch	numerisch
Datenerhebung	primärstatistisch, direkt, Stichprobenerhebung		
Auswahlverfahren	geschichtete und systematische Zufallsauswahl		

Grundgesamtheit. Gleichwohl die zugrunde liegende statistische Grundgesamtheit $\Gamma = \{\gamma_i, i = 1,2,...,N\}$ in Gestalt des zu beschreibenden Wohnungsmarktes durch eine endliche Menge von annoncierten Berliner Mietwohnungen $\gamma_i \in \Gamma$ definiert ist, kann im konkreten Fall ihr Umfang N nicht genau angegeben werden. Es ist lediglich bekannt, dass der Umfang N der statistischen Grundgesamtheit endlich und hinreichend groß ist. Da aus Zeit-, Kosten- und Realisierbarkeitsgründen eine statistische Totalerhebung des Berliner Mietwohnungsmarktes nicht sinnvoll erscheint, gilt es, den Mietwohnungsmarkt mittels einer (möglichst repräsentativen) Stichprobe $\Gamma_n = \{\gamma_i, \ i = 1,2,...,n\}$ von n Mietwohnungen γ_i zu beschreiben.

Abbildung 3.2-1: Urlistenauszug

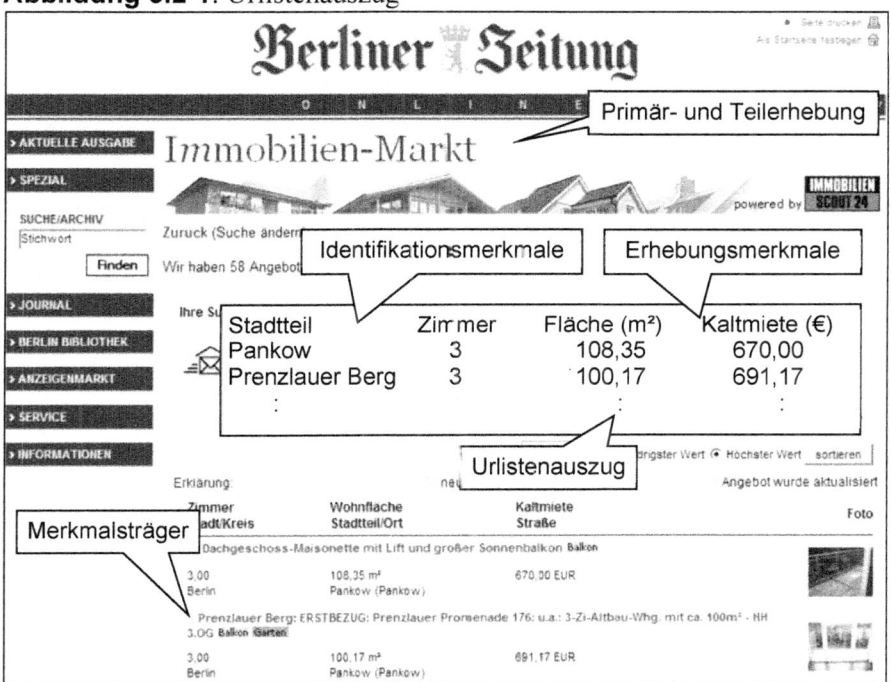

Stichprobe. Als Stichprobenverfahren wurde im konkreten Fall ein geschichtetes Zufallsauswahlverfahren praktiziert, wobei die Erhebungsmerkmale *Stadtteil* und *Zimmeranzahl* als Schichtungsmerkmale (und damit streng genommen als Identifikationsmerkmale) fungierten. Innerhalb jeder Schicht wurde im Sinne einer systematischen Zufallsauswahl zum Beispiel jede dritte Mietwohnung, die analog zur Abbildung 3.2-1 im Immobilien-Magazin der Berliner Zeitung im ersten Quartal 2015 annonciert wurde, ausgewählt und deren interessierende Eigenschaften statistisch erfasst.

Variablendefinition. Hat man die im erfassungsstatistischen Sinne elementaren und substantiellen Festlegungen getroffen, so ist es für das Datei- und Daten-Management unter SPSS, das beispielhaft im Kontext des vierten Kapitels skizziert wird, erforderlich, für jedes interessierende Erhebungsmerkmal und für jedes variierende Identifikationsmerkmal, das in der statistischen Terminologie auch als Variable bezeichnet wird, sowohl einen geeigneten Variablennamen zu vereinbaren als auch den Variablentyp festzulegen. Innerhalb der Tabelle 3.2-1 ist zugleich der Übergang von der Benennung eines Erhebungsmerkmals zur Variablendefinition unter SPSS exemplarisch dargestellt.

Urliste. In der angewandten Statistik finden alle bisherigen Überlegungen Eingang in die Verwendung sogenannter statistischer Erfassungsbelege bzw. Urlisten. Als ein anschauliches Beispiel für eine statistische Urliste können die Datentabellen innerhalb der Abbildungen 3.2-1 und 3.2-2 angesehen werden.

Abbildung 3.2-2: Urlistenauszug in Gestalt einer SPSS Datendatei

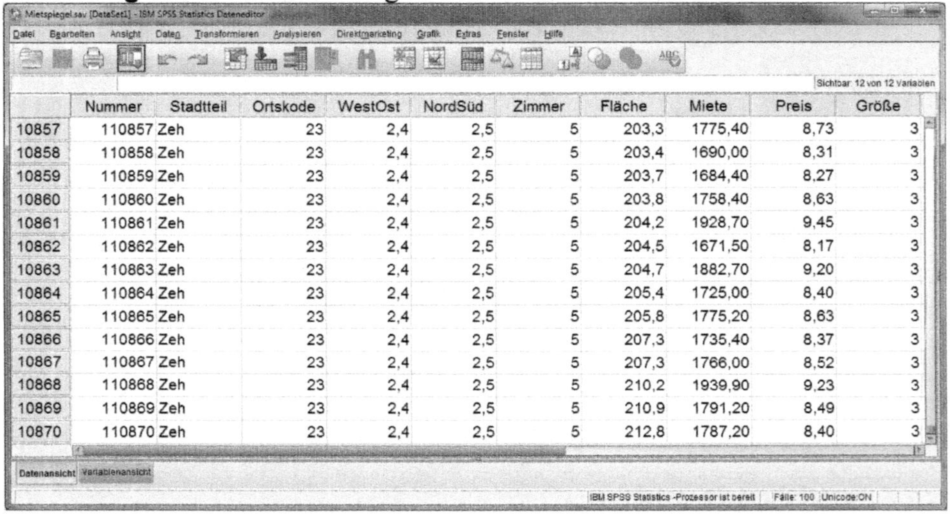

	Nummer	Stadtteil	Ortskode	WestOst	NordSüd	Zimmer	Fläche	Miete	Preis	Größe
10857	110857	Zeh	23	2,4	2,5	5	203,3	1775,40	8,73	3
10858	110858	Zeh	23	2,4	2,5	5	203,4	1690,00	8,31	3
10859	110859	Zeh	23	2,4	2,5	5	203,7	1684,40	8,27	3
10860	110860	Zeh	23	2,4	2,5	5	203,8	1758,40	8,63	3
10861	110861	Zeh	23	2,4	2,5	5	204,2	1928,70	9,45	3
10862	110862	Zeh	23	2,4	2,5	5	204,5	1671,50	8,17	3
10863	110863	Zeh	23	2,4	2,5	5	204,7	1882,70	9,20	3
10864	110864	Zeh	23	2,4	2,5	5	205,4	1725,00	8,40	3
10865	110865	Zeh	23	2,4	2,5	5	205,8	1775,20	8,63	3
10866	110866	Zeh	23	2,4	2,5	5	207,3	1735,40	8,37	3
10867	110867	Zeh	23	2,4	2,5	5	207,3	1766,00	8,52	3
10868	110868	Zeh	23	2,4	2,5	5	210,2	1939,90	9,23	3
10869	110869	Zeh	23	2,4	2,5	5	210,9	1791,20	8,49	3
10870	110870	Zeh	23	2,4	2,5	5	212,8	1787,20	8,40	3

Der Urlistenauszug innerhalb der Abbildung 3.2-2 zeigt die im Zuge einer systematischen Zufallsauswahl erhobenen Daten von Berliner Fünf-Zimmer-Mietwohnungen, die im ersten Quartal 2015 annonciert wurden und im Berliner Stadtteil Zehlendorf angesiedelt sind. Gleichwohl im konkreten Fall die SPSS Variablen *Stadtteil* und *Zimmer(anzahl)* als Identifikationsmerkmale für die geschichtete Zufallsstichprobe fungieren und daher bezüglich ihrer Ausprägungen „Zeh(lendorf)" und „5" fixiert sind, erscheinen sie im Kontext der Beschreibung des Berliner Mietwohnungsmarktes jeweils als ein in seinen Ausprägungen variierendes Erhebungsmerkmal einer Berliner Mietwohnung. Dies leuchtet ein, zumal eine annoncierte Berliner Mietwohnung zum Beispiel im Stadtteil Köpenick liegen und zwei Zimmer besitzen kann.

SPSS Datendatei. Die interessierenden und empirisch erhobenen Urlistendaten, die zudem noch durch stadtteilbezogene Informationen wie Ortskode und Lagekoordinaten auf der West-Ost-Achse bzw. Nord-Süd-Achse erweitert wurden, sind in der Abbildung 3.2-2 in Gestalt des SPSS Dateneditors auszugsweise dargestellt und (einem MIETENspiegel gleich) in der SPSS Datendatei *Mieten.sav* gespeichert. ♣

3.3   Fragebogenkonzept

Motivation. In der empirischen Wirtschafts- und Sozialforschung kommt der Erstellung und der statistischen Auswertung von Fragebögen, die aus Gründen der Einheitlichkeit und Vergleichbarkeit stets „standardisiert" sein sollten, eine besondere praktische Bedeutung zu. Die statistische Auswertung von Fragebögen ist eine spezielle und praxisrelevante Form einer primärstatischen Datenerhebung. Aus statistisch-methodischer Sicht kann ein Fragebogen wie folgt charakterisiert werden:

Fragebogen

Ein Fragebogen ist ein Instrument der primärstatistischen Datenerhebung. Mit Hilfe eines einheitlich gestalteten (standardisierten) Fragebogens werden über eine sachlich, örtlich und zeitlich gleichartig abgegrenzte statistische Grundgesamtheit bzw. über eine Teilgesamtheit (Stichprobe) von Merkmalsträgern interessierende Eigenschaften via mündliche, schriftliche, telefonische oder multimediale Befragung erhoben und statistisch ausgewertet.

Hinweise. Für die Erstellung und für die statistische Auswertung eines standardisierten Fragebogens erweisen sich die folgenden Hinweise und Anmerkungen als hilfreich und nützlich: i) **Exemplar**. In der Abbildung 3.3-1 ist das Exemplar eines standardisierten Fragebogens dargestellt, der einzig und allein didaktisch-methodisch motiviert ist und jeweils zum Semesterbeginn in den obligatorischen Lehrveranstaltungen zur Statistik an alle eingeschriebenen Studierenden verteilt wird, mit der Bitte, diesen im Sinne einer schriftlichen Befragung wahrheitsgemäß zu beantworten. ii) **Fragetypen**. Nach ihrer Funktion im Fragebogenkonzept unterscheidet man zwischen *Einleitungsfragen* (auch Kontaktfragen genannt) zur Eröffnung einer Befragung und *Sachfragen* als Kernstück der primärstatistischen Untersuchung. Bei Sachfragen unterscheidet man zwischen *offenen* und *geschlossenen* Fragen. Während für offene Fragen keine Antworten vorgegeben sind, liegen bei geschlossenen Fragen (etwa in Gestalt von Alternativ- oder sogenannten Skalafragen) bereits sachlogisch begründete und strukturierte Antworten vor. Der Fragebogen innerhalb der Abbildung 3.3-1 basiert ausschließlich auf geschlossenen Fragen. Weiterhin unterscheidet man zwischen *Kontrollfragen* zur Überprüfung der Antwortkonsistenz und Interviewer-Ehrlichkeit und *persönliche Fragen*, die interessierende Eigenschaften einer interviewten Person (zum Beispiel Geschlecht, Alter, Familienstand, soziale Herkunft etc.) zum Gegenstand haben. iii) **Identifikator**. Jeder Fragebogen ist mit einem Identifikator bzw. Schlüssel zu versehen. Der Identifikator erweist sich vor allem bei der Fehlersuche und der Plausibilitätsüberprüfung der gegebenen Antworten als nützlich. In praxi erweisen sich oft dekadische bzw. Nummernschlüssel als ausreichend, mit denen lediglich die Fragebögen nummeriert werden. Da die Datenerhebung semesterweise erfolgt, ist im Fragebogenexemplar innerhalb der Abbildung 3.3-1 links oben ein vierstelliger Platzhalter für den Identifikator vorgesehen, mit dem maximal 10000 Fragebögen nummeriert werden können. iv) **Kodierung**. Jede „geschlossene" Frage ist bezüglich ihrer vorgegebenen und in einer Zustandsmenge zusammengefassten Antworten (engl.: *response* → Antwort, *item* → Punkt, Posten, Antwort) zum Zwecke ihrer softwaregestützten Auswertung zu kodieren. Bezieht sich eine Antwort auf eine erfragte Eigenschaft, die bezüglich ihrer Ausprägungen mindestens auf einer Intervallskala definiert ist (etwa die Frage 3 nach der Körpergröße), dann ist der Vorgang der Kodierung durch den zugrunde liegenden Messvorgang definiert, in dessen Ergebnis stets nur ein Merkmalswert erscheinen kann. Bezieht sich hingegen die Antwort auf eine erfragte Eigenschaft, deren Ausprägungen entweder auf einer Nominalskala oder einer Ordinalskala definiert sind und als Begriffe, Kategorien oder Prädikate erscheinen (etwa die Frage 6 nach der Konfektionsgröße), dann ist der Vorgang der Kodierung durch eine Abbildung der Begriffe, Kategorien oder Prädikate auf die Menge der ganzen Zahlen gekennzeichnet. v) **Einzelantwort**. Stellen die vorgegebenen Antworten einer „geschlossenen" Frage Einzelantworten dar, dann genügt es, die vorgegebene Antwortbatterie zu kodieren und die vereinbarten Kodes als Ausprägungen des interessierenden Erhebungsmerkmals zu deklarieren. Eine vorgegebene Antwort heißt Einzelantwort, wenn (etwa bei der Beantwortung der Frage 11 nach der Anzahl der Prüfungswiederholungen) nur einer der vorgegebenen Punkte als Antwort markiert werden kann und darf. vi) **Mehrfachantworten**. Erscheinen analog zur Frage 12 die vorgegebenen Antworten einer „geschlossenen" Frage als eine Batterie (Set, Bündel, Menge) von Mehrfachantworten, dann ist gemäß dem Konzept der multiplen Dichotomien (vgl. Beispiel 5.1-2) für jede vorgegebene Antwort eine dichotome Variable (meist in Gestalt einer sogenannten 0-1-Variablen) zu vereinbaren. vii) **Erhebungskonzept**. Gleichermaßen wie beim Urlistenkonzept, das im Abschnitt 3.3-1 skizziert wurde, ist es auch im Zuge einer fragebogengestützten statistischen Datenerhebung stets erforderlich, analog zur Tabelle 3.3-1 das zugrunde liegende Erhebungskonzept konkret zu spezifizieren. ♦

Tabelle 3.3-1: Erhebungskonzept

Merkmalsträger	Student(in)		
statistische Gesamtheit	Student(inn)en, BA-Programme, Statistik-Kurs		
Identifikationsmerkmale	Studiengänge	Hochschule	Semester
mit festgelegter Ausprägung	FB WiRe	HTW Berlin	fortlaufend
Erhebungsmerkmale	Variablenname	Skalierung	Typ
Semester	Semester	nominal	numerisch
Geschlechtszugehörigkeit	F1	nominal	numerisch
Alter	F2	metrisch	numerisch
Körpergröße	F3	metrisch	numerisch
Körpergewicht	F4	metrisch	numerisch
Familienstand	F5	nominal	numerisch
Konfektionsgröße	F6	ordinal	numerisch
Berufsabschluss	F7	nominal	numerisch
Bafög-Empfänger	F8	nominal	numerisch
Studentische Aktivitäten	F9a bis F9f	metrisch	numerisch
Zufriedenheitsgrad	F10	metrisch	numerisch
Prüfungswiederholungen	F11	metrisch	numerisch
Verkehrsmittelnutzung	F12a bis F12l	nominal	numerisch
Datenhebung	primärstatistisch, direkt, Totalerhebung		

Abbildung 3.3-1: Standardisierter Fragebogen

Fragebogen-Nummer: Semester: _____

Hinweis. Füllen Sie bitte den anonymisierten Fragebogen aus, indem Sie die jeweilige Antwort ankreuzen bzw. den jeweiligen Wert angeben. Ihre Angaben werden vertraulich behandelt und dienen ausschließlich einer praxisnahen Gestaltung Ihrer Ausbildung im Studienfach „Statistik"

F1: Geschlecht: 0   männlich   1   weiblich

F2: Alter: Jahre

F3: Körpergröße: cm

F4: Körpergewicht: kg

F5: Familienstand: 1   ledig   2   verheiratet   3   verwitwet   4   geschieden

F6: Konfektionsgröße: 1   XS   2   S   3   M   4   L   5   XL   6   XXL

F7: Berufsabschluss: 0   nein   1   ja

F8: Bafög-Empfänger: 0   nein   1   ja

F9:   Bewerten und markieren Sie jeweils auf der dargestellten 100 %-Skala die Intensität Ihrer bisherigen studentischen Aktivitäten bezüglich ...

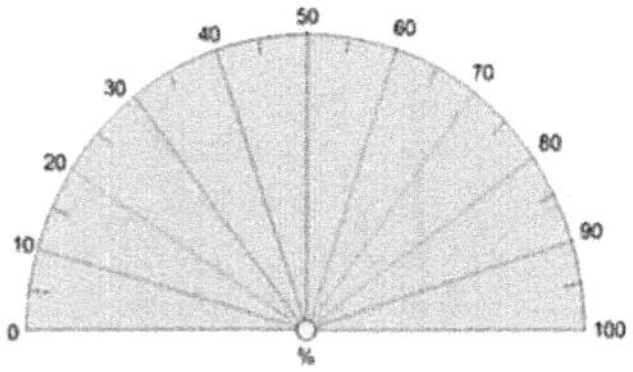

a) Vorlesungsbesuch 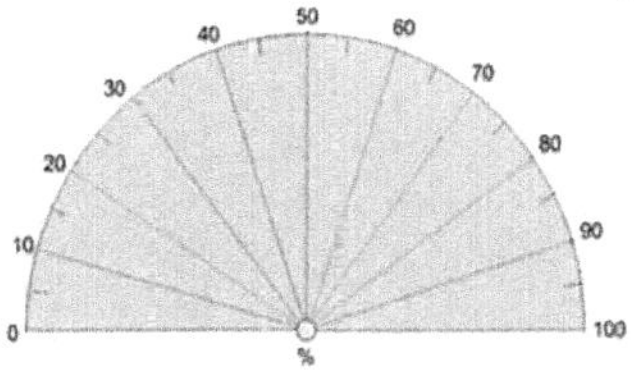   b) Übungsbesuch 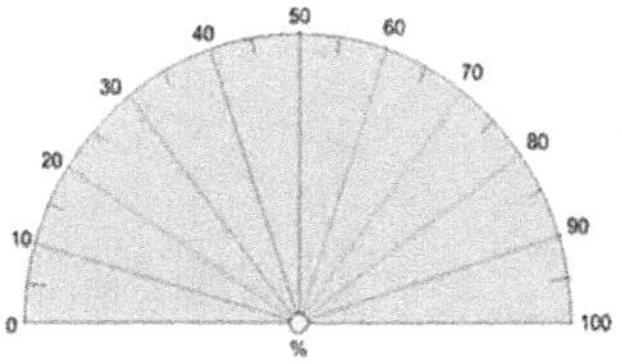   c) Bibliotheksbesuch

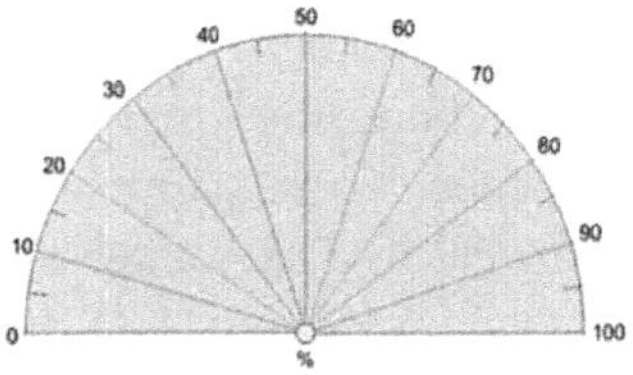

d) Selbststudium 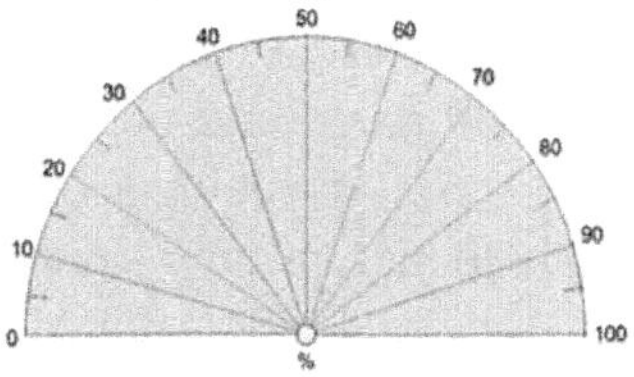   e) Studiengruppenarbeit 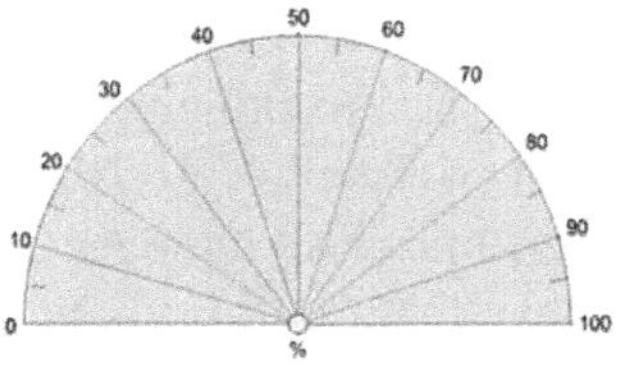   f) Nebenjobtätigkeit

F10: Bewerten und **markieren** Sie auf der dargestellten Zufriedenheitsskala den Zufriedenheitsgrad mit Ihrem bisherigen Studium an der HTW Berlin.

            unzufrieden $-\frac{}{10}$ 0 $+\frac{}{10}$ zufrieden

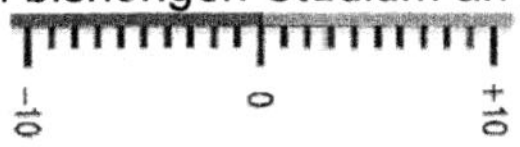

F11: Wie viele Prüfungswiederholungen hatten Sie im vergangenen Semester?

        0   keine   1   eine   2   zwei   3   drei   4   vier   5   fünf   6   sechs

F12: Welche Verkehrsmittel nutzen Sie in der Regel auf dem Weg zur Hochschule? **(Mehrfachnennungen** sind möglich.)

a) U-Bahn 1	b) S-Bahn 1	c) Tram 1
d) Bus 1	e) Regionalbahn 1	f) Fernbahn 1
g) Taxi 1	h) PKW 1	i) Motorrad 1
j) Motorroller 1	k) Fahrrad 1	l) Roller 1

SPSS Datendatei. Die Daten, die auf der Grundlage des standardisierten FRAGEbogens innerhalb der Abbildung 3.3-1 in den Lehrveranstaltungen zur Statistik in den vergangenen Semestern am Fachbereich Wirtschafts- und Rechtswissenschaften der Hochschule für Technik und Wirtschaft Berlin empirisch erhoben wurden, sind in der SPSS Datendatei *Frage.sav* gespeichert. In der Abbildung 3.3-2 ist aus Anschaulichkeitsgründen ein „Urlistenauszug" aus der in Rede stehenden SPSS Datendatei dargestellt.

Abbildung 3.3-2: Urlistenauszug

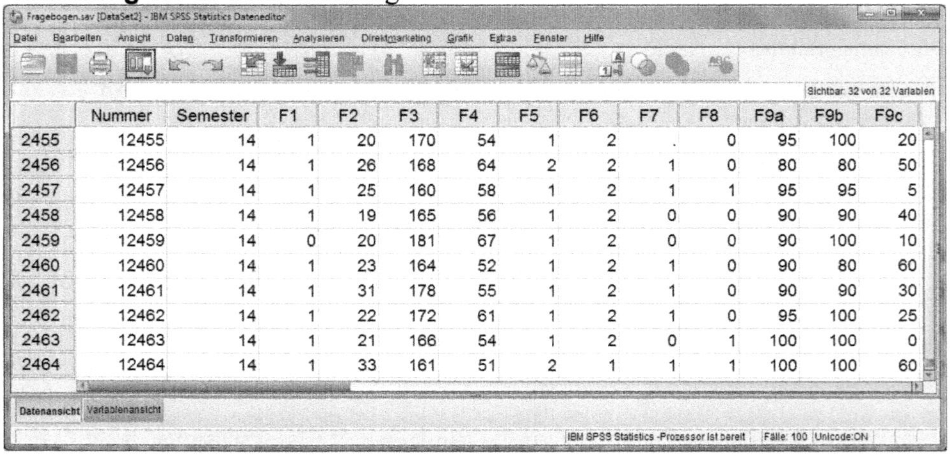

	Nummer	Semester	F1	F2	F3	F4	F5	F6	F7	F8	F9a	F9b	F9c
2455	12455	14	1	20	170	54	1	2	.	0	95	100	20
2456	12456	14	1	26	168	64	2	2	1	0	80	80	50
2457	12457	14	1	25	160	58	1	2	1	1	95	95	5
2458	12458	14	1	19	165	56	1	2	0	0	90	90	40
2459	12459	14	0	20	181	67	1	2	0	0	90	100	10
2460	12460	14	1	23	164	52	1	2	1	0	90	80	60
2461	12461	14	1	31	178	55	1	2	1	0	90	90	30
2462	12462	14	1	22	172	61	1	2	1	0	95	100	25
2463	12463	14	1	21	166	54	1	2	0	1	100	100	0
2464	12464	14	1	33	161	51	2	1	1	1	100	100	60

Aufgrund dessen, dass im standardisierten Fragenbogen innerhalb der Abbildung 3.2-1 die Ausprägungen aller nominalen und ordinalen Erhebungsmerkmale kodiert wurden (vgl. Abschnitt 4.6), erscheinen in logischer Konsequenz alle Merkmalsausprägungen innerhalb der primärstatistischen SPSS Datendatei als zahlenmäßige Informationen. Da im SPSS Dateneditor (vgl. Abschnitt 4.3) die Merkmalsträger $\gamma_i \in \Gamma_n$ einer statistischen Gesamtheit $\Gamma_n = \{\gamma_i, i = 1,2,...,n\}$ in den Editor-Zeilen platziert werden und gemäß Abbildung 3.2-2 insgesamt 2464 Editor-Zeilen „belegt" sind, ist es evident, dass die zugrunde liegende statistische Gesamtheit Γ_n aus n = 2464 Merkmalsträgern besteht, für die gemäß Abbildung 3.3-1 mittels eines standardisierten Fragebogens jeweils m = 32 Identifikations- und Erhebungsmerkmale X_j (j = 1,2,...,m) empirisch erhoben wurden. Die empirisch erhobenen Daten füllen letztlich eine tabellarisch gestaltete primärstatistische Urliste aus, die im konkreten Fall aus 2464 Zeilen und 32 Spalten besteht und im „idealen" Fall ausschließlich valider (lat.: *validus* → gültig) Daten im Sinne der linearen Algebra eine (2464 × 32)-Datenmatrix mit 2464 × 32 = 78848 Einzeldaten „aufspannt". Wie diese Datenmenge im konkreten Fall mit dem Programm-Paket *IBM SPSS Statistics* aufbereitet und analysiert werden kann, ist ein Gegenstand der folgenden Kapitel. ♣

4

SPSS Statistics

Schlüsselwörter

SPSS Dateneditor   SPSS Hilfesystem
SPSS Datenmanagement   SPSS Optionen
SPSS Dialogfeld   SPSS starten und beenden
SPSS Funktionsaufruf   SPSS Viewer

Zielstellung. Das Ziel dieses Kapitels besteht in einer Vermittlung elementarer Kenntnisse im Arbeiten mit dem Programmpaket *IBM SPSS Statistics*, das im Kontext aller weiteren Betrachtungen der Einfachheit halber kurz nur mit *SPSS* bezeichnet wird. Die Abbreviaturen IBM und SPSS stehen für „International Business Machines Corporation" und „Statistical Package for Social Sciences". Die der fünften Auflage des vorliegenden Lehrbuches zugrunde liegende Version 23 des Moduls „SPSS Statistics" ist ein umfassendes und leistungsfähiges Programmpaket zur Analyse, Modellierung und Vorhersage statistischer Daten.

Gegenstand. Den Gegenstand dieses Kapitels bilden Notizen zur Entwicklungsgeschichte und zur Produktfamilie von SPSS, zum Vorgang des Startens und Beendens von SPSS, zu den Arten und Zweckbestimmungen von SPSS Editoren, zur Nutzung des SPSS Viewer, zum Aufbau, zur Funktion und zur Handhabung von Dialogfeldern, zum Hilfesystem sowie zu den Optionen.

Einführung. Die elementaren und einführenden Bemerkungen sind lediglich auf die Inhalte und Funktionen von *IBM SPSS Statistics 23* beschränkt, die für alle weiteren Betrachtungen von Bedeutung sind. Ausführliche Darstellungen hinsichtlich des Aufbaus und der Wirkungsweise von *IBM SPSS Statistics 23* können zum Beispiel dem SPSS Hilfesystem entnommen werden. ♣

4.1   Wofür steht SPSS?

Programmpaket. Die Abbildung 4.1-1 beinhaltet das Eröffnungsbild von *IBM SPSS Statistics* in der Version 23. Das Markenzeichen SPSS, das für „Statistical Package for Social Sciences" steht, kennzeichnet ein umfassendes und leistungsfähiges Programmpaket zur Analyse, Modellierung und Vorhersage statistischer Daten. Der Einfachheit halber wird im Kontext aller weiteren Betrachtungen das Programmpaket *IBM SPSS Statistics 23* nur mit *SPSS* bezeichnet wird.

Abbildung 4.1-1: IBM SPSS Statistics, Version 23

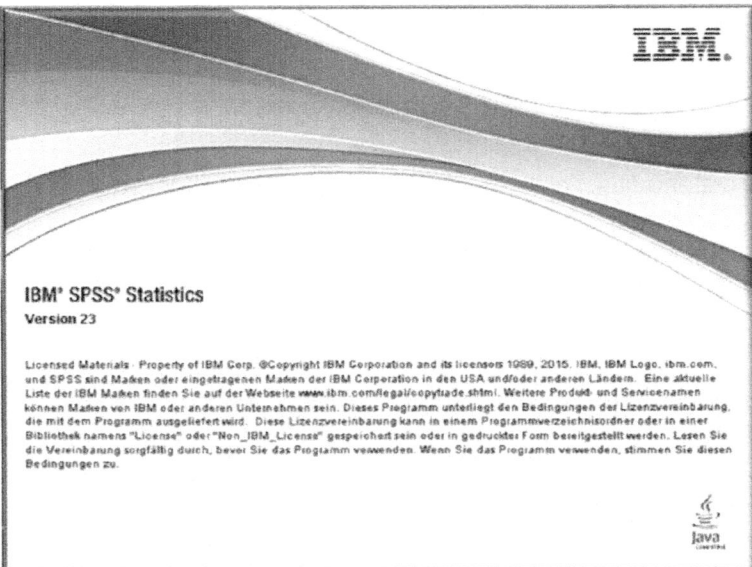

SPSS basiert auf einer grafischen Benutzeroberfläche, übersichtlichen und aussagekräftigen Menüs sowie übersichtlich gestalteten Dialogfeldern, die eine praktische Arbeit mit SPSS wesentlich erleichtern.

Hinweis: Die in diesem Lehrbuch gezeigten und auf Realdaten beruhenden Anwendungen basieren ausschließlich auf dem Programmpaket *SPSS Statistics*, das wiederum ein integraler Bestandteil der Produktsuite *IBM SPSS Software* der International Business Machines Corporation ist. ♦

Im Vergleich zu ihren SPSS Vorgänger-Versionen wird die sogenannte SPSS Produktsuite durch eine breite Palette von Neuerungen getragen, die von der Datenaufbereitung und dem Datentransport über das automatische und zeitsparende Durchführen von Datenanalysen bis hin zum Erstellen von Analyseberichten in Gestalt von einfachen oder umfangreichen Pivot-Tabellen bzw. klassischen und modernen grafischen Darstellungen reichen. ♣

4.2 SPSS starten und beenden

Voraussetzung. Die Nutzung von SPSS setzt seine ordnungsgemäße Installation unter einem der Microsoft Betriebssysteme voraus.

Sequenz. Für das Dokumentieren und für das Nachvollziehen von Funktionsaufrufen wird für die weiteren Betrachtungen gemäß Abbildung 4.2-1 die skizzierte Darstellungsform mit Hilfe einer sogenannten Sequenz vereinbart.

Sequenz
Eine Sequenz ist eine Abfolge von Menüpunkten und/oder Funktionselementen zur plakativen Darstellung eines Funktionsaufrufes in SPSS.

Hinweise. Für den Aufbau und für die Verwendung von Sequenzen sind die folgenden Hinweise nützlich: i) **Hauptmenüpunkt**. Abgesehen von der Sequenz 4.2-1 bezieht sich der erstgenannte Menüpunkt in einer Sequenz stets auf das Hauptmenü im jeweiligen Anwendungsfenster bzw. Dateneditor von SPSS. ii) **Funktionselemente**. Die Menüpunkte innerhalb einer Sequenz, die stufenweise nach rechts versetzt wurden, kennzeichnen die jeweiligen Funktionselemente in den nachfolgend geöffneten Dialogfeldern. Dies sind in der Regel Schaltflächen oder Optionen, die entweder durch das Ziehen des Mauszeigers auf das jeweilige Funktionselement oder durch einen Klick mit der linken Maustaste aktiviert werden. iii) **Abbildung**. Die in diesem Lehrbuch aufgelisteten Sequenzen werden noch durch eine Abbildung ergänzt, die das Fenster bzw. Dialogfeld, das final geöffnet wurde, vollständig bzw. als Ausschnitt darstellt und somit ein Nachvollziehen der skizzierten Analyseschritte erleichtern soll. ◆

SPSS starten. Via Sequenz 4.2-1 kann SPSS gestartet werden.

> **Sequenz 4.2-1**: SPSS starten
> Start
>   Programme
>   IBM SPSS Statistics 23 → Abbildung 4.2-1

Abbildung 4.2-1: SPSS Dateneditor (kommentiertes Eröffnungsbild)

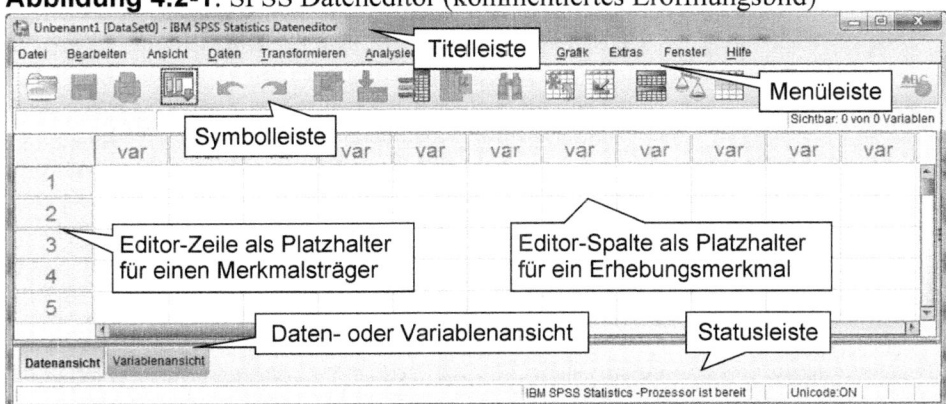

In der Abbildung 4.2-1 ist das Eröffnungsbild skizziert, das nach dem Startvorgang im Standardformat von SPSS erscheint und im konkreten Fall in der Präsentation des Dateneditors besteht. Zum Zwecke eines besseren Verständnisses des Aufbaus des SPSS Dateneditors wurde zudem die Abbildung 4.2-1 noch durch Anmerkungen ergänzt, welche die Bestandteile des SPSS Dateneditors markieren und benennen.

Sequenz 4.2-2: SPSS beenden
Datei
Beenden

SPSS beenden. Über das schrittweise Aktivieren der Menüpunkte innerhalb der Sequenz 4.2-2 kann SPSS ordnungsgemäß beendet werden. ♣

4.3   SPSS Editoren und Viewer

Motivation. Die für SPSS typischen und für die weiteren Betrachtungen relevanten Editoren und Viewer lassen sich wie folgt charakterisieren:

SPSS Dateneditor
Der SPSS Dateneditor ist ein Instrument (engl.: *tool*), mit dessen Hilfe hauptsächlich das Datei- und Daten-Management bewerkstelligt wird. Das Kernstück des SPSS Dateneditors ist ein in Zeilen und in Spalten aufgeteiltes Arbeitsblatt.

Hinweise. Für die Arbeit mit dem SPSS Dateneditor sind die folgenden Hinweise nützlich: i) **Komponenten**. Der SPSS Dateneditor setzt sich aus den folgenden Komponenten zusammen, die in der Abbildung 4.2-1 zur leichteren Identifizierung jeweils mittels einer Legende markiert und kommentiert sind. Dies sind die **Titelleiste** *IBM SPSS Statistics Dateneditor*, die **Menüleiste** mit den Hauptmenü-Punkten *Datei, Bearbeiten, ..., Hilfe*, die **Symbolleiste**, deren Symbole (engl.: *icon(s)*) durch eine Kurzinformation (engl.: *short info*) erklärt werden und die Arbeit mit SPSS wesentlich vereinfachen und erleichtern, das **Arbeitsblatt**, das in Zeilen und Spalten aufgeteilt ist und die **Statusleiste**, die jeweils über den „aktuellen Zustand" von SPSS informiert. Über die Statusleiste werden folgende Statusinformationen bereitgestellt: der **Befehlsstatus**, der zum Beispiel über die nach Aufruf einer Prozedur bereits verarbeiteten Fälle informiert, der **Filterstatus**, der darüber informiert, ob bestimmte Merkmalsträger einer SPSS Datendatei nach bestimmten Kriterien ausgewählt bzw. gefiltert wurden (vgl. Beispiel 4.6.4-4), der **Gewichtungsstatus**, der über eine vereinbarte Gewichtung von Merkmalswerten informiert und der **Aufspaltungsstatus**, der über die Gliederung einer SPSS Datendatei in Gruppen informiert. ii) **Zeilen**. Die Zeilen des Arbeitsblattes fungieren als Platzhalter für die statistischen Merkmalsträger γ_i einer statistischen Gesamtheit $\Gamma_n = \{\gamma_i, i = 1,2,...,n\}$. Die Anzahl der mit Daten (inklusive fehlenden Werten, engl.: *missing values*) belegten Arbeitsblattzeilen ist stets mit dem Umfang n der statistischen Gesamtheit Γ_n bzw. mit der „letzten" Zeilennummer identisch. iii) **Fälle**. Die Merkmalsträger $\gamma_i \in \Gamma_n$ werden in der Terminologie von SPSS als Fälle (engl.: *case* → Fall, Element) bezeichnet. iv) **Spalten**. Die Spalten des Arbeitsblattes fungieren als Platzhalter für die Erhebungsmerkmale, die in der SPSS Terminologie als Variablen bezeichnet werden und in der Kopfzeile des Arbeitsblattes durch die Abbreviaturen *var* gekennzeichnet sind. In der praktischen Arbeit mit SPSS ist der Dateneingabe stets eine geeignete Variablendefinition vorzulagern. v) **Zelle**. Eine Arbeitsblattzelle (als Schnittmenge einer Arbeitsblattzeile und einer Arbeitsblattspalte) fungiert als Platzhalter für eine Ausprägung eines Erhebungsmerkmals eines Merkmalsträgers. Je nach Vereinbarung kann eine Merkmalsausprägung, also ein Zelleninhalt ein Begriff, ein Wert oder eine Datumsangabe sein. Merkmalsausprägungen als Zelleninhalte bezeichnet man auch als Daten (vgl. Abschnitt 3.3). vi) **Daten- oder Variablenansicht**. Das Fenster des SPSS Dateneditors wird mit Beginn einer SPSS Sitzung automatisch geöffnet. Zudem besteht gemäß Abbildung 4.2-1 die Möglichkeit, im Dateneditor optional zwischen einer Daten- oder einer Variablenansicht zu wählen, indem man in der Statusleiste jeweils die Schaltfläche *Datenansicht* bzw. *Variablenansicht* aktiviert. vii) **Datenmatrix**. Ein mit Daten „ausgefülltes" Arbeitsblatt bezeichnet man in Anlehnung an die lineare Algebra als Datenmatrix bzw. in Anlehnung an die Informatik auch als Tabelle (engl.: *spreadsheet*). Die Größe eines „ausgefüllten" Arbeitsblattes und damit die Größe der SPSS Datendatei hängt von der Speicherkapazität des verwendeten Rechners ab. viii) **Aktives Fenster**. Zu Beginn einer SPSS Sitzung ist der Dateneditor stets ein aktives Fenster. Ein aktives Fenster ist ein aktuell ausgewähltes Fenster, das im Unterschied zu einem nicht aktiven Fenstern dadurch gekennzeichnet ist, dass seine Überschriftleiste farbig unterlegt ist. In SPSS können mehrere Editorfenster gleichzeitig geöffnet werden. ix) **SPSS Datendatei**. Daten im SPSS Dateneditor können unter Verwendung des Dateiformats *SPSS (*.sav)*, das durch die Extension **.sav* (engl.: *to save* → retten, schützen) kenntlich gemacht wird, gespeichert werden. ♦

SPSS Viewer

Der SPSS Viewer (engl.: *viewer* → (Dia)Betrachter) ist ein Instrument zur Präsentation und Bearbeitung von statistischen Auswertungsergebnissen in Gestalt von Tabellen, Kommentaren, Überschriften und/oder Diagrammen.

Hinweise. In der praktischen Arbeit mit dem SPSS Viewer sind die folgenden Hinweise nützlich: i) **Abbildung**. Die Abbildung 4.3-1 beinhaltet den Viewer, der als eine Art „Schaufenster" für SPSS Ausgaben fungiert. Der Viewer wird automatisch nach dem Aufruf einer Prozedur, die eine Ausgabe erzeugt, geöffnet. ii) **Aufbau**. Der Aufbau des SPSS Viewer ähnelt dem des SPSS Dateneditors. Charakteristisch sind die unterschiedlich konstruierte Symbolleiste und das zweigeteilte Ausgabefenster. Während im linken Fensterflügel mit Hilfe eines *Navigators* die Ausgabestruktur angezeigt wird, beinhaltet der rechte Fensterflügel das eigentliche *Ausgabefenster* für die jeweilig erstellten Tabellen und Diagramme. iii) **Hauptausgabefenster**. Beachtenswert ist, dass (analog zum SPSS Dateneditor) im SPSS Viewer mehrere Fenster gleichzeitig geöffnet werden können. Dabei ist das sogenannte *Hauptausgabefenster* in der Titelleiste des SPSS Viewer mit einem kleinen blauen Kreuz (✚) kenntlich gemacht. Jedes im SPSS Viewer geöffnete Fenster kann mittels Mausklick auf das Symbol „Hauptfenster" (in Gestalt eines blauen Bildschirms mit einem mittig platzierten Stern) in der Symbolleiste als Hauptausgabefenster festgelegt werden. Dies hat den praktischen Vorteil, dass interessierende Ausgaben stets in das vereinbarte Hauptfenster „umgeleitet" und dort präsentiert werden können.

Abbildung 4.3-1: SPSS Viewer, Hauptausgabefenster

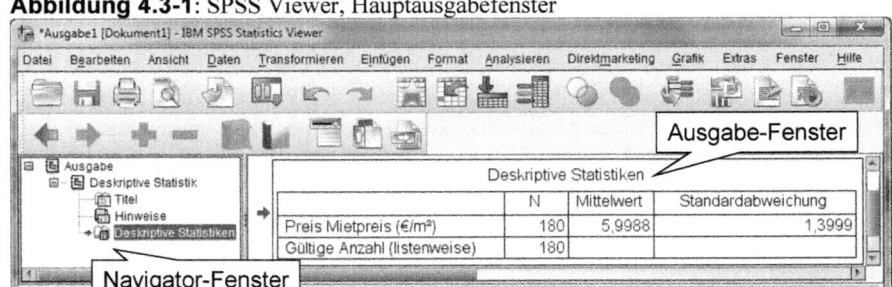

iv) **Pivotieren**. Das Bearbeiten einer Ausgabe im SPSS Viewer kann auf vielfältige Art und Weise bewerkstelligt werden. Ist man daran interessiert, eine im SPSS Viewer ausgegebene Tabelle zu bearbeiten, braucht man das gewünschte Tabellenobjekt nur mittels eines Doppelklicks mit der linken Maustaste zu markieren, um sie analog zur Abbildung 4.3-2 in dem Sinne zu „pivotieren", dass man die Zeilen und Spalten vertauscht (frz.: *pivot* → Drehzapfen, allgemein für drehen und bearbeiten).

Abbildung 4.3-2: SPSS Viewer, Pivot-Tabellen-Editor

v) **Tabellenformat**. Eine weitere nützliche Option kann via *Format, Tabellenvorlagen ...* aufgerufen werden, mit deren Hilfe man mittels einer unter dem SPSS Dateiformat *TableLooks (*.stt)* gespeicherten Tabellenvorlage eine Tabelle individuell gestalten kann.

Abbildung 4.3-3: SPSS Diagrammeditor

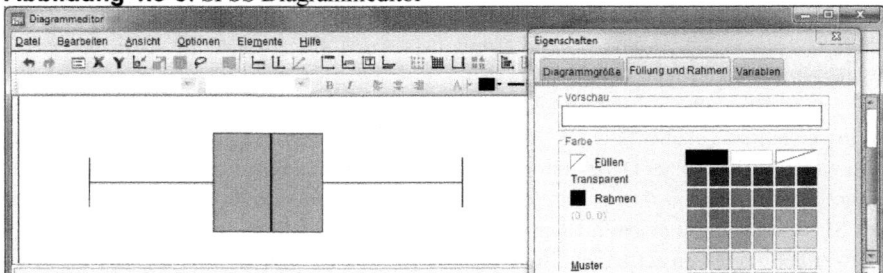

vi) **Diagrammeditor**. Der Diagrammeditor ist ein Instrument zur Bearbeitung von hochauflösenden Grafiken (engl.: *high resolution graphics*), die im SPSS Viewer ausgegeben und angezeigt werden. Möchte man ein Diagramm bearbeiten, das im SPSS Viewer angezeigt wird, kann man das Diagramm via Doppelklick mit der linken Maustaste in den Diagrammeditor projizieren. Die Abbildung 4.3-3 zeigt den Diagrammeditor mit dem Dialogfeld *Eigenschaften*, mit dessen Hilfe im konkreten Fall die Farbe der Box im Boxplot bearbeitet wurde. Für die Bearbeitung einer Grafik braucht man nur den Cursor auf das jeweilige Grafikelement zu platzieren, um mit einem Doppelklick das jeweilige Dialogfeld *Eigenschaften* öffnen zu können. Mit den verschiedenen Dialogfeldern *Eigenschaften* steht eine Vielzahl von Gestaltungsbausteinen zur Verfügung. Als vorteilhaft erweist sich die Arbeit mit Diagrammvorlagen, die man via *Datei, Diagrammvorlage speichern* unter dem Datei-Format *Templates (*.sgt)* (engl.: *template* → Schablone) speichern und via *Datei, Diagrammvorlage zuweisen* applizieren kann. Eine kopierte Grafik kann in unterschiedlichen Formaten zu jeder Zeit in andere Anwendungen (etwa in Microsoft Word oder Microsoft Power Point) exportiert werden. vii) **Viewer-Datei.** Viewer-Inhalte können in einer Ausgabedatei gespeichert werden. Ausgabedateien werden in SPSS unter dem Dateiformat *Viewer-Dateien (*.spv)* gespeichert. viii) **Schließen.** Das Schließen des SPSS Viewers bzw. des Diagrammeditors realisiert man am einfachsten über die Menüpunkte *Datei, Schließen*. ♦

4.4   SPSS Dialogfelder

Motivation. Analog zu sogenannten Windows-Anwendungen ist es auch in SPSS möglich, über die Menüpunkte in der Hauptmenü-Leiste des SPSS Dateneditors Dialogfelder optional anzufordern und zu öffnen.

SPSS Dialogfeld

In SPSS ist ein Dialogfeld ein spezielles Fenster, das als „Kommunikationsplattform" zwischen dem Programmsystem und dem Nutzer fungiert.

Nachfolgend sind der Aufruf und der Aufbau des Hauptdialogfeldes *Häufigkeiten* und des Unterdialogfeldes *Häufigkeiten: Statistik* plakatiert.

> **Sequenz 4.4-1**: Dialogfeld *Häufigkeiten*
> Analysieren
>   Deskriptive Statistiken
>   Häufigkeiten → Abbildung 4.4-1

Hinweise. In der praktischen Arbeit mit SPSS Dialogfeldern sind die folgenden Hinweise nützlich: i) **Arten.** In SPSS werden zwei Arten von Dialogfeldern unterschieden: die sogenannten *Hauptdialogfelder* und die sogenannten *Unterdialogfelder*. ii) **Grundaufbau.** Hauptdialogfelder bestehen im Allgemeinen aus den folgenden Elementen: a) aus einer linksseitig platzierten *Variablenliste*, in der alle in der SPSS Arbeitsdatei definierten Variablen aufgelistet werden, b) aus einer zentriert platzierten und in der Regel mit *Variable(n)* überschriebenen Rubrik, in der die für eine Analyse ausgewählten Variablen aufgelistet werden und c) aus rechtsseitig bzw. unten platzierten *Befehlsschaltflächen*, die bestimmte Aktionen auslösen bzw. mit deren Hilfe *Unterdialogfelder* aufgerufen werden können. iii) **Beispiel.** Die Abbildung 4.4-1 beinhaltet das via Sequenz 4.4-1 geöffnete Hauptdialogfeld *Häufigkeiten* und das zugehörige Unterdialogfeld *Häufigkeiten: Statistik*, das via Schaltfläche *Statistik...* aktiviert werden kann. Im

konkreten Fall wurden für die metrische Variable *Preis* (einem MIETENspiegel gleich aus
der SPSS Datendatei *Mieten.sav*) die drei Mietpreisquartile, das arithmetische Mittel, die
Varianz, die Spannweite, das Minimum und Maximum, die Standardabweichung, das
Schiefe- und das Wölbungsmaß (Kurtosis) angefordert.

Abbildung 4.4-1: SPSS Dateneditor mit Dialogfeldern *Häufigkeiten*

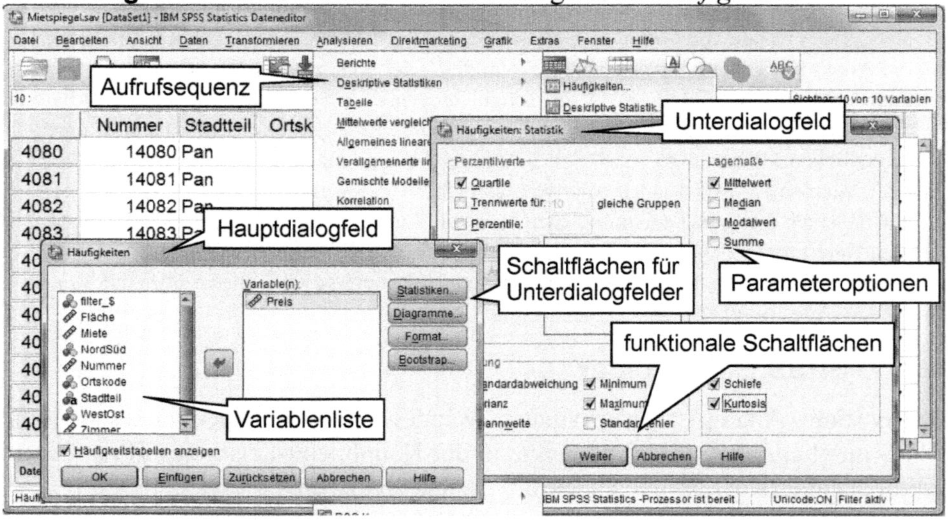

iv) **Charakteristik**. Hauptdialogfelder sind stets durch die funktionale Schaltfläche *OK*,
Unterdialogfelder durch die funktionale Schaltfläche *Weiter* kenntlich gemacht und somit
auf einen ersten Blick hin wohl voneinander zu unterscheiden. ◆

4.5   SPSS Hilfesystem und Optionen

Hilfesystem. Für die Arbeit mit SPSS erweist sich das webbasierte, breitgefä-
cherte und umfangreiche Hilfesystem als äußerst vorteilhaft, dessen Bestandteile
analog zur Abbildung 4.5-1 angefordert werden können.

Abbildung 4.5-1: SPSS Dateneditor mit Hilfesystem

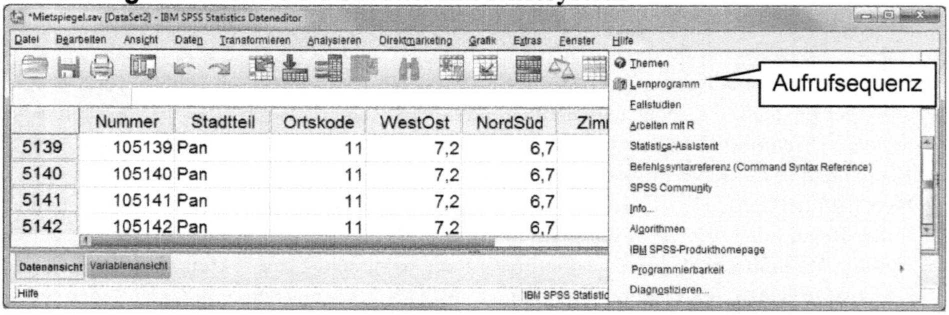

Beachtenswert ist dabei, dass für einen Aufruf der Website *http://www.ibm.
com/support* des technischen Supports von SPSS eine Anmelde-ID und ein

Passwort erforderlich sind. Aus dem umfangreichen Angebot von Hilfen, worin auch ein Lernprogramm eingeschlossen ist, können die gewünschten Informationen ausgesucht werden, derer man bei der praktischen Arbeit mit SPSS bedarf.

Kontextsensitive Hilfe. Eine kontextsensitive Hilfe kann gemäß Abbildung 4.4-1 zum Beispiel in einem Dialogfeld über die Schaltfläche *Hilfe* oder analog zum Abschnitt 4.3 auch in einem der dargestellten SPSS Editoren angefordert werden. Kontextsensitive Hilfen besitzen den Vorteil, dass man sich zu jeder Zeit schnell und ohne großen Aufwand eine kurze und leicht verständliche Erläuterung eines statistischen Begriffes, Verfahrens oder einer Maßzahl zu Eigen machen kann. Beachtenswert ist dabei, dass (analog zum SPSS Hilfesystem) die Nutzung einer kontextsensitiven Hilfe „online" bzw. webbasiert bewerkstelligt wird und an die Existenz einer Anmelde-ID und eines Passwort gebunden ist.

Systemeinstellungen. Die programminternen Berechnungen als auch deren Protokollierung in Text-, Tabellen-, Skripte- oder Grafikausgaben werden in SPSS durch Systemeinstellungen organisiert, die gemäß Abbildung 4.5-2 aufgerufen und gemäß Abbildung 4.5-3 optional vereinbart werden können.

Abbildung 4.5-2: Aufruf des SPSS Dialogfeldes *Optionen*

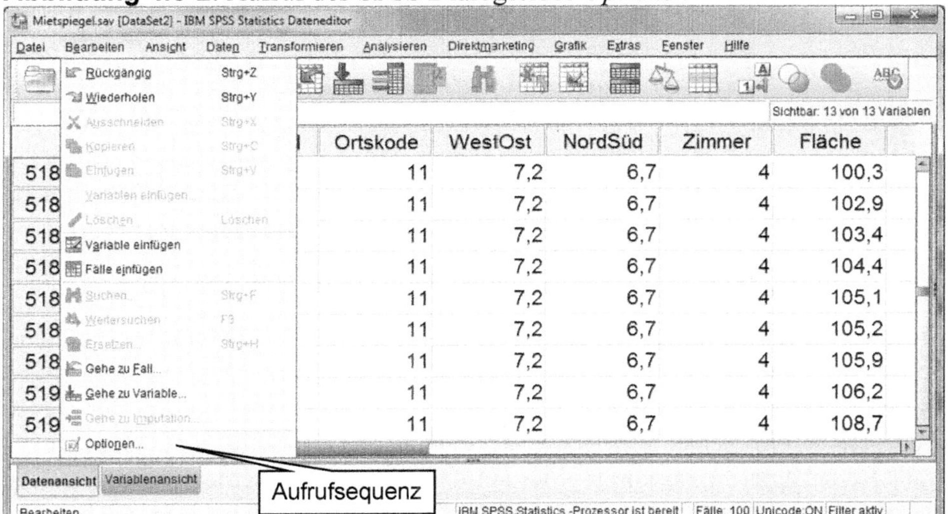

Gemäß der umseitig plakatierten Abbildung 4.5-3 ist es möglich, mittels übersichtlich gestalteter Dialogfelder eine babylonische Vielfalt von Voreinstellungen optional zu vereinbaren und den individuellen Bedürfnissen eines Nutzers anzupassen. So wurde im konkreten Fall zum Beispiel in der Dialogfeldkarte *Allgemein* in der Rubrik *Variablenlisten* optional vereinbart, dass innerhalb eines Dialogfeldes die Variablenauflistung stets mit den vereinbarten und alphabetisch geordneten Variablennamen bewerkstelligt wird.

Abbildung 4.5-3: SPSS Dialogfeld *Optionen*

Gemäß Abbildung 4.5-3 kann man im Dialogfeld *Optionen* eine Vielzahl von Festlegungen vereinbaren, etwa derart, dass man via Schaltfläche *Sprache* die Sprache *Deutsch* aus einem vielfältigen Sprachenangebot oder via Schaltfläche *Ausgabe* die Beschriftung von Pivot-Tabellen optional festgelegt. ♣

4.6   SPSS Daten- und Datei-Management

Motivation. Dieser Abschnitt des vierten Kapitels hat eine elementare, problem-orientierte und exemplarische Einführung in das Datei- und Daten-Management unter SPSS zum Gegenstand. Während das SPSS Daten-Management durch eine breite Palette von Datenbearbeitungskonzepten getragen wird, von denen ausge-wählte Konzepte im Abschnitt 4.6.3 am praktischen Sachverhalt paradigmatisch skizziert und demonstriert werden, kann das SPSS Datei-Management im We-sentlichen durch die folgenden zwei Arbeitsweisen charakterisiert werden: Ers-tens durch das Erstellen einer SPSS Datendatei auf der Grundlage von sogenann-ten originären Daten oder Urlistendaten und zweitens durch das Einlesen von Daten, die bereits in einer SPSS Datendatei oder in einer andersartigen Datenda-tei vorliegen bzw. gespeichert wurden.

Konzepte. In Anlehnung und in Weiterführung der Abschnitte 3.2 und 3.3 werden aus der breiten Palette von Bearbeitungsmöglichkeiten erhobener Daten und verfügbarer Dateien lediglich die Funktionsgruppen in SPSS exemplarisch auf der Grundlage des Mietspiegel- und des Fragebogenkonzepts skizziert, die für die weiteren Betrachtungen unabdingbar sind. Darin eingeschlossen sind die Arbeit mit dem SPSS Dateneditor, das Definieren von Variablen, das Eingeben von Daten über die Tastatur, das Einlesen von Daten aus bereits existierenden SPSS Datendateien oder Excel-Dateien, das Speichern von Daten und/oder Objekten, das Bearbeiten von Daten in Form des Berechnens und Umkodierens von Variablen, das Nummerieren sowie das Auswählen bzw. „Filtern" von Fällen bzw. Merkmalsträgern. ♣

4.6.1 SPSS Variablendefinition

Motivation. Eine Variablendefinition, die eine Voraussetzung für die Erstellung einer SPSS Datendatei ist, kann wie folgt charakterisiert werden:

SPSS Variablendefinition

Die Festlegung eines zulässigen Namens, eines geeigneten Typs und Spaltenformats, von Labels und fehlenden Werten, eines Messniveaus (Skala) etc. für eine Variable kennzeichnet den Vorgang einer Variablendefinition unter SPSS.

Hinweise. In Zuge einer Variablendefinition unter SPSS erweisen sich die folgenden Hinweise als nützlich: i) **Voraussetzung**. Eine Variablendefinition setzt voraus, dass der SPSS Dateneditor das aktive Fenster ist. ii) **Variablenansicht**. Um eine Variablendefinition bewerkstelligen zu können, braucht man nur gemäß Abbildung 4.2-1 die Option *Variablenansicht* in der Statusleiste des SPSS Dateneditors zu aktivieren und für die angezeigten Variableneigenschaften *Name, Typ, Spaltenformat, Dezimalstellen, Beschriftung, Werte(labels), Fehlend(e Werte), Spalten, Ausrichtung, Messniveau* (Skala) und *Rolle* die jeweiligen Festlegungen zu treffen (vgl. Beispiel 4.6.1-1). Beachtenswert ist dabei, dass im Unterschied zur Datenansicht in der Variablenansicht die Variablen in den Zeilen und die Variableneigenschaften in den Spalten des Arbeitsblattes vermerkt werden. iii) **Regeln**. Bei der Festlegung von Variablennamen sind die folgenden Regeln zu beachten: a) Ein Variablenname muss stets mit einem Alphazeichen, also mit einem Buchstaben beginnen. Dabei ist es ohne Belang, ob man Groß- oder Kleinbuchstaben verwendet. b) Das letzte Zeichen eines Variablennamens darf kein Punkt sein. c) Ein Variablenname darf bis zu 64 Zeichen umfassen. d) Nicht erlaubt sind Leerzeichen und die Zeichen !, ?, -, ,, und *. iv) **Typ**. Der Variablentyp ist per Voreinstellung auf numerisch (lat.: *numerus* → Zahl) festgelegt. Via Mausklick mit der linken Maustaste auf die grau unterlegte Veränderungsoption ... können gemäß Abbildung 4.6.1-2 weitere Variablentypen vereinbart werden. v) **Beschriftung**. Für eine Variablendefinition ist es nicht zwingend, jedoch stets zu empfehlen, eine Variable durch ein Variablenlabel (engl.: *label* → Beschriftung, Etikett) und kodierte nominale bzw. ordinale Ausprägungen mit Hilfe von Wertelabels zu kennzeichnen. vi) **Fehlende Werte**. Für fehlende Werte (engl.: *missing values*) ist die Option *Keine fehlenden Werte* per Voreinstellung aktiviert und kann je nach Erfordernis auf einzelne Werte bzw. auf Wertebereiche optional erweitert werden. vii) **Spaltenformat**. Während die Spaltenbreite mittels eines aufwärts ▲ bzw. eines abwärts ▼ zählenden Zeigers eingestellt werden kann, besteht für die Ausrichtung die Möglichkeit einer optionalen Festlegung. viii) **Messniveau.** Die in der SPSS Version 23 unter der Bezeichnung „Messniveau" firmierende Option dient der Festlegung eines nominalen, ordinalen oder metrischen Skalen- bzw. Messniveaus einer SPSS Variablen (vgl. Abschnitt 2.2). ix). **Rolle.** In dieser Rubrik kann für eine SPSS Variable ihr „Rolle" in einem angestrebten statistischen Analysekonzept optional vereinbart werden. ♦

Beispiel 4.6.1-1: Variablendefinition, Mietspiegelkonzept

Motivation. Sollen die Urlistendaten aus der Abbildung 3.2-1 einer statistischen Analyse mit SPSS zugänglich sein, ist es erforderlich, eine Datendatei zu erstellen und die zugehörigen Variablen zu definieren. In der Abbildung 4.6.1-1 ist der SPSS Dateneditor in der Variablenansicht mit den definierten Variablen im Kontext der paradigmatischen Beschreibung des Mietspiegelkonzepts dargestellt.

Abbildung 4.6.1-1: SPSS Dateneditor, Variablenansicht

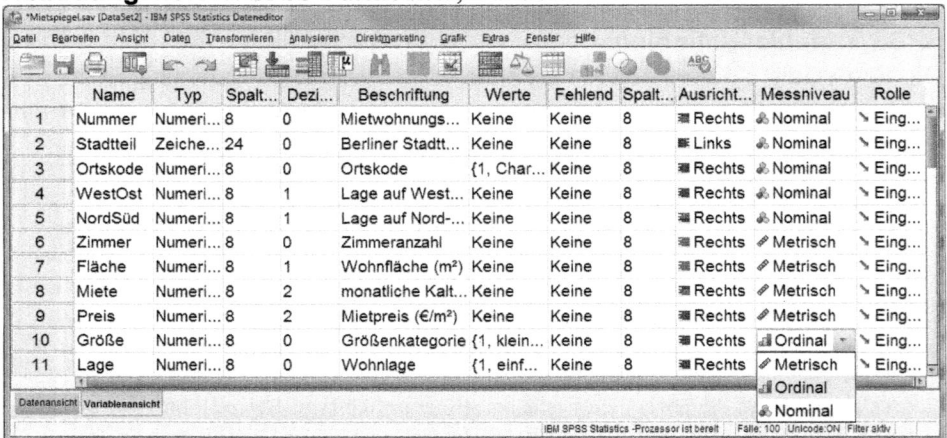

Hinweise. Im Zuge einer Variablendefinition unter SPSS erweisen sich die folgenden Hinweise als hilfreich: i) **Variablenansicht.** Zur Definition von Variablen ist es erforderlich, in der Statusleiste des SPSS Dateneditors die Option *Variablenansicht* zu aktivieren. ii) **Variablenname.** Im Zuge der Eingabe der vereinbarten Variablennamen via Tastatur in die Zellen der NAMEnsspalte ist zu beachten, dass ein Variablenname aus maximal 64 zulässigen Zeichen bestehen kann. iii) **Variablentyp.** Ist gemäß Abschnitt 4.5 optional nichts anderes vereinbart worden, dann ist der VariablenTYP *numerisch* (lat.: *numerus* → Zahl) per Voreinstellung festgelegt. Andere Variablentypen können gemäß Abbildung 4.6.1-2 im Dialogfeld *Variablentyp definieren* vereinbart werden. iv) **Datenformat.** Die Grundidee eines Datenformats in Gestalt eines Zahlenformats soll exemplarisch anhand der numerischen Variablen *Zimmer* und *Miete* verdeutlicht werden. Die Festlegung des Zahlenformats kann in der Variablenansicht entweder in den Rubriken *Spaltenformat* und *Dezimalstellen* oder gemäß Abbildung 4.6.1-2 im Dialogfeld *Variablentyp definieren* mit Hilfe der Parameter *Breite* und *Dezimalstellen* erfolgen. Das voreingestellte Zahlenformat, das für numerische Variablen auf ein Spaltenformat mit einer Breite von 8 Zeichen inklusive 2 Dezimalstellen festgelegt ist, basiert auf der Programmiersprache FOR(mular)TRAN(slator) und lässt sich unter Verwendung der sogenannten Rauten-Notation wie folgt bildhaft darstellen: # # # # #,# #. Anhand der Rauten-Notation ist die Struktur des voreingestellten Formats leicht zu erkennen. Die auszugebende Zahl besteht maximal aus 8 Zeichen, worin 7 Zeichen (meist Vorzeichen und Ziffern) und ein Dezimalzeichen eingeschlossen sind. Vor dem Dezimalzeichen sind 5 Stellen, nach dem Dezimalzeichen 2 Dezimalstellen vorgesehen. Die insgesamt acht Stellen für Ziffern, Vorzeichen und Dezimalzeichen kennzeichnen in SPSS das sogenannte Spaltenformat für eine numerische Variable. Während für die numerische SPSS Variable *Miete* aufgrund der reellwertigen Wertangaben „auf Euro und Cent genau" das (voreingestellte) Standardformat 8 : 2 vereinbart wurde, ist für die numerische SPSS Variable *Zimmer* das Zahlenformat speziell auf 8 : 0 festgelegt worden, zumal Anzahlen stets mit Hilfe natürlicher Zahlen dargestellt werden.

Abbildung 4.6.1-2: SPSS Dialogfelder *Wertebeschriftung* und *Variablentyp definieren*

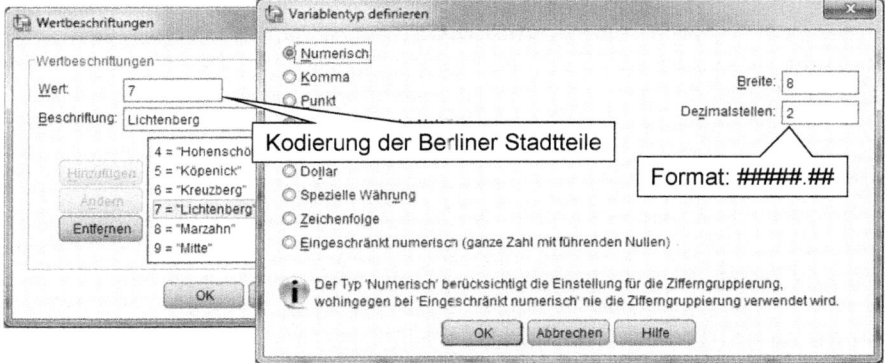

v) **Zeichenfolge**. Der Typ der Variablen *Stadtteil*, deren Ausprägungen die Ortslage einer annoncierten Berliner Mietwohnung beschreiben sollen, wurde im Vorfeld der statistischen Untersuchung vereinbarungsgemäß auf den Variablentyp *Zeichenfolge* festgelegt, der in der Informatik auch als String (engl.: *string* → Schnur, Kette, Folge) gekennzeichnet wird und die Bezeichnung für eine alphanumerische Zeichenfolge ist. Die Festlegung dieses Variablentyps erklärt sich im konkreten Fall daraus, dass die Ausprägungen des Erhebungsmerkmals *Stadtteil* begrifflich gefasst sind. Da die Namen der Berliner Stadtteile informationstechnisch alphanumerische Zeichenketten unterschiedlicher Länge darstellen, müsste man der Eindeutigkeit halber bei der Festlegung der Länge der Zeichenfolge auf den längsten Berliner Stadtteilnamen zurückgreifen. Im Fall der zu erfassenden Berliner Stadtteile genügt es bereits, wenn man nur die ersten drei Buchstaben erfasst, die stets eine eindeutige Zuordnung eines der 23 „traditionellen" Berliner Stadtteile zur jeweiligen *Zeichenfolge* von der Länge *3 Zeichen* garantieren. vi) **Beschriftung**. Bei der Vereinbarung von Variablenlabels (engl.: *label* → Kennzeichnung, Etikett, Beschriftung) via Tastatur ist zu beachten, dass ein Variablenlabel bis zu 256 Zeichen umfassen kann. Gemäß Abbildung 4.6.1-1 wurde zum Beispiel für die Variable *Miete* das Label *monatliche Kaltmiete (€)* vereinbart und vermerkt. vii) **Wertebeschriftungen**. Die Vereinbarung von sogenannten Wertelabels ist nur für kodierte bzw. abgekürzte nominale bzw. ordinale Merkmale bzw. Variablen sinnvoll. Gemäß Abbildung 4.6.1-2 wurden im konkreten Fall die Ausprägungen für die numerische Variable *Ortskode* definiert. Dabei ist zum Beispiel die Festlegung *7 = "Lichtenberg"* semantisch wie folgt zu deuten: Der Wert *7* der numerischen Variablen *Ortskode* ist identisch mit der „Beschriftung" des Berliner Stadtteils *Lichtenberg*. Hat man ein Wertelabel vereinbart, muss es stets durch das Betätigen der „aktivierten" Schaltfläche *Hinzufügen* in die Wertelabelliste aufgenommen werden. viii) **Fehlende Werte**. In SPSS werden zwei Arten von fehlenden Werten (engl.: *missing value(s)*) unterschieden: *systemdefinierte* und *benutzerdefinierte*. Wird ein Datenfeld im SPSS Dateneditor mit einer nicht zulässigen Ausprägung belegt, so wird automatisch ein systemdefinierter fehlender Wert gesetzt. Für numerische Variablen werden systemdefinierte fehlende Werte durch ein Komma angezeigt. Bei Stringvariablen erfolgt die Kennzeichnung eines systemdefinierten fehlenden Wertes durch ein Leerzeichen. Da im Fall der Variablen *Miete* alle Angaben vollständig sind, ist es nicht erforderlich, die voreingestellte Option *keine fehlenden Werte* zu verändern. ix) **Spaltenbreite**. Bei der Festlegung der SPALTENbreite für die vier SPSS Variablen wurde der Einfachheit halber die voreingestellte *Spalten(breite)* von 8 Zeichen verwendet. Die Spaltenbreite kann beliebig verkleinert bzw. vergrößert werden. x) **Ausrichtung**. Analog zur Festlegung der Spaltenbreite wird für die Ausrichtung die per Voreinstellung vereinbarte rechtsbündige Ausrichtung der in die Datenzellen einer SPSS Variablen einzugebenden Daten verwendet. Es ist allgemein üblich, Strings linksbündig und Zahlen rechtsbündig auszugeben. xi) **Messniveau**. Im Zuge der Festlegung (eines aus statistisch-methodischer Sicht bedeutungsvollen) Mess- oder Skalenniveaus (vgl. Abschnitt 2.2) gelten die folgenden Standardeinstellungen: a) Stringvariablen ohne definierte Wertelabel werden per Voreinstellung automatisch auf das Skalenniveau „nominal" gesetzt. Analog zur Abbildung 4.1.6-1 wird eine nominale Variable (sehr anschaulich und assoziativ) mittels dreier gleichgroßer, aber verschiedenfarbiger Kreise bildhaft etikettiert. b) Stringvariablen mit weniger als 25 definierten Wertelabels und numerische Variablen ohne definierte Wertelabels mit weniger als 25 Werten werden per Voreinstellung automatisch auf das Skalenniveau „ordinal" festgelegt. Analog zur Abbildung 4.1.6-1 wird eine ordinale Variable (sehr anschaulich und assoziativ) mittels dreier der Größe nach geordneter und verschiedenfarbiger Balken bildhaft etikettiert. c) Numerische Variablen, die keine definierten Wertelabel und per Voreinstellung mehr als 24 verschiedene Werte besitzen, werden automatisch auf das Skalenniveau „metrisch" festgelegt und gemäß Abbildung 4.1.6-1 anschaulich und assoziativ mittels eines „Zollstocks" bzw. Metermaßes bildhaft gekennzeichnet. d) In der Standardeinstellung ist die Anzahl eindeutiger Werte auf 24 festgesetzt. Die Voreinstellung kann gemäß Abbildung 4.5-2 in der Registerkarte *Daten* je nach Erfordernis verändert werden. xii) **Rolle**. Im Vergleich zu den Vorgängerversionen von SPSS 18, 19 und 20 ist die Option *Rolle* eine Neuerung, mit der bereits im Zuge der Variablendefinition die „Rolle" der Variablen festgelegt werden kann, die sie im Kontext der Datenanalyse „spielen" soll. Die Option *Eingabe* ist als „Standardrolle" vorab eingestellt. Weitere „Rollenoptionen" sind in der Abbildung 4.6.1-3 plakatiert. ♦

Identifikator. Einzig und allein aus didaktisch-methodischen Gründen wird auf die Vereinbarung eines numerischen Identifikators für jeden Merkmalsträger in Gestalt einer Berliner Mietwohnung verzichtet. Das automatische Einfügen eines Identifikators in eine bereits erstellte SPSS Datendatei mit Hilfe geeigneter Funktionen wird im Kontext des Beispiels 4.6.4-2 paradigmatisch skizziert und plakativ demonstriert.

Dateneingabe. Sind alle Variablen definiert, so braucht man nur noch die erhobenen Daten via Tastatur in den SPSS Dateneditor einzugeben und die eingegebenen Daten in einer SPSS Datendatei zu speichern. Wie man dies bewerkstelligen kann, wird im Abschnitt 4.6.2 paradigmatisch skizziert. ♣

Beispiel 4.6.1-2: Variablendefinition, Fragebogenkonzept
Motivation. Unter Verwendung des standardisierten Fragebogens aus der Abbildung 3.3-1 erhält man im Zuge der Variablendefinition den SPSS Dateneditor in der aktivierten Variablenansicht, der bzw. die in der Abbildung 4.6.1-3 auszugsweise dargestellt ist.

Abbildung 4.6.1-3: SPSS Dateneditor, Variablenansicht

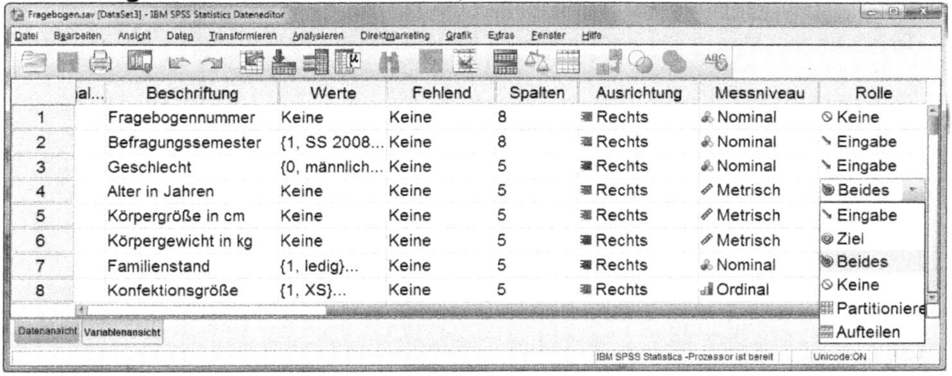

Hinweise. Im Unterschied zur Variablenansicht innerhalb der Abbildung 4.6.1-1 (Mietspiegelkonzept) sind gemäß Abbildung 4.6.1-3 (Fragebogenkonzept) die folgenden Besonderheiten zu beachten: i) **Identifikator**. Die erstgenannte Variable *Nummer* fungiert als Platzhalter für die jeweilige Fragebogennummer, die wiederum als Identifikator für den jeweils zugrunde liegenden Fragebogen bzw. für die jeweils befragte Person fungiert. ii) **Variablenname**. Die Variablennamen wurden der Einfachheit halber analog zum Fragebogen festgelegt. So kennzeichnet zum Beispiel die Variable *F1*, die im Ensemble aller Fragen die erste Frage darstellt, im konkreten Fall die Frage nach der Geschlechtszugehörigkeit einer befragten Person. iii) **Messniveau**. Gleichwohl ausschließlich numerische Größen vereinbart wurden, variiert in Abhängigkeit von der vorab im Fragebogen vereinbarten und verwendeten Skala das jeweilig festgelegte Messniveau. Aus didaktisch-methodischer Sicht sehr anschaulich erweisen sich die drei Piktogramme zur Kennzeichnung des Skalen- bzw. Messniveaus: das Metermaß für ein metrisches, ein farbiges und abgestuftes Diagramm für ein ordinales und drei farbige und gleichgroße bzw. „gleichwertige" Kreise für ein nominales Messniveau. iv) **Rolle**. In SPSS unterstützen einige Dialogfelder vordefinierte Rollen für Variablen, die in den Dialogfeldern in der sogenannten Zielliste automatisch angezeigt werden und im Zuge einer statistischen Analyse verwendet werden können. Die Rollenzuweisung betrifft nur Dialogfelder, die Rollenzuweisung unterstützen. Sie hat keine Auswirkungen auf die Befehlssyntax. Verfügbare Rollen sind gemäß Abbildung 4.6.1-3: a) **Eingabe**. Die Variable wird als *Eingabe* verwendet (z.B. Einflussvariable, unabhängige Variable). Standardmäßig werden alle

Variablen der Rolle *Eingabe* zugewiesen. Dazu zählen Daten aus externen Dateiformaten und Datendateien der „Vorläuferversionen" von SPSS 18. b) **Ziel**. Die Variable wird als Ausgabe oder Ziel verwendet (z.B. abhängige Variable). c) **Beides**. Die Variable wird sowohl als Eingabe als auch als Ausgabe verwendet. d) **Keine**. Der Variable wird keine Rolle zugewiesen. e) **Partitionieren**. Die Variable wird verwendet, um die Daten in separate Stichproben zum Training, zum Test und zur Validierung zu partitionieren (lat.: *partitio* → Aufteilung). f) **Splitten**. Diese Variablenrolle ist für spezielle Prozeduren mit dem sogenannten SPSS Modeler nützlich. Beachtenswert ist dabei, dass Variablen mit dieser Rolle in SPSS nicht zum Splitten (engl.: *to splitt* → aufteilen, gliedern) von Datendateien verwendet werden können. v) **Multiple Dichotomien**. Im Ensemble aller vereinbarten Variablen bedürfen die zwölf dichotomen und 0-1-kodierten Variablen *F12a* bis *F12l* zur Beschreibung der Verkehrsmittelnutzung einer besonderen Aufmerksamkeit, die aus statistisch-methodischer Sicht zudem auch noch als häufbare nominale Merkmale einer befragten Person klassifiziert werden können. Diese Klassifikation resultiert aus dem Umstand, dass ein(e) Student(in) auf dem Weg zur Hochschule durchaus mehrere Verkehrsmittel nutzen kann. Ist man daran interessiert zu erfahren, welche Verkehrsmittelnutzung am häufigsten genannt wurde, braucht man nur noch die Anzahl der jeweiligen Verkehrsmittelnennungen zu „zählen", die im konkreten Fall mit dem Wert 1 kodiert wurden. Diese Form der Analyse von Mehrfachantworten auf der Basis von kodierten Dichotomien firmiert unter dem Begriff *multipler Dichotomien* und ist ein spezieller Gegenstand des Beispiels 5.1-2 im Kontext des fünften Kapitels. ♦

SPSS Datendatei. Die semesterweise mit Hilfe eines standardisierten FRAGE-bogens (vgl. Abbildung 3.3-1) empirisch erhobenen Daten sind in der SPSS Datendatei *Frage.sav* gespeichert. ♣

4.6.2 Daten eingeben und speichern

Motivation. Dateneingabe und Datensicherung unter SPSS sollen in Anlehnung an die Abbildung 3.2-1 anhand primärstatistisch erhobener Mietwohnungsdaten exemplarisch demonstriert werden, wobei aus didaktisch-methodischen Gründen lediglich auf die vier Erhebungsmerkmale *Stadtteil, Zimmeranzahl, monatliche Kaltmiete* und *Wohnfläche* zurückgegriffen wird. In Anlehnung an die lineare Algebra kann die auf vier Erhebungsmerkmale reduzierte Urliste innerhalb der umseitig plakatierten Abbildung 4.6.2-1 auch als eine (5 × 4)-Datenmatrix gedeutet werden, die insgesamt 5 × 4 = 20 Daten beinhaltet, wobei die fünf Datenzeilen die ersten fünf zufällig ausgewählten Ein-Zimmer-Mietwohnungen aus dem Berliner Stadtteil *Cha*(rlottenburg) und die vier Datenspalten mit den Variablen *Stadtteil, Zimmer, Fläche* und *Miete* die vier in Rede stehenden Erhebungsmerkmale repräsentieren.

Dateneingabe. Im Vorfeld einer Dateneingabe ist es geboten, gemäß Abbildung 4.2-1 in der sogenannten Statusleiste des SPSS Dateneditors die Option *Datenansicht* zu wählen. Die Daten können in die Datenzellen des SPSS Dateneditors fallweise oder variablenweise über die Tastatur eingegeben werden.

Abbildung 4.6.2-1: SPSS Dateneditor, Datenansicht

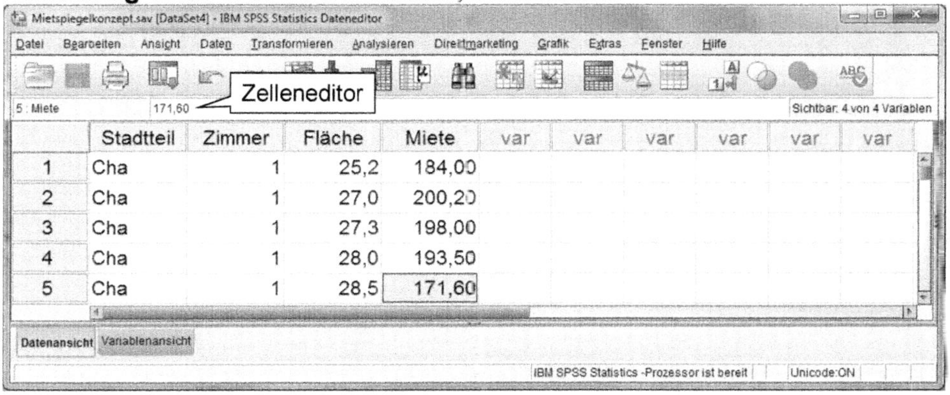

Hinweise. Für eine Dateneingabe unter SPSS erweisen sich die folgenden Hinweise als nützlich: i) **Dateneingabe**. Die Dateneingabe und die Korrektur einer fehlerhaften Dateneingabe können sowohl mit Hilfe von Funktionstasten wie etwa der Return-Taste ↵ oder der Cursor-Tasten ← ↑ → ↓ als auch unter Verwendung der Maus bewerkstelligt werden. ii) **Zelleneditor**. Jeder Dateneintrag in ein Datenfeld des SPSS Dateneditors wird im sogenannten Zelleneditor in der Form *Zeile : Variable* vermerkt. iii) **Datencursor**. Der Datencursor (lat., engl.: *cursor* → Läufer, Eingabezeiger) erscheint stets in einer für die Dateneingabe aktivierten Datenzelle. Im konkreten Fall ist es die im Zelleneditor unterhalb der Symbolleiste angezeigte Datenzelle der Ordnung *5 : Miete*, die sich im Arbeitsblatt in der Zeile 5 und in der Spalte mit der Kennung „Miete" befindet und in die der Wert 171,60 via Tastatur eingegeben wurde. ♦

Datensicherung. Hat man alle Daten via Tastatur in den SPSS Dateneditor eingegeben, dann gilt es, diese analog zur Sequenz 4.6.2-1 in einer SPSS Datendatei zu speichern.

Sequenz 4.6.2-1: SPSS Datendatei speichern
Datei
    Speichern unter → Abbildung 4.6.2-2

Hinweise. Im Zuge des Speicherns einer Datendatei unter SPSS erweisen sich die folgenden Hinweise als nützlich: i) **Namenskonventionen**. Bei der Vergabe eines Dateinamens ist zu beachten, dass den Namenskonventionen von Microsoft Windows entsprochen wird. ii) **Extension**. In SPSS wird (wie bei allen vorherigen Versionen von SPSS) eine Datendatei mit der Extension **.sav* (engl.: *to save* → retten, schützen) versehen. Im konkreten Fall wurde eine SPSS Datendatei „... als Typ:" *SPSS Statistics (*.sav)* mit dem Dateinamen *Mietspiegelkonzept* im Verzeichnis *Daten* gespeichert. Alle weiteren Speichervorgänge können über das Speichersymbol 🖫 in der Symbolleiste des SPSS Dateneditors vorgenommen werden. iii) **Variablen speichern**. Über das Aktivieren der Schaltfläche *Variablen...* kann optional vereinbart werden, welche Variablen einer im SPSS Dateneditor „residenten Arbeitsdatei" in einer SPSS Datendatei gespeichert werden sollen. iv) **Etikett**. Beachtenswert ist dabei, dass Daten, die via Tastatur in

das Arbeitsblatt des SPSS Dateneditors eingegeben und noch nicht in einer SPSS Datendatei gespeichert wurden, in der Kopfzeile durch das Etikett „Unbenannt" gekennzeichnet
werden. Beim Speichern einer SPSS Datendatei ist (analog zu allen Microsoft Windows-
Anwendungen) stets zwischen dem ersten und allen weiteren Speichervorgängen zu unterscheiden. ◆

Abbildung 4.6.2-2: SPSS Dialogfeld *Daten speichern als*

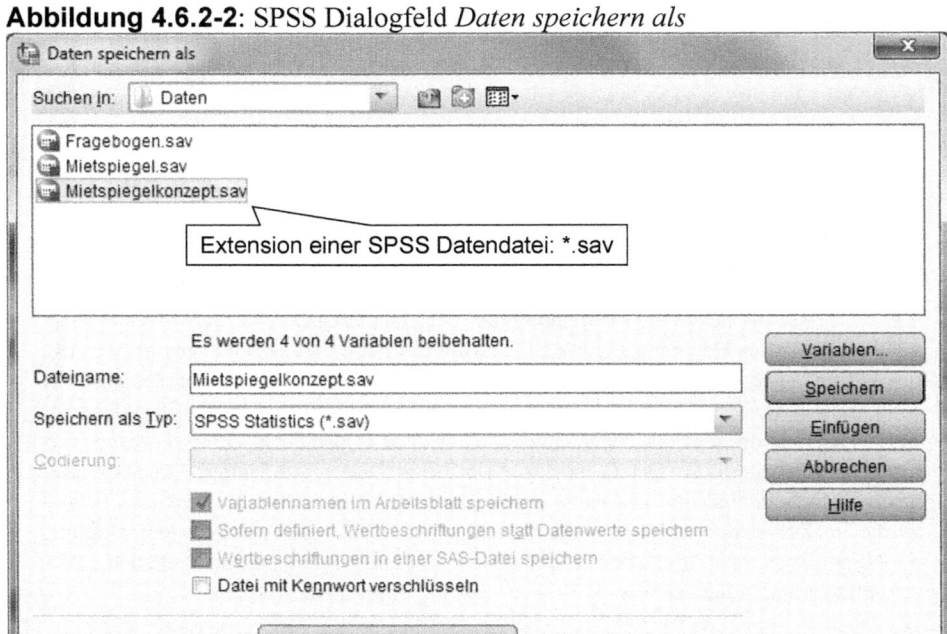

Den ersten Speichervorgang realisiert man analog zu allen klassischen Microsoft-
Software-Produkten am einfachsten via Sequenz 4.6.2-1, indem man gemäß Ab-
bildung 4.6.2-2 im Dialogfeld *Daten speichern als* die Schaltfläche *Speichern* via
Mausklick aktiviert. ♣

4.6.3   Einlesen einer Datendatei

Motivation. Unter dem Begriff *Datei einlesen* wird das Transportieren von Daten unterschiedlichen Typs von internen oder externen Datenträgern in SPSS
subsumiert. Als sogenannter interner Datenträger fungiert in der Regel eine Fest-
platte und als sogenannter externer Träger in der Regel ein USB-Massenspeicher
(engl.: *universal serial bus*) oder eine CD (engl.: *compact disk*). Aus der Vielzahl
der Prozeduren zum Einlesen von Datendateien, die in SPSS implementiert sind,
wird lediglich für die zwei in praxi häufig benutzten Dateiformate **.sav* (SPSS)
und **.xls* bzw. **.xlsx* (Microsoft Excel) das Einlesen von Daten paradigmatisch
skizziert. ♣

Beispiel 4.6.3-1: Einlesen einer SPSS Datendatei
Motivation. Das Einlesen einer SPSS Datendatei, die stets durch die Extension bzw. Erweiterung *.sav gekennzeichnet ist, kann grundsätzlich auf zwei Wegen erfolgen. Der erste Weg ist durch die Sequenz 4.6.3-1 gekennzeichnet. Der zweite (zweifellos einfachste und schnellste) Weg besteht darin, (analog zu Windows-Anwendungen) das Symbol 🗁 für *Öffnen* zu nutzen.

> **Sequenz 4.6.3-1**: Daten öffnen
> Datei
>   Öffnen
>   Daten ... → Abbildung 4.6.3-1

Abbildung 4.6.3-1: SPSS Dialogfeld *Daten öffnen*

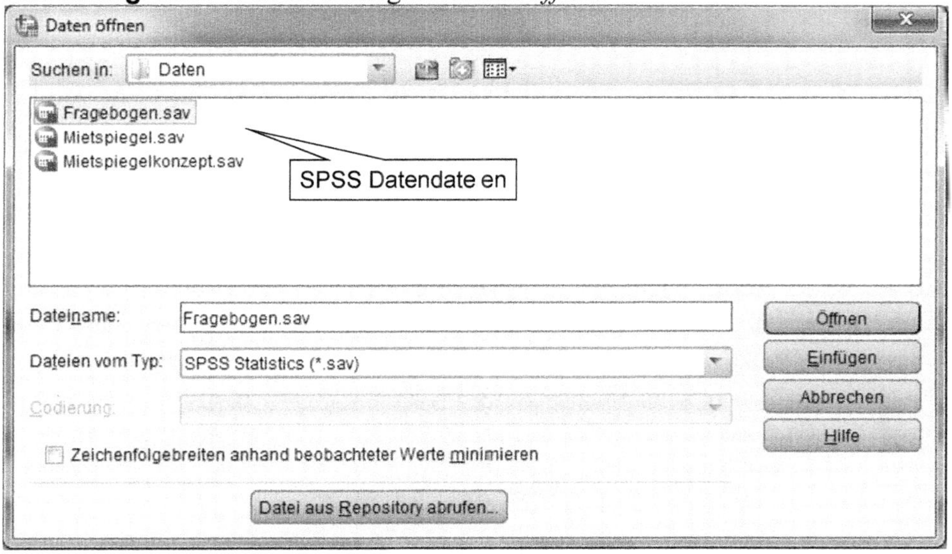

Dialogfeld. Nachdem gemäß Abbildung 4.6.3-1 im Dialogfeld *Daten öffnen* die gewünschte SPSS Datendatei *Fragebogen*, die mit der in SPSS üblichen Extension *.sav gekennzeichnet ist, im Verzeichnis *Daten* ausgewählt wurde, kann sie via „Mausklick" über das Betätigen der Schaltfläche *Öffnen* in den SPSS Dateneditor eingelesen werden. ♣

Beispiel 4.6.3-2: Einlesen einer Microsoft Excel-Datei
Motivation. In der praktischen statistischen Arbeit steht nicht zu jeder Zeit und an jedem Ort das Programmpaket SPSS zur Verfügung. Demgegenüber ist die Verfügbarkeit der weit verbreiteten Software *Microsoft Excel* eher gegeben. Aus diesem Grunde wird im Kontext dieses Beispiels die Erstellung einer Excel-Datei, ihr Transport in SPSS und ihre Ablage als SPSS Datendatei paradigmatisch skizziert.

Excel-Tabelle. Die Abbildung 4.6.3-2 zeigt eine Urliste in Gestalt einer Excel-Tabelle (Version Microsoft Excel 2010) mit dem Namen *Mietspiegelkonzept*. In die Zellen A, B, C, D der Zeile 1 des Arbeitsblattes wurden die vereinbarten Variablennamen *Stadtteil, Zimmer, Fläche* und *Miete*, in die übrigen Zeilen die jeweiligen Merkmalsausprägungen als Zahlen bzw. Begriffe eingegeben und gespeichert.

Abbildung 4.6.3-2: Excel-Tabelle, Basis: Microsoft Excel 2010

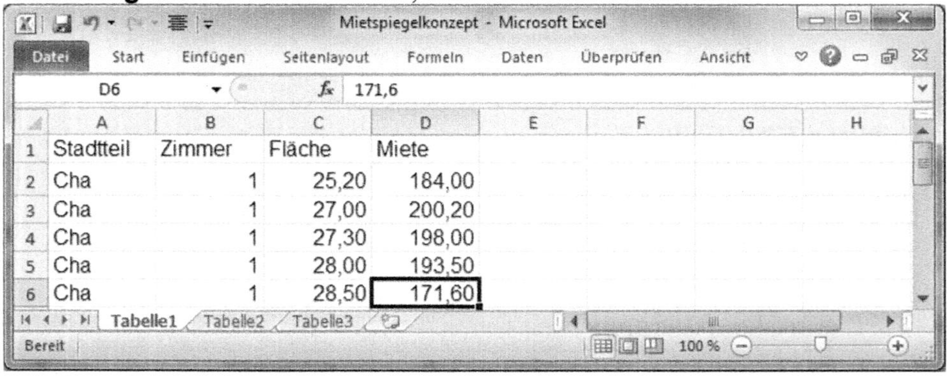

	A	B	C	D	E	F	G	H
1	Stadtteil	Zimmer	Fläche	Miete				
2	Cha	1	25,20	184,00				
3	Cha	1	27,00	200,20				
4	Cha	1	27,30	198,00				
5	Cha	1	28,00	193,50				
6	Cha	1	28,50	171,60				

D6 ▾ f_x 171,6

Mietspiegelkonzept - Microsoft Excel

Datei   Start   Einfügen   Seitenlayout   Formeln   Daten   Überprüfen   Ansicht

Tabelle1 / Tabelle2 / Tabelle3

Bereit   100 %

Dateiformat. Im SPSS Dialogfeld *Daten öffnen* ist analog zur Abbildung 4.6.3-3 in der Rubrik *Dateityp* das Dateiformat *Excel (*.xlsx)* auszuwählen und zugleich der Name der Excel-Datei, die importiert werden soll, in der Rubrik *Dateiname* zu vermerken, der im konkreten Fall *Mietspiegelkonzept.xlsx* ist.

> **Hinweis**. Beim Einlesen einer Excel-Datei in den SPSS Dateneditor ist zu beachten und sicherzustellen, dass keine Microsoft Excel-Anwendung geöffnet ist, da sonst Programm- oder Konvertierungsfehler auftreten können, die den Datentransport von Microsoft Excel nach SPSS scheitern lassen. ♦

Optionen. Nach dem Betätigen der Schaltfläche *Öffnen* erscheint das SPSS Dialogfeld *Öffnen einer Excel-Datenquelle*, das gleichsam in der Abbildung 4.6.3-3 dargestellt ist, in dem man je nach Bedarf den Bereich der Microsoft Excel-Tabelle vereinbaren bzw. markieren kann, der nach SPSS importiert werden soll. Dabei ist zu beachten, dass die Option *Variablennamen aus (der) ersten Dateizeile lesen* zu aktivieren ist, wenn die vereinbarten Variablennamen übernommen werden sollen. Im konkreten Fall wurde die *Tabelle1* der Excel-Datei *Mietspiegelkonzept.xlsx*, welche gemäß Abbildung 4.6.3-2 im Arbeitsblatt von Microsoft Excel 2010 die Excel-Zellen A1 bis D6 belegt, aus dem Unterverzeichnis *C:\Users\ ... \Bücher\Statistik 5A\Mietspiegelkonzept.xls* für den Import nach SPSS ausgewählt. Nach dem Betätigen der Schaltfläche *OK* im Dialogfeld *Öffnen einer Excel-Datenquelle* wird die Excel-Tabelle in den SPSS Dateneditor transportiert.

Abbildung 4.6.3-3: Dialogfelder *Daten öffnen* und *Öffnen einer Excel-Daten...*

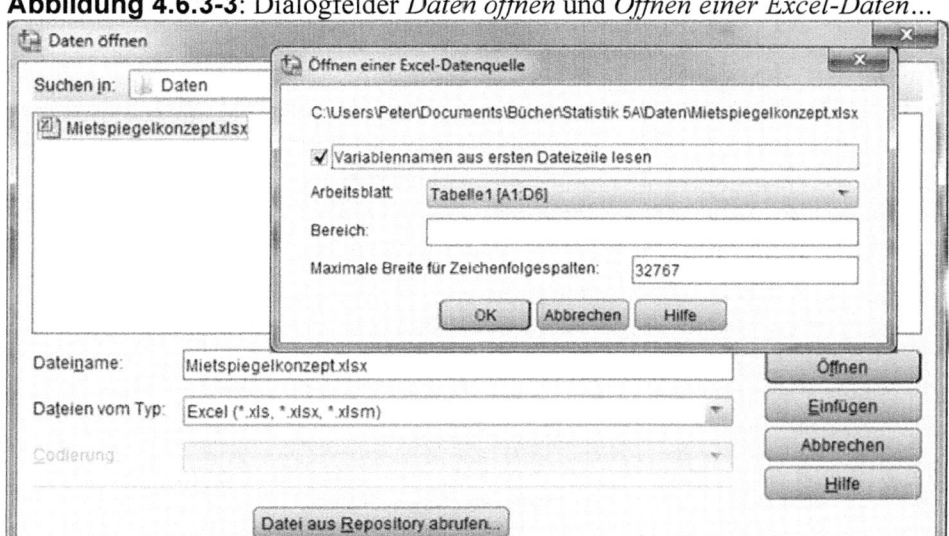

Etikett. Der SPSS Dateneditor, der in der Titelleiste mit der Kennung bzw. dem Etikett *Unbenannt2* versehen ist, wurde der Vollständigkeit und Anschaulichkeit halber in der Abbildung 4.6.3-4 plakatiert.

Abbildung 4.6.3-4: SPSS Dateneditor mit unbenanntem Datenblatt

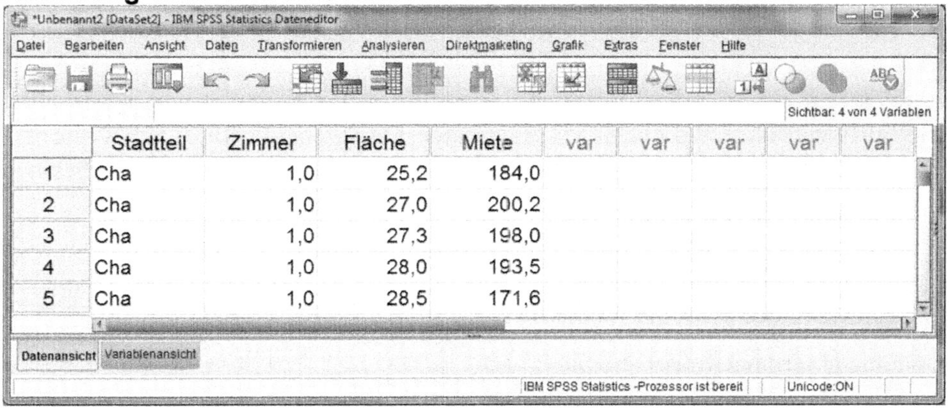

	Stadtteil	Zimmer	Fläche	Miete	var	var	var	var	var
1	Cha	1,0	25,2	184,0					
2	Cha	1,0	27,0	200,2					
3	Cha	1,0	27,3	198,0					
4	Cha	1,0	28,0	193,5					
5	Cha	1,0	28,5	171,6					

Speichern. Analog zu den Beispielen im Kontext der Abschnitte 4.6.1 und 4.6.2 braucht man für eine in SPSS transportierte Excel-Datei nur noch im SPSS Dateneditor via Aktivierung der Schaltfläche *Variablenansicht* die sogenannte Variablendefinition (etwa hinsichtlich des Spaltenformats, der Dezimalstellen und der Beschriftung) zu komplettieren und die Arbeitsdatei unter einem zulässigen Dateinamen im Dateiformat *SPSS (*.sav)* in einem vorgesehenen Datenverzeichnis zu speichern. ♣

4.6.4 SPSS Datendateien bearbeiten

Motivation. Das Zählen, Auswählen oder Ermitteln von „Doppelten Fällen" bzw. das Berechnen oder Umkodieren von Variablen sowie das Zusammenfügen oder Aggregieren von SPSS Datendateien oder das Erstellen von Zeitreihen sind typische Konzepte des Datei- und Daten-Managements unter SPSS, die gemäß Abbildung 4.6.4-1 in den plakatierten Funktionsgruppen *Daten* und *Transformieren* aufgelistet und optional angefordert werden können.

Abbildung 4.6.4-1: SPSS Funktionsgruppen *Daten* und *Transformieren*

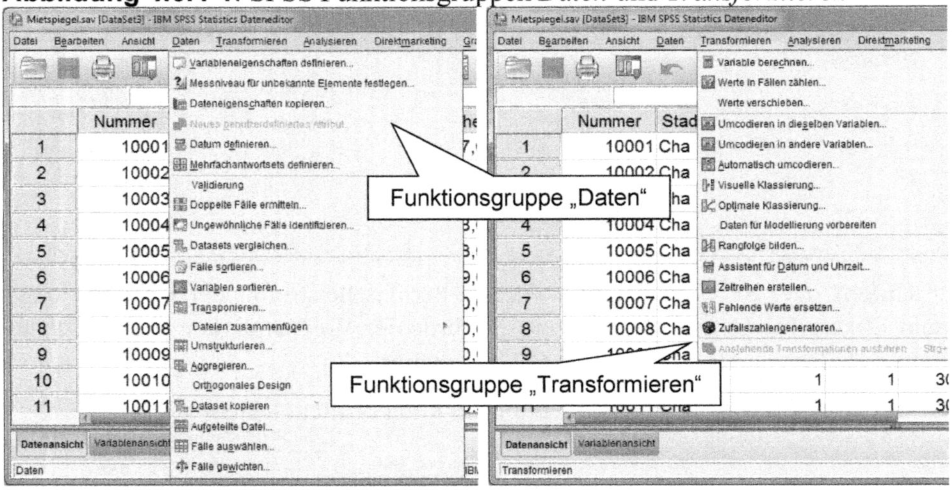

Konzepte. In der nachfolgenden Tabelle 4.6.4-1 sind aus der babylonischen Vielfalt von Konzepten des Datei- und Daten-Managements unter SPSS nur diejenigen zusammengestellt, die in den folgenden Kapiteln dieses Lehrbuches aus methodischer Sicht von praktischem oder theoretischem Belang sind.

Tabelle 4.6.4-1: Konzepte des SPSS Datei- und Daten-Managements

Konzept	Beispiel	Seite
Dateien zusammenfügen, Fälle hinzufügen	4.6.4-1	63
Fälle (Merkmalsträger) nummerieren	4.6.4-2	65
Variable berechnen für alle Fälle (Merkmalsträger)	4.6.4-3	67
Fälle (Merkmalsträger) auswählen und/oder löschen	4.6.4-4	69
Mehrfachantworten-Sets definieren	5.1-2	84
Visuelles Klassieren	5.1-5	97
Rangfolge bilden	5.2.2-1	104
Standardisieren	5.5-1	131
Datum definieren	10.1-1	369
Zeitreihen erstellen	10.2-1	374

Hilfe. Im Vorfeld der Anwendung eines zu praktizierenden Konzeptes des SPSS Datei- und Daten-Managements erweist es sich stets als vorteilhaft und geboten, die im SPSS Hilfesystem angebotenen Informationen zu nutzen. ♣

Beispiel 4.6.4-1: Dateien zusammenfügen, Fälle hinzufügen

Motivation. Im Abschnitt 3.3 wurde die statistische Datenerhebung anhand des sogenannten FRAGEbogenkonzepts motiviert. Im Zuge einer primärstatistischen und fragebogengestützten Datenerhebung wurden (gleichsam wie in den vorhergehenden Semestern) auch im Wintersemester 2013/14 die Studierenden in den Lehrveranstaltungen zur Statistik am Fachbereich Wirtschaftswissenschaften I der HTW Berlin gebeten, den in der Abbildung 3.3-1 plakatierten Fragebogen „wahrheitsgemäß auszufüllen". Die aktuellen Befragungsergebnisse wurden von den Assistenten unter Verwendung einer „standardisierten Fragenbogenmaske" in der SPSS Datendatei *WS1314.sav* erfasst und gespeichert. Alle im Wintersemester 2013/14 erfassten Befragungsergebnisse sollen final zu den bereits in der SPSS Datendatei *Frage.sav* erfassten Daten „hinzugefügt" werden. Das Zusammenfassen von Merkmalsträgern (Fällen), die bezüglich gleicher Eigenschaften (Variablen) gleichartig statistisch beschrieben wurden, firmiert im SPSS Daten- und Datei-Management unter dem Begriff *Fälle hinzufügen*.

Sequenz. Das Zusammenfügen gleichartig strukturierter SPSS Datendateien kann via Sequenz 4.6.4-1 realisiert werden.

Sequenz 4.6.4-1: Dateien zusammenfügen, Fälle hinzufügen
Daten
   Dateien zusammenfügen
      Fälle hinzufügen...
         Dialogfeld **Fälle hinzufügen zu** ... → Abbildung 4.6.4-2
         Dialogfeld **Fälle hinzufügen aus** ... → Abbildung 4.6.4-3

Hinweise. Beim Vorgang des Zusammenfügens von SPSS Datendateien sind die folgenden Hinweise nützlich: i) **Optionen**. In SPSS werden zwei Optionen des Zusammenfügens von Datendateien angeboten: erstens das Zusammenfügen von SPSS Datendateien aus bereits geöffneten und speicherresidenten Dateien und zweitens das Hinzufügen einer externen und nicht speicherresidenten SPSS Datendatei (gemäß Abbildung 4.6.4-2 im konkreten Fall der externen SPSS Datendatei *WS1314.sav*) zu einer bereits geöffneten und speicherresidenten SPSS Datendatei (im konkreten Fall der SPSS Datendatei *Frage(bogen).sav*). ii) **Gleichartigkeit**. SPSS Datendateien, die „zusammengefügt" werden sollen, sollten möglichst gleichartig strukturiert sein, um nicht mit dem Problem „nichtgepaarter Variablen" konfrontiert zu werden. Zwei SPSS Datendateien heißen gleichartig strukturiert, wenn sie eine gleiche Anzahl gleichartig definierter Variablen besitzen, worin insbesondere die Festlegung gleicher Variablennamen und gleicher Variablentypen eingeschlossen ist. Nicht gleichartige Variablen werden im Dialogfeld *Fälle hinzufügen aus...* in der Rubrik *Nicht gepaarte Variablen:* aufgelistet (vgl. Abbildung 4.6.4-3). iii) **Arbeitsdatei**. Eine Datendatei, die in den SPSS Dateneditor eingelesen wurde, also dort „residiert", wird auch als Arbeitsdatei bezeichnet. Im konkreten Fall ist die SPSS Datendatei *Frage(bogen).sav* die „speicherresidente" Arbeitsdatei. iv) **Datei-auswahl**. Gemäß Abbildung 4.6.4-2 braucht man im Dialogfeld *Fälle hinzufügen zu* nur via Schaltfläche *Durchsuchen* die jeweilige SPSS Datendatei auszuwählen. Da im konkreten Fall die externe SPSS Datendatei *WS1314.sav* ausgewählt wurde, erhält man via Schaltfläche *Weiter* schließlich und endlich das in der Abbildung 4.6.4-3 plakatierte SPSS Dialogfeld *Fälle hinzufügen aus* ... ♦

Abbildung 4.6.4-2: SPSS Dialogfelder *Fälle hinzufügen zu ... Datei lesen*

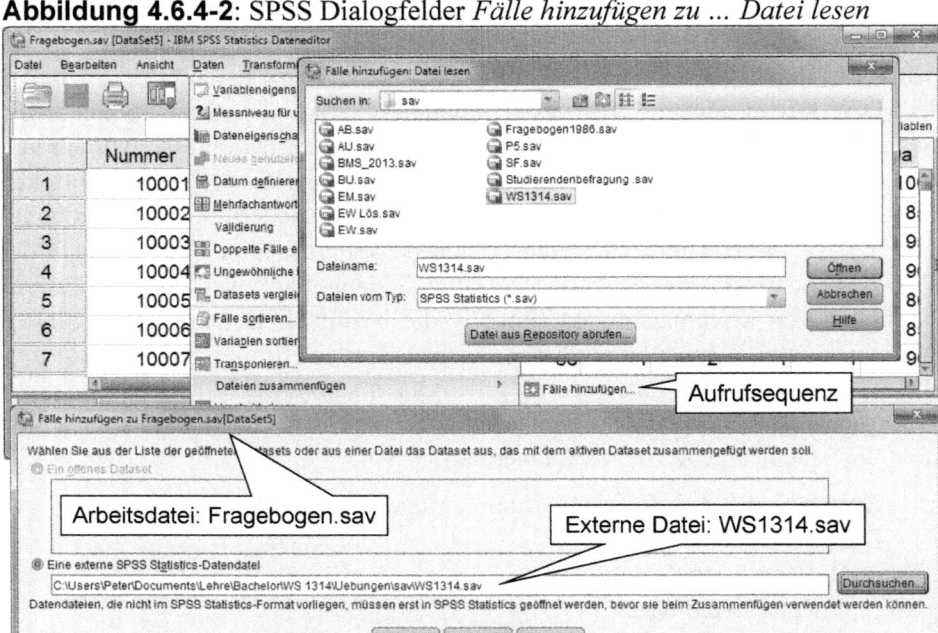

Gepaarte Variablen. Angesichts der Tatsache, dass in den beiden separat erstellten SPSS Datendateien *Fragebogen.sav* und *WS1314.sav* jeweils insgesamt 30 gleichartig definierte Variablen vorkommen, werden diese automatisch als „gepaarte Variablen" behandelt, gleichermaßen an die „speicherresidente" Arbeitsdatei *Fragebogen.sav* „angehängt" und zu einer bezüglich ihrer Merkmalsträger (engl.: *case* → Fall, Merkmalsträger) erweiterten SPSS Datendatei „zusammengefügt".

Gesamtheit. Aufgrund dessen, dass im konkreten Fall in der im SPSS Dateneditor „residenten" Arbeitsdatei *Fragebogen.sav* jeweils 30 gültige oder fehlende Daten (Antworten) für ursprünglich 1815 Merkmalsträger (befragte Studierende) und in der externen SPSS Datendatei *WS1314.sav* gleichsam jeweils 30 gültige oder fehlende Daten (Antworten) für insgesamt 171 Merkmalsträger (befragte Studierende) gespeichert wurden, umfasst die „neue und erweiterte" SPSS Datendatei in logischer Konsequenz jeweils 30 gültige oder fehlende Daten bzw.

Antworten für eine statistische Gesamtheit von nunmehr 1815 + 171 = 1986 Merkmalsträgern in Gestalt von befragten Studierenden. Analog lassen sich mehrere gleichartig strukturierte SPSS Datendateien hinsichtlich ihrer merkmalsträgerbasierten Daten sequentiell zusammenfügen.

Abbildung 4.6.4-3: SPSS Dateneditor mit Dialogfeld *Fälle hinzufügen aus ...*

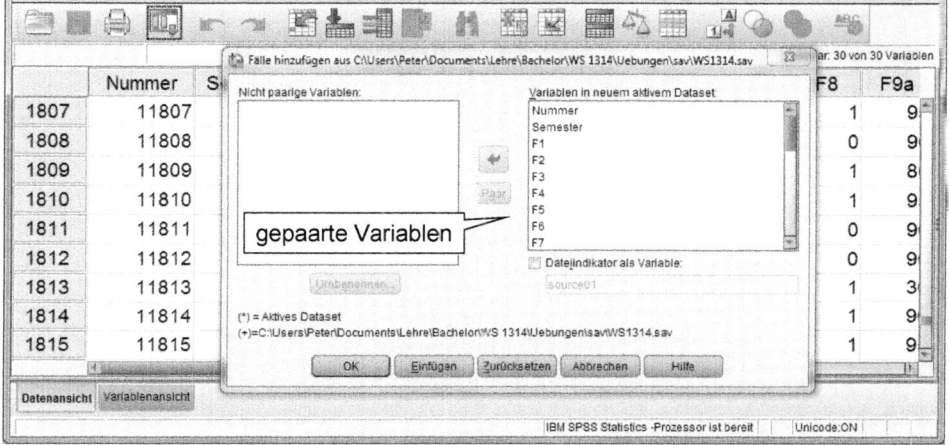

Speichern. Aus Plausibilitätsgründen wurde die „neue und durch hinzugefügte Fälle erweiterte" Arbeitsdatei wiederum unter dem identitätsstiftenden Namen *Frage(bogen).sav* gespeichert.

Erweiterung. Unter Einbeziehung der aktuellen Befragungsergebnisse für das Sommersemester 2014 und das Wintersemester 2014/15 hat man in der im Anhang indizierten SPSS Datendatei *Frage.sav* schlussendlich die Angaben von insgesamt 2468 befragten Studierenden verfügbar. ♣

Beispiel 4.6.4-2: Merkmalsträger nummerieren
Motivation. Ein elementares statistisches Arbeitsprinzip bei der Erstellung einer SPSS Datendatei besteht darin, jeden Merkmalsträger mit einem Identifikator zu versehen, der seine eindeutige Identifizierung ermöglicht, worin auch die Kennung seines ihn beschreibenden Datensatzes eingeschlossen ist. In Anlehnung an die sogenannten Urlistendaten innerhalb der Abbildung 4.6.2-1 soll in die Arbeitsdatei *Mieten.sav* eine Variable eingefügt werden, die jedem Merkmalsträger in Gestalt einer erfassten Berliner Mietwohnung einen sogenannten Identifikator zuordnet.

Identifikator. Ein einfacher und für praktische Zwecke oft ausreichender und applizierter Identifikator ist ein sogenannter dekadischer Schlüssel, auch Nummernschlüssel genannt, mit dessen Hilfe die Merkmalsträger einer statistischen Gesamtheit nummeriert und/oder gezählt werden.

Sequenz. Das automatische Nummerieren der Merkmalsträger einer SPSS Arbeitsdatei kann via Sequenz 4.6.4-2 erfolgen.

> **Sequenz 4.6.4-2**: Merkmalsträger nummerieren
> Transformieren
> Variable berechnen → Abbildung 4.6.4-4

Abbildung 4.6.4-4: SPSS Dialogfeld *Variable berechnen*

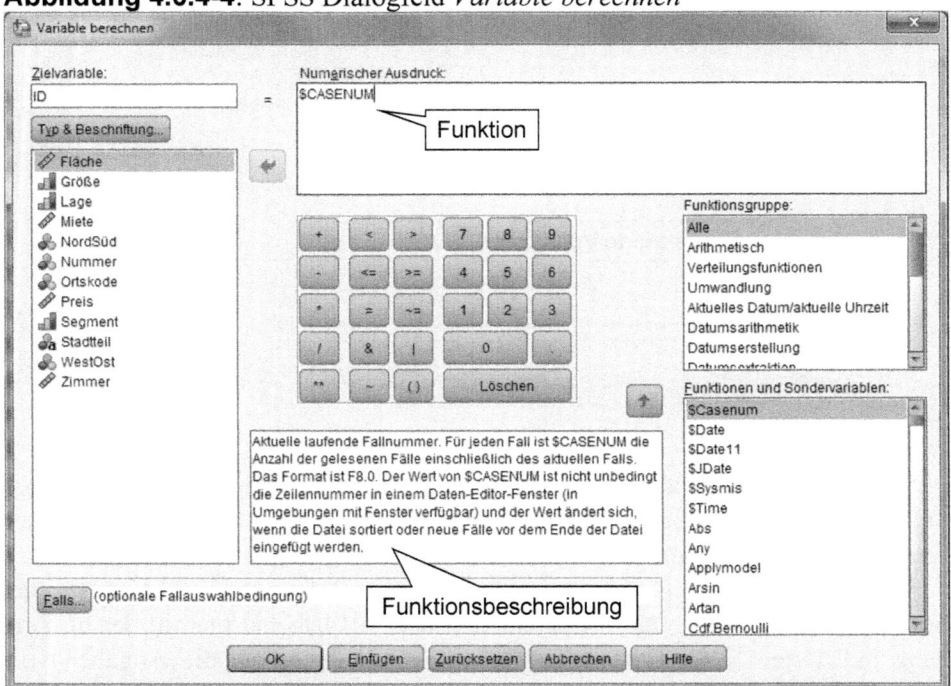

Hinweise. Beim Vorgang des Nummerierens von Merkmalsträgern einer „speicherresidenten" SPSS Datendatei erweisen sich die folgenden Hinweise als hilfreich: i) **Funktion**. Die Funktion *$CASENUM* (engl.: *casenum(ber)* → Fallnummer), die in der Funktionsgruppe *Alle* bzw. *Verschiedene* angeboten wird, bewirkt das Nummerieren aller Merkmalsträger einer SPSS Datendatei. Dabei wird automatisch in die nächstfolgend freie Spalte des SPSS Dateneditors eine numerische Variable mit dem vereinbarten Variablennamen eingefügt. ii) **Format**. Da dekadische Schlüssel ihrem Wesen nach natürliche Zahlen sind, ist es vorteilhaft, gemäß Abschnitt 4.6.1 für die eingefügte SPSS Variable *ID* im „Nachhinein" die Variablendefinition noch zu vervollständigen, etwa derart, dass man das Zahlenformat *Numerisch 4.0*, das Variablenlabel *Identifikator der Berliner Mietwohnung* und das Skalen- bzw. Messniveau *nominal* vereinbart. ♦

Speichern. Nach jeder Veränderung einer SPSS Arbeitsdatei ist es im Sinne einer Datenfixierung geboten, gemäß Abschnitt 4.6.2 die erweiterte bzw. bearbeitete SPSS Datendatei unter einem geeigneten Namen zu speichern. ♣

Beispiel 4.6.4-3: Variablenwerte berechnen

Motivation. Eine Kennzahl, die in der Immobilienwirtschaft sowohl für Mietwohnungen als auch für Eigentumswohnungen vor allem zu Vergleichszwecken von praktischer Relevanz und Bedeutung ist steht, ist der sogenannte Miet- oder Quadratmeterpreis (Angaben in €/m²), der zum Beispiel für eine Mietwohnung als Quotient aus der monatlichen Kaltmiete (Angaben in €) und der Wohnfläche (Angaben in m²) definiert ist. Die „retrospektive" bzw. „nachträgliche" Berechnung der Variablen

$$Preis = Miete \ / \ Fläche$$

zur Beschreibung des Quadratmeterpreises für alle in der SPSS Datendatei *Mieten.sav* erfassten Berliner Mietwohnungen kann in der verbindlichen SPSS Syntax via Sequenz 4.6.4-2 bewerkstelligt werden.

Hinweise. Bei der Eingabe des Terms *Miete / Fläche*, der als Berechnungsvorschrift für die Zielvariable *Preis* fungiert, in die Rubrik *Numerischer Ausdruck* im Dialogfeld *Variable berechnen* (vgl. Abbildung 4.6.4-4) sind zur Vermeidung von formalen bzw. syntaktischen Fehlern folgende Hinweise zu beachten: i) **Numerische Variablen**. Es können nur numerische Variablen mit Hilfe arithmetischer Operationen „verknüpft" werden. Numerische Variablen sind in der im linken Dialogfeldbereich angezeigten Variablenliste durch das Piktogramm eines „gelben Lineals" gekennzeichnet. ii) **Taschenrechner-Tastatur**. Zur Vermeidung von syntaktischen Fehlern sollten die Variablennamen und die Symbole für die erforderlichen Rechenoperationen stets über das Aktivieren des jeweiligen Variablennamens in der Variablenliste und der Schaltfläche ▶ bzw. über das Betätigen der Taschenrechner-Tastatur bewerkstelligt werden. iii) **Variablenbeschriftung**. Nach dem Betätigen der Schaltfläche *OK* wird automatisch für *alle* Merkmalsträger der Arbeitsdatei die numerische Variable *Preis* in die nächstfolgend freie Spalte des SPSS Dateneditors eingefügt. Es ist vorteilhaft, gemäß Abschnitt 4.6.1 die Definition der numerischen Variablen *Preis* etwa noch durch die Beschriftung bzw. durch das Label *Mietpreis (€/m²)* zu komplettieren und die erweiterte SPSS Datendatei zu speichern. iv) **Konzepte**. Beachtenswert ist zudem, dass es in SPSS zwei wohl zu unterscheidende Konzepte gibt, Variablenwerte zu berechnen: Erstens das im Kontext dieses Beispiels skizzierte Berechnen von Variablenwerten für *alle* Merkmalsträger und zweitens das Berechnen von Variablenwerten nur für *ausgewählte* Merkmalsträger, das gemäß Beispiel 4.6.4-6 selbständig erarbeitet und logisch nachvollzogen werden kann. ♦

Funktionen. Im SPSS Dialogfeld *Variable berechnen* wird analog zur Abbildung 4.6.4-4 in den rechts angeordneten Rubriken *Funktionsgruppe* und *Funktionen und Sondervariablen* eine breite Palette von mathematischen, statistischen und/oder datenbearbeitenden Funktionen angeboten, die sich im SPSS Datei- und Daten-Management als nützliche Instrumente erweisen.

Tabelle. Die in der Tabelle 4.6.4-2 angebotene Zusammenstellung soll das Auffinden von ausgewählten und sowohl in praxi als auch im vorliegenden Lehrbuch häufig applizierten Funktionsgruppen erleichtern.

Tabelle 4.6.4-2: Ausgewählte SPSS Funktionen

Funktionsgruppe	Funktion	Anmerkung
Arithmetisch	Exp	Exponent zur Basis e
	Ln	Logarithmus zur Basis e
	Rnd	Rundung eines Wertes
	Sqrt	Quadratwurzel
Verteilungsfunktion(en) (engl.: *cumulative distribution function*)	Cdf.Binom	Binomialverteilung
	Cdf.Exp	Exponentialverteilung
	Cdf.Normal	Normalverteilung
	Cdf.Poisson	Poisson-Verteilung
	Cdf.T	STUDENT t-Verteilung
	Cdf.Uniform	Gleichverteilung
Fehlende Werte	Missing	
Quantilsfunktion(en) (engl.: *inverse distribution function*)	Idf.Chisq	Chi-Quadrat-Verteilung
	Idf.Exp	Exponentialverteilung
	Idf.F	F(ISHER)-Verteilung
	Idf.Normal	Normalverteilung
	Idf.T	STUDENT t-Verteilung
Wahrscheinlichkeitsdichte(n) (engl.: *probability density function*)	Pdf.Binom	Binomialverteilung
	Pdf.Poisson	Poisson-Verteilung
	Pdf.Uniform	Gleichverteilung
Signifikanz(niveau)	Sig.Chisq	Chi-Quadrat-Verteilung
	Sig.F	F(ISHER)-Verteilung
Statistisch	Mean	Arithmetisches Mittel
	Sd	Standardabweichung
	Sum	Summe
	Variance	Varianz
Suchen	Index	Stringsuche
	Rindex	Zahlensuche
Umwandlung	Number	String in numerische Variable
	String	Numerische Variable in String
Verschiedene	$Casenum	Fälle nummerieren
Zufallszahlen (engl.: *random variable*)	Rv.Normal	normalverteilte Zufallszahlen
	Rv.Uniform	gleichverteilte Zufallszahlen

Erläuterung. Die in der Tabelle 4.6.4-2 aufgelisteten und in praxi häufig applizierten Funktionen werden nach ihrem Aufruf gemäß Abbildung 4.6.4-4 im SPSS Dialogfeld *Variable berechnen* in der mittig platzierten Rubrik jeweils inhaltlich und funktional kurz erläutert. ♣

Beispiel 4.6.4-4: Merkmalsträger auswählen und/oder löschen
Motivation. In der angewandten Statistik und in der empirischen Wirtschafts-
und Sozialforschung ist es mitunter aus sachlogischen, statistisch-methodischen
und/oder formalen Gründen erforderlich, aus einer SPSS Arbeitsdatei bzw. aus
einer residenten SPSS Datendatei Merkmalsträger nach bestimmten Kriterien
auszuwählen. Eine Auswahl von Merkmalsträgern aus einer SPSS Arbeitsdatei
wird mit Hilfe eines sogenannten Filters bewerkstelligt.

SPSS Filter
Unter SPSS ist ein Filter eine numerische, dichotome (grch: *dicha* → zweifach +
tome → Schritt) und 0-1-kodierte Variable. Im Zuge eines Auswahlvorganges
werden alle Merkmalsträger einer SPSS Arbeitsdatei, die eine formulierte Auswahlbedingung erfüllen, mit dem Filterwert „eins" und die Merkmalsträger, die
einer Auswahlbedingung nicht genügen, mit dem Filterwert „null" kodiert. Zur
Kennzeichnung nicht ausgewählter Merkmalsträger wird zudem deren Zeilennummer im SPSS Dateneditor „durchgestrichen".

   Sequenz. Das Auswählen bzw. das „Filtern" und/oder das Löschen von
Merkmalsträgern einer Arbeitsdatei lassen sich via Sequenz 4.6.4-3 umsetzen.

   Sequenz 4.6.4-3: Merkmalsträger auswählen und/oder löschen
   Daten
      Fälle auswählen ... → Abbildung 4.6.4-5

Abbildung 4.6.4-5: SPSS Dateneditor und Dialogfelder *Fälle auswählen*

Auswahlbedingung. Für das Formulieren einer einfachen oder einer zusammengesetzten Auswahlbedingung erweisen sich die in der Tabelle 4.6.4-3 zusammengefassten und gemäß Abbildung 4.6.4-5 im Unterdialogfeld *Fälle auswählen: Falls* aufgelisteten und hinsichtlich ihrer Semantik kommentierten logischen Operatoren als nützlich.

Tabelle 4.6.4-3: Logische Operatoren für Merkmalsträgerauswahl

Logische Operatoren		
Symbol	Semantik	
	numerische Variable	Stringvariable
<	kleiner als	niedrigerwertig als
>	größer als	höherwertig als
< =	kleiner oder gleich	niedrigerwertig oder identisch
> =	größer oder gleich	höherwertig oder identisch
=	gleich	identisch
~ =	nicht gleich	nicht identisch
&	sowohl als auch	sowohl als auch
|	entweder oder (oder beide)	entweder oder (oder beide)
~	nicht	nicht

Auswahlvarianten. Eine Auswahl von Merkmalsträgern kann analog zur Rubrik *Ausgabe* im Dialogfeld *Fälle auswählen* grundsätzlich auf drei Wegen erfolgen: Erstens mittels der Option *Nicht ausgewählte Fälle filtern*, zweitens mittels der Option *Ausgewählte Fälle in ein neues Datenblatt kopieren* und drittens mittels der Option *Nicht ausgewählte Fälle löschen*.

Filtern. Ist man zum Beispiel unter Verwendung der SPSS Datendatei *Mieten.sav* lediglich an einer statistischen Analyse der Mietpreise von Vier-Zimmer-Mietwohnungen interessiert, so wird man in logischer Konsequenz alle erfassten Berliner Mietwohnungen auswählen, die vier Zimmer besitzen. Diese merkmalsträgerbezogene Auswahl bewerkstelligt man einfach dadurch, dass man analog zur Abbildung 4.6.4-5 im Dialogfeld *Fälle auswählen* via Mausklick die Option *Falls Bedingung zutrifft* wählt, danach die Schaltfläche *Falls...* aktiviert und letztlich im Unterdialogfeld *Fälle auswählen: Falls* die einfache Auswahlbedingung *Zimmer = 4* vermerkt.

Auswahlbedingung. Die einfache Auswahlbedingung *Zimmer = 4* besitzt im aufgezeichneten Dialog die folgende Semantik: Wähle aus der SPSS Arbeitsdatei *Mieten.sav* alle die Merkmalsträger (Fälle bzw. Mietwohnungen) aus, die bezüglich des metrischen Erhebungsmerkmals *Zimmer* die Merkmalsausprägung bzw. den Wert 4 besitzen. Im Zuge der Merkmalsträgerauswahl wird in die nächst freie Spalte der Arbeitsdatei die numerische und 0-1-kodierte Filtervariable *filter_$* eingefügt, die alle ausgewählten Merkmalsträger mit „eins" und alle nicht ausgewählten mit „null" kodiert. Zudem werden (analog zur Abbildung 4.6.4-5) im SPSS Dateneditor die Zeilennummern mit den nicht ausgewählten Merkmals-trägern markiert und bildhaft „durchgestrichen".

Abbildung 4.6.4-6: Lagekoordinaten der Berliner Stadtteile

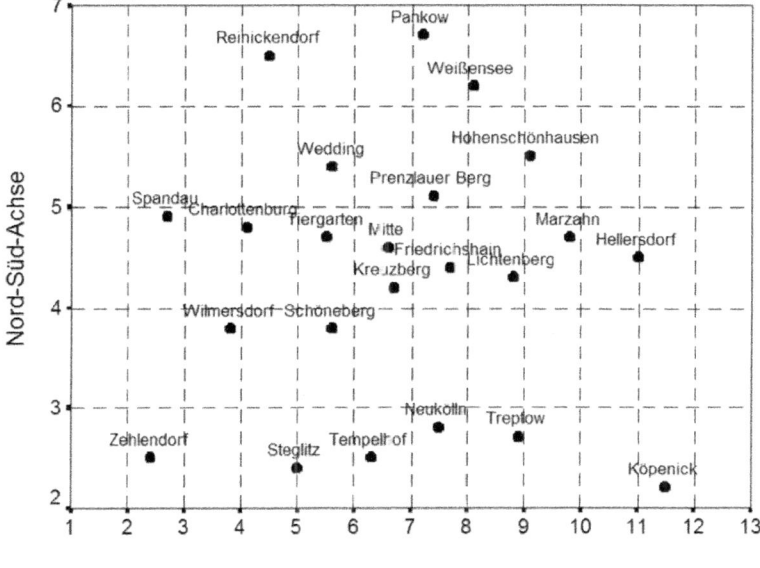

West-Ost-Achse

Erweiterungen. Die „einfache" Auswahlbedingung

$$Zimmer = 4$$

kann unter Verwendung der in der Tabelle 4.6.4-2 aufgelisteten logischen Opera-toren und der in der Abbildung 4.6.4-6 plakatierten „mittleren" Lagekoordinaten der traditionellen Berliner Stadtteile beliebig erweitert werden, etwa derart, dass diese die folgende und in der verbindlichen SPSS Syntax (grch.: *syntaxis* → An-ordnung von Zeichen) formulierte Ergänzung erfährt:

$$(Zimmer = 4 \mid Zimmer = 5) \& Preis >= 7 \& NordSüd < 3$$

Diese „zusammengesetzte" Auswahlbedingung besitzt (im Sinne einer Vereini-gungs- und Schnittmengenbetrachtung) die folgende Semantik: Wähle aus der SPSS Arbeitsdatei *Mieten.sav* alle die Mietwohnungen aus, die einen entweder vier oder fünf Zimmer als auch einen Mietpreis von mindestens 7 €/m² und zu-dem auf der Nord-Süd-Achse einen Koordinatenwert kleiner als 3 besitzen. Dies sind im konkreten Fall alle erfassten Vier-Zimmer-Mietwohnungen in einer mehr oder weniger gehobenen Preislage in den südlichen Stadtteilen Berlins.

Kopieren. Ist man im konkreten Fall zum Beispiel daran interessiert, die em-pirischen Daten für die ausgewählten Berliner Mietwohnungen in einer separaten

SPSS Datendatei zu speichern, dann vereinbart man gemäß Abbildung 4.6.4-7 im Dialogfeld *Fälle auswählen* in der Rubrik *Ausgabe* die Option *Ausgewählte Fälle in neues Dataset kopieren*. Im Zuge dessen werden alle ausgewählten Merkmalsträger in eine neue SPSS Datendatei kopiert. Man braucht dann nur noch die „gestutzte" Arbeitsdatei bzw. das „neue Dataset" gemäß Abbildung 4.6.2-2 unter einem geeigneten Namen zu speichern.

Abbildung 4.6.4-7: SPSS Dialogfeld *Fälle auswählen*

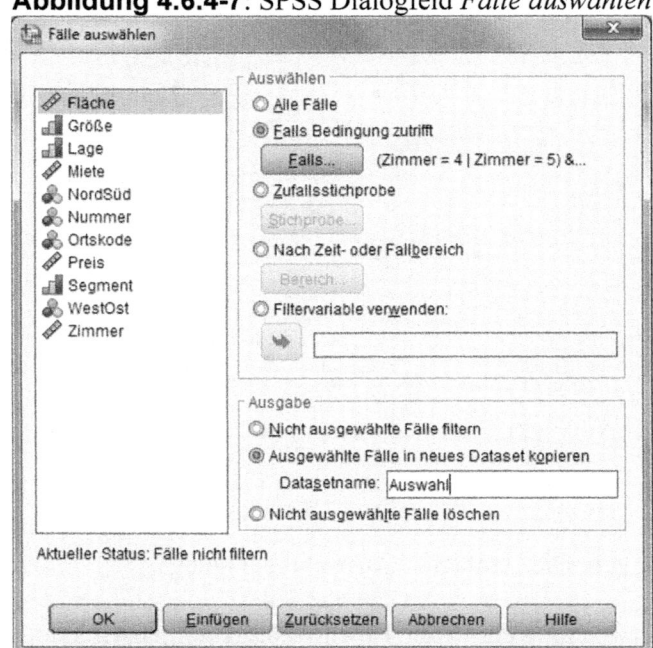

Löschen. Wählt man hingegen in der Rubrik *Ausgabe* die Option *Nicht ausgewählte Fälle löschen*, dann werden die jeweiligen Daten aus einer SPSS Arbeitsdatei gelöscht.

Hinweis. Unabhängig davon, welche der drei Filter-Optionen man im konkreten Fall wählt, der Vorgang des „Setzens" eines Filters wird in der sogenannten Statusleiste des SPSS Dateneditors mit dem Hinweis „Filter aktiv" angezeigt. Die Statusleiste ist gemäß Abbildung 4.2-1 im unteren rechten Segment des SPSS Dateneditors angesiedelt. ◆

Deaktivieren. Das Deaktivieren bzw. Desaktivieren eines „gesetzten" Filters kann man am einfachsten dadurch bewerkstelligen, indem man gemäß Abbildung 4.6.4-7 im Dialogfeld *Fälle auswählen* die Option *Alle Fälle* wählt. Gleichsam möglich ist es, einfach die Filtervariable *filter_$* in der jeweiligen SPSS Arbeitsdatei zu löschen. ♣

5

Datendeskription

Schlüsselwörter

Grafische Darstellungen
Häufbarkeit
Häufigkeit
Häufigkeitsverteilung
Lagemaße

Mehrfachantwortenanalyse
Multiple Dichotomien
Standardisierung
Streuungsmaße
Verteilungsmaße

Gegenstand. Der Gegenstand des fünften Kapitels besteht in einer elementaren und paradigmatischen (grch.: *paradeigma* → Musterbeispiel) Einführung in die statistische Deskription (lat.: *descriptio* → Beschreibung) empirisch erhobener Daten. Das Kernstück der Datendeskription bildet die univariate (lat: *unus* → eins + *varia* → Allerlei) statistische Verteilungsanalyse, die auf die Beschreibung der Häufigkeitsverteilung eines statistischen Erhebungsmerkmals abstellt. Dabei steht die Charakterisierung der Verteilung mit Hilfe geeigneter grafischer Darstellungen und/oder Verteilungsmaßzahlen im Vordergrund.

Zielstellung. Die Zielstellung dieses Kapitel besteht darin, Begriffe und Verfahren der univariaten Verteilungsanalyse zu erläutern und diese mit Hilfe von SPSS anhand realer Daten paradigmatisch zu demonstrieren und sachlogisch zu interpretieren. ♣

5.1   Häufigkeiten und Häufigkeitsverteilungen

Motivation. In der statistischen Datendeskription im Allgemeinen und in der statistischen Verteilungsanalyse im Speziellen ist der Häufigkeitsbegriff von substantieller Bedeutung. Der Häufigkeitsbegriff bildet (unabhängig davon, ob eine Datendeskription auf Urlistendaten oder klassierten Daten beruht) die Grundlage für die Bestimmung des Begriffs einer Häufigkeitsverteilung, einer Summenhäufigkeit und einer empirischen Verteilungsfunktion. Die nachfolgenden Betrachtungen gehen von der Prämisse aus, dass die zu beschreibenden Daten primärstatistisch erhoben wurden.

Häufigkeit

Ist X ein beliebig skaliertes statistisches Erhebungsmerkmal, das über einer Zustandsmenge $\Xi = \{\xi_j, j = 1,2,...,m\}$ mit $m \leq n$ voneinander verschiedenen Merkmalsausprägungen $\xi_j \in \Xi$ definiert ist und für eine endliche statistische Gesamtheit $\Gamma_n = \{\gamma_i, i = 1,2,...,n\}$ von n statistischen Einheiten γ_i erhoben und zudem in einer Urliste erfasst wurde, dann heißt die Anzahl $n(X = \xi_j) = n_j$ der statistischen Einheiten γ_i mit der Merkmalsausprägung ξ_j absolute Häufigkeit der Merkmalsausprägung ξ_j und die Anteilszahl $p(X = \xi_j) = p_j = n_j / n$ relative Häufigkeit der Merkmalsausprägung ξ_j.

Hinweise. Für das Verständnis und für den Umgang mit dem statistischen Häufigkeitsbegriff sind die folgenden Hinweise nützlich: i) **Index.** Der Index j (lat.: *indicare* → anzeigen) ist ein Zeiger, der im Bereich der natürlichen Zahlen variiert und der alle sich voneinander unterscheidenden Ausprägungen $\xi_j \in \Xi$ (lies: *Klein-Xi j ist ein Element von Groß-Xi*) eines Erhebungsmerkmals X in einer Urliste nummeriert. ii) **Summenoperator.** Die Summe der absoluten Häufigkeiten $n(X = \xi_j) = n_j$ ist stets gleich der Anzahl n der statistischen Einheiten γ_i einer statistischen Gesamtheit Γ_n, wobei stets

$$\sum_{j=1}^{m} n_j = n_1 + n_2 + ... + n_m = n$$

gilt (lies: *Summe aller n_j für alle j gleich 1 bis m*). Der griechische Großbuchstabe Σ (lies: *Sigma*) fungiert als Summenoperator. iii) **Indikatorfunktion.** Eine absolute Häufigkeit

$$n_j = \sum_{i=1}^{n} I_\Xi(x_i) \text{ mit } I_\Xi(x_i) = \begin{cases} 1 & \text{falls} \quad x_i = \xi_j \\ 0 & \text{sonst} \end{cases}$$

der Ordnung j (j = 1,2,...,m) kann formal mit Hilfe einer sogenannten Indikator- oder Zählfunktion $I_\Xi(x_i)$ dargestellt werden. Für die Zustandsmenge Ξ (lies: *Groß-Xi*) eines Erhebungsmerkmals X nimmt die Indikatorfunktion $I_\Xi(x_i)$ stets den Wert Eins an, wenn eine beobachtete Merkmalsausprägung $X(\gamma_i) = x_i$ der Ordnung i (i = 1,2,...,n) innerhalb einer statistischen Urliste mit einer beobachteten, jedoch wohl verschiedenen Merkmalsausprägung $\xi_j \in \Xi$ der Ordnung j übereinstimmt. Stimmt eine Beobachtung x_i mit einer der voneinander verschiedenen Merkmalsausprägungen ξ_j nicht überein, dann nimmt die sogenannte Indikator- oder Zählfunktion $I_\Xi(x_i)$ den Wert Null an. iv) **Vergleichbarkeit.** Vor allem zu Vergleichszwecken sind absolute Häufigkeiten n_j etwa aus zwei disjunkten (lat.: *disiunktio* → Trennung, elementefremd), jedoch inhaltlich vergleichbaren statistischen Gesamtheiten nicht geeignet. Aus diesem Grunde bestimmt man auf deren Basis die relativen Häufigkeiten $p(X = \xi_j) = p_j = n_j / n$ oder die prozentualen relativen Häufigkeiten $p^*_j = p_j \times 100\ \%$ für die stets

$$\sum_{j=1}^{m} p_j = p_1 + p_2 + ... + p_m = 1 \text{ bzw. } \sum_{j=1}^{m} p_j^* = 100\ \%$$

gilt. Dabei ist zu beachten, dass es aus etymologischer und sachlogischer Sicht (lat.: *pro cento* → für hundert) nur für eine statistische Gesamtheit Γ_n mit einem Umfang von $n > 100$ Merkmalsträgern γ_i sinnvoll ist, prozentuale relative Häufigkeiten zu bestimmen. v) **Anwendung**. Relative Häufigkeiten bilden die Grundlage für die Begriffsbestimmung einer empirischen Verteilungsfunktion F(a). ♦

Empirische Häufigkeitsverteilung

Ist X ein beliebig skaliertes statistisches Erhebungsmerkmal mit m voneinander verschiedenen (empirisch beobachteten bzw. definierten) Merkmalsausprägungen ξ_j (j = 1,2,...,m), dann heißt die Menge der geordneten Paare $\{(\xi_j, n_j),$ j = 1,2,...,m\}$ bzw. $\{(\xi_j, p_j),$ j = 1,2,...,m\}$ absolute bzw. relative empirische Häufigkeitsverteilung des Merkmals X.

Hinweise. Für das Verständnis des statistischen Begriffs einer empirischen Häufigkeitsverteilung sowie für die tabellarische oder grafische Präsentation einer empirischen Häufigkeitsverteilung erweisen sich die folgenden Hinweise als hilfreich: i) **Unterscheidung**. Im Unterschied zu einer theoretisch begründeten bzw. konstruierten Verteilung bezeichnet man eine Verteilung, die auf empirisch erhobenen Daten basiert, als empirische Häufigkeitsverteilung. ii) **Häufigkeitstabelle**. Die tabellarische Darstellung einer Häufigkeitsverteilung heißt Häufigkeitstabelle. Ist ein Erhebungsmerkmal X mindestens ordinal skaliert, dann sind die Merkmalsausprägungen ξ_j in einer Häufigkeitstabelle (in der Regel aufsteigend) zu ordnen. iii) **PARETO-Diagramm**. Für die grafische Präsentation eines nominalen Erhebungsmerkmals ist ein PARETO-Diagramm eine aussagefähige grafische Darstellung, vor allem dann, wenn es die am häufigsten beobachteten Ausprägungen aufzuzeigen gilt (vgl. Beispiel 5.1-1). iv) **Säulendiagramm**. Für ein nominales, ordinales bzw. diskretes metrisches Merkmal mit wenigen voneinander verschiedenen Merkmalsausprägungen ξ_j kann man zur grafischen Präsentation einer Häufigkeitsverteilung entweder ein Strich- oder ein Stabdiagramm verwenden (vgl. Beispiel 5.1-4). v) **Struktogramm**. Für die grafische Präsentation der Verteilungsstruktur einer statistischen Gesamtheit ist ein Struktogramm geeignet. Ein häufig verwendetes Struktogramm ist das sogenannte Kreisdiagramm (vgl. Beispiel 5.1-3). vi) **Plots**. In der Explorativen Datenanalyse (lat.: *exploratio* → Erforschung) verwendet man für die Beschreibung der Häufigkeitsverteilung eines metrischen Erhebungsmerkmals mit vielen voneinander verschiedenen Merkmalswerten ein *Stem-and-Leaf-Plot* (vgl. Beispiel 5.1-5) und ein *Box-and-Whisker-Plot* (vgl. Beispiel 5.2.2-2). vii) **Histogramm**. Die klassische Form der grafischen Darstellung eines klassierten metrischen Erhebungsmerkmals ist ein sogenanntes Histogramm (grch.: *histion* → Gewebe + *(dia)gramma* → Zeichnung). Das Charakteristikum eines Histogramms ist eine flächenproportionale Darstellung der absoluten bzw. relativen Klassenhäufigkeiten (vgl. Beispiel 5.1-5). ♦

Summenhäufigkeit

Ist X ein mindestens ordinales Erhebungsmerkmal, dessen absolute bzw. relative Häufigkeitsverteilung gegeben ist, dann heißt die Kumulation

$$H_j = n(X \le \xi_j) = \sum_{r=1}^{j} n_r \text{ bzw. } F_j = p(X \le \xi_j) = \sum_{r=1}^{j} p_r$$

der absoluten bzw. relativen Häufigkeiten n_r bzw. p_r derjenigen Merkmalsausprägungen ξ_r ($r \le j$), welche die Merkmalsausprägung ξ_j nicht überschreiten, absolute bzw. relative Summenhäufigkeit H_j bzw. F_j der Ordnung j (j = 1,2,...,m).

Hinweise. Für das Verständnis einer kumulierten bzw. Summenhäufigkeit sind die folgenden Hinweise nützlich: i) **Kumulation.** Eine Kumulation (lat.: *cumulus* → anhäufen) kennzeichnet eine schrittweise Summation von absoluten bzw. relativen Häufigkeiten einer Häufigkeitsverteilung. ii) **Interpretation.** Die absolute Summenhäufigkeit H_j gibt die *Anzahl* und die relative Summenhäufigkeit F_j den *Anteil* der statistischen Einheiten γ_i einer statistischen Gesamtheit $\Gamma_n = \{\gamma_i, i = 1,2,...,n\}$ an, die eine Merkmalsausprägung $X(\gamma_i) = x_i$ bzw. einen Merkmalswert $X(\gamma_i) = x_i$ besitzen, die gleich- oder niedrigerwertig bzw. der gleich oder kleiner als ξ_j ist. iii) **Resthäufigkeit.** Die absolute bzw. relative Summenhäufigkeit derjenigen Merkmalsausprägungen, die höherwertig sind als die Merkmalsausprägung ξ_j bzw. den Merkmalswert ξ_j überschreiten, heißt absolute Resthäufigkeit $H_j^R = n - H_j$ oder relative Resthäufigkeit $F_j^R = 1 - F_j$. Dabei gilt stets: $H_m = n$ und $F_m = 1$. iv) **Bedeutung.** Die relative Summenhäufigkeit bildet die Grundlage für die Begriffsbestimmung einer empirischen Verteilungsfunktion F(a). ♦

Empirische Verteilungsfunktion

Ist X ein mindestens ordinales, zahlenmäßig erfasstes und geordnetes Erhebungsmerkmal mit m voneinander verschiedenen (empirisch beobachteten bzw. definierten) Merkmalswerten ξ_j (j = 1,2,...,m), dann heißt die Funktion F(a) mit

$$F(a) = \begin{cases} 0 & \text{für alle} & a < \xi_1 \\ F_j & \text{für alle} & \xi_j \le a < \xi_{j+1}, j = 1,2,...,m-1, \\ 1 & \text{für alle} & a \ge \xi_m \end{cases}$$

die jeder reellen Zahl $a \in \mathbb{R}$ den Anteil der Merkmalsträger $\gamma \in \Gamma_n$ einer statistischen Gesamtheit Γ_n mit einem Merkmalswert ξ_j zuordnet, die diese reelle Zahl a nicht überschreiten, empirische Verteilungsfunktion.

Hinweise. Für das Verständnis einer empirischen Verteilungs- bzw. Summenfunktion sind die folgenden Hinweise nützlich: i) **Eigenschaften.** Eine empirische Verteilungsfunktion F(a) besitzt u.a. die folgenden charakteristischen Eigenschaften: a) Sie kann nur Werte zwischen null und eins annehmen, d.h. es gilt stets $0 \le F(a) \le 1$. b) Sie ist ihrem Wesen nach eine monoton nicht fallende Funktion, d.h. für zwei beliebige reelle Werte $a \le b \in \mathbb{R}$ ($\mathbb{R}$ bezeichnet die Menge der reellen Zahlen) gilt stets $F(a) \le F(b)$. c) Sie ist (streng genommen und nachvollziehbar) nicht stetig. d) Der Graph y = F(a) einer empirischen Verteilungsfunktion F(a) ist eine monoton wachsende bzw. nicht fallende Treppenfunktion mit Sprunghöhen p_j an den Stellen $a = \xi_j$. ♦

Beispiel 5.1-1: Häufigkeitsverteilung, nominales Erhebungsmerkmal
Motivation. Die statistische Analyse der Häufigkeitsverteilung eines nicht häufbaren nominalen Merkmals soll anhand der SPSS Datendatei *Billet.sav* demonstriert werden. Die Datei basiert auf einem Marktforschungsprojekt, im Rahmen
dessen im November 1995 im Zuge einer geschichteten Zufallsauswahl n = 561
Fahrgäste des Berliner Öffentlichen Personennahverkehrs (ÖPNV) unter anderem danach befragt wurden, welche Fahrscheinart (Billet) sie nutzen.[10]

Urlistenauszug. In der Abbildung 5.1-1 ist die Aufrufsequenz zur Erstellung
einer Häufigkeitsverteilung für das nominale Merkmal X: *Billet* skizziert.

Abbildung 5.1-1: SPSS Dateneditor mit Urlistenauszug

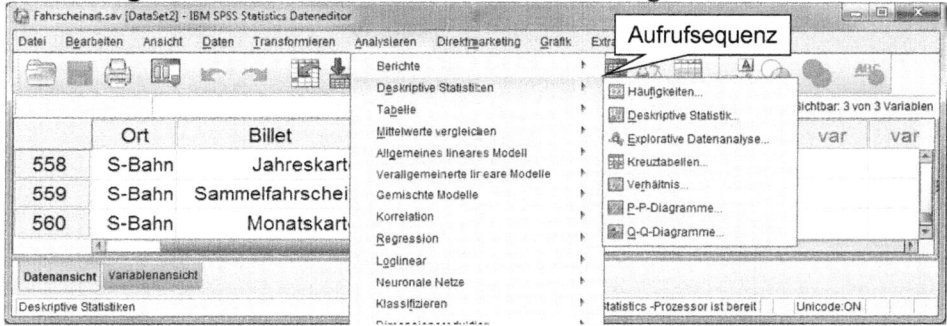

Grundbegriffe. Das Repetieren der statistischen Grundbegriffe anhand der
Abbildung 5.1-1 ergibt das folgende Bild: Die statistische Einheit bzw. der
Merkmalsträger γ ist ein befragter Fahrgast. Die Menge $\Gamma_n = \{\gamma_i, i = 1,2,...,n\}$ der
n = 561 zufällig ausgewählten und befragten Fahrgäste umfasst die statistische
Gesamtheit, die inhaltlich durch die Ausprägungsfestlegung der Identifikationsmerkmale wie folgt abgegrenzt ist: Fahrgast (Sache), Berliner ÖPNV (Ort), November 1995 (Zeit). Das Erhebungsmerkmal X ist die benutzte Fahrscheinart
eines befragten Fahrgastes. Die m = 7 Merkmalsausprägungen ξ_j, die im zugrunde liegenden standardisierten Fragebogen vorab vereinbart wurden und die
Zustandsmenge $\Xi = \{\xi_j, j = 1,2,...,m\}$ = {Monatskarte, Jahreskarte,..., 7-Tage-
Karte} des Erhebungsmerkmals X bilden, erscheinen in der Häufigkeitstabelle
5.1-1 als Kategorien, deren Reihenfolge im konkreten Fall der Häufigkeit ihrer
Nennung entspricht. Beachtenswert ist in diesem Zusammenhang, dass das nominale Erhebungsmerkmal X(γ) bezüglich seiner sieben als Fragebogen-Items
vorgegebenen begrifflichen und nominalen Ausprägungen $\xi_j \in \Xi$ (Fahrscheinarten) aus Plausibilitätsgründen als ein nicht häufbares Erhebungsmerkmal gedeutet wird, zumal eine befragte Person $\gamma \in \Gamma_n$ (in der Regel) nur eine Fahrscheinart
der m = 7 in der Zustandsmenge Ξ definierten Fahrscheinarten ξ_j nutzt.

---

[10] Quelle: PÖRNER, Ronald und Peter ECKSTEIN: Bargeldloses Zahlen im Öffentlichen Personennahverkehr – Chancen und Barrieren aus der Sicht Berliner Fahrgäste, fhtw-transfer 1996

Häufigkeitstabelle. Die tabellarische Darstellungsform der empirischen Häufigkeitsverteilung des nominalen und nicht häufbaren Erhebungsmerkmals X: *Fahrscheinart* bzw. *Billet* kann via Sequenz 5.1-1 angefordert werden.

> **Sequenz 5.1-1**: Häufigkeitstabelle
> Analysieren
> Deskriptive Statistiken
> Häufigkeiten ... → Abbildung 5.1-2

Abbildung 5.1-2: SPSS Dateneditor und Dialogfelder *Häufigkeiten*

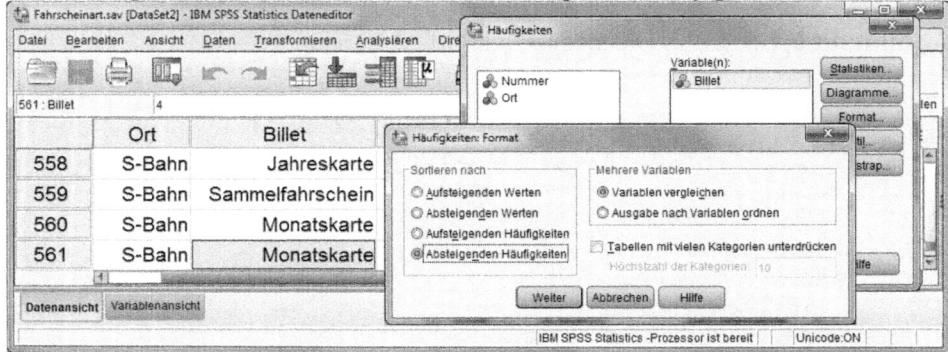

Interpretation. Die Häufigkeitstabelle 5.1-1 ist in ihren Bestandteilen statistisch und sachlogisch wie folgt zu interpretieren:

Häufigkeiten. Von den insgesamt 561 befragten Fahrgästen gaben 555 Fahrgäste eine valide (lat: *validus* → gültig, engl.: *valid* → gültig) Antwort auf die Frage nach der benutzten Fahrscheinart, worunter wiederum 240 Fahrgäste angaben, eine Monatskarte zu nutzen. Dies sind (240 / 555) × 100 % ≅ 43,2 % aller erfassten gültigen Antworten. Kennzeichnet aus statistisch-methodischer Sicht die Zahl 240 die absolute Häufigkeit der Merkmalsausprägung *Monatskarte*, so markieren die 43,2 % die als „gültige Prozente" ausgewiesene prozentuale relative Häufigkeit gültiger und somit statistisch auswertbarer Antworten.

Fehlende Werte. Aufgrund der Tatsache, dass im konkreten Fall sechs befragte Fahrgäste auf die Frage nach der benutzten Fahrscheinart keine der im standardisierten Fragebogen vermerkten (und somit „gültigen") Antworten gaben, besitzt die SPSS Variable *Billet* sechs systemdefinierte fehlende Werte (engl.: *missing value(s)*) bzw. Ausprägungen. Ist eine Variable durch keine fehlenden Werte bzw. Ausprägungen gekennzeichnet, wurden im Sinne der Variablendefinition also nur zulässige Ausprägungen bzw. Werte statistisch erfasst, dann stimmen die Tabellenspalten *Prozent* und *Gültige Prozente* überein. Ist hingegen eine Variable durch fehlende Ausprägungen bzw. Werte affiziert, dann weichen die beiden Tabellenspalten bezüglich ihrer zahlenmäßigen Ergebnisse voneinander ab. In diesem Falle fungiert für die Tabellenspalte *Prozent* die Anzahl der (erfassten bzw. ausgewählten) Merkmalsträger als Basis, unabhängig davon, ob für die betreffende Variable fehlende Ausprägungen existieren oder nicht. Die Spalte *Gültige Prozente* basiert auf der (stets gleichen oder kleineren) Anzahl der Merkmalsträger, die bezüglich der interessierenden SPSS Variablen definitionsgemäß gültige Ausprägungen bzw. Werte besitzen.

Tabelle 5.1-1: Häufigkeitstabelle: benutzte Fahrscheinart

		Häufigkeit	Prozent	Gültige Prozente	Kumulierte Prozente
Gültig	Monatskarte	240	42,8	43,2	43,2
	Jahreskarte	149	26,6	26,8	70,1
	Sammelfahrschein	75	13,4	13,5	83,6
	Einzelfahrschein	68	12,1	12,3	95,9
	keine Fahrkarte	10	1,8	1,8	97,7
	Dienstausweis	9	1,6	1,6	99,3
	7-Tage-Karte	4	,7	,7	100,0
	Gesamt	555	98,9	100,0	
Fehlend	System	6	1,1		
Gesamt		561	100,0		

Kumulation. Die Tabellenspalte *Kumulierte Prozente* (engl.: *cumulative percent*) beinhaltet die kumulierten (lat.: *cumulus* → (an)häufen) prozentualen Häufigkeiten für die m = 7 vorgegebenen nominalen Merkmalsausprägungen ξ_j in Gestalt der sieben vorab festgelegten Fragebogen-Items (engl.: *item* → Punkt, Posten bzw. Antwort), welche eine bildhafte Vorstellung von der Zustandsmenge $\Xi = \{\xi_j, j = 1,2,...,m\}$ des Erhebungsmerkmals X: *Fahrscheinart (Billet)* ermöglichen. Da bei nominalen Merkmalen die Reihenfolge der Merkmalsausprägungen in einer Häufigkeitstabelle wegen nicht existierender Ordnungsrelationen stets willkürlich ist, erhält man je nach Festlegung der Reihenfolge der Merkmalsausprägungen anders geartete kumulierte absolute bzw. relative Häufigkeiten. Aus diesem Grunde sind in konkreten Fall die kumulierten prozentualen relativen Häufigkeiten nur bedingt bzw. eingeschränkt interpretierbar. Eingedenk der Tatsache, dass gemäß Abbildung 5.1-2 im Unterdialogfeld *Häufigkeiten: Format* eine Häufigkeitstabelle mit *absteigenden Häufigkeiten* vereinbart wurde, ist die folgende Interpretation möglich und sinnvoll: 70,1 % der im November 1995 zufällig ausgewählten und befragten Fahrgäste im Berliner Öffentlichen Personennahverkehr gaben „gültig und statistisch verwertbar" an, entweder eine Monatskarte oder eine Jahreskarte zu benutzen.

Diagramme. Wann und wo es im Kontext einer Verteilungsanalyse möglich und sinnvoll ist, sollte eine Häufigkeitstabelle stets durch eine geeignete und aussagekräftige grafische Darstellung ergänzt bzw. ersetzt werden. Eine geeignete Form der grafischen Präsentation der empirischen Verteilung eines nominalen

Erhebungsmerkmals mit wenigen sich voneinander unterscheidenden Merkmals-ausprägungen ist entweder ein *Kreis(segment)diagramm* oder ein *Balkendia-gramm*. Beide Diagramme können in SPSS auf verschiedenen Wegen und in un-terschiedlichen Arten bereits mit dem Erstellen einer Häufigkeitstabelle gemäß Abbildung 5.1-2 im Dialogfeld *Häufigkeiten* via Schaltfläche *Diagramme* oder gemäß Abbildung 4.2-1 via Hauptmenüpunkt *Diagramme* im SPSS Dateneditor angefordert werden. Neben einem Kreisdiagramm erweist sich in der nominalen Verteilungsanalyse vor allem ein PARETO-Diagramm, das seinem Wesen nach ein Balkendiagramm ist, als sehr anschaulich und analytisch nützlich.

PARETO-Diagramm
Ein PARETO-Diagramm ist ein einfaches Balkendiagramm bzw. ein kombiniertes Balken-Linien-Diagramm, das zum einen auf den gemäß ihrer absoluten Häufig-keiten $n_j = n(X = \xi_j)$, $j = 1,2,...,m$, geordneten Ausprägungen ξ_j eines nominalen Merkmals X und zum anderen auf den kumulierten absoluten $H_j = n(X \leq \xi_j)$ bzw. den kumulierten relativen Häufigkeiten $F_j = p(X \leq \xi_j)$ beruht.

Hinweise. Für den Bau und für die Interpretation eines PARETO-Diagramms sind die folgenden Hinweise hilfreich: i) **Aufruf.** Ein PARETO-Diagramm kann via Sequenz 5.1-2 aufgerufen und angefordert werden. ii) **Applikation.** Ein PARETO-Diagramm kann als eine grafische Darstellungsform einer geordneten Häufigkeitstabelle eines nominalen Erhebungsmerkmals aufgefasst werden. Es erweist sich in der Vertei-lungsanalyse vor allem dann als besonders hilfreich, wenn man sich schnell einen Über-blick über die am häufigsten beobachteten Ausprägungen eines nominalen Erhebungs-merkmals verschaffen möchte bzw. muss. In praxi finden PARETO-Diagramme vor allem in der statistischen Qualitätskontrolle bei der Erkennung der häufigsten Fehlerquellen in einem laufenden Produktionsprozess oder in der Marktforschung bei der Häufigkeitsana-lyse nominaler Fragebogen-Items (engl.: *item* → Antwort) eine breite Anwendung, wenn die am häufigsten genannten Antworten bildhaft darzustellen gilt. iii) **Spezifik.** In praxi ergänzt man mitunter ein PARETO-Diagramm noch durch einen sogenannten Polygonzug (grch.: *polys* → viel + *gonia* → Winkel), der auf den kumulierten relativen bzw. prozen-tualen Häufigkeiten beruht. Obgleich für nominale Merkmale wegen nicht definierter Ordnungsrelationen kumulierte Häufigkeiten nicht definiert (und in der Regel auch nicht sachlogisch plausibel interpretierbar) sind, werden sie im speziellen Fall (vgl. Abbildung 5.1-3) durch die Ordnungsrelationen begründet, die sich aus den absteigend geordneten Häufigkeiten, also aus der statistischen Modalität der Merkmalsausprägungen des Erhe-bungsmerkmals *Fahrscheinart* ergeben. iv) **Historie.** PARETO-Diagramme sind nach dem italienischen Nationalökonomen und Statistiker Vilfredo PARETO (*1848, †1923) be-nannt. ♦

Konstruktion. In IBM SPSS Statistics 23 kann ein sogenanntes einfaches bzw. ein sogenanntes gestapeltes PARETO-Diagramm am elegantesten und leicht nachvollziehbar via Sequenz 5.1-2 erstellt und je nach Erfordernis im SPSS Dia-grammeditor gestalterisch „bearbeitet" werden.

Sequenz 5.1-2: PARETO-Diagramm
Analysieren
Qualitätskontrolle
Pareto-Diagramme → Abbildung 5.1-3

Abbildung 5.1-3: SPSS Dialogfelder *Pareto-Diagramme*

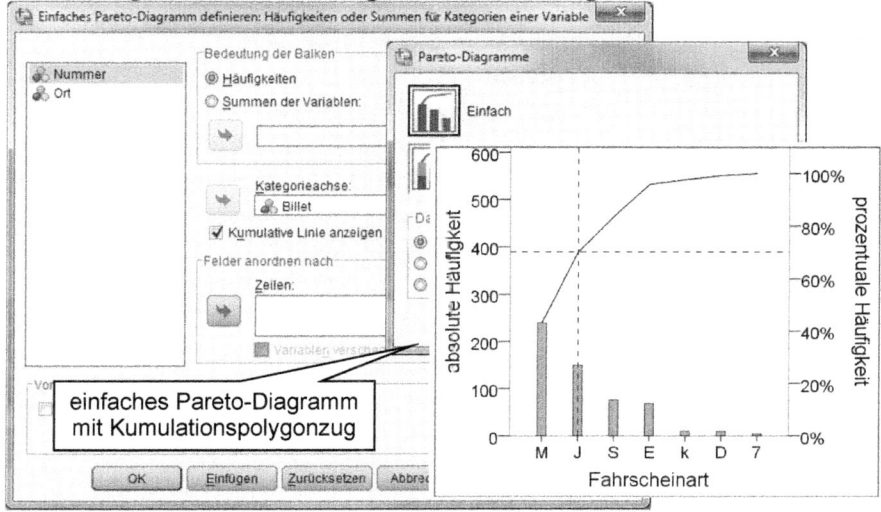

Interpretation. Hinsichtlich seiner Komponenten kann das PARETO-Diagramm innerhalb der Abbildung 5.1-3, das im speziellen Fall der Anschaulichkeit halber zudem noch im SPSS Diagrammeditor im gestalterischen Sinne „bearbeitet" wurde, wie folgt interpretiert werden:

Abszisse. Auf der Abszisse sind die m = 7 möglichen und in der Zustandsmenge $\Xi = \{\xi_j, j = 1,2,...,m\}$ definierten Fahrscheinarten ξ_j abgetragen, die im konkreten Fall der Einfachheit halber nur durch den Anfangsbuchstaben bzw. durch das erste alphanumerische Zeichen gekennzeichnet sind. Analog zur Häufigkeitstabelle 5.1-1 fungiert als „Ordnungskriterium" für die nominalen Merkmalsausprägungen ξ_j (Fahrscheinarten) die absolute bzw. die kumulierte prozentuale Häufigkeit $n_j = n(X = \xi_j)$ bzw. $F_j = p(X \le \xi_j) \times 100\,\%$ ihrer Nennung.

Häufigkeit. Die Häufigkeit der Nennung einer Fahrscheinart ξ_j wird durch die Höhe des jeweiligen Balkens bildhaft dargestellt, wobei gemäß dem sogenannten PARETO-Konzept das Balkenensemble absteigend angeordnet ist. Während die *M(onatskarte)* die Fahrscheinart ist, die von den befragten Fahrgästen, die eine gültige Antwort gaben, am häufigsten genannt bzw. genutzt wird, wurden die Fahrscheinarten *k(eine Fahrkarte)*, *D(ienstausweis)* und *7(-Tage-Karte)* von den befragten Fahrgästen vergleichsweise selten genannt bzw. genutzt.

Polygonzug. Der „stückweise linear ansteigende" Polygon- oder Viel-Winkel-Zug (grch.: *polys* → viel + *gonia* → Winkel) über den absteigend geordneten

Balken im sogenannten PARETO-Diagramm ist die bildhafte Darstellung der jeweiligen kumulierten absoluten Häufigkeit $H_j = n(X \leq \xi_j)$ bzw. der prozentualen relativen Häufigkeit $F_j = p(X \leq \xi_j) \times 100\,\%$ der $m = 7$ Fahrscheinarten ξ_j der Ordnung $j = 1,2,...,m$, die auf den beiden Ordinaten abgetragen wurden.

Referenzlinien. Die gestrichelten Referenzlinien, die den linear ansteigenden Polygonzug an der Stelle $\xi_2 = J(ahreskarte)$ absolut auf dem Höhenniveau

$$H_2 = n(X \leq \xi_2) = 240 + 149 = 389$$

und prozentual auf dem Höhenniveau

$$F_2 = p(X \leq \xi_2) \times 100\,\% = ((240 + 149) / 555) \times 100\,\% \cong 70{,}1\,\%$$

schneiden, können sachlogisch wie folgt gedeutet werden: 389 bzw. 70,1 % der befragten Fahrgäste, für die bezüglich der „benutzten Fahrscheinart" eine gültige Antwort erfasst wurde, gaben an, entweder eine Monats- oder eine Jahreskarte zu nutzen. Demnach waren zum Zeitpunkt der Befragung die Monatskarte und die Jahreskarte die beiden Fahrscheinarten, die im Berliner Öffentlichen Personennahverkehr am häufigsten genutzt wurden. ♣

Beispiel 5.1-2: Analyse von Mehrfachantworten

Motivation. Eine spezielle Form der statistischen Auswertung von häufbaren nominalen Merkmalen ist die sogenannte Analyse von Mehrfachantworten (engl.: *multiple responses*), mit der man in der empirischen Wirtschafts- und Sozialforschung vor allem im Zuge der Auswertung von Fragebögen konfrontiert wird und die in SPSS mittels der sogenannten dichotomen Methode oder der sogenannten kategorialen Methode bewerkstelligt werden kann. Als ein typisches Beispiel für eine dichotome Mehrfachantwortenanalyse kann gemäß dem standardisierten Fragebogen innerhalb der Abbildung 3.3-1 die statistische Analyse der Frage 12 nach den benutzten Verkehrsmitteln angesehen werden, welche die befragten Studierenden in der Regel auf dem Weg zur Hochschule nutzen. Die erhobenen Daten sind in der SPSS Datendatei *Frage.sav* gespeichert. Im Kontext der *F(rage)12* leuchtet es intuitiv ein, dass eine interviewte Studentin bzw. ein interviewter Student auf dem Weg zur Hochschule durchaus mehrere Verkehrsmittel nutzen kann. Aus statistisch-methodischer Sicht kann im konkreten Fall die individuelle Verkehrsmittelnutzung als ein *häufbares* nominales Merkmal einer Studentin bzw. eines Studenten aufgefasst werden, zumal eine interviewte Person keine, eine, zwei oder (theoretisch auch) alle zwölf aufgelisteten Verkehrsmittel nennen bzw. ankreuzen kann, je nachdem, ob sie diese in der Regel auf dem Weg zur Hochschule benutzt oder nicht. Das gleichzeitige Nennen mehrerer Nutzungsmöglichkeiten seitens einer interviewten Person subsumiert man im Kontext von Fragebogenauswertungen unter dem Begriff *Mehrfachantworten* bzw. *Mehrfachnennungen*.

Dichotome Methode. Die Methode der multiplen Dichotomien beruht auf der Darstellung jeder zulässigen Ausprägung eines häufbaren nominalen Merkmals mit Hilfe einer numerischen und dichotomen Variablen. Die Anzahl der in SPSS zu definierenden dichotomen (grch.: *dicha* → zweifach + *tome* → Schritt) Variablen ist stets identisch mit der Anzahl der zulässigen Ausprägungen eines zu analysierenden häufbaren nominalen Merkmals in Gestalt sogenannter Fragebogen-Items (engl.: *item* → Punkt, Posten, Einzelheit). Bei der Beschreibung von Dichotomien erweist sich aus statistisch-methodischer Sicht die in der Abbildung 5.1-4 skizzierte dichotome Kodierung als sehr nützlich und anschaulich. So kann zum Beispiel das arithmetische Mittel einer 0-1-kodierten Variablen X wegen

$$p(X = 1) = n(X = 1) / n$$

als Anteil der Merkmalsträger $\gamma_i \in \Gamma_n$ mit der Merkmalsausprägung „eins" in der statistischen Gesamtheit Γ_n aller n Merkmalsträger γ_i gedeutet werden. In praxi gleichsam üblich ist die „Kodierung" einer Dichotomie derart, dass lediglich eine Nennung mit einer „Eins" kodiert wird. Ansonsten wird ein systemdefinierter fehlender Wert, der in SPSS für eine numerische Variable durch einen Punkt kenntlich gemacht wird, vereinbart und durch die Betätigung der Entertaste bei der Dateneingabe automatisch gesetzt.

Abbildung 5.1-4: SPSS Dateneditor mit multiplen Dichotomien

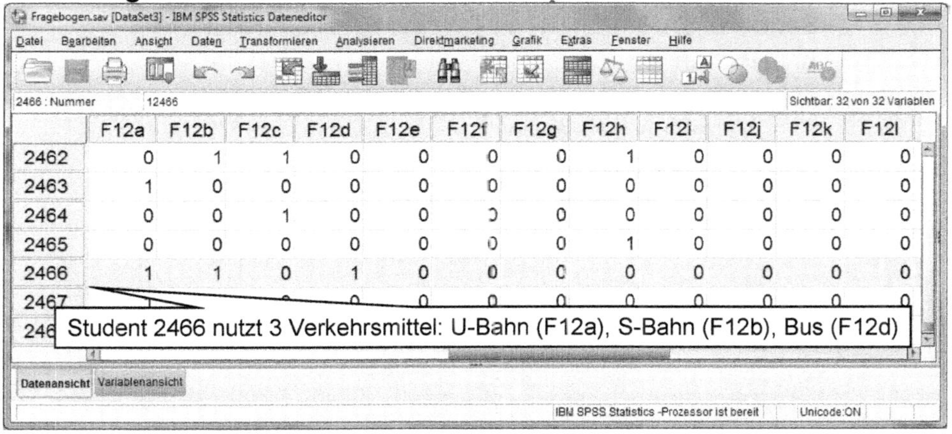

	F12a	F12b	F12c	F12d	F12e	F12f	F12g	F12h	F12i	F12j	F12k	F12l
2462	0	1	1	0	0	0	0	1	0	0	0	0
2463	1	0	0	0	0	0	0	0	0	0	0	0
2464	0	0	1	0	0	0	0	0	0	0	0	0
2465	0	0	0	0	0	0	0	1	0	0	0	0
2466	1	1	0	1	0	0	0	0	0	0	0	0

Zum Beispiel gab der bzw. die befragte Studierende γ_i der Ordnung i = 2466 an, auf dem Weg zu Hochschule in der Regel die U-Bahn, die S-Bahn und den Bus zu nutzen.

Mehrfachantwortenanalyse. Eine statistische Auswertung der *F(rage)12*, deren Antwortmöglichkeiten mit Hilfe multipler Dichotomien abgebildet wurde, kann auf zwei Wegen erfolgen: Entweder über die umständliche, zeitaufwändige und letztlich unübersichtliche Auswertung jeder einzelnen der 12 dichotomen und 0-1-kodierten Variablen *F12a* bis *F12l* oder über das zeitsparende Definieren und Analysieren eines Bündels oder eines Set (engl.: *set* → Menge, Bündel) von Mehrfachantworten.

Häufigkeitstabelle. Die Häufigkeitstabelle 5.1-2, die im konkreten Fall via Sequenz 5.1-1 erstellt wurde, beschreibt die empirische Häufigkeitsverteilung für die U-Bahn-Nutzung auf der Basis aller n = 2468 befragten Studierenden.

Tabelle 5.1-2: Häufigkeitstabelle, dichotome Variable *F12a*

F12a Verkehrsmittel U-Bahn

		Häufigkeit	Prozent	Gültige Prozente	Kumulierte Prozente
Gültig	0 nicht genannt	823	33,3	33,3	33,3
	1 genannt	1645	66,7	66,7	100,0
	Gesamt	2468	100,0	100,0	

Demnach gaben 1645 Studierende bzw. (1645 / 2468) × 100 % ≅ 66,7 % aller n = 2468 befragten Studierenden $\gamma_i \in \Gamma_n$ „valide und verwertbar" an, auf dem Weg zur Hochschule in der Regel die U-Bahn zu nutzen.

Variablen-Set. Wesentlich eleganter als das singuläre Auswerten von dichotomen Variablen erweist sich die Nutzung von multiplen Dichotomien bzw. dichotomen Variablen-Sets, die via Sequenz 5.1-3 definiert und via Sequenz 5.1-4 statistisch ausgewertet werden können.

Sequenz 5.1-3: Mehrfachantwort(en)sets definieren
Analysieren
 Mehrfachantworten
  Variablen-Sets definieren ... → Abbildung 5.1-5

Abbildung 5.1-5: SPSS Dialogfeld *Mehrfachantwortsets*

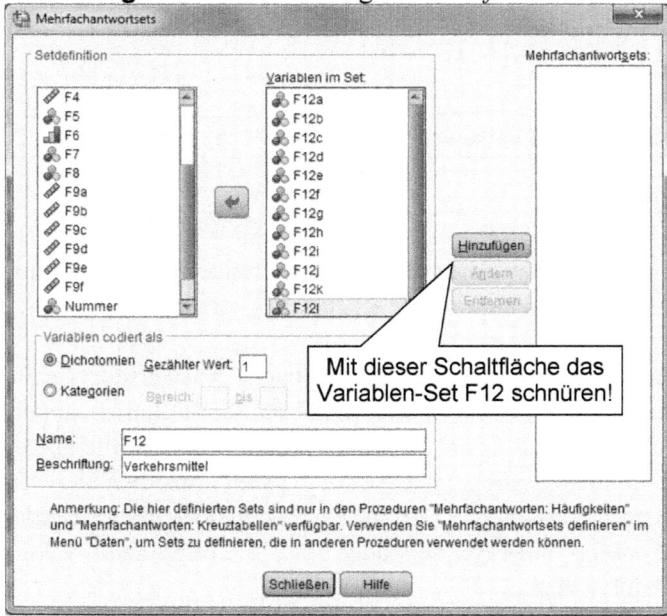

Hinweise. Für die Definition von Variablen-Sets im Kontext der Analyse von Mehrfachantworten sind die folgenden Hinweise nützlich: i) **Set-Definition.** In SPSS ist es auch möglich, Variablen-Sets via *Daten, Mehrfachantwortsets definieren ...* zu „schnüren", die allerdings in der Mehrfachantworten-Prozedur nicht verfügbar sind. ii) **Set-Name.** Im Zuge einer Fragebogenauswertung sollte bei Mehrfachantwortsets der Name so vereinbart werden, dass (gleichsam wie in Abbildung 5.1-5 für das Variablen-Bündel *F12* praktiziert) bereits aus dem Set-Namen eine semantische Verbindung zum Variablen-Set ersichtlich wird. iii) **Gezählter Wert.** Im konkreten Fall wird im „geschnürten" Variablen-Set vereinbarungsgemäß der dichotome Ausprägungskode bzw. Wert „eins" gezählt. iv) **Hinzufügen.** Die Definition eines Mehrfachantworten-Set gilt erst dann als abgeschlossen, wenn die getroffenen Vereinbarungen (also die Variablenauswahl, die Festlegung des Namens und des zu zählenden Wertes für das Set) via Schaltfläche *Hinzufügen* in der Rubrik *Mehrfachantwortsets* protokolliert wurden. Ein Set von Mehrfachantworten wird dabei stets mit dem Präfix $ gekennzeichnet. Im konkreten Fall lautet der Name des Variablenbündels *$F12*. In diesem Zusammenhang ist zu beachten, dass definierte Variablenbündel stets nur temporär sind und beim Schließen einer Arbeitsdatei in SPSS automatisch gelöscht werden. iv) **Schließen.** Der Vorgang des Definierens eines Sets von Mehrfachantworten kann mit dem Betätigen der Schaltfläche *Schließen* ordnungsgemäß beendet werden. ♦

Häufigkeitstabelle. Ist mindestens ein interessierendes „Mehrfachantwortset" definiert, dann kann man via Sequenz 5.1-4 die Häufigkeitstabelle für das interessierende und „geschnürte" Mehrfachantwort(en)set anfordern.

> **Sequenz 5.1-4**: Mehrfachantworten, Häufigkeiten
> Analysieren
>   Mehrfachantworten
>   Häufigkeiten → Abbildung 5.1-6

Abbildung 5.1-6: Dialogfeld *Mehrfachantworten: Häufig...*

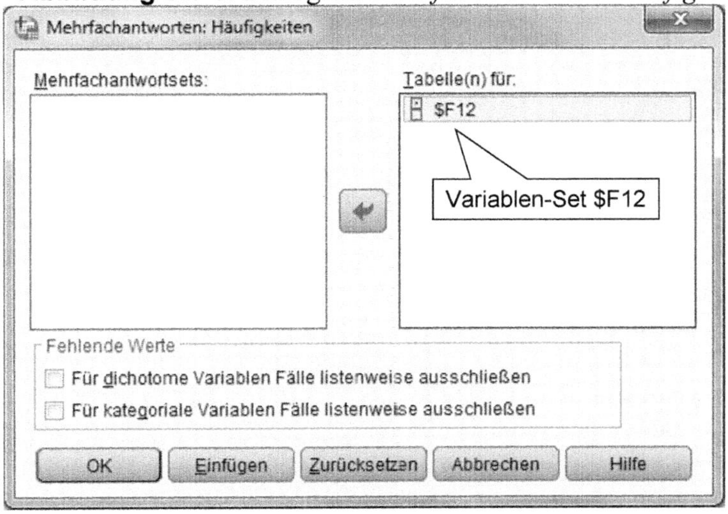

Ergebnisse. Die Ergebnisse der Mehrfachantwortenanalyse, die in den Tabellen 5.1-3 und 5.1-4 zusammengefasst sind, können wie folgt interpretiert werden:

Gültige und **fehlende Fälle**. Die Basis für die statistische Auswertung bilden 1909 gültige Fälle (engl.: *valid cases*). Demnach gaben gemäß dem Fragebogen innerhalb der Abbildung 3.3-1 insgesamt 1909 der befragten Studierenden bezüglich der Frage 12 mindestens eine gültige Antwort. Lediglich 77 der insgesamt 1986 Befragten gaben bezüglich der Verkehrsmittelnutzung keine bzw. eine ungültige Antwort. Aus diesem Grunde werden in der Tabelle 5.1-3 insgesamt 77 bzw. (77 / 1986) × 100 % $\cong$ 3,9 % „fehlende Fälle" ausgewiesen.

Tabelle 5.1-3: Mehrfachantworten, Fallzusammenfassung

	Fälle					
	Gültig		Fehlend		Gesamt	
	Anzahl	Prozent	Anzahl	Prozent	Anzahl	Prozent
$F12^a	2371	96,1%	97	3,9%	2468	100,0%

a. Dichotomie-Gruppe tabellarisch dargestellt bei Wert 1.

Tabelle 5.1-4: Mehrfachantworten, Häufigkeiten

		Antworten		Prozent der Fälle
		Anzahl	Prozent	
$F12 Verkehrs mittel^a	F12a Verkehrsmittel U-Bahn	1645	30,0%	69,4%
	F12b Verkehrsmittel S-Bahn	1160	21,2%	48,9%
	F12c Verkehrsmittel Tram	1153	21,0%	48,6%
	F12d Verkehrsmittel Bus	488	8,9%	20,6%
	F12e Verkehrsmittel Regionalbahn	137	2,5%	5,8%
	F12f Verkehrsmittel Fernbahn	9	0,2%	0,4%
	F12g Verkehrsmittel Taxi	16	0,3%	0,7%
	F12h Verkehrsmittel PKW	515	9,4%	21,7%
	F12i Verkehrsmittel Motorrad	31	0,6%	1,3%
	F12j Verkehrsmittel Motorroller	28	0,5%	1,2%
	F12k Verkehrsmittel Fahrrad	284	5,2%	12,0%
	F12l Verkehrsmittel Roller	14	0,3%	0,6%
Gesamt		5480	100,0%	231,1%

a. Dichotomie-Gruppe tabellarisch dargestellt bei Wert 1.

Antwortanzahlen. In den 2371 Fragebögen, die hinsichtlich des Mehrfachantwortenbündels *$F(rage)12* „gültig und statistisch auswertbar" sind, wurden insgesamt 5480 Antworten (engl.: *responses*) gezählt, die eine der zwölf vorgegebenen Verkehrsmittelnutzungen *F12a* bis *F12j* betreffen. Während das Verkehrsmittel U-Bahn mit 1645-mal am häufigsten genannt wurde, gaben nur 9 Studierende an, auf dem Weg zur Hochschule eine Fernbahn zu nutzen.

Antwortprozente. In der Tabelle 5.1-4 ist in der Rubrik *Antworten, Prozent*, die sich auf 100 % addierende (vollständige) prozentuale Verteilungsstruktur der gültigen Antworten an der Gesamtzahl aller gültigen Antworten vermerkt. Demnach entfielen zum Beispiel auf das Verkehrsmittel S-Bahn wegen

$$(1160 \,/\, 5480) \times 100\,\% \cong 21{,}2\,\%$$

aller erfassten gültigen Antworten.

Fallprozente. In der mit *Prozent der Fälle* überschriebenen letzten Tabellenspalte ist die prozentuale Verteilung der gültigen verkehrsmittelspezifischen Antworten an der Gesamtzahl aller bezüglich der Frage 12 auswertbaren Fragebögen aufgelistet. Demnach gaben zum Beispiel wegen

$$(1153 \,/\, 2371) \times 100\,\% \cong 48{,}6\,\%$$

aller befragten Studierenden, die wenigstens ein Verkehrsmittel „gültig" auf dem Fragebogen vermerkten, an, auf dem Weg zur Hochschule die Tram(bahn) (engl.: *tramway* → Schienenweg, Straßenbahn) zu nutzen. Beachtenswert ist in diesem Zusammenhang, dass die sogenannten Fallprozente, die ihrem Wesen nach Antwortintensitäten sind, in der empirischen Wirtschafts- und Sozialforschung meist von praktischem und analytischem Interesse sind.

Antwortintensität. Die Summe aller sogenannten Fallprozente in Höhe von 231,1 %, die als eine durchschnittliche Antwortintensität gedeutet werden kann, ist sachlogisch wie folgt zu interpretieren: Im Durchschnitt benutzte eine befragte Person auf dem Wege zur Hochschule 2,311 Verkehrsmittel, letztlich also geringfügig mehr als zwei Verkehrsmittel. Bei der Auswertung von Fragebögen, die zum Beispiel auf Paneldaten (engl.: *panel* → Stück, repräsentative Gruppe) beruhen, kann diese Kennzahl auch als ein Indikator zur Sichtbarmachung zeitlicher und/oder örtlicher Veränderungen im Antwort- bzw. Konsumverhalten von Befragten herangezogen werden. ♣

Beispiel 5.1-3: Häufigkeitsverteilung, ordinales Erhebungsmerkmal
Motivation. Die Abbildung 5.1-7 plakatiert sowohl den SPSS Dateneditor, der als Arbeitsdatei die SPSS Datendatei *Frage.sav* beinhaltet, als auch das Dialogfeld *Häufigkeiten* sowie das zugehörige Unterdialogfeld *Häufigkeiten: Diagramme*, die beide via Sequenz 5.1-1 aufgerufen wurden, um eine Verteilungsanalyse für das ordinale Erhebungsmerkmal *Konfektionsgröße*, das bezüglich der merkmalsträgerspezifischen Ausprägungen in der Variable *F6* gespeichert ist, bewerkstelligen zu können.

Grundbegriffe. Die Abbildung 5.1-8 beinhaltet die Häufigkeitsverteilung des ordinalen Erhebungsmerkmals X: *Konfektionsgröße* einer befragten Person γ. Die statistische Einheit γ ist ein(e) Student(in). Die Menge $\Gamma_n = \{\gamma_i, \; i = 1,2,\ldots,n\}$ aller n = 2468 Studierenden bildet die statistische Gesamtheit, die inhaltlich wie folgt abgegrenzt ist: Studierende der Wirtschaftswissenschaften (Sache), HTW Berlin (Ort), von Sommersemester 2008 bis Wintersemester 2014/15 (Zeit). Die Zustandsmenge $\Xi = \{\xi_j, \; j = 1,2,\ldots,m\} = \{XS, S, M, L, XL, XXL\}$ für das Erhebungsmerkmal X: *Konfektionsgröße* ist durch die m = 6 voneinander verschiedenen, empirisch beobachteten und begrifflich gefassten ordinalen Ausprägungen ξ_j gegeben.

Abbildung 5.1-7: Verteilungsanalyse für ein ordinales Merkmal

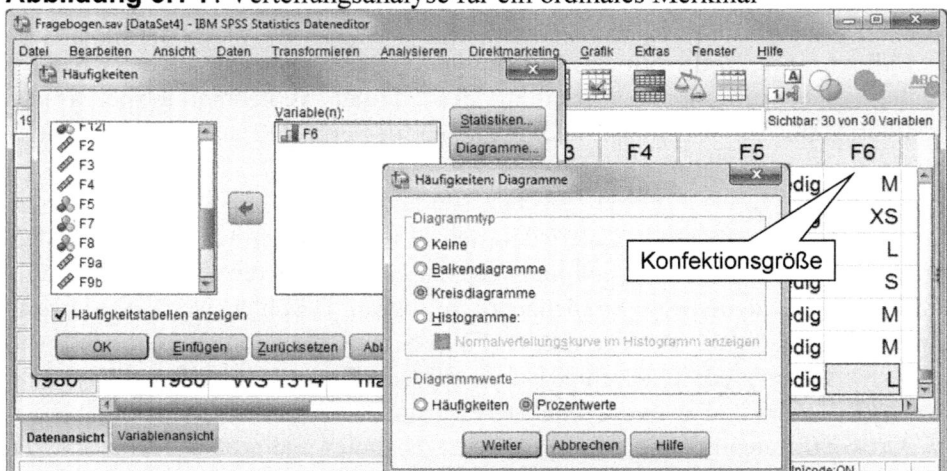

Struktogramm. Da die Häufigkeitstabelle innerhalb der Abbildung 5.1-8 nur auf sechs ordinalen Merkmalsausprägungen ξ_j beruht und die m = 6 prozentualen relativen Häufigkeiten p_j^* in Gestalt der Werte innerhalb der Rubrik „gültige Prozente" in ihrer Gesamtheit die „gültige und auswertbare" Verteilungsstruktur des Erhebungsmerkmals X: *Konfektionsgröße* kennzeichnen, ist zum Beispiel ein Kreisdiagramm als ein spezielles und in praxi häufig appliziertes Struktogramm eine geeignete Form der grafischen Präsentation der Konfektionsgrößenverteilung in der statistischen Gesamtheit Γ_n der befragten n = Studierenden γ_i.

Kreisdiagramm

Ein Kreisdiagramm ist eine grafische Darstellungsform der Verteilungsstruktur einer statistischen Gesamtheit $\Gamma_n = \{\gamma_i, i = 1,2,...,n\}$ durch die Aufteilung einer Kreisfläche in Segmente derart, dass die Flächen der Kreissegmente proportional zu den jeweiligen absoluten Häufigkeiten $n(X = \xi_j) = n_j$ bzw. zu den jeweiligen relativen Häufigkeiten $p(X = \xi_j) = p_j$ von m empirisch beobachteten und voneinander verschiedenen Ausprägungen $\xi_j \in \Xi = \{\xi_j, j = 1,2,...,m\}$ eines beliebig skalierten Erhebungsmerkmals X sind.

Hinweise. Für die Erstellung und Nutzung eines Kreisdiagramms, das auch als Torten-, Kreis-Sektoren-, Kreis-Segment-Diagramm (engl.: *pie chart*) bezeichnet wird, erweisen sich die folgenden Hinweise als hilfreich: i) **Applikation**. Kreisdiagramme finden vor allem bei der grafischen Präsentation von Häufigkeitsverteilungen nominaler oder ordinaler Merkmale bzw. zur Sichtbarmachung von Strukturen oder Gliederungen von Merkmalswertesummen metrischer Merkmale eine breite Anwendung. Aus diesem Grunde subsumiert man sie auch in die Gruppe statistischer Struktogramme. Typische und in praxi häufig applizierte Struktogramme sind gestapelte Balken-Diagramme, Ring-Segment-Diagramme, Torten-Diagramme oder Spinnennetz-Diagramme. ii) **Kon-**

struktion. Das Konstruktionsprinzip eines Kreisdiagramms lässt sich wie folgt skizzieren: Man multipliziert für alle j = 1,2,...,m die relativen Häufigkeiten p_j (bzw. die Anteile an einer Merkmalswertesumme) mit dem Winkelfaktor 360°, um die Kreisinnenwinkel $w_j = p_j \times 360°$ zu erhalten, die das jeweilige Kreissegment eines Kreises „aufspannen". Der Übersichtlichkeit und Praktikabilität halber sollte man bei praktischen Anwendungen beachten, dass die Anzahl m der voneinander verschiedenen Merkmalsausprägungen ξ_j, die in der Zustandsmenge $\Xi = \{\xi_j, j = 1,2,...,m\}$ eines Erhebungsmerkmals definiert sind, mindestens zwei aber nicht größer als acht ist. ♦

Abbildung 5.1-8: Häufigkeitstabelle mit Kreisdiagramm

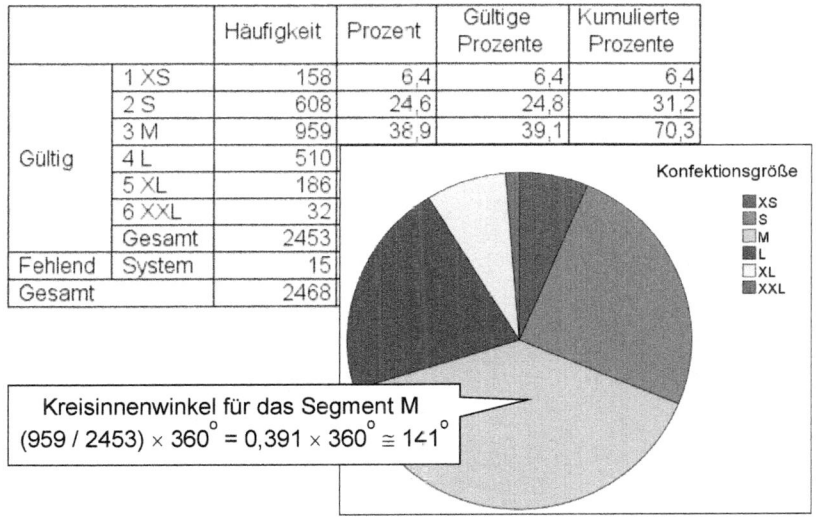

F6 Konfektionsgröße

		Häufigkeit	Prozent	Gültige Prozente	Kumulierte Prozente
Gültig	1 XS	158	6,4	6,4	6,4
	2 S	608	24,6	24,8	31,2
	3 M	959	38,9	39,1	70,3
	4 L	510			
	5 XL	186			
	6 XXL	32			
	Gesamt	2453			
Fehlend	System	15			
Gesamt		2468			

Kreisinnenwinkel für das Segment M
(959 / 2453) × 360° = 0,391 × 360° ≅ 141°

Interpretation. Die Abbildung 5.1-8 ist in ihren tabellarischen und grafischen Bestandteilen wie folgt zu interpretieren:

Häufigkeitstabelle. In der statistischen Gesamtheit $\Gamma_n = \{\gamma_i, i = 1,2,...,n\}$ aller n = 2468 befragten Studierenden γ_i gaben insgesamt 2453 Studierende eine im erfassungsstatistischen Sinne auswertbare und insgesamt 15 Studierende keine Antwort auf die Frage nach der Konfektionsgröße. Wegen $n(X = \xi_3) = 959$ ist die Konfektionsgrößenausprägung ξ_j der Ordnung j = 3 diejenige, die am häufigsten beobachtet wurde. Man sagt daher auch, dass die Konfektionsgröße M(edium) die modale Konfektionsgröße ist. Da nur gültige Antworten von Interesse sind, beläuft sich der prozentuale Anteil der Konfektionsgröße $\xi_3 = M$ im Ensemble aller m = 6 voneinander verschiedenen und ordinalen Konfektionsgrößenausprägungen ξ_j auf (959 / 2453) × 100 % ≅ 39,1 %. Schließlich und endlich erlauben nunmehr auch die „kumulierten Prozente", die in der letzten Tabellenspalte vermerkt sind, eine plausible Interpretation: Demnach gaben 70,3 % aller Befragen an, bestenfalls bzw. höchstens die Konfektionsgröße M(edium) zu besitzen.

Kreisdiagramm. Das Kreisdiagramm ist eine geeignete bildhafte Darstellung der empirischen Verteilung des ordinalen Erhebungsmerkmals *Konfektionsgröße*. Die Kernaussage des Kreisdiagramms koinzidiert mit den vorhergehenden Ausführungen: Das Kreissegment für die Ausprägung $\xi_3 = M$ ist mit einem Kreisinnenwinkel von $w_3 \cong 141°$ das größte Kreissegment. Beachtenswert ist, dass sich auf der Basis der gültigen Fälle für alle $j = 1,2,...,6$ die absoluten Häufigkeiten n_j zum Umfang $n = 2453$, die prozentualen relativen Häufigkeiten $p_j{}^*$ zu 100 % sowie die Kreisinnenwinkel w_j zu 360° addieren. ♣

Beispiel 5.1-4: Häufigkeitsverteilung eines diskreten metrischen Merkmals
Motivation. Die Abbildung 5.1-9 skizziert anhand der SPSS Datendatei *Frage.sav* den Funktionsaufruf im Kontext der Verteilungsanalyse des diskreten metrischen Erhebungsmerkmals X: *Anzahl der Prüfungswiederholungen im vergangenen Semester*, dessen ganzzahlige Werte im SPSS Dateneditor in der metrischen Variablen *F11* abgebildet sind.

Abbildung 5.1-9: Verteilungsanalyse für ein diskretes metrisches Merkmal

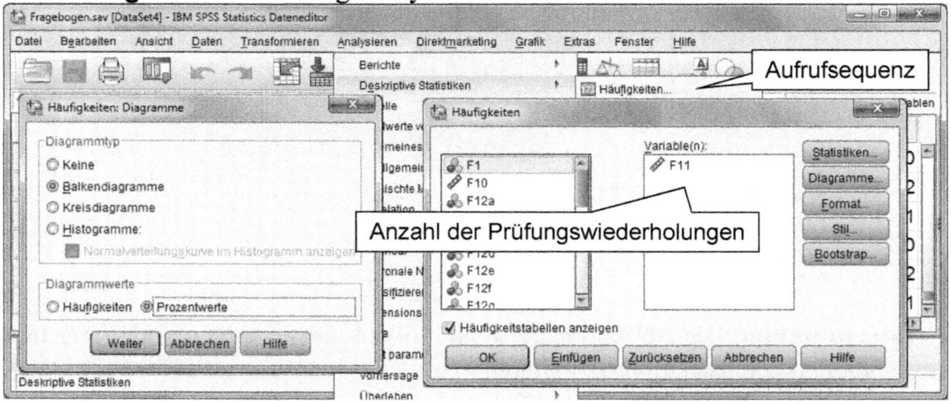

Grundbegriffe. Analog zum Beispiel 5.1-3 bildet die endliche Menge
$$\Gamma_n = \{\gamma_i,\ i = 1,2,...,n\}$$
der $n = 2468$ befragten Studierenden γ_i die statistische Gesamtheit Γ_n. Von Interesse ist das diskrete metrische Erhebungsmerkmal X: *Anzahl der Prüfungswiederholungen eines Studenten bzw. einer Studentin γ im vergangenen Semester*. Die Zustandsmenge des interessierenden Erhebungsmerkmals ist wegen
$$\Xi = \{\xi_j,\ j = 1, 2, 3, 4, ...\} = \{0, 1, 2, 3, ...\}$$
theoretisch durch die Menge $\mathbb{N} = \{0, 1, 2, ...\}$ der natürlichen Zahlen (einschließlich der „neutralen" Zahl Null) und im standardisierten Fragebogen innerhalb der Abbildung 3.3-1 empirisch durch insgesamt sieben beobachtete, voneinander verschiedene und ganzzahlige Ausprägungen bzw. Werte ξ_j gegeben bzw. auf maximal sechs Prüfungswiederholungen „beschränkt".

Interpretationen. In der Häufigkeitstabelle innerhalb der Abbildung 5.1-10 ist die Merkmalsausprägung $\xi_3 = 2$ der Ordnung $j = 3$ sachlogisch wie folgt zu deuten: Von den $n = 2419$ Studierenden γ_i, die eine gültige Antwort auf die Frage 11 gaben, wurden $n_3 = n(X = 2) = 231$ Studierende gezählt, die im vergangenen Semester zwei Prüfungswiederholungen zu verkraften hatten. Dies sind

$$p_3{}^* = p(X = 2) \times 100\,\% = (231 / 2419) \times 100\,\% \cong 9{,}5\,\%$$

der 2419 Studierenden, von denen letzten Endes

$$F_3{}^* = p(X \leq 2) \times 100\,\% \cong 96{,}4\,\%$$

höchstens zwei Prüfungswiederholungen zu „stemmen" hatten.

Abbildung 5.1-10: Häufigkeitstabelle mit Stabdiagramm

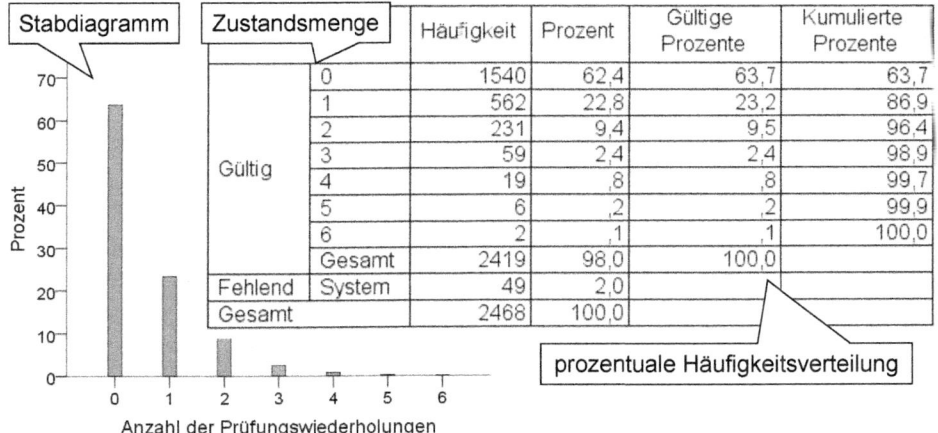

F 11 Anzahl der Prüfungswiederholungen im vergangenen Semester

Stabdiagramm / Zustandsmenge		Häufigkeit	Prozent	Gültige Prozente	Kumulierte Prozente
Gültig	0	1540	62,4	63,7	63,7
	1	562	22,8	23,2	86,9
	2	231	9,4	9,5	96,4
	3	59	2,4	2,4	98,9
	4	19	,8	,8	99,7
	5	6	,2	,2	99,9
	6	2	,1	,1	100,0
	Gesamt	2419	98,0	100,0	
Fehlend	System	49	2,0		
Gesamt		2468	100,0		

prozentuale Häufigkeitsverteilung

Stabdiagramm. Eine geeignete Form der grafischen Darstellung der Häufigkeitsverteilung eines diskreten metrischen Erhebungsmerkmals X mit wenigen voneinander verschiedenen Merkmalswerten ξ_j ist ein Stabdiagramm, für das synonym auch die Bezeichnungen „Strichdiagramm, Balkendiagramm oder Säulendiagramm" verwendet werden. Beachtenswert ist bei der Konstruktion eines Balkendiagramms, dass die jeweilige absolute Häufigkeit $n(X = \xi_j)$ bzw. relative Häufigkeit $p(X = \xi_j)$ bildhaft als ein Balken über dem diskreten Merkmalswert ξ_j erscheint und dass die Länge bzw. die Höhe eines Balkens proportional ist zum jeweilig dargestellten absoluten bzw. relativen Häufigkeitswert. Die Kernaussage des Balkendiagramms innerhalb der Abbildung 5.1-10 ist so einfach wie eindeutig: Während die überwiegende Menge der befragten Studierenden im jeweils vergangenen Semester null Prüfungen bzw. keine Prüfung zu wiederholen hatte, ist der prozentuale Anteil der Studierenden, die eine größere Anzahl von Prüfungen (etwa fünf oder sechs Prüfungen) im vergangenen und der Befragung zeitlich vorlagerten Semester zu wiederholen hatten, vergleichsweise jeweils gering und daher jeweils ein „eher selten zu beobachtendes Ereignis".

Hinweis. Gleichwohl das Balkendiagramm innerhalb der Abbildung 5.1-10 eine gewisse Ähnlichkeit zum PARETO-Diagramm innerhalb der Abbildung 5.1-3 besitzt, sind diese beiden grafischen Darstellungen aus statistisch-methodischer Sicht wohl voneinander zu unterscheiden. Während die Anordnung der Balken im Balkendiagramm innerhalb der Abbildung 5.1-10 durch die Ordnungsrelationen der Merkmalswerte definiert ist, resultiert die Balkenanordnung im PARETO-Diagramm innerhalb der Abbildung 5.1-3 aus den absteigend geordneten Häufigkeiten. ♦

POISSON-Verteilung. Inwieweit die empirisch beobachtete Häufigkeitsverteilung des Erhebungsmerkmals X: *Prüfungswiederholungen* etwa durch das theoretische Verteilungsmodell einer POISSON-Verteilung, die auch als Verteilung seltener zufälliger Ereignisse bezeichnet wird, beschrieben werden kann, ist ein spezieller Gegenstand der Kapitel 6 und 7. ♣

Beispiel 5.1-5: Häufigkeitsverteilung eines stetigen metrischen Merkmals
Motivation. Vor allem bei der Analyse der Häufigkeitsverteilung eines stetigen metrischen Merkmals X, dessen Zustandsmenge $\Xi = \{\xi_j \in \mathbb{R}, j = 1,2,...,m\}$ durch die Menge $\mathbb{R}$ der reellen Zahlen gegeben ist, wird man in praxi eher mit vielen als mit wenigen voneinander verschiedenen Merkmalswerten ξ_j konfrontiert. Mitunter ist die Anzahl m der voneinander verschiedenen Merkmalswerte ξ_j nahezu identisch mit den beobachteten und in einer Urliste zusammengefassten Merkmalswerten $X(\gamma_i) = x_i$ einer statistischen Gesamtheit $\Gamma_n = \{\gamma_i, i = 1,2,...,n\}$ mit einem Umfang von n Merkmalsträgern bzw. statistischen Einheiten γ_i. Die Abbildung 5.1-11 verdeutlicht diesen Sachverhalt anhand der SPSS Datendatei *Golf.sav* und der darin enthaltenen stetigen Variablen *Durch*, welche die jahresDURCHschnittliche Laufleistung (in 1000 km) zum Inhalt hat und die der Anschaulichkeit halber in ihren Werten aufsteigend geordnet wurde.

Grundbegriffe. Aus erfassungsstatistischer Sicht ist die SPSS Datendatei *Golf.sav* eine realisierte Zufallsstichprobe $\Gamma_n = \{\gamma_i, i = 1,2,...,n\}$, die auf n = 200 Gebrauchtwagen vom Typ VW Golf Benziner mit einem 1,6-Liter-Triebwerk beruht, die im Zuge einer systematischen Zufallsauswahl im Jahr 2006 auf dem Berliner Gebrauchtwagenmarkt erfasst wurden. Das interessierende und in der Variablen *Durch* abgebildete Erhebungsmerkmal X: *jahresdurchschnittliche Laufleistung (Angaben in 1000 km)* wurde via Sequenz 4.6.4-2 im Nachhinein mittels der Berechnungsvorschrift *Durch = Lauf / (Alter / 12)* in die Arbeitsdatei eingefügt. Aus statistisch-methodischer Sicht handelt es sich um ein stetiges metrisches Merkmal, zumal die jahresdurchschnittliche Laufleistung eines gebrauchten VW Golfs in einem geschlossenen Merkmalswerteintervall theoretisch „auf den Millimeter genau" jeden beliebigen Wert annehmen kann.

Explorative Datenanalyse. Aus der babylonischen Vielfalt der statistischen Methoden, die sich für eine Verteilungsanalyse eines stetigen Merkmals eignen, erweist sich das moderne und leistungsstarke Instrument *Explorative Datenana-*

lyse (lat.: *exploratio* → Erforschung) als ein nützliches statistisches Analysekonzept, das selbst wiederum eine breite Palette von Verfahren und Techniken der „erforschenden und ergründenden" Datenanalyse bereitstellt.

Sequenz. Eine Explorative Datenanalyse der jahresdurchschnittlichen Laufleistungsdaten kann via Sequenz 5.1-5 bewerkstelligt werden.

> **Sequenz 5.1-5**: Explorative Datenanalyse
> Analysieren
>   Deskriptive Statistiken
>   Explorative Datenanalyse ... → Abbildung 5.1-11

Abbildung 5.1-11: SPSS Dateneditor, Dialogfelder *Explorative Datenanalyse*

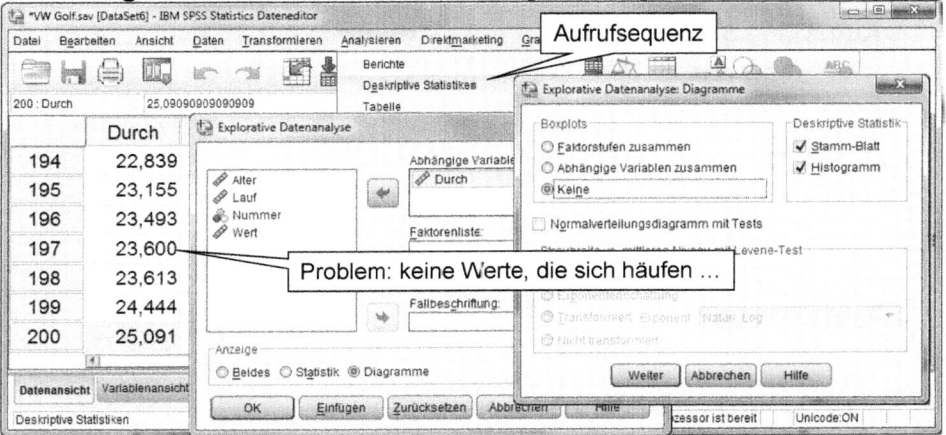

Hinweis. Bei der Durchführung einer Explorativen Datenanalyse ist zu beachten, dass im Dialogfeld *Explorative Datenanalyse* in der Rubrik *Abhängige Variablen* stets nur numerische und auf dem metrischen Skalenniveau definierte Variablen platziert werden. Hingegen sind in der Rubrik *Faktorenliste* stets nur Stringvariablen oder numerische Variablen einzutragen, die meist auf einem nominalen oder ordinalen Skalenniveau definiert sind und als sogenannte Faktoren, Gruppenvariablen, Gruppierungs- oder Identifikationsmerkmale fungieren. Das Platzieren der Identifikatorvariablen *Nummer*, welche die erfassten Gebrauchtwagen nummeriert, in die Rubrik *Fallbeschriftung* erweist sich vor allem im Hinblick auf das Aufdecken von Ausreißer- und Extremwerten als hilfreich (vgl. Beispiel 5.3.1-2). ♦

Diagramme. Im Zuge der angestrebten Explorativen Datenanalyse wurden einzig und allein aus didaktisch-methodischen Gründen im Dialogfeld *Explorative Datenanalyse* in der Rubrik *Anzeige* nur die Option *Diagramme* und im Unterdialogfeld *Explorative Datenanalyse: Diagramme* in der Rubrik *Deskriptive Statistik* die Optionen *Stamm-Blatt* (engl.: *Stem-and-Leaf-Plot, stem* → Stamm, Stängel + *leaf* → Blatt + *plot* → Zeichnung) und *Histogramm* (grch.: *histion* → Gewebe + *gramma* → Zeichnung) aktiviert.

Stem-and-Leaf-Plot

Ein Stem-and-Leaf-Plot ist ein semigrafisches Verfahren der Explorativen Datenanalyse, das zur Kennzeichnung der Verteilung eines metrischen Merkmals erstellt wird. Das Charakteristikum eines Stem-and-Leaf-Plot(s) besteht darin, dass jeder Merkmalswert in einen Stamm- und in einen Blatt-Teil zerlegt wird. Die Aneinanderreihung der Blätter in Gestalt von Ziffern, die zu einem Stammteil gehören, bildet die Basis für die semigrafische Häufigkeitsdarstellung.

Stem-and-Leaf-Plot. Die Abbildung 5.1-12 beinhaltet das Stem-and-Leaf-Plot der jahresdurchschnittlichen Laufleistungswerte aus der SPSS Datendatei *Golf.sav*, das in seinen Komponenten wie folgt zu interpretieren ist:

Abbildung 5.1-12: Stem-and-Leaf-Plot

```
jahresdurchschnittliche Laufleistung (1000 km)

Frequency   Stem & Leaf
        1      0 . 1
        2      0 . 23
        9      0 . 444455555
       13      0 . 6666666666777
       22      0 . 8888889999999999999999
       31      1 . 0000000000000000000000111111111
       37      1 . 2222222222222222233333333333333333333
       30      1 . 444444444444445555555555555555
       24      1 . 666666666666677777777777
       13      1 . 8888888999999
       10      2 . 0000000011
        6      2 . 223333
        2      2 . 45
Stem width:   10
Each leaf:     1 case
```

Frequency. Die Spalte *Frequency* (engl.: *frequency* → Häufigkeit) beinhaltet die absoluten Häufigkeiten, die mit der Anzahl der „Laufleistungsblätter" identisch sind, mit denen die „Laufleistungsstämme belaubt" sind.

Stem. Ein Stammwert repräsentiert im konkreten Fall eine Stammwertigkeit (engl.: *stem* → Stamm, Stängel + *width* → Weite, Breite) von 10 Laufleistungseinheiten. Die Metapher von der „Stängel- bzw. Stammbreite" verdeutlicht man sich am einfachsten anhand des dekadischen Zahlensystems, bei dem der Ziffernfolge 12 wegen $1 \times 10^1 + 2 \times 10^0 = 12$ eine Wertigkeit von zwölf zukommt. Zerlegt man die sogenannte Zehner-Einer-Ziffernfolge 12 in einen Stamm 1 und in ein Blatt 2, so besitzt bei Unterstellung des dekadischen Zahlensystems die Ziffer 1 als sogenannter Zehner eine Wertigkeit von $1 \times 10^1 = 10$ und die Ziffer 2 als sogenannter Einer eine Wertigkeit von $2 \times 10^0 = 2$.

Leaf. Jedes Blatt (engl.: *each* → jedes + *leaf* → Blatt) repräsentiert im konkreten Fall einen beobachteten und in der Urliste statistisch erfassten Merkmalswert

$X(\gamma_i) = x_i$ eines Gebrauchtwagens $\gamma_i \in \Gamma_n$ aus der Menge aller $n = 200$ erfassten Gebrauchtwagen, welche die statistische Gesamtheit $\Gamma_n = \{\gamma_i, i = 1,2,...,n\}$ bilden. Dabei ist zu beachten, dass die Anzahl der Merkmalswerte, die durch ein Blatt repräsentiert werden, vom Umfang der zu analysierenden statistischen Gesamtheit abhängt. Im konkreten Fall repräsentiert analog zur Anzeige „each leaf: 1 case" ein Blatt einen Merkmalsträger γ in Gestalt eines Gebrauchtwagens.

Abbildung 5.1-13: Grundidee eines Stamm-Blatt-Diagramms

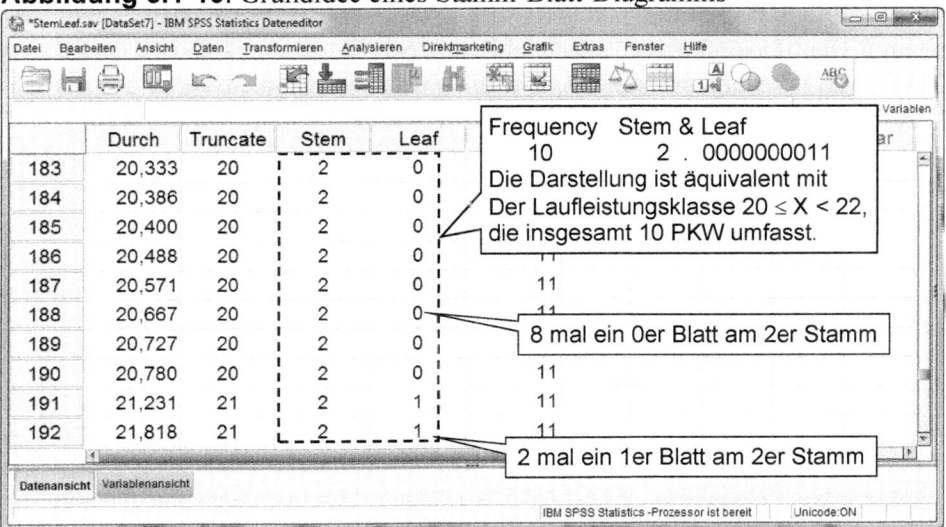

Laufleistungsklasse. Die Abbildung 5.1-13 verdeutlicht die Grundidee und das Konstruktionsprinzip eines Stamm-Blatt-Diagramms. Demnach befinden sich in der Stichprobe der $n = 200$ Gebrauchtwagen vom Typ VW Golf insgesamt 10 PKW, deren jahresdurchschnittliche Laufleistung aus einem „Zweier-Stamm" besteht, der jeweils achtmal mit einem „Nuller-Blatt" und zweimal mit einem „Einer-Blatt" „belaubt" ist. Diese Stamm-Blatt-Darstellung wird in SPSS wie folgt bewerkstelligt: Der als reelle Zahl in der geordneten Urliste erfasste jahresdurchschnittliche Laufleistungswert $x_{192} = 21,818$ (1000 km) wird mit Hilfe der TRUNCate-Funktion (engl.: *truncate* → stutzen) auf einen ganzzahligen Wert „gestutzt", wobei TRUNC(21,818) = 21 gilt. Sodann wird der ganzzahlige Wert 21 in Anlehnung an das dekadische Zahlensystem mit Hilfe geeigneter String-Funktionen in einen Stamm „2" und in ein Blatt „1" zerlegt. Da mittels der Truncate-Funktion für jeden reellen Laufleistungswert lediglich die Dezimalstellen „abgeschnitten" werden, kann die elfte Zeile im Stem-and-Leaf-Plot wie folgt interpretiert werden: In der Zufallsstichprobe Γ_n von $n = 200$ gebrauchten VW Golf $\gamma \in \Gamma_n$ gibt es $n(20 \leq X < 22) = n_{11} = 10$ Gebrauchtwagen mit einer jahresdurchschnittlichen Laufleistung von $2 \times 10^1 + 0 \times 10^0 = 20$ (1000 km) oder mehr, aber weniger als $2 \times 10^1 + 2 \times 10^0 = 22$ (1000 km). Dieses geschlossene Laufleistungsintervall wird in der Statistik als Merkmalswerteklasse und das zugrunde liegende Analysekonzept als Klassierung bezeichnet. Offensichtlich ist die elfte Zeile im Stem-and-Leaf-Plot identisch mit der Laufleistungsklasse ($20 \leq X < 22$) der Ordnung j = 11 innerhalb der Häufigkeitstabelle 5.1-16, für die eine absolute Häufigkeit von $n_{11} = 10$ Gebrauchtwagen angezeigt wird. Analog sind auch die anderen Zeilen des Stamm-Blatt-Diagramms zu interpretieren.[11]

Häufigkeitsverteilung. „Kippt" man die semigrafische Darstellung des Stamm-Blatt-Diagramms aus der Abbildung 5.1-12 entgegen dem Uhrzeigersinn um 90°, so wird augenscheinlich, dass die absolute Häufigkeitsverteilung der jahresdurchschnittlichen Laufleistungen der n = 200 Gebrauchtwagen $\gamma_i \in \Gamma_n$ vom Typ VW Golf eingipfelig und nahezu symmetrisch ist. Beachtenswert ist dabei, dass im konkreten Fall die unter der Rubrik „Frequency" aufgelisteten absoluten Häufigkeiten n_j für alle m = 13 Klassen der Ordnung j = 1,2,...,m mit denen in der Häufigkeitstabelle innerhalb der Abbildung 5.1-15 übereinstimmen.

Klassieren. Gleichwohl in SPSS die Klassierung metrischer Daten ein integraler Bestandteil vieler Analysekonzepte ist, erweist sich eine „bloße" und „separate" Klassierung metrischer Daten vor allem dann erforderlich und vorteilhaft, wenn es zum Beispiel zu Präsentationszwecken gilt, massenhaft erhobene metrische Daten explizit in aggregierter Form in einer Häufigkeitstablelle darzustellen. Ein sehr nützliches Analyseinstrument ist die sogenannte SPSS Prozedur „Visuelles Klassieren", die via Sequenz 5.1-6 angefordert werden kann. Gemäß der Abbildung 5.1-14 wurden im konkreten Fall im Dialogfeld *Trennwerte erstellen* insgesamt m = 13 äquidistante (lat.: *aequus* → gleich + *distantia* → Abstand) Klassen mit einer konstanten Klassenbreite von jeweils $\Delta = 2$ (1000 km) (lies: *Groß-Delta*) für die n = 200 jahresdurchschnittlichen Laufleistungswerte vereinbart. Aufgrund dessen, dass der erste Trennwert, der als obere Klassengrenze x_1^o der Laufleistungsklasse der Ordnung j = 1 und zugleich als untere Klassengrenze x_2^u der Laufleistungsklasse der Ordnung j = 2 fungiert, auf den Wert 2 festgelegt wurde, wobei $x_1^o = x_2^u = 2$ (1000 km) gilt, ist es evident, dass sich bei m = 13 Trennwerten der letzte Trennwert für die jahresdurchschnittlichen Laufleistungen auf 26 (1000 km) belaufen muss. Im konkreten Fall berechnet man den letzten Trennwert, der die obere Grenze x_m^o der Laufleistungsklasse der Ordnung m = 13 markiert, aus der äquidistanten Klassenbreite Δ und der Klassenanzahl m, wobei im konkreten Fall $x_m^o = m \times \Delta = 13 \times 2$ (1000 km) = 26 (1000 km) gilt.

---

[11] Eine elementare und paradigmatische Einführung in die sogenannte statistische Klassierung oder Gruppenbildung von Merkmalswerten eines stetigen metrischen Erhebungsmerkmals findet man unter anderem in: ECKSTEIN, Peter P.: Repetitorium Statistik – Deskriptive Statistik, Stochastik, Induktive Statistik, 8., aktualisierte und erweiterte Auflage, Springer Gabler Wiesbaden 2014, Seite 29 ff

Sequenz 5.1-6: Visuelle Klassierung
Transformieren
Visuelle Klassierung ... → Abbildung 5.1-14

Abbildung 5.1-14: SPSS Dialogfelder *Visuelle Klassierung*

Hinweis. Der SPSS Prozedur *Visuelle Klassierung* bietet drei Klassierungsoptionen für metrische Merkmalswerte an: Die gemäß Abbildung 5.1-14 praktizierte Konstruktion äquidistanter (lat.: *aequus* → gleich + *distantia* → Breite) Klassen sowie die Konstruktion von äquifrequenten (lat.: *aequus* → gleich + *frequentia* → Häufigkeit) Klassen und von Klassen, die auf der sogenannten Drei-Sigma-Regel basieren (vgl. Abschnitte 5.2 und 5.3). ♦

Häufigkeitstabelle. Die Auswertung der SPSS Variablen *Klasse*, welche die äquidistanten Laufleistungsklassen zum Inhalt hat und die nach dem Betätigen der Schaltflächen *Anwenden* und *OK* automatisch in die Arbeitsdatei eingefügt wird, liefert via Sequenz 5.1-1 schließlich und endlich die Häufigkeitstabelle für die klassierten jahresdurchschnittlichen Laufleistungsdaten, die gemeinsam mit dem zugehörigen normierten Histogramm in der Abbildung 5.1-15 dargestellt ist. Demnach hat man zum Beispiel in der Laufleistungsklasse der Ordnung $j = 3$ wegen $n_3 = n(4 \leq X < 6) = 9$ insgesamt neun Gebrauchtwagen vom Typ VW Golf erfasst, die durch eine jahresdurchschnittliche Laufleistung von mindestens

4 (1000 km), aber weniger als 6 (1000 km) gekennzeichnet sind. Dies sind anteilig $p_3^* = (9 / 200) \times 100\,\% = 4,5\,\%$ aller $n = 200$ erfassten Gebrauchtwagen vom Typ VW Golf Benziner mit einem 1,6-Liter-Triebwerk von denen offensichtlich wegen $F_3^* = ((1 + 2 + 9) / 200) \times 100\,\% = 0,5\,\% + 1,0\,\% + 4,5\,\% = 6,0\,\%$ insgesamt nur 6 % eine jahresdurchschnittliche Laufleistung unter 6 (1000 km) besaßen. Analog sind die restlichen Tabellenwerte zu interpretieren.

Abbildung 5.1-15: Häufigkeitstabelle für klassierte Daten mit Histogramm

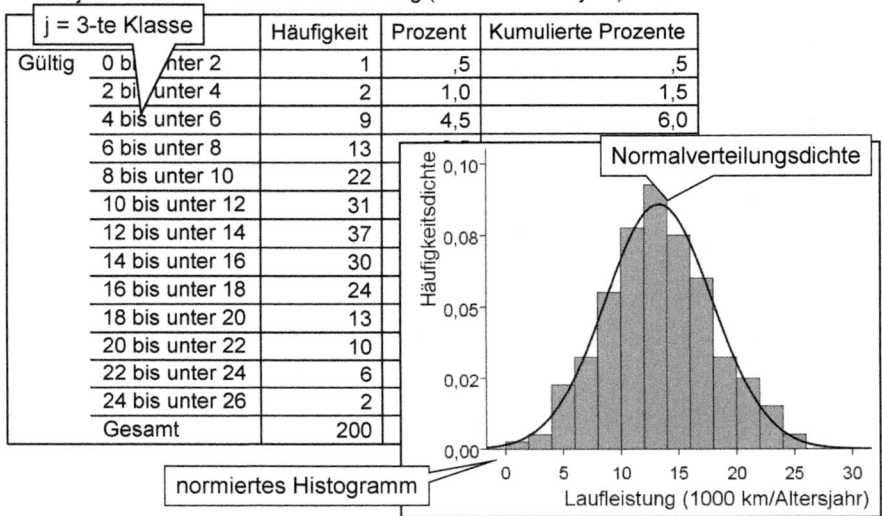

j = 3-te Klasse		Häufigkeit	Prozent	Kumulierte Prozente
Gültig	0 bis unter 2	1	,5	,5
	2 bis unter 4	2	1,0	1,5
	4 bis unter 6	9	4,5	6,0
	6 bis unter 8	13		
	8 bis unter 10	22		
	10 bis unter 12	31		
	12 bis unter 14	37		
	14 bis unter 16	30		
	16 bis unter 18	24		
	18 bis unter 20	13		
	20 bis unter 22	10		
	22 bis unter 24	6		
	24 bis unter 26	2		
	Gesamt	200		

jahresdurchschnittliche Laufleistung (1000 km/Altersjahr)

Histogramm. So wie eine Häufigkeitstabelle für klassierte Daten unmittelbar aus einem Stem-and-Leaf-Plot entlehnt werden kann, so kann ein sogenanntes Histogramm aus einer Häufigkeitstabelle für klassierte Daten konstruiert werden.

Histogramm
Ein Histogramm ist die klassische Form der grafischen Darstellung der Häufigkeitsverteilung eines metrischen Merkmals, dessen Merkmalswerte in disjunkten Klassen zusammengefasst wurden. Die Repräsentation der Klassenhäufigkeiten durch die Flächeninhalte der aneinander grenzenden Rechtecke ist das wesensbestimmende Charakteristikum eines Histogramms.

Hinweise. Für die Konstruktion und Interpretation eines Histogramms (grch.: *histion* → Gewebe + *gramma* → Zeichnung) erweisen sich die folgenden Hinweise als hilfreich: i) **Flächenproportionalität.** In einem Histogramm ist nicht die Höhe eines Rechtecks über einer Merkmalswerteklasse K_j ($j = 1,2,...,m$), sondern stets seine Fläche als Produkt aus der absoluten bzw. relativen Häufigkeitsdichte $n_j^D = n_j / \Delta_j$ bzw. $p_j^D = p_j / \Delta_j$ und der Klassenbreite Δ_j der statistische Repräsentant der jeweiligen Klassenhäufigkeit n_j bzw. p_j. Die Eigenschaft der Flächenproportionalität ist vor allem bei der Erstellung eines Histogramms auf der Basis nicht äquidistanter (lat.: *aequus* → gleich + *distantia* → Abstand) Klassen zu beachten. ii) **Normiertes Histogramm**. Sowohl aus didaktisch-methodischen als auch aus theoretischen Gründen erweist sich die Berechnung von Häufigkeitsdichten p_j^D auf der Basis relativer Klassenhäufigkeiten p_j als vorteilhaft, da man anschaulich zeigen kann, dass sich wegen $p_1 + p_2 + ... + p_m = 1$ die Flächeninhalte $p_j = p_j^D \times \Delta_j$ der aneinandergrenzenden Rechtecke eines Histogramms stets zu eins addieren. Ein flächenproportionales Histogramm mit einer normierten Gesamtfläche von eins wird als normiertes Histogramm bezeichnet. iii) **Konstruktion**. Um in SPSS ein normiertes Histogramm konstruieren zu können, projiziert man ein Histogramm, das im SPSS Viewer angezeigt wird, via Doppelklick in den Diagrammeditor und vereinbart im Unterdialogfeld *Eigenschaften* in der Rubrik *Zahlenformat*: *Skalierungsfaktor* den Wert, der sich als Produkt aus dem Umfang n der statistischen Gesamtheit Γ_n und der optional wählbaren äquidistanten Klassenbreite Δ (lies: *Groß-Delta*) ergibt. ♦

Normiertes Histogramm. Im normierten Histogramm innerhalb der Abbildung 5.1-15 sind für das stetige Erhebungsmerkmal X: *jahresdurchschnittliche Laufleistung* der n = 200 VW Golf $\gamma_i \in \Gamma_n$ auf der Abszisse die m = 13 äquidistanten Laufleistungsklassen $K_j = (x_j^t \leq X < x_j^o)$ mit einer konstanten Breite von jeweils $\Delta_j = 2$ (1000 km) und auf der Ordinate die relativen Häufigkeitsdichten p_j^D abgetragen. Das Prinzip der Flächenproportionalität kann man sich recht anschaulich an der Laufleistungsklasse $K_7 = (12 \leq X < 14)$ der Ordnung j = 7 verdeutlichen, welche im konkreten Fall nicht nur die mittlere, sondern wegen $n_7 = 37$ zugleich auch die modale bzw. die „am häufigsten besetzte" Laufleistungsklasse ist. Während die „größte" Rechteckfläche eine bildhafte Darstellung der relativen Klassenhäufigkeit $p_7 = 37 / 200 = 0,185$ ist, markiert die relative Häufigkeitsdichte $p_7^D = p_7 / \Delta_7 = 0,185 / 2 = 0,0925$ die Rechteckhöhe und die Klassenbreite $\Delta_7 = 2$ die Rechteckbreite des Rechtecks der Ordnung j = 7 im normierten Histogramm. Leicht nachzuvollziehen ist dabei die Tatsache, dass die Gesamtfläche aller m = 13 aneinandergrenzenden Rechtecke ihrem Wert nach eins ist und sich im konkreten Fall in SPSS der sogenannte „Skalierungsfaktor" auf $n \times \Delta = 200 \times 2 = 400$ belaufen muss.

Kernaussage. Allein aus der Betrachtung des normierten Histogramms innerhalb der Abbildung 5.1-15 kann die folgende verteilungsanalytische Kernaussage entlehnt werden: Die jahresdurchschnittlichen Laufleistungen der n = 200 zufällig ausgewählten Gebrauchtwagen $\gamma_i \in \Gamma_r$ vom Typ VW Golf Benziner mit einem 1,6-Liter-Triebwerk sind augenscheinlich nicht nur symmetrisch verteilt, sondern sogar hinreichend genau normalverteilt. Dieser explorative Befund, der mit der Verteilungsaussage aus der Abbildung 5.1-12 koinzidiert, wird durch die stetige, eingipflige und glockenförmige Dichtefunktion bildhaft untermauert. Der Graph bzw. die „Kurve" des Normalverteilungsmodells, das ein spezieller Gegenstand der Kapitel 6 und 7 ist, wurde im Dialogfeld *Elementeigenschaften* des Diagrammeditors angefordert und in das normierte Histogramm projiziert. ♣

5.2 Lagemaße

Motivation. Lagemaße sind spezielle Kennzahlen zur parametrischen Beschreibung einer Verteilung. Ihre Bedeutung erklärt sich aus ihrer repräsentativen Lage innerhalb einer Verteilung. Dabei kommt den Repräsentanten der „Mitte", die in der statistischen Methodenlehre auch als „Mittelwerte" bezeichnet werden, eine besondere Bedeutung zu. In der angewandten Statistik häufig applizierte Lagemaße sind der Modus, die Quantile, worunter vor allem der Median und die Quartile zu nennen sind, sowie das arithmetische Mittel. Eine sinnvolle Berechnung eines Lagemaßes ist untrennbar mit der Skalierung der in der zugehörigen Zustandsmenge definierten Merkmalsausprägungen eines statistischen Erhebungsmerkmals verbunden. So ist zum Beispiel die Berechnung eines arithmetischen Mittels (von einigen Spezialfällen (vgl. Beispiel 7.2.2-4) einmal abgesehen) nur für ein metrisches Erhebungsmerkmal sinnvoll.

Sequenz. Die erwähnten Lagemaße kann man in SPSS unter anderem via Sequenz 5.2-1 optional anfordern.

> **Sequenz 5.2-1**: Lagemaße
> Analysieren
>> Deskriptive Statistiken
>>> Häufigkeiten...
>>>> Schaltfläche **Statistiken**... → Abbildung 5.2-1

Abbildung 5.2-1: SPSS Dateneditor mit Dialogfeldern *Häufigkeiten*

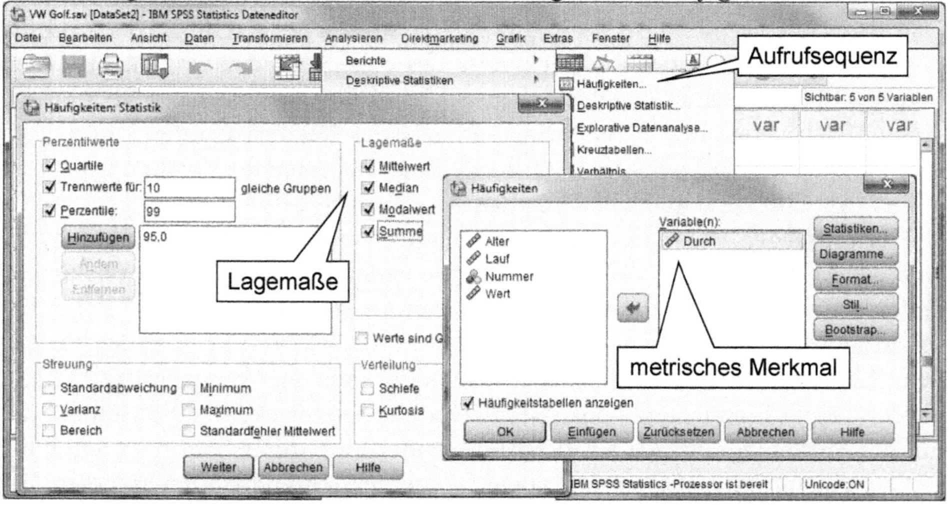

Alternative. Ein alternativer Aufruf von Lagemaßen ist unter SPSS zudem via Sequenz 5.1-5 im Unterdialogfeld *Explorative Datenanalyse: Statistik* bzw. via Sequenz 5.2-1 im Dialogfeld *Deskriptive Statistik* möglich. ♣

5.2.1 Modus

Motivation. Wenn etwas „in Mode gekommen" ist, meint man umgangssprachlich nichts anderes, als dass man im Alltagsleben bestimmte Phänomene häufig beobachten kann. Analog ist auch der statistische „Modalbegriff" zu deuten.

Modus

Diejenige wohlunterschiedene Merkmalsausprägung $\xi_j \in \Xi$ eines beliebig skalierten Erhebungsmerkmals X, die in einer Zustandsmenge $\Xi = \{\xi_j, j = 1,2,...,m\}$ definiert ist und in einer statistischen Gesamtheit $\Gamma_n = \{\gamma_i, i = 1,2,...,n\}$ am häufigsten beobachtet wurde, heißt modale Merkmalsausprägung oder kurz: Modus.

Hinweise. Im Kontext der Bestimmung und Interpretation eines Modus (lat.: *modus, modal* → Maßzahl, am häufigsten vorkommend) erweisen sich die folgenden Hinweise als nützlich: i) **Synonyme**. Ein Modus wird synonym auch als Modalwert, Dichtemittel, Mode, häufigster Wert, dichtester Wert oder Gipfelwert bezeichnet. ii) **Nominalskala**. Für nominale Erhebungsmerkmale ist der Modus das einzig sinnvolle Lagemaß. ii) **Klassierte Daten**. Für metrische Merkmalswerte, die in Klassen zusammengefasst wurden (vgl. Beispiel 5.1-5), verwendet man in praxi der Einfachheit halber die Klassenmitte derjenigen Merkmalswerteklasse, die im Vergleich zu ihren beiden Nachbarklassen die größte Häufigkeitsdichte besitzt, als einen Näherungswert für den Modus. Die Klassenmitte ist als ein arithmetisches Mittel $(x^u + x^o) / 2$ aus der unteren x^u und der oberen x^o Grenze einer Klasse definiert. iii) **Deutung**. Eine Häufigkeitsverteilung mit einem Modus heißt unimodal (lat.: *unus* → einfach) oder eingipfelig, mit zwei Modi bimodal (lat.: *bis* → zweifach) oder zweigipfelig und mit mehreren Modi multimodal (lat.: *multus* → vielfach) oder mehrgipfelig. ♦

Beispiel 5.2.1-1: Modus für ein nominales Merkmal
In Anlehnung an das Beispiel 5.1-1 und gemäß der Tabelle 5.1-1 ist für das nominale Erhebungsmerkmal X: *genutzte Fahrscheinart* der Modus durch die nominale Merkmalsausprägung ξ_1 = M(onatskarte) gekennzeichnet. Dies resultiert daraus, dass wegen $n_1(M) = 240$ bzw. $p_1(M) = 0,428$ die Monatskarte die Fahrscheinart $\xi_j \in \Xi$ war, die von den $n = 561$ befragten Fahrgästen $\gamma_i \in \Gamma_n$ am häufigsten benutzt wurde. ♣

Beispiel 5.2.1-2: Modus für ein ordinales Merkmal
In Anlehnung an das Beispiel 5.1-3 und gemäß der Abbildung 5.1-8 ist für das ordinale Erhebungsmerkmal X: *Konfektionsgröße* die gültige Merkmalsausprägung ξ_3 = M(edium) die modale Merkmalsausprägung bzw. der Modus, da wegen $n(X = \xi_3) = 959$ bzw. $p(X = \xi_3) \cong 0,391$ die Konfektionsgröße „M(edium)" die am häufigsten beobachtete Merkmalsausprägung $\xi_j \in \Xi$ in der statistischen Gesamtheit Γ_n der $n = 2453$ befragten Studierenden $\gamma_i \in \Gamma_n$ ist, die hinsichtlich des ordinalen Merkmals X: *Konfektionsgröße* eine in der Zustandsmenge Ξ definierte und erfassungsstatistisch „valide Antwort" gegeben haben. ♣

Beispiel 5.2.1-3: Modus für ein diskretes metrisches Merkmal
In Anlehnung an das Beispiel 5.1-4 ist gemäß der Abbildung 5.1-10 der Modus für das diskrete metrische Merkmal X: *Anzahl der Prüfungswiederholungen eines Studierenden im jeweils vergangenen Semester* durch die Merkmalsausprägung ξ_1 = keine bzw. durch den Merkmalswert $\xi_1 = 0$ gegeben, da wegen

$$n(\xi_1) = \max_{j=1}^{7} n(\xi_j) = 1540 \text{ bzw. } p(\xi_1) = \max_{j=1}^{7} p(\xi_j) = 0{,}637$$

am häufigsten die „gültige" Merkmalsausprägung „keine Prüfungswiederholung" bzw. „null Prüfungswiederholungen" statistisch beobachtet wurde. ♣

Beispiel 5.2.1-4: Modus für ein klassiertes stetiges Merkmal
In praxi verwendet man (für praktische Zwecke meist ausreichend) als einen Näherungswert für den Modus eines stetigen und klassierten Erhebungsmerkmals die Klassenmitte der modalen Merkmalswerteklasse. In Anlehnung an das Beispiel 5.1-5 und gemäß der Abbildung 5.1-15 ist für das metrische und stetige Merkmal X: *jahresdurchschnittliche Laufleistung (in 1000 km)* die Laufleistungsklasse $K_j = (x_j^u \leq X < x_j^o)$ der Ordnung j = 7 die modale Laufleistungsklasse, deren Klassenmitte $x_7^* = (x_7^u + x_7^o) / 2 = (12 + 14) / 2 = 13$ ist. Demnach beläuft sich für die n = 200 erfassten Gebrauchtwagen $\gamma_i \in \Gamma_n$ vom Typ VW Golf die modale jahresdurchschnittliche Laufleistung auf ca. 13000 km. ♣

5.2.2 Quantile

Motivation. In der statistischen Methodenlehre kommt dem Quantilsbegriff eine besondere praktische und theoretische Bedeutung zu. Gleichwohl der Quantilsbegriff für mindestens ordinale Merkmale definiert ist, wird er in den nachfolgenden Betrachtungen in seiner Anwendung lediglich auf metrische Merkmale mit vielen voneinander verschiedenen Merkmalswerten begrenzt. In diesem Sinne ist ein Quantil (lat.: *quantus* → wie viel, wie groß) ein empirisch beobachteter Merkmalswert oder ein berechnetes Fraktil (lat.: *fractio* → Bruch), der bildhaft eine statistische Gesamtheit zweiteilt.

Quantil
Ist X ein metrisches Erhebungsmerkmal einer statistischen Gesamtheit $\Gamma_n = \{\gamma_i,$ i = 1,2,...,n} vom Umfang n, dessen Zustandsmenge $\Xi = \{\xi_j,$ j = 1,2,...,m} aus vielen voneinander verschiedenen und aufsteigend geordneten Merkmalswerten ξ_j besteht, für die zudem die relativen Summenhäufigkeiten $F_j = p(X \leq \xi_j)$ gegeben sind, dann heißt für $0 < p < 1$ und $F_j < (n + 1) \times p / n \leq F_{j+1}$ der real beobachtete bzw. berechnete (und in der Regel meist fiktive) Merkmalswert

$$Q_p = \begin{cases} \xi_{j+1} & \text{für } (n+1) \cdot p/n - F_j \geq 1/n \\ (1-p) \cdot \xi_j + p \cdot \xi_{j+1} & \text{für } (n+1) \cdot p/n - F_j < 1/n \end{cases}$$

Quantil der Ordnung p.

Hinweise. Im Kontext der Bestimmung eines Quantils, das auch als p-Quantil oder Quantil der Ordnung p bezeichnet wird, erweisen sich die folgenden Hinweise als hilfreich: i) **Anwendung.** Gleichwohl eine Quantilsbestimmung für wenigstens ordinale Merkmale definiert ist, erweist sie sich in der angewandten Statistik aus Plausibilitätsgründen nur für metrische Merkmale mit vielen voneinander verschiedenen Merkmalswerten als sinnvoll. ii) **Quantile.** In der angewandten Statistik sind vor allem die in der Tabelle 5.2.2-1 zusammengefassten Quantile von praktischer Bedeutung.

Tabelle 5.2.2-1: Spezielle Quantile

p	Benennung des Quantils x_p der Ordnung p
0,10	10. Perzentil oder 1. Dezil
:	:
0,20	20. Perzentil oder 2. Dezil oder 1. Quintil
:	:
0,25	25. Perzentil oder 1. bzw. unteres Quartil
:	:
0,30	30. Perzentil oder 3. Dezil oder 1. Terzil
:	:
0,50	50. Perzentil oder 5. Dezil oder 2. bzw. mittleres Quartil oder Median
:	:
0,75	75. Perzentil oder 3. bzw. oberes Quartil
:	:
0,99	99. Perzentil

Während der Median (lat.: *medianus* → der Mittlere) eine geordnete statistische Gesamtheit hinsichtlich eines metrischen Merkmals in zwei gleichgroße Teile bzw. in Hälften teilt, wird eine geordnete statistische Gesamtheit mit Hilfe von a) zwei Terzilen (lat.: *tertius* → der Dritte) in drei gleichgroße Teile, b) drei Quartilen (lat.: *quartus* → der Vierte) in vier gleichgroße Teile, c) vier Quintilen (lat.: *quintus* → der Fünfte) in fünf gleichgroße Teile, d) neun Dezilen (lat.: *decem* → zehn) in zehn gleichgroße Teile und in logischer Konsequenz e) mit Hilfe von 99 Perzentilen (lat.: *pro cento*, ital.: *per cento* → für hundert) in 100 gleichgroße Teile gegliedert. iii) **Äquifrequenz.** Die Aufteilung einer statistischen Gesamtheit in gleichgroße und disjunkte (elementefremde) Teilgesamtheiten subsumiert man in der Statistik unter dem Begriff der Äquifrequenz (lat.: *aequus* → gleich + *frequentia* → große Menge, Häufigkeit). iv) **Quartile.** In der explorativen Verteilungsanalyse bilden die drei Quartile, die eine äquifrequente Vierteilung einer statistischen Gesamtheit ermöglichen, die Grundlage für die Verteilungsbeschreibung mit Hilfe eines sogenannten Box-and-Whisker-Plot (vgl. Beispiel 5.2.2-2). v) **Quantilsberechnung.** In SPSS werden für die Berechnung von Quantilen unterschiedliche Algorithmen bzw. Berechnungsvorschriften verwendet, die mitunter zu verschiedenen Quantilswerten führen können. vi) **Quantilsbestimmung.** Aus didaktisch-methodischer Sicht recht anschaulich und für praktische Zwecke oft ausreichend ist die Bestimmung eines Quantils anhand der empirischen Verteilungsfunktion $F_X(a)$ eines stetigen Merkmals X. Definitionsgemäß (vgl. Abschnitt 5.1) wird dabei derjenige geordnete Merkmalswert $\xi \in \Xi$ als Quantil der Ordnung p bestimmt wird, für den erstmals der Wert der empirischen Verteilungsfunktion $F_X(a)$ gleich oder größer als p ist (vgl. Beispiel 5.2.2-1). vii) **Fraktil.** Ein empirisch nicht beobachtetes, sondern aus empirisch beobachteten und benachbarten Werten berechnetes „fiktives" Quantil bezeichnet man auch als ein Fraktil (lat.: *fractio* → Bruch). ♦

Beispiel 5.2.2-1: Quantilsbestimmung mittels empirischer Verteilungsfunktion

Motivation. Das Konstrukt einer empirischen Verteilungsfunktion, das gemäß der Ausführungen im Kontext des Abschnittes 5.1 auf dem Begriff der relativen Summenhäufigkeit $F_j = p(X \leq \xi_j)$ beruht, kann man sich via Sequenz 5.2.2-1 anhand des stetigen metrischen Erhebungsmerkmals X: *jahresdurchschnittliche Laufleistung* sowohl zahlenmäßig als auch grafisch verdeutlichen. Die statistisch erhobenen Daten für die n = 200 zufällig ausgewählten Gebrauchtwagen vom Typ VW Golf Benziner mit einem 1,6-Liter-Triebwerk sind in der SPSS Datendatei *Golf.sav* in der Variablen *Durch* gespeichert.

> **Sequenz 5.2.2-1**: Relative Summenhäufigkeit
> Transformieren
>   Rangfolge bilden... → Abbildung 5.2.2-1

Abbildung 5.2.2-1: Relative Summenhäufigkeit

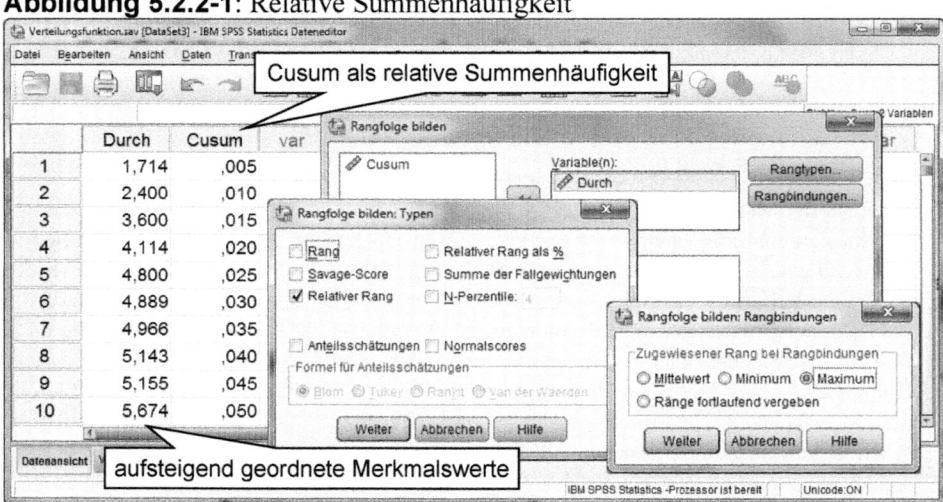

Im Zuge der Vereinbarungen, die gemäß Abbildung 5.2.2-1 in den beiden SPSS Unterdialogfeldern *Rangfolge bilden* getroffen wurden, wird in die Arbeitsdatei automatisch eine Variable eingefügt, die im konkreten Fall mit dem Variablennamen CU*(mulative)*SUM gekennzeichnet wurde und die kumulierten relativen Häufigkeiten bzw. die relativen Summenhäufigkeiten zum Inhalt hat. Die relative Summenhäufigkeit F_j der Ordnung j = 10 kann zum Beispiel wie folgt interpretiert werden: Wegen $F_{10} = p(X \leq \xi_{10}) = p(X \leq 5{,}674) = 0{,}05$ sind in der statistischen Gesamtheit Γ_n der n = 200 zufällig ausgewählten Gebrauchtwagen $\gamma_i \in \Gamma_n$ vom Typ VW Golf, die bezüglich des metrischen und stetigen Erhebungsmerkmals X: *jahresdurchschnittliche Laufleistung (Angaben in 1000 km)* aufsteigend geordnet wurden, 5 % der Gebrauchtwagen γ_i durch eine jahresdurchschnittliche Laufleistung von höchstens $\xi_{10} = 5{,}674$ (1000 km) = 5674 km gekennzeichnet. In logischer Konsequenz „liefen" demnach 95 % der betrachteten Gebrauchtwagen $\gamma_i \in \Gamma_n$ im Jahresdurchschnitt mehr als 5674 km.

Quantil. Der empirisch ermittelte, aufsteigend geordnete und wohlverschiedene Laufleistungswert $\xi_{10} = 5,674$, der die Menge der n = 200 Gebrauchtwagen $\gamma_i \in \Gamma_n$ derart zweiteilt, dass (10 / 200) × 100 % = 5 % der Gebrauchtwagen im Jahresdurchschnitt unterhalb dieses Laufleistungswertes und in logischer Konsequenz ((200 − 10) / 200) × 100 % = 95 % der Gebrauchtwagen oberhalb dieses Laufleistungswertes liegen, wird in der Statistik als empirisches Quantil der Ordnung p = 0,05 der jahresdurchschnittlichen Laufleistung bezeichnet. Zu einer analogen Aussage gelangt man bei der Betrachtung der Abbildung 5.2.2-2, in der ein Auszug aus der geordneten Urliste mit den originären Laufleistungsdaten (SPSS Variable *Durch*) und den zugehörigen relativen Summenhäufigkeiten (SPSS Variable *Cusum*) an die bildhafte Darstellung der monoton nicht fallenden empirischen Verteilungsfunktion F_X gekoppelt ist.

Abbildung 5.2.2-2: SPSS Dateneditor und empirische Verteilungsfunktion

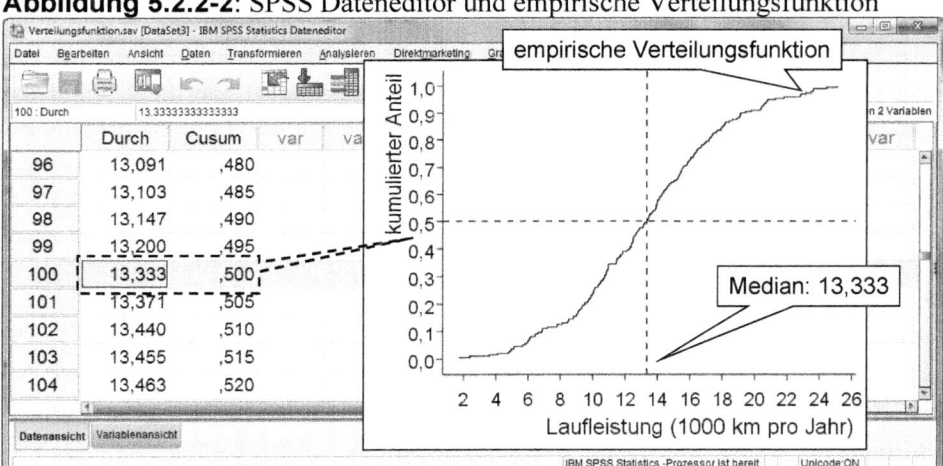

Da offensichtlich der Laufleistungswert $\xi_{100} = 13,333$ der Ordnung j = 100, der in der geordneten Urliste in der Editor-Zeile mit der Nummer 100 vermerkt ist, die statistische Gesamtheit $\Gamma_n = \{\gamma_i, i = 1,2,...,n\}$ der n = 200 Gebrauchtwagen γ_i hinsichtlich ihrer aufsteigend geordneten jahresdurchschnittlichen Laufleistungswerte (Angaben in 1000 km) $X(\gamma_i) = x_i$ derart zweiteilt, dass die laufleistungsschwachen (100 / 200) × 100 % = 50 % bzw. die laufleistungsschwache Hälfte der Gebrauchtwagen $\gamma_i \in \Gamma_n$ durch eine jahresdurchschnittliche Laufleistung von höchstens 13333 km und die laufleistungsstarken 50 % bzw. die laufleistungsstarke Hälfte der Gebrauchtwagen $\gamma_i \in \Gamma_n$ eine Laufleistung von mehr als 13333 km gekennzeichnet sind, hat man auf grafischem Wege recht einfach und für praktische Zwecke ausreichend genau den Laufleistungsmedian bestimmt, der im konkreten Fall seinem Wesen nach ein empirisch beobachteter Laufleistungswert ist. Diese sachlogische Interpretation des empirischen Laufleistungsmedians, der auch als empirisches Laufleistungsquantil der Ordnung p = 0,5 bezeichnet wird, koinzidiert mit der folgenden Betrachtung: Die „stufenweise" monoton wachsen-de empirische Verteilungsfunktion $F_X(a)$, die nur Werte zwischen null und eins annehmen kann, besitzt an der reellwertigen Stelle a = 13,333 den Wert 0,5. Der Wert der empirischen Verteilungsfunktion $F_X(a)$ = 0,5 an der Stelle a = 13,333 markiert zugleich die Ordnung p = 0,5 des Laufleistungsquantils $Q_{0,5}$ = 13,333 (1000 km im Jahresdurchschnitt).

Quartilsbestimmung. Analog zur grafischen Bestimmung des Medians der jahresdurchschnittlichen Laufleistungen $X(\gamma_i)$ = x_i in Gestalt des mittleren Lauf-leistungsquartils $Q_{0,5}$ kann man auch das untere Laufleistungsquartil $Q_{0,25}$ und das obere Laufleistungsquartil $Q_{0,75}$ einfach und für praktische Belange ausrei-chend genau auf grafischem Wege bestimmen, indem man jeweils auf der Ordi-nate für die kumulierten Anteile von 0,25 bzw. 0,75 parallel zur Abszisse eine Linie zieht und jeweils an der Stelle, an der die Linie den Graph der empirischen, monoton nicht fallenden und treppenförmigen Verteilungsfunktion schneidet, ein „Lot auf die Abszisse fällt" und jeweils die Stelle markiert, wo das Lot auf die Abszisse trifft. Im konkreten Fall würde man für das untere Laufleistungsquartil einen Wert von $Q_{0,25} \approx 10$ (1000 km im Jahresdurchschnitt) und für das obere Laufleistungsquartil einen Wert von $Q_{0,75} \approx 16,5$ (1000 km im Jahresdurch-schnitt) bestimmen und sachlogisch wie folgt interpretieren: Während das lauf-leistungsschwächste Viertel der Gebrauchtwagen durch eine jahresdurchschnitt-liche Laufleistung von höchstens 10000 km gekennzeichnet ist, sind die laufleis-tungsstärksten 25 % der Gebrauchtwagen durch eine jahresdurchschnittliche Laufleistung von mindestens 16500 km gekennzeichnet. ♣

Beispiel 5.2.2-2: Quantilsberechnung
Motivation. Gleichwohl eine Quantilsbestimmung mittels einer empirischen Verteilungsfunktion, die im Kontext des Beispiels 5.2.2-1 skizziert wurde, aus statistisch-methodischer Sicht recht anschaulich ist und zudem für praktische Zwecke meist ausreichend genaue Ergebnisse liefert, erweist sich dieses grafi-sche Analysekonzept in der praktischen statistischen Arbeit als zu arbeitsauf-wändig und mitunter auch als zu ungenau. Hinzu käme noch die alles andere als unrealistische Vermutung, dass unabhängig voneinander zwei Statistiker vermut-lich auch zu zwei voneinander verschiedenen Ergebnissen gelangen, wo doch nur ein „plausibles und einheitliches" Analyseergebnis erstrebenswert ist.

Quartile. In der Tabelle 5.2.2-2 sind die drei „berechneten" Quartile der jah-resdurchschnittlichen Laufleistungen $X(\gamma_i)$ = x_i für die statistische Gesamtheit Γ_n = {γ_i, i = 1,2,...,n} von n = 200 Gebrauchtwagen γ_i vom Typ VW Golf aufge-listet. Unter Verwendung der SPSS Datendatei *Golf.sav* können die drei Quartile, die als Perzentile der Ordnung 25, 50 und 75 angezeigt wurden, via Sequenz 5.2-1 angefordert werden. Lediglich zum Zwecke eines besseren Verständnisses der eingangs angebotenen Quantilsdefinition soll anhand der aufsteigend geordneten jahresdurchschnittlichen Laufleistungswerte $X(\gamma_i) = x_i$ innerhalb der Abbildung 5.2.2-2 die Berechnung des Quantils der Ordnung $p = 0,5$ paradigmatisch demonstriert und erläutert werden.

Tabelle 5.2.2-2: Quartile

Laufleistung (1000 km pro Jahr)

Anzahl	Gültig	200
	25	10,069
Perzentile	50	13,352
	75	16,315

Quartilsberechnung. In einem ersten Analyseschritt bestimmt man für den Term $(n + 1) \times p / n$ den zugehörigen Wert, der sich wegen $n = 200$ und $p = 0,5$ auf $(200 + 1) \times 0,5 / 200 = 0,5025$ beläuft, wobei dieser Wert offensichtlich im Intervall zu liegen kommt, das gemäß Abbildung 5.2.2-2 in der Spalte *Cusum* durch die relativen Summenhäufigkeiten $F_j = 0,500$ und $F_{j+1} = 0,505$ der Ordnung $j = 100$ und $j + 1 = 101$ begrenzt wird. Aufgrund dessen, dass im konkreten Fall

$$(n + 1) \times p / n - F_j < 1 / n =$$
$$(200 + 1) \times 0,5 / 200 - 0,500 < 1 / 200 = 0,0025 < 0,005$$

gilt, berechnet man ein Quantil der Ordnung $p = 0,5$ in Höhe von

$$Q_{0,5} = (1 - 0,05) \times 13,333 + 0,5 \times 13,371 = 13,352 \ (1000 \ km),$$

das seinem Wesen nach ein arithmetisches Mittel (vgl. Abschnitt 5.2.3) aus den empirisch beobachteten, aufsteigend geordneten und „benachbarten" jahresdurchschnittlichen Laufleistungswerten $\xi_j = 13,333$ und $\xi_{j+1} = 13,371$ der Ordnung $j = 100$ und $j + 1 = 101$ ist und als Fraktil wie folgt interpretiert werden kann: Während die laufleistungsschwache Hälfte der Gebrauchtwagen $\gamma_i \in \Gamma_n$ vom Typ VW Golf durch eine jahresdurchschnittliche Laufleistung $X(\gamma_i)$ gekennzeichnet ist, die höchstens 13352 km beträgt, verzeichnet man für die laufleistungsstarke Hälfte der $n = 200$ VW Golf $\gamma_i \in \Gamma_n$ jahresdurchschnittliche Laufleistungswerte über 13352 km. Dass der Wert des berechneten zweiten Laufleistungsquartils bzw. Laufleistungsmedians von $Q_{0,5} = 13,352 \ (1000 \ km)$ geringfügig vom grafisch bestimmten Laufleistungsmedian $Q_{0,5} = 13,333 \ (1000 \ km)$ abweicht, erklärt sich einzig und allein aus der applizierten Berechnungsvorschrift. Im konkreten Fall ist diese Differenz ohne praktischen Belang. Analog erfolgt die Berechnung und die sachlogische Interpretation des unteren und des oberen Laufleistungsquartils, für die man die Werte

$$Q_{0,25} = (1 - 0,25) \times 10,056 + 0,25 \times 10,105 \cong 10,069 \ (1000 \ km)$$

und

$$Q_{0,75} = (1 - 0,75) \times 16{,}258 + 0{,}75 \times 16{,}333 \cong 16{,}315 \ (1000 \ \text{km})$$

„rechnerisch" ermittelt. Aufgrund dessen, dass die drei Quartile ihrem Wesen nach „fiktive" Werte sind, werden sie auch als Laufleistungsfraktile bezeichnet.

Boxplot. Unabhängig davon, ob man die drei Laufleistungsquartile auf grafischem Wege bestimmt oder auf algorithmischem Wege berechnet, man hat die realisierte Zufallsstichprobe $\Gamma_n = \{\gamma_i, \ i = 1,2,\dots,n\}$ in Gestalt von $n = 200$ gebrauchtwagenspezifischen Laufleistungswerten $X(\gamma_i) = x_i$ letzten Endes mit Hilfe dreier charakteristischer Werte beschrieben, die aufgrund ihrer Lage in der Laufleistungsverteilung eine äquifrequente Viertelung der 200 Gebrauchtwagen $\gamma_i \in \Gamma_n$ ermöglichen. Bezieht man zudem noch den kleinsten bzw. den größten beobachteten Laufleistungswert in die Verteilungsbeschreibung mit ein, so hat man mit dieser sogenannten Fünf-Zahlen-Zusammenstellung die Grundlagen für ein sehr nützliches und zugleich anschauliches Analyseinstrument gelegt, das in der explorativen Datenanalyse unter dem Begriff „Box-and-Whisker-Plot" firmiert und seinem Wesen nach ein statistisches Pentagramm ist.

Box-and-Whisker-Plot

Ist X ein metrisches Merkmal, das für eine statistische Gesamtheit $\Gamma_n = \{\gamma_i, \ i = 1,2,\dots,n\}$ erhoben wurde und dessen Zustandsmenge $\Xi = \{\xi_j, \ j = 1,2,\dots,m\}$ aus vielen voneinander verschiedenen und aufsteigend geordneten Merkmalswerten ξ_j besteht und für das die fünf Verteilungskennzahlen kleinster Merkmalswert ξ_{Min}, unteres Quartil $Q_{0,25}$, mittleres Quartil $Q_{0,5}$, oberes Quartil $Q_{0,75}$ und größter Merkmalswert ξ_{Max} gegeben sind, dann heißt die grafische Darstellung

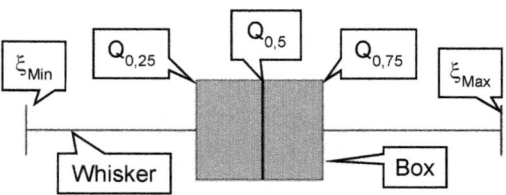

Box-and-Whisker-Plot, kurz Boxplot.

![Schütze-Symbol] **Hinweise.** Für die Konstruktion und Interpretation eines Box-and-Whisker-Plot (engl.: *box* → Schachtel + *whisker* → Schnurr- oder Barthaar) erweisen sich die folgenden Hinweise als hilfreich: i) **Zweckbestimmung**. Ein Boxplot ist ein grafisches Verfahren der Explorativen Datenanalyse zur Kennzeichnung der Häufigkeitsverteilung eines metrischen Erhebungsmerkmals. Wegen der zugrunde liegenden fünf Verteilungskennzahlen, welche eine bildhafte Vorstellung von einer äquifrequenten (lat.: *aequus* → gleich + *frequentia* → Häufigkeit) Viertelung einer geordneten statistischen Gesamtheit Γ_n ermöglichen, wird ein Boxplot auch als statistisches *Pentagramm* (grch.: *pente* → fünf + *gramma* → Zeichnung) bezeichnet. Boxplots eignen sich im besonderen Maße für den Verteilungsvergleich von zwei oder mehr statistischen Gesamtheiten bezüglich eines gleichen metrischen Erhebungsmerkmals bzw. unterschiedlicher, jedoch

standardisierter metrischer Erhebungsmerkmale. ii) **Interpretation**. Mit der Ausdehnung eines Boxplot sind die Spannweite und mit der Ausdehnung der Box der Interquartilsabstand als zwei Streuungsmaße bildhaft dargestellt (vgl. Abschnitt 5.3). Beachtenswert ist dabei, dass in SPSS Boxplots noch Modifikationen erfahren, indem Ausreißer- und/oder Extremwerte explizit angezeigt werden (vgl. Beispiel 5.3.1-2). Unabhängig davon gelten die folgenden Kernaussagen: Zwischen dem kleinsten Merkmalswert ξ_{Min} und dem unteren Quartil $Q_{0,25}$ bzw. zwischen dem unteren Quartil $Q_{0,25}$ und dem mittleren Quartil $Q_{0,5}$ bzw. zwischen dem mittleren Quartil $Q_{0,5}$ und dem oberen Quartil $Q_{0,75}$ sowie zwischen dem oberen Quartil $Q_{0,75}$ und dem größten Merkmalswert ξ_{Max} liegen jeweils 25 % bzw. ein Viertel der Einzelwerte $X(\gamma_i) = x_i$ einer geordneten statistischen Gesamtheit $\Gamma_n = \{\gamma_i,$ $i = 1,2,...,n\}$. Ist ein Boxplot symmetrisch bzw. asymmetrisch, so ist auch die zugehörige empirische Häufigkeitsverteilung eines metrischen Erhebungsmerkmals symmetrisch bzw. asymmetrisch. ♦

Boxplot. Die Abbildung 5.2.2-3 beinhaltet das Boxplot der jahresdurchschnittlichen Laufleistungswerte $X(\gamma_i) = x_i$ der statistischen Gesamtheit $\Gamma_n = \{\gamma_i,$ $i = 1,2,...,n\}$ der n = 200 erfassten Gebrauchtwagen γ_i vom Typ VW Golf aus der SPSS Datendatei *Golf.sav*. Da augenscheinlich das Boxplot in seiner Konstruktion symmetrisch ist, also gleichsam die Box „mittig platziert" ist, der Laufleistungsmedian die Box halbiert und die beiden Whisker nahezu gleichlang sind, kann dieser explorative Befund als ein Indiz dafür angesehen werden, dass auch die n = 200 empirisch erfassten jahresdurchschnittlichen Laufleistungswerte symmetrisch verteilt sind.

Abbildung 5.2.2-3: Boxplot

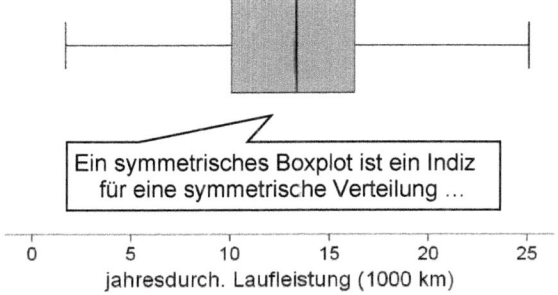

Ein symmetrisches Boxplot ist ein Indiz für eine symmetrische Verteilung ...

jahresdurch. Laufleistung (1000 km)

Diese explorative Verteilungsaussage koinzidiert mit den explorativen und verteilungsanalytischen Ergebnissen im Kontext des Beispiels 5.1-5, indem sowohl das sogenannte Stem-and-Leaf-Plot innerhalb der Abbildung 5.1-12 als auch das normierte (und durch eine sogenannte Normalverteilungskurve ergänzte) Histogramm innerhalb der Abbildung 5.1-15 eine symmetrische Verteilung der empirisch erhobenen jahresdurchschnittlichen Laufleistungswerte $X(\gamma_i) = x_i$ der n = 200 Gebrauchtwagen γ_i vom Typ VW Golf Benziner mit einem 1,6-Liter Triebwerk indizieren. ♣

5.2.3 Arithmetisches Mittel

Motivation. „Das durchschnittliche Heiratsalter lag 2013 in Deutschland für ledige Männer bei 33,6 Jahren und für ledige Frauen bei 30,9 Jahren." oder „Im Durchschnitt brachten im Jahr 2013 in Deutschland 1000 Frauen im fertilen Alter 1410 Kinder lebend zur Welt."[12] Diese Nachrichten tragen einerseits scheinbar Grundlegendes und Repräsentatives, andererseits aber doch nichts Konkretes und Fassbares in sich. Aus statistisch-methodischer Sicht fungiert ein durchschnittlicher Wert als „Repräsentant der Mitte" für eine Menge von gleichartigen metrischen Merkmalswerten. In der statistischen Methodenlehre firmiert der statistische Durchschnittsbegriff unter dem Begriff eines arithmetischen Mittels.

Arithmetisches Mittel

Sind $X(\gamma_i) = x_i$ die Merkmalswerte eines metrischen Merkmals X, die an den n Merkmalsträgern γ_i einer statistischen Gesamtheit $\Gamma_n = \{\gamma_i, i = 1,2,...,n\}$ erhoben wurden, dann heißt der Wert, der sich ergibt, wenn man die Summe aller n beobachteten Merkmalswerte $X(\gamma_i) = x_i$ gleichmäßig auf alle n Merkmalsträger γ_i verteilt, wobei

$$\overline{x} = \frac{1}{n} \cdot \sum_{i=1}^{n} x_i = \frac{1}{n} \cdot (x_1 + x_2 + ... + x_n)$$

gilt, arithmetisches Mittel $\overline{x}$ (lies: *x quer*).

Hinweise. Für die Berechnung und Interpretation eines arithmetischen Mittels, das auch als Durchschnitt, durchschnittlicher Wert, Mittelwert oder Mittel bezeichnet wird, erweisen sich die folgenden Hinweise als hilfreich: i) **Spezialfälle**. Die angegebene Berechnungsvorschrift ist die Formel zur Berechnung eines arithmetischen Mittels. Die Formel wird in der statistischen Methodenlehre auch als einfaches arithmetisches Mittel bezeichnet. Demgegenüber bezeichnet man Formeln für Durchschnittsberechnungen auf der Grundlage von Häufigkeitstabellen, klassierten oder gruppierten Daten sowie von statistischen Verhältniszahlen als gewogene arithmetische Mittel. Zudem ist aus statistisch-methodischer Sicht wohl zu unterscheiden, ob ein arithmetisches Mittel als ein Lageparameter zur Charakterisierung einer Verteilung oder als eine Maßzahl zur Charakterisierung von Aggregaten bzw. Beständen fungiert. Letzteres führt zum harmonischen Mittel bzw. zum chronologischen Mittel, die gleichsam wie das geometrische Mittel oder das quadratische Mittel aus statistisch-methodischer Sicht als Spezialfälle eines arithmetischen Mittels aufgefasst werden können.[13] ii) **Eigenschaften**. Ein arithmetisches Mittel besitzt die folgenden charakteristischen Eigenschaften, die vor allem aus statistisch-methodischer Sicht von Bedeutung sind: a) **Nulleigenschaft**. Sie besagt, dass die Summe der Abweichungen der einzelnen Merkmalswerte vom arithmeti-

---

[12] Quelle: Statistisches Bundesamt, Wiesbaden 2015
[13] Eine elementare und paradigmatische Darstellung und Erläuterung dieser Spezialfälle findet man u.a. bei ECKSTEIN, Peter P.: Repetitorium Statistik – Deskriptive Statistik, Stochastik, Induktive Statistik, 8., aktualisierte und erweiterte Auflage, Springer Gabler Wiesbaden 2014.

schen Mittel null ist (vgl. Beispiel 5.2.3-1). b) **Quadratische Minimumseigenschaft**. Sie besagt, dass es keine reelle Zahl gibt, für welche die Summe der quadrierten Abweichungen der einzelnen Merkmalswerte von dieser reellen Zahl kleiner ist als für das arithmetische Mittel selbst. c) **Hochrechnungseigenschaft**. Sie besagt, dass eine Merkmalswertesumme gleich dem Produkt aus arithmetischem Mittel und der Anzahl der Merkmalswerte ist (vgl. Beispiel 5.2.3-1). d) **Transformationseigenschaft**. Sie besagt, dass für eine statistische Gesamtheit $\Gamma_n = \{\gamma_i, i = 1,2,...,n\}$ eine lineare Merkmalswertetransformation $y_i = a + b \cdot x_i$ stets auch für das arithmetische Mittel $\bar{y} = a + b \cdot \bar{x}$ gilt. Aus Plausibilitätsgründen sollte dabei $b \neq 0$ gelten. iii) **Ausreißerproblem**. Da bei einem arithmetischen Mittel alle Merkmalswerte in das Berechnungskalkül eingehen, ist es (etwa im Unterschied zum Modus oder zu einem Quantil) empfindlich gegenüber statistischen Ausreißern. Statistische Ausreißer können das Ergebnis derart verzerren, dass es nicht sinnvoll erscheint, ein berechnetes arithmetisches Mittel einer sachlogischen Interpretation zu unterziehen.[14] In der Explorativen Datenanalyse werden alle beobachteten Merkmalswerte, die mehr als 1,5 Interquartilsabstände (Boxbreiten) unterhalb des unteren bzw. oberhalb des oberen Quartils liegen, als statistische Ausreißerwerte gekennzeichnet. ♦

Beispiel 5.2.3-1: Arithmetisches Mittel aus Urlistendaten

Urlistendaten. Die Abbildung 5.2.3-1 beinhaltet den SPSS Dateneditor mit einem Urlistenauszug für die jahresDURCHschnittliche Laufleistung X (Angaben in 1000 km), die für n = 200 Gebrauchtwagen $\gamma_i \in \Gamma_n$ vom Typ VW Golf empirisch erhoben wurde. Die Urlistendaten sind in der gleichnamigen SPSS Datendatei *Golf.sav* in der SPSS Variablen *Durch* gespeichert. Die zugehörige und mit dem Etikett „Statistiken" versehene Mittelwerttabelle, die zudem die Merkmalswertesumme beinhaltet, wurde via Sequenz 5.2-1 angefordert.

Abbildung 5.2.3-1: SPSS Dateneditor mit Mittelwerttabelle

---

[14] Eine anschauliche, skurril anmutende und zugleich lehrreiche Lektion über das Trügerische der statistischen „Mittelwertmagie" findet man unter anderem bei ECKSTEIN, Peter P: Kostproben aus der Hexenküche der Statistik – Skurriles, Leichtbekömmliches und Schwerverdauliches, Rainer Hampp Verlag München und Mering 2009, Seite 21 ff.

Mittelwert. Anhand der Urliste und der Mittelwerttabelle kann man sich anschaulich und leicht nachvollziehbar die Berechnung eines arithmetischen Mittels verdeutlichen, die sich im konkreten Fall wie folgt darstellt:

$$\bar{x} = \frac{1}{200} \cdot (12{,}231 + 9{,}302 + 11{,}487 + \ldots + 16{,}000) = \frac{2660{,}315}{200} \cong 13{,}302.$$

Da ein Mittelwert immer eine bezeichnete und in der Regel immer auch eine „fiktive" statistische Maßzahl ist, die mit der Maßeinheit bzw. Dimension des zu analysierenden Erhebungsmerkmals „geladen" ist, errechnet man für die n = 200 erfassten jahresdurchschnittlichen Laufleistungswerte $X(\gamma_i) = x_i$ ein arithmetisches Mittel von 13,302 (1000 km) und interpretiert es wie folgt: Im Durchschnitt wurde bzw. wird ein gebrauchter PKW vom Typ VW Golf im Verlaufe eines Jahres 13302 km gefahren.

Nulleigenschaft. Zur Festigung elementarer Funktionsabläufe im SPSS Datenmanagement, kann man sich anhand der Arbeitsdatei die Nulleigenschaft eines arithmetischen Mittels gleichsam leicht und einleuchtend verdeutlichen, indem man via Sequenz 4.6.4-2 etwa mittels der SPSS Berechnungsvorschrift *Zentriert = Durch – 13.3015729* die Abweichungen der einzelnen Laufleistungsdaten vom reellwertigen und nicht gerundeten arithmetischen Mittel berechnet und für die „neu berechnete" SPSS Variable *Zentriert* via Sequenz 5.2-1 eine Mittelwertanalyse bewerkstelligt. In der Abbildung 5.2.3-2 sind Ergebnisse für die „mittelwertbereinigten" Laufleistungsdaten zusammengestellt.

Abbildung 5.2.3-2: SPSS Dateneditor, Nulleigenschaft und Zentrierung

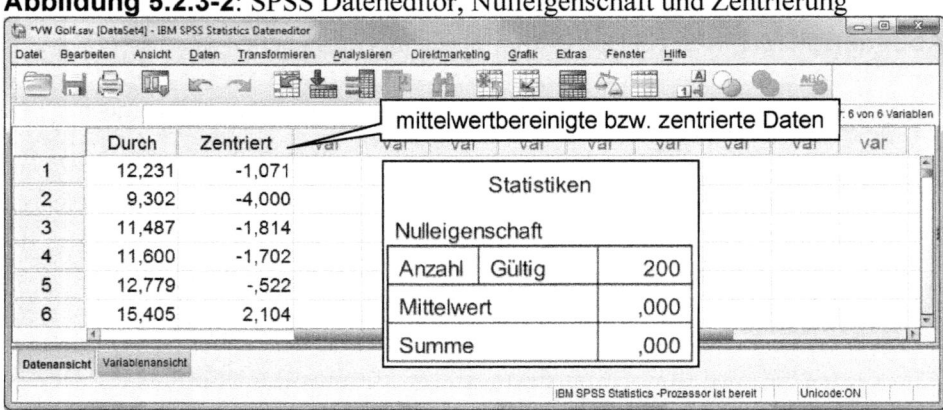

Während etwa der Gebrauchtwagen γ_i der Ordnung i = 2, für den eine jahresdurchschnittliche Laufleistung von $X(\gamma_2) = 9{,}302$ (1000 km) „gemessen" wurde, im Ensemble aller n = 200 Gebrauchtwagen wegen $9{,}302 - 13{,}302 = -4{,}000$ durch eine jahresdurchschnittliche Laufleistung gekennzeichnet ist, die um 4000 km „unter dem Durchschnitt" liegt, ist der Gebrauchtwagen γ_i der Ordnung i = 6 offensichtlich wegen $X(\gamma_6) = 15{,}405$ (1000 km) und $15{,}405 - 13{,}302 = 2{,}104$

durch eine jahresdurchschnittliche Laufleistung gekennzeichnet, die im konkreten Fall um 2104 km „über dem Durchschnitt" liegt. Das Faktum, dass sich letzten Endes alle Abweichungen der beobachteten Laufleistungswerte x_i von ihrem
arithmetischen Mittel $\bar{x}$ zu null addieren, also gleichsam wegen

$$\sum_{i=1}^{n}(x_i - \bar{x}) = 0$$

in ihrer Summe „verschwinden", bezeichnet man als Nulleigenschaft oder
Schwerpunkteigenschaft des arithmetischen Mittels.

Zentrierung. Der Vorgang der „Mittelwertbereinigung" von Merkmalswerten
eines metrischen Erhebungsmerkmals wird auch als Zentrierung bezeichnet und
bildet die Grundlage für die Standardisierung von metrischen Daten, die wegen
ihrer eminent wichtigen Bedeutung in der statistischen Methodenlehre ein spezieller Gegenstand des Abschnittes 5.5 ist. ♣

Beispiel 5.2.3-2: Arithmetisches Mittel aus gruppierten Daten
Motivation. Die Berechnung eines arithmetischen Mittels aus gruppierten Daten
soll unter Verwendung der SPSS Datendatei *Frage.sav* für das metrische Erhebungsmerkmal X: *Körper-Masse-Index (Angaben in kg/m²)* in seiner geschlechtsspezifischen Betrachtung demonstriert und erläutert werden. Der Körper-Masse-
Index einer Person, der als Quotient aus dem Körpergewicht (gemessen in Kilogramm) und dem Quadrat der Körpergröße (gemessen in Metern) definiert ist,
kann via Sequenz 4.6.4-2 etwa mittels der SPSS Berechnungsvorschrift
*KMI = F4 / (F3 / 100) ** 2*
für die erhobenen und „gültigen" Gewichtsangaben (SPSS Variable *F4*) und
Körpergrößenangaben (SPSS Variable *F3*) „im Nachhinein" berechnet werden.

Datenpool. Dabei wird die Menge $\Gamma_n = \{\gamma_i, i = 1,2,...,n\}$ der n = 674 Studierenden γ_i, die ab dem Sommersemester 2013 (Filter: *Semester >= 11*) am Fachbereich Wirtschafts- und Rechtswissenschaften der HTW Berlin in den Statistik-
Lehrveranstaltungen befragt wurden und hinsichtlich der Körpergröße und es
Körpergewichts „gültige Antworten" gaben, als die statistische Gesamtheit aufgefasst, für die es das metrische Merkmal X: *Körper-Masse-Index (KMI)* zu analysieren gilt. Im Kontext der angestrebten Datendeskription wird aus physiologischer Sicht die statistische Gesamtheit Γ_n mittels des nominalen und dichotomen
Gruppierungsmerkmals „Geschlechtszugehörigkeit", das gemäß Abbildung 3.3-1
im Fragebogen in der 0-1-kodierten SPSS Variablen *F1* abgebildet ist, in m = 2
disjunkte (lat. *disiunctio* → Trennung), also in zwei sich gegenseitig ausschlie
ßende Teilgesamtheiten vom Umfang $n_1 = 298$ männliche und $n_2 = 376$ weibliche
Studierende γ_i gegliedert, wobei $n = n_1 + n_2 = 298 + 376 = 674$ gilt. Statistisch
erhobene Daten für disjunkte Teilgesamtheiten subsumiert man in der statistischen Methodenlehre auch unter dem Begriff „gruppierten bzw. gepoolte" Daten
bzw. „Datenpool" (engl.: *pool* → Tümpel, Gemeinschaft).

Mittelwerttabelle. In der Tabelle 5.2.3-1 sind die Ergebnisse der Mittel-wertanalyse der gruppierten, gepoolten bzw. geschlechtsspezifischen Körper-Masse-Index-Daten zusammengefasst.

Tabelle 5.2.3-1: Mittelwerttabelle

KMI Körper-Masse-Index (kg/m²)

F1 Geschlecht	Mittelwert	Summe	Anzahl	% der Gesamtanzahl
0 männlich	24,232	7221,009	298	44,2%
1 weiblich	21,680	8151,803	376	55,8%
Insgesamt	22,808	15372,812	674	100,0%

Bei der sachlogischen Interpretation der Mittelwerttabelle 5.2.3-1, die via Se-quenz 5.2.3-1 angefordert wurde, ist zu beachten, dass in der statistischen Ge-samtheit $\Gamma_n = \{\gamma_i, i = 1,2,...,n\}$ der n = 699 befragten Studierenden γ_i insgesamt nur 674 Studierende eine gültige (und damit eine statistisch auswertbare) und 25 Studierende keine gültige bzw. keine statistisch auswertbare Antwort auf die zu-grunde liegenden Fragen bezüglich der Geschlechtszugehörigkeit, der Körper-größe und/oder des Körpergewichts gegeben haben, so dass in logischer Konse-quenz auch nur 674 Körper-Masse-Indizes berechnet werden konnten.

Sequenz 5.2.3-1: Mittelwerte
Analysieren
    Mittelwerte vergleichen
        Mittelwerte... → Abbildung 5.2.3-3

Abbildung 5.2.3-3: SPSS Dateneditor mit Dialogfeld *Mittelwert(e)*

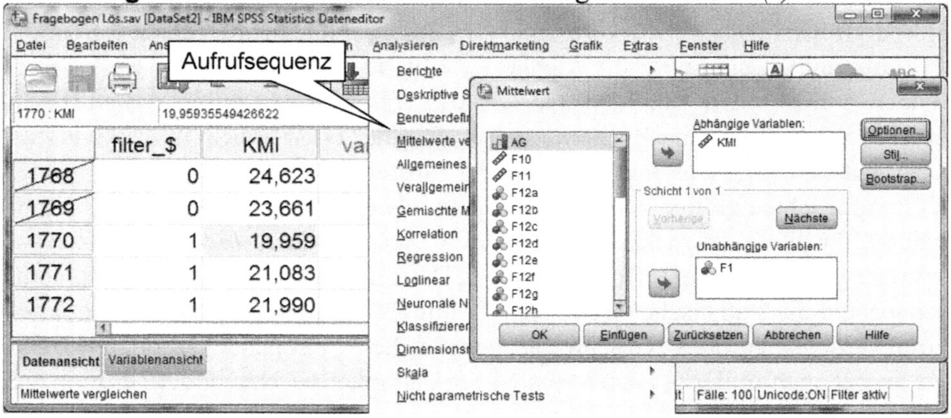

Im Dialogfeld *Mittelwert(e)* wurde die metrische Variable *KMI*, welche den Kör-per-Masse-Index beschreibt, in der Rubrik *Abhängige Variablen* und die nomina-le Variable *F1*, welche die Geschlechtszugehörigkeit der Befragten zum Inhalt hat und zugleich als nominale Gruppierungsvariable für die statistische Gesamt-heit $\Gamma_n = \{\gamma_i, i = 1,2,...,n\}$ der n = 699 befragten Studierenden γ_i fungiert, in der

Rubrik *Unabhängige Variablen* positioniert. Zudem wurden analog zur Tabelle 5.2.3-1 im SPSS Unterdialogfeld *Mittelwerte: Optionen* die Merkmalswertsummen, die Anzahlen und die prozentualen Anteile an der Gesamtanzahl für die beiden disjunkten und geschlechtsspezifischen Gruppen als „Zellenstatistiken" ausgewählt und optional angefordert.

Arithmetisches Mittel. Anhand der Mittelwerttabelle 5.2.3-1 überzeugt man sich leicht von der Tatsache, dass im konkreten Fall das arithmetische Mittel

$$\overline{x} = \frac{\sum_{j=1}^{m} \overline{x}_j \cdot n_j}{\sum_{j=1}^{m} n_j} = \frac{24{,}232 \cdot 298 + 21{,}680 \cdot 376}{298 + 376} = \frac{15372{,}812}{674} \cong 22{,}808 \text{ kg/m}^2$$

aus den $m = 2$ geschlechtsspezifischen Mittelwerten $\overline{x}_j$, die jeweils mit den validen geschlechtsspezifischen Studierendenanzahlen n_j gewichtet wurden, identisch ist mit dem Mittelwert aller $n = n_1 + n_2 = 298 + 376 = 674$ validen Körper-Masse-Index-Daten. Beachtenswert ist dabei, dass im Zähler die beiden Summanden, die auf der sogenannten Hochrechnungseigenschaft des arithmetischen Mittels beruhen, wiederum die beiden geschlechtsspezifischen Merkmalswertesummen $S_1 \cong 24{,}232 \times 298 \cong 7221{,}009$ bzw. $S_2 \cong 21{,}680 \times 376 \cong 8151{,}803$ liefern, die in ihrer Addition die Gesamtsumme 15372,812 aller $n = 674$ validen Merkmalswerte ergeben. Gewichtet man die beiden geschlechtsspezifischen arithmetischen Mittelwerte mit den zugehörigen prozentualen relativen Häufigkeiten $p_1^* \cong 44{,}2 \%$ und $p_2^* \cong 55{,}8 \%$ bzw. mit den relativen Häufigkeiten

$$p_1 = 298 / 676 \cong 0{,}442 \text{ und } p_2 = 376 / 676 \cong 0{,}558$$

in Gestalt der beiden geschlechtsspezifischen Anteile, dann gelangt man wegen

$$\overline{x} = \frac{\sum_{j=1}^{m} \overline{x}_j \cdot p_j^*}{\sum_{j=1}^{m} p_j^*} = \frac{24{,}232 \cdot 44{,}2 + 21{,}680 \cdot 55{,}8}{44{,}2 + 55{,}8} = \frac{2280{,}8}{100} \cong 22{,}808 \text{ kg/m}^2$$

bzw. wegen

$$\overline{x} = \sum_{j=1}^{m} \overline{x}_j \cdot p_1 = 24{,}232 \cdot 0{,}442 + 21{,}680 \cdot 0{,}558 \cong 22{,}808 \text{ kg/m}^2$$

in logischer Konsequenz (und von vernachlässigbaren Rundungsfehlern einmal abgesehen) jeweils zu einem gleichen Ergebnis. Die drei paradigmatisch skizzierten Berechnungsvorschriften firmieren in der statistischen Methodenlehre unter dem Begriff eines gewogenen arithmetischen Mittels, das im konkreten Fall jeweils als ein gewogenes arithmetisches Mittel aus zwei geschlechtsspezifischen Mittelwerten unter Berücksichtigung der absoluten, prozentualen bzw. relativen geschlechtsspezifischen Struktur der ausgewählten (Filter: Semester >= 11) befragten Studierenden berechnet wurde. ♣

5.3   Streuungsmaße

Motivation. Häufig reichen Lagemaße zur Charakterisierung einer Häufigkeitsverteilung eines statistischen Erhebungsmerkmals nicht aus. Man ergänzt sie daher durch Maßzahlen, die erkennen lassen, ob sich die Merkmalsausprägungen
eines nominalen oder eines ordinalen Erhebungsmerkmals mehr oder weniger
stark häufen oder ob Merkmalswerte eines metrischen Erhebungsmerkmals mehr
oder weniger stark um ein Lagemaß streuen. Während man diese Maßzahlen für
nominale und ordinale Daten als Disparitätsmaße bezeichnet, verwendet man für
metrische Daten den Begriff des Streuungsmaßes.

Abbildung 5.3-1: SPSS Dateneditor mit Dialogfeldern *Häufigkeiten*

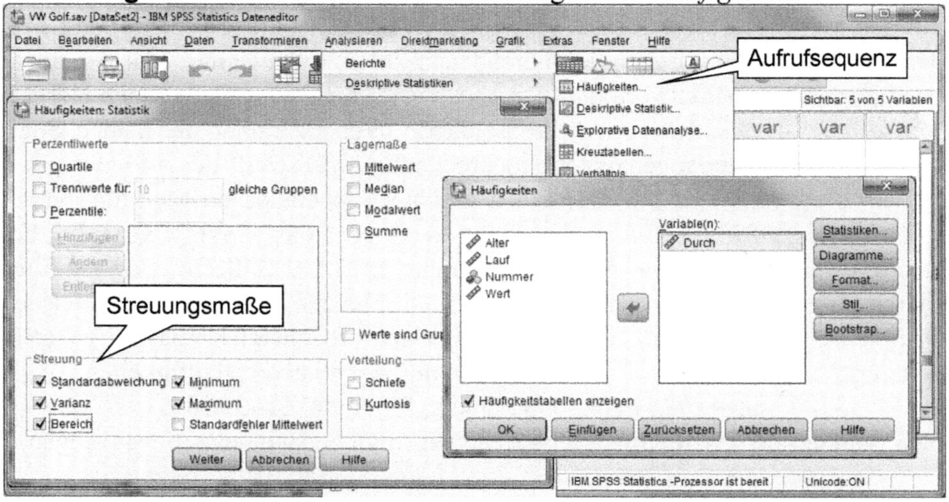

In diesem Abschnitt werden nur die Streuungsmaße erläutert, die gemäß Abbildung 5.3-1 in SPSS implementiert sind und via Sequenz 5.2-1 angefordert bzw.
ohne großen Aufwand berechnet werden können. Die Familie der sogenannten
Disparitätsmaße wird nicht berücksichtigt. ♣

5.3.1 Spannweite und zentraler Quantilsabstand

Motivation. Die Spannweite und der zentrale Quantilsabstand sind zwei einfache
und zugleich ausreißerresistente Streuungsmaße.

Spannweite
Ist X ein metrisches Merkmal, das für eine statistische Gesamtheit $\Gamma_n = \{\gamma_i,$
$i = 1,2,...,n\}$ erhoben wurde und dessen Zustandsmenge $\Xi = \{\xi_j, j = 1,2,...,m\}$ aus
vielen voneinander verschiedenen Merkmalswerten ξ_j besteht, dann heißt die
Differenz $R = \xi_{Max} - \xi_{Min}$ aus dem größten Merkmalswert ξ_{Max} und dem kleinsten
Merkmalswert ξ_{Min} Spannweite R.

Hinweise. Für die Berechnung und Interpretation einer Spannweite, die auch als Range (engl.: *range* → Spanne, Spannweite) bezeichnet wird, erweisen sich die folgenden Hinweise als hilfreich: i) **Interpretation**. Die Spannweite ist ein einfaches, allerdings wenig aussagefähiges und auf statistische Ausreißer sensibel reagierendes Streuungsmaß, das gewissermaßen den „Spielraum" bzw. den „Variationsbereich" der beobachteten Merkmalswerte eines metrischen Erhebungsmerkmals als ihre Streuung kennzeichnet. ii) **Bildhaftigkeit**. In der Ausdehnung eines Boxplots (vgl. Abbildung 5.3.1-1), das durch den kleinsten und den größten beobachteten Merkmalswert begrenzt ist, findet die Spannweite ihre bildhafte Darstellung. ♦

Zentraler Quantilsabstand

Ist X ein metrisches Merkmal, das für eine statistische Gesamtheit $\Gamma_n = \{\gamma_i, i = 1,2,...,n\}$ erhoben wurde und dessen Zustandsmenge $\Xi = \{\xi_j, j = 1,2,...,m\}$ aus vielen voneinander verschiedenen und aufsteigend geordneten Merkmalswerten ξ_j besteht und für das die Quantile $Q_{(1+p)/2}$ und $Q_{(1-p)/2}$ der Ordnungen $(1+p)/2$ und $(1-p)/2$ mit $0 < p < 1$ gegeben sind, dann heißt die Differenz $QA_p = Q_{(1+p)/2} - Q_{(1-p)/2}$ aus dem Quantil $Q_{(1+p)/2}$ der Ordnung $(1+p)/2$ und dem Quantil $Q_{(1-p)/2}$ der Ordnung $(1-p)/2$ zentraler Quantilsabstand oder Interquantilsabstand QA_p der Ordnung p.

Hinweise. Für die Berechnung und Interpretation eines zentralen Quantilsabstandes, der auch als Interquantilsabstand bezeichnet wird, erweisen sich die folgenden Hinweise als hilfreich: i) **Berechnung**. Die Berechnung eines zentralen Quantilsabstandes setzt (strenggenommen) voraus, dass die zugehörigen Quantile eindeutig bestimmt werden können. In diesem Falle kennzeichnet der Interquantilsabstand die Länge bzw. die Breite eines Merkmalswertebereichs, in dem die zentralen $p^* = p \times 100\,\%$ der Merkmalswerte $X(\gamma_i) = x_i$ der Merkmalsträger $\gamma_i \in \Gamma_n$ einer statistischen Gesamtheit Γ_n liegen. ii) **Charakteristikum**. Ein zentraler Quantilsabstand QA_p der Ordnung p ist robust gegenüber statistischen Ausreißern. Dies ist ein Grund dafür, warum zum Beispiel der zentrale Quantilsabstand QA_p der Ordnung p = 0,5 in Gestalt des Interquartilsabstandes als Streuungsmaß in der Explorativen Datenanalyse bei der Konstruktion eines Boxplots Anwendung findet. iii) **Interquartilsabstand**. Der zentrale Quantilsabstand $QA_p = Q_{0,75} - Q_{0,25}$ der Ordnung p = 0,5 heißt Interquartilsabstand. Er kennzeichnet den zentralen Merkmalswertebereich, in den die mittleren 50 % der Merkmalsträger $\gamma_i \in \Gamma_n$ einer geordneten statistischen Gesamtheit Γ_n „fallen". In einem Boxplot erfährt er durch die Ausdehnung der „Box" seine bildhafte Darstellung (vgl. Abbildung 5.3.1-1). ♦

Beispiel 5.3.1-1: Spannweite und Interquartilsabstand
Daten. Die Abbildung 5.3.1-1 beinhaltet die berechneten Streuungsmaße für das stetige metrische Erhebungsmerkmal X: *jahresDURCHschnittliche Laufleistung (in 1000 km)* der n = 200 stichprobenartig erfassten Gebrauchtwagen γ_i vom Typ VW Golf aus der SPSS Datendatei *Golf.sav*, die zu Demonstrationszwecken noch durch die drei Laufleistungsquartile erweitert wurde.
Spannweite. Die Spannweite R = 25,091 − 1,714 = 23,377 (1000 km) der jahresdurchschnittlichen Laufleistungswerte $X(\gamma_i)$, die in SPSS 23 als „Bereich" be-

zeichnet wird, ist wie folgt zu interpretieren: Die empirisch erfassten jahresdurchschnittlichen Laufleistungen $X(\gamma_i)$ variieren auf einem Niveau von 23377
km, wobei sich die größte bzw. die kleinste empirisch beobachtete jahresdurchschnittliche Laufleistung auf $\xi_{Max} = 25091$ km bzw. auf $\xi_{Min} = 1714$ km beläuft.
Im kommentierten Boxplot der jahresdurchschnittlichen Laufleistungen innerhalb der Abbildung 5.3.1-1 erfährt die Spannweite ihre bildhafte Darstellung in
Gestalt der Ausdehnung des Boxplot.

Abbildung 5.3.1-1: Boxplot und Streuungsmaße

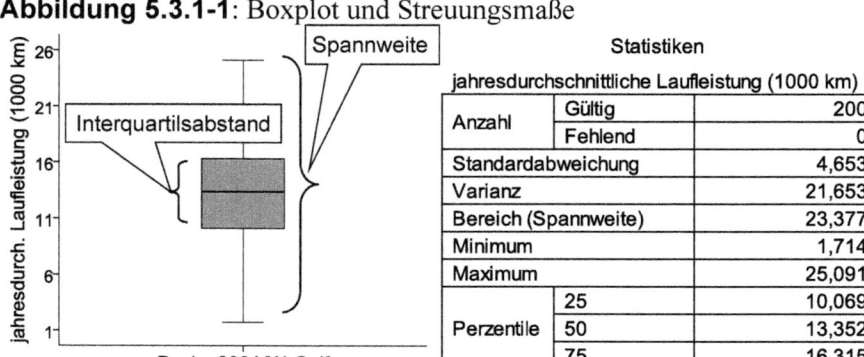

Statistiken		
jahresdurchschnittliche Laufleistung (1000 km)		
Anzahl	Gültig	200
	Fehlend	0
Standardabweichung		4,653
Varianz		21,653
Bereich (Spannweite)		23,377
Minimum		1,714
Maximum		25,091
Perzentile	25	10,069
	50	13,352
	75	16,315

Interquartilsabstand. Der Interquartilsabstand der jahresdurchschnittlichen
Laufleistungen $QA_{0,5} = 16{,}315 - 10{,}069 = 6{,}246$ (1000 km), der mit dem zentralen Quantilsabstand der Ordnung $p = 0{,}5$ identisch ist, kann im konkreten Fall
wie folgt interpretiert werden: Die mittleren 50 % der $n = 200$ erfassten Gebrauchtwagen $\gamma_i \in \Gamma_n$ vom Typ VW Golf sind hinsichtlich ihrer jahresdurchschnittlichen Laufleistung $X(\gamma_i)$ durch eine Spannweite von $R = 6246$ km gekennzeichnet. Dies ist äquivalent mit der Aussage, dass die mittlere Hälfte der
Gebrauchtwagen bezüglich ihrer jahresdurchschnittlichen Laufleistung im geschlossenen Intervall zwischen 10069 km und 16315 km variieren. Im kommentierten Boxplot der jahresdurchschnittlichen Laufleistungen innerhalb der Abbildung 5.3.1-1 erfährt der Interquartilsabstand seine bildhafte Darstellung in der
Ausdehnung der „grau unterlegten" Box. ♣

Beispiel 5.3.1-2: Ausreißer- und Extremwerte
Motivation. In Anlehnung an das Beispiel 5.2.3-2 beinhaltet die Abbildung
5.3.1-2 die geschlechtsspezifischen Boxplots zur Beschreibung der empirischen
Verteilung des metrischen Merkmals X: *Körper-Masse-Index (Angaben in kg/m²)*
für die $m = 2$ disjunkten Teilgesamtheiten $\Gamma_1 = \{\gamma_{1i},\ i = 1,2,...,n_1\}$ und $\Gamma_2 = \{\gamma_{2i},$
$i = 1,2,...,n_2\}$ von $n_1 = 298$ männlichen und $n_2 = 376$ weiblichen Studierenden.
Die erforderlichen Körper-Masse-Index-Daten wurden unter Verwendung des
SPSS Filters *Semester >= 11* aus den erfassten „validen" Gewichts- und Körpergrößenangaben der SPSS Datendatei *Frage.sav* berechnet.

Abbildung 5.3.1-2: Boxplots

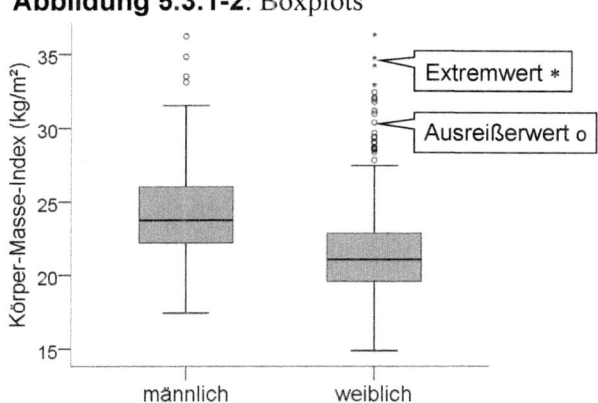

Die beiden empirischen Verteilungen sind augenscheinlich asymmetrisch und jeweils im „oberen" Wertebereich durch Ausreißer- und Extremwerte affiziert.

Ausreißer und **Extremwerte**. Für die Identifizierung von Ausreißer- und/oder Extremwerten gelten in SPSS die folgenden Regeln: Alle beobachteten Merkmalswerte, die mehr als das 1,5-Fache des Interquartilsabstandes (in Gestalt der Boxbreite), jedoch weniger als das 3-Fache des Interquartilsabstandes unterhalb des unteren Quartils bzw. oberhalb des oberen Quartils liegen, werden als Ausreißerwerte bezeichnet und durch das Symbol ° kenntlich gemacht. Analog werden alle beobachteten Merkmalswerte, die mehr als das 3-Fache des Interquartilsabstandes vom unteren Quartil bzw. vom oberen Quartil entfernt liegen, als Extremwerte bezeichnet und mit dem Symbol * markiert.

Tabelle 5.3.1-2: Geschlechtsspezifische Quartile

	F1	Perzentile		
	Geschlecht	25	50	75
KMI Körper-	männlich	22,19	23,75	26,04
Masse-Index	weiblich	19,60	21,04	22,86

Unter Verwendung der Tabelle 5.3.1-2 kann man sich zum Beispiel für die $n_2 = 376$ weiblichen Studierenden die Ausreißer- und Extremwerte des Körper-Masse-Indexes wie folgt verdeutlichen: Alle befragten Studierenden, die gemäß der SPSS Datendatei *Frage.sav* der SPSS Auswahlbedingung

Semester >= 11 & F1 = 1 & KMI > (22.86 + 1.5 * (22.86 – 19.60)) &
KMI < (22.86 + 3 * (22.86 – 19.60))

genügen, besitzen demnach einen Körper-Masse-Index, der im Ensemble aller berechneten Körper-Masse-Indizes per Definition als Ausreißerwert „im oberen Wertebereich" zu klassifizieren ist. Im konkreten Fall sind dies die Körper-Masse-Indizes von insgesamt 21 weiblichen Studierenden, deren Körper-Masse-Index zwischen 27,85 kg/m² und 32,45 kg/m² liegen und im Boxplot mit dem

Symbol ° markiert wurden. Analog werden alle Körper-Masse-Indizes von Studierenden, die in der verbindlichen SPSS Syntax der Auswahlbedingung

Semester >= 11 & F1 = 1 & KMI > (22.86 + 3 * (22.86 – 19.60))

genügen, (sowohl im statistischen als auch im physiologischen Sinne) als sogenannte Extremwerte „im oberen Wertebereich" identifiziert. Dies sind im konkreten Fall vier weibliche Studierende, für die jeweils ein Körper-Masse-Index von 32,95 kg/m², 34,25 kg/m², 34,78 kg/m² und 36,33 kg/m² errechnet und im Boxplot mit einem Asteriskus bzw. „Sternchen" * markiert wurde. ♣

5.3.2 Varianz und Standardabweichung

Motivation. Varianz und Standardabweichung sind in der metrischen Verteilungsanalyse häufig applizierte Streuungsmaße. Ihre Bedeutung erklärt sich aus der quadratischen Minimumseigenschaft des arithmetischen Mittels. Aus statistisch-methodischer Sicht wird dabei zwischen empirischen oder deskriptiven Maßzahlen einerseits und Stichprobenmaßzahlen andererseits unterschieden.

Varianz

Ist X ein metrisches Merkmal, das für eine (endliche) statistische Gesamtheit bzw. Zufallsstichprobe $\Gamma_n = \{\gamma_i, i = 1,2,...,n\}$ mit einem Umfang von n Merkmalsträgern γ_i erhoben wurde, dann heißt das quadratische Mittel

$$d_X^2 = \frac{1}{n} \cdot \sum_{i=1}^{n}(x_i - \overline{x})^2 \text{ bzw. } s_X^2 = \frac{1}{n-1} \cdot \sum_{i=1}^{n}(x_i - \overline{x})^2$$

der Abweichungen der beobachteten Merkmalswerte $X(\gamma_i) = x_i$ von ihrem arithmetischen Mittel $\overline{x}$ deskriptive Varianz d_X^2 bzw. Stichprobenvarianz s_X^2.

Hinweise. Für die Berechnung und Interpretation einer Varianz (lat.: *variare* → sich verändern), die auch als mittlere quadratische Abweichung (engl.: *mean squared deviation*) bezeichnet wird, erweisen sich die folgenden Hinweise als hilfreich: i) **Symbolik**. Die Bezeichnungen d_X^2 und s_X^2 sollen den Unterschied zwischen einer sogenannten deskriptiven Varianz und einer sogenannten Stichprobenvarianz verdeutlichen. Die Notation d_X^2 für eine deskriptive Varianz ist dem Dispersionsbegriff (lat.: *dispersus* → zerstreut) entlehnt. Um im Kontext der statistischen Induktion (vgl. Kapitel 7) für ein metrisches Merkmal X, das über einer endlichen statistischen Grundgesamtheit $\Gamma = \{\gamma_i, i = 1,2,...,N\}$ vom Umfang N definiert ist, eine erwartungstreue Schätzung für die „wahre, jedoch unbekannte" Varianz σ^2 (lies: *Sigma-Quadrat*) zu erhalten, verwendet man die Stichprobenvarianz s_X^2. ii) **Interpretation**. Da eine Varianz in der Regel eine mit der quadrierten Dimension eines metrischen Erhebungsmerkmals X bezeichnete Kennzahl ist, verschließt sie sich einer sachlogisch plausiblen Interpretation. Dennoch spielt sie als Streuungsmaß in der statistischen Methodenlehre wegen der quadratischen Minimumseigenschaft des arithmetischen Mittels eine fundamentale Rolle. Hinzu kommt noch, dass sie nicht nur die Grundlage für die Berechnung der Standardabweichung und des Standardfehlers bildet, sondern zugleich auch die Basis für anspruchsvolle statistische Analyseverfahren bildet, worunter zum Beispiel die Varianzanalyse (vgl. Kapitel 7) und die Korrelationsanalyse (vgl. Kapitel 8) und Regressionsanalyse (vgl. Kapitel 9) zu nennen sind. iii) **Spezifik**. In SPSS wird für ein metrisches Erhebungsmerkmal X generell nur die Stichprobenvarianz s^2_X berechnet und ausgewiesen. Für die zugehörige deskriptive Varianz gilt $d^2_X = s^2_X \times (n-1)/n$. ◆

Standardabweichung

Ist X ein metrisches Merkmal, das für eine (endliche) statistische Gesamtheit bzw. Zufallsstichprobe $\Gamma_n = \{\gamma_i, i = 1,2,...,n\}$ mit einem Umfang von n Merkmalsträgern γ_i erhoben wurde, dann heißt die positive Quadratwurzel

$$d_X = \sqrt{d^2_X} = \sqrt{\frac{1}{n} \cdot \sum_{i=1}^{n}(x_i - \overline{x})^2} \ \ \text{bzw.} \ \ s_X = \sqrt{s^2_X} = \sqrt{\frac{1}{n-1} \cdot \sum_{i=1}^{n}(x_i - \overline{x})^2}$$

aus der deskriptiven Varianz d^2_X bzw. aus der Stichprobenvarianz s^2_X deskriptive Standardabweichung d_X bzw. Stichprobenstandardabweichung s_X.

Hinweise. Für die Berechnung und Interpretation einer Standardabweichung erweisen sich die folgenden Hinweise als hilfreich: i) **Symbolik**. Hinsichtlich der symbolhaften Bezeichnung einer Standardabweichung gelten die gleichen Konventionen wie für eine Varianz. ii) **Interpretation**. Eine Standardabweichung misst das durchschnittliche Ausmaß der Abweichung der einzelnen Merkmalswerte von ihrem arithmetischen Mittel. iii) **Drei-Sigma-Regel**. Für den Fall, dass die Merkmalswerte (hinreichend genau) normalverteilt sind (vgl. Kapitel 6), gilt die folgende Regel, die in der statistischen Methodenlehre auch als Drei-Sigma-Regel bezeichnet wird: Im Intervall von arithmetischem Mittel $\pm k \times$ Standardabweichung liegen für k = 1 ca. 68 %, für k = 2 ca. 95 % und für k = 3 ca. 99 % aller beobachteten Merkmalswerte $X(\gamma_i) = x_i$ einer statistischen Gesamtheit $\Gamma_n = \{\gamma_i, i = 1,2,...,n\}$. Die Drei-Sigma-Regel bildet eine elementare Grundlage für das Verständnis von Verfahren der statistischen Induktion (vgl. Kapitel 7). iv) **Taschenrechner**. Bereits bei Taschenrechnern mittlerer Preislage ist die Berechnung einer deskriptiven Standardabweichung vorprogrammiert und über eine spezielle Tastenbelegung abrufbar. Die Tastenbelegung ist in der Regel durch das Symbol σ_n (lies: *Sigma n*) gekennzeichnet. n steht für den Umfang einer (endlichen) statistischen Gesamtheit Γ_n. Demgegenüber wird die Tastenbelegung zur Berechnung einer Stichprobenstandardabweichung in der Regel durch das Symbol σ_{n-1} kenntlich gemacht. Der Index n – 1 kennzeichnet dabei die Anzahl der Freiheitsgrade (engl.: *degrees of freedom*), die man im Zuge der Schätzung einer „wahren, jedoch unbekannten" Standardabweichung bei einer realisierten Stichprobe vom Umfang n zur Verfügung hat (vgl. Kapitel 7). v) **Spezifik**. In SPSS wird für ein metrisches Erhebungsmerkmal X generell nur die Stichprobenstandardabweichung s_X berechnet und ausgewiesen. Für die zugehörige deskriptive Standardabweichung gilt dann $d_X = s_X \times \sqrt{((n-1)/n)}$. ◆

Beispiel 5.3.2-1: Stichprobenvarianz und Stichprobenstandardabweichung

Motivation. Berechnung und Interpretation einer Stichprobenvarianz und einer Stichprobenstandardabweichung sollen gemäß Abbildung 5.3.2-1 unter Verwendung der SPSS Datendatei *Golf.sav* für das metrische Merkmal X: *jahresDURCHschnittliche Laufleistung (in 1000 km)* demonstriert werden.

Abbildung 5.3.2-1: Urlistenauszug mit Berechnungsvorschrift

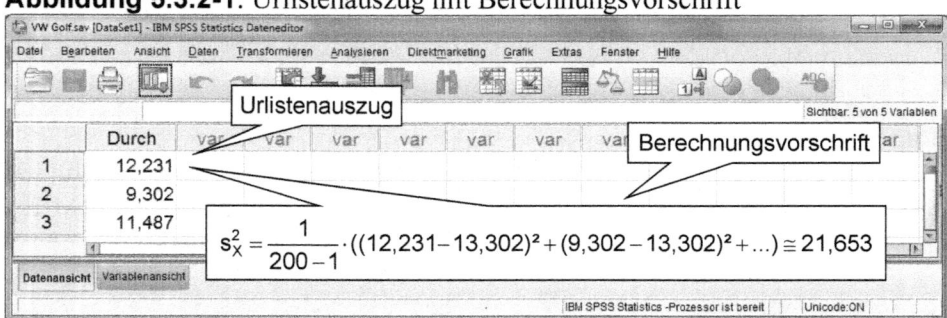

Varianz. In der Abbildung 5.3.2-1 sind zum Zwecke eines leichteren Nachvollziehens der augenscheinlich aufwändigen Berechnung der Stichprobenvarianz von $s^2_X \cong 21,653$ $(1000 \text{ km})^2$ für die jahresdurchschnittlichen Laufleistungsdaten $X(\gamma_i) = x_i$ ein Urlistenauszug und der numerische Berechnungsansatz skizziert. Beachtenswert ist im konkreten Fall, dass die Stichprobenvarianz in Höhe von 21,653 $(1000 \text{ km})^2$ als eine dimensionsgeladene Maßzahl erscheint, die sich in Gestalt der mittleren quadratischen Abweichung der einzelnen jahresdurchschnittlichen Laufleistungsdaten x_i von ihrem arithmetischen Mittel 13,302 (1000 km) allerdings einer sachlogisch plausiblen Interpretation verschließt.

Standardabweichung. Die radizierte Stichprobenvarianz liefert unter Vernachlässigung von Rundungsfehlern die in der Tabelle 5.3.1-1 ausgewiesene Stichprobenstandardabweichung $s_X = \sqrt{(21,653 \ (1000 \text{ km})^2)} \cong 4,653$ (1000 km) der jahresdurchschnittlichen Laufleistungsdaten $X(\gamma_i) = x_i$, die im konkreten Fall (ebenso wie die Stichprobenvarianz) eine dimensionsgeladene Maßzahl ist und (im Unterschied zur Stichprobenvarianz) sachlogisch wie folgt interpretiert werden kann: Im Mittel streuen die einzelnen jahresdurchschnittlichen Laufleistungswerte der n = 200 Gebrauchtwagen γ_i vom Typ VW Golf um 4653 km um ihren Durchschnittswert von 13302 km.

Streuungsintervall. Anhand der jahresdurchschnittlichen Laufleistungsdaten $X(\gamma_i) = x_i$ kann man sich einen statistischen Sachverhalt verdeutlichen, der für die Merkmalswerte eines metrischen Erhebungsmerkmals die Bedeutung des arithmetischen Mittels und der Standardabweichung verdeutlicht, sobald die Merkmalswerte als hinreichend genau normalverteilt angesehen werden können (vgl. Kapitel 7). Gemäß der sogenannten Drei-Sigma-Regel kann man zeigen, dass im geschlossenen Merkmalswerteintervall von arithmetischem Mittel plus/minus einmal Standardabweichung nahezu 68 % aller Einzelwerte liegen. Via Sequenz 4.6.4-3 überzeugt man sich mittels der SPSS Auswahlbedingung

Durch >= (13.302 − 4.653) & Durch <= (13.302 + 4.653)

leicht von der Tatsache, dass insgesamt 140 bzw. (140 / 200) × 100 % = 70 % der n = 200 jahresdurchschnittlichen Laufleistungsdaten $X(\gamma_i) = x_i$ durch das Merkmalswerteintervall [13,302 (1000 km) ± 4,653 (1000 km)] eingeschlossen werden. Demnach sind 70 % der gebrauchten VW Golf $\gamma_i \in \Gamma_n$ durch eine jahresdurchschnittliche Laufleistung von mindestens 13302 km – 4653 km = 8649 km und höchstens 13302 km + 4653 km = 17955 km gekennzeichnet. ♣

Beispiel 5.3.2-2: Deskriptive Varianz und deskriptive Standardabweichung
Motivation. Die Berechnung und Interpretation einer deskriptiven Varianz und einer deskriptiven Standardabweichung sollen in Weiterführung des Beispiels 5.2.3-2 für das metrische Erhebungsmerkmal X: *Körper-Masse-Index (Angaben in kg/m²)* in seiner geschlechtsspezifischen Betrachtung demonstriert und erläutert werden. Die erforderlichen Daten sind (mit dem Setzen des SPSS Filters *Semester >=11*) in der SPSS Datendatei *Frage.sav* verfügbar.
   Mittelwerttabelle. In der Mittelwerttabelle 5.3.2-1, die via Sequenz 5.2.3-1 angefordert und über die Schaltfläche *Optionen...* durch die „Zellenstatistiken" Anzahl, Varianz und Standardabweichung optional erweitert wurde, sind die geschlechtsspezifischen Kennzahlenwerte zusammengefasst.

Tabelle 5.3.2-1: (Erweiterte) Mittelwerttabelle

KMI Körper-Masse-Index (kg/m²)

F1 Geschlecht	Mittelwert	Anzahl	Varianz	Standardabweichung
0 männlich	24,232	298	8,501	2,916
1 weiblich	21,680	376	10,157	3,187
Insgesamt	22,803	674	11,019	3,319

Deskriptive Parameter. Da in SPSS die Varianz und die Standardabweichung eines metrischen Merkmals als Stichprobenparameter gedeutet und berechnet werden, ist es im Sinne einer „bloßen" statistischen Datendeskription erforderlich, die interessierenden Streuungsmaße zu „korrigieren", um sie als „klassische deskriptive" Streuungsmaße interpretieren zu können. Anhand der Tabelle 5.3.2-1 errechnet man im konkreten Fall für den Körper-Masse-Index der männlichen Studierenden eine deskriptive Varianz von
$$d^2_X = 8,501 \times (298 - 1) / 298 \cong 8,472 \ (kg/m^2)^2$$
und für die weiblichen Studierenden eine deskriptive Varianz von
$$d^2_X = 10,157 \times (376 - 1) / 376 \cong 10,130 \ (kg/m^2)^2$$
und darauf aufbauend eine deskriptive Standardabweichung der Körper-Masse-Indizes der männlichen Studierenden in Höhe von
$$d_X = \sqrt{(8,472 \ (kg/m^2)^2)} \cong 2,911 \ kg/m^2$$
und letztlich eine deskriptive Standardabweichung der Körper-Masse-Indizes für die weiblichen Studierenden in Höhe von
$$d_X = \sqrt{(10,130 \ (kg/m^2)^2)} \cong 3,183 \ kg/m^2.$$
Analog verfährt man bei der „Korrektur" der Varianz bzw. der Standardabweichung für die „valide" statistische Gesamtheit $\Gamma_n = \{\gamma_i, i = 1,2,...,n\}$ aller n = 674

Studierenden γ_i, die bezüglich der Geschlechtszugehörigkeit, der Körpergröße und des Körpergewichts eine „gültige bzw. valide" Antwort gegeben haben. Demnach errechnet man für das metrische Erhebungsmerkmal X: *Körper-Masse-Index* eine deskriptive Varianz von

$$d^2{}_X = 11{,}019 \times (674 - 1) / 674 \cong 11{,}003 \ (kg/m^2)^2$$

und darauf aufbauend eine deskriptive Standardabweichung von

$$d_X = \sqrt{(11{,}003 \ (kg/m^2)^2)} \cong 3{,}317 \ kg/m^2.$$

Bemerkenswert ist in diesem Zusammenhang, dass sich aufgrund der hinreichend großen Anzahlen von $n_1 = 298$ männlichen und $n_2 = 376$ weiblichen Studierenden die deskriptiven Parameterwerte von den Stichprobenparameterwerten nur geringfügig (und daher in praxi vernachlässigbar) voneinander unterscheiden.

Variationskoeffizient. Im Kontext der Betrachtung der geschlechtsspezifischen Streuungen ist es aus statistisch-methodischer Sicht noch geboten, ein statistisches Streuungsmaß zu skizzieren, dass (obgleich es in SPSS nicht implementiert ist) in der statistischen Methodenlehre vor allem beim Streuungsvergleich unterschiedlich bemessener metrischer Erhebungsmerkmale einer statistischen Gesamtheit bzw. ein und desselben metrischen Erhebungsmerkmals aus disjunkten Gesamtheiten appliziert wird: der sogenannte Variationskoeffizient. Der Variationskoeffizient, der seinem Wesen nach ein relatives und stets dimensionsloses Streuungsmaß ist und in der Regel in Prozent angegeben wird, ist als Quotient aus einer deskriptiven Standardabweichung bzw. einer Stichprobenstandardabweichung und dem zugehörigen arithmetischen Mittel definiert. So errechnet man zum Beispiel unter Verwendung der geschlechtsspezifischen deskriptiven Standardabweichungen für die männlichen Studierenden einen Variationskoeffizienten von

$$v_1 = (2{,}911 \ kg/m^2) / (24{,}232 \ kg/m^2) \times 100 \ \% \cong 12{,}0 \ \%$$

und analog für die weiblichen Studierenden einen Variationskoeffizienten von

$$v_2 = (3{,}183 \ kg/m^2) / (21{,}680 \ kg/m^2) \times 100 \ \% \cong 14{,}7 \ \%$$

und interpretiert die beiden Befunde wie folgt: Sowohl im absoluten als auch relativen Ausmaß ist bei den weiblichen Studierenden eine geringfügig größere Streuung der Körper-Masse-Indizes um das arithmetische Mittel zu beobachten als bei den männlichen Studierenden. ♣

Beispiel 5.3.2-3: Varianz und Standardabweichung für gruppierte Daten
Motivation. Die Berechnung einer Varianz und/oder einer Standardabweichung für eine statistische Gesamtheit, die in disjunkte bzw. sich gegenseitig ausschließende Teilgesamtheiten gegliedert wurde, ist untrennbar mit dem sogenannten Varianzzerlegungssatz verbunden, der in Anlehnung an das Beispiel 5.3.2-2 hinsichtlich der geschlechtsspezifischen statistischen Analyse der Körper-Masse-Indizes von Studierenden kurz wie folgt skizziert werden kann:

Varianzzerlegung. Die Gesamtvarianz einer gruppierten statistischen Ge-samtheit setzt sich additiv zusammen aus der Varianz *zwischen* den Gruppen und der Varianz *innerhalb* der Gruppen. Insbesondere varianzanalytische Verfahren basieren auf dieser Idee, die in Anlehnung an die Beispiele 5.2.3-2 und 5.3.2-2 exemplarisch erläutert werden soll. Der Anschaulichkeit halber sind in der Tabelle 5.3.2-2 nochmals die geschlechtsspezifischen Ergebnisse der statistischen Analyse der Körper-Masse-Indizes zusammengefasst.

Tabelle 5.3.2-2: Mittelwerttabelle, erweitert und gruppiert

KMI Körper-Masse-Index (kg/m²)

F1 Geschlecht	Mittelwert	Anzahl	Varianz	% der Gesamtanzahl
0 männlich	24,232	298	8,501	44,2%
1 weiblich	21,680	376	10,157	55,8%
Insgesamt	22,808	674	11,019	100,0%

Formal lässt sich für ein metrisches Erhebungsmerkmal X die Varianzdekompo-sition wie folgt darstellen:

$$s^2 = \sum_{j=1}^{m} s_j^2 \cdot p_j + \sum_{j=1}^{m} (\overline{x}_j - \overline{x})^2 \cdot p_j = s_{innerhalb}^2 + s_{zwischen}^2.$$

Im konkreten Fall überzeugt man sich leicht von der Tatsache, dass sich unter Vernachlässigung von Rundungsfehlern die Varianz „INnerhalb" der m = 2 ge-schlechtsspezifischen Gruppen auf

$$s_{IN}^2 = 8,501 \times 0,442 + 10,157 \times 0,558 \cong 9,42 \ (kg/m^2)^2$$

und die Varianz „ZWischen" den beiden geschlechtsspezifischen Gruppen auf

$$s_{ZW}^2 = (24,232 - 22,808)^2 \times 0,442 +$$
$$(21,680 - 22,808)^2 \times 0,558 \cong 1,60 \ (kg/m^2)^2$$

beläuft. Für die zugrunde liegende „geschlechtsspezifisch gruppierte" statistische Gesamtheit $\Gamma_n = \{\gamma_i, i = 1,2,...,n\}$ der n = 674 Studierenden γ_i, für die jeweils ein „statistisch gültiger" Körper-Masse-Index $X(\gamma_i) = x_i$ errechnet werden konnte, ermittelt man schließlich und endlich eine Gesamtvarianz von

$$s_X^2 = s_{IN}^2 + s_{ZW}^2 = 9,42 \ (kg/m^2)^2 + 1,60 \ (kg/m^2)^2 \cong 11,02 \ (kg/m^2)^2$$

und darauf basierend eine Standardabweichung von

$$s_X = \sqrt{11,02 \ (kg/m^2)^2} \cong 3,32 \ kg/m^2.$$

Anmerkung. Bleibt schlussendlich noch zu vermerken, dass die im Kontext dieses Beispiels skizzierten Betrachtungen allgemeingültig sind, unabhängig da-von, ob man eine deskriptive Varianz oder eine Stichprobenvarianz für eine sta-tistische Gesamtheit bzw. Zufallsstichprobe, die in m disjunkte Gruppen geglie-dert oder in m Merkmalswerteklassen aggregiert wurde, zugrunde legt. Insbeson-dere die im Abschnitt 7.3.5 dieses Lehrbuches paradigmatisch dargestellte ein-faktorielle Varianzanalyse basiert auf der exemplarisch erläuterten Varianzzerle-gung, die in der statistischen Methodenlehre synonym auch als Varianzdekompo-sition bezeichnet wird. ♣

5.4   Verteilungsmaße

Motivation. Häufig reichen Lagemaße und Streuungsmaße zur Charakterisierung einer Häufigkeitsverteilung eines metrischen Merkmals nicht aus. Man ergänzt sie daher durch Maßzahlen, die erkennen lassen, inwieweit eine Häufigkeitsverteilung einerseits als symmetrisch oder asymmetrisch und andererseits als
stark oder flach gewölbt zu kennzeichnen ist.

Abbildung 5.4-1: SPSS Dateneditor mit Dialogfeldern *Häufigkeiten*

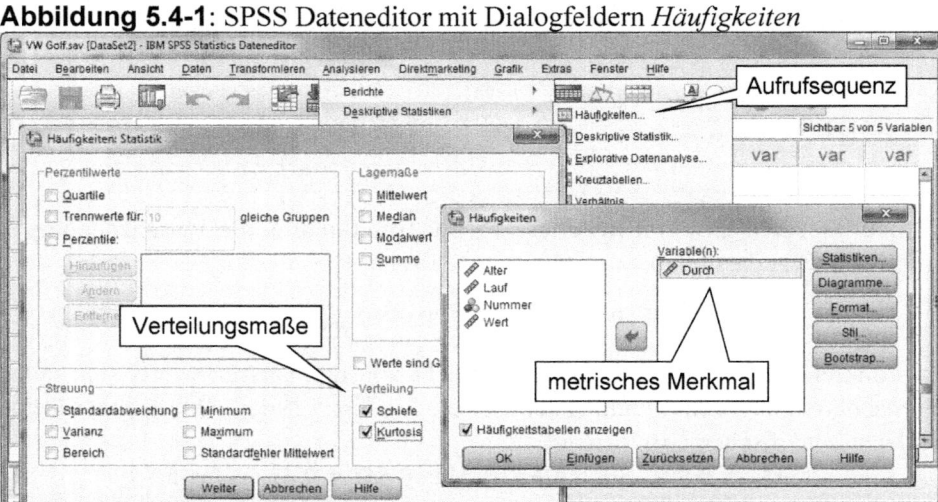

Zwei Verteilungsmaße, die in SPSS implementiert sind und unter der Bezeichnung *Schiefe* und *Kurtosis* (lat.: *cortina* → kesselförmige Rundung) firmieren,
können gemäß Abbildung 5.4-1 via Sequenz 5.2-1 angefordert werden. Die Verteilungsmaße *Schiefe* und *Kurtosis* basieren auf den zentralen empirischen Momenten zweiter, dritter und vierter Ordnung.

Zentrales empirisches Moment

Ist X ein metrisches Merkmal, das für eine (endliche) statistische Gesamtheit
$\Gamma_n = \{\gamma_i, i = 1,2,...,n\}$ mit einem Umfang von n Merkmalsträgern γ_i erhoben wurde, dann kennzeichnet die Summe der potenzierten Abweichungen der Ordnung r

$$M_r = \sum_{i=1}^{n}(x_i - \overline{x})^r, r = 2,3,4$$

der Merkmalswerte $X(\gamma_i) = x_i$ von ihrem arithmetischen Mittel $\overline{x}$ das zentrale
empirische Moment zweiter, dritter bzw. vierter Ordnung.

In der statistischen Methodenlehre ordnet man die in der Abbildung 5.4-1 in der
Rubrik *Verteilung* benannten Maßzahlen *Schiefe* und *Kurtosis* in die Familie der
relativen Verteilungsparameter bzw. Verteilungsmaße ein. ♣

5.4.1 Schiefemaße

Motivation. Aus der Vielzahl der in der Statistik applizierten Schiefemaße werden in diesem Abschnitt lediglich das auf den zentralen empirischen Momenten basierende und zugleich in SPSS implementierte Schiefemaß und der in SPSS nicht implementierte Quartilskoeffizient der Schiefe skizziert.

Schiefemaß

Ist X ein metrisches Merkmal, das für eine (endliche) statistische Gesamtheit $\Gamma_n = \{\gamma_i, \; i = 1,2,...,n\}$ bzw. Zufallsstichprobe mit einem Umfang von $n \geq 3$ Merkmalsträgern γ_i erhoben und für dessen Merkmalswerte $X(\gamma_i) = x_i$ mit

$$s_X = \sqrt{\frac{1}{n-1} \cdot \sum_{i=1}^{n}(x_i - \overline{x})^2} > 0 \text{ und } M_3 = \sum_{i=1}^{n}(x_i - \overline{x})^3$$

sowohl die Standardabweichung s_X als auch das zentrale empirische Moment dritter Ordnung M_3 berechnet wurde, dann kennzeichnet die Größe

$$S_X = \frac{n \cdot M_3}{(n-1) \cdot (n-2) \cdot s_X^3}$$

das (relative) Schiefemaß S_X für das Erhebungsmerkmal X.

Hinweise. Für die Interpretation des skizzierten Schiefemaßes, das auch als Skewness (engl.: *skewness* → Schiefe) bezeichnet wird, erweisen sich die folgenden Hinweise als hilfreich: i) **Charakteristika.** Das Schiefemaß S_X ist dimensionslos und schwankt um null. ii) **Interpretation.** Für die Beurteilung der Schiefe einer empirischen Verteilung mit Hilfe des Schiefemaßes S_X gelten die folgenden Regeln: a) $S_X > 0$ deutet auf eine rechts schiefe bzw. eine links steile Verteilung hin. b) $S_X \cong 0$ ist ein Indiz für eine (nahezu) symmetrische Verteilung. c) $S_X < 0$ ist ein Hinweis auf eine links schiefe bzw. auf eine rechts steile Verteilung. ♦

Beispiel 5.4.1-1: Schiefemaß

Motivation. Für die in der SPSS Datendatei *Golf.sav* gespeicherten jahresDURCHschnittlichen Laufleistungsdaten $X(\gamma_i) = x_i$ (i = 1,2,...,n) der n = 200 Gebrauchtwagen γ_i vom Typ VW Golf ermittelt man via Sequenz 5.2-1 ein Schiefemaß von $S_X \cong 0,105$ und interpretiert es wie folgt:

Interpretation. Wegen $S_X \cong 0,105 > 0$ deutet man die empirische Verteilung der jahresdurchschnittlichen Laufleistungen $X(\gamma_i) = x_i$ der n = 200 stichprobenartig erfassten Gebrauchtwagen vom Typ VW Golf als nur geringfügig (und daher vernachlässigbar) rechts schief bzw. geringfügig links steil bzw. als nahezu symmetrisch. Diese parametrische Verteilungsaussage koinzidiert mit dem symmetrischen Stem-and-Leaf-Plot innerhalb der Abbildung 5.1-12, dem symmetrischen und normierten Histogramm innerhalb der Abbildung 5.1-15 und schließlich und endlich auch mit dem symmetrischen Box-and-Whisker-Plot innerhalb der Abbildung 5.2.2-3. ♣

Quartilskoeffizient der Schiefe

Ist X ein metrisches Merkmal, das für eine (endliche) statistische Gesamtheit $\Gamma_n = \{\gamma_i, i = 1,2,...,n\}$ mit einem Umfang von n Merkmalträgern γ_i erhoben wurde und dessen Zustandsmenge $\Xi = \{\xi_j, j = 1,2,...,m\}$ aus hinreichend vielen voneinander verschiedenen und aufsteigend geordneten Merkmalswerten ξ_j besteht und für das die Verteilungskennzahlen unteres Quartil $Q_{0,25}$, mittleres Quartil $Q_{0,5}$ und oberes Quartil $Q_{0,75}$ gegeben sind, dann heißt die Größe

$$QS_X = \frac{(Q_{0,75} - Q_{0,5}) - (Q_{0,5} - Q_{0,25})}{Q_{0,75} - Q_{0,25}} = \frac{(Q_{0,75} - Q_{0,5}) - (Q_{0,5} - Q_{0,25})}{QA_{0,5}}$$

Quartilskoeffizient der Schiefe.

Hinweise. Für die Interpretation des Quartilskoeffizienten der Schiefe erweisen sich die folgenden Hinweise als hilfreich: i) **Charakteristika.** Der Quartilskoeffizient der Schiefe QS_X ist ein dimensionsloses Maß, dessen Werte um null schwanken. Der Quartilskoeffizient gibt stets nur Auskunft über das Ausmaß der Schiefe der Verteilung der mittleren Hälfte bzw. der mittleren 50 % der Merkmalswerte eines geordneten metrischen Merkmals. ii) **Interpretation.** Für die Beurteilung der Schiefe einer empirischen Verteilung der mittleren Hälfte der Merkmalswerte mit Hilfe des Quartilskoeffizienten gelten die folgenden Regeln: a) $QS_X > 0$ deutet auf eine rechts schiefe bzw. eine links steile Verteilung der Merkmalswerte hin. b) $QS_X \cong 0$ ist ein Indiz für eine (nahezu) symmetrische Verteilung der Merkmalswerte. c) $QS_X < 0$ ist ein Hinweis auf eine links schiefe bzw. auf eine rechts steile Verteilung der Merkmalswerte. ◆

Beispiel 5.4.1-2: Quartilskoeffizient der Schiefe

Motivation. Unter Verwendung der drei empirischen Quartile der jahresDURCHschnittlichen Laufleistung, die im Kontext des Beispiels 5.2.2-2 mittels der SPSS Datendatei *Golf.sav* berechnet wurden und in der Tabelle 5.2.2-2 aufgelistet sind, berechnet man einen Quartilskoeffizienten der Schiefe von

$$QS_X = \frac{(16,315 - 13,352) - (13,352 - 10,069)}{16,315 - 10,069} \cong -0,051$$

und interpretiert ihn wie folgt:

Interpretation. Die mittlere Hälfte bzw. die mittleren 50 % der aufsteigend geordneten jahresDURCHschnittlichen Laufleistungsdaten $X(\gamma_i) = x_i$ (Angaben in 1000 km) der statistischen Gesamtheit $\Gamma_n = \{\gamma_i, i = 1,2,...,n\}$ von n = 200 Gebrauchtwagen γ_i (vom Typ VW Golf Benziner mit einem 1,6-Liter Triebwerk) ist bzw. sind wegen $QS_X = -0,051 \approx 0$ nahezu symmetrisch verteilt.

Boxplot. Diese parametrische Verteilungsaussage koinzidiert mit dem grafischen und explorativen Analysebefund innerhalb der Abbildungen 5.2.2-3 bzw. 5.3.1-1, die jeweils das zughörige Box-and-Whisker-Plot beinhalten, das durch eine „mittig" geteilte bzw. durch eine „halbierte" Box gekennzeichnet ist. Diese „symmetrische" Box-Teilung wird durch einen mehr oder weniger gleichen Abstand des Medians vom unteren bzw. oberen Quartil augenscheinlich. ♣

5.4.2 Wölbungsmaß

Motivation. In diesem Abschnitt wird lediglich das auf den zentralen empirischen Momenten basierende Wölbungsmaß paradigmatisch skizziert, das in SPSS unter der Bezeichnung „Kurtosis" firmiert.

Wölbungsmaß

Ist X ein metrisches Merkmal, das für eine (endliche) statistische Gesamtheit $\Gamma_n = \{\gamma_i, i = 1,2,...,n\}$ mit einem Umfang von $n \geq 4$ Merkmalsträgern γ_i erhoben wurde und für dessen Merkmalswerte $X(\gamma_i) = x_i$ sowohl die Standardabweichung

$$s_X = \sqrt{\frac{1}{n-1} \cdot \sum_{i=1}^{n}(x_i - \overline{x})^2} > 0$$

als auch die zentralen empirischen Momente zweiter und vierter Ordnung

$$M_2 = \sum_{i=1}^{n}(x_i - \overline{x})^2 \text{ und } M_4 = \sum_{i=1}^{n}(x_i - \overline{x})^4$$

berechnet wurden, dann kennzeichnet die Größe

$$W_X = \frac{n \cdot (n+1) \cdot M_4 - 3 \cdot (n-1) \cdot M_2^2}{(n-1) \cdot (n-2) \cdot (n-3) \cdot s^4}$$

das (relative) Wölbungsmaß für das Erhebungsmerkmal X.

Hinweise. Für die Interpretation des skizzierten Wölbungsmaßes, das auch als Kurtosis (lat.: *cortina* → kesselförmige Rundung) bezeichnet wird, erweisen sich die folgenden Hinweise als hilfreich: i) **Charakteristika.** Das Wölbungsmaß W_X ist dimensionslos und schwankt um null. ii) **Interpretation.** Für die Beurteilung der Wölbung einer empirischen Verteilung mit Hilfe des Wölbungsmaßes W_X gelten die folgenden Regeln: a) $W_X > 0$ deutet auf eine stark gewölbte bzw. hochgipfelige bzw. leptokurtisch (grch.: *leptos* → schmal, dünn) Verteilung hin. b) $W_X \cong 0$ ist ein Indiz für eine (nahezu) normal gewölbte Verteilung. Eine Verteilung kennzeichnet man als normal gewölbt, wenn sie hinreichend genau durch die Dichtefunktion einer Normalverteilung beschrieben werden kann (vgl. Kapitel 7). c) $W_X < 0$ ist ein Hinweis auf eine flach gewölbte bzw. flachgipfelige bzw. platykurtische (grch: *platys* → flach) Verteilung. ◆

Beispiel 5.4.2-1: Wölbungsmaß

Motivation. Für die in der SPSS Datendatei *Golf.sav* gespeicherten jahresDURCHschnittlichen Laufleistungsdaten $X(\gamma_i) = x_i$ (i = 1,2,...,n) von n = 200 Gebrauchtwagen γ_i vom Typ VW Golf ermittelt man via Sequenz 5.2-1 ein Wölbungsmaß von $W_X \cong -0,201$ und interpretiert es wie folgt:

Interpretation. Gleichwohl das Wölbungsmaß eine geringfügig platykurtische Verteilung der jahresdurchschnittlichen Laufleistungen indiziert, koinzidiert dieser parametrische Befund mit dem explorativen und grafischen Befund innerhalb der Abbildung 5.1-15, die eine normal gewölbte Verteilung der jahresdurchschnittlichen Laufleistungsdaten augenscheinlich werden lässt. ♣

5.5   Standardisierung

Motivation. Der Standardisierung, die auch als z-Transformation bezeichnet wird und die nur für metrische Erhebungsmerkmale definiert und sinnvoll ist, kommt in der statistischen Datenanalyse wegen ihrer Vereinfachungswirkung und ihrer Vergleichbarkeitsgarantie eine besondere theoretische und praktische Bedeutung zu. Die Standardisierung ist inhaltlich wie folgt bestimmt:

Standardisierung

Ist X ein metrisches Merkmal, das für eine (endliche) statistische Gesamtheit $\Gamma_n = \{\gamma_i, \; i = 1,2,...,n\}$ bzw. Zufallsstichprobe mit einem Umfang von $n \geq 2$ Merkmalsträgern γ_i erhoben wurde und für dessen Merkmalswerte $X(\gamma_i) = x_i$ mit

$$\overline{x} = \frac{1}{n} \cdot \sum_{i=1}^{n} x_i \text{ und } s_X = \sqrt{\frac{1}{n-1} \cdot \sum_{i=1}^{n} (x_i - \overline{x})^2} > 0$$

sowohl das arithmetische Mittel als auch die Standardabweichung gegeben sind, dann heißt die Transformationsvorschrift

$$z_i = \frac{x_i - \overline{x}}{s_X}$$

Standardisierung der Merkmalswerte x_i.

Hinweise. Für die Berechnung und Interpretation von standardisierten Werten, die synonym auch als z-Werte oder z-Scores (engl.: *score* → Punkt(estand)) bezeichnet werden, erweisen sich die folgenden Hinweise als hilfreich: i) **Charakteristika**. Standardisierte Werte besitzen die folgenden charakteristischen Eigenschaften: sie sind dimensionslos, ihr arithmetisches Mittel ist null und ihre Standardabweichung ist eins. ii) **Deskription**. Die Standardisierung gilt gleichermaßen für die „bloße" Deskription der Merkmalswerte $X(\gamma_i) = x_i$ eines metrischen Merkmals, das für eine statistische Gesamtheit $\Gamma_n = \{\gamma_i, \, i = 1,2,...,n\}$ vom Umfang n erhoben wurde, wobei gemäß der Festlegungen im Kontext der Abschnitte 5.2.3 und 5.3.2 für die Transformation der Merkmalswerte $z_i = (x_i - \overline{x}) / d_X$ gilt. iii) **Applikation**. Die Standardisierung ist in der multivariaten Statistik physisch unterschiedlich bemessener Merkmale eine Grundvoraussetzung für die Anwendung vieler Verfahren (vgl. Kapitel 11 und 12). In der Wahrscheinlichkeitsrechnung bildet sie die Grundlage für die Verwendung der Standardnormalverteilung N(0; 1) (vgl. Kapitel 6). In der Induktiven Statistik bildet sie die Grundlage für die Konstruktion von Stichproben-, Schätz- und Testfunktionen (vgl. Kapitel 7). ♦

Beispiel 5.5-1: Standardisierung
Motivation. Die Standardisierung soll anhand des metrischen Erhebungsmerkmals X: *jahresDURCHschnittliche Laufleistung (Angaben in 1000 km)* verdeutlicht werden, das für eine Zufallsstichprobe $\Gamma_n = \{\gamma_i, \, i = 1,2,...,n\}$ von $n = 200$ gebrauchten VW Golf γ_i statistisch erfasst wurde und dessen Merkmalswerte $X(\gamma_i) = x_i$ in der SPSS Datendatei *Golf.sav* in der metrischen SPSS Variablen mit dem Variablennamen *Durch* gespeichert sind.

Sequenz. Die angestrebte Standardisierung kann in SPSS am einfachsten via Sequenz 5.5-1 bewerkstelligt werden.

> **Sequenz 5.5-1**: Standardisierung
> Analysieren
>   Deskriptive Statistiken...
>   Deskriptive Statistik... → Abbildung 5.5-1

Abbildung 5.5-1: SPSS Dateneditor mit Dialogfeld *Deskriptive Statistik*

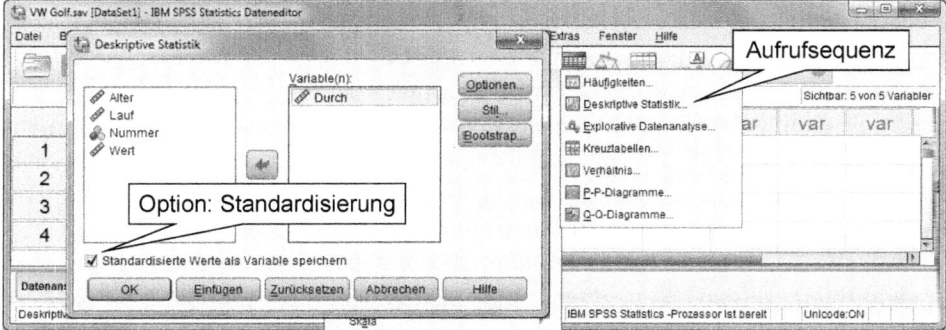

Standardisierung. Nach dem Betätigen der Schaltfläche *OK* wird im konkreten Fall in die SPSS Arbeitsdatei automatisch die SPSS Variable *ZDurch* eingefügt, welche die standardisierten Werte für die SPSS Variable *Durch* beinhaltet. In der Abbildung 5.5-2 ist zur Verdeutlichung der Standardisierungsprozedur der SPSS Dateneditor wiedergegeben, in welchem sowohl die originären als auch die standardisierten Laufleistungsdaten auszugsweise aufgelistet sind.

Abbildung 5.5-2: SPSS Dateneditor mit originären und standardisierten Werten

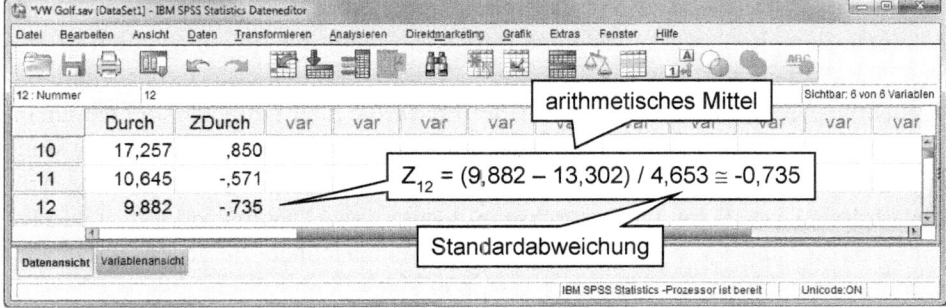

Eigenschaften. Die „vorteilhaften" statistischen Eigenschaften von standardisierten Werten eines metrischen Erhebungsmerkmals verdeutlicht man sich im konkreten Fall am einfachsten und zugleich am augenscheinlichsten, indem man via Sequenz 5.5-1 für die beiden Variablen *Durch* und *ZDurch* sowohl das arithmetische Mittel als auch die Standardabweichung anfordert, wobei es der Übersichtlichkeit und Sinnhaftigkeit halber geboten erscheint, im SPSS Dialogfeld

Deskriptive Statistik, die Option *Standardisierte Werte als Variable speichern* zu deaktivieren.

Tabelle 5.5-1: Mittelwerttabelle für originäre und standardisierte Werte

	Anzahl	Mittelwert	Standardabweichung
jahresdurch. Laufleistung (1000 km)	200	13,302	4,653
z-Wert: jahresdurch. Laufleistung	200	,000	1,000

Während man gemäß Tabelle 5.5-1 für die n = 200 originären jahresdurchschnitt-lichen Laufleistungsdaten $X(\gamma_i) = x_i$ ein „dimensionsgeladenes" arithmetisches Mittel von 13,302 (1000 km) und eine „dimensionsgeladene" Standardabwei-chung von 4,653 (1000 km) berechnet, ermittelt man für die standardisierten jah-resdurchschnittlichen Laufleistungen $Z(\gamma_i) = z_i$ ein „dimensionsloses" arithmeti-sches Mittel von null und eine „dimensionslose" Standardabweichung von eins. Beachtenswert ist in diesem Zusammenhang, dass die Informationen, die den originären Laufleistungsdaten „innewohnen", durch die Standardisierung kei-neswegs verloren gehen, sondern lediglich auf einen „standardisierten" Maßstab transformiert werden. So überzeugt man sich anhand der Abbildung 5.5-2 leicht von der Tatsache, dass der Gebrauchtwagen γ_{12} der Ordnung i = 12 im Ensemble aller Gebrauchtwagen durch eine originär erhobene jahresdurchschnittliche Lauf-leistung von $X(\gamma_{12}) = x_{12} = 9,882$ (1000 km) gekennzeichnet ist, die im Vergleich zum Durchschnitt wegen 9,882 − 13,302 = −3,420 letztlich um 3420 km unter dem „üblichen" Durchschnitt von 13302 km liegt. Dieser unterdurchschnittliche originäre jahresdurchschnittliche Laufleistungswert von 9882 km entspricht ge-mäß Abbildung 5.5-2 einem standardisierten und zugleich dimensionslosen jah-resdurchschnittlichen Laufleistungswert von −0,735. Spätestens an dieser Stelle leuchtet die „statistische Vorteilhaftigkeit" einer Standardisierung ein: Ohne zu-sätzliche Berechnungen anstellen zu müssen, erkennt man allein aus dem negati-ven standardisierten Laufleistungswert $Z(\gamma_{12}) = z_{12} = −0,735$, dass der Ge-brauchtwagen γ_{12} der Ordnung i = 12 im Ensemble aller betrachteten Gebraucht-wagen im Verlaufe eines Jahres durch eine unterdurchschnittliche Laufleistung gekennzeichnet ist. Im Vergleich dazu ist zum Beispiel der Gebrauchtwagen γ_{10} der Ordnung i = 10 im Jahresdurchschnitt durch eine originär erfasste Laufleis-tung von $X(\gamma_{10}) = x_{10} = 17,257$ (1000 km) gekennzeichnet, die im Ensemble aller Gebrauchtwagen wegen $Z(\gamma_{10}) = z_{10} = 0,850$ eine überdurchschnittliche jahresbe-zogene Laufleistung markiert. Mehr noch: Da für die beiden Gebrauchtwagen γ_i der Ordnung i = 10 und i = 12 offensichtlich $|z_i| < 1$ gilt, gehören beide zur Men-ge der Gebrauchtwagen, die hinsichtlich ihrer jahresdurchschnittlichen Laufleis-tung X im sogenannten Ein-Sigma-Bereich liegen. Gemäß der Drei-Sigma-Regel gilt dies für nahezu 68 % aller Gebrauchtwagen $\gamma_i \in \Gamma_n$ der zugrunde liegenden statistischen Gesamtheit bzw. Stichprobe $\Gamma_n = \{\gamma_i, i = 1,2,...,n\}$. ♣

6

Stochastik

Schlüsselwörter

Additionsregel	Totale Wahrscheinlichkeit
Bedingte Wahrscheinlichkeit	Unabhängigkeit
Ereignis	Wahrscheinlichkeit
Ereignisoperation	Wahrscheinlichkeitsverteilung
Formel von Bayes	Zufallsexperiment
Multiplikationsregel	Zufallsgröße

Gegenstand. Das sechste Kapitel hat elementare Verfahren und Modelle der Stochastik zum Gegenstand, die heute zum Standardprogramm der statistischen Methodenlehre an Hochschulen und Universitäten gehören. Dabei werden einzig und allein aus didaktisch-methodischen Gründen bewusst einige mathematische Sachverhalte vereinfacht dargestellt.

Stochastik. Die Stochastik (grch.: *stochastikos* → im Erraten geschickt), die man hinsichtlich ihres Wortursprungs auch als die Kunst des geschickten Vermutens bezeichnen kann, ist eine wissenschaftliche Disziplin, die sowohl Verfahren und Modelle zur mathematischen Beschreibung von zufälligen Ereignissen mit Hilfe von Wahrscheinlichkeiten bereitstellt als auch Aussagen über deren Gesetzmäßigkeiten liefert.

Wahrscheinlichkeit. Die Wahrscheinlichkeit ist dabei eine Maßzahl für den Grad der Gewissheit (bzw. Ungewissheit) des Eintretens von zufälligen Ereignissen, die per Definition stets nur Werte zwischen null und eins annehmen kann. Die Stochastik, deren Kernstück die Wahrscheinlichkeitsrechnung ist, bildet das Fundament für die Induktive Statistik, die ein Gegenstand des Kapitels 7 ist. ♣

6.1   Zufallsexperimente und Ereignisse

Motivation. Ein Grundanliegen der Stochastik ist die mathematische Beschreibung und Nachbildung von zufallsbedingten Vorgängen. Für die inhaltliche Bestimmung und für das Verständnis stochastischer Grundbegriffe erweisen sich analog zur Abbildung 6.1-1 vor allem Zufallsexperimente, die einem Glücksspiel entlehnt sind, als sehr anschaulich und vorteilhaft.

Abbildung 6.1-1: Drei Zufallsexperimente

Solche Zufallsexperimente sind zum Beispiel das Werfen eines Würfels oder einer Münze, das Drehen eines Glücksrades oder auch das Spielen eines Balls oder das Werfen eines Wurfpfeils bzw. Darts.

Zufallsexperiment
Ein Versuch mit unbestimmtem Ausgang, der unter gleichen Bedingungen beliebig oft wiederholt werden kann, wobei die Menge der möglichen Versuchsergebnisse vor der Versuchsdurchführung bekannt ist, heißt Zufallsexperiment.

Ergebnismenge. Untrennbar mit der Betrachtung eines Zufallsexperiments sind die Begriffe „Ergebnis" und „Ergebnismenge" verbunden, die inhaltlich wie folgt bestimmt sind:

Ergebnis, Ergebnismenge
Der Ausgang eines Zufallsexperiments heißt Ergebnis ω (lies: *Klein-Omega*). Die Menge Ω (lies: *Groß-Omega*) aller möglichen Ergebnisse $\omega \in \Omega$ eines Zufallsexperiments heißt Ergebnismenge oder Grundmenge, wobei allgemein gilt: $\Omega = \{\omega : \omega$ ist ein Ergebnis eines Zufallsexperiments$\}$.

Hinweise. Für das Verständnis einer Ergebnismenge, die synonym auch als Ergebnisraum oder Grundraum bezeichnet wird, sind die folgenden Hinweise nützlich: i) **Anzahl**. Bezüglich der Anzahl der Ergebnisse $\omega \in \Omega$ einer Ergebnismenge Ω unterscheidet man zwischen abzählbaren und nichtabzählbaren Ergebnismengen. Abzählbare Ergebnismengen unterteilt man ferner in endliche und in abzählbar unendliche Mengen. Für die weiteren Betrachtungen sind nur abzählbar endliche Ergebnismengen von Interesse. ii) **Ereignis**. Bei einem Zufallsexperiment interessiert oft nur, ob sein Ausgang in Gestalt eines bestimmten Ergebnisses $\omega \in \Omega$ zu einer gewissen Menge von „interessierenden" Ergebnissen gehört, die wiederum eine Teilmenge der Ergebnismenge Ω ist. Dies führt zum Begriff eines zufälligen Ereignisses. ♦

> **Ereignis**
>
> Eine Teilmenge der Ergebnismenge Ω eines Zufallsexperiments, die von Interesse ist, heißt Ereignis.

Hinweise. Für das Verständnis des Begriffes eines Ereignisses, das synonym auch als zufälliges Ereignis oder Zufallsereignis bezeichnet wird, sind die folgenden Hinweise nützlich: i) **Symbolik**. Zufällige Ereignisse werden in der Regel mit den lateinischen Großbuchstaben A, B, C ... bezeichnet. Ein zufälliges Ereignis A kann formal wie folgt beschrieben werden: $A = \{\omega : \omega$ besitzt eine bestimmte Eigenschaft$\}$. Das Ereignis A ist eingetreten, wenn das Ergebnis $\omega \in \Omega$ eines Zufallsexperiments ein Element der Teilmenge A der Ergebnismenge Ω ist. ii) **Elementarereignis**. Eine einelementige Teilmenge heißt Elementarereignis. Dabei ist zu beachten, dass ein Ergebnis ω eines Zufallsexperiments begrifflich wohl zu unterscheiden ist von einem Elementarereignis $\{\omega\}$, so wie sich eine Brille (Ergebnis) von einem Brillenetui (einelementige Teilmenge), das eine Brille enthält, unterscheidet. Hinzu kommt noch, dass der Begriff eines Elementarereignisses als eine einelementige Teilmenge aus einer Ergebnismenge inhaltlich stets durch das jeweilige Zufallsexperiment bestimmt ist. Besteht zum Beispiel beim Werfen eines Würfels ein Elementarereignis in einer Augenzahl (vgl. Beispiel 6.1-1), so stellt sich beim Zufallsexperiment, das im einmaligen Werfen zweier Würfel besteht, eine einelementige Menge als ein geordnetes Paar zweier Augenzahlen dar (vgl. Beispiel 6.1-4). iii) **Sicheres Ereignis**. Die Ergebnismenge Ω eines Zufallsexperiments kennzeichnet das sichere Ereignis. Für eine Ergebnismenge Ω besteht das sichere Ereignis darin, dass genau eines der möglichen Elementarereignisse $\omega \in \Omega$ eintritt. Aus diesem Grunde bezeichnet man das sichere Ereignis gleichfalls mit Ω. Streng genommen ist ein sicheres Ereignis kein zufälliges Ereignis, sondern lediglich ein Extremfall. Gleiches gilt auch für das unmögliche Ereignis. iv) **Unmögliches Ereignis**. Die leere Ergebnismenge $\varnothing = \{\ \}$ eines Zufallsexperiments kennzeichnet das unmögliche Ereignis. Für eine Ergebnismenge Ω besteht das unmögliche Ereignis darin, dass keines der möglichen Elementarereignisse eintreten kann. Man bezeichnet in Anlehnung an eine leere Ergebnismenge ein unmögliches Ereignis gleichfalls mit $\varnothing$. ♦

Beispiel 6.1-1: Werfen eines Würfels

Zufallsexperiment. Das einmalige Werfen eines „idealen" Spielwürfels ist ein ideales Zufallsexperiment. Es kann beliebig oft wiederholt werden. Die Anzahl aller Würfe eines Spielwürfels stellt eine Menge voneinander unabhängiger Versuche dar, deren jeweiliger Ausgang im Vorhinein stets zufallsbedingt und daher unbestimmt ist.

Ergebnismenge. Die endliche Ergebnismenge

$$\Omega = \left\{\ \boxed{•}\ \ \boxed{\begin{smallmatrix}•\\ \ •\end{smallmatrix}}\ \ \boxed{\begin{smallmatrix}•\\•\\ \ \ •\end{smallmatrix}}\ \ \boxed{\begin{smallmatrix}•\ •\\•\ •\end{smallmatrix}}\ \ \boxed{\begin{smallmatrix}•\ •\\ •\\•\ •\end{smallmatrix}}\ \ \boxed{\begin{smallmatrix}•\ •\\•\ •\\•\ •\end{smallmatrix}}\ \right\}$$

des Zufallsexperiments, die bereits im Vorfeld des Zufallsexperiments angegeben werden kann, lässt sich formal mit Hilfe der vereinbarten Symbole wie folgt darstellen: $\Omega = \{\omega_i = i,\ i = 1, 2,..., 6\} = \{1, 2, 3, 4, 5, 6\}$. Damit ist das Ergebnis „Der Würfel steht auf der Kante." von den Ergebnisbetrachtungen des betrachteten Zufallsexperiments ausgeschlossen.

Ereignisse. Die sechs einelementigen Teilmengen $A_i = \{\omega_i = i\}$ der Ergebnismenge Ω sind zugleich die sechs möglichen Elementarereignisse A_i des Zufallsexperiments „einmaliges Werfen eines Spielwürfels". Das zufällige Ereignis
$$B = \{\text{gerade Augenzahl}\} = \{\omega_i = i, i = 2, 4, 6\} = \{2, 4, 6\}$$
erscheint als eine Teilmenge $B \subset \Omega$ (lies: *B ist Teil von Omega*) der Ergebnismenge Ω und ist daher im Kontext des Zufallsexperiments kein elementares, sondern ein zusammengesetztes zufälliges Ereignis. Das sichere Ereignis
$$\Omega = \{1, 2, 3, 4, 5, 6\}$$
besteht darin, dass genau eine der sechs möglichen Augenzahlen angezeigt wird. Das unmögliche Ereignis $\varnothing = \{\omega : \omega \notin \Omega\} = \{ \ \}$ als eine leere Ergebnismenge deutet man semantisch wie folgt: Das Ergebnis ω ist kein Element der Ergebnismenge Ω des Zufallsexperiments. ♣

Beispiel 6.1-2: Schadensmeldung
Zufallsexperiment. Die Anzahl der Schadensmeldungen, die in einem Wirtschaftsjahr bei einer Versicherung eingehen, ist ein Zufallsexperiment.

Ergebnismenge. Die Ergebnismenge $\Omega = \{\omega_i = i \in \mathbb{N} \cup 0\} = \{0, 1, 2,...\}$ des Zufallsexperiments stellt sich im konkreten Fall als eine abzählbar unendliche Menge von Schadensmeldungen dar, da im Vorfeld des Experiments die Anzahl der eingehenden Schadensmeldungen unbekannt ist.

Ereignisse. Das zufällige Ereignis A „genau 2810 Schadensmeldungen sind eingegangen" ist eine einelementige Ergebnismenge A = $\{2810\}$ und damit ein mögliches Elementarereignis des Zufallsexperiments. Das zufällige Ereignis B „mindestens 1000, aber höchstens 5000 Schadensfälle sind eingegangen" ist eine abzählbar endliche Teilmenge
$$B = \{\omega \in \mathbb{N} : 1000 \le \omega \le 5000\} = \{1000, 1001, ..., 5000\}$$
der Ergebnismenge Ω und erscheint nicht als ein elementares, sondern als ein zusammengesetztes zufälliges Ereignis im Kontext des Zufallsexperiments. ♣

Beispiel 6.1-3: Wartezeit
Zufallsexperiment. Die Bestimmung und die statistische Erfassung der Wartezeit eines zufällig ausgewählten Kunden an einer Kasse in einem Supermarkt kann als ein Zufallsexperiment aufgefasst werden.

Ergebnismenge. Die Ergebnismenge des Zufallsexperiments kann formal wie folgt beschrieben werden: $\Omega = \{t \in \mathbb{R}^+ : 0 \le t < \infty\}$. Der Buchstabe t symbolisiert die Zeit (lat.: *tempus* $\rightarrow$ Zeit). Da die Zeit ihrem Wesen nach ein Kontinuum ist, stellt die beschriebene Ergebnismenge in Gestalt der Menge der positiven reellen Zahlen $\mathbb{R}^+$ eine nichtabzählbare Zahlenmenge dar.

Ereignis. Das zufällige Ereignis A $= \{t \in \mathbb{R}^+ : 0 \le t < 5\}$ als eine Ergebnisteilmenge besteht darin, dass sich die Wartezeit (Angaben in Minuten) eines zufällig ausgewählten Kunden auf weniger als fünf Minuten beläuft. ♣

Beispiel 6.1-4: Werfen zweier verschiedenfarbiger Würfel

Zufallsexperiment. Das Zufallsexperiment besteht im einmaligen Werfen zweier idealer unterschiedlich farbiger sechsseitiger Würfel (etwa eines schwarzen und eines weißen Spielwürfels).

Ergebnismenge. Die endliche Ergebnismenge

$$\Omega = \{(s, w) \in \mathbb{N} \times \mathbb{N} : 1 \le s, w \le 6\} = \{(1, 1), (1, 2),..., (6, 5), (6, 6)\}$$

des betrachteten Zufallsexperiments besteht im konkreten Fall aus insgesamt $6^2 = 36$ geordneten Augenzahlpaaren (s, w), die wiederum als Elemente einer 36-elementigen Potenzmenge $\mathbb{N} \times \mathbb{N}$ aufgefasst und dargestellt werden können.

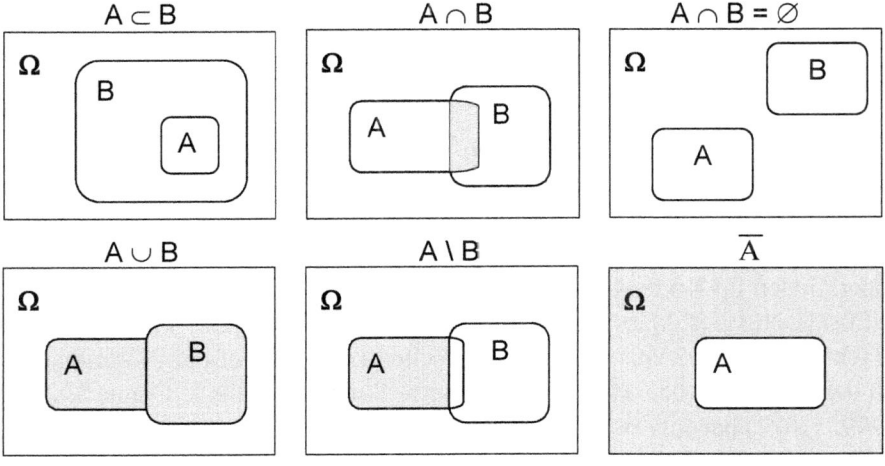

Sicheres und **unmögliches Ereignis.** Das sichere Ereignis besteht bei diesem Zufallsexperiment darin, dass genau eines der 36 gleichmöglichen Augenpaare $\Omega = \{(1, 1), (1, 2),..., (6, 5), (6, 6)\}$ beim einmaligen Würfeln „oben erscheint". Für das unmögliche Ereignis gilt dann: $\varnothing = \{(s, w) \notin \Omega\} = \{ \}$. ♣

Ereignisoperationen. Die Abbildung 6.1-2 beinhaltet die sogenannten VENN-Diagramme zur bildhaften Beschreibung von Ereignisrelationen und Ereignisoperationen, mit deren Hilfe der Ereignisbegriff erweitert werden kann.

Abbildung 6.1-2: VENN-Diagramme (nach John VENN (*1834, †1923))

$A \subset B$	$A \cap B$	$A \cap B = \varnothing$
$A \cup B$	$A \setminus B$	$\overline{A}$

Ereignisoperationen

Ist Ω die Ergebnismenge eines Zufallsexperiments und kennzeichnen die Teilmengen A, B $\subseteq \Omega$ interessierende zufällige Ereignisse, dann beschreibt die Ereignisrelation

- A $\subseteq$ B, dass das Eintreten des Ereignisses A stets auch das Eintreten des Ereignisses B zur Folge hat (Teilmengenoperation).
- A $\cup$ B das zufällige Ereignis, das darin besteht, dass mindestens eines der Ereignisse A oder B eintritt, also entweder das Ereignis A oder das Ereignis B eintritt oder beide gemeinsam eintreten (Vereinigungsmengenoperation).
- A $\cap$ B das zufällige Ereignis, das darin besteht, dass sowohl das zufällige Ereignis A als auch das zufällige Ereignis B eintritt (Schnittmengenoperation).
- A \ B das zufällige Ereignis, das darin besteht, dass das zufällige Ereignis A, aber nicht das zufällige Ereignis B eintritt (Differenzmengenoperation).

Spezialfälle. Aus den bildhaft und verbal skizzierten elementaren Ereignisrelationen und Ereignisoperationen können spezielle Ereignisbegriffe entlehnt werden, die für die weiteren paradigmatischen Betrachtungen zur Stochastik von substantieller Bedeutung sind.

Disjunkte Ereignisse

Ist Ω die Ergebnismenge eines Zufallsexperiments und kennzeichnen die Teilmengen A, B $\subseteq \Omega$ interessierende zufällige Ereignisse, deren Schnittmenge A $\cap$ B = $\emptyset$ = { } eine leere Menge ist und somit das unmögliche Ereignis darstellt, dann heißen die zufälligen Ereignisse A und B disjunkte (lat.: *disiunctio* $\rightarrow$ Trennung) oder unvereinbare oder elementefremde zufällige Ereignisse.

Komplementäres Ereignis

Ist Ω die Ergebnismenge eines Zufallsexperiments und kennzeichnet die Teilmenge A $\subseteq \Omega$ ein interessierendes zufälliges Ereignis, dann beschreibt die Differenzmenge $\overline{A} = \Omega \setminus A$ das zum zufälligen Ereignis A komplementäre zufällige Ereignis $\overline{A}$, das darin besteht, dass im Zuge des Zufallsexperiments das sichere Ereignis Ω, aber nicht das zufällige Ereignis A eintritt.

Ereignisfeld. Mit der Beschreibung von zufälligen Ereignissen untrennbar verbunden ist der Begriff „Ereignisfeld". Als ein Ereignisfeld bezeichnet man die Menge aller zufälligen Ereignisse, die unter Verwendung der skizzierten Ereignisoperationen im Kontext eines Zufallsexperiments potentiell möglich sind. Für die Einführung des klassischen Wahrscheinlichkeitsbegriffes erweist sich die Betrachtung eines sogenannten LAPLACEschen Ereignisfeldes als vorteilhaft, das nach dem französischen Mathematiker Pierre Simon Marquis le Comte LAPLACE (*1749, †1827) benannt ist (vgl. Kapitel 1).

LAPLACEsches Ereignisfeld

Ein Ereignisfeld, das aus endlich vielen gleichmöglichen Elementarereignissen besteht, von denen bei Durchführung eines Zufallsexperiments genau eines eintritt, heißt LAPLACEsches Ereignisfeld.

Hinweise. Für das Verständnis des Begriffes eines LAPLACEschen Ereignisfeldes sind die folgenden Hinweise nützlich: i) **Gleichmöglichkeit.** Elementarereignisse heißen gleichmöglich, wenn sie im Zuge eines Zufallsexperiments die gleiche Chance (frz.: *chance* $\to$ Glück(sfall)) haben, einzutreten. Gleichmögliche Ereignisse sind hinsichtlich des Bestimmtheitsgrades ihres Eintretens nicht unterscheidbar. ii) **Eigenschaften.** Sind A_i (i = 1,2,...,n) n gleichmögliche Elementarereignisse, so besitzt ein LAPLACEsches Ereignisfeld die folgenden Eigenschaften: $A_1 \cup A_2 \cup ... \cup A_n = \Omega$ und $A_i \cap A_j = \varnothing$ für i $\neq$ j. Aus den beiden Eigenschaften eines LAPLACEschen Ereignisfeldes ergibt sich unmittelbar, dass sich jedes beliebige zufällige Ereignis A $\neq \varnothing$ als Vereinigungsmenge derjenigen gleichmöglichen Elementarereignisse $A_i \subseteq A$ darstellen lässt, die das Ereignis A nach sich ziehen. ii) **Absolute Häufigkeit.** Die Anzahl gleichmöglicher Elementarereignisse A_i, die das Ereignis A nach sich ziehen, heißt absolute Häufigkeit n(A) des zufälligen Ereignisses A. iv) **Bedeutung.** LAPLACEsche Ereignisfelder bilden die Basis des klassischen Wahrscheinlichkeitsbegriffes (vgl. Abschnitt 6.2). ♦

Beispiel 6.1-5: Zufällige Ereignisse beim Zufallsexperiment Würfeln

Zufallsexperiment. In Anlehnung an das Beispiel 6.1-1 besteht das Zufallsexperiment im einmaligen Werfen eines „idealen" bzw. „fairen" sechsseitigen Spielwürfels. Die Ergebnismenge

$$\Omega = \left\{ \boxed{\cdot} \ \boxed{\cdot\cdot} \ \boxed{\cdot\cdot\cdot} \ \boxed{\cdot\cdot\ \cdot\cdot} \ \boxed{\cdot\cdot\cdot\ \cdot\cdot} \ \boxed{\cdot\cdot\cdot\ \cdot\cdot\cdot} \right\}$$

des Zufallsexperiments ist durch die endliche Menge der möglichen Ergebnisse $\omega \in \Omega$ in Gestalt einer „oben erscheinenden Augenzahl" gegeben.

Ereignisse. Von Interesse sind die folgenden zufälligen Ereignisse: A: *Die Augenzahl ist eine Sechs*, B: *Die Augenzahl ist gerade.*, C: *Die Augenzahl ist ungerade.*, D: *Die Augenzahl ist höchstens eine Zwei.* und E: *Die Augenzahl ist keine Fünf.* Die interessierenden zufälligen Ereignisse können als mathematische Objekte in Gestalt von Teilmengen der Ergebnismenge Ω stark vereinfacht und formal wie folgt dargestellt werden: A = {6}, B = {2, 4, 6}, C = {1, 3, 5}, D = {1, 2} und E = {1, 2, 3, 4, 6}.

Ereignisrelationen. Anhand der formalen Darstellung der Ereignisse überzeugt man sich leicht davon, dass zum Beispiel die folgenden Ereignisrelationen gelten: $A \subset B$, $B \subset E$ und $A \subset E$. Die Aussage, dass zum Beispiel „das Ereignis A das Ereignis E zur Folge hat" verdeutlicht man sich am einfachsten wie folgt: Erscheint beim einmaligen Würfeln eine Sechs „oben auf dem Spielwürfel", dann ist das Ereignis A eingetreten und damit in logischer Konsequenz auch das Ereignis E, das ja darin besteht, dass keine Fünf erscheint, dafür aber entweder eine Eins oder eine Zwei oder eine Drei oder eine Vier oder eben eine Sechs

„oben erscheint". Somit zieht das Eintreten des zufälligen Ereignisses A stets auch das Eintreten des zufälligen Ereignisses E nach sich.

Ereignisoperationen. Die Betrachtung spezieller Ereignisoperationen liefert die folgenden interessanten und leicht vollziehbaren Aussagen:

Sicheres Ereignis. Das mittels einer Vereinigungsmenge „zusammengesetzte" zufällige Ereignis $B \cup C = \{2, 4, 6\} \cup \{1, 3, 5\} = \{1, 2, 3, 4, 5, 6\} = \Omega$, das darin besteht, dass beim einmaligen Werfen eines Spielwürfels entweder eine gerade oder eine ungerade Augenzahl „oben erscheint", kennzeichnet das sichere Ereignis Ω im betrachteten Zufallsexperiment des einmaligen Werfens eines Spielwürfels, das mit der zugehörigen Ergebnismenge Ω identisch ist.

Unmögliches Ereignis. Das mittels einer Schnittmenge „konstruierte" zufällige Ereignis $B \cap C = \{2, 4, 6\} \cap \{1, 3, 5\} = \{\ \} = \varnothing$, das darin besteht, dass beim einmaligen Werfen eines Spielwürfels sowohl eine gerade als auch eine ungerade Augenzahl „oben erscheint", ist eine leere Ergebnismenge $\varnothing$ und stellt daher ein unmögliches Ereignis $\varnothing$ im Kontext des Zufallsexperiments dar.

Disjunkte Ereignisse. Da die zufälligen Ereignisse B und C bezüglich der möglichen Ergebnisse $\omega \in \Omega$ des Zufallsexperiments keine Ergebnisse (Augenzahlen) gemeinsam haben, schließen sie sich gegenseitig aus, sind also disjunkte bzw. elementefremde zufällige Ereignisse. Demgegenüber ist die Schnittmenge $A \cap B$ der zufälligen Ereignisse A und B wegen $\{6\} \cap \{2, 4, 6\} = \{6\}$ keine leere Menge. Da offensichtlich die Ereignisse A und B das Ergebnis $\omega = $ *Eine Sechs erscheint oben.* gemeinsam haben, sagt man auch: Die zufälligen Ereignisse A und B sind nicht elementefremd bzw. sind nicht disjunkt.

Komplementärereignis. Aus den nachfolgend aufgelisteten komplementären Ereignissen lassen sich die folgenden allgemeingültigen Aussagen ableiten:

$$\overline{A} = \Omega \setminus A = \{1, 2, 3, 4, 5, 6\} \setminus \{6\} = \{1, 2, 3, 4, 5\}$$
$$\overline{B} = \Omega \setminus B = \{1, 2, 3, 4, 5, 6\} \setminus \{2, 4, 6\} = \{1, 3, 5\}$$
$$\overline{C} = \Omega \setminus C = \{1, 2, 3, 4, 5, 6\} \setminus \{1, 3, 5\} = \{2, 4, 6\}$$
$$\overline{D} = \Omega \setminus D = \{1, 2, 3, 4, 5, 6\} \setminus \{1, 2\} = \{3, 4, 5, 6\}$$
$$\overline{E} = \Omega \setminus E = \{1, 2, 3, 4, 5, 6\} \setminus \{1, 2, 3, 4, 6\} = \{5\}$$

Sicheres Ereignis. Die Vereinigungsmenge eines zufälligen Ereignisses und seines Komplements liefert das sichere Ereignis Ω. Im konkreten Fall gilt zum Beispiel $A \cup \overline{A} = \{6\} \cup \{1, 2, 3, 4, 5\} = \{1, 2, 3, 4, 5, 6\} = \Omega$.

Unmögliches Ereignis. Die Schnittmenge eines zufälligen Ereignisses und seines Komplements ist ein unmögliches Ereignis. Im konkreten Fall gilt zum Beispiel $C \cap \overline{C} = \{1, 3, 5\} \cap \{2, 4, 6\} = \{\ \} = \varnothing$.

Differenzmenge. Die Differenzmenge zweier zufälliger Ereignisse ist gleich der Schnittmenge aus dem erstgenannten zufälligen Ereignis und dem Komplement des letztgenannten zufälligen Ereignisses. Im konkreten Fall gilt zum Beispiel $D \setminus B = D \cap \overline{B} = \{1, 2\} \cap \{1, 3, 5\} = \{1\}$.

DE MORGANsche Formeln. Die nachfolgend skizzierten Beziehungen und formulierten Aussagen gehen auf den britischen Mathematiker Augustus DE MORGAN (*1806, †1871) zurück. Ihm zu Ehren werden sie in der Mengentheorie auch als DE MORGANsche Formeln bezeichnet.

DE MORGANsche Formeln

i) Das Komplement der Vereinigungsmenge zweier zufälliger Ereignisse ist gleich der Schnittmenge aus ihren Komplementen. ii) Das Komplement der Schnittmenge zweier zufälliger Ereignisse ist gleich der Vereinigungsmenge ihrer Komplemente.

Für die Ereignisse D und E gilt gemäß der ersten DE MORGANschen Formel

$$(\overline{D \cup E}) = \overline{D} \cap \overline{E} = \{3, 4, 5, 6\} \cap \{5\} = \{5\}.$$

Demnach tritt genau dann nicht mindestens eines der beiden zufälligen Ereignisse D oder E ein, wenn weder das Ereignis D noch das Ereignis E, also keines der beiden Ereignisse eintritt. Für die zufälligen Ereignisse A und E gilt gemäß der zweiten DE MORGANschen Formel

$$(\overline{A \cap E}) = \overline{A} \cup \overline{E} = \{1, 2, 3, 4, 5\} \cup \{5\} = \{1, 2, 3, 4, 5\}.$$

Demnach treten die beiden zufälligen Ereignisse A und E dann nicht gemeinsam ein, wenn mindestens eines der zufälligen Ereignisse A oder E nicht eintritt.

LAPLACEsches Ereignisfeld. Bezeichnet $A_i = \{\omega_i = i\}$, $i \in \{1, 2, 3, 4, 5, 6\}$, das zufällige Ereignis, dass beim Zufallsexperiment des einmaligen Werfens eines „idealen" sechsseitigen Würfels die Augenzahl $\omega_i = i$ „auf dem Spielwürfel oben erscheint", dann überzeugt man sich leicht von der Tatsache, dass a) die endliche Anzahl der sechs zufälligen Ereignisse A_i ($i = 1, 2, ..., 6$) einelementige Teilmengen der Ergebnismenge $\Omega = \{\omega_i = i, i = 1, 2, 3, 4, 5, 6\}$ und damit zugleich Elementarereignisse sind, b) die Vereinigungsmenge

$$A_1 \cup A_2 \cup ... \cup A_6 = \{1, 2, ..., 6\} = \Omega$$

aus allen sechs gleichmöglichen Elementarereignissen A_i das sichere Ereignis Ω darstellt, c) wegen $A_i \cap A_j = \varnothing$ für alle $i \neq j$ und $i, j = 1, 2, ..., 6$ die Elementarereignisse A_i sich paarweise gegenseitig ausschließen und damit paarweise als disjunkte zufällige Ereignisse charakterisiert werden können und letztlich d) die Anzahl der zufälligen und gleichmöglichen Elementarereignisse $A_i = \{\omega_i = i\}$, die etwa das Ereignis B „gerade Augenzahl" zur Folge haben, wegen

$$B = \{2\} \cup \{4\} \cup \{6\} = \{2, 4, 6\}$$

letztlich $n(B) = 3$ ist. Man sagt daher auch: Die Anzahl bzw. die absolute Häufigkeit $n(B)$ der für das zufällige Ereignis B günstigen und gleichmöglichen Elementarereignisse ist gleich drei. Offensichtlich liegt im konkreten Fall ein LAPLACEsches Ereignisfeld vor, das wiederum die Grundlage für den klassischen Wahrscheinlichkeitsbegriff (vgl. Abschnitt 6.2) bildet. ♣

6.2   Wahrscheinlichkeitsbegriffe

Motivation. Der Begriff „Wahrscheinlichkeit" ist untrennbar verbunden mit der Betrachtung zufälliger Ereignisse und mit dem Versuch der zahlenmäßigen Beschreibung des Gewissheits- bzw. Ungewissheitsgrades ihres Eintretens. Bei der zahlenmäßigen Beschreibung des Gewissheitsgrades von zufälligen Ereignissen kommt dem axiomatischen, dem klassischen, dem subjektiven und dem statistischen Wahrscheinlichkeitsbegriff eine besondere Bedeutung zu.

Axiomatische Wahrscheinlichkeit

Ist $\Omega \neq \emptyset$ eine (nichtleere) Ergebnismenge eines Zufallsexperiments und kennzeichnen die Teilmengen A, B $\subseteq \Omega$ zwei zufällige Ereignisse, dann heißt eine auf den Teilmengen von Ω definierte reellwertige Funktion P Wahrscheinlichkeitsmaß und P(…) Ereigniswahrscheinlichkeit, wenn die drei Axiome erfüllt sind:
i.   das Nichtnegativitätsaxiom: $P(A) \geq 0$,
ii. das Normierungsaxiom: $P(\Omega) = 1$ und
iii. das Additionsaxiom: $P(A \cup B) = P(A) + P(B)$ für $A \cap B = \emptyset$.

Hinweise. Für das Verständnis des axiomatischen Wahrscheinlichkeitsbegriffes erweisen sich die folgenden Hinweise als nützlich: i) **Historie**. Der axiomatische Wahrscheinlichkeitsbegriff geht auf den russischen Mathematiker Andrej Nikolajewitsch KOLMOGOROV (*1903, †1987) zurück, der 1933 in einem publizierten Traktat den axiomatischen Wahrscheinlichkeitsbegriff begründete (vgl. Kapitel 1). ii) **Axiome**. Ein Axiom (grch.: *axioun →* für recht halten) ist ein Lehrsatz, der nicht weiter bewiesen zu werden braucht. Die drei KOLMOGOROVschen Wahrscheinlichkeitsaxiome besitzen jeweils die folgende Aussage: i. Das Nichtnegativitätsaxiom besagt, dass die Wahrscheinlichkeit eines zufälligen Ereignisses A eine reelle Zahl ist, die stets nur gleich oder größer als null sein kann. ii. Das Normierungsaxiom besagt, dass die Wahrscheinlichkeit des sicheren Ereignisses Ω eins ist. iii. Das Additionsaxiom besagt, dass die Wahrscheinlichkeit P(A $\cup$ B) für die Vereinigung zweier disjunkter zufälliger Ereignisse A und B gleich ist der Summe P(A) + P(B) aus ihren Wahrscheinlichkeiten. iii) **Symbolik**. Die Funktionsbezeichnung P für ein Wahrscheinlichkeitsmaß bzw. für eine Wahrscheinlichkeit hat sich in Anlehnung an die englische Literatur (engl.: *probability →* Wahrscheinlichkeit) auch in der deutschsprachigen Literatur als Standard durchgesetzt. iv) **Bedeutung**. Die Bedeutung des axiomatischen Wahrscheinlichkeitsbegriffes nach KOLMOGOROV liegt vor allem darin begründet, dass dieser den theoretischen Rahmen absteckt, woraus Rechenregeln für Wahrscheinlichkeiten (vgl. Abschnitt 6.3) abgeleitet werden können, worin auch abzählbar unendliche Ergebnismengen eingeschlossen sind. ♦

Beispiel 6.2-1: Wahrscheinlichkeitsaxiome
Motivation. Anhand der drei KOLMOGOROVschen Axiome lassen sich die folgenden elementaren und allgemeingültigen Aussagen über Wahrscheinlichkeiten ableiten, die zugleich ein anschauliches Beispiel dafür sind, welche theoretische Bedeutung dem axiomatischen Wahrscheinlichkeitsbegriff zukommt.

Axiome. Für das Normierungsaxiom gilt $P(\Omega) = 1$. Aus $\Omega = A \cup \overline{A}$ folgt gemäß dem Additionsaxiom

$$1 = P(\Omega) = P(A \cup \overline{A}) = P(A) + P(\overline{A}),$$

wobei $P(A)$ und $P(\overline{A})$ gemäß dem Nichtnegativitätsaxiom jeweils gleich oder größer null sind und somit für die Wahrscheinlichkeit eines zufälligen Ereignisses A und seines Komplements $\overline{A}$ nur

$$0 \leq P(A) \leq 1 \text{ bzw. } 0 \leq P(\overline{A}) \leq 1$$

und

$$P(\overline{A}) = 1 - P(A) \text{ bzw. } P(A) = 1 - P(\overline{A})$$

gelten kann. Unter Verwendung des Normierungs- und Additionsaxioms überzeugt man sich, dass wegen

$$1 = P(\Omega) = P(\Omega \cup \varnothing) = P(\Omega) + P(\varnothing)$$

letztlich nur

$$P(\varnothing) = 1 - P(\Omega) = 1 - 1 = 0$$

gelten kann. Aus diesen elementaren Betrachtungen lassen sich die folgenden allgemeingültigen Aussagen ableiten:

Aussagen. Die Wahrscheinlichkeit eines zufälligen Ereignisses ist eine reelle Zahl, die stets gleich oder größer als null und stets gleich oder kleiner als eins ist. Die Wahrscheinlichkeit des unmöglichen Ereignisses ist gleich null, die des sicheren Ereignisses ist gleich eins. ♣

Klassische Wahrscheinlichkeit

Sind $\Omega \neq \varnothing$ eine (nichtleere) Ergebnismenge und $A \subseteq \Omega$ ein zufälliges Ereignis eines LAPLACEschen Ereignisfeldes, dann heißt der Quotient $P(A) = n(A) / n(\Omega)$ aus der Anzahl $n(A)$ derjenigen zufälligen und gleichmöglichen Elementarereignisse $A_i = \{\omega_i \in \Omega\}$, $i = 1,2,...,n$, die wegen $A_i \subseteq A$ das zufällige Ereignis A zur Folge haben, und der endlichen Anzahl $n(\Omega)$ aller im Kontext eines Zufallsexperiments gleichmöglichen Elementarereignisse $A_i \in \Omega$ klassische Wahrscheinlichkeit $P(A)$ des zufälligen Ereignisses A.

Hinweise. Für das Verständnis des klassischen Wahrscheinlichkeitsbegriffes erweisen sich die folgenden Hinweise als nützlich: i) **Historie.** Der klassische Wahrscheinlichkeitsbegriff geht auf den französischen Physiker und Mathematiker Pierre Simon Marquis le Comte LAPLACE (*1749, †1827) zurück (vgl. Kapitel 1). Aus diesem Grunde bezeichnet man eine klassische Wahrscheinlichkeit auch als LAPLACE-Wahrscheinlichkeit. ii) **Formel.** Kennzeichnet man ein Elementarereignis $A_i \subseteq A$, das Element eines zufälligen Ereignisses A ist, als ein für das zufällige Ereignis A günstiges Elementarereignis A_i, so lässt sich die klassische Wahrscheinlichkeit nach LAPLACE auch wie folgt formulieren: Die Wahrscheinlichkeit $P(A)$ ist der Quotient aus der Anzahl $n(A)$ der für das zufällige Ereignis A günstigen und zugleich gleichmöglichen Elementarereignisse A_i und der endlichen Anzahl $n(\Omega) = n$ aller gleichmöglichen Elementarereignisse A_i, so dass sich die folgende einfache Formel ergibt: $P(A) = n(A) / n$. iii) **Bedeutung.** Die praktische Bedeutung des klassischen Wahrscheinlichkeitsbegriffes liegt vor allem darin begründet, dass man die Wahrscheinlichkeit von zufälligen Ereignissen mit Hilfe logischer Überlegungen und/oder mit Hilfe der Kombinatorik berechnen kann, ohne das jeweilige Zufallsexperiment selbst durchführen zu müssen. Die Kombinatorik (lat.: *combinare* → verbinden, verknüpfen) ist die Bezeichnung für die Lehre von der Zusammenstellung von Elementen. iv) **Beispiele**. Das Werfen einer Münze oder eines Würfels bzw. das Drehen eines Glückrades sind Zufallsexperimente, die einen (vergleichsweise) einfachen Zugang zum klassischen Wahrscheinlichkeitsbegriff ermöglichen. ♦

Beispiel 6.2-2: Werfen einer Münze

Zufallsexperiment. Das Zufallsexperiment besteht im einmaligen Werfen einer „fairen" Münze. Die möglichen Ausgänge des Zufallsexperiments sind die zwei gleichmöglichen Ergebnisse ω_1 : *Zahl erscheint oben* oder ω_2 : *Wappen erscheint oben*. Bezeichnet man mit

$$Z = \{\omega_1 = \text{Zahl}\} \text{ und } W = \{\omega_2 = \text{Wappen}\}$$

die im betrachteten Zufallsexperiment gleichmöglichen Elementarereignisse, dann bilden die beiden Elementarereignisse Z und W wegen der Vereinigungsmenge $Z \cup W = \Omega$ und der Schnittmenge $Z \cap W = \varnothing$ ein LAPLACEsches Ereignisfeld vom Umfang $n(\Omega) = 2$. $\Omega = \{Z, W\}$ kennzeichnet dabei das sichere Ereignis im Kontext des betrachteten Zufallsexperiments.

Klassische Wahrscheinlichkeit. Da für die beiden gleichmöglichen Elementarereignisse Z und W wegen

$$n(Z) = 1 \text{ und } n(W) = 1$$

jeweils nur ein günstiges Ergebnis möglich ist, bestimmt man die klassischen Ereigniswahrscheinlichkeiten

$$P(Z) = 1 / 2 = 0{,}5 \text{ und } P(W) = 1 / 2 = 0{,}5$$

und kennzeichnet die beiden zufälligen Ereignisse W und Z gemäß dem klassischen Wahrscheinlichkeitsbegriff wegen einer gleichen Eintrittswahrscheinlichkeit als gleichwahrscheinlich. ♣

Beispiel 6.2-3: Werfen eines Würfels

Zufallsexperiment. Das Zufallsexperiment besteht im einmaligen Werfen eines „idealen" und sechsseitigen Spielwürfels, also eines Spielwürfels, der „nicht gezinkt" ist. Im Kontext des Beispiels 6.1-5 wurde gezeigt, dass die n = 6 Elementarereignisse

$$A_i = \{\omega_i = i\}, i = 1,2,...,6,$$

wegen

$$A_1 \cup A_2 \cup ... \cup A_6 = \{1, 2,...,6\} = \Omega \text{ und}$$
$$A_i \cap A_j = \varnothing \text{ für } i, j = 1, 2,...,6 \text{ und } i \neq j$$

ein LAPLACEsches Ereignisfeld bilden, da sie im Zuge des betrachteten Zufallsexperiments alle eine gleiche Chance (frz.: *chance* → Glück(sfall)) besitzen, als Augenzahl auf dem „idealen bzw. fairen" Würfel „oben erscheinen" zu können.

Klassische Wahrscheinlichkeiten. Jedes im Kontext des Zufallsexperiments interessierende zufällige Ereignis lässt sich als Vereinigungsmenge der entsprechenden Elementarereignisse A_i etwa wie folgt darstellen:

Ereignis A: *gerade Augenzahl*. Da das zufällige Ereignis A offensichtlich mit jedem der drei zufälligen Elementarereignisse

$$A_2 = \{2\}, A_4 = \{4\} \text{ oder } A_6 = \{6\}$$

eintritt, also

$$A = A_2 \cup A_4 \cup A_6 = \{2\} \cup \{4\} \cup \{6\} = \{2, 4, 6\},$$
$$n(A) = 3 \text{ und } n(\Omega) = 6$$

gilt, bestimmt man für das Eintreten des zufälligen Ereignisses A eine ist klassische Wahrscheinlichkeit von

$$P(A) = 3 / 6 = 0,5.$$

Ereignis B: *ungerade Augenzahl*. Da das zufällige Ereignis B mit jedem der drei zufälligen Elementarereignisse

$$A_1 = \{1\}, A_3 = \{3\} \text{ oder } A_5 = \{5\}$$

eintritt, also

$$B = A_1 \cup A_3 \cup A_5 = \{1\} \cup \{3\} \cup \{5\} = \{1, 3, 5\},$$
$$n(B) = 3 \text{ und } n(\Omega) = 6$$

gilt, ist gemäß dem klassischen Wahrscheinlichkeitsbegriff die Wahrscheinlichkeit für das Eintreten des zufälligen Ereignisses B durch

$$P(B) = 3 / 6 = 0,5$$

gegeben. Wegen

$$P(A) = P(B) = \tfrac{1}{2} = 0,5$$

kennzeichnet man im konkreten Fall die beiden zufälligen Ereignisse A und B als gleichwahrscheinlich.

Ereignis A $\cap$ B: *sowohl gerade als auch ungerade Augenzahl*. Da im konkreten Fall die Schnittmenge

$$A \cap B = \varnothing$$

der beiden zufälligen Ereignisse A und B eine leere Menge ist, kennzeichnet man die Ereignisse A und B als disjunkte Ereignisse und das Ereignis A $\cap$ B als ein unmögliches Ereignis. In logischer Konsequenz ist die Anzahl der für das Ereignis A $\cap$ B günstigen Fälle null, so dass

$$n(A \cap B) = 0$$

gilt. Wegen $n(\Omega) = 6$ errechnet man für das „unmögliche" Ereignis A $\cap$ B eine klassische Wahrscheinlichkeit von

$$P(A \cap B) = 0 / 6 = 0.$$

Ereignis A $\cup$ B: *entweder gerade oder ungerade Augenzahl*. Da für die disjunkten Ereignisse A und B die Vereinigungsmenge A $\cup$ B = Ω das sichere Ereignis Ω beschreibt, beträgt wegen

$$n(A \cup B) = n(\Omega) = 6$$

die klassische Wahrscheinlichkeit für das zufällige Ereignis $A \cup B$

$$P(A \cup B) = P(A) + P(B) = 0,5 + 0,5 = \frac{n(A \cup B)}{n(\Omega)} = \frac{6}{6} = 1 = P(\Omega),$$

die wiederum eine Anwendung des KOLMOGOROVschen Additionsaxioms darstellt, wonach die Wahrscheinlichkeit der Vereinigung zweier disjunkter zufälliger Ereignisse gleich der Summe ihrer Einzelwahrscheinlichkeiten ist. ♣

Subjektive Wahrscheinlichkeit
Die erfahrungsbasierte und/oder wissensbasierte Bestimmung der Wahrscheinlichkeit P(A) eines zufälligen Ereignisses A durch eine Person, die mit dem jeweiligen Zufallsexperiment vertraut ist, heißt subjektive Wahrscheinlichkeit.

Hinweise. Für das Verständnis des subjektiven Wahrscheinlichkeitsbegriffes sind die folgenden Hinweise hilfreich: i) **Chance.** Subjektive Wahrscheinlichkeiten werden in praxi oft als Chancen (frz.: *chance* → Glück(sfall), engl.: *odd(s)* → Chance(n)) angegeben bzw. als Wetten formuliert. Wird die Chance, dass im Kontext eines Zufallsexperiments ein zufälliges Ereignis A eintritt, subjektiv durch das Verhältnis von „a zu b" bzw. a : b zahlenmäßig beschrieben, dann beläuft sich die subjektive Wahrscheinlichkeit für das Eintreten des zufälligen Ereignisses auf

$$P(A) = a / (a + b).$$

In Analogie dazu lässt sich die Chance für das Eintreten eines zufälligen Ereignisses A darstellen als das Verhältnis

$$P(A) / (1 - P(A)) : 1 = a : b$$

der subjektiven Ereigniswahrscheinlichkeit P(A) und ihrer komplementären Ereigniswahrscheinlichkeit $1 - P(A)$. ii) **Applikation.** Subjektive Wahrscheinlichkeiten spielen in der Entscheidungstheorie für Lösungsansätze von Entscheidungsproblemen unter Ungewissheit eine Rolle. ♦

Beispiel 6.2-4: Subjektive Wahrscheinlichkeit
Ein Student der Betriebswirtschaftslehre geht im Kreise seiner Kommilitonen am Biertisch die folgende Wette ein: Er wettet bei einem Wetteinsatz von fünf Bier, dass er beim einmaligen Werfen eines nicht gezinkten Spielwürfels eher eine Sechs würfelt, als dass er zum Semesterende die Statistik-Klausur im ersten Anlauf besteht. Da die klassische Wahrscheinlichkeit für das zufällige Ereignis S(echs) offensichtlich $P(S) = 1 / 6$ ist, muss die subjektive Wahrscheinlichkeit dafür, dass er die Klausur besteht, kleiner als ein Sechstel sein. ♣

Beispiel 6.2-5: HAMLETs Chancen
Wettchance. Der englische Dramatiker William SHAKESPEARE (*1564, †1616) lässt in der Tragödie „Hamlet, Prinz von Dänemark" im fünften Aufzug, zweite Szene, den Hofmann OSRICK zu HAMLET sagen:

„Der König, Herr, hat gewettet, dass LAERTES in zwölf Stößen von beiden Seiten nicht über drei vor Euch vor-aushaben soll; er hat auf zwölf gegen neun gewettet."

Subjektive Wahrscheinlichkeit. Bezeichnet man aufgrund der königlichen Aussage

„... wenn HAMLET trifft zum ersten oder zweiten, wenn er beim dritten Tausch den Stoß erwidert, lasst das Geschütz von allen Zinnen feuern ..."

das zufällige Ereignis, dass HAMLET in zwölf Stößen drei hintereinander trifft, mit A, dann entspricht die königliche Wette von „9 zu 12" wegen a = 9 und b = 12 einer subjektiven Wahrscheinlichkeit von

$$P(A) = a / (a + b) = 9 / (9 + 12) \approx 0{,}43$$

und im Umkehrschluss die subjektive Wahrscheinlichkeit P(A) ≈ 0,43 wegen

$$P(A) / (1 - P(A)) : 1 = 0{,}43 / (1 - 0{,}43) : 1 \approx 0{,}75 : 1$$

einer sogenannten Wettchance von

$$75 : 100 \text{ bzw. } 3 : 4 \text{ bzw. } 3 \times (3 : 4) = 9 : 12 = a : b.$$

Unterstellt man einmal, dass der König mit HAMLETs Fechtkünsten vertraut ist und die subjektive Wahrscheinlichkeit als Maßzahl für die Gewinnchance HAMLETs angesehen werden darf, dann ist die Chance, dass „das Geschütz von allen Zinnen feuert", allerdings nicht sehr groß. ♣

Statistische Wahrscheinlichkeit

Die Verwendung einer empirisch ermittelten relativen Häufigkeit p(A) als Schätzwert für eine unbekannte Wahrscheinlichkeit P(A) eines zufälligen Ereignisses A, die sich theoretisch durch das schwache Gesetz großer Zahlen begründen lässt, subsumiert man unter dem statistischen Wahrscheinlichkeitsbegriff.

Beispiel 6.2-6: Relative Häufigkeit und Wahrscheinlichkeit

 Zufallsexperiment. Die Abbildung 6.2-1 zeigt die Ergebnisse eines Zufallsexperiments, im Zuge dessen mit Hilfe eines eigens dafür konstruierten Simulationsmodells das 10000-malige Werfen eines idealen Spielwürfels „nachahmend" praktiziert wurde.[15]

Relative Häufigkeit. Bereits nach simulierten 10000 Würfen ist zu erkennen, dass die Säulen, welche die Abweichungen der beobachteten und zufallsbedingten relativen Häufigkeiten für die sechs Augenzahlen von der klassischen Wahrscheinlichkeit bildhaft verdeutlichen, nur noch als „Stummel" erscheinen. Selbst die im Ergebnisprotokoll notierte relative Häufigkeit von

$$p(S) = 1725 / 10000 = 0{,}1725$$

für das zufällige Ereignis S = {Sechs} scheint sich „auf lange Sicht" auf die klassische Wahrscheinlichkeit P(S) = 0,167, die bildhaft durch die parallel zur Abszisse verlaufende Linie auf dem Ordinatenniveau von 0,167 gekennzeichnet ist, „einzupegeln".

---

[15] Das zugrunde liegende Simulationsmodell wurde vom Buchautor mit Hilfe der Programmiersprache PASCAL erstellt und hat einzig und allein die bildhafte Verdeutlichung statistischer und wahrscheinlichkeitstheoretischer Sachverhalte zum Ziel.

Abbildung 6.2-1: Zufallsexperiment: 10000-mal gewürfelt

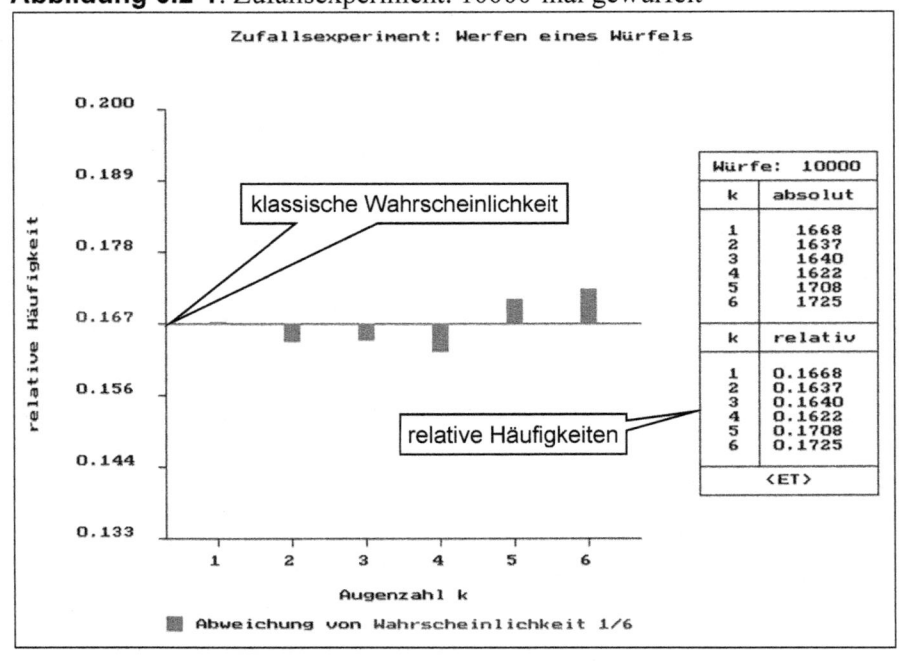

PEARSONsches Experiment. Ein in der einschlägigen Fachliteratur oft und gern zitiertes Beispiel ist das Zufallsexperiment des englischen Statistikers Karl

PEARSON (*1857, †1936), der eine Münze 24000-mal geworfen hat und eine relative Häufigkeit $p(K) = 0,5005$ für das zufällige Ereignis $K = \{Kopf\}$ ermittelte. Dabei ist allerdings zu beachten, dass das empirische Gesetz der Stabilisierung relativer Häufigkeiten, das sowohl durch das in der Abbildung 6.2-1 simulierte Würfelexperiment als auch durch das PEARSONsche Experiment unterlegt wird, eine Erfahrungstatsache und kein mathematischer Sachverhalt ist.

Statistische Wahrscheinlichkeit. Das auf den österreichischen Mathematiker Richard Edler von MISES (*1883, †1953) zurückgehende Bestreben, unter be-

stimmten einschränkenden Bedingungen eine statistische Wahrscheinlichkeit als einen Grenzwert für eine relative Häufigkeit zu definieren und somit den statistischen Wahrscheinlichkeitsbegriff mathematisch zu begründen, zeigte sich nicht mit Erfolg gekrönt. Dennoch erweist sich diese Herangehensweise in praxi vor allem dann als vorteilhaft, praktikabel und zielführend, wenn Wahrscheinlichkeiten für interessierende Fragestellungen nicht ohne weiteres berechnet werden können. Man verwendet dann relative Häufigkeiten als Näherungswerte für die nicht unmittelbar berechenbaren Wahrscheinlichkeiten. ♣

6.3   Rechenregeln für Wahrscheinlichkeiten

Motivation. Die nachfolgend dargestellten Rechenregeln bilden das grundlegende Regelwerk beim Rechnen mit Wahrscheinlichkeiten bzw. relativen Häufigkeiten. Gleichwohl die Rechenregeln meist nur für zwei zufällige Ereignisse skizziert werden, ist ihre Verallgemeinerung für mehr als zwei zufällige Ereignisse möglich. Aus den Betrachtungen zum axiomatischen Wahrscheinlichkeitsbegriff (vgl. Abschnitt 6.2) können die folgenden Rechenregeln abgeleitet werden:

Elementare Rechenregeln

Ist $A \subseteq \Omega$ ein zufälliges Ereignis, so gilt für die Wahrscheinlichkeit seines Eintretens $0 \le P(A) \le 1$. Für die Wahrscheinlichkeit des unmöglichen Ereignisses $\oslash$ gilt $P(\oslash) = 0$. Für die Wahrscheinlichkeit des sicheren Ereignisses Ω gilt $P(\Omega) = 1$. Sind $A, B \subseteq \Omega$ zufällige Ereignisse, wobei das Ereignis A aus dem Ereignis B folgt, dann gilt wegen $A \subseteq B$ stets $P(A) \le P(B)$. Ist $A \subseteq \Omega$ ein zufälliges Ereignis und $\overline{A}$ das zum Ereignis A komplementäre Ereignis, dann gilt für die Wahrscheinlichkeit des komplementären Ereignisses $P(\overline{A}) = 1 - P(A)$.

Beispiel 6.3-1: Werfen eines Spielwürfels

 **Zufallsexperiment**. In Anlehnung an die Beispiele 6.1-1 und 6.2-3 besteht das Zufallsexperiment im einmaligen Werfen eines idealen und sechsseitigen Spielwürfels.

Unmögliches Ereignis. Interessiert man sich für die Wahrscheinlichkeit des Eintretens des Ereignisses S: *Die Augenzahl ist eine Sieben*, dann errechnet man wegen $S = \{ \ \} = \oslash$, $n(S) = 0$ und $n(\Omega) = 6$ (gleichmögliche Augenzahlen) eine klassische Wahrscheinlichkeit von

$$P(S) = n(S) / n(\Omega) = 0 / 6 = 0 = P(\oslash).$$

Dies ist einleuchtend, denn das Ereignis S stellt im Kontext des Zufallsexperiments ein unmögliches Ereignis dar, so dass sowohl die Anzahl $n(S)$ der für das Ereignis S günstigen Fäll als auch die Wahrscheinlichkeit $P(S)$ null ist.

Sicheres Ereignis. In logischer Konsequenz ist gemäß dem KOLMOGOROVschen Normierungsaxiom wegen

$$P(\Omega) = n(\Omega) / n(\Omega) = 6 / 6 = 1$$

die Wahrscheinlichkeit für das sichere Ereignis Ω gleich eins.

Ereignisse. Für die Ereignisse A, B, C, D und E aus dem Beispiel 6.2-3 berechnet man die folgenden klassischen Wahrscheinlichkeiten:

$$P(A) = n(A) / n(\Omega) = 1 / 6, \ P(B) = n(B) / n(\Omega) = 3 / 6,$$
$$P(C) = n(C) / n(\Omega) = 3 / 6, \ P(D) = n(D) / n(\Omega) = 2 / 6 \text{ sowie}$$
$$P(E) = n(E) / n(\Omega) = 5 / 6.$$

Da im gegebenen Fall das zufällige Ereignis B: *Die gewürfelte Augenzahl ist gerade.* im zufälligen Ereignis E: *Die gewürfelte Augenzahl ist keine Fünf.* eingeschlossen ist, gilt für die Wahrscheinlichkeiten der zufälligen Ereignisse die nachvollziehbare Relation

$$P(B) = 3 / 6 < P(E) = 5 / 6.$$

Komplementärereignis. Die Wahrscheinlichkeit

$$P(\overline{B}) = 1 - P(B) = 1 - 3 / 6 = P(C) = 3 / 6 = 0,5$$

des zum zufälligen Ereignis B komplementären zufälligen Ereignisses $\overline{B}$ ist im konkreten Fall gleich der Wahrscheinlichkeit des zufälligen Ereignisses C, das darin besteht, dass beim einmaligen Würfeln mit einem idealen und sechsseitigen Spielwürfel eine ungerade Augenzahl erscheint. ♣

Additionsregel

Ist $\Omega \neq \varnothing$ eine (nichtleere) Ergebnismenge eines Zufallsexperiments und kennzeichnen die Teilmengen A, B $\subseteq \Omega$ zwei zufällige Ereignisse, dann heißt die Gleichung $P(A \cup B) = P(A) + P(B) - P(A \cap B)$ allgemeine Additionsregel für Wahrscheinlichkeiten.

Hinweise. Für das Verständnis und für die Anwendung der allgemeinen Additionsregel, die auch als allgemeines Additionstheorem (grch.: *theorema* → Lehrsatz, Regel) oder allgemeiner Additionssatz oder als Siebformel bezeichnet wird, sind die folgenden Hinweise hilfreich: i) **Additionsaxiom.** Sind die Ereignisse A, B $\subseteq \Omega$ zwei disjunkte zufällige Ereignisse, gilt also A $\cap$ B = $\varnothing$, dann stimmt die allgemeine Additionsregel für zwei zufällige Ereignisse mit dem Additionsaxiom nach KOLMOGOROV (vgl. Abschnitt 6.2) überein. Aus diesem Grunde bezeichnet man das KOLMOGOROVsche Additionsaxiom $P(A \cup B) = P(A) + P(B)$ auch als Additionsregel für Wahrscheinlichkeiten zweier disjunkter zufälliger Ereignisse. ii) **Verallgemeinerung.** Für paarweise disjunkte zufällige Ereignisse A_i gilt wegen $A_i \cap A_j = \varnothing$, $i \neq j$ (i, j = 1,2,...,n) die folgende Verallgemeinerung: $P(A_1 \cup A_2 \cup ... \cup A_n) = P(A_1) + P(A_2) + ... + P(A_n)$. ◆

Beispiel 6.3-2: Additionsregel

Zufallsexperiment. Analog zu den Beispielen 6.1-1, 6.2-3 und 6.3-1 besteht das Zufallsexperiment im einmaligen Werfen eines idealen und sechsseitigen Spielwürfels.

Additionsregel. In Anlehnung an das Beispiel 6.2-3 errechnet man für die drei Zufallsereignisse A, B und A $\cap$ B die klassischen Wahrscheinlichkeiten

$$P(A) = n(A) / n(\Omega) = 1 / 6, P(B) = n(B) / n(\Omega) = 3 / 6 \text{ und}$$
$$P(A \cap B) = n(A \cap B) / n(\Omega) = 1 / 6,$$

so dass sich bei Anwendung der allgemeinen Additionsregel für das zufällige Ereignis A $\cup$ B eine Wahrscheinlichkeit von

$$P(A \cup B) = P(A) + P(B) - P(A \cap B) = 1 / 6 + 3 / 6 - 1 / 6 = 1 / 2 = 0,5$$

ergibt. Dieses Ergebnis leuchtet ein, da die zufälligen Ereignisse A und B das Ergebnis ω: *Augenzahl sechs* bzw. das Elementarereignis A $\cap$ B = {6} gemeinsam haben und diese „Doppelzählung" bei der Wahrscheinlichkeitsbestimmung berücksichtigt bzw. „bereinigt" werden muss.

Klassische Wahrscheinlichkeit. Zu einem gleichen Ergebnis gelangt man bei der Berechnung der klassischen Wahrscheinlichkeit für das zufällige Ereignis $A \cup B$, wobei wegen $n(A \cup B) = 3$ und $n(\Omega) = 6$ sich Wahrscheinlichkeit von

$$P(A \cup B) = n(A \cup B) / n(\Omega) = 3 / 6 = 1 / 2 = 0,5$$

ergibt. Demnach ist die Wahrscheinlichkeit dafür, dass beim einmaligen Werfen eines idealen Spielwürfels eine Sechs oder eine gerade Augenzahl „auf dem Spielwürfel oben erscheint", gleich 0,5.

Additionsaxiom. Ist man hingegen an der Wahrscheinlichkeit interessiert, mit der das zufällige Ereignis $A \cup D$ eintritt, dann errechnet man für die zufälligen Ereignisse A, D und $A \cap D$ die klassischen Wahrscheinlichkeiten

$$P(A) = n(A) / n(\Omega) = 1 / 6, \; P(D) = n(D) / n(\Omega) = 2 / 6,$$
$$P(A \cap D) = n(A \cap D) / n(\Omega) = 0 / 6 = 0$$

und mittels der allgemeinen Additionsregel eine Ereigniswahrscheinlichkeit von

$$P(A \cup D) = P(A) + P(D) - P(A \cap D) = 1 / 6 + 2 / 6 - 0 / 6 = 1 / 2 = 0,5.$$

Da wegen $A \cap D = \emptyset$ die zufälligen Ereignisse A und D disjunkt sind, gelangt man mittels des KOLMOGOROVschen Additionsaxioms

$$P(A \cup D) = P(A) + P(D) = 1 / 6 + 2 / 6 = 3 / 6 = 1 / 2 = 0,5$$

in logischer Konsequenz zu einem gleichen Ergebnis. ♣

Bedingte Wahrscheinlichkeit

Ist $\Omega \neq \emptyset$ eine (nichtleere) Ergebnismenge eines Zufallsexperiments und kennzeichnen die Teilmengen $A, B \subseteq \Omega$ zwei zufällige Ereignisse, dann heißt die Wahrscheinlichkeit

$$P(A \mid B) = P(A \cap B) / P(B) \text{ mit } P(B) > 0$$

für das Eintreten des zufälligen Ereignisses A unter der Bedingung, dass das zufällige Ereignis B bereits eingetreten ist, bedingte Wahrscheinlichkeit $P(A \mid B)$.

Hinweise. Für das Verständnis einer bedingten Wahrscheinlichkeit, die auch als Konditionalwahrscheinlichkeit (lat.: *conditio* → Bedingung) bezeichnet wird, erweisen sich die folgenden Hinweise als hilfreich: i) **VENN-Diagramm**. Das VENN-Diagramm innerhalb der Abbildung 6.3-1, das nach dem englischen Mathematiker John VENN (*1834, †1923) benannt ist, ermöglicht eine bildhafte Deutung einer bedingten Wahrscheinlichkeit.

Abbildung 6.3-1: VENN-Diagramm

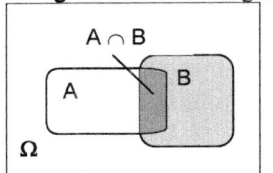

Demnach kann zum Beispiel die bedingte Wahrscheinlichkeit $P(A \mid B)$ als der Flächenanteil an der gesamten Fläche B gedeutet werden, der von der Fläche A überlagert wird, also gleichsam als der Anteil der Schnittfläche $A \cap B$ an der Fläche B. ii) **Verschiedenar-**

tigkeit. Wegen P(B | A) = P(A ∩ B) / P(A) und P(A) > 0 sind die bedingten Wahrscheinlichkeiten P(A | B) und P(B | A) in der Regel voneinander verschieden. iii) **Rechenregeln**. Für bedingte Wahrscheinlichkeiten gelten die gleichen Rechenregeln wie für unbedingte Wahrscheinlichkeiten. ♦

Beispiel 6.3-3: Würfeln mit zwei Spielwürfeln

Zufallsexperiment. Das Zufallsexperiment besteht im einmaligen Werfen zweier idealer, verschiedenfarbiger und sechsseitiger Würfel (etwa von schwarzer und weißer Farbe).

Ereignisse. Von Interesse sind die zufälligen Ereignisse A: *Die Summe der Augenzahlen ist vier.* und B: *Beide Augenzahlen sind gerade*. Die beiden in Rede stehenden zufälligen Ereignisse A und B lassen sich gemäß Abbildung 6.3-2 bezüglich ihrer „günstigen" Elementarereignisse {(s, w)}, die im konkreten Fall stets als geordnete Augenzahlpaare ω = (s, w) erscheinen, als Teilmengen der Ergebnismenge Ω wie folgt darstellen:

$$A = \{(1, 3), (2, 2), (3, 1)\} \text{ und}$$
$$B = \{(2, 2), (2, 4), (2, 6), (4, 2), (4, 4), (4, 6), (6, 2), (6, 4), (6, 6)\}.$$

Abbildung 6.3-2: Ergebnismenge(n)

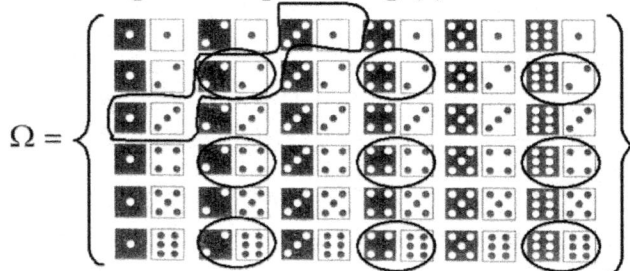

Bemerkenswert ist in diesem Zusammenhang, dass die Anzahl n(B) = 9 der Elementarereignisse, die für das zufällige Ereignis B „günstig" sind, unter Ausnutzung der Kombinatorik wegen n(B) = $V^W_{3,\,2}$ = 3² = 9 als eine Variation von drei Elementen (gerade Augenzahlen) zur zweiten Klasse (zwei Würfel) mit Wiederholung aufgedeckt werden kann. Analog errechnet sich die Anzahl n(Ω) aller im Kontext des Zufallsexperiments gleichmöglichen Elementarereignisse in Gestalt aller geordneten Augenzahlpaare (s, w) als eine Variation von 6 Elementen (Augenzahlen) zur 2. Klasse mit Wiederholung, so dass n(Ω) = 6² = 36 gilt.

Wahrscheinlichkeiten. Bei Anwendung des klassischen Wahrscheinlichkeitsbegriffs errechnet man für die zufälligen Ereignisse A und B die folgenden Ereigniswahrscheinlichkeiten:

$$P(A) = n(A) / n(\Omega) = 3 / 36 \text{ und } P(B) = n(B) / n(\Omega) = 9 / 36.$$

Wegen A ∩ B = {(2, 2)} und n(A ∩ B) = 1 ist die Wahrscheinlichkeit für das gemeinsame Eintreten von A und B eben

$$P(A \cap B) = n(A \cap B) / n(\Omega) = 1 / 36,$$

so dass sich letztlich die (stets voneinander wohl zu unterscheidenden) bedingten Wahrscheinlichkeiten

$$P(A \mid B) = \frac{1/36}{1/4} = \frac{1}{36} \cdot \frac{4}{1} = \frac{1}{9} \text{ und } P(B \mid A) = \frac{1/36}{1/12} = \frac{1}{36} \cdot \frac{12}{1} = \frac{1}{3}$$

ergeben. Demnach beträgt die Wahrscheinlichkeit dafür, dass zum Beispiel die Summe der Augenzahlen gleich vier ist, unter der Bedingung, dass beide Augenzahlen gerade sind, ein Neuntel. Dieses Ergebnis leuchtet ein, da es im konkreten Fall nur das eine günstige Elementarereignis $\{(2, 2)\}$ von den neun gleichmöglichen Elementarereignissen gibt, die das zufällige Ereignis B beschreiben.

Gleichmöglichkeit. Was allerdings im Kontext dieses Zufallsexperiments nicht immer sofort einleuchtet, ist das Faktum, dass zum Beispiel die Elementarereignisse $\{(2, 4)\}$ und $\{(4, 2)\}$ wohl voneinander zu unterscheiden sind, wenn die LAPLACEsche Forderung der Gleichmöglichkeit gegeben sein soll. ♣

Stochastische Unabhängigkeit
Ist $\Omega \neq \varnothing$ eine (nichtleere) Ergebnismenge eines Zufallsexperiments und kennzeichnen die Teilmengen A, B $\subseteq \Omega$ zwei zufällige Ereignisse, deren unbedingte Wahrscheinlichkeiten P(A) und P(B) sowie deren bedingte Wahrscheinlichkeiten P(A | B) und P(B | A) bekannt sind, dann heißen die Ereignisse A und B stochastisch unabhängig, wenn P(A | B) = P(A) bzw. P(B | A) = P(B) gilt.

Hinweise. Für das Verständnis des Begriffes der stochastischen Unabhängigkeit bzw. des Begriffes der stochastischen Abhängigkeit sind die folgenden Hinweise hilfreich: i) **Abhängigkeit.** Gilt P(A | B) $\neq$ P(A) bzw. gilt P(B | A) $\neq$ P(B), so heißen die zufälligen Ereignisse A und B stochastisch abhängig. ii) **Multiplikationsregel.** Aus der Definition der bedingten Wahrscheinlichkeit und der stochastischen Unabhängigkeit folgen unmittelbar die nachfolgend skizzierten Multiplikationsregeln für stochastisch unabhängige und stochastisch abhängige Ereignisse. iii) **Bedeutung.** Die stochastische Unabhängigkeit ist einer der fundamentalen Begriffe der Stochastik. Ihre Erweiterung auf mehr als zwei zufällige Ereignisse führt zum Begriff der vollständigen stochastischen Unabhängigkeit. Vollständig stochastisch unabhängige Ereignisse sind stets auch paarweise stochastisch voneinander unabhängig. Aus der paarweisen stochastischen Unabhängigkeit von Ereignissen folgt im Allgemeinen jedoch nicht deren vollständige stochastische Unabhängigkeit. ♦

Beispiel 6.3-4: Stochastische Unabhängigkeit
Ereignisse. In Weiterführung des Beispiels 6.3-3 interessieren zusätzlich die zufälligen Ereignisse C: *Der schwarze Würfel zeigt eine Sechs.* und D: *Der weiße Würfel zeigt eine Sechs.*, die gemäß Abbildung 6.3-3 als Ergebnisteilmengen formal wie folgt dargestellt werden können:

$$C = \{(6, 1), (6, 2), (6, 3), (6, 4), (6, 5), (6, 6)\}$$
$$D = \{(1, 6), (2, 6), (3, 6), (4, 6), (5, 6), (6, 6)\}$$

Abbildung 6.3-3: Ergebnismenge(n)

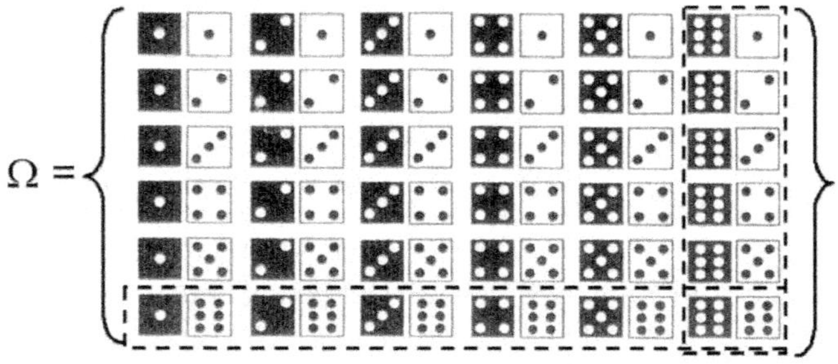

Wahrscheinlichkeiten. Wegen $n(C) = 6$ und $n(D) = 6$ errechnet man die folgenden klassischen Ereigniswahrscheinlichkeiten:

$$P(C) = n(C) / n(\Omega) = 6 / 36 \text{ und } P(D) = n(D) / n(\Omega) = 6 / 36.$$

Aufgrund dessen, dass im konkreten Fall augenscheinlich

$$P(C) = P(D) = 6 / 36 = 1 / 6$$

gilt, charakterisiert man die beiden zufälligen Ereignisse C und D hinsichtlich ihres Eintretens als gleichwahrscheinlich.

Unabhängigkeit. Ist man daran interessiert, die Wahrscheinlichkeit dafür zu berechnen, dass im besagten Zufallsexperiment das Ereignis $C \cap D = \{(6, 6)\}$ eintritt, das darin besteht, dass sowohl der schwarze als auch der weiße Würfel eine Sechs zeigt, so berechnet man wegen $n(C \cap D) = 1$ für einen Sechser-Pasch eine klassische Wahrscheinlichkeit von

$$P(C \cap D) = n(C \cap D) / n(\Omega) = 1 / 36.$$

Darauf aufbauend können die beiden (stets wohl voneinander zu unterscheidenden) bedingten Wahrscheinlichkeiten

$$P(C \mid D) = n(C \cap D) / n(D) = 1 / 6 \text{ und } P(D \mid C) = n(C \cap D) / n(C) = 1 / 6$$

berechnet werden. Da offensichtlich

$$P(C \mid D) = P(C) = 1 / 6 \text{ und } P(D \mid C) = P(D) = 1 / 6$$

gilt, hat man neben der logischen Überlegung auch die mathematische Bestätigung dafür gefunden, dass das Ereignis des Erscheinens einer Sechs auf dem schwarzen Würfel stochastisch unabhängig ist vom Erscheinen einer Sechs auf dem weißen Würfel und umgekehrt. Die stochastische Unabhängigkeit gilt für alle möglichen Augenzahlvariationen im betrachteten Zufallsexperiment. ♣

Multiplikationsregel

Ist $\Omega \neq \varnothing$ eine (nichtleere) Ergebnismenge eines Zufallsexperiments und kennzeichnen die Teilmengen A, $B \subseteq \Omega$ zwei zufällige Ereignisse, deren unbedingte Wahrscheinlichkeiten P(A) und P(B) sowie deren bedingte Wahrscheinlichkeiten $P(A \mid B)$ und $P(B \mid A)$ bekannt sind, dann heißt die Gleichung

$$P(A \cap B) = P(A) \times P(B \mid A) = P(A \mid B) \times P(B)$$

allgemeine Multiplikationsregel für Wahrscheinlichkeiten.

Hinweise. Für das Verständnis und die Anwendung der allgemeinen Multiplikationsregel, die auch als allgemeines Multiplikationstheorem bezeichnet wird, sind
die folgenden Hinweise nützlich: i) **Applikation.** Die allgemeine Multiplikationsregel, die unmittelbar aus dem Begriff einer bedingten Wahrscheinlichkeit folgt, kann auf
die Betrachtung von mehr als zwei zufälligen Ereignissen erweitert werden. Sie findet
überall dort Anwendung, wo es Wahrscheinlichkeiten für das gemeinsame Eintreten von
zufälligen Ereignissen zu berechnen gilt. ii) **Spezialfall.** Sind A, B $\subseteq \Omega$ zwei stochastisch
unabhängige zufällige Ereignisse einer Ergebnismenge Ω, deren unbedingte Wahrscheinlichkeiten P(A) und P(B) bekannt sind, dann heißt die Gleichung

$$P(A \cap B) = P(A) \times P(B)$$

Multiplikationsregel für zwei stochastisch unabhängige zufällige Ereignisse. Sie ist ein
Spezialfall der allgemeinen Multiplikationsregel und spielt in der statistischen Methodenlehre eine außerordentlich wichtige Rolle. In praxi findet die Multiplikationsregel für
stochastisch unabhängige zufällige Ereignisse überall dort eine Anwendung, wo es die
Wahrscheinlichkeit für das gemeinsame Eintreten von unabhängigen zufälligen Ereignissen zu berechnen gilt. Dies ist auch eine Erklärung dafür, warum in der Stochastik die
stochastische Unabhängigkeit etwa zweier zufälliger Ereignisse wie folgt dargestellt wird:
Zwei zufällige Ereignisse heißen stochastisch voneinander unabhängig, wenn das Produkt
ihrer unbedingten Wahrscheinlichkeiten gleich der Wahrscheinlichkeit ihres gemeinsamen Eintretens ist. ♦

Beispiel 6.3-5: Multiplikationsregel

Zufallsexperiment. In Anlehnung an die Beispiele 6.3-3 und 6.3-4
besteht das Zufallsexperiment wiederum im einmaligen Werfen
zweier verschiedenfarbiger idealer sechsseitiger Würfel (etwa eines
schwarzen und eines weißen Spielwürfels).

Ereignisse. Von Interesse sind die zufälligen Ereignisse A: *Die Augensumme
ist vier.* und B: *Die Augensumme ist größer als 10.*, die es unter Verwendung der
allgemeinen Multiplikationsregel auf stochastische Unabhängigkeit zu untersu-
chen gilt. Analog zu den vorhergehenden Betrachtungen und Beispielen erweist
es sich auch in diesem Fall als vorteilhaft und geboten, die eingangs verbal be-
schriebenen Ereignisdefinitionen noch durch die folgenden formalen Darstellungen in Gestalt von zwei Ergebnismengen zu ergänzen:

$$A = \{(s, w) \in \Omega : s + w = 4\} = \{(1, 3), (2, 2), (3, 1)\} \text{ und}$$
$$B = \{(s, w) \in \Omega : s + w > 10\} = \{(5, 6), (6, 5), (6, 6)\}.$$

Wahrscheinlichkeiten. Die klassische Wahrscheinlichkeit dafür, dass im Zufallsexperiment die Ereignisse A und B gleichzeitig eintreten, ist wegen

$$P(A \cap B) = n(A \cap B) / n(\Omega) = 0 / 36 = 0$$

gleich null, da offenbar das zufällige Ereignis $A \cap B = \emptyset$ ihres „gemeinsamen
bzw. gleichzeitigen Eintretens" eine leere Ergebnismenge $\emptyset = \{ \}$ und damit ein
unmögliches Ereignis ist. Man sagt daher auch: Die zufälligen Ereignisse A und
B sind disjunkte zufällige Ereignisse. Aufgrund dessen, dass

$$P(A) = n(A) / n(\Omega) = 3 / 36 = 1 / 12 \text{ und}$$

$$P(B) = n(B) / n(\Omega) = 3 / 36 = 1 / 12$$

die unbedingten Ereigniswahrscheinlichkeiten sind und offensichtlich

$$P(A \cap B) = 0 \neq P(A) \times P(B) = (1 / 12) \times (1 / 12) = 1 / 144$$

gilt, deutet man die beiden zufälligen Ereignisse A und B als stochastisch voneinander nicht unabhängig bzw. als stochastisch voneinander abhängig.

> **Hinweis.** Nicht immer leuchtet der nachfolgend erläuterte wahrscheinlichkeitstheoretische Sachverhalt sofort ein, weshalb an dieser Stelle nochmals darauf verwiesen werden soll: Wohl sind im konkreten Fall die zufälligen Ereignisse A und B disjunkte zufällige Ereignisse, aber sie sind stochastisch nicht voneinander unabhängig. Dies leuchtet in diesem Kontext ein, denn mit dem Eintreten des zufälligen Ereignisses A kann das zufällige Ereignis B nicht mehr eintreten. Damit ist das Eintreten des Ereignisses B vom Eintritt des Ereignisses A stochastisch abhängig. Man sagt daher auch: Die zufälligen Ereignisse A und B sind hinsichtlich ihres Eintretens stochastisch nicht voneinander unabhängig bzw. stochastisch voneinander abhängig. ♣

Beispiel 6.3-6: Münzwurfexperiment

Motivation. Im Bestreben, seinen Studenten einerseits die Multiplikationsregel für unabhängige zufällige Ereignisse und andererseits die Kernaussage des schwachen Gesetzes großer Zahlen anschaulich zu erläutern, bedient sich ein Professor in einer seiner Vorlesungen zur Statistik des folgenden Zufallsexperiments: Er bittet (analog zur Abbildung 6.3-4) alle im Hörsaal anwesenden Studierenden, sich von ihren Plätzen zu erheben, eine 1-€-Münze in die Hand zu nehmen und auf Zuruf einmal die Münze zu werfen. Alle die Studierenden, die ein „Wappen" geworfen haben, werden gebeten, wieder Platz zu nehmen. Danach lässt er alle „noch Stehenden" zählen, die vereinbarungsgemäß beim Münzwurf eine „Zahl" geworfen haben. Nach der protokollierten Auszählung wird das Prozedere so oft wiederholt, bis die Menge der „noch Stehenden" allein mit bzw. an den „fünf Fingern einer Hand" abzählbar sind.

Abbildung 6.3-4: Münzwurfexperiment, Zyklus 0

Ergebnisse. Die Tabelle 6.3-1 beinhaltet sowohl die empirisch beobachteten als auch die theoretisch erwarteten (und ganzzahlig gerundeten) Ergebnisse des Münzwurfexperiments, die statistisch und sachlogisch wie folgt interpretiert werden können:

Tabelle 6.3-1: Ergebnisprotokoll

Zyklus	k	0	1	2	3	4	5
beobachtet	n_k	202	95	47	28	15	4
erwartet	n^e_k	202	101	51	25	13	6

Zyklus 0. Am Münzwurfexperiment haben insgesamt $n = n_0 = 202$ Studierende teilgenommen, die der Anschaulichkeit halber in der Abbildung 6.3-4 als ein „stehendes Probandenensemble" der Ordnung $k = 0$ plakativ dargestellt sind.

Zyklus 1. Nach dem ersten Zyklus wurden insgesamt $n_1 = 95$ Studierende gezählt, die „stehend bekundeten", beim Münzwurf das Ergebnis ω = Zahl erzielt zu haben. Da im praktizierten Zufallsexperiment des einmaligen Werfens einer Münze, die Ergebnismenge Ω = {Z(ahl), W(appen)} zwei gleichmögliche Ergebnisse beinhaltet, beträgt die klassische Wahrscheinlichkeit dafür, dass das zufällige Elementarereignis Z = {Zahl} eintritt,

$$P(Z) = n(Z) / n(\Omega) = 1 / 2 = 0{,}5.$$

Demnach hätten nach dem ersten Münzwurf theoretisch und erwartungsgemäß

$$n^e_1 = 0{,}5 \times 202 = 101$$

Studierende stehenbleiben müssen. Der absolute Ergebnisunterschied von

$$| n_1 - n^e_1 | = | 95 - 101 | = 6$$

„Probanden" wird dabei als ein Resultat des „freien Spiels des Zufalls" gedeutet.

Zyklus 2. Unter der Prämisse, dass aufeinanderfolgende Münzwürfe voneinander unabhängig ablaufen, besteht gemäß der sogenannten Multiplikationsregel für stochastisch unabhängige zufällige Ereignisse die Wahrscheinlichkeit dafür, dass bei zwei Münzwürfen sowohl im ersten als auch im zweiten Münzwurf das zufällige Ereignis Z = {Zahl} eintritt,

$$P(Z_1 \cap Z_2) = P(Z_1) \times P(Z_2) = 0{,}5 \times 0{,}5 = (0{,}5)^2 = 0{,}25.$$

Unter dieser Prämisse hätten wegen

$$n^e_2 = 0{,}25 \times 202 = 50{,}5 \approx 51$$

theoretisch und erwartungsgemäß etwa 51 aller 202 Probanden nach dem zweiten Zyklus des Münzwurfexperiments „noch stehenbleiben müssen". Der absolute Ergebnisunterschied von

$$| n_2 - n^e_2 | = | 47 - 51 | = 4$$

„Probanden" wird dabei wiederum als ein Resultat des „freien Spiels des Zufalls" gedeutet. Analog sind die restlichen Befunde im Ergebnisprotokoll zu interpretieren, wobei der Anschaulichkeit halber in der Abbildung 6.3-5 das an den fünf Fingern einer Hand abzählbare Ensemble von nur noch $n_5 = 4$ „stehenden Probanden" bildhaft belegt wird, die indizierten, auch im „finalen" Münzwurfzyklus der Ordnung k = 5 das zufällige Ergebnis Z(ahl) erzielt zu haben, das wegen

$$| n_5 - n^e_5 | = | 4 - 6 | = 2$$

erstaunlich nahe am theoretisch zu erwartenden Ergebnis von $n^e_5 = 6$ „stehenden Probanden" liegt.

Abbildung 6.3-5: Münzwurfexperiment, Zyklus 5

Verteilungsgesetz. Das praktizierte Zufallsexperiment kann als ein empirischer Beleg dafür angesehen werden, dass ein k-maliges Erscheinen „in Folge" des Ergebnisses „Zahl" bei einer hinreichend großen Anzahl n von unabhängigen Münzwürfen dem theoretischen Verteilungsgesetz

$$n^e_k = n \times (0,5)^k \text{ mit } k = 0,1,2,...$$

genügt, wobei der Spezialfall k = 0 wegen

$$n^e_0 = n \times (0,5)^0 = n \times 1 = n$$

die Anzahl n der Münzwürfe bzw. die Basismenge n der „Münzwurf-Probanden" im praktizierten Zufallsexperiment markiert.

Abbildung 6.3-6: Ergebnispyramide

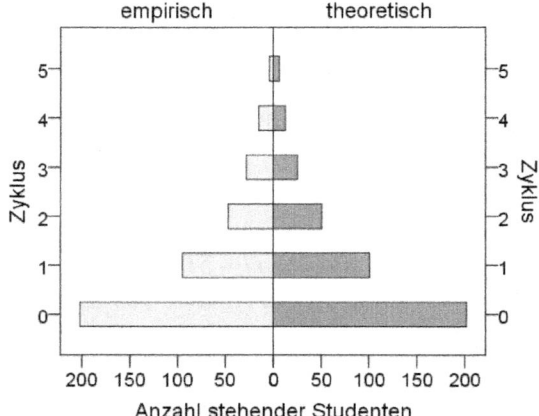

Ergebnispyramide. Die in der Abbildung 6.3-6 spiegelbildlich dargestellten und nahezu kongruenten Anzahlen „stehender Studenten", die in den fünf Zyklen des Münzwurfexperiments jeweils „in Folge eine Zahl geworfen haben" verdeutlichen auf grafischem Wege anschaulich das Verteilungsgesetz sowohl in seinem theoretischen als auch in seinem gemäß dem schwachen Gesetz großer Zahlen empirisch ermittelten Erscheinungsbild. ♣

Totale Wahrscheinlichkeit

Sind $A_i \subseteq \Omega$ (i = 1,2,...,n) paarweise disjunkte zufällige Ereignisse einer Ergebnismenge Ω mit den Wahrscheinlichkeiten $P(A_i)$, wobei

$$P(A_1) + ... + P(A_n) = 1$$

gilt, und ist $B \subseteq \Omega$ ein zufälliges Ereignis, dessen bedingte Wahrscheinlichkeiten $P(B \mid A_i)$ bezüglich der Ereignisse A_i bekannt sind, dann heißt die Gleichung

$$P(B) = P(A_1) \times P(B \mid A_1) + P(A_2) \times P(B \mid A_2) + ... + P(A_n) \times P(B \mid A_n)$$

Formel der totalen Wahrscheinlichkeit (für das zufällige Ereignis B).

Hinweis. Für das Verständnis der Formel der totalen Wahrscheinlichkeit, die auch als Theorem von der totalen Wahrscheinlichkeit bezeichnet wird, erweist sich das VENN-Diagramm in der Abbildung 6.3-7, das die totale Wahrscheinlichkeit für ein zufälliges Ereignis B skizziert, als nützlich.

Abbildung 6.3-7: VENN-Diagramm

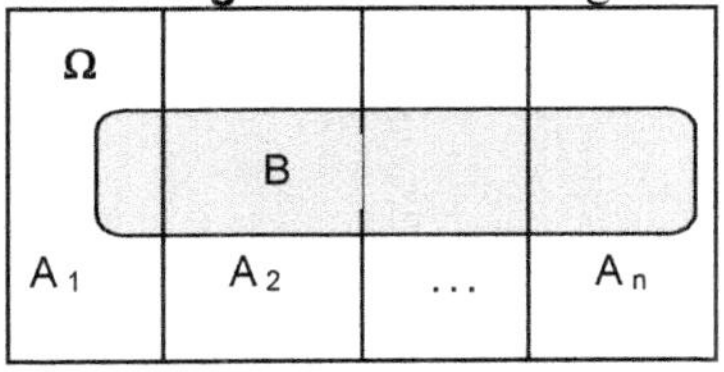

Unter der Prämisse einer vollständigen disjunkten Zerlegung der Ergebnismenge Ω in n disjunkte Teilmengen (Ereignisse) A_i (i = 1,2, ..,n) tritt das Ereignis B offensichtlich gemeinsam mit einem der disjunkten Ereignisse A_i ein, so dass das Ereignis B als Vereinigungsmenge der n paarweise disjunkten Ereignisse $B \cap A_i$ dargestellt werden kann, woraus sich gemäß dem KOLMOGOROVschen Additionsaxiom (vgl. Abschnitt 6.2) und der vorhergehend skizzierten allgemeinen Multiplikationsregel die Formel der totalen Wahrscheinlichkeit ableiten lässt. ♦

Beispiel 6.3-7: Totale Wahrscheinlichkeit

Zufallsexperiment. Die befreundeten Studentinnen LYDIA und ELISABETH jobben zusammen in einer stark frequentierten Geschenk-Boutique im Zentrum Berlins. Ihre alleinige Aufgabe besteht im wunschgemäßen Verpacken von gekauften Geschenken. Das Zufallsexperiment bestehe darin, dass aus der Menge der im Verlaufe einer Schicht von LYDIA und von ELISABETH wunschgemäß verpackten Geschenke ein Geschenk zufällig ausgewählt wird.

Ereignisse. Im Kontext des Zufallsexperiments sind die folgenden Ereignisse von weiterem Interesse: L, E: *Ein zufällig ausgewählt und wunschgemäß ver-*

packtes Geschenk wurde von L(YDIA) bzw. von E(LISABETH) verpackt. G: *Ein zu-fällig ausgewähltes und wunschgemäß verpacktes G(eschenk) ist mit einem Preisschild versehen.*

Beobachtungen. In der Abbildung 6.3-8 sind die empirisch beobachteten Quoten der Verpackungsleistungen und der „Missgeschicke" der beiden Studentinnen im Verlaufe einer Schicht bildhaft zusammengefasst.

Abbildung 6.3-8: Empirische Befunde

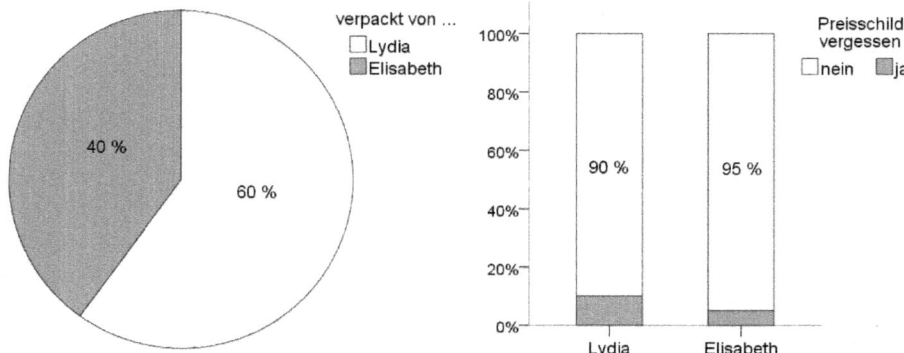

Obgleich LYDIA im Verlaufe einer Schicht sechzig von einhundert gekauften Geschenke wunschgemäß verpackt, versäumt sie es im Unterschied zu ELISABETH, die in einhundert Fällen fünfmal vergisst, das Preisschild zu entfernen, dies zweimal so häufig.

Wahrscheinlichkeiten. Aufgrund dessen, dass die Geschenk-Boutique stark frequentiert wird, ist es gemäß dem schwachen Gesetz großer Zahlen (vgl. Abschnitt 6.6) sinnvoll, die beobachteten Quoten in Gestalt von prozentualen relativen Häufigkeiten p*(...) bzw. die relativen Häufigkeiten p(...) als Schätzwerte für die unbekannten Ereigniswahrscheinlichkeiten P(...) zu verwenden, wobei

$$p^*(L) = 60\,\% = p(L) = 0,6 \approx P(L) = 0,6 \text{ und}$$
$$p^*(E) = 40\,\% = p(E) = 0,4 \approx P(E) = 0,4 \text{ sowie}$$
$$p^*(G \mid L) = 10\,\% = p(G \mid L) = 2 \times (5\,/\,100) \approx P(G \mid L) = 0,10 \text{ und}$$
$$p^*(G \mid E) = 5\,\% = p(G \mid E) = 5\,/\,100 \approx P(G \mid E) = 0,05$$

gilt. Diese Herangehensweise erweist sich in praxi immer dann als sehr nützlich und zielführend, wenn man keine modelltheoretisch begründeten Kenntnisse über die interessierenden Ereigniswahrscheinlichkeiten besitzt.

Totale Wahrscheinlichkeit. Ist man unter den gegebenen Bedingungen daran interessiert, die Wahrscheinlichkeit dafür anzugeben, dass ein Geschenk, das zufällig aus den wunschgemäß verpackten Geschenken ausgewählt wurde, noch mit einem Preisschild versehen ist (was beim Öffnen eines überreichten Geschenks sehr peinlich sein kann), dann berechnet man mit Hilfe der Formel der totalen Wahrscheinlichkeit für das Ereignis G eine „totale" Wahrscheinlichkeit von

$$P(G) = P(G \mid L) \times P(L) + P(G \mid E) \times P(E) = 0{,}10 \times 0{,}6 + 0{,}05 \times 0{,}4 = 0{,}08.$$

Beachtenswert ist dabei, dass die berechnete totale Wahrscheinlichkeit ihrem Wesen nach ein gewogenes arithmetisches Mittel aus den beiden bedingten Wahrscheinlichkeiten $P(G \mid L)$ bzw. $P(G \mid E)$ ist, die jeweils mit den zugehörigen unbedingten Wahrscheinlichkeiten $P(L)$ und $P(E)$ gewichtet werden. Da wegen $L \cap E = \varnothing$ die zufälligen Ereignisse L und E disjunkt sind, ist es gemäß dem KOLMOGOROVschen Additionsaxiom wegen

$$P(L \cup E) = P(L) + P(E) = 0{,}6 + 0{,}4 = 1 = P(\Omega)$$

„sicher", dass ein Geschenk entweder von LYDIA oder von ELISABETH verpackt worden sein muss. Das „peinliche" Ereignis G tritt demnach stets mit einem der Ereignisse E oder L ein, wobei sich seine Wahrscheinlichkeit „total bzw. durchschnittlich" auf 0,08 beläuft. Demnach wären aus statistischer Sicht 8 % aller verpackten Geschenke „missgeschicksbedingt" noch preisschildbehaftet. ♣

BAYESsche Formel

Sind $A_i \subseteq \Omega$ (i = 1,2,...,n) paarweise disjunkte zufällige Ereignisse einer Ergebnismenge Ω mit den Wahrscheinlichkeiten $P(A_i)$, wobei $P(A_1) + ... + P(A_n) = 1$ gilt, und ist $B \subseteq \Omega$ ein zufälliges Ereignis, dessen bedingte Wahrscheinlichkeiten $P(B \mid A_i)$ bezüglich der Ereignisse A_i bekannt sind, dann heißt die Gleichung

$$P(A_k \mid B) = \frac{P(B \mid A_k) \times P(A_k)}{\sum\limits_{i=1}^{n} P(B \mid A_i) \times P(A_i)} = \frac{P(B \mid A_k) \times P(A_k)}{P(B)} \text{ mit } k = 1,2,...,n$$

Formel von BAYES oder kurz: BAYESsche Formel.

Hinweise. Für das Verständnis der BAYESschen Formel sind die folgenden Hinweise hilfreich: i) **A-priori-Wahrscheinlichkeit.** Die Wahrscheinlichkeiten $P(A_i)$ bezeichnet man auch als a-priori-Wahrscheinlichkeiten (lat.: *a priori* → vom Früheren her). Dies rührt daher, dass die Ereignisse A_i im Kontext eines Zufallsexperiments wohl meist nicht direkt beobachtet, aber ihre Wahrscheinlichkeiten $P(A_i)$ „im Vorhinein" berechnet werden können bzw. bekannt sind. ii) **A-posteriori- Wahrscheinlichkeit.** Die bedingten Wahrscheinlichkeiten $P(A_k \mid B)$ bezeichnet man auch als a-posteriori-Wahrscheinlichkeiten (lat.: *a posteriori* → vom Späteren her). Dies rührt aus ihrer Verwendung zur Abschätzung von Risikoentscheidungen, nachdem das Ereignis B bereits beobachtet wurde bzw. bereits eingetreten ist. iii) **Applikation.** Die BAYESsche Formel findet in praxi bei der Bestimmung von Wahrscheinlichkeiten im Rahmen von Risikoentscheidungen eine breite Anwendung. Die Regel für eine Risikoentscheidung im Kontext der BAYESschen Formel lautet: Ist das Ereignis B eingetreten, so ist dasjenige Ereignis unter den Ereignissen A_i eingetreten, das unter dieser Bedingung die größte Wahrscheinlichkeit besitzt. Das Prinzip der größten Wahrscheinlichkeit wird auch als Maximum-Likelihood-Prinzip (engl.: *likelihood* → Mutmaßlichkeit) bezeichnet. iv) **Historie.** Die BAYESsche Formel geht auf den englischen Presbyterianer-Geistlichen Reverend Thomas BAYES (*1701, †1761) zurück, der in einem „post mortem" publizierten Essay versuchte, mit Hilfe der Wahrscheinlichkeitstheorie die „Existenz Gottes nachzuweisen". ♦

Beispiel 6.3-8: Formel von BAYES

Motivation. Einmal angenommen, Sie haben sich in einer Boutique ein Geschenk gekauft, es wunschgemäß verpacken lassen und sind bei der Geschenkübergabe peinlich berührt, weil das Preisschild noch anhängig ist.

BAYESsche Formel. Mit Hilfe der BAYESschen Formel ist es unter Verwendung der Informationen aus dem Beispiel 6.3-7 möglich, die beiden sogenannten a-posteriori-Wahrscheinlichkeiten

$$P(L \mid G) = P(G \mid L) \times P(L) / P(G) = 0{,}10 \times 0{,}6 / 0{,}08 = 0{,}75$$

und

$$P(E \mid G) = P(G \mid E) \times P(E) / P(G) = 0{,}05 \times 0{,}4 / 0{,}08 = 0{,}25$$

zu berechnen und auf deren Grundlage eine Risikoentscheidung zu treffen.

Risikoentscheidung. Da die bedingte Wahrscheinlichkeit $P(L \mid G) = 0{,}75$ von den beiden berechneten a-posteriori-Wahrscheinlichkeiten am größten ist, hätte man ceteris paribus (lat.: *ceteris paribus* → (wenn) das Übrige gleich (ist)) die peinliche Situation, dass ein wunschgemäß verpacktes Geschenk mit einem Preisschild versehen ist (Ereignis G), aller Wahrscheinlichkeit nach LYDIAS Schusseligkeit zu verdanken. Gleichwohl es durchaus auch möglich ist, dass die peinliche Situation (Ereignis G) eine Folge der Nachlässigkeit von ELISABETH ist, würde man unter den gegebenen Bedingungen erwartungsgemäß bei vier preisbeschilderten Geschenken LYDIA dreimal zu Recht und nur einmal zu Unrecht beschuldigen. Die Chancen, dass ein aus der Menge der preisschildbehafteten Geschenke zufällig ausgewähltes Geschenk von LYDIA verpackt worden sein muss, belaufen sich im gegebenen Fall wegen

$$P(L \mid G) / (1 - P(L \mid G)) = 0{,}75 / 0{,}25 = 3 : 1$$

augenscheinlich auf „drei zu eins". Offensichtlich ist im stochastischen Sinne das Identifizieren einer „schuldigen" Person eine Risikoentscheidung, wobei diese gemäß dem sogenannten Maximum-Likelihood-Prinzip im konkreten Fall eindeutig zu Ungunsten von LYDIA ausgeht.

Hinweis. Beachtenswert ist in diesem Zusammenhang, dass für die a-posteriori-Wahrscheinlichkeiten, die ihrem Wesen nach Konditionalwahrscheinlichkeiten sind, die gleichen Rechenregeln gelten wie für unbedingte Wahrscheinlichkeiten. So überzeugt man sich im konkreten Fall leicht von der Tatsache, dass sich einerseits die beiden Ereignisse (L | G) und (E | G) gegenseitig ausschließen und daher ihr gemeinsames Eintreten $(L \mid G) \cap (E \mid G) = \varnothing$ ein unmögliches Ereignis darstellt und dass sich andererseits gemäß dem KOLMOGOROVschen Normierungs- und Additionsaxiom die beiden a-posteriori-Wahrscheinlichkeiten wegen

$$P(L \mid G) + P(E \mid G) = 0{,}75 + 0{,}25 = 1$$

zu eins addieren und somit die Wahrscheinlichkeit eines „sicheren Ereignisses" kennzeichnen. Wegen $(L \mid G) \cup (E \mid G) = \Omega$ ist es „sicher", dass ein wunschgemäß verpacktes Geschenk, das mit einem Preisschild versehen ist, entweder von LYDIA oder von ELISABETH verpackt worden sein muss. ♣

6.4   Zufallsgrößen

Motivation. Der Betrachtung von Zufallsgrößen und ihrer Wahrscheinlichkeitsverteilungen kommt in der Stochastik eine besondere theoretische und praktische Bedeutung zu. Eine Zufallsgröße ist eine zufällig variierende Größe, die in Gestalt eines natürlichen und/oder eines suggestiven Konstrukts zur mathematischen Beschreibung von zufälligen Ereignissen dient.

Zufallsgröße

Ist Ω die Ergebnismenge eines Zufallsexperiments, so heißt eine Funktion X, die jedem Ergebnis $\omega \in \Omega$ eine reelle Zahl $X(\omega)$ derart zuordnet, dass $X : \Omega \to \mathbb{R}$ und $\omega \to X(\omega)$ gilt, eine Zufallsgröße X (auf Ω).

Hinweise. Für das Verständnis einer Zufallsgröße, die auch als Zufallsvariable bezeichnet wird, sind die folgenden Hinweise hilfreich und nützlich: i) **Symbolik.** In der Stochastik ist es üblich, Zufallsgrößen mit den großen lateinischen Endbuchstaben X, Y, Z (und nicht mit den in der Funktionalanalysis üblichen Symbolen f, g bzw. h) zu bezeichnen. ii) **Charakteristika.** Eine Zufallsgröße ist keine Unbekannte, kein Platzhalter bzw. keine Variable im Sinne der Algebra, sondern eine Abbildung bzw. eine Funktion, deren Argumente bzw. Werte auf der Ergebnismenge Ω variieren und in diesem Sinne „variabel" sind. Als mathematisches Konstrukt ist eine Zufallsgröße X eine reellwertige Funktion. Dabei bilden die Ergebnismenge Ω den Definitionsbereich und die Menge der reellen Zahlen $\mathbb{R}$ den Wertebereich der Abbildung bzw. Funktion X, die im Falle einer endlichen Ergebnismenge Ω häufig deutlich weniger Funktionswerte $X(\omega) \in \mathbb{R}$ besitzt als die Ergebnismenge Ω Ergebnisse ω enthält. iii) **Realisation.** Ein reeller Funktionswert $X(\omega) = a \in \mathbb{R}$ bezeichnet eine Realisation bzw. eine Realisierung einer Zufallsgröße X. Realisationen einer Zufallsgröße werden in der Regel mit lateinischen Kleinbuchstaben bezeichnet. Beachtenswert ist dabei, dass Realisationen einer Zufallsgröße X stets reelle Zahlen sind. Das Symbol a steht dabei für eine beliebige reelle Zahl, wobei $-\infty < a < \infty$ gilt. Dabei wird nichts darüber ausgesagt, um welche Zufallsgröße (etwa X oder Y) es sich handelt. iv) **Arten.** Ein wesentliches Charakteristikum einer Zufallsgröße ist die Menge der Realisationen, die sie im Zuge eines Zufallsexperiments annehmen kann. Dies führt zum Begriff einer diskreten bzw. einer stetigen Zufallsgröße (vgl. Beispiele 6.4-1 und 6.4-2). v) **Wahrscheinlichkeitsverteilung.** Zur vollständigen Charakterisierung einer Zufallsgröße X gehört neben der Kenntnis ihres Wertebereichs auch die Kenntnis ihrer Wahrscheinlichkeitsverteilung. Ist die Wahrscheinlichkeitsverteilung bekannt, dann kann eine Zufallsgröße X bereits eindeutig durch ihre Verteilungsfunktion F_X beschrieben werden. Im Abschnitt 6.5 werden für diskrete und stetige Zufallsgrößen ausgewählte theoretische Verteilungsmodelle paradigmatisch skizziert. ♦

Verteilungsfunktion

Ist X eine Zufallsgröße, so heißt die für jede reelle Zahl $a \in \mathbb{R}$ definierte Funktion $F_X: \mathbb{R} \to [0; 1]$ und $a \to F_X(a) = P(X \le a) = P(\{\omega \in \Omega : X(\omega) \le a\})$ Verteilungsfunktion F_X der Zufallsgröße X und der Wert $F_X(a)$ Wert der Verteilungsfunktion F_X an der Stelle $a \in \mathbb{R}$.

Hinweise. Für das Verständnis der Verteilungsfunktion einer Zufallsgröße sind die folgenden Hinweise hilfreich: i) **Interpretation**. Der Wert $F_X(a)$ der Verteilungsfunktion F_X an der Stelle $a \in \mathbb{R}$ gibt die Wahrscheinlichkeit $P(X \leq a)$ dafür an, dass der im Zuge eines Zufallsexperiments von der Zufallsgröße X angenommene Wert nicht größer als die reelle Zahl a ausfällt. Beachtenswert ist dabei, dass das Symbol a für irgendeine reelle Zahl steht, wobei $-\infty < a < \infty$ gilt, und dabei nichts darüber ausgesagt wird, um welche Zufallsgröße es sich handelt. Im Falle einer Zufallsgröße Y würde man den Sachverhalt wie folgt notieren:

$$F_Y(a) = P(Y \leq a).$$

ii) **Eigenschaften**. Gleichfalls wie eine empirische Verteilungsfunktion (vgl. Abbildung 5.2.2-2) ist auch eine theoretische Verteilungsfunktion eine monoton nicht fallende Funktion, die nur Werte im Bereich [0; 1] annimmt. Jede reellwertige und monoton nicht fallende Funktion $F_X: a \to F_X(a)$, die einer reellen Zahl $a \in \mathbb{R}$ die Wahrscheinlichkeit

$$F_X(a) := P(X \leq a)$$

zuordnet, ist eine Verteilungsfunktion. iii) **Rechenregeln**. Bei der Berechnung von Wahrscheinlichkeiten auf der Basis einer Verteilungsfunktion F_X einer diskreten bzw. einer stetigen Zufallsgröße X sind die folgenden neun Rechenregeln allgemeingültig und für praktisches statistisches Arbeiten sehr hilfreich, wobei stets $a, b \in \mathbb{R}$ und $a \leq b$ gilt:

1. Die Wahrscheinlichkeit $P(X = a)$ kann geometrisch als die Sprunghöhe der Verteilungsfunktion F_X an der Stelle a gedeutet werden.
2. $P(X \leq a) = F_X(a)$
3. $P(X < a) = F_X(a) - P(X = a)$
4. $P(X > a) = 1 - F_X(a)$
5. $P(X \geq a) = 1 - F_X(a) + P(X = a)$
6. $P(a < X \leq b) = F_X(b) - F_X(a)$
7. $P(a \leq X \leq b) = F_X(b) - F_X(a) + P(X = a)$
8. $P(a < X < b) = F_X(b) - F_X(a) - P(X = b)$
9. $P(a \leq X < b) = F_X(b) - F_X(a) + P(X = a) - P(X = b).$ ♦

Beispiel 6.4-1: Diskrete Zufallsgröße

Motivation. Studienfreunde von Ihnen sind jung vermählt. Sie träumen davon, gemeinsam drei Kinder zu haben. Dies ist für Sie Anlass, anhand der Abbildung 6.4-1 die folgenden interessanten Überlegungen im Kontext der Familienplanung anzustellen, wobei Sie der Einfachheit halber davon ausgehen, dass der Kinderwunsch durch drei unabhängige und chronologisch ablaufende Einfachgeburten erfüllt wird. Mehrlingsgeburten sind somit ohne Belang.

Zufallsexperiment. Aufgrund dessen, dass eine Geburt in der Regel eine um neun Monate verzögerte Ergebnisoffenbarung ist, leuchtet es ein, nicht die Geburt selbst, sondern den zeitlich vorgelagerten Zeugungsakt als ein Zufallsexperiment zu deuten, das (zumindest theoretisch) beliebig oft (unter möglichst gleichen Bedingungen) wiederholbar und dessen Ausgang in Gestalt eines lebendgeborenen Knaben oder eines lebendgeborenen Mädchens unbestimmt ist.

Sexualproportion. Deutet man die Sexualproportion, die auf Johann Peter SÜßMILCH (*1707, †1767) zurückgeht (vgl. Kapitel 1) und wonach derzeit in Deutschland 1055 Knaben gegen 1000 Mädchen „das Licht der Welt erblicken", als eine Chance von 1055 zu 1000 für die Geburt eines K(naben), so beträgt die Wahrscheinlichkeit für eine Knabengeburt

$$P(K) = 1055 / (1055 + 1000) \approx 0,5134$$

und die Wahrscheinlichkeit für Geburt eines M(ädchens)

$$P(M) = 1000 / (1055 + 1000) \approx 0,4866.$$

Aufgrund dessen, dass bei einer Einfachgeburt entweder nur ein Knabe oder ein Mädchen geboren werden kann und dass mit $(K \cap M) = \emptyset$ ein gemeinsames Eintreten der Geburtsergebnisse „Knabe und Mädchen" bei einer Einfachgeburt unmöglich ist, kennzeichnet man die Geburt eines Knaben bzw. eines Mädchens bei einer Einfachgeburt als zwei disjunkte zufällige Ereignisse. Gemäß dem KOLMOGOROVschen Additionsaxiom ist die Wahrscheinlichkeit dafür, dass entweder das zufällige Ereignis „Knabe" oder „Mädchen" bei einer Einfachgeburt eintritt, gleich der Summe der Ereigniswahrscheinlichkeiten, wobei

$$P(K \cup M) = 0,5134 + 0,4866 = 1$$

gilt. Dies ist gemäß dem KOLMOGOROVschen Normierungsaxiom die Wahrscheinlichkeit für das sogenannte sichere Ereignis, das stets die Wahrscheinlichkeit eins besitzt. Es ist demnach sicher, dass bei einer Einfachgeburt entweder ein Knabe oder ein Mädchen das Licht der Welt erblickt.

Abbildung 6.4-1: Familienplanung

1. Kind	2. Kind	3. Kind		Anzahl Mädchen
K	K	K		0
K	K	M	}	
K	M	K		1
M	K	K		
K	M	M	}	
M	K	M		2
M	M	K		
M	M	M		3

$$\Omega \qquad \rightarrow \qquad R$$

Zeugungsvorgang ist ein Zufallsexperiment mit unbestimmtem Ausgang: K(nabe) oder M(ädchen)

Abbildung X: $\Omega \rightarrow R$ als diskrete Zufallsvariable X, welche die Anzahl X der Mädchen in einer Familie mit drei Kindern beschreibt

Ergebnismenge. Nun wünscht sich das junge Ehepaar drei Kinder. Die Frage, die es jetzt zu beantworten gilt, ist die folgende: Wie viele Knaben-Mädchen-Komplexionen sind bei einer Familie mit drei Kindern theoretisch möglich? In der Abbildung 6.4-1 sind die insgesamt acht möglichen Knaben-Mädchen-Tripel aufgelistet. Da es bedeutungsvoll ist, ob zum Beispiel das erstgeborene, das zweitgeborene oder das drittgeborene Kind ein Knabe oder ein Mädchen ist, und aufgrund dessen, dass eine Geschlechterwiederholung nicht nur möglich, sondern im konkreten Fall sogar gegeben sein muss, kann man mit Hilfe der Kombinatorik (als der Lehre von der Zusammenstellung von Elementen) zeigen, dass die Anzahl der Knaben-Mädchen-Tripel eine Variation von zwei Elementen (Knabe, Mädchen) zur dritten Klasse (drei mit Kindern besetzte und nummerierte Stühle am Familientisch) mit Wiederholung (von Knaben oder Mädchen bei der Stuhlbesetzung) ist, wobei $2^3 = 8$ gilt. Da eine Familie mit drei Kindern betrachtet wird, bilden die acht Knaben-Mädchen-Tripel

$$\omega_1 = KKK, \omega_2 = KKM,..., \omega_8 = MMM$$

die sogenannte Ergebnis- oder Grundmenge

$$\Omega = \{\omega : \omega = KKK, KKM, KMK, MKK, KMM, MKM, MMK, MMM\}$$

des interessierenden Zufallsexperiments, die wiederum die Grundlage für das Verständnis des theoretischen Konstrukts einer Zufallsgröße bildet.

Zufallsgröße. Interessiert man sich in Abkehr von der unheiligen Stammhalterdiskussion einmal nicht für die Anzahl der Knaben, sondern für die Anzahl der Mädchen in einer Familie mit drei Kindern, so gelangt man bei der Betrachtung der Ergebnismenge Ω zu einer vergleichsweise einfachen Funktion, die gemäß Abbildung 6.4-1 mit X bezeichnet wird und jedem Knaben-Mädchen-Tripel $\omega \in \Omega$ eine reelle Zahl $X(\omega) \in \mathbb{R}$ derart zuordnet, dass

$$X : \Omega \to \mathbb{R} \text{ und } \omega \to X(\omega) \in \mathbb{R}$$

gilt. $\mathbb{R}$ bezeichnet dabei die Menge der reellen Zahlen, worin die Menge der natürlichen Zahlen $\mathbb{N} = \{1, 2, 3,...\}$ und die „neutrale" Zahl 0 eingeschlossen sind. Diese reellwertige Funktion X auf Ω, die im konkreten Fall die Anzahl der Mädchen in einer Familie mit drei Kindern beschreibt und hinsichtlich der interessierenden Anzahl der Mädchen „variabel" ist, wird in der Stochastik als eine Zufallsgröße bezeichnet. Dabei bilden die Ergebnismenge Ω den Definitionsbereich und die Menge der reellen Zahlen $\mathbb{R}$ den Wertebereich der reellwertigen Funktion bzw. Zufallsgröße X. Aufgrund dessen, dass eine Familie mit drei Kindern betrachtet wird und die Zufallsgröße X, welche die Mädchen in einer Familie mit drei Kindern „zählt", nur die vier positiven ganzzahligen Realisationen 0, 1, 2 oder 3 zufallsbedingt annehmen kann, kennzeichnet man die Zufallsgröße X als eine diskrete Zufallsgröße.

Ereigniswahrscheinlichkeiten. Allerdings ist das mathematische Konstrukt einer Zufallsgröße zur Beschreibung von zufälligen Ereignissen nur dann von theoretischem Interesse und praktischem Nutzen, wenn es gelingt, die Zufallsgröße durch ihre Wahrscheinlichkeitsverteilung zu charakterisieren. Die Wahrscheinlichkeitsverteilung für die diskrete Zufallsgröße X mit ihren vier möglichen und positiven ganzzahligen Realisationen $X = k$ ($k = 0, 1, 2, 3$) kann man sich anhand der folgenden Überlegungen recht leicht und einleuchtend herleiten:

Kein Mädchen. Bezeichnet $\{X = 0\}$ das zufällige Ereignis, dass in einer Familie mit drei Kindern kein Mädchen vorkommt, so tritt im Sinne der Familienplanung offensichtlich das Ergebnis $\omega_1 = KKK$ ein, das in seiner formalen Darstellung als einelementige Tripelmenge $\{X = 0\} = \{KKK\}$ als ein zufälliges Ereignis gedeutet wird, das darin besteht, dass in einer Familie mit drei Kindern sowohl das erstgeborene als auch das zweitgeborene als auch das drittgeborene Kind ein Knabe ist, also letztlich

$$\{KKK\} = \{K\} \cap \{K\} \cap \{K\}$$

gilt. Da man intuitiv nachvollziehen kann, dass die drei sequentiellen Zeugungsakte mit dem zufallsbedingten Ergebnis $\omega_1 = KKK$ voneinander unabhängig ablaufen, kann man zeigen, dass gemäß der Multiplikationsregel für stochastisch unabhängige zufällige Ereignisse, die Wahrscheinlichkeit dafür, dass das zufällige Ereignis $\{X = 0\} = \{KKK\}$ eintritt,

$$P(X = 0) = P(\{KKK\}) = P(K) \times P(K) \times P(K)$$

ist. Aufgrund der Annahme, dass gemäß der SÜßMILCHschen Sexualproportion die Wahrscheinlichkeit für eine Knabengeburt

$$P(K) = 1055 / (1055 + 1000) \approx 0{,}5134$$

ist, berechnet man für das Ereignis $\{X = 0\}$, das darin besteht, dass in einer Familie mit drei Kindern kein Mädchen vorkommt, eine Wahrscheinlichkeit von

$$P(X = 0) = 0{,}5134 \times 0{,}5134 \times 0{,}5134 = (0{,}5134)^3 \approx 0{,}1353.$$

Ein Mädchen. Analoge Überlegungen kann man hinsichtlich des zufälligen Ereignisses $\{X = 1\}$ anstellen, das gemäß Abbildung 6.4-1 darin besteht, dass in einer Familie mit drei Kindern genau ein Mädchen vorkommt. Offensichtlich tritt das interessierende zufällige Ereignis $\{X = 1\}$ mit einem der drei Knaben-Mädchen-Tripel KKM, KMK oder MKK ein, wobei aus ereignistheoretischer Sicht

$$\{X = 1\} = \{KKM\} \cup \{KMK\} \cup \{MKK\} \text{ und}$$
$$\{KKM\} \cap \{KMK\} = \{\} = \varnothing \text{ bzw. } \{KKM\} \cap \{MKK\} = \{\} = \varnothing \text{ bzw.}$$
$$\{KMK\} \cap \{MKK\} = \{\} = \varnothing$$

gilt. Aufgrund dessen, dass in Anlehnung an die SÜßMILCHsche Sexualproportion die Wahrscheinlichkeit für eine Knabengeburt $P(K) \approx 0{,}5134$ und für eine Mädchengeburt $P(M) \approx 0{,}4866$ beträgt und sich die drei Knaben-Mädchen-Tripel paarweise gegenseitig ausschließen, also ihre Schnittmenge jeweils eine leere Menge $\varnothing$ ist, berechnet man unter Anwendung der Multiplikationsregel für stochastisch unabhängige zufällige Ereignisse und des KOLMOGOROVschen Additionsaxioms für das interessierende zufällige Ereignis $\{X = 1\}$ letztlich eine Ereigniswahrscheinlichkeit von

$$P(X = 1) = 0{,}5134 \times 0{,}5134 \times 0{,}4866 + 0{,}5134 \times 0{,}4866 \times 0{,}5134 +$$
$$0{,}4866 \times 0{,}5134 \times 0{,}5134 = 3 \times (0{,}5134)^2 \times 0{,}4866 \approx 0{,}3848.$$

Zwei Mädchen. Hinsichtlich des zufälligen Ereignisses $\{X = 2\}$, das darin besteht, dass eine Familie mit drei Kindern mit zwei Mädchen gesegnet ist, bestimmt man analog zu den vorhergehenden Betrachtungen eine Ereigniswahrscheinlichkeit von

$$P(X = 2) = 0{,}5134 \times 0{,}4866 \times 0{,}4866 + 0{,}4866 \times 0{,}5134 \times 0{,}4866 +$$
$$0{,}4866 \times 0{,}4866 \times 0{,}5134 = 3 \times 0{,}5134 \times (0{,}4866)^2 \approx 0{,}3647.$$

Drei Mädchen. Schlussendlich kann man leicht nachvollziehen, dass für das zufällige Ereignis $\{X = 3\}$, das darin besteht, dass eine Familie mit drei Kindern auch genau drei Mädchen besitzt, sich eine Ereigniswahrscheinlichkeit von

$$P(X = 3) = 0{,}4866 \times 0{,}4866 \times 0{,}4866 = (0{,}4866)^3 \approx 0{,}1152$$

ergibt.

Abbildung 6.4-2: Wahrscheinlichkeits- und Verteilungsfunktion

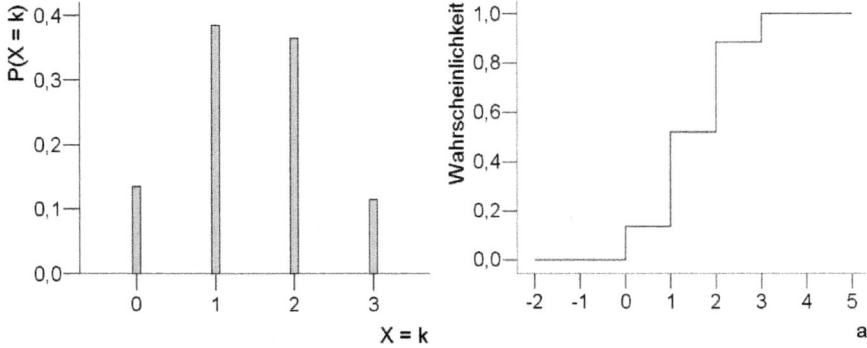

Tabelle 6.4-1: Verteilungstabelle

k	0	1	2	3
P(X = k)	0,1353	0,3848	0,3647	0,1152

Abbildung 6.4-3: Verteilungsfunktion

$$F_X(a) = \begin{cases} 0 & \text{für} & & a < 0 \\ 0{,}1353 & \text{für} & 0 \leq a < 1 \\ 0{,}5201 & \text{für} & 1 \leq a < 2 \\ 0{,}8848 & \text{für} & 2 \leq a < 3 \\ 1 & \text{für} & 3 \leq a \end{cases}$$

Wahrscheinlichkeitsverteilung. Stellt man gemäß Abbildung 6.4-2 die vier möglichen Realisationen k = 0, 1, 2, 3 der Zufallsgröße X: *Anzahl der Mädchen in einer Familie mit drei Kindern* gemeinsam mit den zugehörigen Wahrscheinlichkeiten P(X = k) in einem Stabdiagramm dar, so hat man eine Vorstellung von dem, was die Statistiker eine Wahrscheinlichkeitsverteilung nennen und damit im konkreten Fall nichts anderes meinen, als die Verteilung der gesamten Wahr-

scheinlichkeitsmasse „eins" auf die vier möglichen Realisationen der Zufallsgröße X, die hinsichtlich ihres Eintretens stets zufallsbedingt sind. Der Graph
$y = F_X(a)$ der Verteilungsfunktion F_X der diskreten Zufallsgröße X innerhalb der
Abbildung 6.4-2 besitzt die Gestalt einer Treppenfunktion.

Neun Rechenregeln. Mit Hilfe der Wahrscheinlichkeitsverteilung der diskreten Zufallsgröße X: *Anzahl der Mädchen in einer Familie mit drei Kindern* aus
der Tabelle 6.4-1 und den Werten $F_X(a)$ der zugehörigen Verteilungsfunktion F_X
aus der Abbildung 6.4-3 lassen sich in Anwendung der eingangs vermerkten
neun Rechenregeln die Wahrscheinlichkeiten $P(X \leq a)$ folgender (im Sinne einer
Familienplanung) interessierender zufälliger Ereignisse angeben:

1. Eine Familie mit drei Kindern besitzt mit einer Wahrscheinlichkeit von
$$P(X = 1) = 0,3848$$
genau ein Mädchen. Dies wird in der Abbildung 6.4-2 durch die Säulenhöhe
an der Stelle k = 1 bzw. durch die „Stufenhöhe" der Verteilungsfunktion $F_X(1)$
an der Stelle a = 1 deutlich.

2. Demnach beträgt die Wahrscheinlichkeit dafür, dass in einer Familie mit drei
Kindern *höchstens* ein Mädchen vorkommt,
$$P(X \leq 1) = F_X(1) = 0,5201.$$
Dies ist der Wert der Verteilungsfunktion F_X an der Stelle a = 1.

3. Demnach beträgt die Wahrscheinlichkeit dafür, dass eine Familie mit drei
Kindern *weniger als* ein, also kein Mädchen besitzt,
$$P(X < 1) = F_X(1) - P(X = 1) = 0,5201 - 0,3848 = 0,1353.$$
Dies ist gemäß der Verteilungstabelle 6.4-1 die Wahrscheinlichkeit $P(X = k)$
für die Realisation k = 0 bzw. die Säulenhöhe im Säulendiagramm innerhalb
der Abbildung 6.4-2 an der Stelle k = 0.

4. Demnach kann davon ausgegangen werden, dass in einer Familie mit drei
Kindern mit einer Wahrscheinlichkeit von
$$P(X > 1) = 1 - F_X(1) = 1 - 0,5201 = 0,4799$$
mehr als ein, also zwei oder drei Mädchen vorkommen.

5. Demnach ist es unter den angenommenen Bedingungen wegen
$$P(X \geq 1) = 1 - F_X(1) + P(X = 1) = 1 - 0,5201 + 0,3848 = 0,8647$$
recht wahrscheinlich, dass in einer Familie mit drei Kindern *mindestens* ein
Mädchen vorkommt.

6. Demnach beläuft sich unter den gegebenen Bedingungen die Wahrscheinlichkeit dafür, dass eine Familie mit drei Kindern *mehr als* ein, aber *höchstens*
zwei Mädchen besitzt, auf
$$P(1 < X \leq 2) = F_X(2) - F_X(1) = 0,8848 - 0,5201 = 0,3647.$$
Diese Ereigniswahrscheinlichkeit ist identisch mit der Wahrscheinlichkeit dafür, dass eine Familie mit drei Kindern genau zwei Mädchen besitzt.

7. Demnach hätten wegen

$$P(1 \leq X \leq 2) = F_X(2) - F_X(1) + P(X = 1) =$$
$$0,8848 - 0,5201 + 0,3848 = 0,7495$$

erwartungsgemäß nahezu drei Viertel aller Familien mit drei Kindern *mindestens* ein, aber *höchstens* zwei Mädchen.

8. Offensichtlich ist wegen

$$P(1 < X < 2) = F_X(2) - F_X(1) - P(X = 2) =$$
$$0,8848 - 0,5201 - 0,3647 = 0$$

die Wahrscheinlichkeit dafür, dass in einer Familie mit drei Kindern *mehr als* ein, aber *weniger als* zwei Mädchen vorkommen, null. Dies leuchtet im konkreten Fall ein, zumal das zufällige Ereignis $\{1 < X < 2\}$ eine leere Ergebnismenge ist und damit ein unmögliches Ereignis darstellt.

9. Schließlich und endlich hätten wegen

$$P(1 \leq X < 2) = F_X(2) - F_X(1) + P(X = 1) - P(X = 2) =$$
$$0,8848 - 0,5201 + 0,3848 - 0,3647 = 0,3838$$

erwartungsgemäß 38,4 % aller Familien mit drei Kindern *mindestens* ein, aber *weniger als* zwei Mädchen, ein zufälliges Ergebnis, dessen Wahrscheinlichkeit mit der unter 1) berechneten Wahrscheinlichkeit identisch ist.

Hinweis. Man kann sich die betrachteten Ereignisse und ihre Wahrscheinlichkeiten stets auch anhand der Verteilungsfunktion, deren Graph $y = F_X(a)$ die Gestalt einer Treppenfunktion besitzt, verdeutlichen. Da der Definitionsbereich der Verteilungsfunktion F_X die Menge aller reellen Zahlen a umfasst, ist es definitionsgemäß auch möglich, den Wert der Verteilungsfunktion etwa an der Stelle a = 1,11 zu bestimmen. Unter Zuhilfenahme der Verteilungstabelle 6.4-1 bzw. der Abbildung 6.4-2 ermittelt man einen Funktionswert $F_X(1,11) = 0,5201$. Dies leuchtet ein, wenn man sich überlegt, dass das Ereignis $\{X \leq 1,11\}$ durch die Teilmenge $\{KKK, MKK, KMK, KKM\}$ der Ergebnismenge Ω gegeben ist. Die Anzahl der Mädchen ist per Definition dann kleiner gleich 1,11, wenn kein oder ein Mädchen geboren wurde. ♦

Erwartungswert. Neben der Verteilungsfunktion F_X ist der Erwartungswert $\mu = E(X)$ ein wesensbestimmender Parameter einer Zufallsgröße X. Der Erwartungswert einer diskreten Zufallsgröße X lässt sich formal als ein gewogenes arithmetisches Mittel aus den Realisationen k und den Einzelwahrscheinlichkeiten $P(X = k)$ darstellen. In diesem Sinne kann ein Erwartungswert als eine fiktive Realisation einer diskreten Zufallsgröße interpretiert werden, die man „auf lange Sicht im Mittel erwarten" kann. Der lateinische Großbuchstabe E fungiert als Erwartungswert-Operator (lies: *E von X oder Erwartungswert von X*). Der griechische Kleinbuchstabe μ (lies: *My*) wird in der Stochastik oft als Kurzschreibweise für einen Erwartungswert verwendet. Anhand der Verteilungstabelle 6.4-1 ermittelt man für die diskrete Zufallsgröße X: *Anzahl der Mädchen in einer Familie mit drei Kindern* einen Erwartungswert von

$$\mu_X = E(X) = 0 \times 0,1353 + 1 \times 0,3848 + 2 \times 0,3647 + 3 \times 0,1152 \cong 1,4598$$

und interpretiert ihn wie folgt: Auf lange Sicht ist im Mittel zu erwarten, dass eine Familie mit drei Kindern 1,4598 Mädchen besitzt. Da der Erwartungswert im konkreten Fall eine fiktive und reellwertige Realisation ist und Anzahlen stets ganzzahlig sind, kann der Erwartungswert (in Anlehnung an die Metapher vom „100-Seelen-Dorf" der Statistik) auch wie folgt interpretiert werden: In 100 Familien mit drei Kindern kommen erwartungsgemäß und auf lange Sicht im Mittel 146 Mädchen vor.

Varianz. Da verschiedene Zufallsgrößen durchaus gleiche Erwartungswerte besitzen können, genügt eine alleinige Charakterisierung durch ihre Erwartungswerte in der Regel nicht. Man ergänzt sie daher noch durch ihre Varianz und ihre Standardabweichung. Für die diskrete Zufallsgröße X errechnet man im konkreten Fall eine Varianz von

$$\sigma^2{}_X = V(X) = (0 - 1{,}4598)^2 \times 0{,}1353 + (1 - 1{,}4598)^2 \times 0{,}3848 +$$
$$(2 - 1{,}4598)^2 \times 0{,}3647 + (3 - 1{,}4598)^2 \times 0{,}1152 \cong 0{,}7494,$$

die das durchschnittliche Ausmaß der gewichteten quadrierten Abweichungen der Realisationen X = k der diskreten Zufallsgröße X von ihrem Erwartungswert E(X) kennzeichnet.

Standardabweichung. Die positive Quadratwurzel

$$\sigma_X = \sqrt{V(X)} = \sqrt{\sigma^2{}_X}$$

aus der Varianz V(X) heißt Standardabweichung σ_X (lies: *(Klein-)Sigma*) einer Zufallsgröße X. Im konkreten Fall berechnet man für die diskrete Zufallsgröße X: *Anzahl der Mädchen in einer Familie mit drei Kindern* eine Standardabweichung in Höhe von

$$\sigma_X = \sqrt{0{,}7494} \cong 0{,}8657$$

und interpretiert sie wie folgt: Da Anzahlen stets ganzzahlig sind, erweist es sich (gleichsam wie bei der Interpretation des Erwartungswertes) als vorteilhaft, in Anlehnung an das bildhafte Gleichnis vom „100-Seelen-Dorf" der Statistik von 100 Familien mit je drei Kindern auszugehen. Diese einhundert Familien mit drei Kindern besitzen erwartungsgemäß

$$\mu_X{}^* = 100 \times \mu_X \approx 146 \text{ Mädchen.}$$

Die Anzahl der Mädchen in einhundert betrachteten Familien mit drei Kindern streut im Durchschnitt um

$$\sigma_X{}^* = 100 \times \sigma_X \approx 87 \text{ Mädchen}$$

um die durchschnittlich und auf lange Sicht zu erwartende Anzahl von 146 Mädchen. Demnach kann erwartungsgemäß davon ausgegangen werden, dass die Mehrheit dieser einhundert Familien mit drei Kindern mehr als

$$\mu_X - \sigma_X = 146 - 87 = 59$$

Mädchen, aber weniger als

$$\mu_X + \sigma_X = 146 + 87 = 233$$

Mädchen besitzen. ♣

Beispiel 6.4-2: Stetige Zufallsgröße

Motivation. Die Abbildung 6.4-4 vermittelt eine bildhafte Vorstellung von einer stetigen Zufallsgröße, die im konkreten Fall durch ihre Dichtefunktion in Gestalt eines gleichschenkligen Dreiecks und ihrer monoton wachsenden und s-förmig verlaufenden Verteilungsfunktion beschrieben wird.

Abbildung 6.4-4: Dichte- und Verteilungsfunktion, Dreieck-Verteilung

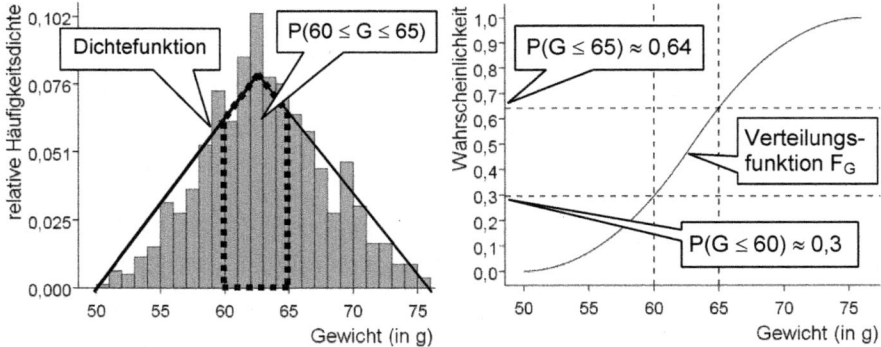

Den sachlogischen Hintergrund der Abbildung 6.4-4 bildet die statistische Gesamtheit $\Gamma_n = \{\gamma_i, i = 1,2,...,n\}$ von n = 729 Hühnereiern γ_i, die von Hühnern der Rasse Loheimer Braun gelegt wurden und für die jeweils das Gewicht G (Angaben in Gramm) statistisch erfasst und in der SPSS Datendatei *Eier.sav* gespeichert wurde. Gleichsam wie in der Deskriptiven Statistik, in der man das empirisch erfasste Gewicht $G(\gamma) = g \in \mathbb{R}^+$ eines Hühnereies als ein stetiges metrisches Merkmal charakterisiert, dessen Zustandsmenge $\Xi \in \mathbb{R}^+$ durch die Menge $\mathbb{R}^+$ der positiven reellen Zahlen definiert ist und das in einem gegebenen Intervall theoretisch jeden beliebigen Wert annehmen kann, so ist es auch aus wahrscheinlichkeitstheoretischer Sicht möglich und sinnvoll, die erfassten Hühnereiergewichte $G(\gamma_i) = g_i \in \mathbb{R}^+$ als Realisationen einer stetigen Zufallsgröße G aufzufassen. Unabhängig vom eingangs skizzierten Sachverhalt kann eine stetige Zufallsgröße allgemein wie folgt charakterisiert werden:

Stetige Zufallsgröße

Eine Zufallsgröße X heißt stetig oder stetig verteilt, wenn sie in einem hinreichend kleinen Intervall theoretisch jeden Wert annehmen kann und ihre Verteilungsfunktion $F_X : F_X(a) = P(X \leq a)$ durch eine reellwertige und nichtnegative Dichtefunktion $f_X : a \to f_X(a) \geq 0$ mit $a \in \mathbb{R}$ in der Form und mit der Eigenschaft

$$F_X(a) = P(X \leq a) = \int_{-\infty}^{a} f_X(t)dt \text{ und } \int_{-\infty}^{+\infty} f_X(t)dt = 1$$

gegeben ist.

Wahrscheinlichkeitsverteilung. Analog zu einer diskreten Zufallsgröße, die im Kontext des Beispiels 6.4-1 paradigmatisch skizziert wurde, ist auch für eine stetige Zufallsgröße X die Kenntnis ihrer Wahrscheinlichkeitsverteilung in Gestalt ihrer Dichtefunktion f_X und/oder Verteilungsfunktion F_X das entscheidende Charakteristikum. Aufgrund dessen, dass die empirisch beobachtete Verteilung der erfassten Hühnereiergewichte $G(\gamma_i) = g_i \in \mathbb{R}^+$, die gemäß Abbildung 6.4-4 mittels eines normierten Histogramms, das wiederum auf m = 26 äquidistanten Gewichtsklassen mit einer Klassenbreite von jeweils einem Gramm basiert, nahezu symmetrisch ist, liegt es nahe, als Wahrscheinlichkeitsverteilung das „einfache" theoretische Modell einer Dreieck-Verteilung zu verwenden.

Dreieck-Verteilung. Aus Gründen einer einfachen Handhabung verwendet man in der angewandten Statistik zur Beschreibung einer stetigen Zufallsgröße X mit einer kompliziert zu bestimmenden symmetrischen Wahrscheinlichkeitsverteilung in der Regel die sogenannte Dreieck-Verteilung, die zu Ehren des englischen Mathematikers Thomas SIMPSON (*1710, †1761) auch als SIMPSON-Verteilung bezeichnet wird. Eine Dreieck-Verteilung ist die Wahrscheinlichkeitsverteilung einer stetigen Zufallsgröße X, deren Dichtefunktion f_X über einem geschlossenen reellwertigen Intervall [a, b] mit a, b $\in \mathbb{R}$ die Gestalt eines gleichschenkligen Dreiecks besitzt, dessen Fläche gemäß dem KOLMOGOROVschen Normierungsaxiom (vgl. Abschnitt 6.2) dem Werte nach eins sein muss und ist.

Dichtefunktion. Gleichwohl die Dichtefunktion einer dreieckverteilten Zufallsgröße einfach zu bestimmen ist, hat dieses „einfache" stetige Verteilungsmodell auch seinen Preis: Die Dichtefunktion f_X über einem Intervall [a, b], deren allgemeiner analytischer Ausdruck in der Abbildung 6.4-5 wiedergegeben ist, besitzt an ihren drei „Ecken", also an den drei Funktionsstellen

$$f_X(a) = 0, \quad f_X((a + b) / 2) = 2 \times (b - a) / (b - a)^2 \quad \text{und} \quad f_X(b) = 0$$

jeweils eine „Knickstelle", an denen die Dichtefunktion nicht differenzierbar ist.

Abbildung 6.4-5: Dichtefunktion

$$f_X(x) = \begin{cases} 0 & \text{für} & x < a \\ \dfrac{4 \cdot (x - a)}{(b - a)^2} & \text{für} & a \leq x < \dfrac{a + b}{2} \\ \dfrac{4 \cdot (b - x)}{(b - a)^2} & \text{für} & \dfrac{a + b}{2} \leq x \leq b \\ 0 & \text{für} & x > b \end{cases}$$

Ausgehend von den Ergebnissen der empirischen Verteilungsanalyse der n = 729 Hühnereiergewichte $G(\gamma_i) = g_i \in \mathbb{R}^+$ wird für die weiteren Betrachtungen unterstellt, dass die stetige Zufallsgröße G: *Gewicht eines Hühnereies (Angaben in g)* über dem geschlossenen reellwertigen Gewichtsintervall [a = 50 g, b = 76 g] dreieckverteilt ist. Dass sich die Flächen unterhalb der beiden „Schenkel" des

Dreiecks und oberhalb der Abszisse insgesamt zu eins addieren, kann man sich im konkreten Fall anhand der Abbildungen 6.4-4 und 6.4-5 wie folgt verdeutlichen: Für das linksseitige Gewichtsintervall

$$[50 \text{ g}, (50 \text{ g} + 76 \text{ g}) / 2 = 63 \text{ g})$$

besitzt die zugehörige Dichtefunktion die analytische Gestalt von

$$f_G(x) = \frac{4 \cdot (x - 50)}{(76 - 50)^2} = \frac{1}{169} \cdot (x - 50)$$

und analog für das rechtsseitige Gewichtsintervall

$$[(50 \text{ g} + 76 \text{ g}) / 2 = 63 \text{ g}, 76 \text{ g}]$$

die analytische Gestalt der zugehörigen Dichtefunktion

$$f_G(x) = \frac{4 \cdot (76 - x)}{(76 - 50)^2} = \frac{1}{169} \cdot (76 - x).$$

Aufgrund dessen, dass man analog zur Abbildung 6.4-4 für das „mittlere und zugleich modale" Hühnereiergewicht einen Wert von

$$(50 \text{ g} + 76 \text{ g}) / 2 = 63 \text{ g}$$

ermittelt, der im konkreten Fall identisch ist mit dem Erwartungswert

$$\mu_G = E(G) = 63 \text{ g}$$

der stetigen Zufallsgröße G, berechnet man an der Stelle x = 63 g einen sogenannten Dichtefunktionswert von

$$f_G(63) = \frac{4 \cdot (76 - 63)}{(76 - 50)^2} = \frac{1}{169} \cdot (76 - 63) = \frac{1}{13},$$

der grafisch als die Höhe des gleichschenkligen Dreiecks über dem Gewichtsintervall [50 g, 76 g] gedeutet werden kann. Da sich die Fläche eines gleichschenkligen Dreiecks mittels der elementaren Formel

Fläche = Breite × Höhe / 2

berechnen lässt, überzeugt man sich im konkreten Fall leicht von der Tatsache, dass offensichtlich wegen

$$(76 - 50) \times (1 / 13) / 2 = 26 / 26 = 1$$

die Fläche unterhalb des gleichschenkligen Dreiecks und oberhalb der Abszisse dem Werte nach eins ist. Stetige Funktionen mit dieser Eigenschaft bezeichnet man in der Stochastik als Dichtefunktionen.

Verteilungsparameter. Eingedenk dieser elementaren Betrachtungen lässt sich heuristisch (grch.: *heuriskein* → finden) nachvollziehen, dass der Erwartungswert $E(X) = \mu_X$ und die Varianz $V(X) = \sigma^2_X$ bzw. die Standardabweichung $\sigma_X = \sqrt{V(X)}$ einer dreieckverteilten Zufallsgröße X wie folgt definiert sind:

$$\mu_X = (a + b) / 2, \ \sigma^2_X = (b - a)^2 / 24 \text{ und } \sigma_X = \sqrt{((b - a)^2 / 24)}.$$

In Anlehnung an die Abbildung 6.4-4 bestimmt man für die stetige Zufallsgröße G einen Erwartungswert von

$$E(G) = \mu_G = (50 \text{ g} + 76 \text{ g}) / 2 = 63 \text{ g},$$

eine Varianz von
$$V(G) = \sigma^2_G = (76\ g - 50\ g)^2 / 24 \cong 28{,}167\ g^2$$
und letztlich eine Standardabweichung von
$$\sigma_G = \sqrt{(28{,}157\ g^2)} \approx 5{,}3\ g.$$
Man sagt daher auch: Die stetige Zufallsgröße G: *Gewicht eines Hühnereies* genügt einer Dreieck-Verteilung mit den Parametern
$$\mu_G = 63\ g \text{ und } \sigma_G = 5{,}3\ g$$
und notiert diese „vollständige" Verteilungsspezifikation kurz wie folgt:
$$G \sim Dr(63\ g,\ 5{,}3\ g).$$
Demnach ist „auf lange Sicht und im Mittel zu erwarten", dass sich das Gewicht eines zufällig ausgewählten Hühnereies auf 63 g beläuft. In einem hinreichend großen Los von Hühnereiern wäre analog „auf lange Sicht und im Mittel zu erwarten", dass die Mehrheit aller Hühnereier durch ein Gewicht zwischen
$$63\ g - 5{,}3\ g = 57{,}7\ g \text{ und } 63\ g + 5{,}3\ g = 68{,}3\ g$$
gekennzeichnet ist.

Wahrscheinlichkeit. Möchte man die Wahrscheinlichkeit
$$P(60\ g \le G \le 65\ g)$$
dafür bestimmen, dass das zufällige Ereignis
$$\{60\ g \le G \le 65\ g\}$$
eintritt, das im konkreten Fall darin besteht, dass ein zufällig ausgewähltes Hühnerei ein Gewicht G von mindestens 60 g, jedoch höchstens 65 g besitzt, so muss man beachten, dass die SIMPSONsche Dichtefunktion f_X im interessierenden Intervall [60 g, 65 g] an der Stelle $\mu_G = 63$ g, an der sie ihr Maximum besitzt, wegen der „Knickstelle"
$$f_G(63\ g) = 1 / 13 \approx 0{,}077$$
nicht differenzierbar ist. Aus diesem Grunde integriert man die Dichtefunktion für die zwei disjunkten Teilintervalle [60 g, 63 g) und [63 g, 65], wobei
$$P(60 \le G \le 65) = P(60 \le G < 63) + P(63 \le G \le 65) =$$
$$\int_{60}^{63} f_G(x)dx + \int_{63}^{65} f_G(x)dx$$
gilt. Für das Gewichtsintervall [60 g, 63 g) ermittelt man den Wert des bestimmten Integrals der Dichtefunktion
$$f_G(x) = (x - 50) / 169$$
für alle reellen Zahlen x in den Integrationsgrenzen 60 und 63. Da
$$P(60 \le G < 63) = \int_{60}^{63} \frac{1}{169} \cdot (x - 50)dx =$$
$$\frac{1}{169} \cdot \int_{60}^{63} (x - 50)dx = \frac{1}{169} \cdot \left[\frac{x^2}{2} - 50 \cdot x \right]_{60}^{63} =$$

$$\frac{1}{169} \cdot \left[\left(\frac{63^2}{2} - 50 \cdot 63 \right) - \left(\frac{60^2}{2} - 50 \cdot 60 \right) \right] =$$

$$\frac{1}{169} \cdot (-1165,5 - (-1200)) \approx 0,204$$

ist, beträgt die Wahrscheinlichkeit dafür, dass ein zufällig ausgewähltes Hühnerei durch ein Gewicht von mindestens 60 g, aber nicht mehr als 63 g gekennzeichnet ist, 0,204. Demnach sind 20,4 % aller Hühnereier (etwa eines großen Loses oder einer Palette von mindestens 100 Hühnereiern) in die interessierende Gewichtsklasse von 60 g $\leq$ G < 63 g einzuordnen. Analog verfährt man bei der Integration der Dichtefunktion $f_G(x) = (76 - x) / 169$ im Gewichtsintervall [63 g, 65 g] mit den Integrationsgrenzen 63 und 65, wobei

$$P(63 \leq G \leq 65) = \int_{63}^{65} \frac{1}{169} \cdot (76 - x) dx =$$

$$\frac{1}{169} \cdot \int_{63}^{65} (76 - x) dx = \frac{1}{169} \cdot \left[76 \cdot x - \frac{x^2}{2} \right]_{63}^{65} =$$

$$\frac{1}{169} \cdot \left[\left(76 \cdot 65 - \frac{65^2}{2} \right) - \left(76 \cdot 63 - \frac{63^2}{2} \right) \right] =$$

$$\frac{1}{169} \cdot (2827,5 - 2803,5) \approx 0,142$$

gilt. Demnach besitzen 14,2 % aller Hühnereier ein Gewicht G von mindestens 63 g, jedoch höchstens von 65 g. Schließlich und endlich beträgt wegen

$$P(60 \leq G \leq 65) = P(60 \leq G < 63) + P(63 \leq G \leq 65) =$$
$$0,204 + 0,142 = 0,346$$

die Wahrscheinlichkeit dafür, dass ein zufällig ausgewähltes Hühnerei ein Gewicht von mindestens 60 g, aber höchstens 65 g besitzt, 0,346, wenn unterstellt wird, dass die stetige Zufallsgröße G ~ Dr(63 g; 5,3 g)-verteilt ist. Demnach sind ceteris paribus nahezu 35 % aller Hühnereier eines großen Loses der Gewichtsklasse [60 g, 65 g] zuzuordnen. Die berechnete Wahrscheinlichkeit ist in der Abbildung 6.4-4 durch die markierte Fläche bildhaft dargestellt.

Verteilungsfunktion. Die mit Hilfe zweier bestimmter Integrale berechnete Ereigniswahrscheinlichkeit P(60 g $\leq$ G $\leq$ 65 g) kann man näherungsweise recht einfach auch anhand des s-förmigen Graphen der Verteilungsfunktion F_G aus Abbildung 6.4-4 bestimmen, indem man für die „interessierenden" Intervallgrenzen a = 60 g und b = 65 g, die aus wahrscheinlichkeitstheoretischer Sicht spezielle Quantile der stetigen und dreieckverteilten Zufallsgröße G: *Gewicht eines Hühnereies* sind, die zugehörigen Werte der Verteilungsfunktion $F_G(a)$ und $F_G(b)$ auf der Ordinate abliest. Offensichtlich gelangt man im konkreten Fall wegen

$$P(60 \text{ g} \leq G \leq 65 \text{ g}) = F_G(65 \text{ g}) - F_G(60 \text{ g}) \approx 0,64 - 0,3 = 0,34,$$

wenn auch nur in Näherung, so doch wesentlich leichter, zu einem vergleichbaren Ergebnis.

Quantile. Ist man daran interessiert, denjenigen Gewichtswert $a \in \mathbb{R}$ zu bestimmen, den die stetige Zufallsgröße G mit einer Wahrscheinlichkeit von
$p = 0,25$ nicht überschreitet, dann bestimmt man wegen $a = Q_{0,25}$ das Quantil der
Ordnung $p = 0,25$ der Dr(63 g; 5,3 g)-verteilten Zufallsgröße G. Anhand des s-
förmigen Graphen der Verteilungsfunktion F_G innerhalb der Abbildung 6.4-4
bestimmt man auf grafischem Wege für einen Verteilungsfunktionswert von
$F_G(a) = 0,25$ näherungsweise einen Gewichtswert von $a \approx 59$ g. Auf analytischem
Wege gelangt man zu einem vergleichbaren Ergebnis, wenn man die Gleichung

$$F_G(a) = P(G \le a) = \int_{50}^{a} \frac{1}{169} \cdot (x - 50)\, dx = \frac{1}{169} \cdot \left[\frac{x^2}{2} - 50 \cdot x \right]_{50}^{a} =$$

$$\frac{1}{169} \cdot \left[\left(\frac{a^2}{2} - 50 \cdot a \right) - \left(\frac{50^2}{2} - 50 \cdot 50 \right) \right] = 0,25$$

nach a auflöst. Die sich daraus ergebende Normalform einer gemischtquadratischen Gleichung in Gestalt des Polynoms zweiten Grades

$$a^2 - 100 \times a + 2415,5 = 0$$

liefert gemäß dem VIETAschen Wurzelsatz eine zulässige Lösung von

$$a = 50 + \sqrt{(2500 - 2451,5)} \approx 59,2,$$

die im konkreten Fall sachlogisch als das Gewichtsquantil der Ordnung $p = 0,25$
in Höhe von $Q_{0,25} \approx 59,2$ g gedeutet werden kann. Demnach besitzt bei Unterstellung einer vollständig spezifizierten Dreieck-Verteilung mit den Parametern
$\mu_G = 63$ g und $\sigma_G = 5,3$ g ein Viertel aller Hühnereier, die von Hühnern der Rasse
Loheimer Braun gelegt wurden, ein Gewicht von höchstens 59,2 g. Analog können andere interessierende Quantile bestimmt werden, etwa das Gewichtsquantil
$b = Q_{0,9}$ der Ordnung $p = 0,9$, für das man im konkreten Fall wegen

$$F_G(b) = 0,5 + P(63 \le G \le b) = 0,5 + \frac{1}{169} \cdot \int_{63}^{b} (76 - x)\, dx = 0,9$$

und der daraus abgeleiteten Normalform der gemischtquadratischen Gleichung

$$b^2 - 152 \times b + 5742,2 = 0$$

letztlich einen Wert in Höhe von

$$b \approx 76 - 5,8 = 70,2 \text{ g}$$

als zulässige Lösung ermittelt und wie folgt sachlogisch interpretiert: In einem
hinreichend großen Hühnereierlos (mit mindestens 100 Hühnereiern) besitzen
unter der Prämisse, dass das Gewicht G eines Hühnereies eine dreieckverteilte
Zufallsgröße ist, wobei $G \sim$ Dr(63 g; 5,3 g) gilt, 90 % aller Hühnereier ein Gewicht von höchstens 70,2 g und in logischer Konsequenz 10 % aller Hühnereier
ein Gewicht von mehr als 70,2 g. ♣

6.5   Wahrscheinlichkeitsverteilungen

Abgrenzung. Aus der Vielzahl der theoretischen Verteilungsmodelle, die in der Stochastik im Allgemeinen und in der Wahrscheinlichkeitsrechnung im Speziellen bekannt sind und zudem in der empirischen Wirtschaftsforschung häufig appliziert werden, sollen in diesem Abschnitt nur ausgewählte diskrete und stetige Wahrscheinlichkeitsverteilungen paradigmatisch dargestellt und erläutert werden, die aufgrund ihrer theoretischen, statistisch-methodischen und praktischen Bedeutung für die weiteren Betrachtungen im Kontext dieses Lehrbuches unerlässlich sind. ♣

6.5.1   Diskrete Wahrscheinlichkeitsverteilungen

Motivation. Unter dem Begriff einer diskreten Wahrscheinlichkeitsverteilung subsumiert man in der Stochastik die Wahrscheinlichkeitsfunktion und die Verteilungsfunktion sowie daraus entlehnte Verteilungsparameter (etwa in Gestalt des Erwartungswertes und/oder der Varianz bzw. der Standardabweichung) einer diskreten Zufallsgröße. Aufgrund ihrer theoretischen und praktischen Bedeutung werden in diesem Abschnitt lediglich die theoretischen Modelle einer Binomialverteilung und einer POISSON-Verteilung paradigmatisch dargestellt.

Binomialverteilung

Eine diskrete Zufallsgröße X heißt binomialverteilt mit den Parametern n und p, kurz: X ~ Bi(n, p), wenn ihre Wahrscheinlichkeitsfunktion durch

$$P(X = k) = \binom{n}{k} \cdot p^k \cdot (1-p)^{n-k} \quad \text{für } k = 0,1,2,...,n$$

gegeben ist.

Hinweise. Für das Verständnis und für die Nutzung einer Binomialverteilung erweisen sich die folgenden Hinweise als hilfreich: i) **Parameter**. Eine Binomialverteilung ist durch die zwei Parameter n und p gekennzeichnet. In Abhängigkeit vom positiven und ganzzahligen n und vom reellwertigen p mit 0 < p < 1 gibt es streng genommen nicht „die Binomialverteilung", sondern eine ganze Familie von Binomialverteilungen. Dabei bezeichnet n die Anzahl der voneinander unabhängigen Versuche und p die konstante Erfolgswahrscheinlichkeit bei einem Versuch im Kontext eines sogenannten BERNOULLI-Prozesses. ii) **BERNOULLI-Prozess**. Die Grundidee eines BERNOULLI-Prozesses, der wiederum eine Folge von unabhängigen BERNOULLI-Experimenten ist, lässt sich wie folgt darstellen: Ein Zufallsexperiment, bei dem entweder ein Ereignis A mit der Wahrscheinlichkeit

$$P(A) = p$$

oder sein komplementäres Ereignis $\overline{A}$ mit der Wahrscheinlichkeit

$$P(\overline{A}) = 1 - P(A) = 1 - p$$

eintritt, wird n-mal unabhängig voneinander wiederholt. Die diskrete Zufallsgröße X, die dabei die Anzahl k = 0,1,...,n des Eintretens des zufälligen Ereignisses A zum Inhalt hat, genügt dem Modell einer Binomial- bzw. einer BERNOULLI-Verteilung. Die n voneinander unabhängigen Wiederholungen ein und desselben Zufallsexperiments kennzeichnet man auch als einen BERNOULLI-Prozess, wobei das Ereignis A (unabhängig von dessen konkreter Bedeutung) als Erfolg und die Wahrscheinlichkeit p als Erfolgswahrscheinlichkeit gedeutet werden. Charakteristisch für einen BERNOULLI-Prozess ist das Zufallsauswahlmodell mit Zurücklegen, wobei die Unveränderlichkeit der Erfolgswahrscheinlichkeit p unterstellt wird. iii) **Wahrscheinlichkeitsfunktion**. In SPSS bestimmt man die Einzelwahrscheinlichkeiten $P(X = k)$ einer Bi(n, p)-verteilten Zufallsgröße X mit Hilfe der Wahrscheinlichkeitsfunktion

$$P(X = k) = PDF.BINOM(k, n, p)$$

Die Abkürzung PDF steht für den englischen Terminus *Probability Density Function* (vgl. Beispiel 6.5.1-1). iv) **Intervallwahrscheinlichkeiten**. Intervallwahrscheinlichkeiten etwa der Form $P(X \le k)$ oder $P(X > k)$ bestimmt man in SPSS am einfachsten und elegantesten zum Beispiel mit der Wahrscheinlichkeitsfunktion

$$P(X \le k) = CDF.BINOM(k, n, p).$$

Die Abkürzung CDF steht für den englischen Terminus *Cumulative Distribution Function*. Für die Berechnung von Intervallwahrscheinlichkeiten erweisen sich die neun Rechenregeln, die eingangs des Abschnittes 6 4 skizziert wurden, als sehr hilfreich (vgl. Beispiel 6.5.1-1). v) **Verteilungsparameter**. Für den Erwartungswert $E(X)$ und für die Varianz $V(X)$ einer binomialverteilten Zufallsgröße X gilt:

$$\mu_X = E(X) = n \cdot p \text{ und } \sigma^2_X = V(X) = n \cdot p \cdot (1 - p).$$

vi) **Historie**. Das Modell einer Binomialverteilung (lat.: *bis* → zweifach + *nomen* → Name) geht auf den Schweizer Mathematiker Jacob BERNOULLI (*1654, †1705) zurück. Ihm zu Ehren nennt man eine Binomialverteilung auch BERNOULLI-Verteilung und die zugrunde liegenden n unabhängigen Zufallsexperimente einen BERNOULLI-Prozess. ◆

Beispiel 6.5.1-1: Binomialverteilung

Motivation. Ein umtriebiger Student der Betriebswirtschaftslehre vertreibt aus Existenznöten neben seinem Studium Produkte eines Versicherungsunternehmens. In einer Vertriebsberatung berichtet er, dass erfahrungsgemäß einem Vertragsabschluss vier erfolglose Kundenberatungen gegenüberstehen. Demnach liegt die Chance (frz.: *chance* → Glück(sfall)) für einen Vertragsabschluss bei „eins zu vier". Einmal angenommen, der Student vereinbart im Verlaufe einer Woche zehn voneinander unabhängige Kundenberatungen: Wie groß ist die Wahrscheinlichkeit dafür, dass er ceteris paribus i) keinen, ii) höchstens einen und iii) mindestens einen Vertrag abschließt?

Chance. Zwischen der Chance von 1 : 4 für einen Vertragsabschluss (Ereignis A) und der daraus abgeleiteten subjektiven Wahrscheinlichkeit $P(A)$ für einen Vertragsabschluss besteht (in Anlehnung an das Beispiel 6.2-5) offensichtlich der folgende leicht nachvollziehbare Zusammenhang:

$$p = P(A) = 1 / (1 + 4) = 0,2.$$

Dies leuchtet ein, denn wenn sich die Erfolge zu den Misserfolgen verhalten wie 1 : 4, so hat der Student genau einen Erfolg bei 1 + 4 = 5 voneinander unabhängigen Kundenberatungen, was einer subjektiven Erfolgswahrscheinlichkeit von

$$p = 1 / 5 = 0,2$$

bzw. einer Erfolgschance von

$$P(A) / (1 - P(A)) : 1 = 0,2 / 0,8 : 1 = 0,25 : 1 \text{ bzw. } 1 : 4$$

entspricht.

BERNOULLI-Prozess. Da der umtriebige Student im Verlaufe einer Woche n = 10 voneinander unabhängige Kundenberatungen durchführt, können diese Beratungen aus wahrscheinlichkeitstheoretischer Sicht als ein sogenannter BERNOULLI-Prozess aufgefasst werden, wenn man die Erfolgswahrscheinlichkeit, eine Beratung erfolgreich mit einem Vertrag abzuschließen, als gegeben und unveränderlich mit p = P(A) = 0,2 annimmt.

Zufallsgröße. Die Menge {0, 1, 2,..., n} der insgesamt n + 1 denkbar möglichen Vertragsabschlüsse bezeichnet man auch als den Träger der diskreten Zufallsgröße X, der im konkreten Fall aus n + 1 = 11 (endlich vielen denkbar möglichen) Realisationen X = k besteht. Die diskrete Zufallsgröße X, die im betrachteten Fall die *Anzahl der Vertragsabschlüsse bei zehn unabhängigen Kundenberatungen* zählt, genügt unter den gegebenen Bedingungen einer Binomialverteilung mit den Parametern n = 10 und p = 0,2, kurz: X ~ Bi(10; 0,2).

Wahrscheinlichkeiten. Für die drei eingangs notierten zufälligen Ereignisse kann man via Sequenz 4.6.4-3 und unter Berücksichtung der Abbildung 6.5.1-1 die zugehörigen Ereigniswahrscheinlichkeiten wie folgt berechnen:

Abbildung 6.5.1-1: Berechnung von Binomialwahrscheinlichkeiten

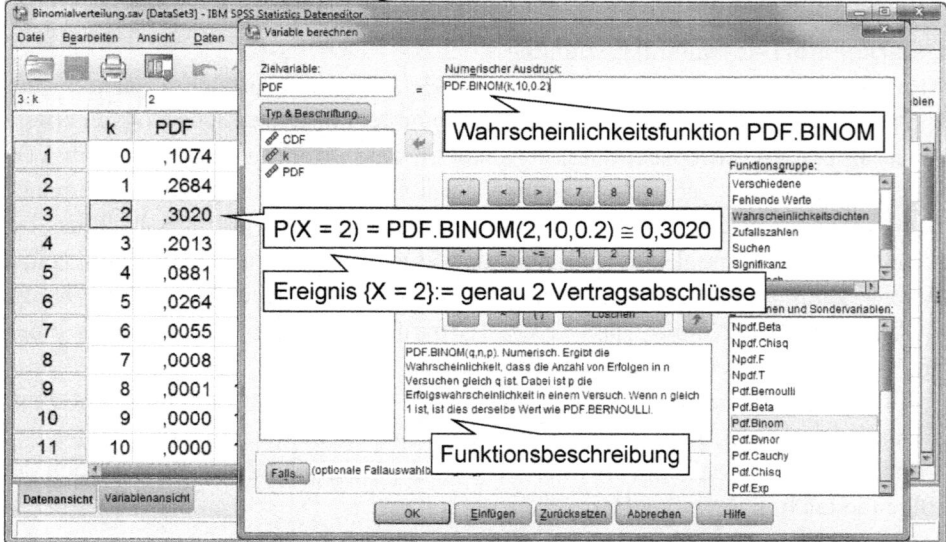

Ereignis {X = 0}. Demnach beträgt wegen k = 0 die Wahrscheinlichkeit dafür, bei n = 10 unabhängigen Beratungen und konstanter Erfolgswahrscheinlichkeit p = 0,2 (bei jeder Beratung) letzten Endes *keinen* Vertag abzuschließen,

$$P(X = 0) = \binom{10}{0} \cdot 0.2^0 \cdot (1 - 0.2)^{10-0} = \text{PDF.BINOM}(0,10,0.2) \approx 0.1074.$$

Einmal angenommen, der Student plant im laufenden Semester über zehn Wochen hinweg jeweils zehn unabhängige Beratungen pro Woche, dann muss er ceteris paribus wegen

$$10 \times 0.1074 \approx 1$$

erwartungsgemäß einmal damit rechnen, leer auszugehen.

Binomialkoeffizient. Das Symbol (lies: *n über k*)

$$\binom{n}{k} = \frac{n \cdot (n-1) \cdot \ldots \cdot (n-k+1)}{1 \cdot 2 \cdot \ldots \cdot k} \text{ mit n, k} \in \mathbb{N} \text{ und k} \le n$$

wurde vom Schweizer Mathematiker Leonhard EULER (*1707, †1783) als verkürzende Schreibweise für Binomialkoeffizienten eingeführt. Ihm zu Ehren nennt man es auch das EULERsche Symbol. Für das EULERsche Symbol gelten folgende Festlegungen bzw. Eigenschaften:

$$\binom{n}{0} = \binom{0}{0} = 1 \text{ und } \binom{n}{k} = \binom{n}{n-k}.$$

Ereignis {X ≤ 1}. Die Wahrscheinlichkeit dafür, bei n = 10 voneinander unabhängigen Kundenberatungen und konstanter Erfolgswahrscheinlichkeit von p = 0,2 *höchstens* einen Vertrag „unter Dach und Fach" zu bekommen, ist gemäß der zweiten der neun Rechenregeln, die im Abschnitt 6.4 notiert wurden,

$$P(X \le 1) = F_X(1) = P(X = 0) + P(X = 1) \cong 0.1074 + 0.2684 = 0.3758.$$

Demnach kann der Student (etwa im Verlaufe eines Semesters) unter den betrachteten Bedingungen erwartungsgemäß in vier von zehn Wochen mit höchstens einem Vertragsabschluss rechnen. Dabei ist zu beachten, dass hier auch das zufällige Ereignis {X = 0}, das darin besteht, keinen Vertrag bei n = 10 voneinander unabhängigen Kundenberatungen abgeschlossen zu haben, in das Kalkül der Berechnung eingeschlossen ist. Zu einem gleichen Ergebnis gelangt man, wenn man sich analog zur Abbildung 6.5.1-2 im SPSS Dialogfeld *Variable berechnen* der Funktion *CDF.BINOM* aus der Funktionsgruppe *Verteilungsfunktionen* bedient, die per Definition stets den Wert der Verteilungsfunktion einer binomialverteilten Zufallsgröße liefert. Die Berechnungsvorschrift für die interessierende Ereigniswahrscheinlichkeit

$$P(X \le 1) = F_X(1) = \text{CDF.BINOM}(1,10,0.2) \cong 0.3758$$

ist zugleich in der Abbildung 6.5.1-2 explizit vermerkt.

Ereignis {X ≥ 1}. Die Wahrscheinlichkeit dafür, bei n = 10 unabhängigen Beratungen und konstanter Erfolgswahrscheinlichkeit von p = 0,2 *mindestens* einen Erfolg konstatieren zu können, beträgt gemäß der fünften der neun Rechenregeln, die für Zufallsgrößen im Abschnitt 6.4 angegeben wurden,

$$P(X \ge 1) = 1 - F_X(1) + P(X = 1) =$$

$$1 - CDF.BINOM(1, 10, 0.2) + PDF.BINOM(1, 10, 0.2) \cong$$
$$1 - 0{,}3758 + 0{,}2684 = 0{,}8926.$$

Demnach kann der Student ceteris paribus (lat.: *ceteris paribus* → (wenn) das Übrige gleich (ist)) etwa in neun von zehn Wochen mit mindestens einem Abschluss rechnen, wenn er pro Woche jeweils zehn voneinander unabhängige Beratungen realisiert.

Abbildung 6.5.1-2: Berechnung von Intervallwahrscheinlichkeiten

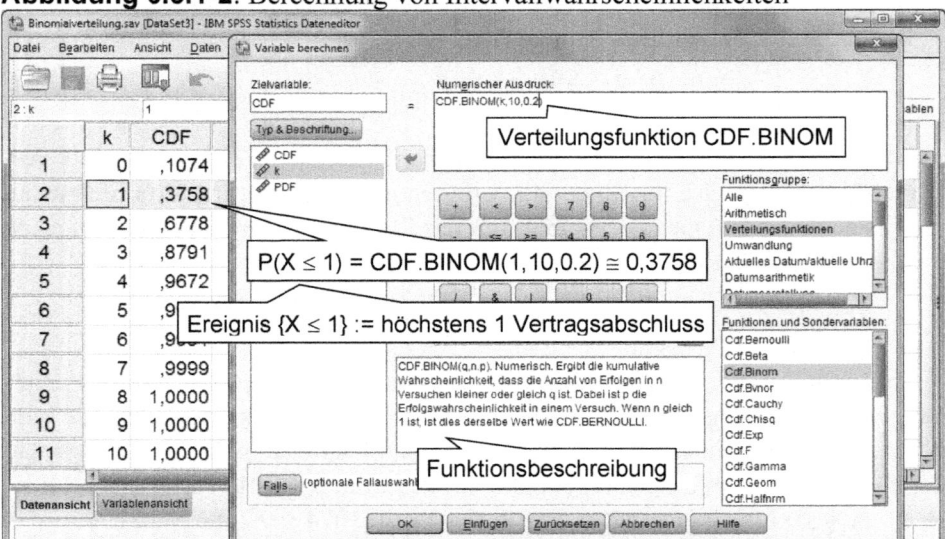

Wahrscheinlichkeitsverteilung. Die Wahrscheinlichkeitsverteilung in Gestalt der Wahrscheinlichkeitsfunktion f_X und der Verteilungsfunktion F_X der diskreten und Bi(10, 0.2)-verteilten Zufallsgröße X: *Anzahl der Vertragsabschlüsse bei zehn voneinander unabhängigen Beratungen* sind in der Abbildung 6.5.1-3 einerseits mit Hilfe eines Stabdiagramms und andererseits mittels eines monoton steigenden und treppenförmigen Polygonzuges (grch.: *polys* → vielfach + *gonia* → Winkel, Vieleck) bildhaft dargestellt. Anhand der Wahrscheinlichkeitsfunktion

$$P(X = k) = PDF.BINOM(k, 10, 0.2)$$

in Gestalt eines Stabdiagramms kann man sich die Wesenheit einer diskreten Wahrscheinlichkeitsverteilung nochmals bildhaft verdeutlichen: Die gesamte Wahrscheinlichkeitsmasse, die gemäß dem KOLMOGOROVschen Normierungsaxiom eins ist, wird wegen n = 10 auf die 10 + 1 = 11 möglichen Realisationen k = 0,1,2,...,10 der diskreten Zufallsgröße X derart verteilt, dass sich letztlich das in der Abbildung 6.5.1-3 plakatierte Bild der diskreten und vollständig spezifizierten Wahrscheinlichkeitsverteilung X ~ Bi(10, 0.2) ergibt. Dabei wird im konkreten Fall der Realisation k = 2 mit $P(X = 2) \cong 0{,}3020$ die höchste Wahrscheinlichkeit zugeordnet.

Abbildung 6.5.1-3: Wahrscheinlichkeits- und Verteilungsfunktion

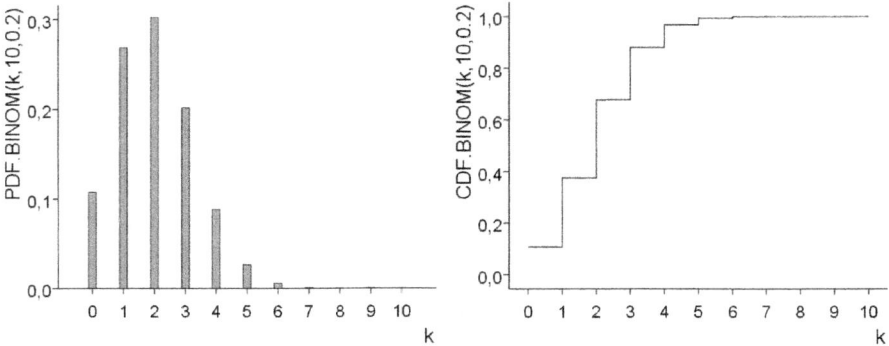

Erwartungswert. Aufgrund dessen, dass sich der Erwartungswert der diskreten und Bi(10, 0,2)-verteilten Zufallsgröße X auf

$$\mu_X = E(X) = 10 \times 0,2 = 2$$

beläuft, sagt man auch, dass der Student ceteris paribus „auf lange Sicht und im Mittel" erwartungsgemäß mit zwei Vertragsabschlüssen rechnen kann.

Standardabweichung. Da für die Varianz

$$\sigma^2_X = 10 \times 0,2 \times (1 - 0,2) = 1,6$$

gilt, errechnet man für die Standardabweichung der Bi(10, 0,2)-verteilten Zufallsgröße X einen Wert von $\sigma_X = \sqrt{1,6} \approx 1,26$ Vertragsabschlüssen. ♣

Beispiel 6.5.1-2: Binomialverteilung

Motivation. Im Kontext des Beispiels 6.4-1 wurde anhand eines Familienplanungsmodells die Grundidee des theoretischen Konstrukts einer diskreten Zufallsgröße erläutert. Beachtenswert ist in diesem Kontext, dass gemäß Abbildung 6.4-1 das Planungsmodell „Familie mit drei Kindern" aus wahrscheinlichkeitstheoretischer Sicht als ein BERNOULLI-Prozess und das zugrunde liegende Wahrscheinlichkeitsmodell als eine Binomialverteilung mit den Modellparametern n = 3 voneinander unabhängige Zeugungsversuche mit jeweils konstanter Erfolgswahrscheinlichkeit von p = 0,4866 für das Erfolgsergebnis „Mädchen" aufgefasst werden kann. Demnach berechnet man zum Beispiel für das zufällige Ereignis {X = 3}, das darin besteht, dass eine Familie mit drei Kindern genau drei Mädchen ihr eigen nennen kann, eine Ereigniswahrscheinlichkeit von

$$P(X = 3) = \binom{3}{3} \cdot 0,4866^3 \cdot (1 - 0,4866)^{3-3} =$$

$$\text{PDF.BINOM}(3,3,0.4866) \approx 0,1152.$$

Diese Wahrscheinlichkeit stimmt mit der berechneten und in der Abbildung 6.4-1 an der Stelle k = 3 grafisch dargestellten Ereigniswahrscheinlichkeit von

$$P(X = 3) = 0,4866^3 \approx 0,1152$$

überein.

Stammhalterproblem. Des Gleichheitsgrundsatzes wegen soll in diesem Zusammenhang nicht unerwähnt bleiben, dass man mittels des skizzierten Familienplanungsmodells auch das sogenannte Stammhalterproblem modellieren kann, indem man analog zur Tabelle 6.5.1-1 für eine Familie mit einem Kind oder mit mehreren Kindern die Wahrscheinlichkeit dafür bestimmt, dass wenigstens ein Knabe als „Stammhalter" geboren wird.

Tabelle 6.5.1-1: Stammhalterproblem

Kinderanzahl	1	2	3	4	5
Stammhalterwahrscheinlichkeit	0,5134	0,7632	0,8848	0,9439	0,9727

Die sogenannte Stammhalterwahrscheinlichkeit ist im konkreten Fall nichts anderes als die zum zufälligen Ereignis $\{X = n\}$ gehörende Komplementärwahrscheinlichkeit $1 - P(X = n)$. Das zufällige Ereignis $\{X = n\}$ besteht im betrachteten Fall darin, dass in einer Familie mit n Kindern genau n Mädchen vorkommen. Im Kontext des skizzierten Familienmodells mit n = 3 Kindern berechnet sich die Stammhalter-Wahrscheinlichkeit wie folgt:

$$1 - P(X = 3) = 1 - PDF.BINOM(3,3,0.4866) \approx 0,8848.$$

Für Apologeten der Stammhalter-Philosophie ergibt sich aus der Tabelle 6.5.1-1 die folgende finale reproduktionstheoretische Aussage: Je größer die Anzahl der Kinder in einer Familie ist, umso höher ist auch die Wahrscheinlichkeit dafür, dass wenigstens ein Knabe als „Stammhalter" geboren wird. Würde man (in Anlehnung an die amtierende Verteidigungsministerin im Kabinett Merkel) das sogenannte „Ursula-von-der-LEYEN-Modell" als Familienplanungsmodell präferieren, dann beliefe sich ceteris paribus bei sieben Kindern die Stammhalterwahrscheinlichkeit auf

$$1 - P(X = 7) = 1 - PDF.BINOM(7, 7, 0.4866) \cong 0,9935.$$

Zu einem gleichen Ergebnis würde man gelangen, wenn man im konkreten Fall die diskrete Zufallsgröße Y betrachten würde, welche die Anzahl k der Knaben in einer Familie mit n Kindern beschreibt. Für das interessierende Stammhalter-Ereignis $\{Y \geq 1\}$, das darin besteht, dass in einer Familie mit n = 7 Kindern *mindestens* ein Knabe vorkommt, wobei gemäß der SÜßMILCHschen Sexualproportion und dem postulierten BERNOULLI-Prozess eine konstante Erfolgswahrscheinlichkeit von p = 1 − 0,4866 = 0,5134 für das Erfolgsergebnis „Knabe" unterstellt wird, berechnet man eine Stammhalter-Wahrscheinlichkeit von

$$P(Y \geq 1) = 1 - CDF. BINOM(1,7,0.5134) + PDF.BINOM(1,7,0.5134) =$$
$$1 - CDF.BINOM(0,7,0.5134) \approx 0,9935.$$

Gleichwohl die berechnete Stammhalter-Wahrscheinlichkeit sehr hoch ist, gäbe es ceteris paribus etwa unter eintausend Familien mit sieben Kindern erwartungsgemäß immerhin noch

$$(1 - 0,9935) \times 1000 \approx 7 \text{ Familien,}$$

bei denen sich bisher partout kein Stammhalter einstellen wollte bzw. will. In einem solchen Fall bleibt (im Gegensatz zum (Un)Wort des Jahres 2010 „alternativlos") nur die Alternative: Entweder auf dem „unfruchtbaren Stammhalterfeld" weiter experimentieren oder die „stammhalterbegründete" Familienplanung als abgeschlossen betrachten. ♣

POISSON-Verteilung

Eine diskrete Zufallsgröße X heißt poissonverteilt mit dem Parameter $\lambda > 0$, kurz: $X \sim Po(\lambda)$, wenn ihre Wahrscheinlichkeitsfunktion durch

$$P(X = k) = \frac{\lambda^k}{k!} \cdot e^{-\lambda}, \ k = 0, 1, 2, \dots$$

gegeben ist.

Hinweise. Für das Verständnis und für die Nutzung einer POISSON-Verteilung erweisen sich die folgenden Hinweise als hilfreich: i) **Familie.** Wegen des „alleinigen" Verteilungsparameters $\lambda > 0$ (lies: *Lambda*) gibt es nicht „die POISSON-Verteilung", sondern eine ganze Familie von POISSON-Verteilungen. Beachtenswert ist die vorteilhafte Eigenschaft, dass für den Erwartungswert $\mu_X = E(X)$ und für die Varianz $\sigma^2_X = V(X)$ einer poissonverteilten Zufallsgröße X stets

$$E(X) = V(X) = \lambda$$

gilt. ii) **Applikation.** In praxi spielt das theoretische Modell einer POISSON-Verteilung vor allem dann eine Rolle, wenn voneinander unabhängige punktuelle Ereignisse hinsichtlich der Häufigkeit ihres Auftretens im Zeitablauf in festen, meist kleinen Zeitabständen beobachtet und modelliert werden. Die Zufallsgröße X gibt dann die Anzahl der „seltenen Vorkommnisse bzw. Ereignisse" in einem bestimmten, meist kleinen Zeitraum an. Dies ist auch der Grund dafür, warum man eine POISSON-Verteilung als eine Verteilung „seltener Ereignisse" charakterisiert. Einen im Zeitablauf betrachteten punktuellen Ereignisstrom bezeichnet man in diesem Kontext auch als einen POISSON-Prozess, sofern er bestimmte Bedingungen erfüllt. iii) **Grenzverteilung.** Wegen der Grenzwertbeziehung

$$\lim_{\substack{n \to \infty \\ p \to 0 \\ n \cdot p = \lambda = const}} \binom{n}{k} \cdot p^k \cdot (1-p)^{n-k} = \frac{\lambda^k}{k!} \cdot e^{-\lambda}, \quad k = 0, 1, 2, \dots$$

wird in praxi eine POISSON-Verteilung oft als Approximation für eine vor allem für große n und kleine p schwieriger zu berechnende Binomialverteilung verwendet. Dabei bezeichnet e = 2,7182818... die sogenannte EULERsche Konstante, die selbst wiederum nach dem Schweizer Mathematiker Leonhard EULER (*1707, †1783) benannt ist. iv) **Beispiele.** Typische poissonverteilte Zufallsgrößen sind zum Beispiel die Anzahl der Telefongespräche, die in einer Telefonzentrale innerhalb einer Minute ankommen oder die Anzahl der Kunden, die innerhalb von fünf Minuten eine Bankfiliale betreten. v) **Historie.** Das Modell einer POISSON-Verteilung ist nach dem französischen Mathematiker Simeon Denis POISSON (*1781, †1840) benannt. ♦

Beispiel 6.5.1-3: POISSON-Verteilung

Motivation. Ein Beispiel zur Motivation des theoretischen Modells einer POISSON-Verteilung, das in der Literatur nicht nur wegen seiner Anschaulichkeit, sondern wohl auch wegen seiner Skurrilität gern zitiert wird, ist die vom deutschen Statistiker Ladislaus von BORTKIEWICZ (*1868, †1931) zusammengetragene Statistik von Soldaten, die im Verlaufe von zwanzig Jahren in zehn Regimentern des kaiserlich-preußischen Heeres durch Hufschlag getötet wurden.[16]

Häufigkeitstabelle. Die von BORTKIEWICZ erfassten Todesfälle infolge von Hufschlag, die in der SPSS Datendatei *Hufschlag.sav* gespeichert sind, liefern die Häufigkeitsverteilung innerhalb der Tabelle 6.5.1-2.

Tabelle 6.5.1-2: Häufigkeitstabelle

Anzahl k der Hufschlagtoten	Hufschlagtote in einem Regiment-Jahr			
		Häufigkeit	Prozent	Kumulierte Prozente
Gültig	0	109	54,5	54,5
	1	65	32,5	97,0
	2	22	11,0	Anzahl der Regiment-Jahre
Zustandsmenge	3	3	1,5	99,5
	4	1	,5	100,0
	Gesamt	200	100,0	

Im Blickwinkel der Deskriptiven Statistik erscheint ein sogenanntes Regiment-Jahr als der Merkmalsträger γ und die Menge $\Gamma_n = \{\gamma_i, i = 1,2,...,n)$ aller n = 200 betrachteten Regiment-Jahre (= 10 Regimenter × 20 Jahre) als die statistische Gesamtheit. Die „Anzahl der durch Hufschlag getöteten Soldaten in einem Regiment-Jahr" ist das im BORTKIEWICZschen Sinne interessierende diskrete Erhebungsmerkmal X, dessen Zustandsmenge $\Xi = \{\xi_j, j = 1,2,...,m\}$ im konkreten Fall durch die m = 5 natürlichen Zahlen $\xi_1 = 0$, $\xi_2 = 1$, $\xi_3 = 2$, $\xi_4 = 3$ und $\xi_5 = 4$ gegeben ist, worin die Zahl Null eingeschlossen ist. Aufgrund dessen, dass zum Beispiel die Merkmalsausprägung $\xi_2 = 1$ der Ordnung j = 2 in n = 200 Regiment-Jahren insgesamt $n_2 = n(X = 1) = 65$ mal „gezählt" wurde, sagt man auch, dass in 65 Regiment-Jahren bzw. in

$$p_2 = p(X = 1) = (65 / 200) \times 100\,\% = 32,5\,\%$$

aller n = 200 betrachteten Regiment-Jahre das zufällige Ereignis $\{X = 1\}$ eingetreten ist, das darin bestand, dass genau ein durch Hufschlag getöteter Soldat zu beklagen gewesen war. Anhand dieser sachlogischen Interpretation der Merkmalsausprägung ξ_2 der Ordnung j = 2 und der zugehörigen absoluten bzw. prozentualen Häufigkeit n_2 bzw. p_2 überzeugt man sich leicht von der Tatsache, dass in insgesamt n = 109 + 65 + 22 + 3 + 1 = 200 Regiment-Jahren wegen

---

[16] Quelle: Ladislaus von BORTKIEWICZ: Das Gesetz der kleinen Zahlen, Druck und Verlag von B. G. Teubner, Leipzig 1898, Seite 23 ff.

$$\sum_{j=1}^{5} \xi_j \cdot n_j = 0 \cdot 109 + 1 \cdot 65 + 2 \cdot 22 + 3 \cdot 3 + 4 \cdot 1 = 122$$

insgesamt 122 Soldaten durch Hufschlag getötet wurden. Im Mittel sind es

$$\overline{x} = \frac{1}{n} \cdot \sum_{j=1}^{5} \xi_j \cdot n_j = \frac{\sum_{j=1}^{5} \xi_j \cdot n_j}{\sum_{j=1}^{5} n_j} = \frac{122}{200} = 0{,}61$$

durch Hufschlag getötete Soldaten pro Regiment und Jahr. Das gewogene arithmetische Mittel, das aus der Häufigkeitstabelle 6.5.1-2 berechnet wurde, ist in logischer Konsequenz identisch mit dem arithmetischen Mittel, das man gemäß Tabelle 6.5.1-3 via Sequenz 5.2-1 für die SPSS Variable *Tote* berechnet.

Tabelle 6.5.1-3: Mittelwerttabelle

Deskriptive Statistiken

	Mittelwert	Varianz
Hufschlagtote	,610	,611

Die augenscheinlichen Tatsachen, dass mit

$$s_X^2 \cong 0{,}611 \approx \overline{x} = 0{,}61$$

zum einen die Varianz $s_X^2 \cong 0{,}611$ in ihrem Wert nahezu identisch ist mit dem arithmetischen Mittel $\overline{x} = 0{,}61$ und zum anderen eine „größere" Anzahl von Todesfällen infolge von Hufschlag in einem Regiment-Jahr „ein eher seltenes zufälliges und schadenstiftendes Ereignis" darstellt, sind zwei unumstößliche Indizien dafür, dass die von BORTKIEWICZ empirisch beobachtete Verteilung der Anzahl der durch Hufschlag getöteten Soldaten in einem Regiment-Jahr durch das theoretische Verteilungsmodell einer POISSON-Verteilung beschrieben bzw. modelliert werden kann.

POISSON-Verteilung. Fasst man das diskrete Erhebungsmerkmal X: *Anzahl der Hufschlagtoten in einem Regiment-Jahr* als eine diskrete und poissonverteilte Zufallsgröße X auf, wobei nunmehr X ~ Po(λ) gelten soll, und verwendet man das empirisch ermittelte arithmetische Mittel von $\overline{x} = 0{,}61$ Hufschlagtoten pro Regiment-Jahr als einen Schätzwert für die Anzahl der Hufschlagtoten, die man (bedingt durch das freie Spiel des Zufalls) in einem Regiment-Jahr „auf lange Sicht im Mittel erwarten kann", so leuchtet es ein, diesen empirisch ermittelten Durchschnittswert als einen Schätzwert für den Erwartungswert

$$E(X) = \lambda = 0{,}61$$

für die nicht näher spezifizierte POISSON-Verteilung zu verwenden, wobei jetzt X ~ Po(0,61) als das zu betrachtende und vollständig spezifizierte theoretische Modell einer POISSON-Verteilung gilt.

Wahrscheinlichkeit. In der Abbildung 6.5.1-4 ist die Berechnung von ereignisbezogenen POISSON-Wahrscheinlichkeiten exemplarisch skizziert.

Abbildung 6.5.1-4: Berechnung von POISSON-Wahrscheinlichkeiten

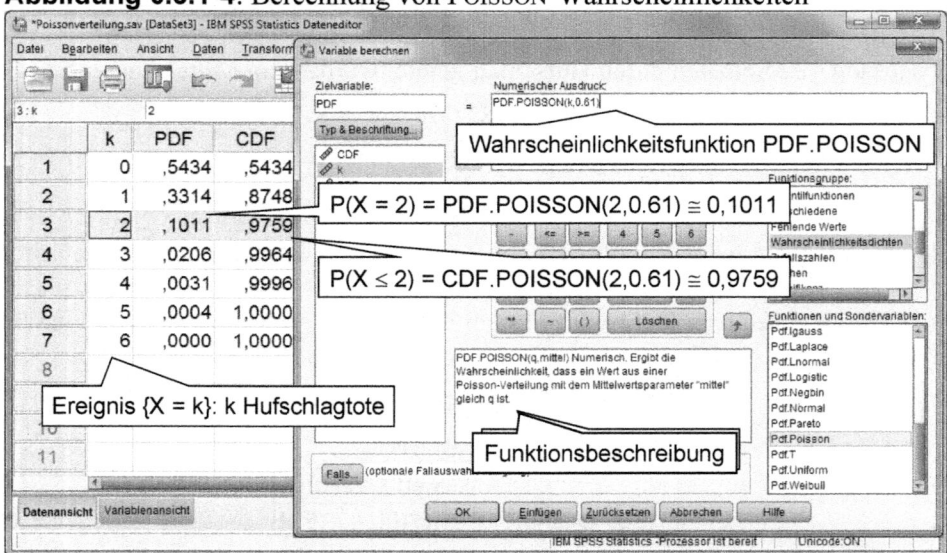

Die Wahrscheinlichkeit dafür, dass bei Unterstellung des theoretischen Modells einer POISSON-Verteilung mit dem Parameter $\lambda = 0{,}61$ Hufschlagtote pro Regiment und Jahr das zufällige Ereignis $\{X = 2\}$ eintritt, das darin besteht, dass *genau* Soldaten in einem Regiment-Jahr durch Hufschlag getötet werden, ist

$$P(X = 2) = \text{PDF.POISSON}(2{,}0.61) \cong 0{,}1011.$$

Demnach ist „im Mittel und auf lange Sicht" im Verlaufe von n = 200 Regiment-Jahren zu erwarten, dass in

$$n^e(X = 2) = n \times P(X = 2) = 200 \times 0{,}1011 \cong 20{,}22$$

Regiment-Jahren genau k = 2 Soldaten durch Hufschlag getötet werden. Bemerkenswert ist dabei, dass die (unter der vollständigen Modellspezifikation $X \sim \text{Po}(0{,}61)$) theoretisch zu erwartende absolute Häufigkeit von

$$n^e(X = 2) \cong 20{,}22$$

Regiment-Jahren nahezu identisch ist mit der zugehörigen und empirisch beobachteten absoluten Häufigkeit von n(X = 2) = 22 Regiment-Jahren.

Anpassungstest. In Anlehnung an diese vergleichenden Häufigkeitsbetrachtungen überzeugt man sich anhand der Häufigkeitstabelle 6.5.1-2 und der Abbildung 6.5.1-4 leicht von der Tatsache, dass sich die absoluten Häufigkeiten

$$n^e(X = k) = n \times P(X = k),$$

die man theoretisch erwarten würde, wenn man die Anzahl der Hufschlagtoten in einem Regiment-Jahr als eine Po(0,61)-verteilte Zufallsgröße X auffasst, „recht gut" an die empirisch beobachteten absoluten Häufigkeiten n(X = k) „anpassen". Inwieweit bzw. wie „gut" sich die unter einer Verteilungsannahme theoretisch zu erwartenden absoluten Häufigkeiten $n^e(X = k)$ an empirisch beobachtete absolute

Häufigkeiten n(X = k) „anpassen", überprüft man in der Statistik mit Hilfe sogenannter Anpassungstests, die ein spezieller Gegenstand des Kapitels 7 sind.

Wahrscheinlichkeitsverteilung. Der Vollständigkeit und der Anschaulichkeit
halber sind in der Abbildung 6.5.1-5 sowohl die Wahrscheinlichkeitsfunktion

$$P(X = k) = PDF.POISSON(k,0.61)$$

in Gestalt des Säulendiagramms als auch die monoton steigende und treppenför-
mige Verteilungsfunktion

$$P(X \leq k) = F_X(k) = CDF.POISSON(k,0.61)$$

der diskreten und Po(0.61)-verteilten Zufallsgröße X: *Anzahl der durch Hufschlag getöteten Soldaten* bildhaft dargestellt. Demnach beläuft sich zum Beispiel die Wahrscheinlichkeit für das Ereignis {X ≤ 2}, wonach *höchstens* zwei
Soldaten durch Hufschlag getötet wurden, auf

$$P(X \leq 2) = F_X(2) = CDF.POISSON(2,0.61) \cong 0{,}9759.$$

Abbildung 6.5.1-5: Wahrscheinlichkeits- und Verteilungsfunktion

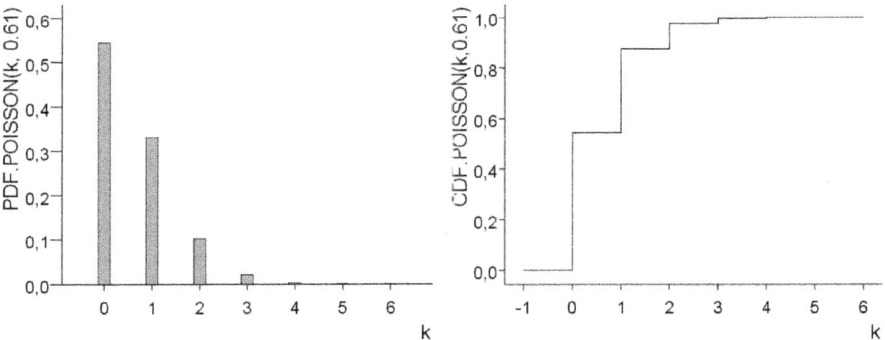

Die beiden Grafiken verdeutlichen im konkreten Fall auf eine sehr anschauliche
Art und Weise, warum man in der Stochastik das theoretische Modell einer POIS-
SON-Verteilung auch als ein Verteilungsmodell zur Beschreibung seltener zufälliger Ereignisse verwendet. Das zufällige Ereignis {X > 3}, das darin besteht,
dass in einem Regiment-Jahr mehr als drei Soldaten wegen Hufschlags zu Tode
kommen, ist eben eher selten. Das „seltene zufällige Ereignis" wird letztlich
durch seine geringe Wahrscheinlichkeit zahlenmäßig untermauert, die sich im
speziellen Fall auf

$$P(X > 3) = 1 - CDF.POISSON(3, 0.61) \cong 0{,}0036$$

beläuft. Demnach hätte man unter den gegebenen Bedingungen wegen

$$1 = n \times 0{,}0036$$

erwartungsgemäß in

$$n = 1 / 0{,}0036 \approx 278$$

Regiment-Jahren einmal damit rechnen können, dass dieses „seltene und zugleich todbringende" Ereignis eintritt. ♣

6.5.2 Stetige Wahrscheinlichkeitsverteilungen

Motivation. Unter dem Begriff einer stetigen Wahrscheinlichkeitsverteilung subsumiert man in der Stochastik sowohl die Dichtefunktion als auch die Verteilungsfunktion sowie daraus entlehnte Verteilungsparameter einer stetigen Zufallsgröße. Aufgrund ihrer theoretischen und praktischen Bedeutung werden in diesem Abschnitt lediglich die theoretischen Modelle einer Normalverteilung und einer Exponentialverteilung paradigmatisch skizziert.

Normalverteilung

Eine stetige Zufallsgröße X heißt normalverteilt mit den Parametern $\mu \in \mathbb{R}$ und $\sigma > 0$, kurz: $X \sim N(\mu, \sigma)$, wenn ihre Verteilung durch die Dichtefunktion

$$f_X(a) = \frac{1}{\sigma \cdot \sqrt{2 \cdot \pi}} \cdot e^{-\frac{(a-\mu)^2}{2 \cdot \sigma^2}}$$

mit $a \in \mathbb{R}$ gegeben ist.

Hinweise. Für das Verständnis des theoretischen Modells einer Normalverteilung sind die folgenden Hinweise hilfreich und nützlich: i) **Verteilungsparameter.** Da eine Normalverteilung durch die zwei Parameter μ (lies: *My*) und σ (lies: *Sigma*) bzw. σ^2 bestimmt ist, gibt es streng genommen nicht „die Normalverteilung", sondern eine ganze Familie von Normalverteilungen. Der Parameter μ, der auch als Mittelwertparameter oder Lageparameter bezeichnet wird, ist identisch mit dem Erwartungswert $E(X)$ einer normalverteilten Zufallsgröße X. Der Parameter σ, der auch als Streuungsparameter gekennzeichnet wird, ist identisch mit der Standardabweichung $\sigma = \sqrt{V(X)}$ einer normalverteilten Zufallsgröße X. ii) **Dichtefunktion.** Der Graph der Dichtefunktion f_X besitzt die Gestalt einer Glockenkurve. In SPSS kann man die Werte der Dichtefunktion f_X einer $N(\mu, \sigma)$-verteilten Zufallsgröße X mittels der Funktion $f_X(a) = \text{PDF.NORMAL}(a, \mu, \sigma)$ berechnen. Beachtenswert ist dabei, dass der Lageparameter μ die Stelle $a = \mu$ der Dichtefunktion $f_X(a)$ markiert, an der sie ihr Maximum erreicht bzw. ihren „Gipfel besitzt". Anhand der Abbildung 6.5.2-1 wird deutlich, dass eine Veränderung des Lageparameters μ eine Verschiebung der Glockenkurve entlang der Abszisse bewirkt.

Abbildung 6.5.2-1: Normalverteilungsdichten

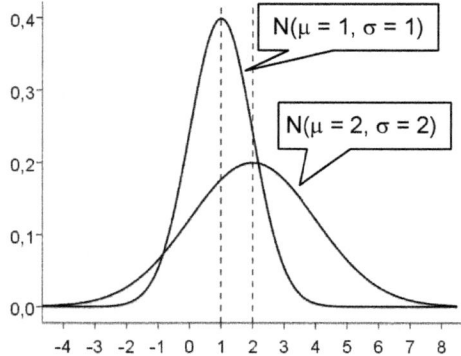

Zudem lässt sich anhand der beiden Normalverteilungsdichten zeigen, dass der Wert der Dichtefunktion $f_X(a)$ an der Stelle $a = \mu$ sich umgekehrt proportional zum Streuungsparameter σ verhält. Je größer (kleiner) die Streuung, desto flacher (steiler) ist die Glockenkurve. iii) **Wahrscheinlichkeitsimplikation**. Bei einer Normalverteilung wird die Wahrscheinlichkeitsimplikation in der Regel über die Verteilungsfunktion

$$F_X(a) = P(X \leq a) = \int_{-\infty}^{a} f_X(t)\,dt = \text{CDF.NORMAL}(a, \mu, \sigma)$$

bewerkstelligt. Die Wahrscheinlichkeit $P(X \leq a)$ für das zufällige Ereignis $A := \{X \leq a\}$ wird dabei geometrisch als Fläche unterhalb der Dichtefunktion f_X und oberhalb der Abszisse bis zur Stelle a oder als Wert der Verteilungsfunktion $F_X(a)$ an der Stelle $a \in \mathbb{R}$ gedeutet. Beachtenswert ist dabei, dass per Definition lediglich die Werte der SPSS Funktion CDF.NORMAL als Wahrscheinlichkeiten zu deuten sind. iv) **Punktrealisation**. Gilt $a = b$, so ist $X = a$ bzw. $X = b$ eine mögliche punktuelle Realisation von X. Die Wahrscheinlichkeit dafür, dass das Ereignis $\{X = \varepsilon\}$ eintritt, ist

$$P(X = a) = \int_{a}^{a} f_X(t)\,dt = \text{CDF.NORMAL}(a, \mu, \sigma) - \text{CDF.NORMAL}(a, \mu, \sigma) = 0\,.$$

Demnach nimmt (nicht immer sofort einleuchtend) nicht nur eine normalverteilte, sondern generell eine stetige Zufallsgröße X jede ihrer möglichen reellwertigen Realisationen $a \in \mathbb{R}$ nur mit einer Wahrscheinlichkeit von null an. Dies heißt aber nicht, dass das Ereignis $\{X = a\}$ ein unmögliches Ereignis $\varnothing$ darstellt. Wohl ist die Wahrscheinlichkeit für ein unmögliches Ereignis stets null, aber nicht jedes zufällige Ereignis, dessen Wahrscheinlichkeit null ist, ist ein unmögliches Ereignis. Beachtenswert ist dabei folgende Aussage: Wegen $P(X = a) = 0$, $a \in \mathbb{R}$, ist für eine stetige Zufallsgröße X stets auch die formale Gleichheit der Wahrscheinlichkeiten

$$P(a \leq X \leq b) \equiv P(a \leq X < b) \equiv P(a < X \leq b) \equiv P(a < X < b)$$

gegeben. v) **Rechenregeln**. Für die Berechnung von Ereigniswahrscheinlichkeiten einer $N(\mu, \sigma)$-verteilten Zufallsgröße X erweisen sich die folgenden drei Rechenregeln

- $P(X \leq a) = F_X(a) = \text{CDF.NORMAL}(a, \mu, \sigma)$
- $P(a \leq X \leq b) = F_X(b) - F_X(a) = \text{CDF.NORMAL}(b, \mu, \sigma) - \text{CDF.NORMAL}(a, \mu, \sigma)$
- $P(X > a) = 1 - P(X \leq a) = 1 - F_X(a) = 1 - \text{CDF.NORMAL}(a, \mu, \sigma)$

als nützlich und hilfreich. vi) **Standardnormalverteilung**. Ist eine stetige Zufallsgröße $X \sim N(\mu, \sigma)$-verteilt, so ist die standardisierte Zufallsgröße $Z = (X - \mu) / \sigma$ standardnormalverteilt mit dem Erwartungswert $E(Z) = 0$ und der Varianz $V(Z) = 1$, kurz: $Z \sim N(0, 1)$. Die Werte der Verteilungsfunktion

$$\Phi(z) = \text{CDFNORM}(z) = \text{CDF.NORMAL}(a, 0, 1)$$

der Standardnormalverteilung $N(0, 1)$ (vgl. Beispiel 6.5.2-4) liegen in einschlägigen Fachbüchern für bestimmte Argumente $z \in \mathbb{R}$ in der Regel tabelliert vor. vii) **Historie**. Das Modell einer Normalverteilung wurde erstmals vom französischen Mathematiker Abraham DE MOIVRE (*1667, †1754) formuliert und vom deutschen Mathematiker Carl Friedrich GAUß (*1777, †1855) als Verteilungsgesetz für Beobachtungsfehler bei Landvermessungen angewandt. GAUß zu Ehren nennt man eine Normalverteilung auch eine GAUß-Verteilung (vgl. Kapitel 1). Aufgrund dessen, dass die Dichtefunktion einer Normalverteilung die Gestalt einer Glocke besitzt, bezeichnet man eine Normalverteilung mitunter auch als GAUßsche Glockenkurve. ♦

Beispiel 6.5.2-1: Normalverteilung als Basis für eine Erlöshochrechnung
Motivation. Eine Bäuerin betreibt im Land Brandenburg einen Öko-Bauernhof und hat sich auf die Produktion von Öko-Eiern spezialisiert, die von Hühnern der Rasse Loheimer Braun gelegt werden. Auf den Berliner Wochenmärkten sind die von der Bäuerin feilgebotenen Öko-Eier sehr begehrt. Welchen Erlös würde die Bäuerin auf einem Berliner Wochenmarkt erwartungsgemäß erzielen, wenn sie eine Palette von insgesamt 2000 Öko-Eiern verkauft und ein Hühnerei der jeweiligen Gewichtskategorie zu den Preisen veräußert, die in der Tabelle 6.5.2-1 aufgelistet sind?

Tabelle 6.5.2-1: Preistabelle

Gewichtskategorie	Gewichtsklasse	Preis
S(mall)	$G < 55$ g	0,20 € je Stück
M(edium)	55 g $\leq G < 65$ g	0,25 € je Stück
L(arge)	65 g $\leq G < 75$ g	0,30 € je Stück
(e)X(tra)L(arge)	$G \geq 75$ g	0,35 € je Stück

Zufallsgröße. In Anlehnung an das Beispiel 6.4-2 soll davon ausgegangen werden, dass das Gewicht G eines Hühnereies (Angaben in Gramm) eine stetige und zugleich eine normalverteilte Zufallsgröße ist, wobei

$$G \sim N(\mu, \sigma)$$

gilt. Aus Praktikabilitätsgründen wurden die beiden „unbekannten" Parameter μ und σ des unvollständig spezifizierten Normalverteilungsmodells $N(\mu, \sigma)$ aus den empirisch erhobenen Gewichtsdaten der SPSS Datendatei *Eier.sav* geschätzt, wobei im konkreten Fall für den Erwartungswert

$$\mu_G = E(G) = 62{,}78 \text{ g} \approx 63 \text{ g}$$

und für die Standardabweichung

$$\sigma_G = \sqrt{V(G)} = 4{,}76 \text{ g} \approx 5 \text{ g}$$

gelten soll.

Abbildung 6.5.2-2: Dichte- und Verteilungsfunktion, N(63, 5)-Verteilung

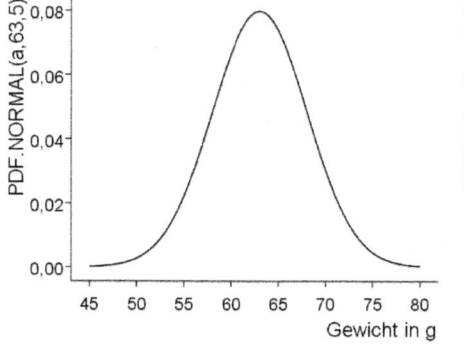
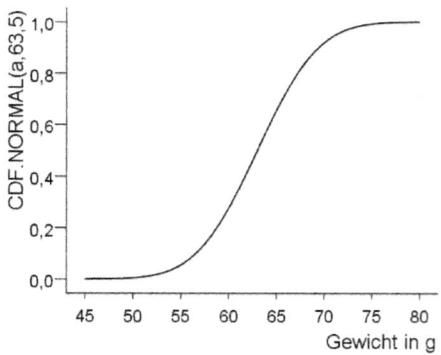

In der Abbildung 6.5.2-2 sind der Anschaulichkeit halber sowohl der Graph der glockenförmigen Dichtefunktion

$$f_G(a) = PDF.NORMAL(a, 63, 5)$$

als auch der Graph der monoton wachsenden und s-förmigen Verteilungsfunktion

$$F_G(a) = P(G \le a) = CDF.NORMAL(a, 63, 5)$$

der stetigen und N(63 g, 5 g)-verteilten Zufallsgröße G: *Hühnereigewicht (Angaben in Gramm (g))* bildhaft dargestellt.

Erlöshochrechnung. Die angestrebte Erlöshochrechnung kann analog zur Abbildung 6.5.2-3 und unter Zuhilfenahme der eingangs angegebenen drei Rechenregeln für Ereigniswahrscheinlichkeiten wie folgt bewerkstelligt werden:

Abbildung 6.5.2-3: Berechnung einer Ereigniswahrscheinlichkeit

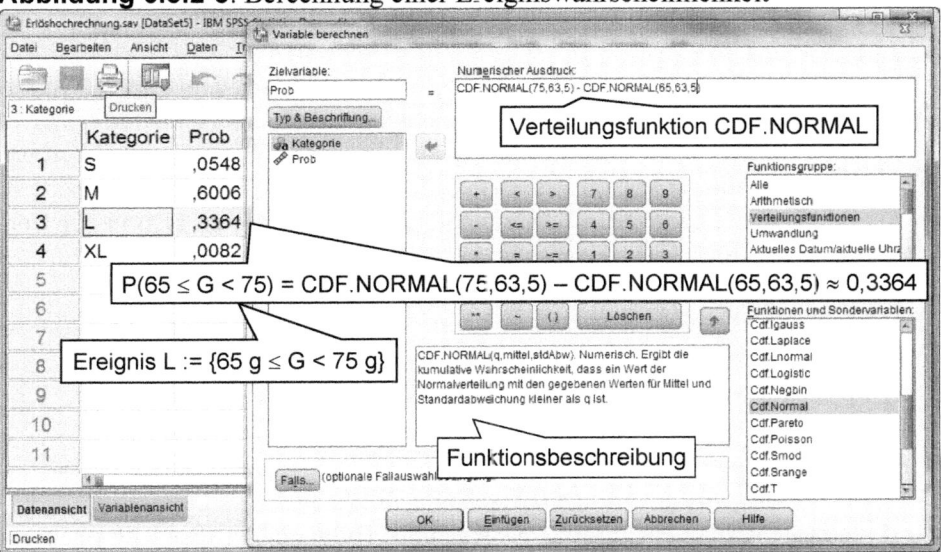

Ereignis S. Für das zufällige Ereignis

$$S := \{G < 55\ g\},$$

das darin besteht, dass ein zufällig ausgewähltes Hühnerei in die Gewichtskategorie S einzuordnen ist, berechnet man unter den gegebenen Bedingungen eine Wahrscheinlichkeit von

$$P(G < 55) = F_G(55) = CDF.NORMAL(55, 63, 5) \approx 0{,}0548$$

und interpretiert sie wie folgt: Unter der Annahme, dass das Gewicht G von Hühnereiern eine normalverteilte Zufallsgröße ist, wobei

$$G \sim N(63\ g, 5\ g)$$

gilt, beträgt die Wahrscheinlichkeit dafür, dass ein zufällig ausgewähltes Ei *leichter* als 55 g ist, 0,0548. Aufgrund dessen, dass die Bäuerin 2000 Hühnereier „zu Markte trägt und veräußert" und das Eintreten des zufälligen Ereignisses S nicht sehr wahrscheinlich ist, kann die Bäuerin erwartungsgemäß davon ausgehen, dass sich in der Verkaufsmenge von 2000 Eiern insgesamt

$$2000 \times 0{,}0548 = 109{,}6 \approx 110$$

Eier der Gewichtskategorie S befinden, für die sie gemäß Preisliste erwartungsgemäß einen Verkaufserlös von

$$(110 \text{ Stück}) \times (0{,}20 \text{ € je Stück}) = 22 \text{ €}$$

erzielen kann.

Ereignis M. Für das zufällige Ereignis

$$M := \{55 \text{ g} \leq G < 65 \text{ g}\},$$

das darin besteht, dass ein zufällig ausgewähltes Hühnerei in die Gewichtskategorie M gehört, also *mindestens* 55 g schwer, aber *leichter als* 65 g ist, berechnet man unter sonst gleichen Umständen eine Wahrscheinlichkeit von

$$P(55 \leq G < 65) = F_G(65) - F_G(55) =$$
$$\text{CDF.NORMAL}(65, 63, 5) - \text{CDF.NORMAL}(55, 63, 5) \approx 0{,}6006$$

und interpretiert sie wie folgt: Unter der Annahme, dass das Hühnereiergewicht G eine N(63 g, 5 g)-verteilte Zufallsgröße ist, beträgt die Wahrscheinlichkeit dafür, dass ein zufällig ausgewähltes Ei der Gewichtskategorie M zuzuordnen ist, etwa 0,6. Demnach kann die Bäuerin theoretisch erwarten, dass sich in der Verkaufsmenge von 2000 Eiern insgesamt

$$2000 \times 0{,}6006 = 1201{,}2 \approx 1201$$

Eier der Gewichtskategorie M befinden, für die sie gemäß Preisliste erwartungsgemäß einen Erlös von

$$(1201 \text{ Stück}) \times (0{,}25 \text{ € je Stück}) = 300{,}25 \text{ €}$$

erzielen kann.

Ereignis L. Für das zufällige Ereignis

$$L := \{65 \text{ g} \leq G < 75 \text{ g}\},$$

das darin besteht, dass ein zufällig ausgewähltes Hühnerei der Gewichtskategorie L zugeordnet wird, berechnet man ceteris paribus und analog zur Abbildung 6.5.2-2 eine Wahrscheinlichkeit von 0,3364. Theoretisch bzw. erwartungsgemäß kann die Bäuerin für die Anzahl von

$$2000 \times 0{,}3364 = 672{,}8 \approx 673$$

Hühnereiern der Gewichtskategorie L mit einem Erlös in Höhe von

$$(673 \text{ Stück}) \times (0{,}30 \text{ € je Stück}) = 201{,}90 \text{ €}$$

rechnen.

Ereignis XL. Für das zufällige Ereignis

$$XL := \{G \geq 75 \text{ g}\},$$

das darin besteht, dass ein zufällig ausgewähltes Hühnerei zur Gewichtskategorie XL gehört, berechnet man schließlich und endlich eine Wahrscheinlichkeit von

$$P(G \geq 75) = 1 - F_G(75) = 1 - \text{CDF.NORMAL}(75, 63, 5) \approx 0{,}0082,$$

eine theoretisch zu erwartende Anzahl von

$$2000 \times 0,0082 = 16,4 \approx 16$$

XL-Eiern und aus deren Verkauf lediglich einen geringen Erlös in Höhe von

(16 Stück) × (0,35 € je Stück) = 5,60 €.

Hochrechnungsergebnis. In der Tabelle 6.5.2-2 sind die Ergebnisse der angestrebten und paradigmatisch skizzierten Erlöshochrechnung zusammengefasst.

Tabelle 6.5.2-2: Erlöshochrechnung

Gewichtskategorie	Wahrscheinlichkeit	Stückzahl	Erlös
S	0,0548	110	22,00 €
M	0,6006	1201	300,25 €
L	0,3364	673	201,90 €
XL	0,0082	16	5,60 €
insgesamt	1,0000	2000	529,75 €

Das Bemerkenswerte an diesen elementaren ökonomischen Betrachtungen besteht darin, dass sich die Bäuerin bereits im Vorfeld ihrer Verkaufsaktivitäten ein Bild darüber verschaffen kann, welchen Erlös sie allein aus dem Verkauf von 2000 Hühnereiern theoretisch zu erwarten hätte, ohne auch nur ein Ei bereits gewogen, in die jeweilige Gewichtskategorie einsortiert und veräußert zu haben.

Prämissen. Was allerdings aus sachlogischen und Plausibilitätsgründen nochmals repetiert werden muss, sind die Prämissen, unter denen die Erlöshochrechnung bewerkstelligt wurde: In Anlehnung an das Beispiel 6.4-2 und unter Verwendung der SPSS Datendatei *Eier.sav* kann man empirisch belegen, dass für eine hinreichend große statistische Gesamtheit

$$\Gamma_n = \{\gamma_i, i = 1,2,...,n\}$$

von Hühnereiern γ_i das Gewicht $G(\gamma_i)$ hinreichend genau durch das theoretische Modell einer Normalverteilung mit den Parametern

$$\mu_G = 63 \text{ g und } \sigma_G = 5 \text{ g}$$

beschrieben werden kann. Diese empirisch unterlegte Aussage ist äquivalent mit der wahrscheinlichkeitstheoretischen Annahme, wonach das Gewicht G eines Hühnereies eine normalverteilte Zufallsgröße ist, wobei

$$G \sim N(63 \text{ g}, 5 \text{ g})$$

gilt. Unterstellt man weiterhin, dass die in der Tabelle 6.5.2-1 vermerkten Gewichtskategorien marktübliche Gewichtsklassifikationen sind, dann hat man im Zuge der praktizierten Erlöshochrechnung letzten Endes nichts anderes getan, als die nicht näher bestimmte und sachlogisch nur für die Menge $\mathbb{R}^+$ der positiven reellen Zahlen definierte Gewichtsspanne in vier disjunkte Gewichtsintervalle aufgeteilt, die mengentheoretisch das sichere Ereignis

$$\Omega = \{S\} \cup \{M\} \cup \{L\} \cup \{XL\}$$

beschreiben, das im konkreten Fall darin besteht, dass ein zufällig ausgewähltes Hühnerei „mit Sicherheit" in eine der vier disjunkten Gewichtskategorien eingeordnet werden kann. Da die vier Gewichtskategorien paarweise disjunkt sind, sich also paarweise gegenseitig ausschließen, wobei im konkreten Fall

$$\{S\} \cap \{M\} = \emptyset, \{S\} \cap \{L\} = \emptyset,$$
$$\{S\} \cap \{XL\} = \emptyset, \{M\} \cap \{L\} = \emptyset,$$
$$\{M\} \cap \{XL\} = \emptyset \text{ und } \{L\} \cap \{XL\} = \emptyset$$

gilt, addieren sich gemäß dem KOLMOGOROVschen Normierungs- und dem Additionsaxiom die zugehörigen Ereigniswahrscheinlichkeiten

$$P(S) + P(M) + P(L) + P(XL) = P(\Omega) = 1$$

zu eins, die unter der (vollständig spezifizierten) Normalverteilungsannahme

$$G \sim N(63 \text{ g}, 5 \text{ g})$$

theoretisch zu erwartenden kategoriespezifischen Stückzahlen n^e zu

$$n^e(S) + n^e(M) + n^e(L) + n^e(XL) =$$
$$110 + 1201 + 673 + 16 = 2000 \text{ Stück}$$

und der zu erwartende Gesamterlös E^e aus dem Verkauf der 2000 Hühnereier schlussendlich zu

$$E^e(S) + E^e(M) + E^e(L) + E^e(XL) =$$
$$22,00 + 300,25 + 201,90 + 5,60 = 529,75 \text{ €. } \clubsuit$$

Beispiel 6.5.2-2: Drei-Sigma-Regel
Motivation. Die Tabelle 6.5.2-3 beinhaltet die Körpergrößenverteilung von 906 21-jährigen Rekruten, die im Jahr 1912 im österreichischen kaiserlichen und königlichen Bezirk Mistelbach zum Militär eingezogen wurden.

Tabelle 6.5.2-3: Körpergrößenverteilung
„Die Besetzungszahlen lauten fortlaufend von der Größenstufe 147 cm bis zu der von 183 cm: 1, 0, 0, 2, 4, 3, 4, 7, 6, 12, 14, 25, 22, 30, 35, 43, 48, 47, 60, 63, 74, 60, 64, 47, 48, 36, 31, 33, 21, 24, 13, 9, 9, 3, 3, 4, 1.“[17]

Empirische Verteilung. Die Abbildung 6.5.2-4 zeigt die Körpergrößenverteilung mittels eines normierten Histogramms auf der Basis von 37 äquidistanten Körpergrößenklassen mit einer Breite von einem Zentimeter, das zudem noch durch den Graph(en) der Dichtefunktion f_X der stetigen und normalverteilten Zufallsgröße X: *Körpergröße von 21-jährigen Rekruten (Angaben in cm)* ergänzt wurde, wobei im konkreten Fall

$$X \sim N(166,8 \text{ cm}, 5,9 \text{ cm})$$

gilt. Die beiden Modellparameter

$$\mu_X = 166,8 \text{ cm und } \sigma_X = 5,9 \text{ cm}$$

wurden aus den Urlistendaten in der Tabelle 6.5.2-3 berechnet. Da der Graph der Dichtefunktion $f_X(a)$ einer Normalverteilung an den reellwertigen Stellen

---

[17] Quelle: WINKLER, Wilhelm.: Grundriss der Statistik – Theoretische Statistik, Mit 22 Abbildungen, Verlag von Julius Springer, Berlin 1931, Seite 22 ff

$$a = \mu - \sigma \text{ und } b = \mu + \sigma$$

seine Wendepunkte besitzt, interessiert die Frage, welche Wahrscheinlichkeitsmasse auf dieses geschlossene Merkmalswerteintervall [a, b] entfällt.

Abbildung 6.5.2-4: Körpergrößenverteilung

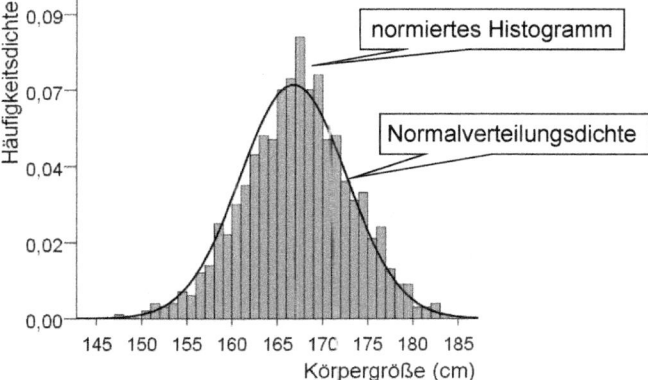

Ein-Sigma-Bereich. Für die stetige und N(166,8 cm; 5,9 cm)-verteilte Zufallsgröße X gilt es im konkreten Fall die Wahrscheinlichkeit dafür zu bestim-
men, dass die Körpergröße $X(\gamma) = x \in \mathbb{R}^+$ eines zufällig ausgewählten Rekruten γ
im geschlossenen Intervall [a, b] mit

$$a = 166,8 \text{ cm} - 5,9 \text{ cm} = 160,9 \text{ cm und}$$
$$b = 166,8 \text{ cm} + 5,9 \text{ cm} = 172,7 \text{ cm}$$

liegt. Da analog zur Abbildung 6.5.2-2

$$P(160,9 \le X \le 172,7) = F_X(172,7) - F_X(160,9) =$$
$$\text{CDF.NORMAL}(172.7, 166.8, 5.9) - \text{CDF.NORMAL}(160.9, 166.8, 5.9) =$$
$$2 \times \text{CDF.NORMAL}(172.7, 166.8, 5.9) - 1 \approx 0{,}6827$$

gilt, hätten demnach erwartungsgemäß 68,3 % aller Mistelbacher Rekruten eine
Körpergröße im sogenannten 1-σ-Bereich (lies: *Ein-Sigma-Bereich*) der erfassten
Körpergrößen besessen.

Zwei-Sigma-Bereich. Für den 2-σ-Bereich der Rekrutenkörpergrößen von

$$[166,8 - 2 \times 5,9, \ 166,8 + 2 \times 5,9] = [155,0 \text{ cm}, 178,6 \text{ cm}]$$

errechnet man eine Wahrscheinlichkeitsmasse von

$$P(155,0 \le X \le 178,6) = F_X(178,6) - F_X(155,0) =$$
$$\text{CDF.NORMAL}(178.6, 166.8, 5.9) - \text{CDF.NORMAL}(155.0, 166.8, 5.9) =$$
$$2 \times \text{CDF.NORMAL}(178.6, 166.8, 5.9) - 1 \approx 0{,}9545.$$

Demnach hätten erwartungsgemäß 95,5 % aller Mistelbacher Rekruten eine Körpergröße im 2-σ-Bereich der erfassten Körpergrößen besessen.

Drei-Sigma-Bereich. Analog bestimmt man schlussendlich für den sogenannten 3-σ-Bereich der Körpergrößen

$$[166,8 - 3 \times 5,9, \ 166,8 + 3 \times 5,9] = [149,1 \text{ cm}, 184,5 \text{ cm}]$$

eine Wahrscheinlichkeitsmasse von

$$P(149{,}1 \leq X \leq 184{,}5) = F_X(184{,}5) - F_X(149{,}1) =$$

$$\text{CDF.NORMAL}(184.5, 166.8, 5.9) - \text{CDF.NORMAL}(149.1, 166.8, 5.9) =$$

$$2 \times \text{CDF.NORMAL}(184.5, 166.8, 5.9) - 1 \approx 0{,}9973.$$

Demnach ist es „fast sicher", dass die Körpergröße eines zufällig ausgewählten Mistelbacher Rekruten im 3-σ-Bereich aller erfassten Körpergrößen liegt.

Drei-Sigma-Regel

Kann eine stetige Zufallsgröße X durch das theoretische Modell einer Normalverteilung beschrieben werden, wobei $X \sim N(\mu, \sigma)$ gilt, dann beträgt die Wahrscheinlichkeit dafür, dass eine beliebige Realisation $a \in \mathbb{R}$ in das geschlossene Intervall $[\mu - k \times \sigma, \mu + k \times \sigma]$ fällt,

$$P(\mu - k \times \sigma \leq X \leq \mu + k \times \sigma) = \begin{cases} 0{,}683 & \text{für} \quad k = 1 \\ 0{,}955 & \text{für} \quad k = 2 \\ 0{,}997 & \text{für} \quad k = 3 \end{cases}.$$

Die sogenannte Drei-Sigma-Regel ist generell auf stetige metrische Merkmale bzw. auf stetige Zufallsgrößen anwendbar, sobald deren Häufigkeitsverteilung jeweils hinreichend genau durch das theoretische Modell einer Normalverteilung beschrieben werden kann. ♣

Beispiel 6.5.2-3: Berechnung von Normalverteilungsquantilen

Motivation. Die sogenannte Drei-Sigma-Regel, die im Kontext des Beispiels 6.5.2-2 anhand der Körpergrößenverteilung von 906 Mistelbacher Rekruten paradigmatisch skizziert und erläutert wurde, beschreibt aus statistisch- methodischer Sicht nichts anderes, als die jeweilige zentrale Wahrscheinlichkeitsmasse

$$P(a \leq X \leq b),$$

die man für eine $N(\mu, \sigma)$-verteilte Zufallsgröße X und für ein ganzzahliges Vielfaches $k = 1{,}2{,}3$ jeweils über dem geschlossenen und zugleich symmetrischen Intervall [a, b] mit

$$a = \mu - k \times \sigma \text{ und } b = \mu + k \times \sigma$$

berechnet. Beachtenswert ist dabei, dass die reellwertigen Grenzen $a, b \in \mathbb{R}$ des geschlossenen Intervalls [a, b] ihrem Wesen nach Quantile einer Normalverteilung sind. In der Induktiven Statistik (vgl. Kapitel 7) ist man aus Praktikabilitätsgründen vor allem bei der Konstruktion von Konfidenzintervallen für unbekannte Mittelwerte oder Anteilswerte an speziellen zentralen Wahrscheinlichkeitsmassen (etwa 0,90, 0,95 oder 0,99) interessiert (vgl. Abschnitt 7.2). Die Frage, die sich unmittelbar daraus ergibt, ist, welches reellwertige Vielfache z einer Standardabweichung σ um einen Mittelwert μ einer $N(\mu, \sigma)$-verteilten Zufallsgröße X zum Beispiel einer zentralen Wahrscheinlichkeitsmasse von 0,95 entspricht, so dass im konkreten Fall

$$P(a \leq X \leq b) = 0,95 \text{ mit } a = \mu - z \times \sigma \text{ und } b = \mu + z \times \sigma$$

gilt. Da man im konkreten Fall die Wahrscheinlichkeit von 0,95 für das zufällige Ereignis {a ≤ X ≤ b} „vorgegeben hat" bzw. „kennt", gilt es nunmehr die Frage zu beantworten, welche „unbekannten" reellwertigen Quantile a, b ∈ ℝ einer N(µ, σ)-verteilten Zufallsgröße X einer Wahrscheinlichkeit von 0,95 genügen.

Quantile. In SPSS können interessierende Quantile einer (vollständig spezifizierten) Normalverteilung via Sequenz 4.6.4-2 und gemäß Abbildung 6.5.2-5 mittels der sogenannten Quantilsfunktion IDF.NORMAL bestimmt werden. Die Abbreviatur IDF steht für den englischen Begriff *Inverse Distribution Function*, der eine inverse Verteilungsfunktion bzw. eine Quantilsfunktion kennzeichnet, die im speziellen Fall für eine N(µ, σ)-verteilte Zufallsgröße X und für eine vorgegebene Wahrscheinlichkeitsmasse p stets das zugehörige Quantil

$$Q_p = \text{IDF.NORMAL}(p, \mu, \sigma)$$

der Ordnung p liefert.

Abbildung 6.5.2-5: Berechnung von Normalverteilungsquantilen

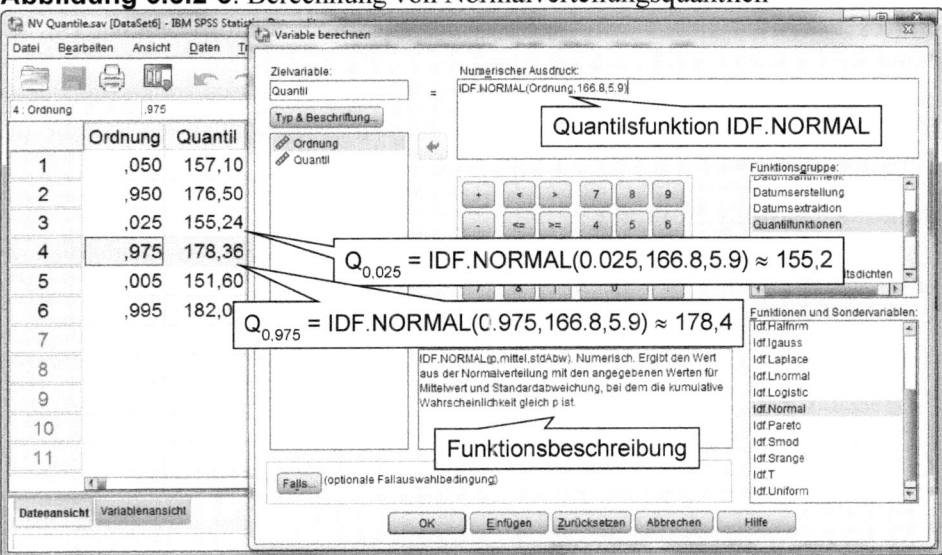

Aus der Datendeskription ist bekannt, dass zum Beispiel die zentralen p = 0,95 Anteile der Häufigkeitsverteilung eines stetigen Merkmals X durch die sogenannten (1 ± p) / 2-Quantile

$$Q_{(1-0,95)/2} = Q_{0,025} \text{ und } Q_{(1+0,95)/2} = Q_{0,975}$$

begrenzt werden, sobald diese eindeutig bestimmt werden können. Die Berechnung der beiden Quantile

$$a = Q_{0,025} = \text{IDF.NORMAL}(0.025, 166.8, 5.9) \approx 155,2 \text{ cm}$$
$$b = Q_{0,975} = \text{IDF.NORMAL}(0.975, 166.8, 5.9) \approx 178,4 \text{ cm}$$

der Ordnung p = 0,025 und p = 0,975 der N(166,8 cm, 5,9 cm)-verteilten Zufallsgröße X: *Körpergröße eines Mistelbacher Rekruten* ist unter SPSS in der Abbildung 6.5.2-5 skizziert. Demnach kann unter der vollständig spezifizierten Normalverteilung mit den Parametern

$$\mu = 166,8 \text{ cm und } \sigma = 5,9 \text{ cm}$$

davon ausgegangen werden, dass 95 % aller Rekruten eine Körpergröße von *mindestens* 155,2 cm, aber *höchstens* von 178,4 cm besaßen. Analog überzeugt man sich anhand des SPSS Dateneditors innerhalb der Abbildung 6.5.2-5 von der Tatsache, dass 90 % aller Rekruten eine Körpergröße zwischen 157,1 cm und 176,5 cm besaßen und letztlich 99 % aller Rekruten dem geschlossenen Körpergrößeninterwall [151,6 cm, 182,0 cm] zuzuordnen sind bzw. waren. ♣

Beispiel 6.5.2-4: Standardnormalverteilung
Motivation. Aufgrund dessen, dass man in praxi einerseits nicht zu jeder Zeit und an jedem Ort leistungsfähige Statistik-Software zur Verfügung hat und andererseits für das theoretische Modell einer Normalverteilung die Verteilungsfunktion F_X mit Hilfe einer elementaren Funktion explizit nicht darstellbar ist, hat man die Werte der Verteilungsfunktion $\Phi(z)$ (lies: *Phi von z*) der Standardnormalverteilung N(0;1) für bestimmte Argumente $z \in \mathbb{R}$ tabelliert. Das Standardnormverteilungsmodell, das in der Abbildung 6.2.5-6 bildhaft dargestellt ist, kann wie folgt charakterisiert werden:

Standardnormalverteilung
Ist X eine stetige und N(μ, σ)-verteilte Zufallsgröße, so ist die standardisierte Zufallsgröße

$$Z = (X - \mu) / \sigma$$

standardnormalverteilt mit dem Erwartungswert E(Z) = 0 und der Varianz V(Z) = 1, kurz: Z ~ N(0;1).

Abbildung 6.5.2-6: Standardnormalverteilung N(0;1)

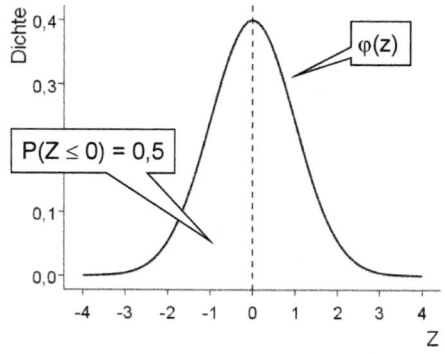
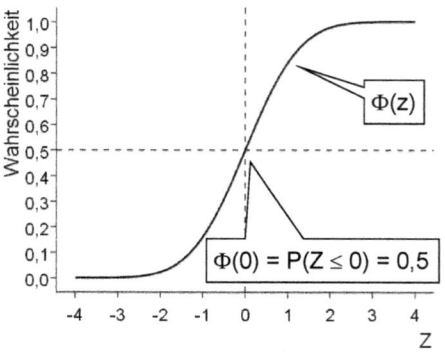

Charakteristika. Der Graph $\varphi(z)$ der Dichtefunktion φ der Standardnormal-verteilung $N(0; 1)$ ist eingipfelig, glockenförmig und symmetrisch um null. Da die Fläche unterhalb einer Dichtefunktion stets eins ist, leuchtet es ein, dass
$$P(Z \le 0) = 0{,}5 \text{ bzw. } P(Z > 0) = 0{,}5$$
gilt. Der Graph $\Phi(z)$ der Verteilungsfunktion Φ der Standardnormalverteilung $N(0; 1)$ ist durch einen s-förmigen Verlauf gekennzeichnet. Die Verteilungsfunktion Φ besitzt an der Stelle $z = 0$ den Wert $\Phi(z) = 0{,}5$, der als Wahrscheinlichkeit dafür gedeutet werden kann, dass die standardisierte Zufallsvariable Z nur Werte annimmt, die *kleiner gleich* bzw. *höchstens* z sind, wobei allgemein gilt:
$$\Phi(z) = P(Z \le z).$$
Bedeutung. Die Standardnormalverteilung findet neben der Wahrscheinlich-keitsrechnung vor allem in der Induktiven Statistik bei der Herleitung und Appli-kation von statistischen Schätz- und Testverfahren eine breite Anwendung (vgl. Kapitel 7). Die theoretische Bedeutung der Standardnormalverteilung liegt nicht zuletzt im zentralen Grenzwertsatz begründet (vgl. Abschnitt 6.6). ♣

Exponentialverteilung

Eine stetige Zufallsgröße X heißt exponentialverteilt mit dem Parameter $\lambda > 0$, kurz: $X \sim Ex(\lambda)$, wenn ihre Verteilung für alle $a \ge 0$ durch die Dichtefunktion
$$f_X(a) = \lambda \cdot e^{-\lambda \cdot a}$$
gegeben ist.

Hinweise. Für das Verständnis einer Exponentialverteilung sind die folgenden Hinweise hilfreich: i) **Familie**. Eine Exponentialverteilung besitzt nur einen Pa-rameter, der mit dem griechischen Kleinbuchstaben λ (lies: *Lambda*) bezeichnet wird. Demnach gibt es streng genommen nicht „die Exponentialverteilung", sondern in Abhängigkeit vom positiven und reellwertigen Verteilungsparameter $\lambda \in \mathbb{R}$ eine ganze Familie von Exponentialverteilungen. ii) **Verteilungsfunktion**. Die Verteilungsfunktion einer exponentialverteilten Zufallsgröße X ist durch
$$F_X(a) = P(X \le a) = \begin{cases} 0 & \text{für } a < 0 \\ 1 - e^{-\lambda \cdot a} & \text{für } a \ge 0 \end{cases},$$
gegeben. iii) **Parameter**. Für den Erwartungswert $E(X)$ und für die Varianz $V(X)$ einer exponentialverteilten Zufallsgröße X gilt:
$$E(X) = 1/\lambda \text{ und } V(X) = 1/\lambda^2.$$
iv) **Applikation**. Das theoretische Modell einer Exponentialverteilung wird zum Beispiel in der Bedienungs- und Zuverlässigkeitstheorie zur Modellierung der Dauer von zeitab-hängigen Prozessen angewandt, die „gedächtnislos" sind bzw. „nicht altern". v) **Beispie-le**. Typische praktische Problemstellungen für die Anwendung einer Exponentialvertei-lung sind wahrscheinlichkeitstheoretische Abschätzungen der Lebensdauer eines elektro-nischen Bauelements oder der Warte- bzw. Bedienzeit eines Kunden etwa an einem Bank- oder Postschalter oder an einem Taxistand oder der Reparaturzeit eines Kraftfahr-zeuges. Aus den genannten Gründen kennzeichnet man Exponentialverteilungen oft auch als Wartezeitverteilungen. vi) **POISSON-Verteilung**. Aus didaktisch-methodischer Sicht

ist der Zusammenhang zwischen einer stetigen Exponentialverteilung und einer diskreten POISSON-Verteilung von besonderem Interesse. Verwendet man eine diskrete POISSON-Verteilung zur wahrscheinlichkeitstheoretischen Abschätzung der Anzahl seltener Ereignisse bestimmter Art in einem festen Zeitintervall, so lässt sich in diesem Kontext eine stetige Exponentialverteilung als eine „Umkehrung" der Betrachtung interpretieren: die wahrscheinlichkeitstheoretische Abschätzung der Dauer bzw. der Zeitdifferenz bis zum wiederholten Eintreten eines seltenen zufälligen Ereignisses. ♦

Beispiel 6.5.2-5: Exponentialverteilung

Motivation. Zur Optimierung seiner bemessenen Finanzen notierte im vergangenen Semester der Student Martin die Dauer X (Angaben in Sekunden) seiner Mobilfunkgespräche γ_i. Die Gesprächsdauern $X(\gamma_i) = x_i \in \mathbb{R}^+$ der n = 228 im Zuge einer systematischen Zufallsauswahl (aus einer als „bunt gemischten" und hinsichtlich ihres Umfanges N nicht näher bestimmten Grundgesamtheit Γ) ausgewählten Mobilfunkgespräche $\Gamma_n = \{\gamma_i, i = 1,2,...,n\}$ sind in der SPSS Datendatei *Dauer.sav* gespeichert. Während im Blickwinkel einer bloßen Datendeskription die Gesprächsdauer $X(\gamma_i) = x_i \in \mathbb{R}^+$ ein stetiges metrisches Erhebungsmerkmal eines Mobilfunkgespräches γ_i ist, deutet man die Gesprächsdauer X im stochastischen Sinne als eine stetige Zufallsgröße.

Gesprächsdauerverteilung. Die Abbildung 6.5.2-7 beinhaltet zum einen das normierte Histogramm der n = 228 Gesprächsdauern $X(\gamma_i) = x_i \in \mathbb{R}^+$ und zum anderen die zugehörige Wahrscheinlichkeitsdichtefunktion f_X in Gestalt einer stetigen und progressiv fallenden Funktion. Das normierte Histogramm, dessen Säulenflächen sich zu eins addieren, basiert auf m = 50 äquidistanten Klassen mit einer Klassenbreite von jeweils 10 Sekunden.

Abbildung 6.5.2-7: Normiertes Histogramm und Wahrscheinlichkeitsdichte

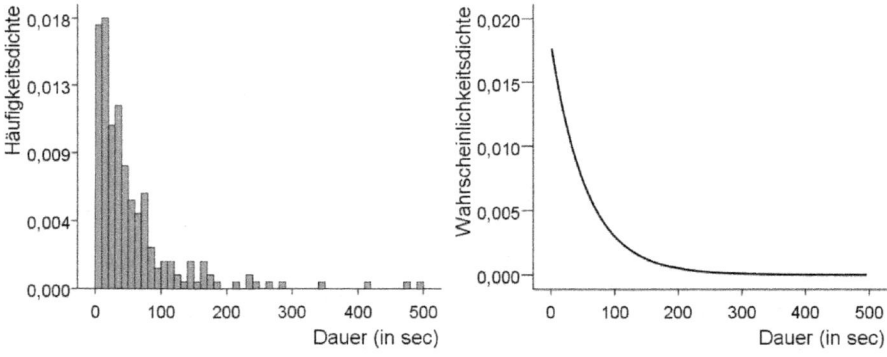

Aus der Abbildung 6.5.2-7 ist bereits zu erkennen, dass die empirisch beobachteten Gesprächsdauern $X(\gamma_i) = x_i \in \mathbb{R}^+$ hinreichend genau durch die Dichtefunktion f_X einer Exponentialverteilung beschrieben bzw. modelliert werden können, wenn man das in der Tabelle 6.5.2-4 ausgewiesene Stichprobenmittel

$$\overline{x} = \frac{1}{n} \cdot \sum_{i=1}^{n} x_i = \frac{1}{228} \cdot 12733 \cong 55{,}85$$

als einen Näherungswert für den Erwartungswert E(X) der stetigen und Ex(λ)-verteilten Zufallsgröße X: *Dauer eines Mobilfunkgespräches* verwendet.

Tabelle 6.5.2-4: Stichprobenmittel

	Anzahl	Summe	Mittelwert
Dauer (in sec)	228	12733	55,85

Verteilungsparameter. Wegen E(X) = $1 / \lambda \approx 56$ Sekunden ergibt sich für den Parameter λ des Exponentialverteilungsmodells ein Wert von
$$\lambda = (56 \text{ sec})^{-1} \approx 0{,}018 \text{ sec}^{-1}.$$
Unter der Annahme, dass die Dauer X eines Mobilfunkgesprächs eine Ex(0,018)-verteilte Zufallsgröße ist, ergibt sich für a $\geq$ 0 eine Dichtefunktion von
$$f_X(a) = 0{,}018 \times e^{-0{,}018 \times a},$$
deren Verlauf im rechten Diagramm innerhalb der Abbildung 6.5.2-7 grafisch dargestellt ist und über deren Integration in bestimmten Grenzen man die Wahrscheinlichkeit von interessierenden zufälligen Ereignissen berechnen kann.

Abbildung 6.5.2-8: Verteilungsfunktion eine Exponentialverteilung

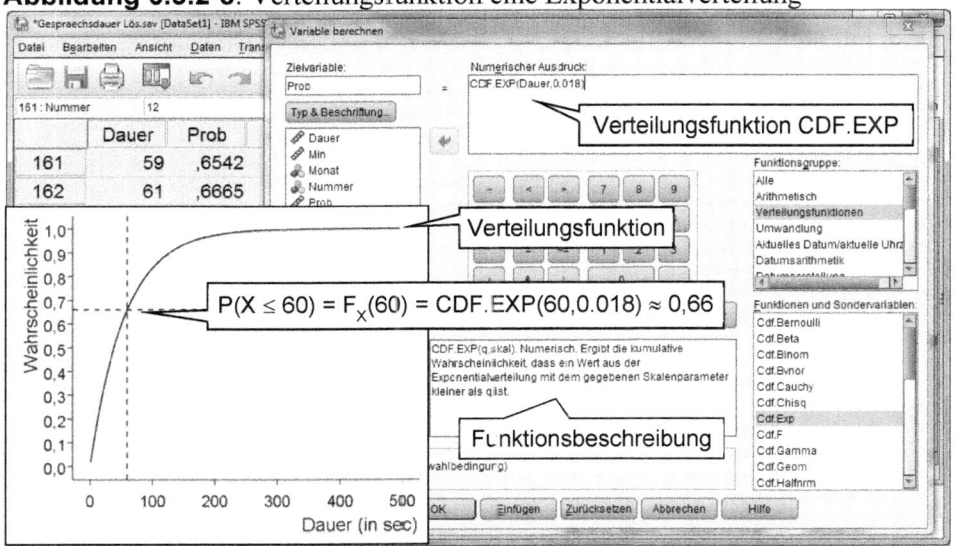

Wahrscheinlichkeiten. Wesentlich „eleganter" lässt sich allerdings die grafische Bestimmung bzw. die numerische Berechnung von Wahrscheinlichkeiten für interessierende zufällige Ereignisse mittels der Verteilungsfunktion
$$F_X(a) = P(X \leq a) = 1 - e^{-0{,}018 \times a} = \text{CDF.EXP}(a, 0.018)$$
bewerkstelligen, deren monoton wachsender Graph in Kombination mit dem SPSS Dialogfeld *Variable berechnen* in der Abbildung 6.5.2-8 dargestellt ist.

Demnach beläuft sich die Wahrscheinlichkeit dafür, dass ein Mobilfunkgespräch des Studenten Martin nicht länger als 60 Sekunden bzw. eine Minute dauert auf

$$P(X \le 60) = F_X(60) = CDF.EXP(60, 0.018) \cong 0{,}66.$$

Demnach dauern im statistischen Sinne erwartungsgemäß 66 % aller Mobilfunkgespräche des Studenten Martin *höchstens* 60 Sekunden bzw. *höchstens* eine Minute. In Anlehnung an das Beispiel 6.5.2-1 können analog die Wahrscheinlichkeiten für weitere interessierende zufällige Ereignisse berechnet werden.

Quantilsberechnung. Analog zum Beispiel 6.5.2-3 erweist sich vor allem aus didaktisch-methodischen Gründen die Bestimmung eines Quantils Q_p der Ordnung p für eine Exponentialverteilung als geboten, da seine Bestimmung für eine vorgegebene Wahrscheinlichkeit p recht einfach ist. Möchte man ceteris paribus zum Beispiel abzuschätzen, wie lange ein Mobilfunkgespräch mit einer Wahrscheinlichkeit von p = 0,9 *höchstens* dauert, so erhält man wegen

$$F_X(a) = P(X \le a) = 1 - e^{-0{,}018 \times a} = 0{,}9$$

letztlich via $\exp(-0{,}018 \times a) = 0{,}1$ und $-0{,}018 \times a = \ln(0{,}1)$ das Quantil

$$a = (-2{,}303) / (-0{,}018) \approx 128 \text{ Sekunden,}$$

das in logischer Konsequenz mit dem Gesprächsdauerquantil

$$Q_{0{,}9} = IDF.EXP(0.9, 0.018) = 127{,}92 \approx 128 \text{ Sekunden}$$

der Ordnung p = 0,9 übereinstimmt, welches man gemäß Abbildung 6.5.2-9 in SPSS mit Hilfe der Quantilsfunktion IDF.EXP(a, λ) berechnen kann.

Abbildung 6.5.2-9: Quantilsberechnung

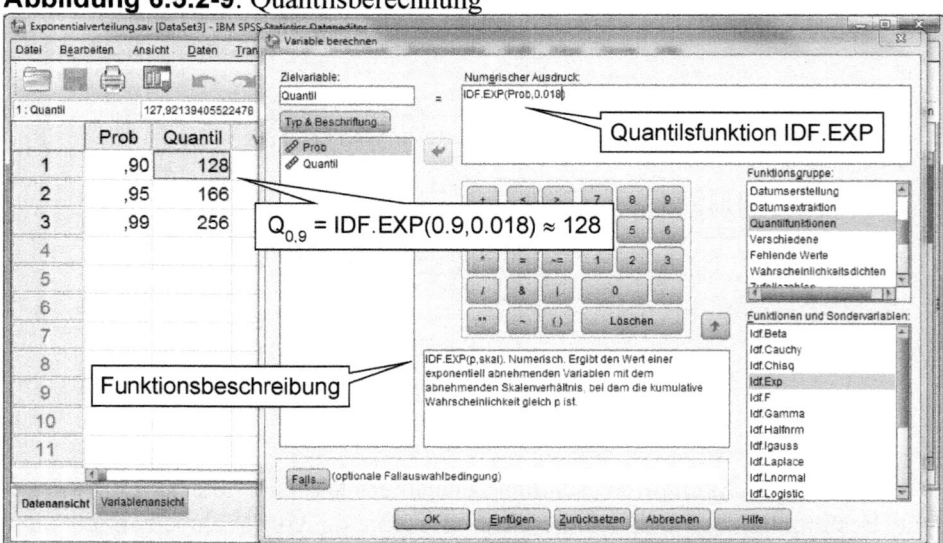

Demnach beläuft sich zum Beispiel die Dauer eines Mobilfunkgesprächs des Studenten Martin mit einer Wahrscheinlichkeit von p = 0,9 auf *höchstens* 128 Sekunden. ♣

6.6   Grenzwertsätze und das Gesetz großer Zahlen

Motivation. Grenzwertsätze und das schwache Gesetz großer Zahlen gehören zu den interessantesten und praktisch bedeutsamsten Resultaten der Wahrscheinlichkeitstheorie. Dies kommt vor allem bei der wahrscheinlichkeitstheoretischen Deutung von statistischen Fragestellungen zum Ausdruck etwa der Art, dass eine relative Häufigkeit als ein Schätzwert für eine unbekannte Wahrscheinlichkeit oder ein arithmetisches Mittel aus einem Stichprobenbefund als ein Schätzwert für den unbekannten Durchschnitt in einer Grundgesamtheit angesehen werden kann. In diesem Sinne schlagen die Grenzwertsätze und das schwache Gesetz großer Zahlen eine Brücke von der Stochastik zur Induktiven Statistik, deren Verfahren den „Schluss vom Teil aufs Ganze" zum Gegenstand haben. In diesem Abschnitt werden wegen ihrer „zentralen Bedeutung" einmal nur der zentrale Grenzwertsatz von LINDEBERG-LÉVY sowie das schwache Gesetz großer Zahlen skizziert und exemplarisch am sogenannten GALTON-Brett erläutert.

Zentraler Grenzwertsatz

Ist
$$S_n := X_1 + X_2 + ... + X_n$$
eine Zufallsgröße, die sich aus der Summe von n stochastisch unabhängigen und identisch verteilten Zufallsgrößen X_i (i = 1,2,...,n) ergibt, wobei
$$E(X_i) = \mu \text{ bzw. } E(S_n) = n \times \mu$$
die Erwartungswerte und
$$V(X_i) = \sigma^2 > 0 \text{ bzw. } V(S_n) = n \times \sigma^2 > 0$$
die Varianzen der Zufallsgrößen sind, dann gilt für jede beliebige Realisation $z \in \mathbb{R}$ der standardisierten Zufallsgröße
$$Z = \frac{S_n - n \cdot \mu}{\sigma \cdot \sqrt{n}}$$
der Grenzübergang
$$\lim_{n \to \infty} P(Z \leq z) = \int_{-\infty}^{z} \varphi(t)dt = \Phi(z).$$
Dabei bezeichnet φ die Dichtefunktion und $\Phi(z)$ den Wert der Verteilungsfunktion Φ der Standardnormalverteilung N(0;1) an der Stelle $-\infty < z < \infty$.

Hinweise. Für das Verständnis des zentralen Grenzwertsatzes erweisen sich die folgenden Hinweise als nützlich: i) **Historie.** Der zentrale Grenzwertsatz, der auf den finnischen Mathematiker Jarl Waldemar LINDEBERG (*1876, †1932) und den französischen Mathematiker Paul LÉVY (*1886, †1971) zurückgeht und daher auch als Grenzwertsatz von LINDEBERG-LÉVY bezeichnet wird, ist einer der fundamentalen Aussagen der Wahrscheinlichkeitstheorie. Er hebt die „zentrale Bedeutung" der Standardnormalverteilung (vgl. Beispiel 6.5.2-4) im Vergleich zu allen anderen theoretischen Verteilungen hervor. ii) **Kernaussage.** Die Kernaussage des zentralen Grenzwertsatzes besteht darin, dass eine standardisierte Summe von stochastisch unabhängigen und identisch verteilten Zufallsgrößen X_i (i = 1,2,...,n) mit wachsendem n $\to \infty$ gegen die Standardnormalverteilung N(0;1) konvergiert (lat.: *convergere* $\to$ sich hinneigen) und ihr wahrscheinlichkeitstheoretisches Verhalten asymptotisch (grch.: *asymptotos* $\to$ nicht zusammentreffen) dabei nur vom Erwartungswert $E(X_i) = \mu$ und von der Varianz $V(X_i) = \sigma^2$, nicht jedoch von der speziellen Gestalt der Verteilung der n Zufallsgrößen X_i bestimmt wird. iii) **i.i.d.-Zufallsgrößen.** Zufallsgrößen, die eine gleiche Verteilungsfunktion, insbesondere einen gleichen Erwartungswert und eine gleiche Varianz besitzen, heißen identisch verteilt. Die Abbreviatur (lat.: *abbreviare* $\to$ abkürzen) i.i.d. ist dem englischen Begriff *independently and identically distributed (random variables)* entlehnt und steht für *stochastisch unabhängige und identisch verteilte Zufallsgrößen.* iv) **Relevanz.** Die praktische Bedeutung des zentralen Grenzwertsatzes liegt vor allem darin, dass er theoretisch begründet, dass zufällige Prozesse, die sich aus der Überlagerung einer Vielzahl von zufälligen Einzeleffekten ergeben, hinreichend genau durch das theoretische Modell einer Normalverteilung beschrieben werden können, sobald die Anzahl der Zufallsgrößen größer als 50 ist, also n > 50 gilt. Mitunter findet man auch die Faustregel n > 30. In der Induktiven Statistik erweisen sich Approximationen, die aus dem zentralen Grenzwertsatz abgeleitet werden, vor allem für die Herleitung von Stichprobenfunktionen als sehr vorteilhaft (vgl. Kapitel 7). iv) **Gesetz großer Zahlen.** Während der zentrale Grenzwertsatz die zentrale Bedeutung der Standardnormalverteilung N(0;1) im Vergleich zu allen anderen Wahrscheinlichkeitsverteilungen hervorhebt, begründet das schwache Gesetz großer Zahlen die wahrscheinlichkeitstheoretische Verknüpfung eines arithmetischen Mittels mit einem Erwartungswert, worin als ein Spezialfall die Verknüpfung einer relativen Häufigkeit mit einer Wahrscheinlichkeit eingeschlossen ist. ♦

Schwaches Gesetz großer Zahlen

Ist
$$D_n := (X_1 + X_2 + ... + X_n) / n$$
eine Zufallsgröße, die das arithmetisches Mittel von n stochastisch unabhängigen und identisch verteilten Zufallsgrößen X_i (i = 1,2,...,n) ist, wobei
$$E(X_i) = E(D_n) = \mu$$
der Erwartungswert und
$$V(X_i) = \sigma^2 > 0 \text{ bzw. } V(D_n) = \sigma^2 / n > 0$$
die Varianzen der jeweiligen Zufallsgrößen X_i und D_n sind, dann gilt gemäß der TSCHEBYSCHEV-Ungleichung für jedes beliebige c > 0
$$P(|D_n - \mu| \geq c) \leq \frac{\sigma^2}{c^2 \cdot n}.$$
Der Grenzübergang liefert
$$\lim_{n \to \infty} P(|D_n - \mu| \geq c) = 0.$$

 Hinweise. Für das Verständnis des schwachen Gesetzes großer Zahlen erweisen sich die folgenden Hinweise als hilfreich: i) **TSCHEBYSCHEV-Ungleichung.** Für die Formulierung des Gesetzes großer Zahlen erweist sich die TSCHEBYSCHEV-Ungleichung als nützlich, die wie folgt skizziert werden kann: Ist X eine Zufallsgröße mit einem Erwartungswert $E(X) = \mu$ und einer Varianz $V(X) = \sigma^2 > 0$, dann gilt für ein beliebiges $c > 0$ die folgende Ungleichung:

$$P(|X - \mu| \geq c) \leq \frac{\sigma^2}{c^2}.$$

Die Ungleichung geht auf den russischen Mathematiker Pafnuti Lwowitsch TSCHE-BYSCHEV (*1821, †1894) zurück. Ihm zu Ehren wird sie auch als TSCHEBYSCHEVsche Ungleichung bzw. TSCHEBYSCHEV-Ungleichung bezeichnet. Der praktische Vorteil der TSCHEBYSCHEV-Ungleichung besteht darin, dass sich eine gesuchte Wahrscheinlichkeit ohne jegliche Kenntnis der Wahrscheinlichkeitsverteilung allein schon aus der Varianz σ^2 einer Zufallsgröße abschätzen lässt. Setzt man in Anlehnung an die sogenannte Drei-Sigma-Regel $c = k \times \sigma$, $k \in \mathbb{N}$, so folgt aus der TSCHEBYSCHEV-Ungleichung

$$P(|X - \mu| \geq k \cdot \sigma) \leq \frac{1}{k^2} \quad \text{bzw.} \quad P(|X - \mu| < k \cdot \sigma) \geq 1 - \frac{1}{k^2}.$$

Insbesondere eignet sich die TSCHEBYSCHEV-Ungleichung zur Abschätzung der Wahrscheinlichkeit von $k \cdot \sigma$-Bereichen

$$[\mu - k \times \sigma, \mu + k \times \sigma], k \in \mathbb{N},$$

einer „fein abgestuften" diskreten oder einer stetigen Zufallsgröße X. Offensichtlich ist die Abschätzung für $k = 1$ trivial und wertlos. Für $k = 2$ bzw. $k = 3$ ergeben sich folgende Wahrscheinlichkeiten:

$$P(\mu - 2 \times \sigma < X < \mu + 2 \times \sigma) \geq 1 - 1/4 = 3/4$$
$$P(\mu - 3 \times \sigma < X < \mu + 3 \times \sigma) \geq 1 - 1/9 = 8/9.$$

Demnach beträgt die Wahrscheinlichkeit dafür, dass eine Zufallsgröße X einen Wert annimmt, der sich vom Erwartungswert μ dem Betrage nach höchstens um das Zwei- bzw. Dreifache der Standardabweichung σ unterscheidet, mindestens 3/4 bzw. 8/9. Da für spezielle Verteilungen, insbesondere für eine Normalverteilung, die Berechnung von Wahrscheinlichkeiten wesentlich bessere Ergebnisse liefert als die TSCHEBYSCHEVsche Ungleichung, liegt die grundlegende Bedeutung der TSCHEBYSCHEV-Ungleichung vor allem in der praktischen Motivation und in der theoretischen Begründung des schwachen Gesetzes großer Zahlen. ii) **Stochastische Konvergenz.** Der Begriff des schwachen Gesetzes großer Zahlen resultiert daraus, dass das arithmetische Mittel aus stochastisch unabhängigen und identisch verteilten Zufallsgrößen X_i für große n gegen den Erwartungswert μ konvergiert. Die gezeigte Konvergenz wird auch als „stochastische Konvergenz" bezeichnet. iii) **Deutung.** Eine für die weiteren Betrachtungen im Kontext der Induktiven Statistik nützliche Deutung des schwachen Gesetzes großer Zahlen ist die folgende: Die Wahrscheinlichkeit, dass das arithmetische Mittel von n von stochastisch unabhängig und identisch verteilten Zufallsgrößen von ihrem „auf lange Sicht zu erwartenden theoretischen Mittelwert", also ihrem Erwartungswert, um mindestens eine vorgegebene Zahl $c > 0$ abweicht, wird für eine hinreichend große Anzahl n von sogenannten i.i.d.-Zufallsgrößen, d.h. für eine hinreichend große Zufallsstichprobe vom Umfang n, beliebig klein. Die Kurzbezeichnung i.i.d. ist dem englischen Begriff *independently and identically distributed (random variables)* entlehnt und bezeichnet stochastisch unabhängige und identisch verteilte Zufallsgrößen. iv) **Bedeutung.** Sind n unabhängig und identisch verteilte Zufallsgrößen X_i (i = 1,2,...,n) zweipunktverteilt oder Bi(1;p)-verteilt mit

$$P(X_i = 0) = 1 - p \text{ und } P(X_i = 1) = p,$$

dann lässt sich ihr arithmetisches Mittel $D_n := p_i$ auch als relative Häufigkeit

$$p_i = n\{X_i = 1\} / n$$

für das Ereignis $\{X_i = 1\}$ deuten, dass die n Zufallsgrößen X_i den Wert bzw. die Realisation Eins annehmen. Da für den Erwartungswert

$$E(X_i) = E(D_n) = p$$

gilt, liefert für eine zweipunktverteilte und 0-1-kodierte Zufallsgröße das schwache Gesetz großer Zahlen die wahrscheinlichkeitstheoretische Begründung dafür, warum eine relative Häufigkeit als eine „Wahrscheinlichkeit in Konvergenz" gedeutet werden kann. v) **Statistische Wahrscheinlichkeit.** Im Abschnitt 6.2 wurde bereits im Kontext des statistischen Wahrscheinlichkeitsbegriffes darauf verwiesen, dass es in praxi üblich und sinnvoll ist, relative Häufigkeiten als Schätzwerte für unbekannte Wahrscheinlichkeiten zu verwenden. Diese Herangehensweise wird durch das schwache Gesetz großer Zahlen theoretisch gestützt. Als Beispiele dafür können das mehrfache Werfen einer Münze oder eines Würfels oder der massenhafte Kugellauf über ein GALTON-Brett angesehen werden. ♦

Beispiel 6.6-1: GALTON-Brett

Motivation. Wesentliche und elementare Grundaussagen der Stochastik sollen anhand des sogenannten GALTON-Brettes, das in der Abbildung 6.6-1 skizziert ist, erläutert und veranschaulicht werden.

Abbildung 6.6-1: GALTON-Brett[18]

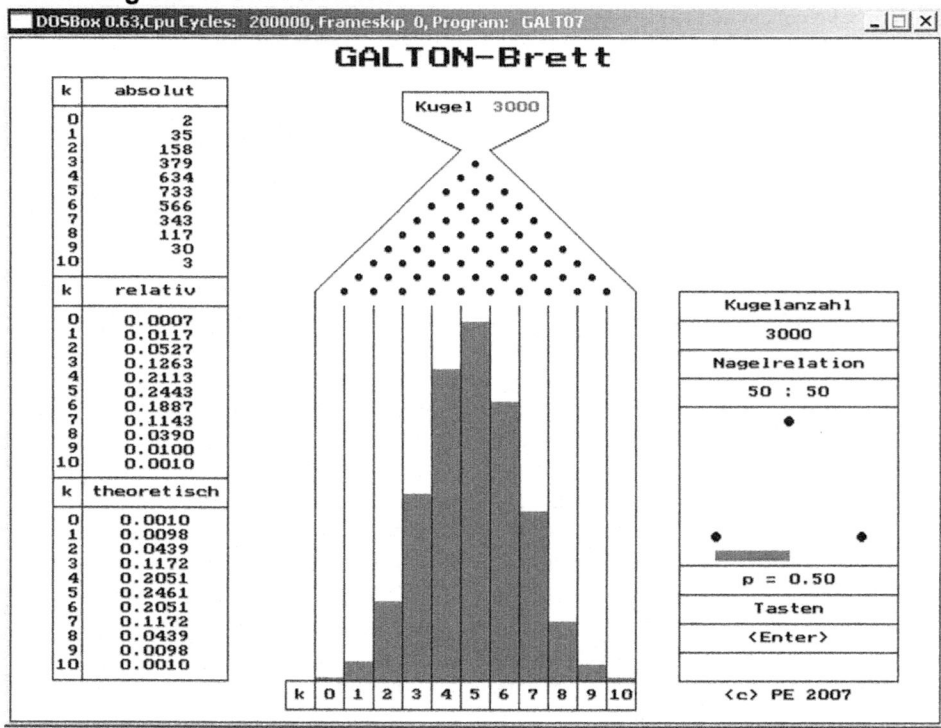

---

[18] Die Abbildung 6.6-1 ist eine Kopie einer Bildschirmausgabe eines vom Buchautor des erstellten Computerprogramms, das die Abläufe auf einem GALTON-Brett simuliert.

Das sogenannte GALTON-Brett, das vom englischen Mathematiker Sir Francis
GALTON (*1822, †1911) konstruiert und nach ihm benannt wurde (vgl. Kapitel
1), ist ein einfacher Zufallsmechanismus zur Veranschaulichung einer Binomialverteilung und ihrer Approximation durch eine Normalverteilung im Kontext des
zentralen Grenzwertsatzes und des schwachen Gesetzes großer Zahlen.

Konstruktion. Die Konstruktion eines GALTON-Brettes ist denkbar einfach:
Auf einem rechteckigen Brett sind n Nagelreihen waagerecht so platziert, dass
die jeweils übereinanderliegenden Nagelreihen in einer freiwählbaren Nagelrelation zueinander auf Lücke stehen. Bringt man das Brett in Schieflage und lässt
hinreichend viele Kugeln über die Nagelreihen hinabrollen, so werden die Kugeln beim Auftreffen auf einem Nagel zufällig nach rechts oder nach links unten
abgelenkt, bis sie letztlich in eines der n + 1 Fächer unterhalb der n-ten und letzten Nagelreihe fallen, dort gesammelt und gezählt werden. Interessant ist dabei,
dass man trotz des scheinbaren Chaos der einzelnen Kugeldurchläufe für hinreichend viele Kugeln in ausreichend guter Näherung das jeweilige Bewegungsgesetz des Zufalls in Gestalt einer Verteilung erkennen kann.

Abbildung. Gemäß Abbildung 6.6-1 rollten „virtuell" N = 3000 Kugeln über
n = 10 Nagelreihen, die (einer Chance gleich) in einer Nagelrelation von 50 : 50
zueinander standen, über das GALTON-Brett. Die dadurch empirisch gewonnene
absolute Häufigkeitsverteilung lässt eine nahezu symmetrische Verteilung erkennen. In dem links stehenden Ergebnisprotokoll sind die absoluten und die relativen Kugelhäufigkeiten sowie die Einzelwahrscheinlichkeiten einer Binomialverteilung mit den Parametern n = 10 und p = 0,5 aufgelistet. Im angezeigten Ergebnis des zufallsbedingten Kugeldurchlaufs fielen zum Beispiel n_5 = 733 Kugeln
letztlich jeweils fünfmal nach rechts unten in das Fach der Ordnung k = 5, woraus sich eine relative Häufigkeit von

$$p_5 = 733 / 3000 \cong 0,2443$$

ergibt. Demnach sind nahezu 24,4 % aller N = 3000 Kugeln in das Fach der Ordnung k = 5 zufallsbedingt gefallen. Analog lassen sich alle anderen empirisch
beobachteten Häufigkeiten deuten. Da im Zuge des skizzierten Zufallsexperiments die einzelnen auf Lücke stehenden Nagelreihen zueinander in der Nagelrelation 50 : 50 optional platziert wurden, beträgt gemäß dem klassischen Wahrscheinlichkeitsbegriff die Wahrscheinlichkeit dafür, dass eine Kugel beim Auftreffen auf einen beliebigen Nagel nach links unten oder nach rechts unten fällt,

$$p = 50 / (50 + 50) = 0,5.$$

In diesem Zusammenhang leuchtet es bereits intuitiv ein, dass das Fallen einer
Kugel nach links unten oder nach rechts unten auf einer beliebigen Nagelreihe
unabhängig davon ist, wohin eine Kugel in der davor liegenden bzw. in der nachfolgenden Nagelreihe gefallen ist bzw. fallen wird. Das Auftreffen einer Kugel
auf einem Nagel kann als ein Zufallsexperiment mit unbestimmtem Ausgang ge-

deutet werden, das analog zur Abbildung 6.6-1 im Zuge eines Kugeldurchlaufs im konkreten Fall n = 10-mal voneinander unabhängig mit einer konstanten Erfolgswahrscheinlichkeit von p = 0,5 wiederholt wird.

BERNOULLI-Prozess. Dies sind (analog zu den paradigmatischen Betrachtungen im Kontext des Abschnittes 6.5.1) ja gerade die Charakteristika eines sogenannten BERNOULLI-Prozesses, der im skizzierten Fall durch eine konstante Erfolgswahrscheinlichkeit von p = 0,5 und eine Anzahl von n = 10 voneinander unabhängigen Versuchswiederholungen gekennzeichnet ist. Definiert man im Kontext des in Rede stehenden BERNOULLI-Prozesses eine diskrete Zufallsgröße X mit einem sogenannten Träger von insgesamt

$$10 + 1 = 11 \text{ möglichen Realisationen k} = 0, 1,..., 10,$$

wobei k die Ordnung des Faches angibt, in das eine Kugel nach einem Kugeldurchlauf fällt, so ist die diskrete Zufallsgröße

$$X \sim \text{Bi}(10,0.5)\text{-verteilt}$$

und die Wahrscheinlichkeit dafür, dass im Zuge eines Kugeldurchlaufes zum Beispiel das zufällige Ereignis {X = 5} eintritt,

$$P(X = 5) = \binom{10}{5} \cdot 0{,}5^5 \cdot (1 - 0{,}5)^{10-5} = \text{PDF.BINOM}(5,10,0.5) \cong 0{,}2461 \ .$$

Relative Häufigkeit versus **Wahrscheinlichkeit**. Der empirisch beobachtete Befund, dass die relative Häufigkeit

$$p_5 = 733 \ / \ 300 \cong 0{,}2443$$

für das zufällige Ereignis {X = 5}, das darin besteht, dass in nahezu 24,4 % aller Kugeldurchläufe eine Kugel in das Fach der Ordnung k = 5, also letztlich fünfmal nach rechts unten gefallen ist, sich schon nach N = 3000 voneinander unabhängigen Versuchswiederholungen sehr nahe an die berechnete Binomialwahrscheinlichkeit von

$$P(X = 5) = \text{PDF.BINOM}(5,10,0.5) \cong 0{,}2461$$

annähert, kann auch als ein anschauliches Beispiel dafür gedeutet werden, dass es für praktische Anwendungen sinnvoll und mitunter nützlich ist, relative Häufigkeiten als Schätzwerte für unbekannte und mitunter nicht ohne weiteres zu berechnenden Wahrscheinlichkeiten zu verwenden, wenn nur garantiert ist, dass die Anzahl der unabhängigen Beobachtungen hinreichend groß ist.

Hinweis. In diesem Zusammenhang muss allerdings nochmals darauf hingewiesen werden, dass das mit Hilfe des GALTON-Brettes praktizierte Zufallsexperiment zur paradigmatischen Untermauerung des „empirischen Gesetzes der Stabilisierung relativer Häufigkeiten" eine bloße Erfahrungstatsache und kein mathematischer Sachverhalt ist. Hinzu kommt noch, dass die Deutungsmöglichkeiten von Ergebnissen und mathematischen Sachverhalten am plakatierten GALTON-Brett bei weitem noch nicht erschöpft sind. So ist es auch möglich, etwa den Begriff einer Zweipunktverteilung oder den Grenzwertsatz von DE MOIVRE und LAPLACE exemplarisch zu erläutern. ♣

7

Statistische Induktion

Schlüsselwörter

Chi-Quadrat-Verteilung	Schätzverfahren
F-Verteilung	Signifikanzniveau
Grundgesamtheit	Stichprobenverfahren
Konfidenzintervall	Testverfahren
Konfidenzniveau	t-Verteilung
p-value-Konzept	Zufallsstichprobe

Motivation. Der Schluss vom Teil aufs Ganze unter Einbeziehung der Wahrscheinlichkeit ist die Grundidee der statistischen Induktion (lat.: *inductio* → das Hineinführen), die auch als Schließende, Konfirmatorische (lat.: *confirmare* → bestätigen) oder Inferentielle (engl.: *inference* → Schlussfolgerung) Statistik bezeichnet wird. Die Induktive bzw. die „vom Teil aufs Ganze schließende" Statistik basiert auf mathematisch-statistischen Verfahren, mit deren Hilfe man anhand von Zufallsstichproben und unter Einbeziehung von Wahrscheinlichkeitsmodellen versucht, Aussagen über unbekannte Parameter bzw. Verteilungen von statistischen Grundgesamtheiten zu treffen.

Grundlagen. Die theoretischen Grundlagen der statistischen Induktion werden aus inhaltlicher und methodischer Sicht in die Stichprobentheorie, in die Schätztheorie und in die Testtheorie gegliedert. Diese inhaltlich begründete Dreiteilung gilt auch für die in der Induktiven Statistik applizierten Verfahren, die in den modernen Wirtschafts- und Sozialwissenschaften einen integralen Bestandteil für Entscheidungsfindungen unter Risiko darstellen. Die Verfahren der statistischen Induktion, die in diesem Kapitel appliziert werden, basieren auf realen Daten und werden anhand praktischer Sachverhalte paradigmatisch dargestellt und erläutert. ♣

7.1   Stichprobenverfahren

Motivation. Die Stichprobentheorie ist das Teilgebiet der Induktiven Statistik, das die theoretischen Grundlagen und die Konstrukte sowie die mathematisch-statistischen Verfahren für die Auswahl einer bestimmten Menge von $n < N$ Merkmalsträgern γ in Gestalt einer statistischen Stichprobe $\Gamma_n = \{\gamma_i, i = 1,2,...,n\}$ vom Umfang n aus einer (in der Regel endlichen) statistischen Grundgesamtheit $\Gamma = \{\gamma_i, i = 1,2,...,N\}$ vom Umfang N zum Zwecke des Schlusses „vom Teil aufs Ganze" bereitstellt. Motiv und Grundidee einer statistischen Stichprobenerhebung bestehen darin, Rückschlüsse auf eine zugrunde liegende statistische Grundgesamtheit Γ zu ziehen. Die Zuverlässigkeit eines „induktiven Rückschlusses" ist wesentlich davon abhängig, inwieweit eine statistische Stichprobe Γ_n eine statistische Grundgesamtheit Γ sachadäquat repräsentiert. Im statistisch- methodischen Sinne bezeichnet man eine Stichprobe Γ_n als repräsentativ, wenn sie die „innere Struktur und die Charakteristika" einer statistischen Grundgesamtheit Γ adäquat (lat.: *adaequatus* → gleichgemacht) abbildet. Da bereits im Kontext des Abschnittes 2.1 die Begriffe einer statistischen Grundgesamtheit, einer statistischen Stichprobe und eines statistischen Auswahlverfahrens eingeführt wurden, werden in diesem Abschnitt aus dem umfassenden Begriffskatalog der Induktiven Statistik zudem noch diejenigen Begriffe, theoretischen Konstrukte und praktischen Verfahren paradigmatisch skizziert, die für das Verständnis der statistischen Induktion im Allgemeinen und der in den folgenden Abschnitten und Kapiteln applizierten Verfahren im Speziellen unabdingbar sind. Dies sind vor allem die folgenden Begriffe bzw. theoretischen Konstrukte: Stichprobenvariable, Stichprobenfunktion und Stichprobenverteilung. Der Erläuterung dieser theoretischen Konstrukte vorgelagert ist die exemplarische Demonstration des Ziehens einer reinen Zufallsstichprobe. ♣

7.1.1 Stichprobenziehung

Motivation. In Anlehnung und in Weiterführung des Beispiels 2.1-5 soll anhand der SPSS Datendatei *Eier.sav* das Ziehen einer reinen Zufallsstichprobe exemplarisch demonstriert werden. Dabei wird die Menge $\Gamma = \{\gamma_i, i = 1,2,...,N\}$ der $N = 729$ Eier γ_i, die von Hühnern der Rasse Loheimer Braun gelegt wurden, als die zugrunde liegende endliche statistische Grundgesamtheit Γ vom Umfang N aufgefasst. Im Abschnitt 2.1 wurde bereits vermerkt, dass der Vorgang eines zufallsbedingten Auswählens von Merkmalsträgern γ_i aus einer endlichen statistischen Grundgesamtheit Γ in der statistischen Methodenlehre unter dem Begriff eines Zufallsauswahlverfahrens subsumiert wird, wobei in der empirischen Wirtschafts- und Sozialforschung vor allem den Zufallsauswahlverfahren eine besondere praktische Relevanz zukommt, die in der Tabelle 2.1-1 aufgelistet sind.

Zufallsstichprobe. Der Anschaulichkeit halber soll in einem ersten Analyse-schritt via Sequenz 7.1.1-1 aus der statistischen Grundgesamtheit Γ der $N = 729$ Hühnereier ein Dutzend (frz.: *douzaine* $\rightarrow$ Zählmaß für zwölf Stück) Hühnereier zufällig ausgewählt werden. Aus statistisch-methodischer Sicht ist dabei zu be-achten, dass eine Zufallsauswahl immer eine Auswahl von Merkmalsträgern dar-stellt. Während im konkreten Fall die zufällig ausgewählte Teilmenge $\Gamma_n = \{\gamma_i,\ i = 1,2,...,n\}$ von $n = 12$ Hühnereiern γ_i die Zufallsstichprobe vom Umfang $n = 12$ Hühnereier kennzeichnet, subsumiert man zum Beispiel die Menge $\{x_i,\ i = 1,2,...,n\}$ der zugehörigen reellwertigen Gewichtsangaben $X(\gamma_i) = x_i \in \mathbb{R}^+$ als eine realisierte Zufallsstichprobe vom Umfang $n = 12$ Gewichtsangaben x_i eines Dutzends zufällig ausgewählter Hühnereier γ_i.

Sequenz 7.1.1-1: Zufallsstichprobe
Daten
    Fälle auswählen
        Zufallsstichprobe $\rightarrow$ Abbildung 7.1.1-1

Abbildung 7.1.1-1: Ziehen einer Zufallsstichprobe

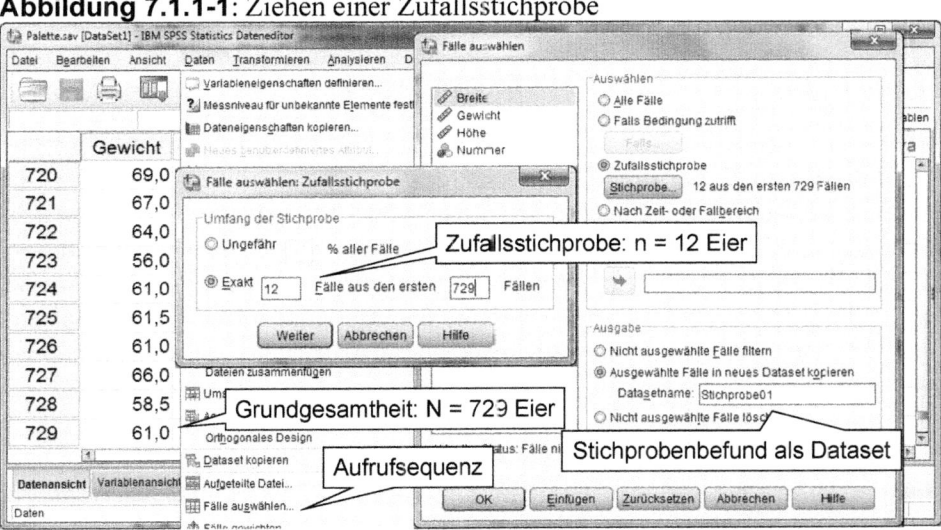

Gemäß der Abbildung 7.1.1-1 wurden im konkreten Fall zufällig und unabhängig voneinander $n = 12$ aus $N = 729$ Hühnereiern ausgewählt. Da in SPSS eine Zu-fallsstichprobe mit Hilfe gleichverteilter Zufallszahlen gezogen wird, kann (ana-log zu einer Lostrommel) davon ausgegangen werden, dass in der endlichen Grundgesamtheit $\Gamma = \{\gamma_i,\ i = 1,2,...,N\}$ der $N = 729$ Hühnereier jedes Hühnerei γ_i eine gleiche Chance (frz.: *chance* $\rightarrow$ Glück(sfall)) besitzt, in die Auswahl zu ge-langen. Beim praktischen Nachvollziehen der skizzierten reinen Zufallsauswahl ist zu beachten, dass das Ergebnis stets zufallsbedingt ist. Zudem gilt es gemäß

Abbildung 7.1.1-1, die zufällig ausgewählten Merkmalsträger in ein „neues Dataset" zu kopieren und diese „Datenmenge" für die n = 12 zufällig ausgewählten
Hühnereier in einer SPSS Datendatei mit dem Namen *Stichprobe01.sav* zu speichern. Im Vorfeld des Speichervorgangs wurde analog zur Abbildung 7.1.1-2 in
die „neue" und hinsichtlich ihres Umfanges auf n = 12 Merkmalsträger reduzierte
Arbeitsdatei zudem noch eine numerische Variable *Stichprobe* eingefügt, deren
Werte mit der Nummer der gezogenen Zufallsstichprobe übereinstimmen.

Abbildung 7.1.1-2: Dataset als realisierte Zufallsstichprobe

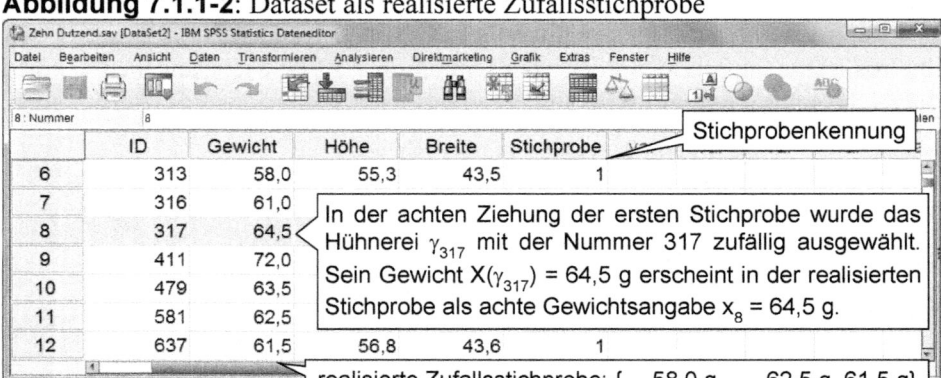

Monte-Carlo-Experiment. Nach dem Speichervorgang wurde wiederum die
SPSS Datendatei *Eier.sav* aktiviert und das skizzierte Ziehen einer Zufallsstichprobe insgesamt zehnmal praktiziert. Schlussendlich wurden analog zum Beispiel
4.6.4-1 die zehn SPSS Datendateien *Stichprobe01.sav* bis *Stichprobe10.sav* zu
einer SPSS Datendatei zusammengefügt, die Merkmalsträger gemäß Beispiel
4.6.4-2 „neu" nummeriert und die so erzeugte Arbeitsdatei unter dem Namen
Zehn.sav gespeichert. Die „finale" SPSS Datendatei umfasst insgesamt

$$12 \times 10 = 120$$

Merkmalsträger, die in 10 unabhängig voneinander gezogenen „reinen" Zufallsstichproben mit einem konstanten Umfang von n = 12 Merkmalsträgern ausgewählt wurden. Jeder der 120 Merkmalsträger in Gestalt eines Hühnereies wird
letztlich durch die sechs numerischen Variablen *Nummer, ID* als Identifikator,
Gewicht, Höhe, Breite und *Stichprobe*(nkennung) beschrieben. Beachtenswert ist
dabei, dass im konkreten Fall bei der skizzierten Zufallsauswahl das Auswahlmodell „mit Zurücklegen" praktiziert wurde, zumal stets von der gleichen endlichen statistischen Grundgesamtheit $\Gamma = \{\gamma_i, i = 1,2,...,N\}$ der in der SPSS Datendatei *Eier.sav* erfassten N = 729 Hühnereier γ_i ausgegangen wurde. Die „experi-
mentell erzeugte" SPSS Datendatei *Zehn.sav* kann als ein anschauliches Beispiel
für ein sogenanntes Monte-Carlo-Experiment angesehen werden. ♣

7.1.2 Stichprobenvariablen und Stichprobenfunktionen

Motivation. In der Stichprobentheorie kommt den Begriffen *Stichprobenvariable* und *Stichprobenfunktion* eine substantielle Bedeutung zu. Stichprobenvariablen und Stichprobenfunktionen, die ihrem Wesen nach Zufallsgrößen sind, fungieren als theoretische Konstrukte zur Beschreibung von Zufallsstichproben.

Stichprobenvariable

Ist X eine Zufallsgröße, die über einer endlichen statistischen Grundgesamtheit $\Gamma = \{\gamma_i, i = 1,2,...,N\}$ mit einer Verteilungsfunktion F_X definiert ist, und bezeichnet $\{X_i, i = 1,2,...,n\}$ eine Folge von Zufallsgrößen X_i, die die gleiche Verteilungsfunktion besitzen wie die Zufallsgröße X, dann heißen für eine Zufallsstichprobe $\Gamma_n = \{\gamma_i, i = 1,2,...,n\}$ die n Zufallsgrößen X_i Stichprobenvariablen.

Hinweise. Für das Verständnis des theoretischen Konstrukts einer Stichprobenvariablen erweisen sich die folgenden Hinweise als nützlich: i) **Charakteristikum.** Das entscheidende Charakteristikum einer Stichprobenvariablen besteht darin, dass sie eine Zufallsgröße ist, die im Zuge einer zufallsbedingten Stichprobenziehung eine zufällige Realisation annimmt. Dabei werden die n Stichprobenvariablen X_i nicht als eine n-malige Anwendung einer Zufallsgröße X, sondern als eine Folge $\{X_i, i = 1,2,...,n\}$ von n Zufallsgrößen X_i, gedeutet, die alle die gleichen Eigenschaften besitzen wie die Zufallsgröße X in der statistischen Grundgesamtheit Γ. ii) **Reine Zufallsstichprobe.** Zufallsgrößen, die gleiche Eigenschaften, insbesondere gleiche Verteilungsfunktionen, Erwartungswerte und Varianzen besitzen, heißen identisch verteilt. Insbesondere bezeichnet man eine Folge $\{X_i, i = 1,2,...,n\}$ von n Stichprobenvariablen X_i als eine reine Zufallsstichprobe vom Umfang n, sobald die Stichprobenvariablen X_i stochastisch unabhängig und identisch verteilt sind, also $X_i \sim$ i.i.d. gilt. Die Abkürzung i.i.d. ist der englischen Bezeichnung für eine reine Zufallsstichprobe entlehnt und steht für die Bezeichnung *independently and identically distributed (random sample)*. iii) **Realisierte Zufallsstichprobe.** Eine Folge $\{x_i, i = 1,2,...,n\}$ von n beobachteten Realisationen x_i bezeichnet man als eine realisierte Zufallsstichprobe vom Umfang n. Dabei erweist sich die folgende verbale Darstellung als sehr anschaulich: Die Ziehung der Ordnung i (i = 1,2,...,n) liefert im Kontext einer Zufallsstichprobe vom Umfang n den Stichprobenwert x_i, der als eine konkrete und zufallsbedingte Realisation der zugehörigen Stichprobenvariablen X_i gedeutet wird, die selbst wiederum die gleichen Eigenschaften besitzt, wie die Zufallsgröße X in der zugrunde liegenden statistischen Grundgesamtheit Γ. ♦

Stichprobenfunktion

Eine Funktion f, die einer Folge $\{X_i, i = 1,2,...,n\}$ von n Stichprobenvariablen X_i eine Zufallsgröße $V_n = f(X_i)$ zuordnet, heißt Stichprobenfunktion.

Hinweise. Für das Verständnis des theoretischen Konstrukts einer Stichprobenfunktion erweisen sich die folgenden Hinweise als hilfreich: i) **Synonym.** Eine Stichprobenfunktion nennt man in Anlehnung an die englischsprachige Literatur auch eine „Statistik". ii) **Charakteristik.** Eine Stichprobenfunktion ist eine Funktion von Zufallsgrößen und damit selbst wieder eine Zufallsgröße. Stichprobenfunktionen werden wie Zufallsgrößen in der Regel mit großen lateinischen Endbuchstaben ..., X, Y, Z bezeichnet. iii) **Stichprobenfunktionswert**. Ein beobachteter, aus n Stichprobenwerten x_i ermittelter Wert einer Stichprobenfunktion heißt empirischer Stichprobenfunktionswert. Während Stichprobenfunktionen mit lateinischen Großbuchstaben bezeichnet werden, kennzeichnet man beobachtete Stichprobenfunktionswerte mit den jeweiligen lateinischen Kleinbuchstaben. iv) **Beispiele**. Wichtige Stichprobenfunktionen sind insbesondere diejenigen Schätzfunktionen und Testvariablen, die ein spezieller Gegenstand der Abschnitte 7.2 und 7.3 sind. Stellvertretend für die Vielzahl der Stichprobenfunktionen, die in der Induktiven Statistik appliziert werden, werden im Kontext der Beispiele 7.1.2-1 und 7.1.2-2 die Stichprobenfunktionen „Stichprobenmittel, Stichprobenvarianz, Stichprobenanteil" am praktischen Sachverhalt erläutert und skizziert. ♦

Beispiel 7.1.2-1: Stichprobenvariable(n)
Motivation. In Anlehnung an den Abschnitt 7.1.1, im Kontext dessen das Ziehen von Zufallsstichproben paradigmatisch skizziert wurde, soll im Kontext dieses Beispiels der Begriff einer Stichprobenvariablen exemplarisch erläutert werden. Zum leichteren Verständnis dieses theoretisch nicht einfachen Sachverhalts soll das folgende Gleichnis dienen, das aus theoretischer Sicht sinnvoll und aus praktischer Sicht eher unsinnig erscheint: Aus der endlichen statistischen Grundgesamtheit $\Gamma = \{\gamma_i, i = 1,2,...,N\}$ in Gestalt einer Palette von Hühnereiern mit einem Umfang von N = 729 Eiern γ_i, deren Gewichts-, Breite- und Höhendaten in der SPSS Datendatei *Eier.sav* gespeichert sind, wird (virtuell) ein Hühnerei γ zufällig ausgewählt bzw. „gezogen", gewogen und nach der statistischen Gewichtserfassung wieder in die Palette zurückgelegt.

Ziehung. Aufgrund dessen, dass das im Zuge einer Ziehung zufällig ausgewählte Hühnerei γ wieder in das Ausgangslos zurückgelegt wird, hat man im konkreten Fall das Modell „Zufallsauswahl mit Zurücklegen" praktiziert. Das Auswahlmodell „mit Zurücklegen" erweist sich vor allem aus theoretischer Sicht als vorteilhaft, da beim n-maligen Wiederholen des gleichen Zufallsexperiments garantiert ist, dass die n Ziehungen im Kontext einer Zufallsstichprobe vom Umfang n stochastisch voneinander unabhängig sind und jedes Hühnerei theoretisch eine gleiche Chance (frz.: *chance* → Glück(sfall)) besitzt, ausgewählt zu werden und somit in die Zufallsstichprobe $\Gamma_n = \{\gamma_i, i = 1,2,...,n\}$ zu gelangen.

Zufallsgröße. Gemäß der Ausführungen im Abschnitt 6.4 ist es theoretisch möglich und sachlogisch sinnvoll, auch den Vorgang einer reellwertigen Gewichtsbeschreibung $X(\gamma) = x \in \mathbb{R}^+$ für ein Hühnerei $\gamma \in \Gamma$, das im Zuge einer zufälligen Ziehung aus der endlichen statistischen Grundgesamtheit $\Gamma = \{\gamma_i, i = 1,2,...,N\}$ der N = 729 Eier γ_i ausgewählt wurde, als eine stetige Zufallsgröße X zu deuten. So besitzt gemäß Abbildung 7.1.1-2 zum Beispiel das zufällig ausgewählte Hühnerei $\gamma_{317} \in \Gamma$ mit der Nummer 317 ein reellwertiges Gewicht von $X(\gamma_{317}) = x_{317} = 64{,}5$ g, das eine konkrete und zufallsbedingte Realisation der stetigen Zufallsgröße X: *Gewicht eines Hühnereies* ist.

Stichprobenvariable. Da im erfassungsstatistischen Sinne die Ausprägungen $X(\gamma) = x \in \mathbb{R}^+$ des stetigen Erhebungsmerkmals X: *Gewicht (Angaben in g)* und im stochastischen Sinne die Realisationen $X(\gamma) = x \in \mathbb{R}^+$ der stetigen Zufallsgröße X: *Gewicht (Angaben in g)* positive reelle Zahlen sind, kann man sich anhand der Abbildung 7.1.2-1 für die n = 12 Hühnereier γ_i, die jeweils in eine der zehn gezogenen Zufallsstichproben $\Gamma_n = \{\gamma_i, i = 1,2,...,n\}$ gelangt sind, das theoretische Konstrukt einer Stichprobenvariablen X_i wie folgt verdeutlichen:

Abbildung 7.1.2-1: Stichprobenvariablen

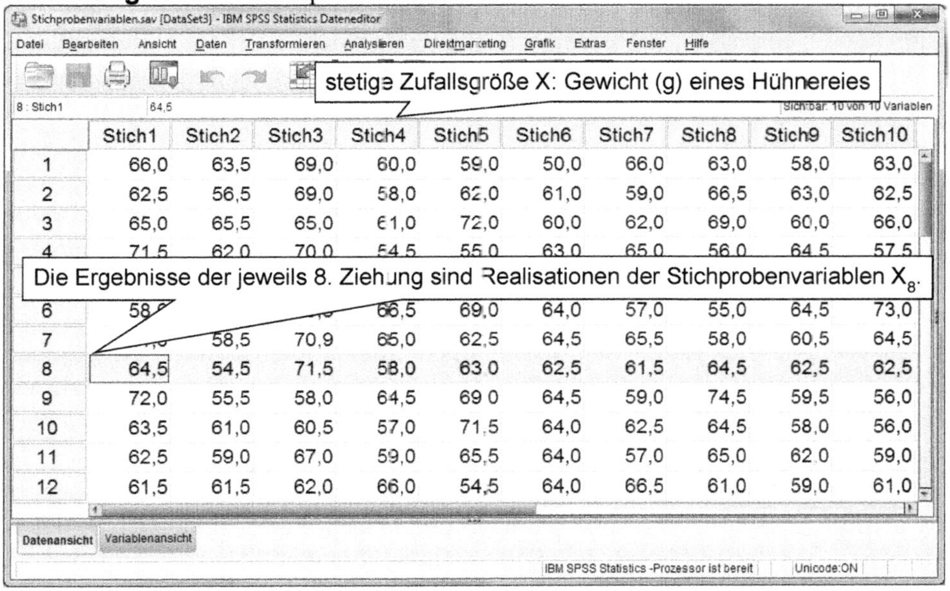

	Stich1	Stich2	Stich3	Stich4	Stich5	Stich6	Stich7	Stich8	Stich9	Stich10
1	66,0	63,5	69,0	60,0	59,0	50,0	66,0	63,0	58,0	63,0
2	62,5	56,5	69,0	58,0	62,0	61,0	59,0	66,5	63,0	62,5
3	65,0	65,5	65,0	61,0	72,0	60,0	62,0	69,0	60,0	66,0
4	71,5	62,0	70,0	54,5	55,0	63,0	65,0	56,0	64,5	57,5
6	58,7		66,5	69,0	64,0	57,0	55,0	64,5	73,0
7		58,5	70,9	65,0	62,5	64,5	65,5	58,0	60,5	64,5
8	64,5	54,5	71,5	58,0	63,0	62,5	61,5	64,5	62,5	62,5
9	72,0	55,5	58,0	64,5	69,0	64,5	59,0	74,5	59,5	56,0
10	63,5	61,0	60,5	57,0	71,5	64,0	62,5	64,5	58,0	56,0
11	62,5	59,0	67,0	59,0	65,5	64,0	57,0	65,0	62,0	59,0
12	61,5	61,5	62,0	66,0	54,5	64,0	66,5	61,0	59,0	61,0

Innerhalb des SPSS-Fensters: stetige Zufallsgröße X: Gewicht (g) eines Hühnereies. Die Ergebnisse der jeweils 8. Ziehung sind Realisationen der Stichprobenvariablen X_8.

Gemäß Abbildung 7.1.1-2 besitzt das zufällig ausgewählte Hühnerei $\gamma_{317} \in \Gamma$ mit der Nummer 317 ein Gewicht von $X(\gamma_{317}) = 64{,}5$ g. Dies ist äquivalent mit der formalen Aussage, dass sowohl die Zufallsgröße X über der statistischen Grundgesamtheit Γ aller Hühnereier $\gamma_i \in \Gamma$ als auch die Stichprobenvariable X_8 in der Ziehung der Ordnung i = 8 im Rahmen der ersten Stichprobe (*Stich1*) einen Stichprobenwert von $X(\gamma_{317}) = X_1(\gamma_{317}) = x_8 = 64{,}5$ g annehmen. Analog sind die jeweiligen zufallsbedingten Realisationen der Stichprobenvariablen X_8 im Rahmen der restlichen neun reinen Zufallsstichproben (*Stich2* bis *Stich10*) innerhalb der Abbildung 7.1.2-1 zu deuten. Dass es sich bei der Stichprobenvariablen X_8 um eine Zufallsgröße handelt, leuchtet bereits intuitiv ein, wenn man sich jeweils die Realisationen x_8 der restlichen neun realisierten Zufallsstichproben anschaut, die offensichtlich mit den Realisationen 54.5, 71.5, 58.0, 63.0, 62.5, 61.5, 64.5, 62.5 und 62.5 zufallsbedingt im „üblichen Gewichtsbereich" eines Hühnereies variieren. Dieses augenscheinliche und scheinbar triviale Faktum kann man auch für die restlichen elf Ziehungen innerhalb einer Stichprobe beobachten und konstatieren. Das entscheidende Charakteristikum des theoretischen Konstrukts einer Stichprobenvariablen besteht ja gerade darin, dass sie ihrem Wesen nach eine Zufallsgröße ist, die im Zuge einer zufallsbedingten Stichprobenziehung eine zufällige und reellwertige Realisation annimmt.

Zufallsstichprobe. Während man im konkreten Fall die endliche Menge {x_i, $i = 1,2,...,n$} von $n = 12$ zufallsbedingten Realisationen der stetigen Zufallsgröße X: *Hühnereigewicht* im Rahmen einer Zufallsstichprobe $\Gamma_n = \{\gamma_i, i = 1,2,...,n\}$ vom Umfang $n = 12$ Hühnereier γ_i als eine realisierte Zufallsstichprobe vom Umfang $n = 12$ empirisch beobachtete Hühnereiergewichte $X(\gamma_i) = x_i$ interpretiert, deutet man aus wahrscheinlichkeitstheoretischer Sicht das theoretische Konstrukt in Gestalt der Menge {X_i, $i = 1,2,...,n$} von $n = 12$ Stichprobenvariablen X_i als eine reine Zufallsstichprobe vom Umfang $n = 12$, sobald die Stichprobenvariablen $X_i \sim$ i.i.d. als stochastisch unabhängig und identisch verteilt angesehen werden können. Die Abkürzung i.i.d. ist der englischen Bezeichnung für eine reine Zufallsstichprobe entlehnt und steht für *independently and identically distributed (random sample)*. Dabei liefert die Ziehung der Ordnung i im Kontext einer Zufallsstichprobe vom Umfang n den Stichprobenwert x_i, der als eine konkrete und zufallsbedingte Realisation der zugehörigen Stichprobenvariablen X_i gedeutet wird, die selbst wiederum die gleichen stochastischen Eigenschaften besitzt, wie die Zufallsgröße X in der zugrunde liegenden endlichen statistischen Grundgesamtheit $\Gamma = \{\gamma_i, i = 1,2,...,N\}$ vom Umfang N Merkmalsträger.

Monte-Carlo-Experiment. Hätte man ceteris paribus nicht nur zehn, sondern etwa 1000 reine Zufallsstichproben (mit Zurücklegen) vom Umfang $n = 12$ Hühnereiern γ_i aus der endlichen statistischen Grundgesamtheit $\Gamma = \{\gamma_i, i = 1,2,...,N\}$ von $N = 729$ Hühnereiern gezogen, dann würde man im konkreten Fall zu der Feststellung gelangen, dass die zwölf Stichprobenvariablen X_i identisch verteilt sind und die gleichen Eigenschaften (etwa eine gleiche Verteilungsfunktion F_X, einen gleichen Erwartungswert $E(X) = \mu$ und eine gleiche Varianz $V(X) = \sigma^2$) besitzen, wie die stetige Zufallsgröße X: *Hühnereigewicht* über der endlichen statistischen Grundgesamtheit $\Gamma = \{\gamma_i, i = 1,2,...,N\}$ aller $N = 729$ Hühnereier. Diese Form eines unabhängig und beliebig oft wiederholten Zufallsexperiments zur numerischen Beschreibung von Zufallsprozessen wird in der statistischen Methodenlehre auch mit dem Etikett „Monte-Carlo-Experiment" gekennzeichnet. In der statistischen Methodenlehre im Allgemeinen und in der statistischen Induktion im Speziellen subsumiert man unter dem Begriff eines Monte-Carlo-Experiments mathematisch-statistische Verfahren zur numerischen Lösung analytisch schwer bzw. nicht lösbarer zufallsbedingter Prozesse und/oder Probleme. Monte Carlo ist der Name des Stadtteils von Monaco, der durch sein Spielcasino (als Inbegriff zufälligen Geschehens) berühmt wurde und ist. ♣

Beispiel 7.1.2-2: Stichprobenfunktionen

Motivation. Aus den Betrachtungen im Kontext des Beispiels 7.1.2-1 wurde ersichtlich, dass der Zugang zum Begriff einer Stichprobenvariablen an eine Menge von unabhängigen Stichproben gebunden ist, wobei im konkreten Fall insgesamt zehn reine Zufallsstichproben von je einem Dutzend Hühnereiern gezogen wurden, deren Realisationen in Gestalt von zehn realisierten und gewichtsbezogenen Zufallsstichproben in der Abbildung 7.1.2-1 in Form einer (12×10)-Datenmatrix zusammengefasst sind. Der Zugang zum theoretischen Konstrukt und zum Begriff einer reinen Zufallsstichprobe und einer aus ihr abgeleiteten Stichprobenfunktion bedarf der Betrachtung einer Folge $\{X_i, i = 1,2,...,n\}$ von n unabhängigen und identisch verteilten Stichprobenvariablen X_i, wobei vereinbarungsgemäß die folgende Notation gelten soll: $X_i \sim$ i.i.d.

Stichprobenmittel. So stellt zum Beispiel das arithmetische Mittel

$$\overline{X} = \frac{1}{n} \cdot \sum_{i=1}^{n} X_i$$

aus den $n = 12$ Stichprobenvariablen X_i ($i = 1,2,...,n$) eine spezielle Stichprobenfunktion dar, die auch als Stichprobenmittel bezeichnet wird. Da eine Stichprobenfunktion ihrem Wesen nach eine Zufallsgröße ist, kann man zum Beispiel für das Stichprobenmittel mit Hilfe der folgenden Erwartungswertoperationen

$$E(\overline{X}) = E\left[\frac{1}{n} \cdot (X_1 + ... + X_n)\right] = \frac{1}{n} \cdot \left[E(X_1 + ... + X_n)\right] = \frac{1}{n} \cdot \left[E(X_1) + ... + E(X_n)\right]$$

zeigen, dass die Stichprobenfunktion eines Stichprobenmittels wegen

$$E(X_1) = E(X_2) = ... = E(X_n) = \mu$$

letztlich einen Erwartungswert von

$$E(\overline{X}) = n \times \mu / n = \mu$$

besitzt. Nun kann ein Stichprobenmittel $\overline{X}$ nicht nur durch seinen Erwartungswert, sondern auch durch seine Varianz charakterisiert werden, für die wegen

$$V(\overline{X}) = V\left[\frac{1}{n} \cdot (X_1 + ... + X_n)\right] = \frac{1}{n^2} \cdot \left[V(X_1 + ... + X_n)\right] = \frac{1}{n^2} \cdot \left[V(X_1) + ... + V(X_n)\right]$$

letztlich

$$\sigma_{\overline{X}}^2 = V(\overline{X}) = \frac{1}{n^2} \cdot n \cdot \sigma^2 = \frac{\sigma^2}{n} \text{ und } \sigma_{\overline{X}} = \sqrt{V(\overline{X})} = \frac{\sigma}{\sqrt{n}}$$

gilt. Die aus der Varianz des Stichprobenmittels abgeleitete und zuletzt formal skizzierte und notierte Stichprobenfunktion bezeichnet man auch als Standardfehler eines Stichprobenmittels. Offensichtlich wird der Standardfehler immer kleiner, je größer man den Stichprobenumfang n wählt.

Wurzel-n-Gesetz. Allerdings reduziert sich der Standardfehler eines Stichprobenmittels nicht linear, sondern nur mit dem Faktor $1 / \sqrt{n}$. So ist zum Beispiel ein vierfacher Stichprobenumfang n erforderlich, um den Standardfehler eines Stichprobenmittels zu halbieren. Dieser Sachverhalt wird in der statistischen Methodenlehre auch als Wurzel-n-Gesetz, kurz:√n-Gesetz, bezeichnet.

Stichprobenmittelwert. Die skizzierten theoretischen Konstrukte kann man sich am praktischen Sachverhalt verdeutlichen, indem man unter Verwendung der SPSS Datendatei *Zehn.sav* via Sequenz 7.1.2-1 für die zehn Zufallsstichproben die gewichtsspezifischen Stichprobenfunktionswerte bestimmt.

Sequenz 7.1.2-1: Stichprobenfunktionswerte
Analysieren
   Mittelwerte vergleichen
      Mittelwerte → Abbildung 7.1.2-2

Abbildung 7.1.2-2: Stichprobenfunktionswerte

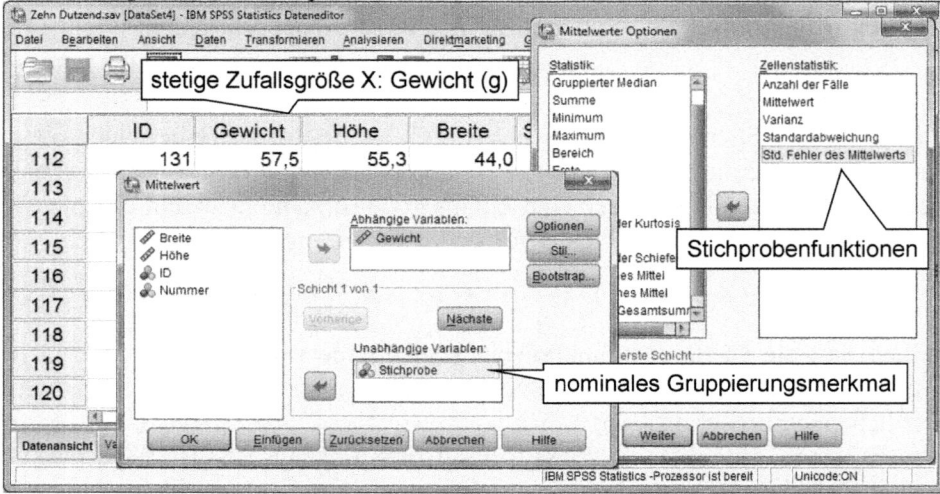

In der Tabelle 7.1.2-1 sind die angeforderten Stichprobenfunktionswerte, die ihrem Wesen nach Realisationen der jeweiligen Stichprobenfunktion sind, zusammengestellt. Ihre Berechnung und Interpretation ergibt das folgende Bild:

Stichprobenmittelwert. Für die erste realisierte Zufallsstichprobe vom Umfang n = 12 Hühnereiergewichte ermittelt man für die Stichprobenfunktion des arithmetischen Mittels $\overline{X}$ einen realisierten Stichprobenmittelwert von

$$\overline{x} = \frac{66{,}0 + 62{,}5 + \ldots + 6{,}15}{12} = \frac{774}{12} = 64{,}5 \,.$$

Demnach beläuft sich das durchschnittliche Gewicht der im Zuge der ersten Zufallsstichprobe ausgewählten n = 12 Hühnereier auf 64,5 g.

Stichprobenstreuung. Analog zur Stichprobenfunktion des Stichprobenmittels $\overline{X}$ kann gezeigt werden, dass für die Stichprobenfunktion S^2 der Stichprobenvarianz bzw. für die Stichprobenfunktion S der Stichprobenstreuung

$$S^2 = \frac{1}{n-1} \cdot \sum_{i=1}^{n}(X_i - \overline{X})^2 \text{ bzw. } S = \sqrt{S^2} \text{ und } E(S^2) = \sigma^2 \text{ bzw. } \sigma = \sqrt{\sigma^2}$$

gilt. Demnach berechnet man für die erste realisierte Zufallsstichprobe eine realisierte Stichprobenvarianz von

$$s^2 = \frac{(66,0 - 64,5)^2 + (62,5 - 64,5)^2 ... + (61,5 - 64,5)^2}{12 - 1} \cong 16,591 \ [g]^2$$

und darauf aufbauend eine realisierte Stichprobenstreuung von

$$s = \sqrt{\frac{1}{n-1} \cdot \sum_{i=1}^{n}(x_i - \overline{x})^2} = \sqrt{16,591} \cong 4,073 \text{ g.}$$

Standardfehler. Final erhält man als eine konkrete Realisation der Stichprobenfunktion $\sigma_{\overline{x}}$ einen realisierten Standardfehler des Stichprobenmittels von

$$s_{\overline{x}} = \frac{s}{\sqrt{n}} = \frac{4,073}{\sqrt{12}} \cong 1,176 \text{ g,}$$

der als ein Maß für den Fehler interpretiert werden kann, der einem bei der Schätzung des „wahren, jedoch unbekannten" Durchschnittsgewichts in der Grundgesamtheit aller N = 729 Hühnereier „im Mittel und auf lange Sicht" unterläuft, wenn man die Mittelwertschätzung auf der Grundlage der realisierten Zufallsstichprobe „Nummer 1" bewerkstelligt. Offensichtlich ist zu erwarten, dass der Standardfehler eines Stichprobenmittels in seinem Wert immer kleiner wird, je größer man den Stichprobenumfang n einer Stichprobe wählt.

Tabelle 7.1.2-1: Stichprobenfunktionswerte

Gewicht in g

Stichprobe	Anzahl	Mittelwert	Varianz	Standardabweichung	Standardfehler
1	12	64,500	16,591	4,073	1,176
2	12	60,500	13,636	3,693	1,066
3	12	65,658	26,874	5,184	1,496
4	12	61,500	19,818	4,452	1,285
5	12	63,917	34,174	5,846	1,688
6	12	62,375	18,369	4,286	1,237
7	12	62,083	11,811	3,437	,992
8	12	62,375	41,688	6,457	1,864
9	12	60,958	5,294	2,301	,664
10	12	61,667	23,152	4,812	1,389
Insgesamt	120	62,553	21,985	4,689	,428

Analog können die in der Tabelle 7.1.2-1 aufgelisteten Stichprobenfunktionswerte für die restlichen neun realisierten reinen Zufallsstichproben vom Umfang n = 12 berechnet und interpretiert werden. ♣

7.1.3 Stichprobenverteilungen

Motivation. In der Stichprobentheorie bezeichnet man die Wahrscheinlichkeitsverteilung einer Stichprobenfunktion auch als eine Stichprobenverteilung. Stellvertretend für die Vielzahl der Stichprobenverteilungen, die in der Induktiven Statistik im Allgemeinen und in der Stichprobentheorie im Speziellen appliziert werden, sollen hier nur die Stichprobenverteilungen eines arithmetischen Mittels unter speziellen Verteilungsannahmen skizziert werden.

Stichprobenverteilung eines arithmetischen Mittels

Ist $\{X_i, i = 1,2,...,n\}$ eine Folge von n Stichprobenvariablen X_i, die unabhängig und identisch verteilt sind mit einem Erwartungswert $E(X_i) = \mu$ und einer Varianz $V(X_i) = \sigma^2$, dann ist das Stichprobenmittel $\overline{X}$ asymptotisch normalverteilt mit den Parametern μ und $\sigma / \sqrt{n}$.

Hinweise. Für das Verständnis der in Rede stehenden Stichprobenverteilung erweisen sich die folgenden Hinweise als hilfreich: i) **Kurzschreibweise.** In Kurzschreibweise notiert man diesen Sachverhalt wie folgt: Gilt für alle Stichprobenvariablen X_i der Ordnung i (i = 1,2,...,n) $X_i \sim$ i.i.d., dann gilt

$$\overline{X} \xrightarrow[n \to \infty]{} N(\mu;\frac{\sigma}{\sqrt{n}}) \text{ und } Z = \frac{\overline{X}-\mu}{\sigma} \cdot \sqrt{n} \xrightarrow[n \to \infty]{} N(0;1) .$$

ii) **GAUß-Statistik.** Ein Stichprobenmittel aus unabhängig und identisch verteilten Zufallsgrößen ist asymptotisch (grch.: *asymptotos* → nicht zusammentreffen) normalverteilt, da gemäß dem zentralen Grenzwertsatz (vgl. Abschnitt 6.6) mit wachsendem Stichprobenumfang n → ∞ die Verteilungsfunktion der angegebenen und sogenannten GAUß-Statistik Z schwach gegen die Verteilungsfunktion der Standardnormalverteilung N(0;1) konvergiert (lat.: *convergere* → sich hinneigen). iii) **Standardnormalverteilung.** Das theoretische Modell der Standardnormalverteilung N(0;1) wurde im Beispiel 6.5.2-4 skizziert und in der Abbildung 6.5.2-5 bildhaft dargestellt. ♦

Stichprobenverteilung von $\overline{X}$ bei bekanntem σ

Ist $\{X_i, i = 1,2,...,n\}$ eine Folge von n Stichprobenvariablen X_i, die normalverteilt sind mit den Parametern μ und σ, wobei σ bekannt ist, dann ist das Stichprobenmittel $\overline{X}$ normalverteilt mit den Parametern μ und $\sigma / \sqrt{n}$.

Hinweise. Für das Verständnis der in Rede stehenden Stichprobenverteilung erweisen sich die folgenden Hinweise als hilfreich: i) **Kurzschreibweise.** In Kurzschreibweise notiert man diesen Sachverhalt wie folgt: Gilt für alle Stichprobenvariablen X_i der Ordnung i (i = 1,2,...,n) $X_i \sim N(\mu, \sigma)$, dann gilt

$$\overline{X} \sim N(\mu;\frac{\sigma}{\sqrt{n}}) \text{ bzw. } Z = \frac{\overline{X}-\mu}{\sigma}\sqrt{n} \sim N(0;1).$$

ii) **GAUß-Statistik.** In der praktischen Arbeit mit der sogenannten GAUß-Statistik Z wird die Kenntnis des wahren (jedoch unbekannten) Streuungsparameters σ der Grundgesamtheit als gegeben bzw. aus früheren Untersuchungen als bereits bekannt angesehen. Gleichwohl diese Annahme wenig realitätsnah ist, kommt ihr vor allem aus theoretischer

Sicht eine substantielle Bedeutung zu. Vor allem in der statistischen Qualitätskontrolle findet man diese Annahme mitunter als gerechtfertigt, wenn Toleranzen, die ja ihrem Wesen nach Streuungsaussagen implizieren, technologisch vorgegeben sind. iii) **Normalverteilung**. Das theoretische Modell einer Normalverteilung wurde im Kontext des Abschnittes 6.5.2 paradigmatisch eingeführt. ♦

Stichprobenverteilung von $\overline{X}$ bei unbekanntem σ

Ist $\{X_i, i = 1,2,...,n\}$ eine Folge von n Stichprobenvariablen X_i, die normalverteilt sind mit den Parametern μ und σ, wobei σ unbekannt ist, dann ist das Stichprobenmittel $\overline{X}$ STUDENT t-verteilt mit df = n − 1 Freiheitsgraden.

Hinweise. Für das Verständnis der in Rede stehenden Stichprobenverteilung erweisen sich die folgenden Hinweise als hilfreich: i) **Kurzschreibweise**. In Kurzschreibweise notiert man diesen Sachverhalt wie folgt: Gilt für die Stichprobenvariablen $X_i \sim N(\mu, \sigma)$, dann gilt für die sogenannte STUDENT t-Statistik

$$T = \frac{\overline{X} - \mu}{S} \sqrt{n} \sim t(df).$$

df steht für den englischen Begriff *degrees of freedom* (Freiheitsgrade). ii) **t-Statistik**. Der Unterschied zwischen der sogenannten GAUß-Statistik Z und der sogenannten STUDENT t-Statistik T besteht in der Verwendung der Stichprobenstreuung

$$S = \sqrt{S^2} = \sqrt{\frac{1}{n-1} \cdot \sum_{i=1}^{n} (X_i - \overline{X})^2}$$

an Stelle der wahren, jedoch unbekannten Standardabweichung σ in einer statistischen Grundgesamtheit $\Gamma = \{\gamma_i, i = 1,2,...,N\}$ vom Umfang N. iii) **Faustregel**. Mit wachsendem Stichprobenumfang $n \to \infty$ konvergiert die Verteilungsfunktion F_T einer t-Statistik T gegen die Verteilungsfunktion Φ der Standardnormalverteilung N(0;1). Für die praktische Arbeit verwendet man in diesem Zusammenhang die folgende Faustregel: Für einen Stichprobenumfang n > 50 kann die Verteilungsfunktion F_T einer t-Statistik hinreichend genau durch die Verteilungsfunktion Φ der Standardnormalverteilung N(0;1) approximiert werden. iv) **t-Verteilung**. Das theoretische Modell einer t-Verteilung wird im Kontext des Beispiels 7.1.3-1 paradigmatisch eingeführt und erläutert. ♦

Stichprobenverteilung für eine Mittelwertdifferenz

Sind $\overline{X}_1$ und $\overline{X}_2$ die Stichprobenmittel zweier unabhängiger Zufallsstichproben vom Umfang n_1 und n_2, die aus zwei normalverteilten Grundgesamtheiten stammen, dann ist die Stichprobenvariable $D = \overline{X}_1 - \overline{X}_2$ normalverteilt.

Hinweise. Für das Verständnis der Stichprobenverteilung erweisen sich die folgenden Hinweise als hilfreich: i) **Kurzschreibweise**. In Kurzschreibweise notiert man diesen Sachverhalt wie folgt: Gilt für j = 1, 2 und i = 1,2,...,n_j für alle Zufallsgrößen $X_{ij} \sim N(\mu_j; \sigma_j)$, dann gilt

$$Z = \frac{D - E(D)}{\sigma_D} \sim N(0; 1) \text{ mit } E(D) = \mu_1 - \mu_2 \text{ und } \sigma_D = \sqrt{\frac{\sigma_1^2}{n_1} + \frac{\sigma_2^2}{n_2}}.$$

Die standardisierte Stichprobenmitteldifferenz Z ist eine GAUß-Statistik. ii) **Asymptotik**. Stammen die beiden Stichprobenmittel $\overline{X}_j$ (j = 1, 2) aus zwei unabhängigen und identisch verteilten Grundgesamtheiten, dann ist gemäß dem zentralen Grenzwertsatz (vgl. Abschnitt 6.6) ihre Differenz D asymptotisch normalverteilt. iii) **t-Verteilung**. Stammen die beiden Stichprobenmittel aus normalverteilten Grundgesamtheiten mit unbekannten, jedoch homogenen Varianzen $\sigma_1^2 = \sigma_2^2 = \sigma^2$, dann genügt die Stichprobenfunktion D einer t-Verteilung mit df = $n_1 + n_2 - 2$ Freiheitsgraden. Das Modell einer STUDENT t-Verteilung wird im Beispiel 7.1.3-1 paradigmatisch skizziert. Auf der Varianzhomogenitätsprämisse basiert der sogenannte doppelte t-Test, der als ein spezieller Mittelwerthomogenitätstest ein Gegenstand des Kapitels 8 ist. ◆

Beispiel 7.1.3-1: STUDENT t-Verteilung
Motivation. Das Modell einer t-Verteilung geht auf den englischen Chemiker William Sealy GOSSET (*1876, †1937) zurück, der bei den Brauereien „Guin-

ness" beschäftigt war und das Verteilungsmodell erstmals 1908 unter dem Pseudonym STUDENT im Zusammenhang mit seinen Arbeiten zu kleinen Stichproben in einem Traktat veröffentlichte. Aus diesem Grunde wird eine t-Verteilung in der einschlägigen Literatur auch als STUDENT-Verteilung oder STUDENT t-Verteilung bezeichnet, die als eine spezielle stetige Wahrscheinlichkeitsverteilung wie folgt charakterisiert werden kann:

STUDENT t-Verteilung
Sind Y ~ χ^2(df) und Z ~ N(0;1) stochastisch unabhängige stetige Zufallsgrößen, wobei Y einer Chi-Quadrat- bzw. χ^2-Verteilung mit df Freiheitsgraden und Z der Standardnormalverteilung N(0;1) genügt, dann genügt die stetige Zufallsgröße T = Z / $\sqrt{(Y / df)}$ einer STUDENT t-Verteilung mit df Freiheitsgraden.

Hinweise. Für das Verständnis des theoretischen Modells einer t-Verteilung erweisen sich die folgenden Hinweise als hilfreich: i) **Basis**. Das theoretische Modell einer t-Verteilung basiert selbst wiederum auf den theoretischen Modellen einer Chi-Quadrat-Verteilung (vgl. Beispiel 7.3.2-2) und der Standardnormalverteilung (vgl. Beispiel 6.5.2-4). ii) **Charakteristika**. Der Graph der Dichtefunktion f_T einer t-Verteilung ist dem der Standardnormalverteilung N(0;1) sehr ähnlich. Sie ist gleichsam stetig, eingipflig, glockenförmig, allerdings um null symmetrisch und in Abhängigkeit von der Anzahl der Freiheitsgrade df flacher gewölbt als die Standardnormalverteilung. Die Form einer t-Verteilung wird durch den Verteilungsparameter df (Anzahl der Freiheitsgrade) bestimmt, der eine ganze Familie von t-Verteilungen charakterisiert. In der Abbildung 7.1.3-1 ist der Graph der Dichtefunktion f_T und der Graph der monoton wachsenden und s-förmig verlaufenden Verteilungsfunktion F_T für eine t-Verteilung mit df = 11 Freiheitsgraden bildhaft dargestellt. iii) **Erwartungswert** und **Varianz**. Für den Erwartungswert E(T) und die Varianz V(T) einer stetigen und t-verteilten Zufallsgröße T gilt: E(T) = 0 für df ≥ 2 und V(T) = df / (df – 2) für df ≥ 3. iv) **Approximation**. Für df → ∞ bzw. für eine hinreichend große Anzahl von Freiheitsgraden konvergieren die Dichte- und die Verteilungsfunktion einer t-Verteilung gleichmäßig gegen die Dichte- und die Verteilungsfunktion der Standardnormalverteilung N(0;1). Für df > 50 kann eine t-verteilte Zufallsgröße bereits hinreichend genau durch die N(0;1)-Verteilung approximiert

werden. Aus diesem Grunde interpretiert man eine t-Verteilung auch als die Standardnormalverteilung kleiner Stichproben und ordnet sie in die Familie der statistischen Prüf-
verteilungen ein. v) **Applikation**. In der Induktiven Statistik kommt dem theoretischen
Modell einer t-Verteilung vor allem bei der Schätzung von Konfidenzintervallen über einen unbekannten Mittelwert einer statistischen Grundgesamtheit (vgl. Abschnitt 7.2) bzw.
bei der Prüfung von Hypothesen über unbekannte Parameter aus statistischen Grundgesamtheiten eine besondere Bedeutung zu (vgl. Kapitel 8). ♦

Abbildung 7.1.3-1: STUDENT t-Verteilung für df = 11 Freiheitsgrade

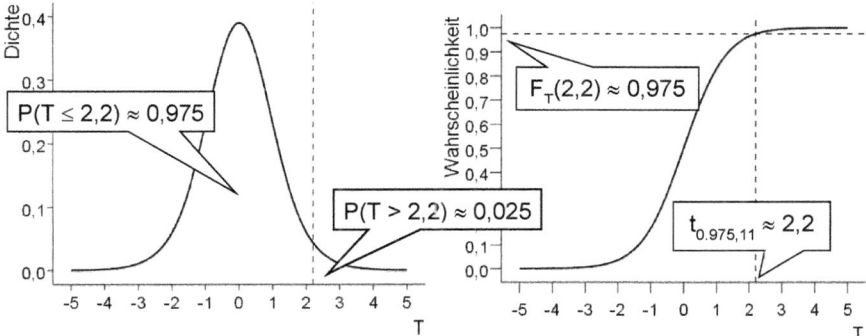

Quantil. Die Bedeutung des theoretischen Modells einer t-Verteilung als eine
spezielle Prüfverteilung wird dabei vor allem im Zuge der Bestimmung von
Quantilen $t_{p;df}$ der Ordnung p (0 < p < 1) für eine bestimmte Anzahl df (engl.:
degrees of freedom) von Freiheitsgraden fassbar. Für p = 0,975 und df = 11 Freiheitsgrade berechnet man analog zur Abbildung 6.5.2-3 mit Hilfe der SPSS
Quantilsfunktion IDF.T(p, df) ein Quantil von

$$t_{0.975,11} = \text{IDF.T}(0.975, 11) \cong 2{,}201,$$

das in der Abbildung 7.1.3-1 durch die gestrichelten Linien kenntlich gemacht
ist, die jeweils parallel zur Ordinate verlaufen. Im konkreten Fall ist die Fläche
unterhalb der Dichtefunktion f_T, die per Definition dem Wert nach eins ist, derart
zweigeteilt, dass an der Stelle $t_{0.975, 11} = 2{,}201$ ein Flächenanteil von p = 0,975
unterhalb des Wertes $t_{0.975, 11} = 2{,}201$ und ein Flächenanteil von 1 − p = 0,025
oberhalb des Wertes $t_{0.975, 11} = 2{,}201$ liegt. Einen solchen Wert $t_{p,df}$ einer stetigen
Zufallsgröße T mit df Freiheitsgraden bezeichnet man als ein Quantil der Ordnung p (0 < p < 1). Diese Betrachtung koinzidiert mit der Aussage, dass die Verteilungsfunktion F_T einer stetigen und STUDENT t-verteilten Zufallsgröße T mit
df = 11 Freiheitsgraden wegen

$$F_T(2{,}201) = P(T \le 2{,}201) = \text{CDF.T}(2.201, 11) = 0{,}975$$

an der Stelle $t_{0.975, 11} = 2{,}201$ einen Funktionswert liefert, der im konkreten Fall
als Wahrscheinlichkeit dafür gedeutet wird, dass die stetige und t-verteilte Zufallsgröße T Realisationen annimmt, die gleich oder kleiner als 2,201 bzw.
höchstens 2,201 sind. ♣

Beispiel 7.1.3-2: Q-Q-Diagramm für eine t-Verteilung

Motivation. Sehr anschauliche explorative Analyseinstrumente zur bildhaften Verdeutlichung und zur Identifizierung von theoretischen Verteilungsmodellen sind die sogenannten Q(uantil)-Q(uantil)-Diagramme (vgl. Abschnitt 7.3). Die Idee eines Q-Q-Diagramms ist einfach und faszinierend zugleich: Dazu trägt man für eine Zufallsgröße auf der Ordinate die Quantile des vermuteten theoretischen Verteilungsmodells und auf der Abszisse die (mittels einer oder mehrerer Zufallsstichproben) empirisch beobachteten Quantile ab. Erscheinen die Quantilspaare in der zweidimensionalen Hyperebene als eine geradlinige Punktekette, dann kann man davon ausgehen, dass das zugrunde liegende theoretische Verteilungsmodell ein geeignetes Modell ist zur Beschreibung des Verteilungsgesetzes der betrachteten Zufallsgröße.

Normalverteilung. Im Kontext des Beispiels 6.5.2-1 wurde das Gewicht X eines Hühnereies als eine stetige und $N(63\ g,\ 5\ g)$-verteilte Zufallsgröße aufgefasst. Dass diese Verteilungsannahme durchaus als realitätsnah angesehen werden kann, wird im Kontext des Beispiels 7.3.3-1 gezeigt, in dem die Normalverteilungsannahme mit Hilfe eines Anpassungstests geprüft wird. Man darf daher davon ausgehen, dass die Hühnereier $\gamma \in \Gamma$, die gemäß Abschnitt 7.1.1 im Zuge eines sogenannten Monte-Carlo-Experiments in Gestalt von $m = 10$ Zufallsstichproben $\Gamma_n = \{\gamma_i,\ i = 1,2,...,n\}$ jeweils im Dutzend bzw. vom Umfang $n = 12$ ausgewählt wurden, hinsichtlich ihres Gewichts X aus einer normalverteilten Grundgesamtheit $\Gamma = \{\gamma_i,\ i = 1,2,...,N\}$ stammen.

Stichprobenfunktion. Interessiert man sich einmal nur für die Stichprobenfunktion $\overline{X}$ eines arithmetischen Mittels aus einer $N(\mu,\ \sigma)$-verteilten Grundgesamtheit mit unbekannter Standardabweichung σ, dann kann man zeigen, dass im konkreten Fall für die $m = 10$ Zufallsstichproben die Stichprobenfunktionen $\overline{X}_j$ ($j = 1,2,...,m$) einer t-Verteilung mit $df = 10 - 1 = 9$ Freiheitsgraden genügen.

Freiheitsgrade. Was sich hinter dem Freiheitsgradbegriff verbirgt, kann man sich im konkreten Fall stark vereinfacht wie folgt veranschaulichen: Die $m = 10$ Stichprobenmittelwerte aus der Tabelle 7.1.2-1 bzw. aus der Abbildung 7.1.3-2 ergeben in ihrer Summe einen Wert von $66,0 + 62,5 + ... + 61,5 = 625,53$. Fasst man diesen Wert einmal als vorgegeben bzw. fixiert auf, dann lässt sich leicht verdeutlichen, dass im Ensemble der $m = 10$ Stichprobenmittelwerte eben nur $df = 10 - 1 = 9$ Stichprobenmittelwerte beliebig und frei wählbar wären. Der zehnte Stichprobenmittelwert wäre durch die vorherige Festlegung der Summe und der neun anderen Werte stets berechenbar und daher nicht mehr frei wählbar. Man sagt daher: Bei $m = 10$ Stichprobenmittelwerten besitzt man im induktiven Sinne eben nur $df = m - 1 = 10 - 1 = 9$ Freiheitsgrade.

Q-Q-Diagramm. Im Kontext des Beispiels 7.1.2-2 wurde gezeigt, dass die $m = 10$ zufallsbedingt variierenden Stichprobenmittelwerte innerhalb der Tabelle

7.1.2-1 ihrem Wesen nach Realisationen der m = 10 Stichprobenvariablen $\overline{X}_j$ sind, die selbst wiederum Zufallsgrößen sind und einer t-Verteilung mit df = 9 Freiheitsgraden genügen. Diesen Sachverhalt kann man sich im konkreten Fall anhand der sich selbst erklärenden Abbildung 7.1.3-2 bildhaft verdeutlichen.

Abbildung 7.1.3-2: Daten aggregieren und Q-Q-Diagramme

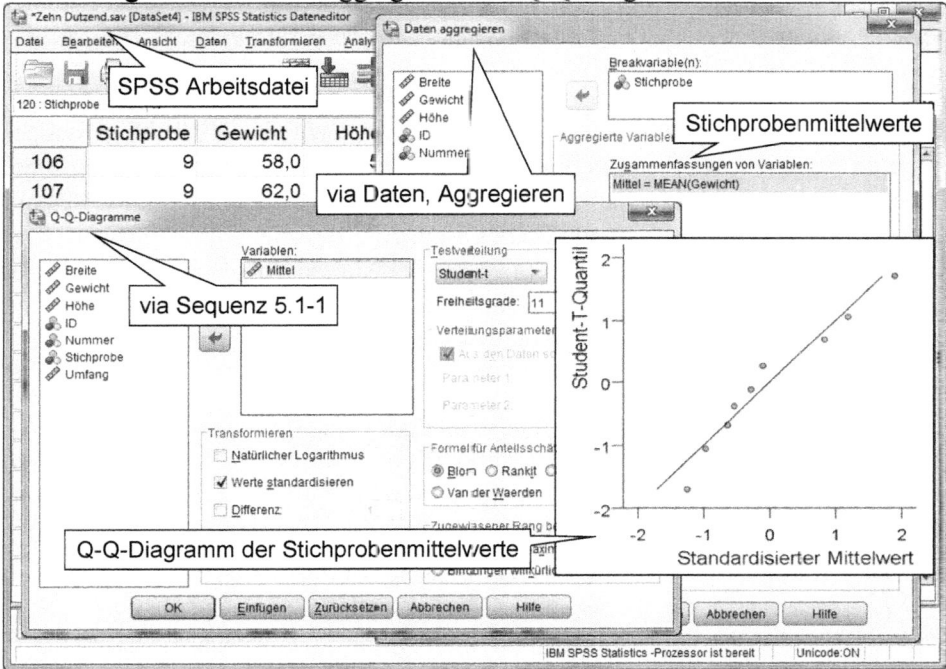

Im sogenannten Q-Q-Diagramm der m = 10 Stichprobenmittelwerte innerhalb der Abbildung 7.1.3-2 sind die empirischen Quantile der standardisierten Stichprobenmittelwerte des jeweiligen Dutzends der Hühnereiergewichte (vgl. Abschnitt 5.5 und Beispiel 5.5-1) den theoretischen Quantilen einer STUDENT t-Verteilung mit df = m – 1 = 10 – 1 = 9 Freiheitsgraden gegenübergestellt. Da sich die df = 9-gliedrige Punktekette an der „idealen Verteilungsgeraden" entlang schlängelt, hat man mit diesem explorativen Befund bereits ein augenscheinliches Indiz dafür gefunden, dass die (im Beispiel 7.1.2-1 im Zuge des Monte-Carlo-Experiments ermittelten) m = 10 Stichprobenmittelwerte der Hühnereiergewichte innerhalb der Tabelle 7.1.2-1 (vgl. Beispiel 7.1.2-2) aus der endlichen und normalverteilten Grundgesamtheit $\Gamma = \{\gamma_i,\ i = 1,2,...,N\}$ der N = 729 Hühnereier (hinreichend genau) durch das theoretische Modell einer STUDENT t-Verteilung beschrieben werden können. Man sagt daher auch: Die m = 10 Stichprobenmittelwerte genügen dem theoretischen Modell einer STUDENT t-Verteilung mit df = 10 – 1 = 9 Freiheitsgraden. ♣

7.2 Schätzverfahren

Motivation. Die Schätztheorie ist das Teilgebiet der Induktiven Statistik, das die theoretischen Grundlagen und die mathematisch-statistischen Verfahren zur Schätzung von unbekannten Parametern einer statistischen Grundgesamtheit auf der Basis von Zufallsstichproben zum Gegenstand hat. Im Kontext von Parameterschätzungen unterscheidet man zwischen Punkt- und Intervallschätzungen. ♣

7.2.1 Punktschätzung

Motivation. Die Schätzung eines unbekannten Parameters mit Hilfe einer sogenannten Schätzfunktion liefert für eine realisierte Zufallsstichprobe stets einen Wert, der bildhaft als ein Punkt auf einem reellwertigen Zahlenstrahl erscheint. Dabei ist es aus statistisch-methodischer Sicht zum Beispiel wünschenswert, dass die zufallsbedingten Realisationen (also die realisierten Punktschätzungen) einer Schätzfunktion im Durchschnitt möglichst nahe am unbekannten (und daher zu schätzenden) Parameter einer statistischen Grundgesamtheit liegen.

Schätzfunktion
Eine Stichprobenfunktion $\Theta^* = f(X_1, X_2,..., X_n)$, die aufgrund bestimmter Eigenschaften zur näherungsweisen Bestimmung eines wahren, jedoch unbekannten Parameters θ einer statistischen Grundgesamtheit $\Gamma = \{\gamma_i, i = 1,2,...,N\}$ vom Umfang N geeignet ist, heißt Schätzfunktion.

Hinweise. Für das Verständnis des theoretischen Konstrukts einer Schätzfunktion erweisen sich die folgenden Hinweise als hilfreich: i) **Zufallsgröße.** Eine Schätzfunktion ist ihrem Wesen nach eine Zufallsgröße. ii) **Symbolik.** Eine Schätzfunktion wird allgemein mit dem Symbol Θ (lies: *Groß-Theta*) und einem $\wedge$ (lies: *Dach*) oder einem * (lies: *Sternchen* bzw. *Asteriskus*) bezeichnet. Der mittels einer realisierten Zufallsstichprobe $\{x_i, i = 1,2,...,n\}$ ermittelte empirische Wert einer Schätzfunktion Θ^* wird als eine realisierte Punktschätzung bzw. als Punktschätzer θ^* für den unbekannten (und daher zu schätzenden) Parameter θ (lies: *Klein-Theta*) einer statistischen Grundgesamtheit $\Gamma = \{\gamma_i, i = 1,2,...,N\}$ gedeutet und analog zur Schätzfunktion Θ^* gleichsam mit einem Dach ($\wedge$) oder einem Asteriskus (*) gekennzeichnet. iii) **Beispiel.** Eine Schätzfunktion ist die Stichprobenfunktion des arithmetischen Mittels

$$\Theta^* = f(X_1,...,X_n) = \frac{1}{n} \cdot \sum_{i=1}^{n} X_i ,$$

die zur Schätzung eines Erwartungswertes μ, also zur Schätzung des wahren, jedoch unbekannten arithmetischen Mittels $\theta = \mu$ einer statistischen Grundgesamtheit Γ verwendet wird. Das aus den Stichprobenwerten $\{x_i, i = 1,2,...,n\}$ einer Zufallsstichprobe $\Gamma_n = \{\gamma_i, i = 1,2,...,n \}$ berechnete Stichprobenmittel $\bar{x}$ ist ein realisierter Punktschätzwert und wird daher mit $\theta^* = \mu^*$ bezeichnet. iv) **Güteeigenschaften.** Wünschenswerte Eigenschaften von Schätzfunktionen sind zum Beispiel die Erwartungstreue, die Wirksamkeit, die Konsistenz und die Robustheit. Sie fungieren als Gütekriterien beim Vergleich und bei der Auswahl von Schätzfunktionen. ♦

Schätzmethoden. Aus schätztheoretischer Sicht erweist es sich als vorteilhaft, zwei Schätzmethoden zu skizzieren, die im Rahmen der statistischen Induktion für Parameterschätzungen häufig appliziert werden: die sogenannte Kleinste-Quadrate-Schätzung und die sogenannte Maximum-Likelihood-Schätzung.

Kleinste-Quadrate-Schätzer

Ist $\{X(\gamma_i) = x_i, i = 1,2,...,n\}$ eine realisierte Zufallsstichprobe vom Umfang n, auf deren Grundlage ein unbekannter Parameter θ aus einer statistischen Grundgesamtheit $\Gamma = \{\gamma_i, i = 1,2,...,N\}$ geschätzt werden soll, dann heißt derjenige Wert θ^* aus allen für möglich erachteten Werten von θ, für den die Summe der quadrierten Abweichungen

$$\sum_{i=1}^{n}(x_i - \theta^*)^2 \leq \sum_{i=1}^{n}(x_i - \theta)^2$$

von den realisierten Zufallsstichprobenwerten x_i am kleinsten ist, Kleinste-Quadrate-Schätzwert und die zugehörige Funktion $\Theta^* = f(X_1, X_2,..., X_n)$ Kleinste-Quadrate-Schätzfunktion.

Hinweise. Für das Verständnis einer Kleinste-Quadrate-Schätzfunktion erweisen sich die folgenden Hinweise als hilfreich: i) **Synonyme**. In der statistischen Methodenlehre werden Schätzwert und Schätzfunktion oft kurz unter dem Begriff eines KQ-Schätzers oder OLS-Schätzers (engl.: *Ordinary-Least-Squares Estimator*) zusammengefasst. ii) **Eigenschaften**. Als vorteilhaft erweist sich, dass KQ-Schätzer keine genaue Kenntnis des Verteilungsgesetzes von Zufallsgrößen über einer statistischen Grundgesamtheit Γ erfordern. Dies ist ein Grund dafür, warum KQ-Schätzer in der praktischen Arbeit eine so breite Anwendung erfahren. Hinzu kommt noch, dass Kleinste-Quadrate-Schätzer im Allgemeinen erwartungstreu und konsistent und somit aus schätztheoretischer Sicht „nützlich und wertvoll" sind. iii) **Beispiele**. In praxi häufig applizierte KQ-Schätzer sind das arithmetische Mittel $\theta^* = \mu^* = \bar{x}$ (vgl. Beispiel 7.2.1-1) oder der Regressionskoeffizient $\theta^* = \beta^* = b_1$ einer bivariaten inhomogenen linearen Kleinste-Quadrate-Regression $y^* = b_0 + b_1 \cdot x$ (vgl. Abschnitt 11.1). iv) **Historie**. Das Verfahren zur Herleitung von Kleinste-Quadrate-Schätzern wird auch als Methode der kleinsten Quadrate(summe) bezeichnet, die selbst wiederum auf den genialen deutschen Mathematiker und Astronomen Carl Friedrich GAUß (*1777, †1855) zurückgeht (vgl. Kapitel 1). ♦

Beispiel 7.2.1-1: Kleinste-Quadrate-Schätzer
Motivation. Die Grundidee eines Kleinste-Quadrate-Schätzers soll anhand eines unbekannten Erwartungswertes $E(X) = \mu$ einer stetigen Zufallsgröße X über einer statistischen Grundgesamtheit $\Gamma = \{\gamma_i, i = 1,2,...,N\}$ vom Umfang N mit einer endlichen und bekannten Varianz σ^2 erläutert werden. Zur Schätzung des „wahren, jedoch unbekannten" Parameters μ dient eine realisierte Zufallsstichprobe $\{X(\gamma_i) = x_i, i = 1,2,...,n\}$ vom Umfang n.

Kleinste-Quadrate-Kriterium. Eine Möglichkeit, um anhand der realisierten und daher „bekannten" Stichprobenwerte x_i den „unbekannten" Wert μ zu ermitteln, besteht darin, denjenigen Wert unter allen möglichen Werten von μ zu verwenden, der die Summe der quadrierten Abweichungen der Stichprobenwerte x_i vom Wert μ minimiert, so dass

$$S(\mu) = \sum_{i=1}^{n} (x_i - \mu)^2 \to \min$$

gilt. Da es sich hier um ein einfaches Extremwertproblem handelt, bedient man sich zu dessen Lösung der Differentialrechnung.

Kleinste-Quadrate-Schätzer. Die notwendige Bedingung, d.h. das Verschwinden der Ableitung erster Ordnung der Summe $S(\mu)$ nach dem unbekannten Wert μ bei gegebenen Stichprobenwerten x_i, liefert das folgende Resultat:

$$\frac{dS(\mu)}{d\mu} = \sum_{i=1}^{n} 2 \cdot (x_i - \mu) \cdot (-1) = 0.$$

Nach Umformungen der Gleichung ergibt sich wegen

$$-2 \cdot \sum_{i=1}^{n} (x_i - \mu) = -2 \cdot \left(\sum_{i=1}^{n} x_i - \sum_{i=1}^{n} \mu \right) = -2 \cdot \left(\sum_{i=1}^{n} x_i - n \cdot \mu \right) = 0$$

ein Schätzwert für den unbekannten Parameter μ von

$$\mu^* = \frac{1}{n} \cdot \sum_{i=1}^{n} x_i \,,$$

der offensichtlich das arithmetische Mittel $\overline{x}$ aus den n Stichprobenwerten x_i ist.

Kernaussage. Das arithmetische Mittel $\overline{x}$ aus den Stichprobenwerten x_i einer realisierten Zufallsstichprobe $\{x_i,\ i = 1,2,...,n\}$ vom Umfang n, auch Stichprobenmittelwert genannt, ist der Kleinste-Quadrate-Schätzer μ^* für den unbekannten Durchschnitt μ einer statistischen Grundgesamtheit $\Gamma = \{\gamma_i,\ i = 1,2,...,N\}$. Die zugrunde liegende Schätzfunktion

$$\Theta^* = f(X_1,...,X_n) = \frac{1}{n} \cdot \sum_{i=1}^{n} X_i = \overline{X}$$

ist erwartungstreu, effizient und konsistent für den Erwartungswert μ einer statistischen Grundgesamtheit Γ, sobald $X_i \sim$ i.i.d. gilt, also die n Stichprobenvariablen X_i unabhängig und identisch verteilt sind. Die Abbreviatur i.i.d. steht für *independently and identically distributed (random sample)*. ♣

Maximum-Likelihood-Schätzer

Ist $\{X(\gamma_i) = x_i,\ i = 1,2,...,n\}$ eine realisierte Zufallsstichprobe vom Umfang n, auf deren Grundlage ein unbekannter Parameter θ (lies: *Klein-Theta*) aus einer statistischen Grundgesamtheit $\Gamma = \{\gamma_i,\ i = 1,2,...,N\}$ geschätzt werden soll, dann heißt diejenige Realisation θ^* (lies: *Klein-Theta-Stern*), für welche die Likelihood-Funktion L maximiert wird, so dass für alle für möglich erachteten Werte von θ

$$L(\theta^* \mid x_1, x_2,..., x_n) \geq L(\theta \mid x_1, x_2, ..., x_n)$$

gilt, Maximum-Likelihood-Schätzer.

Hinweise. Für das Verständnis eines Maximum-Likelihood-Schätzers erweisen sich die folgenden Hinweise als hilfreich: i) **Synonyme**. In der statistischen Methodenlehre werden Schätzwert und Schätzfunktion oft unter dem Begriff ML-Schätzer oder Likelihood-Schätzer zusammengefasst. ii) **Eigenschaften**. ML-Schätzer sind in der Schätztheorie eine oft verwendete Alternative zu OLS-Schätzern, die unter bestimmten Voraussetzungen gleiche Resultate liefern. Als nachteilig erweist es sich dabei, dass ML-Schätzer im Allgemeinen spezielle Annahmen über das Verteilungsgesetz von betrachteten Zufallsgrößen einer statistischen Grundgesamtheit erfordern. ML-Schätzer sind in der Regel asymptotisch erwartungstreu, konsistent und asymptotisch effizient. Sie besitzen im Vergleich zu OLS-Schätzern nicht mit Notwendigkeit „bessere" Eigenschaften. iii) **Likelihood-Funktion**. Eine Funktion L, welche die Wahrscheinlichkeit für das Eintreten einer realisierten Zufallsstichprobe $\{x_i, i = 1,2,...,n\}$ angibt und von den Parametern eines angenommenen Verteilungsmodells abhängt, heißt Likelihood-Funktion (engl.: *likelihood* → Glaubwürdigkeit, Mutmaßlichkeit). iv) **Historie**. Das Verfahren zur Herleitung von Maximum-Likelihood-Schätzern (engl.: *maximum likelihood* → größte Glaubwürdigkeit, größte Mutmaßlichkeit), das auch als Maximum-Likelihood-Methode bezeichnet wird, geht auf den genialen und berühmten deutschen Mathematiker Carl Friedrich GAUß (*1777, †1855) zurück, verdankt jedoch seine breite Anwendung dem englischen Statistiker Sir Ronald Aylmer FISHER (*1890, †1962). ◆

Beispiel 7.2.1-2: Maximum-Likelihood-Schätzer

Motivation. Die Grundidee eines Maximum-Likelihood-Schätzers soll analog zum Beispiel 7.2.1-1 gleichfalls für die Schätzung des Erwartungswertes $E(X) = \mu$ einer nunmehr $N(\mu, \sigma)$-verteilten Zufallsgröße X über einer statistischen Grundgesamtheit $\Gamma = \{\gamma_i, i = 1,2,...,N\}$ skizziert werden.

Zufallsstichprobe. Zur Schätzung des unbekannten Parameters μ wird eine realisierte reine Zufallsstichprobe $\{X(\gamma_i) = x_i, i = 1,2,...,n\}$ vom Umfang n gezogen. Dabei sind die Stichprobenwerte x_i Realisationen von n stochastisch unabhängigen Stichprobenvariablen X_i, für die $X_i \sim N(\mu, \sigma)$ gilt.

Likelihood-Funktion. Besitzt eine normalverteilte Stichprobenvariable X_i die Dichtefunktion

$$f_{X_i}(x) = \frac{1}{\sigma \cdot \sqrt{2\pi}} \cdot e^{-\frac{(x-\mu)^2}{2\sigma^2}} \quad \text{mit } x \in \mathbb{R},$$

so besitzen die n Stichprobenvariablen X_i einer reinen Zufallsstichprobe unter der Voraussetzung vollständiger stochastischer Unabhängigkeit eine gemeinsame Dichtefunktion

$$f_X(x_1,...,x_n|\mu) = \prod_{i=1}^{n} \frac{1}{\sigma \cdot \sqrt{2\pi}} \cdot e^{-\frac{(x_i-\mu)^2}{2\sigma^2}} = L(\mu|x_1,...,x_n),$$

die auch als Likelihood-Funktion $L(\mu \mid x_1,...,x_n)$ bezeichnet wird. In diesem Zusammenhang ist zu beachten, dass die Likelihood-Funktion $L(\mu \mid x_1,...,x_n)$ algebraisch identisch ist mit der gemeinsamen Dichtefunktion $f_X(x_1,...,x_n \mid \mu)$. Der Unterschied zwischen beiden Funktionen besteht darin, dass im konkreten Fall die gemeinsame Dichtefunktion $f_X(x_1,...,x_n \mid \mu)$ als eine Funktion in variablen Stichprobenwerten x_i für einen fest vorgegebenen Parameter μ, die Likelihood-Funktion $L(\mu \mid x_1,...,x_n)$ hingegen als eine Funktion in variablen Parameterwerten μ für fest vorgegebene Stichprobenwerte x_i zu interpretieren ist.

Maximum-Likelihood-Schätzer. Der interessierende Maximum-Likelihood-Schätzer μ^* ist in Abhängigkeit von den „bekannten" Stichprobenwerten x_i dann der Wert aus allen möglichen Werten von μ, der die Likelihood-Funktion L maximiert, so dass allgemein $L(\mu^* \mid x_1,...,x_n) \geq L(\mu \mid x_1,...,x_n)$ gilt. Dieses Extremwertproblem lässt sich algebraisch mit Hilfe der Differentialrechnung lösen.

Logarithmische Likelihood-Funktion. Da sich Summen „leichter" differenzieren lassen als Produkte, verwendet man meist an Stelle der Likelihood-Funktion $L(\mu \mid x_1,...,x_n)$ die logarithmische Likelihood-Funktion $LL = \ln L(\mu \mid x_1,...,x_n)$ auf der Basis des *logarithmus naturalis*. Sie besitzt genau dort ihr Maximum, wo die Likelihood-Funktion ihr Maximum annimmt. Bekanntlich besitzt eine stetige Funktion ein (lokales) Maximum genau an der Stelle, an der ihr Anstieg, also die Ableitung erster Ordnung null und die Ableitung zweiter Ordnung negativ ist. Da für die logarithmische Likelihood-Funktion

$$LL = \ln L(\mu \mid x_1,...,x_n) = \ln \left\{ \prod_{i=1}^{n} \frac{1}{\sigma \cdot \sqrt{2\pi}} \cdot e^{-\frac{(x_i - \mu)^2}{2 \cdot \sigma^2}} \right\}$$

gilt, lässt sich unter Anwendung der Potenz- und Logarithmengesetze die logarithmische Likelihood-Funktion auch wie folgt darstellen:

$$LL = \ln \left\{ \left(\frac{1}{\sigma \cdot \sqrt{2\pi}} \right)^n \cdot e^{-\frac{1}{2} \sum_{i=1}^{n} \frac{(x_i - \mu)^2}{\sigma^2}} \right\} = -n \cdot \ln \sigma - n \cdot \ln(\sqrt{2\pi}) - \frac{1}{2} \cdot \sum_{i=1}^{n} \frac{(x_i - \mu)^2}{\sigma^2}.$$

Die notwendige Bedingung für das Auffinden des Wertes μ^*, der die logarithmische Likelihood-Funktion LL maximiert, ist das Verschwinden der Ableitung erster Ordnung der logarithmischen Likelihood-Funktion LL nach μ, so dass

$$\frac{d\,LL}{d\mu} = \frac{1}{\sigma^2} \cdot \left(\sum_{i=1}^{n} x_i - n \cdot \mu \right) = 0 \quad \text{und letztlich} \quad \mu^* = \frac{1}{n} \cdot \sum_{i=1}^{n} x_i$$

gilt. Offensichtlich ist das arithmetische Mittel $\bar{x}$ aus den Stichprobenwerten x_i der Maximum-Likelihood-Schätzwert μ^* für den unbekannten Parameter μ einer $N(\mu, \sigma)$-verteilten Zufallsgrößen X über einer endlichen Grundgesamtheit Γ.

Kernaussage. Da man zeigen kann, dass die Ableitung zweiter Ordnung wegen $-n / \sigma^2$ stets negativ ist, sobald eine von null verschiedene und endliche Varianz σ^2 existiert, sagt man auch, dass das arithmetische Mittel $\bar{x}$ aus den realisierten Stichprobenwerten x_i einer normalverteilten Zufallsgrößen X der Maximum-Likelihood-Schätzer, also der Schätzwert mit der „größten Glaubwürdigkeit" für den unbekannten Durchschnittswert μ einer Grundgesamtheit Γ ist. ♣

7.2.2 Intervallschätzung

Motivation. Ein realisierter Schätzwert θ^* einer Schätzfunktion Θ^* ist seinem Wesen nach eine zufallsabhängige Punktschätzung, die nur im seltensten Fall mit dem wahren, jedoch unbekannten Parameter θ einer statistischen Grundgesamtheit $\Gamma = \{\gamma_i, i = 1,2,...,N\}$ übereinstimmt. Streng genommen ist zum Beispiel für eine stetige Zufallsgröße X die Wahrscheinlichkeit dafür, dass ein Punktschätzwert θ^* aus einer realisierten Zufallsstichprobe $\{X(\gamma_i) = x_i, i = 1,2,...,n\}$ vom Umfang n mit dem unbekannten Parameter θ einer statistischen Grundgesamtheit Γ übereinstimmt, null. Aus diesem Grunde ersetzt man in der Induktiven Statistik eine Punktschätzung in der Regel durch eine Intervallschätzung, die mit einer möglichst großen Wahrscheinlichkeit den unbekannten Parameter θ „überdecken" soll. Die in der Induktiven Statistik am häufigsten applizierte Form einer Intervallschätzung für einen unbekannten Parameter θ über einer statistischen Grundgesamtheit $\Gamma = \{\gamma_i, i = 1,2,...,N\}$ ist ein Konfidenzintervall (lat.: *confidentia* $\rightarrow$ Vertrauen), das auch als Vertrauensintervall bezeichnet wird.

Abbildung 7.2.2-1: Punktschätzung versus Intervallschätzung

Eine Punktschätzung gleicht dem Töten einer Fliege mit einem Dart ... theoretisch möglich, praktisch jedoch unwahrscheinlich ...
Eine Intervallschätzung funktioniert dagegen wie eine Fliegenklatsche: Je breiter, desto sicherer ... aber, je breiter und sicherer, desto unschärfer im Sinne einer Punktschätzung ...

Gleichwohl die Metapher vom Dart und von der Fliegenklatsche innerhalb der Abbildung 7.2.2-1 „nicht sehr wissenschaftlich" anmutet, ist sie dennoch geeignet, die Grundidee des statistischen Schätzens allegorisch zu vermitteln.

Konfidenzintervall
Ein zufallsbedingter Wertebereich $[V_u, V_o]$, der aufgrund einer Zufallsstichprobe $\{X_i, i = 1,2,...,n\}$ vom Umfang n im Ergebnis einer Intervallschätzung für einen unbekannten Parameter θ über einer (endlichen) statistischen Grundgesamtheit $\Gamma = \{\gamma_i, i = 1,2,...,N\}$ mittels zweier Stichprobenfunktionen $V_u = g(X_1, X_2,..., X_n)$ und $V_o = h(X_1, X_2,..., X_n)$ ermittelt wird und einer vorgegebenen Wahrscheinlichkeit $P(V_u \leq \theta \leq V_o) \geq 1 - \alpha$ genügt, heißt Konfidenzintervall für einen unbekannten Parameter θ zum Konfidenzniveau $1 - \alpha$.

Hinweise. Für das Verständnis des theoretischen Konstrukts eines Konfidenzoder Vertrauensintervalls erweisen sich die folgenden Hinweise als nützlich und hilfreich: i) **Konfidenzniveau**. Die für die Konstruktion eines Konfidenzintervalls im Voraus festgelegte Wahrscheinlichkeit $1 - \alpha$ heißt Konfidenzniveau. ii) **Charakteristika**. In praxi konstruiert man in der Regel nur zweiseitig begrenzte Konfidenzintervalle.

Das entscheidende Charakteristikum eines Konfidenzintervalls $[V_u, V_o]$ besteht darin, dass sowohl die untere Intervallgrenze V_u als auch die obere Intervallgrenze V_o, für die stets $V_u < V_o$ gelten soll, ihrem Wesen nach Stichprobenvariablen und damit Zufallsgrößen sind. Aus dieser Eigenschaft leitet sich die Aussage ab, dass ein Konfidenzintervall $[V_u, V_o]$ mit einer vorgegebenen und möglichst großen Konfidenzwahrscheinlichkeit $P(V_u \leq \theta \leq V_o) \geq 1 - \alpha$ einen wahren und in der Regel unbekannten Parameter θ aus einer statistischen Grundgesamtheit $\Gamma = \{\gamma_i, i = 1,2,...,N\}$ überdeckt. Dabei ist inhaltlich stets zwischen einem theoretischen Konfidenzintervall $[V_u, V_o]$ und einem auf der Basis einer realisierten Zufallsstichprobe $\{X(\gamma_i) = x_i, i = 1,2,...,n\}$ vom Umfang n berechneten und daher „realisierten" Konfidenzintervall $[v_u, v_o]$ zu unterscheiden. ♦

Konfidenzintervall für einen Erwartungswert

Ist X eine $N(\mu, \sigma)$-verteilte Zufallsgröße über einer statistischen Grundgesamtheit $\Gamma = \{\gamma_i, i = 1,2,...,N\}$ mit einem unbekannten Erwartungswert $E(X) = \mu$ und einer endlichen und unbekannten Varianz $V(X) = \sigma^2$ (bzw. einer endlichen und unbekannten Standardabweichung σ) und sind für eine realisierte Zufallsstichprobe $\{X(\gamma_i) = x_i, i = 1,2,...,n\}$ vom Umfang n

$$\overline{x} = \frac{1}{n} \cdot \sum_{i=1}^{n} x_i \quad \text{und} \quad s = \sqrt{\frac{1}{n-1} \cdot \sum_{i=1}^{n} (x_i - \overline{x})^2}$$

der Stichprobenmittelwert $\overline{x}$ und der Wert der Stichprobenstandardabweichung s gegeben, dann heißt das geschlossene Merkmalswerteintervall $[v_u, v_o]$ mit

$$v_u = \overline{x} - t_{p,df} \cdot \frac{s}{\sqrt{n}} \quad \text{und} \quad v_o = \overline{x} + t_{p,df} \cdot \frac{s}{\sqrt{n}}$$

realisiertes Konfidenzintervall zum Konfidenzniveau $1 - \alpha$ für einen unbekannten Erwartungswert μ bei unbekannter Varianz σ^2.

Hinweise. Für die Konstruktion eines realisierten Konfidenzintervalls für einen Erwartungswert sind die folgenden Hinweise hilfreich: i) **Quantil.** $t_{p,df}$ bezeichnet das Quantil der Ordnung $p = 1 - \alpha / 2$ einer t-Verteilung mit $df = n - 1$ Freiheitsgraden. Spezielle Quantile der Ordnung p einer t-Verteilung mit df Freiheitsgraden sind in der Regel in einschlägigen Fachbüchern tabelliert. In SPSS kann man die Quantile mit Hilfe der Quantilsfunktion IDF.T(p,df) berechnen (vgl. Beispiel 7.1.3-1). ii) **Charakteristika.** Ein zweiseitig begrenztes Konfidenzintervall für einen unbekannten Erwartungswert μ ist stets symmetrisch. Zudem können bei einem realisierten Konfidenzintervall die Intervallgrenzen v_u und v_o, die Realisationen zweier Zufallsgrößen in Gestalt der beiden Stichprobenfunktionen V_u und V_o sind, in Abhängigkeit vom jeweiligen Stichprobenbefund zufallsbedingt variieren. iii) **Konfidenzniveau.** Das Konfidenzniveau $1 - \alpha$ ist im Vorfeld der Konstruktion eines Konfidenzintervalls festzulegen. In praxi übliche Konfidenzniveaus sind 0,9, 0,95 bzw. 0,99. α bezeichnet die zu einem Konfidenzniveau $1 - \alpha$ gehörende Komplementärwahrscheinlichkeit. Im Unterschied zu den im Abschnitt 7.3 skizzierten Testverfahren, wo α inhaltlich als Irrtumswahrscheinlichkeit oder als Signifikanzniveau (lat.: *significans* → bedeutsam) gedeutet wird, kommt diesem Wert α bei der Konstruktion von Konfidenzintervallen keine inhaltliche Bedeutung zu. ♦

Beispiel 7.2.2-1: Realisiertes Konfidenzintervall für einen Erwartungswert
Motivation. Die Konstruktion eines realisierten Konfidenzintervalls über dem unbekannten Parameter μ einer $N(\mu, \sigma)$-verteilten Zufallsgröße X soll in Anlehnung an die stichprobentheoretischen Betrachtungen im Kontext des Abschnittes 7.1 anhand der endlichen statistischen Grundgesamtheit $\Gamma = \{\gamma_i, i = 1,2,...,N\}$ von N = 729 Hühnereiern γ_i demonstriert werden, für die u.a. das metrische und stetige Erhebungsmerkmal X: *Gewicht (Angaben in g)* statistisch erfasst wurde.

Zufallsgröße. Dabei wird das stetige Erhebungsmerkmal X: *Gewicht* als eine stetige Zufallsgröße X gedeutet, die in der Grundgesamtheit $\Gamma = \{\gamma_i, i = 1,2,...,N\}$ aller N = 729 Hühnereier normalverteilt ist, so dass $X \sim N(\mu, \sigma)$ gilt. Dass diese Verteilungsannahme als berechtigt erscheint, ist bereits anhand der Abbildung 7.2.2-2 zu erkennen, in der einerseits das normierte Histogramm mit Normalverteilungsdichte und andererseits das Boxplot für die beobachtete Gewichtsverteilung skizziert ist. Die beiden Grafiken wurden unter Verwendung der SPSS Datendatei *Eier.sav* via Sequenz 5.1-5 im Zuge einer explorativen Datenanalyse angefordert und erstellt.

Abbildung 7.2.2-2: Histogramm mit Normalverteilungkurve und Boxplot

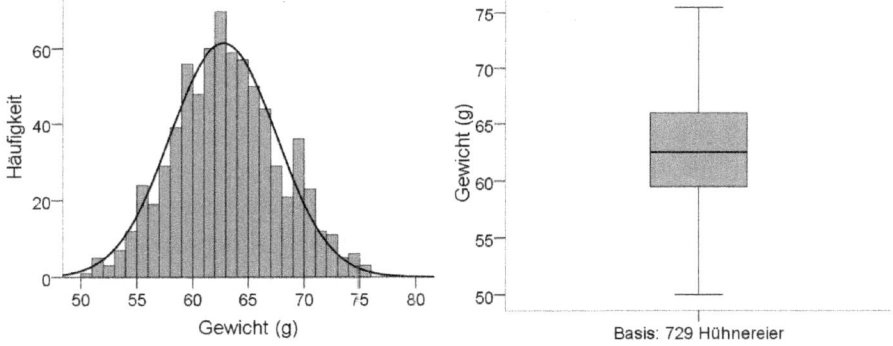

Basis: 729 Hühnereier

Zudem wird aus methodischen Gründen angenommen, dass sowohl das durchschnittliche Gewicht μ, die Gewichtsvarianz σ^2 und somit die Standardabweichung der Gewichte $\sigma = \sqrt{\sigma^2}$ aller N = 729 Hühnereier γ_i in der statistischen Grundgesamtheit $\Gamma = \{\gamma_i, i = 1,2,...,N\}$ unbekannt sind. Mit dieser realitätsnahen und plausibel erscheinenden Annahme wird man in der Regel in der angewandten Statistik im Kontext von Punkt- und Intervallschätzungen konfrontiert.

Grundsatz. „Was der Bauer nicht kennt, frisst er nicht …" pflegt der Volksmund zu sagen und beschreibt mit diesem Gleichnis eher eine pragmatische als eine wissbegierige Lebenssicht. Eher zielführender klingt da der Professorenmund, wenn er verlauten lässt: „Was der Statistiker nicht kennt, versucht er anhand einer Stichprobe zu schätzen …", ein Grundsatz, der in der statistischen Induktion hinsichtlich unbekannter Parameter einer statistischen Grundgesamtheit pragmatisch und zugleich zielführend ist: Ein unbekannter Parameter einer statistischen Grundgesamtheit wird auf der Grundlage eines Zufallsstichprobenbefundes mit Hilfe einer geeigneten Stichprobenfunktion geschätzt.

Zufallsstichprobe. Im Kontext des Abschnittes 7.1 wurde das Ziehen von insgesamt m = 10 Zufallsstichproben jeweils mit einem Umfang von n = 12 Hühnereiern skizziert. Zur Gewähr des theoretischen Konstrukts einer reinen Zufallsauswahl $\Gamma_n = \{\gamma_i, i = 1,2,...,n\}$ wurde (zumindest gedanklich) jedes zufällig und unabhängig „gezogene" Hühnerei γ_i nach der statistischen Erfassung seines Gewichts $X(\gamma_i) = x_i$ wieder in die endliche statistische Grundgesamtheit $\Gamma = \{\gamma_i, i = 1,2,...,N\}$ vom Umfang N = 729 Hühnereier zurückgelegt. Die m = 10 realisierten Zufallsstichproben in Gestalt von jeweils n = 12 Gewichtsdaten $X(\gamma_i) = x_i$ sind in der Abbildung 7.1.2-1 aufgelistet und in der SPSS Datendatei *Zehn.sav* gespeichert.

Konfidenzniveau. So, wie man Jemandem „Vertrauen schenkt", so ist man auch im Sinne der statistischen Induktion stets bestrebt, einer Intervallschätzung „Vertrauen zu schenken", dessen „Höhe" man stets im Vorfeld einer Schätzung in Gestalt des sogenannten Vertrauens- oder Konfidenzniveaus optional vereinbart. Legt man einmal ein Konfidenzniveau in Höhe von $1 - \alpha = 0,95$ fest und deutet dieses als eine sogenannte Vertrauens- oder Konfidenzwahrscheinlichkeit, so ist es evident, dass sich die zugehörige Komplementärwahrscheinlichkeit α auf $\alpha = 1 - 0,95 = 0,05$ beläuft, der allerdings im Kontext einer Intervallschätzung aus statistisch-methodischer Sicht keine inhaltliche Bedeutung zukommt.

Konfidenzintervall. Auf der Grundlage der m = 10 realisierten Zufallsstichproben kann man via Sequenz 5.1-5 und analog zur Abbildung 7.2.2-3 die m = 10 stichprobenspezifischen realisierten 0,95-Konfidenzintervalle (die in SPSS als „prozentuale Information" optional zu vereinbaren sind) für das unbekannte Durchschnittsgewicht μ in der statistischen Grundgesamtheit $\Gamma = \{\gamma_i, i = 1,2,...,N\}$ aller N = 729 Hühnereier schätzen.

Abbildung 7.2.2-3: Schätzung eines Konfidenzintervalls für einen Mittelwert

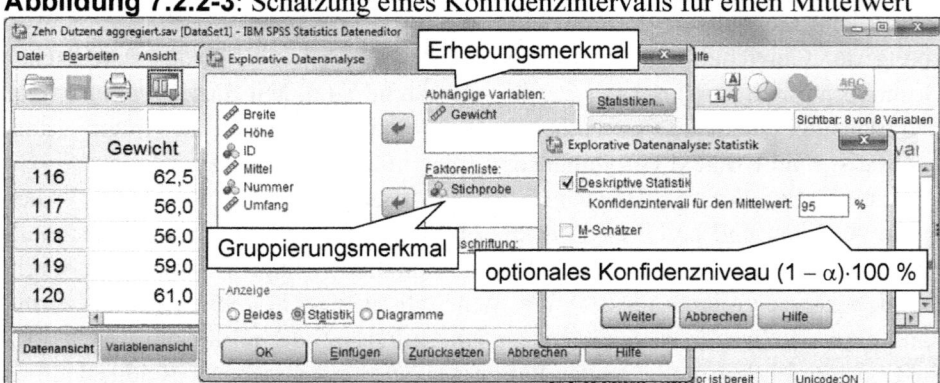

In der Tabelle 7.2.2-1 sind der Übersichtlichkeit halber einmal nur für die erste realisierte Zufallsstichprobe das realisierte 0,95-Konfidenzintervall und die zu seiner Konstruktion erforderlichen Stichprobenparameter aufgelistet.

Tabelle 7.2.2-1: Realisiertes 0,95-Konfidenzintervall, Stichprobe 1

			Statistik	Standardfehler
	Mittelwert		64,50	1,18
Gewicht in g	95% Konfidenzintervall des Mittelwerts	Untergrenze	61,91	
		Obergrenze	67,09	
	Standardabweichung		4,07	

Punktschätzungen. Verwendet man aus der Tabelle 7.1.1-2 die Ergebnisse der ersten realisierten Zufallsstichprobe {66,0 g; 62,5 g; ..., 61,5 g} vom Umfang n = 12 Hühnereiergewichte, so erhält man einen Stichprobenmittelwert von

$$\overline{x} = \frac{1}{12} \cdot (66,0 + 62,5 + ... + 61,5) = 64,5 \ \text{g}$$

und eine Stichprobenstandardabweichung von

$$s = \sqrt{\frac{1}{12-1} \cdot ((66,0 - 64,5)^2 + (62,5 - 64,5)^2 + ... + (61,5 - 64,5)^2)} \cong 4,07 \ \text{g}.$$

Die beiden Stichprobenparameter sind ihrem Wesen nach Punktschätzungen für die in der statistischen Grundgesamtheit $\Gamma = \{\gamma_i, i = 1,2,...,N\}$ aller N = 729 Hühnereier als unbekannt angenommenen Parameter des Durchschnittsgewichtes μ und der Standardabweichung σ der Hühnergewichte. Dabei leuchten die folgenden Überlegungen bereits intuitiv ein: Wohl ist es theoretisch möglich, dass das unbekannte durchschnittliche Gewicht μ aller N = 729 Hühnereier mit dem Stichprobenmittel von 64,5 g aus der ersten Stichprobe übereinstimmt. Allerdings ist die Wahrscheinlichkeit dafür, dass das Ereignis {μ = 64,5 g} eintritt, sehr klein, streng genommen sogar null, da das Gewicht $X(\gamma)$ eines Hühnereies γ seinem Wesen nach eine stetige Zufallsgröße ist. Die Problemlösung dieser „unwahrscheinlich" erscheinenden Punktschätzung liegt offensichtlich in ihrer Ergänzung durch eine „vertrauenswürdigere" Intervallschätzung über das unbekannte durchschnittliche Gewicht μ aller N = 729 Hühnereier. Den Zusammenhang zwischen einer Punktschätzung und einer Intervallschätzung kann man sich nochmals recht anschaulich mittels des Gleichnisses innerhalb der Abbildung 7.2.2-1 verdeutlichen: Eine penetrante Schmeißfliege hat sich gerade auf der Bürowand niedergelassen. Wohl ist es theoretisch möglich, aber praktisch sehr unwahrscheinlich, sie mit einem Wurfpfeil an die Wand „zu heften" und gleichsam (auf den Punkt genau) zu töten. Offensichtlich sind die Chancen, sie zu töten, wesentlich größer, wenn man den Wurfpfeil durch eine traditionelle und hinreichend breite Fliegenklatsche ersetzt, die den Zufallsvorgang des „Tötens einer Fliege" offensichtlich vertrauenswürdiger und sicherer erscheinen lässt.

Konfidenzintervall. Ergänzt man die Punktschätzung (in Gestalt des Stich-probenmittels $\bar{x}$ = 64,5 g aus der ersten Stichprobe) für das unbekannte Durch-schnittsgewicht μ in der Grundgesamtheit aller Hühnereier durch eine Intervall-schätzung, so erhält man gemäß Tabelle 7.2.2-1 schließlich ein realisiertes 0,95-Konfidenzintervall von [61,91 g, 67,09 g] für das unbekannte durchschnittliche Gewicht μ bei unbekannter Standardabweichung σ des Gewichts $X(\gamma_i)$ in der Grundgesamtheit $\Gamma = \{\gamma_i, i = 1,2,...,N\}$ aller N = 729 Hühnereier.

Konstruktion. Einzig und allein aus didaktisch-methodischen Gründen soll in diesem Zusammenhang die Konstruktion des realisierten Konfidenzintervalls auf der Grundlage der ersten realisierten reinen Zufallsstichprobe aus der SPSS Da-tendatei *Zehn.sav* zahlenmäßig skizziert werden, für das vorab ein Konfidenzni-veau von $1 - \alpha$ = 0,95 vereinbart wurde, so dass sich im konkreten Fall die Grö-ße α auf α = 1 - 0,95 = 0,05 beläuft. Die Grundlage für die Konstruktion eines realisierten Konfidenzintervalls für einen Erwartungs- bzw. Mittelwert bilden die folgenden drei Bausteine: das Stichprobenmittel $\bar{x}$ = 64,5 g, der Standardfehler des arithmetischen Mittels

$$s_{\bar{x}} = \frac{s}{\sqrt{n}} = \frac{4,07}{\sqrt{12}} \cong 1,18 \text{ g},$$

der sich definitionsgemäß aus der Stichprobenstandardabweichung s und dem radizierten Stichprobenumfang $\sqrt{n}$ berechnet, sowie das Quantil $t_{p,df}$ der Ordnung

$$p = 1 - \alpha / 2 = 1 - 0,05 / 2 = 0,975$$

einer STUDENT t-Verteilung mit df = n – 1 = 12 – 1 = 11 Freiheitsgraden, für das man in SPSS gemäß Beispiel 7.1.3-1 mittels der Quantilsfunktion einen Wert von

$$t_{0.975,11} = \text{IDF.T}(0.975, 11) \cong 2,201$$

ermittelt, woraus sich letztlich die Intervallgrenzen

$$v_u = 64,5 \text{ g} - 2,201 \times 1,18 \text{ g} \cong 61,91 \text{ g und}$$
$$v_o = 64,5 \text{ g} + 2,201 \times 1,18 \text{ g} \cong 67,09 \text{ g}$$

für das realisierte 0,95-Konfidenzintervall zur „induktiven Schätzung" des unbe-kannten Durchschnittsgewicht μ in der statistischen Grundgesamtheit $\Gamma = \{\gamma_i,$ i = 1,2,...,N$\}$ aller N = 729 Hühnereier γ_i bestimmen lassen.

Interpretation. Aufgrund dessen, dass man im Vorfeld ein „hohes" Kon-fidenzniveau von $1 - \alpha$ = 0,95 vereinbart hat, kann man unter Verwendung des Stichprobenbefundes erwartungsgemäß und mit „hoher Sicherheit" davon ausge-hen, dass in der statistischen Grundgesamtheit aller Hühnereier das wahre, aber in der Regel unbekannte Durchschnittsgewicht μ zwischen ca. 61,9 g und ca. 67,1 g liegt. Analog können die restlichen neun realisierten und stets zufallsbe-dingt voneinander verschiedenen Vertrauensintervalle in Gestalt der 0,95-Konfi-denzintervalle für das wahre, jedoch unbekannte Durchschnittsgewicht $\mu = E(X)$ aller N = 729 Hühnereier γ_i in der statistischen Grundgesamtheit konstruiert, rechnerisch nachvollzogen und sachlogisch plausibel interpretiert werden. ♣

Beispiel 7.2.2-2: Realisierte Konfidenzintervalle und Fehlerbalken

Motivation. Die Konstruktion von realisierten Konfidenzintervallen [v_u, v_o] für einen unbekannten Erwartungswert μ kann man sich zum Beispiel via Sequenz 7.2.2-1 mit Hilfe sogenannter Fehlerbalken bildhaft verdeutlichen.

> **Sequenz 7.2.2-1**: Fehlerbalken
> Grafik
> Diagrammerstellung → Abbildung 7.2.2-4

Abbildung 7.2.2-4: Dialogfeld *Diagrammerstellung* und *Elementeigenschaften*

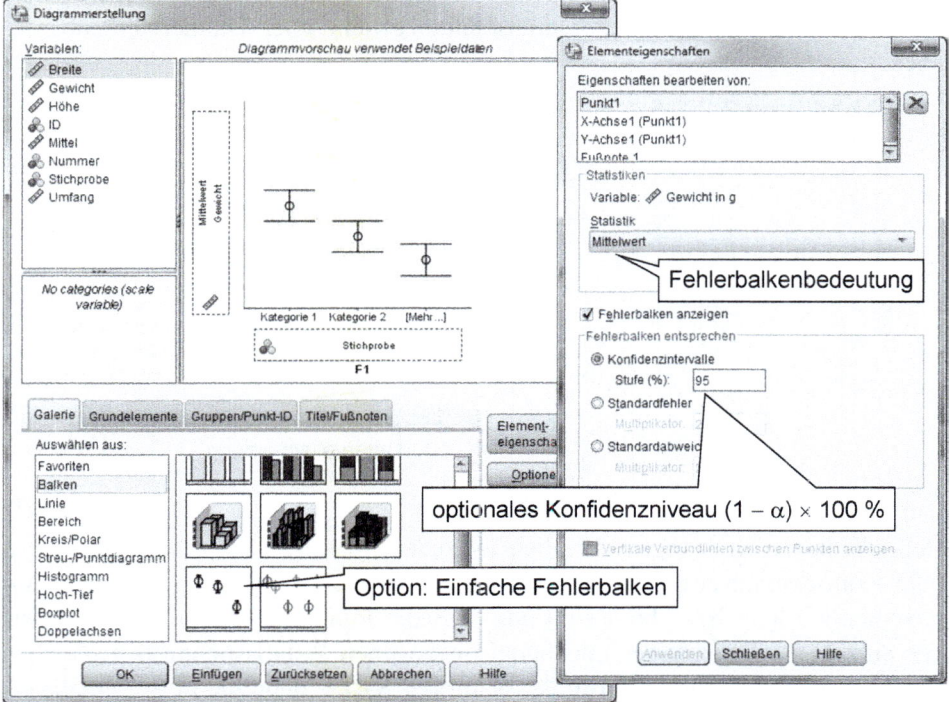

Fehlerbalken. Im konkreten Fall wurden unter Verwendung der SPSS Datendatei *Zehn.sav* m = 10 stichprobenspezifische Fehlerbalken zur bildhaften Darstellung von realisierten 0,95-Konfidenzintervallen für das wahre Durchschnittsgewicht μ von N = 729 Hühnereiern angefordert. Der didaktisch- methodische Vorteil der sogenannten einfachen Fehlerbalken innerhalb der Abbildung 7.2.2-5 besteht darin, dass mit ihrer Hilfe das logische Zusammenspiel von Punkt- und Intervallschätzung(en) augenscheinlich gemacht werden kann. Der Punkt im jeweiligen symmetrisch konstruierten Fehlerbalken markiert den jeweiligen realisierten Stichprobenmittelwert, der jeweils als eine Punktschätzung für das „wahre" Durchschnittsgewicht von $\mu = 62,78$ g aller Hühnereiergewichte $X(\gamma_i) = x_i$ in der statistischen Grundgesamtheit $\Gamma = \{\gamma_i, i = 1,2,...,N\}$ der N = 729 Hühnereier

γ_i fungiert. Da im konkreten Fall das realisierte 95 %-CI (engl. *confidence interval*), das auf der Grundlage der neunten Zufallsstichprobe (Stichprobennummer 9) konstruiert wurde, das wahre Durchschnittsgewicht $\mu = 62,78$ g in der statistischen Grundgesamtheit aller Hühnereier, das in der Abbildung 7.2.2-5 durch die parallel zur Abszisse verlaufende und gestrichelte Linie gekennzeichnet ist, nicht mit einschließt, deutet man die neunte Intervallschätzung (von insgesamt m = 10 Intervallschätzungen) als „nicht vertrauenswürdig". Im Unterschied dazu interpretiert man auf dem vorab vereinbarten Konfidenzniveau von 0,95 die restlichen neun Intervallschätzungen als „vertrauenswürdige" Intervallschätzungen, da sie augenscheinlich das „wahre" Durchschnittsgewicht aller Hühnereier „überdecken."

Abbildung 7.2.2-5: Konfidenzintervalle als Fehlerbalken

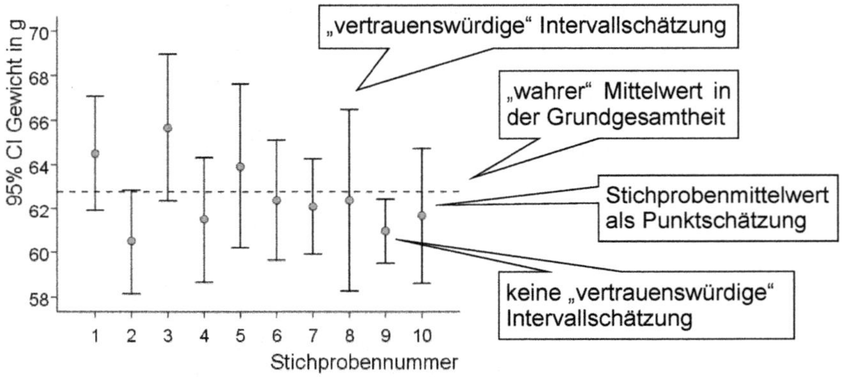

Bemerkenswert und augenscheinlich ist zudem, dass die einzelnen realisierten 0,95-Konfidenzintervalle wohl symmetrisch um die Punktschätzwerte, aber unterschiedlich lang bzw. breit sind und dass die Punktschätzwerte auf der Basis der einzelnen, voneinander unabhängig gezogenen Zufallsstichproben gleichen Umfangs variieren. Dies liegt in der Natur der Sache, denn die m = 10 realisierten 0,95-Konfidenzintervalle sind letztlich nichts anderes als konkrete Realisationen zweier Stichprobenfunktionen V_u und V_o (unter und obere Intervallgrenze), die ihrerseits wiederum Zufallsgrößen sind. Eine andere anschauliche Interpretation der Fehlerbalken ist die folgende: Bei hinreichend vielen gezogenen Zufallsstichproben würden erwartungsgemäß mindestens 95 % aller realisierten Konfidenzintervalle $[v_u, v_o]$ das „wahre" durchschnittliche Gewicht von $\mu \cong 62,76$ g in der statistischen Grundgesamtheit $\Gamma = \{\gamma_i, i = 1,2,..,N\}$ der N = 729 Hühnereier γ_i überdecken. Im konkreten Fall hat man im Zuge des praktizierten Monte-Carlo-Experiments auf einem vorab vereinbarten Konfidenzniveau von 0,95 insgesamt neun „vertrauenswürdige" und eine „nicht vertrauenswürdige" Intervallschätzung für den unbekannten Mittelwert zu konstatieren. ♣

Beispiel 7.2.2-3: Unschärfeproblem

Motivation. Ist man im Kontext einer statistischen Mittelwertanalyse daran interessiert, eine realisierte, jedoch recht „unscharfe" Intervallschätzung hinsichtlich ihrer „Genauigkeit" zu verbessern, so ergeben sich die folgenden Möglichkeiten: Entweder man wählt ein niedrigeres Konfidenzniveau $1 - \alpha$ und/oder man vergrößert bzw. erweitert den Stichprobenumfang n.

Konfidenzniveau. So hätte man in Anlehnung an das Beispiel 7.2.2-1 etwa mittels der ersten Zufallsstichprobe vom Umfang n = 12 Hühnereier für ein Konfidenzniveau von $1 - \alpha = 0,9$ (analog zum Beispiel 7.1.3-1) wegen

$$\alpha = 1 - 0,9 = 0,1$$

mittels der Quantilsfunktion IDF.T(p,df) ein Quantil der Ordnung

$$p = 1 - \alpha / 2 = 1 - (0,10) / 2 = 0,95$$

einer STUDENT t-Verteilung mit df = n − 1 = 12 − 1 = 11 Freiheitsgraden von

$$t_{0.95,11} = \text{IDF.T}(0.95,11) \cong 1,796$$

ermittelt und darauf aufbauend ein realisiertes 0,9-Konfidenzintervall $[v_u, v_o]$ für das wahre Durchschnittsgewicht μ aller N = 729 Hühnereier mit

$$v_u = 64,5 \text{ g} - 1,796 \times 1,18 \text{ g} \cong 62,38 \text{ g}$$
$$v_o = 64,5 \text{ g} + 1,796 \times 1,18 \text{ g} \cong 66,62 \text{ g}$$

geschätzt. Offensichtlich verspricht diese Strategie wenig Erfolg, zumal man stets bestrebt ist, Intervallschätzungen eher auf einem höheren als auf einem niedrigeren Vertrauensniveau $1 - \alpha$ zu bewerkstelligen. Eine Verringerung des Konfidenzniveaus um $(0,95 - 0,90) \times 100\% = 5$ Prozentpunkte würde im konkreten Fall die „Unschärfe" der 0,9-Konfidenzintervallschätzung im Vergleich zum realisierten 0,95-Konfidenzintervall von [61,91 g, 67,09 g] lediglich um

$$(67,09 \text{ g} - 61,91 \text{ g}) - (66,62 \text{ g} - 62,38 \text{ g}) = 0,94 \text{ g}$$

reduzieren können.

Stichprobenumfang. Geht man einmal von der theoretischen (und streng genommen unrealistischen) Annahme aus, dass die „wahre" Standardabweichung der Hühnereiergewichte von $\sigma \cong 4,73$ g in der statistischen Grundgesamtheit $\Gamma = \{\gamma_i, i = 1,2,...,N\}$ aller N = 729 Hühnereier γ_i bekannt ist, dann kann man zeigen, dass für die Konstruktion eines realisierten Konfidenzintervalls über den (als unbekannt angenommen) Erwartungswert E(X) = μ nicht das Quantil $t_{p,df}$ einer t-Verteilung, sondern das Quantil z_p der Standardnormalverteilung N(0;1) relevant ist. Für ein vorgegebenes Konfidenzniveau von $1 - \alpha = 0,95$ würde sich nunmehr die Länge L des realisierten Konfidenzintervalls wegen

$$L = 2 \cdot z_p \cdot \frac{\sigma}{\sqrt{n}} = 2 \cdot 1,96 \cdot \frac{4,73}{\sqrt{12}} \approx 5,35$$

auf etwa 5,4 g belaufen. Dabei bezeichnet in Anlehnung an das Beispiel 6.5.2-4

$$z_{0,975} = \text{IDF.NORMAL}(0.975,0,1) \cong 1,96$$

das Quantil der Ordnung $p = 1 - \alpha / 2 = 0{,}975$ der Standardnormalverteilung $N(0;1)$. Möchte man die Genauigkeit dieser Intervallschätzung in dem Maße erhöhen, dass sich die Länge L des realisierten und stets symmetrischen Konfidenzintervalls bestenfalls auf $L = 2$ g beläuft, also die Intervallgrenzen v_u und v_o gleichsam jeweils um ein Gramm nach oben und nach unten vom Stichprobenmittel $\bar{x} = 64{,}5$ g abweichen, so wäre unter den gegebenen Bedingungen wegen

$$L = 2 \cdot 1{,}96 \cdot \frac{4{,}73\,g}{\sqrt{n}} = 2 \ g \ \text{und} \ n \geq \left[\frac{2 \cdot 1{,}96 \cdot 4{,}73\,g}{2\,g} \right]^2 \approx 86$$

mindestens eine realisierte Zufallsstichprobe vom Umfang $n = 86$ Hühnereier erforderlich, um ein 0,95-Konfidenzintervall für das unbekannte Durchschnittsgewicht μ (bei einer als bekannt angenommenen Standardabweichung σ) aller $N = 729$ Hühnereier mit der gewünschten „Unschärfespannweite" von höchstens 2 g zu schätzen. Dass die Erhöhung des Stichprobenumfangs n das einzig erfolgversprechende Konzept ist, um eine „genauere" Intervallschätzung erzielen zu können, untermauert letztlich auch das realisierte 0,95-Konfidenzintervall für das unbekannte Durchschnittsgewicht von [61,91 g, 63,97 g] aus der Tabelle 7.2.2-2, das auf der Grundlage einer realisierten reinen Zufallsstichprobe vom Umfang $n = 100$ Hühnereier aus der statistischen Grundgesamtheit der $N = 729$ Hühnereier auf der Grundlage eines Stichprobenmittelwertes von $\bar{x} = 62{,}94$ g und eines Stichprobenstandardfehlers von (5,17 g) / $\sqrt{100} \cong 0{,}52$ g geschätzt wurde.

Tabelle 7.2.2-2: 0,95-Konfidenzintervall, Stichprobe: n = 100 Eier

			Statistik	Standardfehler
Gewicht in g	Mittelwert		62,94	,52
	95% Konfidenzintervall des Mittelwerts	Untergrenze	61,91	
		Obergrenze	63,97	
	Standardabweichung		5,17	

Paradoxon. In diesem Zusammenhang sei noch auf eine scheinbare Widersinnigkeit hingewiesen, die im schätztheoretischen Sinne nicht immer sofort einleuchtet. Für Zufallsstichproben gleichen Inhalts und Umfangs, die zur Schätzung von Konfidenzintervallen herangezogen werden, gilt allgemein die folgende Regel: Je höher man im Vorfeld einer Intervallschätzung ein Konfidenzniveau wählt, um so „vertrauenswürdiger" werden Intervallschätzungen im wahrscheinlichkeitstheoretischen Sinne. Je „vertrauenswürdiger" Intervallschätzungen im wahrscheinlichkeitstheoretischen Sinne sind, desto „unschärfer" fallen sie in der Regel aus. Dieses scheinbare Paradoxon (lat.: *paradoxus* → widersinnig) leuchtet spätestens dann ein, wenn man sich in Anlehnung an die Abbildung 7.2.2-1 wiederum der Metapher von der lästigen Fliege bedient, die es alternativ entweder „punktgenau, dafür aber unwahrscheinlich" mit einem Dart oder „unscharf, dafür aber recht sicher" mit einer Fliegenklatsche zu töten gilt. ♣

Beispiel 7.2.2-4: Realisiertes Konfidenzintervall für einen Anteil

Motivation. In der empirischen Wirtschaftsforschung und in der Marktforschung ist man oft an der Schätzung eines unbekannten Anteils π (lies: *Klein-Pi*) aus einer statistischen Grundgesamtheit $\Gamma = \{\gamma_i, i = 1,2,...,N\}$ vom Umfang N interessiert etwa derart, dass man zum Beispiel den „wahren", jedoch unbekannten Anteil π der Kunden in einer endlichen und hinsichtlich ihres Umfanges N nicht näher bestimmten, jedoch umfangreichen statistischen Grundgesamtheit Γ vor. Kunden γ_i, die mit einem bestimmten Produkt und/oder mit einer bestimmten Leistung zufrieden bzw. unzufrieden sind, „abschätzen" möchte. Fasst man im deskriptiven Sinne die Kundenzufriedenheit als ein dichotomes Erhebungsmerkmal $X(\gamma_i) = x_i$ auf, dessen Zustandsmenge $\Xi = \{\xi_1 = $ unzufrieden, $\xi_2 = $ zufrieden$\}$ durch die beiden Zufriedenheitsaussagen definiert ist, so ist es im stochastischen Sinne gleichsam möglich und sinnvoll, die Kundenzufriedenheit $X(\gamma_i) = x_i$ eines zufällig ausgewählten und befragten Kunden γ_i wegen

$$X(\gamma_i) = x_i = \begin{cases} \xi_1 = 0 & \text{für} \quad \text{unzufrieden} \\ \xi_2 = 1 & \text{für} \quad \text{zufrieden} \end{cases}$$

als eine diskrete und zweipunktverteilte Zufallsgröße X zu deuten, die über einer sogenannten dichotomen und 0-1-kodierten endlichen statistischen Grundgesamtheit $\Gamma = \{\gamma_i, i = 1,2,...,N\}$ definiert ist.

Anteil. Im Kontext dieser Betrachtungen lässt sich zeigen, dass das arithmetische Mittel einer Folge von 0-1-kodierten Größen ein Anteil ist.

Anteil

Ist $X(\gamma_i) = x_i \in \{0, 1\}$ ein dichotomes und 0-1-kodiertes Erhebungsmerkmal bzw. eine diskrete, zweipunkt- und 0-1-verteilte Zufallsgröße, das bzw. die über einer endlichen statistischen Grundgesamtheit $\Gamma = \{\gamma_i, i = 1,2,...,N\}$ vom Umfang N bzw. über einer Zufallsstichprobe $\Gamma_n = \{\gamma_i, i = 1,2,...,n\}$ vom Umfang n < N definiert ist, dann kennzeichnet das arithmetische Mittel

$$\pi = \frac{1}{N} \cdot \sum_{i=1}^{N} x_i \quad \text{bzw.} \quad p_n = \frac{1}{n} \cdot \sum_{i=1}^{n} x_i$$

den Anteil π bzw. den Stichprobenanteil p_n der Merkmalsträger γ_i mit der Ausprägung $X(\gamma_i) = x_i = 1$ in der statistischen Grundgesamtheit Γ aller N Merkmalsträger γ_i bzw. aller n Merkmalsträger γ_i in der Zufallsstichprobe Γ_n.

Approximationsbedingung. Mit Hilfe der Grenzwertsätze und des schwachen Gesetzes großer Zahlen, die im Kontext des Abschnittes 6.6 inhaltlich kurz erläutert wurden, kann man theoretisch begründen, dass es unter bestimmten und zu beachtenden Einschränkungen möglich und sinnvoll ist, für ein vorab vereinbartes Konfidenzniveau $1 - \alpha$ ein realisiertes Konfidenzintervall für einen „wahren, jedoch unbekannten" Anteil π aus einer dichotomen und 0-1-kodierten statistischen Grundgesamtheit $\Gamma = \{\gamma_i, i = 1,2,...,N\}$ vom Umfang N gemäß Abbildung 7.2.2-3 zu konstruieren. Die einschränkenden Bedingungen in Gestalt sogenannter Approximationsbedingungen (lat.: *approximare* $\rightarrow$ annähern) können wie folgt zusammengefasst werden:

Approximationsbedingungen

Auf einem vereinbarten Konfidenzniveau von $1 - \alpha$ ist gemäß Abbildung 7.2.2-3 die Konstruktion eines realisierten Konfidenzintervalls für einen unbekannten Anteil π aus einer dichotomen und 0-1-kodierten statistischen Grundgesamtheit $\Gamma = \{\gamma_i, i = 1,2,...,N\}$ vom Umfang N auf der Grundlage einer Zufallsstichprobe $\Gamma_n = \{\gamma_i, i = 1,2,...,n\}$ vom Umfang n näherungsweise möglich, wenn für den Auswahlsatz $A = n / N \leq 0,05$ und für den Stichprobenumfang $n > 300$ gilt.

Anteilsschätzung. Unter Verwendung der im Downloadbereich verfügbaren SPSS Datendatei *Nutzer.sav*, die auf einer Befragung von $n = 1000$ voneinander unabhängig und zufällig ausgewählten Nutzern von Berliner Parkhäusern im Jahr 2006 basiert, soll der unbekannte Anteil π in der endlichen und hinsichtlich ihres Umfangs N nicht näher spezifizierten statistischen Nutzergrundgesamtheit $\Gamma = \{\gamma_i, i = 1,2,...,N\}$ von Berliner Parkhäuser geschätzt werden, die mit dem Parkhausinneren insgesamt zufrieden sind. Die Tabelle 7.2.2-3 beschreibt die empirische Häufigkeitsverteilung der $n = 967$ statistisch auswertbaren und „gültigen" nutzerspezifischen Zufriedenheitsaussagen.

Tabelle 7.2.2-3: Häufigkeitstabelle „Nutzerzufriedenheit"

		Häufigkeit	Prozent	Gültige Prozente
Gültig	unzufrieden	431	43,1	44,6
	zufrieden	536	53,6	55,4
	Gesamt	967	96,7	100,0
Fehlend	System	33	3,3	
Gesamt		1000	100,0	

Aufgrund dessen, dass die SPSS Variable *Zufrieden*, welche die dichotomen Zufriedenheitsaussagen der befragten Parkhausnutzer beschreibt, wobei die Kodierung 0 für unzufrieden und die Kodierung 1 für zufrieden steht, als eine dichotome und 0-1-kodierte Zufallsgröße X aufgefasst werden kann, deutet man die „auswertbare" realisierte und 0-1-kodierte Zufallsstichprobe

$$\{X(\gamma_i) = x_i \in (0, 1), i = 1,2,...,n\}$$

vom Umfang $n = 967 > 300$ als eine repräsentative Teilmenge aus einer statistischen Grundgesamtheit $\Gamma = \{\gamma_i, i = 1,2,...,N\}$, die gemäß der Auswahlsatzbedingung $967 / N \leq 0,05$ aus mindestens $N \geq 967 / 0,05 = 19340$ Parkhausnutzern γ_i bestehen müsste, was für die „Berliner Verhältnisse" durchaus als realitätsnah anzusehen ist. Aufgrund dessen, dass im konkreten Fall die Approximationsbedingungen für eine Anteilsintervallschätzung als erfüllt angesehen werden können, ist es gemäß Abbildung 7.2.2-3 möglich und sinnvoll, ein realisiertes Konfidenzintervall für den „wahren, jedoch unbekannten" Anteil π zufriedener Parkhausnutzer in der Grundgesamtheit aller Nutzer von Berliner Parkhäusern zu konstruieren. In der Tabelle 7.2.2-4 sind die Ergebnisse der Anteilsintervallschätzung für ein Konfidenzniveau von $1 - \alpha = 0,95$ zusammengefasst.

Tabelle 7.2.2-4: Realisiertes 0,95-Konfidenzintervall für einen Anteil

			Statistik	Standardfehler
Nutzerzufriedenheit	Mittelwert		,5543	,0160
	95 % Konfidenzintervall für Mittelwert	Untergrenze	,5229	
		Obergrenze	,5857	

Punktschätzung. Da insgesamt 536 der befragten Parkhausnutzer angaben, mit dem Parkhausinneren insgesamt zufrieden zu sein, ergibt sich ein Stichprobenanteilswert von $p_n = 536 / 967 \cong 0{,}5543$, der als ein Schätzwert für den „wahren, jedoch unbekannten" Anteil π in der Grundgesamtheit Γ aller Parkhausnutzer verwendet wird. Demnach gaben 55,4 % aller befragten Parkhausnutzer an, mit dem Parkhausinneren insgesamt zufrieden zu sein.

Konfidenzintervall. Aufgrund dessen, dass die Wahrscheinlichkeit dafür, dass der „wahre" Anteil π zufriedener Parkhausnutzer in der statistischen Grundgesamtheit aller Nutzer von Berliner Parkhäusern sich auf „genau" 0,5543 beläuft, streng genommen null ist, gilt es im induktiven Sinne, diese „sehr unwahrscheinliche" Punktschätzung durch eine realisierte und zugleich „vertrauenswürdigere" Intervallschätzung zu ersetzen, die gemäß Tabelle 7.2.2-4 auf einem vorab vereinbarten Konfidenzniveau von $1 - \alpha = 0,95$ durch die (stets zufallsbedingten) Intervallgrenzen [0,523, 0,586] gekennzeichnet ist.

Interpretation. Diese in der Fachsprache auch als statistische Hochrechnung bezeichnete Intervallschätzung für einen unbekannten Anteil π kann wie folgt interpretiert werden: Unter den gegebenen Bedingungen ist es recht sicher, dass der wahre, jedoch unbekannte Anteil π von Parkhausnutzern γ_i, die mit dem Parkhausinneren insgesamt zufrieden sind, in der bezüglich ihres Umfangs N nicht näher spezifizierten statistischen Grundgesamtheit $\Gamma = \{\gamma_i, i = 1,2,...,N\}$ aller Nutzer von Berliner Parkhäusern zwischen 52,3 % und 58,6 % liegt.

Unschärfeproblem. Da sich die Breite des realisierten 95 %-C(onfidence) I(interval) bzw. 0,95-Konfidenzintervalls auf

$$(0{,}586 - 0{,}523) \times 100\,\% \approx 6{,}3\,\%$$

Prozentpunkte beläuft, hat man mit dieser Intervallschätzung eine alles in allem noch recht „breite und unscharfe" Anteilsschätzung bewerkstelligt. Eine „genauere" Anteilsintervallschätzung hat allerdings ihren Preis: Sie ist letztlich nur über einen größeren Stichprobenumfang n zu verwirklichen, der erfassungsstatistisch zweifelsfrei mit einem höheren Zeit- und Kostenaufwand verbunden ist. ♣

7.3   Testverfahren

Motivation. Die Testtheorie ist das Teilgebiet der Induktiven Statistik, das die theoretischen Grundlagen und die mathematisch-statistischen Verfahren zum Prüfen von Hypothesen über unbekannte Verteilungen und/oder ihrer Parameter auf der Basis von Zufallsstichproben zum Gegenstand hat.

Grundidee. Die Grundidee eines statistischen Tests besteht darin, statistische Vermutungen, Annahmen oder Behauptungen über Parameter und/oder Verteilungen, die für eine (oder mehrere) endliche statistische Grundgesamtheit(en) definiert sind und die in Gestalt von Hypothesen formuliert werden, mit Hilfe einer (oder mehrerer) Zufallsstichprobe(n) auf einem vorab vereinbarten Signifikanzniveau α zu überprüfen. Eine Testentscheidung wird dabei auf der Grundlage des sogenannten p(robability)-value-Konzepts bewerkstelligt, das im Vergleich eines vorab vereinbarten Signifikanzniveaus α mit einem aus einem Stichprobenbefund berechneten empirischen Signifikanzniveau α^* kulminiert.

Klassifikation. In SPSS ist eine breite Palette von statistischen Testverfahren implementiert, die zum einen in sogenannte parametrische und nichtparametrische und zum anderen in sogenannte Ein-Stichproben-, Zwei-Stichproben- und k-Stichproben-Tests klassifiziert werden.

Verfahrensübersicht. In der Tabelle 7.3-1 sind der Übersichtlichkeit halber ausgewählte statistische Testverfahren zusammengestellt, die sowohl in SPSS implementiert sind als auch im Rahmen dieses Lehrbuches im Kontext praktischer Problemstellungen erläutert, appliziert und interpretiert werden.

Tabelle 7.3-1: Verfahrensübersicht

Ein-Stichproben-Verfahren	
Chi-Quadrat-Anpassungstest	Abschnitt 7.3.2
KOLMOGOROV-SMIRNOV-Anpassungstest	Abschnitt 7.3.3
Chi-Quadrat-Unabhängigkeitstest	Abschnitt 8.1.2
Zwei-Stichproben-Verfahren	
t-Test für zwei unabhängige Stichproben	Abschnitt 7.3.4
Varianzhomogenitätstest nach LEVENE	Abschnitt 7.3.4
k-Stichproben-Verfahren	
Einfaktorielle Varianzanalyse	Abschnitt 7.3.5
Post-Hoc-Mittelwerttests	Abschnitt 7.3.5
Entscheidungsbaum	
CHAID-Verfahren	Abschnitt 8.1.3

Zum Zwecke einer besseren Orientierung sind zudem die Lehrbuchabschnitte vermerkt, in denen die Testverfahren realdatenbasiert und paradigmatisch demonstriert und erläutert werden. ♣

7.3.1 Aufbau eines statistischen Tests

Motivation. In der statistischen Methodenlehre bezeichnet man ein zufallsstich-probenbasiertes Verfahren zur wahrscheinlichkeitstheoretischen Überprüfung statistischer Hypothesen (grch.: *hypothesis* → Unterstellung) als einen statistischen Test (lat.: *testari* → bezeugen, engl.: *test* → Probe, Prüfung). Die mit Hilfe eines statistischen Tests zu überprüfenden Hypothesen in Gestalt von statistischen Behauptungen und/oder statistischen Vermutungen unterteilt man dabei in sogenannte Ausgangs- oder Nullhypothesen H_0 und in sogenannte Gegen- oder Alternativhypothesen H_1. Im Ensemble statistischer Tests kommt den sogenannten Signifikanztests (lat.: *significans* → bedeutsam, wesentlich) eine besondere praktische Bedeutung zu. Dabei bezeichnet man ein statistisches Prüfverfahren, mit dessen Hilfe man auf einem vorgegebenen Signifikanzniveau α überprüft, ob ein Zufallsstichprobenbefund wesentlich von einer formulierten Nullhypothese H_0 abweicht, als einen Signifikanztest. In SPSS wird eine Testentscheidung gemäß dem sogenannten p(robability)-value-Konzept über den Vergleich eines vorab vereinbarten Signifikanzniveaus α mit einem sogenannten empirischen Signifikanzniveau α^* bewerkstelligt, das unter Einbeziehung des theoretischen Prüfverteilungsmodells, das dem statistischen Test zugrunde liegt, aus dem empirischen Zufallsstichprobenbefund ermittelt wird.

Grundbegriffe. Für das Verständnis eines statistischen Signifikanztests sind die nachfolgend skizzierten Grundbegriffe von theoretischer und praktischer Bedeutung:

Signifikanzniveau
Die Wahrscheinlichkeit dafür, bei einem Signifikanztest eine formulierte Nullhypothese H_0 abzulehnen, obgleich sie wahr ist, heißt Signifikanzniveau α.

Hinweise. Für das Verständnis des Begriffs eines Signifikanzniveaus (lat.: *significans* → bedeutsam, wesentlich) erweisen sich die folgenden Hinweise als hilfreich: i) **Synonyme.** Ein Signifikanzniveau α (lies: *Klein-Alpha*) wird synonym auch als Irrtumswahrscheinlichkeit, Fehler erster Art oder α-Fehler bezeichnet. ii) **Vorgabe.** Bei einem Signifikanztest wird ein Signifikanzniveau α stets vorgegeben bzw. vorab vereinbart. In praxi ist man bestrebt, ein Signifikanzniveau α möglichst klein zu wählen. Üblich sind die Werte $\alpha = 0,10$, $\alpha = 0,05$ bzw. $\alpha = 0,01$. iii) **Interpretation.** Die Interpretation eines Signifikanzniveaus α als eine Irrtumswahrscheinlichkeit resultiert aus der Möglichkeit, im Zuge einer Testentscheidung beim Verwerfen einer Nullhypothese H_0 einem Irrtum zu unterliegen, der darin besteht, eine Nullhypothese H_0 zu verwerfen, obgleich sie richtig ist. iv) **Komplementärwahrscheinlichkeit.** Die zur Irrtumswahrscheinlichkeit α gehörende Komplementärwahrscheinlichkeit $1 - \alpha$ darf im Kontext eines Signifikanztests nicht als Wahrscheinlichkeit dafür gedeutet werden, dass eine Testentscheidung richtig ist. Sie ist streng genommen nur als Komplementärwahrscheinlichkeit zu einem vorab festgelegten bzw. vereinbarten Signifikanzniveau α definiert. ♦

Empirisches Signifikanzniveau

Die Irrtumswahrscheinlichkeit, die man bei einem Signifikanztest riskiert, wenn man aufgrund eines Zufallsstichprobenbefundes eine formulierte Nullhypothese H_0 ablehnt, obgleich sie wahr ist, heißt empirisches Signifikanzniveau α^*.

> **Hinweise**. Für das Verständnis des Begriffs eines empirischen Signifikanzniveaus erweisen sich die folgenden Hinweise als hilfreich: i) **Synonyme**. Ein empirisches Signifikanzniveau α^* wird synonym auch als Signifikanz, Alpha*, p-Wert oder p(robability)-value bezeichnet. ii) **Semantik**. In SPSS wird der Begriff *Signifikanz* synonym zum Begriff *empirisches Signifikanzniveau* verwandt. Da dies aus statistisch-methodischer Sicht missverständlich sein kann und semantisch streng genommen nicht exakt ist, wurde im Kontext des vorliegenden Lehrbuchs an Stelle des Begriffs *Signifikanz* der Begriff *empirisches Signifikanzniveau* vereinbart und mit dem Symbol α^* belegt. Das Attribut *empirisch* erklärt sich daraus, dass das Signifikanzniveau unter Annahme eines Verteilungsgesetzes bzw. einer Prüfverteilung aus dem (bzw. den) empirisch gewonnenen Zufallsstichprobenbefund(en) berechnet bzw. entlehnt wird. ♦

Testentscheidung. Unabhängig davon, welchen statistischen Signifikanztest man in SPSS praktiziert, es gilt stets die folgende Testentscheidung:

Testentscheidung

Ist im Kontext eines Signifikanztests ein empirisches Signifikanzniveau α^* kleiner oder gleich einem vorgegebenen Signifikanzniveau α, dann wird gemäß dem p-value-Konzept die Nullhypothese H_0 verworfen und die Alternativhypothese H_1 angenommen. Ansonsten wird die Nullhypothese H_0 beibehalten.

> **Hinweise**. Für das Verständnis des Begriffs einer statistischen Testentscheidung auf der Grundlage des sogenannten p-value-Konzepts erweisen sich die folgenden Hinweise als hilfreich: i) **Interpretation**. Für den Fall, dass $\alpha^* \leq \alpha$ gilt, sagt man auch: Das Testergebnis ist statistisch signifikant bzw. wesentlich (zum vorab vereinbarten Signifikanzniveau α). Gilt $\alpha^* > \alpha$, dann sagt man: Das Testergebnis ist statistisch nicht signifikant bzw. nicht wesentlich (zum vorab vereinbarten bzw. festgelegten Signifikanzniveau α). ii) **Wahrscheinlichkeitsaussage**. Bei einem statistischen Signifikanztest ist eine Wahrscheinlichkeitsaussage nur möglich und sinnvoll, wenn eine Nullhypothese H_0 verworfen werden muss. Gibt es keinen Anlass, im Zuge eines statistischen Signifikanztests eine Nullhypothese H_0 zu verwerfen, so heißt dies nicht, dass die Nullhypothese H_0 richtig ist, sondern nur, dass es aufgrund des praktizierten statistischen Tests keinen Anlass gibt anzunehmen, dass die Nullhypothese H_0 falsch ist. Mehr nicht! Streng genommen ist das Nichtverwerfen einer Nullhypothese H_0 bei einem Signifikanztest keine echte Entscheidung. Man übt vielmehr „Stimmenthaltung" bzw. entscheidet sich „aus Mangel an Abweichungen" zugunsten einer Nullhypothese H_0, ohne allerdings ihre „Richtigkeit" statistisch nachweisen zu können. iii) **Signifikanz**. Beachtenswert ist dabei, dass man mit Hilfe eines Signifikanztests lediglich erkennen kann, ob ein Testergebnis im statistischen Sinne bedeutungsvoll ist. Statistische Signifikanz ist dabei nicht mit Notwendigkeit damit gleichzusetzen, dass ein statistisches Testergebnis auch unter sachlogischen Gesichtspunkten signifikant, bedeutend oder wesentlich ist. ♦

Arbeitsschritte. Die zu bewerkstelligenden Arbeitsschritte im Kontext eines statistischen Signifikanztests lassen sich wie folgt zusammenfassen:

Arbeitsschritte

1. Arbeitsschritt: Aufstellung einer Nullhypothese H_0 und einer Alternativhypothese H_1 sowie Festlegung eines Signifikanzniveaus α.
2. Arbeitsschritt: In Abhängigkeit vom Signifikanztest, der praktiziert werden soll, sind eine oder mehrere Zufallsstichproben zu ziehen und diese statistisch auszuwerten.
3. Arbeitsschritt: Gemäß dem p-value-Konzept eine Testentscheidung über den Vergleich eines vorab vereinbarten Signifikanzniveaus α mit einem empirisch ermittelten Signifikanzniveau α^* herbeiführen und das Testergebnis sowohl einer statistischen als auch einer sachlogischen Interpretation zuführen.

Hinweise. Im Hinblick auf die drei skizzierten Arbeitsschritte, die es im Kontext bzw. im Ablauf eines zu praktizierenden statistischen Signifikanztests einzuhalten gilt, sind die folgenden Hinweise hilfreich: i) **Hypothesen**. Für das Formulieren einer Nullhypothese H_0 und einer Alternativhypothese H_1 im Kontext eines statistischen Signifikanztests gilt der folgende Grundsatz, auf dessen statistisch-methodische und/oder theoretische Begründung hier nicht näher eingegangen wird: Soll mit Hilfe eines Signifikanztests die statistische Überprüfung einer Behauptung erfolgen, so sollte in der Nullhypothese H_0 die Negation dieser Behauptung formuliert werden. Die Behauptung gilt dann auf einem Signifikanzniveau α als statistisch überprüft, bedeutungsvoll, nachweisbar, wenn die Nullhypothese H_0 abgelehnt und vereinbarungsgemäß die Alternativhypothese H_1 akzeptiert wird. ii) **Testvoraussetzungen**. In die statistische Auswertung eines Zufallsstichprobenbefundes ist stets auch die Überprüfung der Testvoraussetzungen einzuschließen. Können für einen vorliegenden Zufallsstichprobenbefund die Testvoraussetzungen nicht als erfüllt angesehen werden, dann ist das Praktizieren des statistischen Tests aus statistisch-methodischer Sicht nicht zulässig. Im Falle nicht erfüllter Testvoraussetzungen sind die Testergebnisse nicht bzw. nur bedingt gültig und praktisch verwertbar. iii) **Interpretation**. Im Kontext der Interpretation eines Testergebnisses ist stets zwischen der statistischen Signifikanz und der sachlogischen Bedeutung zu unterscheiden. Wohl kann ein Testergebnis statistisch signifikant, jedoch ökonomisch irrelevant sein. Die Umkehrung ist gleichsam möglich: Ein nicht signifikantes Testergebnis kann durchaus aus ökonomischer Sicht relevant sein. ♦

Klassisches Testkonzept. Im Unterschied zum p-value-Konzept, das für alle in SPSS implementierten Signifikanztest gilt und das stets auf einen Vergleich eines vorgegebenen Signifikanzniveaus α mit einem empirischen Signifikanzniveau α^* hinausläuft, kann ein statistischer Signifikanztest stets auch auf klassischem Wege praktiziert werden, der analog zum Beispiel 7.3.2-2 letztlich in einem Vergleich eines empirischen Testvariablenwertes, der aus einem Zufallsstichprobenbefund berechnet wird, mit einem Schwellenwert kulminiert, der seinem Wesen nach ein Quantil einer statistischen Prüfverteilung ist. ♣

7.3.2 Chi-Quadrat-Anpassungstest

Motivation. In der empirischen Wirtschafts- und Sozialforschung kommt dem Prüfen von Verteilungshypothesen für ein beliebig skaliertes statistisches Erhebungsmerkmal eine besondere praktische Bedeutung zu. Ein Verfahren, das in der angewandten Statistik nicht nur zur Überprüfung einer Verteilungshypothese eine breite Anwendung findet, sondern sich aus statistisch-methodischer Sicht zudem bestens eignet, die „methodische Finsternis" der statistischen Induktion zu erleuchten, ist der sogenannte Chi-Quadrat-Anpassungstest.

Chi-Quadrat-Anpassungstest

Der Chi-Quadrat-Anpassungstest ist ein nichtparametrischer Ein-Stichproben-Test, mit dem man auf einem vorab vereinbarten Signifikanzniveau α mittels einer Zufallsstichprobe $\Gamma_n = \{\gamma_i,\ i = 1,2,...,n\}$ vom Umfang $n < N$ prüft, ob ein theoretisches Verteilungsmodell zur Beschreibung der „wahren, jedoch unbekannten" empirischen Verteilung eines beliebig skalierten statistischen Erhebungsmerkmals $X(\gamma_i)$ genutzt werden kann, das über einer endlichen statistischen Grundgesamtheit $\Gamma = \{\gamma_i,\ i = 1,2,...,N\}$ vom Umfang N definiert ist.

Hinweise. Für die Applikation (lat.: *applicare* → zusammenfügen, anwenden) eines χ^2-Anpassungstests (lies: *Chi-Quadrat-Anpassungstest*) erweisen sich die folgenden Hinweise als hilfreich: i) **Anpassungstest**. Das statistische Verfahren eines Anpassungstest (engl.: *goodness of fit test*) zielt darauf ab, zu überprüfen, ob ein theoretisches Verteilungsmodell (etwa in Gestalt einer Gleichverteilung, einer Binomialverteilung, einer POISSON-Verteilung, einer Normalverteilung oder einer Exponentialverteilung) als ein geeignetes „Verteilungsgesetz" für eine empirische Verteilung eines Erhebungsmerkmals X bzw. einer Zufallsgröße X angesehen werden kann. Man testet gewissermaßen, ob und inwieweit ein theoretisches Verteilungsmodell auf eine empirische Verteilung „passt". ii) **χ^2-Verteilung**. Die Bezeichnung χ^2-*Anpassungstest* resultiert aus dem Umstand, dass für diesen Anpassungstest das theoretische Verteilungsmodell einer χ^2-Verteilung als Prüf- bzw. Testverteilung fungiert. Das theoretische Modell einer χ^2-Verteilung wird im Kontext des Beispiels 7.3.2-2 skizziert und erläutert. iii) **Testvoraussetzung**. Für die unter einer Ausgangs- oder Nullhypothese H_0 theoretisch zu erwartenden absoluten Häufigkeiten $n^e(X = \xi_j) = n^e_j$ $(j = 1,2,...,m)$ sollte stets $n^e_j \geq 5$ gelten, solange $m \leq 8$ gilt. Sobald $m > 8$ gilt, ist es ausreichend, wenn $n^e_j \geq 1$ gilt. Die sich wohl voneinander unterscheidenden Ausprägungen bzw. Realisationen $\xi_j \in \Xi$ $(j = 1,2,...,m)$ des Erhebungsmerkmals X bzw. der Zufallsgröße X sind ein Element der zugehörigen Zustands- oder Ergebnismenge $\Xi = \{\xi_j, j = 1,2,...,m\}$ und können im konkreten Fall auch als Merkmalswerteklassen bzw. Klassen von reellwertigen Realisationen in Erscheinung treten. Für den Fall, dass die Testvoraussetzung nicht gegeben ist, fasst man die jeweiligen Ausprägungen, Realisationen oder Klassen solange zusammen, bis die Testvoraussetzung erfüllt ist. iv) **Spezifikation**. In Abhängigkeit davon, ob man bei der Formulierung einer Verteilungshypothese für ein Erhebungsmerkmal X bzw. für eine Zufallsgröße X Kenntnisse (in Gestalt von vermuteten, angenommenen bzw. bekannten Werten) über die wahren Verteilungsparameter in der statistischen Grundgesamtheit $\Gamma = \{\gamma_i, i = 1,2,...,N\}$ besitzt oder nicht, unterscheidet man zwischen einem vollständig oder einem unvollständig spezifizierten Verteilungstest. Bei einem unvollständig spezifizierten Verteilungstest schätzt man aus einem Zufallsstichprobenbefund die unbekannten Verteilungsparameter zum Beispiel nach dem Kleinste-Quadrate-Prinzip oder nach dem Maximum-Likelihood-Prinzip. Diese „Unkenntnis" hat allerdings ihren Preis: Sie ist im Allgemeinen mit einer Reduktion der für eine Testentscheidung erforderlichen Freiheitsgrade df und letztlich mit der Minderung der Wirksamkeit eines Verteilungstests verbunden. v) **Freiheitsgrade.** Für ein vollständig spezifiziertes Verteilungsmodell gilt für die Anzahl der Freiheitsgrade df = m − 1. Für ein unvollständig spezifiziertes Verteilungsmodell bestimmt man die Anzahl der Freiheitsgrade mit Hilfe der Beziehung df = m − r − 1. Der Parameter r beschreibt die Anzahl der Verteilungsparameter, die aus einem Zufallsstichprobenbefund zu schätzen sind. Zum Beispiel beläuft sich die Anzahl r der zu schätzenden Verteilungsparameter bei einer unvollständig spezifizierten Normalverteilung wegen $N(\mu, \sigma)$ auf r = 2 und für eine unvollständig spezifizierte Poisson-Verteilung wegen $Po(\lambda)$ auf r = 1. ◆

Beispiel 7.3.2-1: Chi-Quadrat-Anpassungstest auf eine Gleichverteilung
Motivation. Um seine Studenten mit der Grundidee eines statistischen Signifikanztests im Allgemeinen und eines Anpassungstests im Speziellen vertraut zu machen, führt ein Statistik-Professor gemeinsam mit seinen Studenten in einer seiner Vorlesungen das folgende Zufallsexperiment durch: Ein sechsseitiger Spielwürfel wird von Vorlesungsteilnehmern unabhängig voneinander und unter gleichen Versuchsbedingungen (etwa mittels eines Würfelbechers und einer festen Unterlage) jeweils einmal geworfen und die erzielte Augenzahl notiert.

Grundgesamtheit und **Zufallsstichprobe.** Fasst man im Kontext des betrachteten Zufallsexperiments einen „Würfelwurf" als den Merkmalsträger γ auf, für den jeweils die „oben erscheinende" Augenzahl $X(\gamma)$ statistisch erhoben wird, dann ist die statistische Grundgesamtheit $\Gamma = \{\gamma_i, i = 1,2,...,N\}$ durch eine nicht näher bestimmte endliche Menge von N Würfen gekennzeichnet. Das praktizierte Zufallsexperiment, das vereinbarungsgemäß aus n = 60 voneinander unabhängigen und gleichartigen Wurfversuchen γ_i bestehen soll, kann dabei als eine reine Zufallsstichprobe $\Gamma_n = \{\gamma_i, i = 1,2,...,n\}$ vom Umfang n = 60 Würfe und die zugehörige Urliste der erfassten Augenzahlen

$$\{X(\gamma_i) = x_i, i = 1,2,...,n\}$$

als eine realisierte reine Zufallsstichprobe von n = 60 „in einer Liste" erfassten Augenzahlen $X(\gamma_i) = x_i \in \Xi$ gedeutet werden. Die Zustandsmenge

$$\Xi = \{\xi \mid \xi = 1, 2, 3, 4, 5, 6\}$$

des diskreten statistischen Erhebungsmerkmals X: *Augenzahl* ist dabei durch die Menge der natürlichen Zahlen von eins bis sechs gekennzeichnet.

Zufallsgröße. Aufgrund dessen, dass die Zustandsmenge Ξ des diskreten Erhebungsmerkmals X identisch ist mit der (endlichen) Ergebnismenge

$$\Omega = \left\{ \boxed{\cdot} \ \boxed{\cdot \cdot} \ \boxed{\cdot \cdot \cdot} \ \boxed{:\ :} \ \boxed{::\ :} \ \boxed{:::} \right\}$$

des in Rede stehenden Zufallsexperiments „einmaliges Werfen eines Würfels",
kann das Zufallsexperiment auch mittels einer diskreten Zufallsgröße X beschrieben werden, die selbst als eine Abbildung

$$X : \Omega \to \mathbb{R} \text{ und } \xi : \omega \to j \text{ mit } j = 1,2,...,6 \text{ und } m = 6$$

der Ergebnismenge Ω in die Menge der reellen Zahlen $\mathbb{R}$ definiert ist und mit

$$A := \{\omega \in \Omega : X(\omega) = \xi\} = \{X = \xi\}$$

ein zufälliges Ereignis A beschreibt, das darin besteht, dass die diskrete Zufallsgröße X „genau" den Wert ξ annimmt, also dass bei einem Würfelwurf die Augenzahl ξ „oben" erscheint. Diese wahrscheinlichkeitstheoretische Deutung ist
identisch mit der deskriptiven Betrachtung, wonach mit

$$A := \{\gamma \in \Gamma : X(\gamma) = \xi\} = \{X = \xi\}$$

ein (stets zufallsbedingtes) Würfelergebnis A beschrieben wird, das darin besteht,
dass bei einem Würfelwurf γ die zugehörige Augenzahl $X(\gamma)$ genau durch den
Wert bzw. durch die Realisation $\xi \in \Xi = \{1,2,...,6\}$ gegeben ist.

Testproblem. Da man keinerlei Kenntnis über die Beschaffenheit des benutzten Spielwürfels besitzt, man also nicht weiß, ob er „ideal" oder „gezinkt" ist,
bleibt einem keine andere Wahl, als das in Rede stehende und zugleich in der
Abbildung 7.3.2-1 plakatierte Testproblem mit Hilfe eines Zufallsexperiments
einer Lösung zuzuführen, indem man gleichsam wie ein „statistischer Detektiv"
mit Hilfe eines geeigneten statistischen Testverfahrens anhand eines vorliegenden Zufallsstichprobenbefundes $\{X(\gamma_i) = x_i, i = 1,2,...,n\}$ von $n = 60$ gewürfelten
Augenzahlen $X(\gamma_i) = x_i$ bestrebt ist, die Nullhypothese H_0: *Der Würfel ist ideal.*
gegen die Alternativhypothese H_1: *Der Würfel ist gezinkt.* auf einem vorab vereinbarten Signifikanzniveau von $\alpha = 0,05$ zu überprüfen.

Abbildung 7.3.2-1: Testproblem

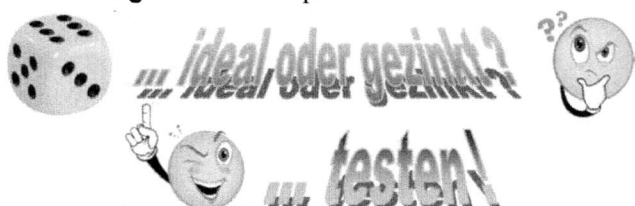

Für den Fall, dass die Nullhypothese „wahr", also der Würfel „ideal" ist, hat bei
einem Wurf theoretisch jede der $m = 6$ voneinander verschiedenen und möglichen Augenzahlen ξ_j aus der Menge

$$\Omega \equiv \Xi = \{\xi_j = j; j = 1, 2, ..., m\}$$

eine gleiche Chance (frz.: *chance* $\to$ Glück(sfall)), aufzutreten.

Gleichverteilung. Gemäß dem klassischen Wahrscheinlichkeitsbegriff nach
LAPLACE, der im Kontext des Abschnittes 6.2. inhaltlich skizziert wurde, beträgt
die Wahrscheinlichkeit dafür, dass beim einmaligen Werfen eines „idealen" Wür-

fels die diskrete Zufallsgröße X: *Augenzahl* genau den Wert $X = \xi_j = j$ annimmt, also das Zufallsereignis $\{X = \xi_j\}$ eintritt,

$$P(X = \xi_j) = n(X = \xi_j) / n(\Omega) = 1 / 6 \cong 0,167.$$

Aufgrund dessen, dass allen $m = 6$ elementaren Zufallsereignissen in Gestalt einer Augenzahl $\{\xi_j = j\}$ eine gleiche Wahrscheinlichkeit $P(X = \xi_j) = 1 / 6$ zukommt, kennzeichnet man das zugrunde liegende theoretische Verteilungsmodell der Zufallsgröße X: *Augenzahl beim einmaligen Werfen eines idealen Würfels* als eine diskrete Gleichverteilung. Die Wahrscheinlichkeitsverteilung der diskreten Zufallsgröße X ist in der Abbildung 7.3.2-2 mit Hilfe eines Balkendiagramms bildhaft dargestellt.

Abbildung 7.3.2-2: Diskrete Gleichverteilung

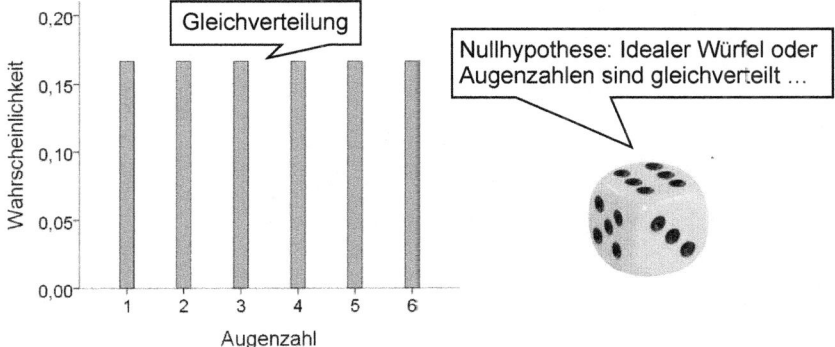

Zufallsstichprobenbefund. Die Tabelle 7.3.2-1 beinhaltet die empirische Häufigkeitsverteilung, die auf der Grundlage einer realisierten reinen Zufallsstichprobe vom Umfang von $n = 60$ Würfen „beobachtet" wurde und deren zugehörige Augenzahlwerte in der SPSS Datendatei *Zahl.sav* gespeichert sind.

Tabelle 7.3.2-1: Empirische Häufigkeitsverteilung

		Häufigkeit	Prozent	Kumulierte Prozente
Augenzahl	1	8	13,3	13,3
	2	13	21,7	35,0
	3	14	23,3	58,3
	4	8	13,3	71,7
	5	11	18,3	90,0
	6	6	10,0	100,0
	Gesamt	60	100,0	

Während in der ersten Tabellenspalte für die Zufallsgröße X: *Augenzahl* die Ergebnismenge Ω (sie ist im deskriptiven Sinne mit der Zustandsmenge Ξ identisch) aufgelistet ist, bildet die zweite Tabellenspalte die Grundlage zur Beschreibung der absoluten Häufigkeitsverteilung

$$\{(\xi_j, n_j), j = 1,2,...,6\} = \{(1, 8), (2, 13),...,(6, 6)\}$$

des Zufallsstichprobenbefundes. In logischer Konsequenz bildet die dritte Spalte die Basis zur Beschreibung der prozentualen Häufigkeitsverteilung

$$\{(\xi_j, p_j \times 100 \%), j = 1,2,...,6\} = \{(1, 13.3 \%), (2, 21.7 \%),...,(6, 10.0 \%)\},$$

und die vierte Spalte die Basis zur zahlenmäßigen Beschreibung der empirischen Verteilungsfunktion

$$\{(\xi_j, F_j \times 100 \%), j = 1,2,...,6\} = \{(1, 13.3 \%), (2, 35.0 \%),...,(6, 100.0 \%)\}$$

in Gestalt der kumulierten prozentualen relativen Häufigkeiten. Die prozentuale Häufigkeitsverteilung und die prozentuale Summenhäufigkeitsverteilung sind in der Abbildung 7.3.2-3 in Form eines Balkendiagramms und einer empirischen und treppenförmigen Verteilungsfunktion grafisch dargestellt.

Abbildung 7.3.2-3: Häufigkeitsverteilung und Verteilungsfunktion

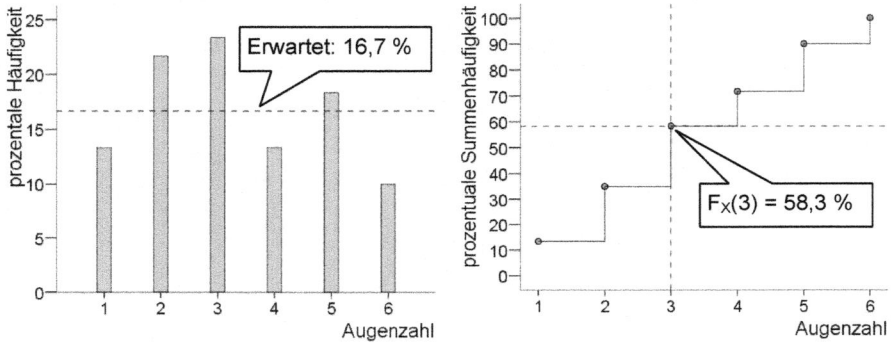

Interpretationen. Die Zeile der Ordnung $j = 3$ in der Augenzahlrubrik innerhalb der Tabelle 7.3.2-1 bzw. die Augenzahl $\xi_3 = 3$ innerhalb der Abbildung 7.3.2-3 kann wie folgt interpretiert werden: Die Augenzahl $\xi_3 = 3$ wurde nach $n = 60$ unabhängigen Würfen

$$n_3 = n(X = 3) = 14$$

mal beobachtet. Unter der Gleichverteilungshypothese H_0 hätte die Augenzahl theoretisch bzw. erwartungsgemäß

$$n^e_3 = n \times P(X = 3) = 60 \times (1 / 6) = 10$$

mal erscheinen müssen. Diese Aussage ist äquivalent zur folgenden Darstellung: Der Wert der empirischen Verteilungsfunktion F_X der diskreten Zufallsgröße X an der Stelle $\xi_3 = 3$ beläuft sich im konkreten Fall auf

$$F_X(3) = p(X \le 3) = 0{,}583 \text{ bzw. } 58{,}3 \%.$$

Unter der Nullhypothese H_0 hätte man theoretisch an der Stelle $\xi_3 = 3$ wegen

$$F^e_X(3) = P(X \le 3) = 3 / 6 = 0{,}5$$

einen Wert von 0,5 bzw. 50 % erwartet. Dies ist auch ein Grund dafür, warum man in der Induktiven Statistik anstelle der eingangs verbal formulierten Hypothesen in der Regel mittels der inhaltlich äquivalenten Symbolik

$$H_0: F_X(\xi_j) = F^e_X(\xi_j) \text{ versus } H_1: F_X(\xi_j) \neq F^e_X(\xi_j)$$

notiert. Der augenscheinliche Vorteil dieser verteilungsfunktionsbasierten Notation liegt in ihrer Allgemeingültigkeit begründet, unabhängig davon, über welches diskrete bzw. stetige Verteilungsmodell man Hypothesen formuliert und zu prüfen wünscht. Gleich, welche Form der Formulierung von Verteilungshypothesen man bevorzugt, eines wird sowohl aus der Tabelle 7.3.2-1 als auch aus der Abbildung 7.3.2-3 deutlich: Die aufgrund des Zufallsexperiments beobachtete empirische Augenzahlverteilung weicht von der theoretisch erwarteten Gleichverteilung ab. Das jeweilige Ausmaß der Abweichung kann man sich auf zwei Wegen verdeutlichen: Erstens zahlenmäßig in Gestalt der Abweichung $(n_j - n^e_j)$ der BEOBACHTETen absoluten Häufigkeit n_j von den unter der Gleichverteilungshypothese theoretisch ERWARTETen absoluten Häufigkeit n^e_j, die der Tabelle 7.3.2-2 als Residuum (lat.: *residuum* → Rest) bezeichnet wird und zweitens grafisch anhand der Balken innerhalb der Abbildung 7.3.2-3, die augenscheinlich über- bzw. unterhalb der gestrichelten „Gleichverteilungslinie" liegen.

Sequenz 7.3.2-1: Chi-Quadrat-Anpassungstest
Analysieren
  Nichtparametrische Tests
    Alte Dialogfelder
      Chi-Quadrat... → Abbildung 7.3.2-4

Abbildung 7.3.2-4: Chi-Quadrat-Anpassungstest

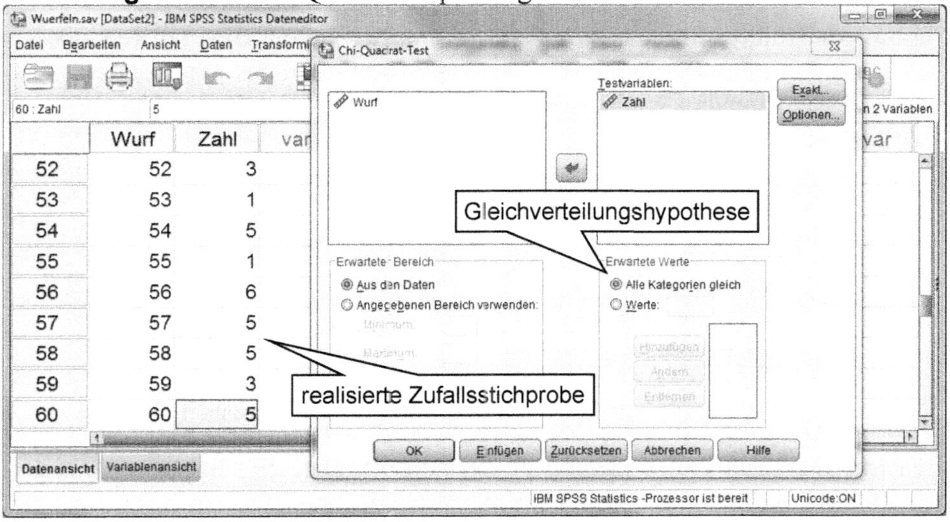

Chi-Quadrat-Anpassungstest. Die Frage, die es nunmehr mit Hilfe des sogenannten Chi-Quadrat-Anpassungstests zu beantworten gilt, ist, ob zum Beispiel auf einem vorab vereinbarten Signifikanzniveau von $\alpha = 0{,}05$ die beobach-

teten Abweichungen von einer Gleichverteilung noch „als das freie Spiel des Zufalls" oder „als ein Indiz für einen gezinkten Würfel" gedeutet werden können.
Unter Verwendung der SPSS Datendatei *Zahl.sav* kann der zu praktizierende
Chi-Quadrat-Anpassungstest auf eine diskrete Gleichverteilung am einfachsten
via Sequenz 7.3.2-1 bewerkstelligt werden. Die Ergebnisse des praktizierten Chi-
Quadrat-Anpassungstests auf eine diskrete Gleichverteilung sind in den Tabellen
7.3.2-2 und 7.3.2-3 zusammengefasst.

Tabelle 7.3.2-2: Ergebnistabelle

empirisch beobachtete Verteilung			
Augenzahl		Residuum = Beobachtet - Erwartet	
	Beobachtet	Erwartet	Residuum
1	8	10	-2
Zustandsmenge 2	13	10	3
3	14	10	4
4	8	10	-2
5	11	10	1
6	6	10	-4
Gesamt	60	60	0

unter H_0 erwartete (Gleich)Verteilung

Testentscheidung. Wegen $\alpha^* \cong 0,416 > \alpha = 0,05$ besteht gemäß der sogenannten p-value-basierten Entscheidungsregel kein Anlass, die eingangs verbal
formulierte Nullhypothese H_0: *Der Würfel ist ideal.* auf einem vorab vereinbarten
Signifikanzniveau von $\alpha = 0,05$ zu verwerfen. Aufgrund des praktizierten statistischen Tests kann davon ausgegangen werden, dass der benutzte Spielwürfel ein
„idealer" und kein „gezinkter" Würfel ist.

Tabelle 7.3.2-3: Testergebnis

Testvariablenwert: $\chi^2 = 5$		
	Augenzahl	df = 6 − 1 = 5
Chi-Quadrat	5,000[a]	
df (Freiheitsgrade)	5	
Asymptotische Signifikanz	,416	$\alpha^* \cong 0,416$

a. Bei 0 Zellen (,0%) werden weniger als 5
Häufigkeiten erwartet. Die kleinste erwartete
Zellenhäufigkeit ist 10,0.

Testvoraussetzung

Beachtenswert ist dabei, dass man als „statistischer Detektiv" mit dem praktizierten Zufallsexperiment und dem darauf beruhenden statistischen Anpassungstest
allerdings keinen Nachweis erbracht hat, dass der Würfel auch wirklich „ideal"
ist. So, wie zum Beispiel ein Gericht „aus Mangel an Beweisen" von einer Un-
schuldsvermutung bzw. einer nicht bewiesenen Schuld eines Angeklagten ausgeht, so hält man in der Induktiven Statistik „aus Mangel an Abweichungen einer

empirischen Verteilung von einer hypothetischen bzw. theoretischen Verteilung" an der Nullhypothese H₀ fest, ohne damit allerdings ihre „Richtigkeit oder Gültigkeit" nachgewiesen zu haben.

Testvariablenwert. Einzig und allein aus didaktisch-methodischen und Plausibilitätsgründen soll in diesem Zusammenhang das Grundprinzip und die Grundidee eines χ^2-Anpassungstests auf dem sogenannten „klassischen Weg" demonstriert und paradigmatisch erläutert werden. Unter Verwendung der Ergebnisse aus der Tabelle 7.3.2-2, welche die „deskriptive" Beschreibung und Auswertung des Stichprobenbefundes beinhaltet, errechnet man einen sogenannten Prüfgrößen- oder Testvariablenwert von

$$\chi^2 = \sum_{j=1}^{m} \frac{(n_j - n^e_j)^2}{n^e_j} = \frac{(8-10)^2}{10} + \frac{(13-10)^2}{10} + \dots + \frac{(6-10)^2}{10} = 5,$$

der als ein standardisierter und aggregierter Wert für das Ausmaß der m = 6 residualen Abweichungen $(n_j - n^e_j)$ der empirisch beobachteten absoluten Häufigkeiten n_j von den unter der Nullhypothese H₀ theoretisch erwarteten absoluten Häufigkeiten n^e_j interpretiert werden kann und der bei Gültigkeit der Nullhypothese

$$H_0: F_X(\xi_j) = F^e_X(\xi_j) \text{ bzw. } H_0: F_X(\xi_j) - F^e_X(\xi_j) = 0$$

den Wert null annehmen müsste. Aus wahrscheinlichkeitstheoretischer Sicht lässt sich der aus der realisierten Stichprobe berechnete Testvariablenwert χ^2 als eine Realisation einer Zufallsgröße X^2 (lies: *Groß-Chi-Quadrat*) deuten, die bei Gültigkeit der Nullhypothese H₀ einer χ^2-Verteilung mit df Freiheitsgraden genügt (vgl. Beispiel 7.3.2-2). Um aus induktiver Sicht eine Entscheidung darüber herbeiführen zu können, ob im konkreten Fall ein Testvariablenwert von $\chi^2 = 5$ als ein Indiz für einen „gezinkten" Würfel anzusehen ist, vergleicht man den Testvariablenwert $\chi^2 = 5$ mit einem Quantil einer χ^2-Verteilung, das als ein sogenannter Schwellenwert für die „klassische" Testentscheidung fungiert.

Schwellenwert. Für ein vorab vereinbartes Signifikanzniveau von $\alpha = 0,05$ berechnet man analog zum Beispiel 6.5.2-3 in SPSS mit Hilfe der Quantilsfunktion IDF.CHISQ(p,df) ein Quantil

$$\chi^2_{0.95,5} = \text{IDF.CHISQ}(0.95,5) \cong 11,07$$

der Ordnung p = 1 − α = 0,95 für eine χ^2-Verteilung mit df = m − 1 = 5 Freiheitsgraden und verwendet es als den Schwellenwert für die Testentscheidung.

Freiheitsgrade. Das nicht immer sofort einleuchtende und theoretisch nicht ganz so einfache Problem der für eine Testentscheidung verfügbaren Freiheitsgrade im Kontext eines Chi-Quadrat-Anpassungstests auf eine diskrete Gleichverteilung kann man sich allerdings stark vereinfacht wie folgt verdeutlichen: Für das Zufallsexperiment wurden im Vorfeld n = 60 unabhängige Würfe γ_i eines gleichen Würfels vereinbart und somit gleichsam der Umfang n der reinen Zufallsstichprobe $\Gamma_n = \{\gamma_i, i = 1,2,\dots,n\}$ festgeschrieben. Gleich, wie man sich die

Augenzahlen $X(\gamma_i) = x_i$ dieser n = 60 Würfe γ_i zufallsbedingt auf die Ergebnismenge $\Omega = \{\xi_j = j$ mit $j = 1,2,\ldots,6\}$ der m = 6 Augenzahlen verteilt denken mag
(dies ist auch ein Grund dafür, warum man das formale Mengenkonstrukt

$$\{(\xi_j; n(X = \xi_j)), j = 1,2,\ldots,m\}$$

eine absolute Häufigkeitsverteilung nennt), man hat letztlich immer nur insgesamt m = 6 – 1 = 5 freiwählbare Möglichkeiten, für sie (zumindest gedanklich)
beliebige Werte festzulegen. Hat man „in freier Wahl" für fünf absolute Häufigkeiten $n(X = \xi_j) = n_j$ jeweils einen beliebigen Wert festgelegt, etwa in Gestalt der
Folge der natürlichen Zahlen $\{8, 13, 8, 11, 6\}$, die im konkreten Fall identisch ist
mit den ersten zwei und den letzten drei empirisch beobachteten absoluten Häufigkeiten n_j aus der Tabelle 7.3.2-3, dann leuchtet es sofort ein, dass im konkreten
Fall und unter den vereinbarten Bedingungen die absolute Häufigkeit n_3 der Ordnung j = 3 „nicht mehr frei wählbar" ist und im betrachteten Fall wegen

$$n_3 = 60 - (8 + 13 + 8 + 11 + 6) = 14$$

nur noch den Wert 14 annehmen kann und muss. Dieser Vorgang des (zumindest
gedanklich) freien Wählens von m – 1 Summanden bei einer festgelegten Summe
aus m Summanden verdeutlicht exemplarisch den statistischen Begriff der df = 5
verfügbaren Freiheitsgrade (engl.: *degrees of freedom*).

Abbildung 7.3.2-5: Klassische Testentscheidung

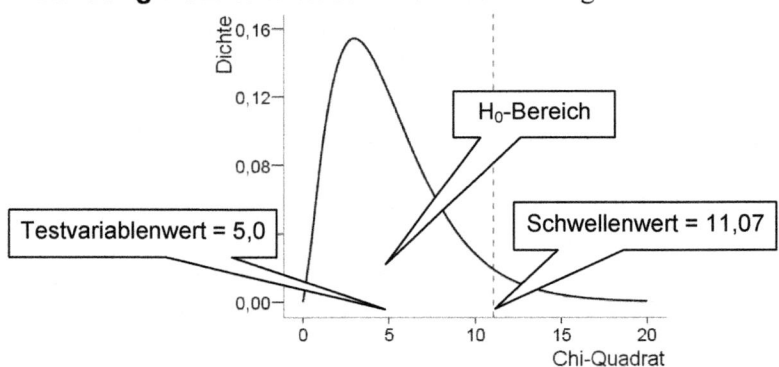

Testentscheidung. Im Zuge einer „klassischen" statistischen Testentscheidung verwirft man im Kontext des praktizierten Chi-Quadrat-Anpassungstests
auf eine diskrete Gleichverteilung die Nullhypothese H_0, sobald für ein vorab
vereinbartes Signifikanzniveau α der aus dem realisierten Stichprobenbefund
berechnete Testvariablenwert χ^2 den zugehörigen Schwellenwert $\chi^2_{p,df}$ überschreitet, der seinem Wesen nach ein Quantil der Ordnung $p = 1 - \alpha$ einer Chi-
Quadrat-Verteilung mit df Freiheitsgraden ist. Da im konkreten Fall offensichtlich und augenscheinlich $\chi^2 = 5 < \chi^2_{0.95,5} \cong 11,07$ gilt, besteht gemäß der klassischen Testentscheidung kein Anlass, an der eingangs formulierten Nullhypothese
eines „idealen" Spielwürfels zu zweifeln.

Die getroffene „klassische" Testentscheidung wird in der Abbildung 7.3.2-5 nochmals bildhaft und anschaulich verdeutlicht. Für die asymmetrische und nur für positive Zahlen definierte Dichtefunktion f_{X^2} einer χ^2-Verteilung mit df = 5 Freiheitsgraden liegt der stichprobenbasierte Testvariablenwert von $\chi^2 = 5$ eben unterhalb des Schwellenwertes von $\chi^2_{0.95,5} \cong 11{,}07$ und damit im sogenannten H_0-Bereich. Wohl hat der Zufall beim Würfeln Abweichungen vom theoretisch erwarteten Verteilungsmodell einer diskreten Gleichverteilung „beschert", sie sind aber im statistischen und wahrscheinlichkeitstheoretischen Sinne nicht markant genug, um die Gleichverteilungshypothese oder die Hypothese vom „idealen und fairen Spielwürfel" zu einem vorab vereinbarten Signifikanzniveau in Höhe von $\alpha = 0{,}05$ zu verwerfen. ♣

Beispiel 7.3.2-2: Chi-Quadrat-Verteilung
Motivation. Für das Verständnis der inneren Logik eines Chi-Quadrat-Tests ist es geboten, das theoretische Modell einer χ^2-Verteilung kurz zu skizzieren und zu erläutern. Gleichsam wie die Modelle der Standardnormalverteilung N(0;1) (vgl. Beispiel 6.5.2-4) und einer STUDENT t-Verteilung (vgl. Beispiel 7.1.3-1) findet auch das Modell einer Chi-Quadrat-Verteilung vor allem bei der statistischen Prüfung von Hypothesen über unbekannte Parameter oder Verteilungen eine breite Anwendung. Die Idee einer χ^2-Verteilung geht sowohl auf den deutschen Mathematiker Friedrich Robert HELMERT (*1843, †1917, oberes Bild) und auf den englischen Statistiker Karl PEARSON (*1857, †1936, unteres Bild) zurück, weshalb sie mitunter auch unter dem Namen HELMERT-PEARSON-Verteilung firmiert und wie folgt charakterisiert werden kann:

Chi-Quadrat-Verteilung
Sind Z_i (i = 1,2,...,n) n stochastisch unabhängige und N(0;1)-verteilte Zufallsgrößen, dann genügt die Zufallsgröße X^2 (lies: *Chi-Quadrat*) mit
$$X^2 = Z_1^2 + Z_2^2 + ... + Z_n^2,$$
die sich aus der Summe der n quadrierten Zufallsgrößen Z_i^2 ergibt, einer Chi-Quadrat-Verteilung mit df = n Freiheitsgraden, kurz: $X^2 \sim \chi^2(df)$.

Charakteristika. Eine Chi-Quadrat-Verteilung ist in der Regel eine asymmetrische und nur für positive Werte definierte Wahrscheinlichkeitsverteilung. Die Anzahl df (engl.: *degrees of freedom*) der Freiheitsgrade ist der alleinige Parameter einer χ^2-Verteilung, durch den eine ganze Familie von χ^2-Verteilungen charakterisiert wird. In der Abbildung 7.3.2-6 sind der Anschaulichkeit halber der Graph der Dichtefunktion f_{X^2} und der Graph der Verteilungsfunktion F_{X^2} einer χ^2-Verteilung mit df = 5 Freiheitsgraden skizziert.

Abbildung 7.3.2-6: χ^2-Verteilung für df = 5 Freiheitsgrade

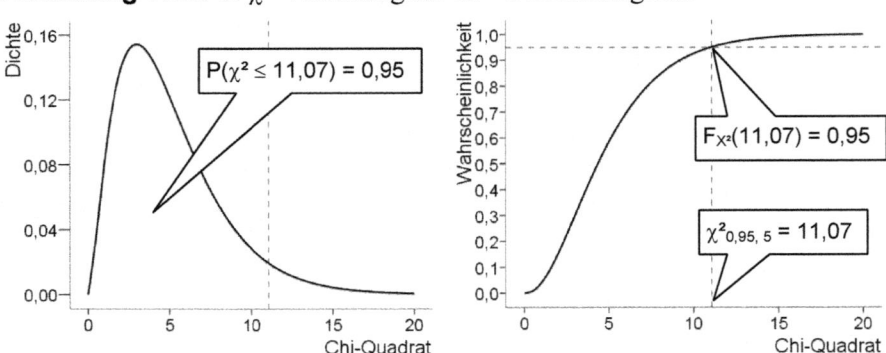

Erwartungswert und **Varianz**. Für den Erwartungswert $E(X^2)$ und die Varianz $V(X^2)$ einer χ^2-verteilten Zufallsgröße X^2 gilt:

$$E(X^2) = df \text{ und } V(X^2) = 2 \times df.$$

Approximation. Aufgrund des zentralen Grenzwertsatzes kann bei einer Freiheitsgradeanzahl von df > 100 eine χ^2-verteilte Zufallsgröße X^2 durch eine Normalverteilung approximiert werden, wobei $X^2 \approx N(df, \sqrt{(2 \times df)})$ gilt.

Quantil. Im Zuge der Applikation einer χ^2-Verteilung als eine statistische Prüfverteilung kommt für eine bestimmte Anzahl df von Freiheitsgraden den Quantilen $\chi^2_{p,df}$ der Ordnung p (0 < p < 1) eine fundamentale Rolle zu. Für p = 0,95 und df = 5 Freiheitsgrade bestimmt man in SPSS mit der Quantilsfunktion IDF.CHISQ das zugehörige Quantil

$$\chi^2_{0.95,5} = \text{IDF.CHISQ}(0.95, 5) \cong 11,07,$$

das in der Abbildung 7.3.2-6 durch die gestrichelten Linien kenntlich gemacht ist. In einschlägigen Fachbüchern sind in der Regel ausgewählte Quantile einer Chi-Quadrat-Verteilung tabelliert. Die Kernaussage eines Quantils kann man sich anhand der Abbildungen 7.3.2-5 und 7.3.2-6 wie folgt bildhaft verdeutlichen: Offensichtlich ist ein Quantil ein bestimmter Wert, der eine Verteilung zweiteilt. Im konkreten Fall ist die Fläche unterhalb der Dichtefunktion f_{X^2} derart zweigeteilt, dass an der Stelle $\chi^2 = 11,07$ wegen

$$\int_0^{+\infty} f_{X^2}(t)dt = \int_0^{11,07} f_{X^2}(t)dt + \int_{11,07}^{+\infty} f_{X^2}(t)dt = 0,95 + 0,05 = 1$$

ein Flächenanteil von p = 0,95 unterhalb und ein Flächenanteil von 1 − p = 0,05 oberhalb des Quantils $\chi^2_{0.95,5} = 11,07$ liegt. Dies koinzidiert mit der Aussage, dass die zugehörige Verteilungsfunktion F_{X^2} wegen

$$F_{X^2}(11,07) = P(X^2 \leq 11,07) = \text{CDF.CHISQ}(11.07, 5) = 0,95$$

an der Stelle $\chi^2 = 11,07$ einen Funktionswert liefert, der im konkreten Fall als Wahrscheinlichkeit dafür gedeutet wird, dass die stetige Zufallsgröße X^2 Werte annimmt, die gleich oder kleiner als 11,07 sind.

Signifikanzniveau. In der statistischen Testtheorie wird die Wahrscheinlichkeit dafür, dass eine mit df = 5 Freiheitsgraden χ^2-verteilte Zufallsgröße X^2 reelle Werte annimmt, die größer als 11,07 sind, als (das im Vorhinein stets zu vereinbarende bzw. festzulegende) Signifikanzniveau

$$\alpha = P(X^2 > 11{,}07) = 1 - F_{X^2}(11{,}07) = 1 - CDF.CHISQ(11.07, 5) = 0{,}05$$

gedeutet und als sogenannte Irrtumswahrscheinlichkeit mit dem Symbol α (lies: *Alpha*) gekennzeichnet. ♣

Beispiel 7.3.2-3: Empirisches und vorgegebenes Signifikanzniveau
Motivation. Die innere Logik des Testentscheidungskonzeptes innerhalb des Beispiels 7.3.2-1, das in der einschlägigen Literatur auch unter dem Begriff *probability-value-Konzept* bzw. *p-value-Konzept* firmiert und auf den englischen Statistiker Sir Ronald Aylmer FISHER (*1890, †1962) zurückgeht[19], leuchtet nicht immer sofort ein. Während in SPSS eine Testentscheidung über den Vergleich eines empirischen Signifikanzniveaus α^* mit einem vorgegebenen Signifikanzniveau α bewerkstelligt wird, führt man im klassischen Testkonzept eine Testentscheidung über den Vergleich eines empirischen Testvariablenwertes mit einem theoretischen Schwellenwert herbei. Die klassische und die unter SPSS praktizierte Testentscheidung aus dem Beispiel 7.3.2-1 sind der Anschaulichkeit halber in der Tabelle 7.3.2-4 nochmals zusammengefasst.

Tabelle 7.3.2-4: χ^2-Anpassungstest

Klassische Testentscheidung
Testvariablenwert versus Schwellenwert $\chi^2 = 5{,}0 < \chi^2_{0.95,\,5} \cong 11{,}07$ Testentscheidung: Gleichverteilungshypothese beibehalten
Testentscheidung unter SPSS (p-value-Konzept)
empirisches Signifikanzniveau versus vorgegebenes Signifikanzniveau $\alpha^* \cong 0{,}416 > \alpha = 0{,}050$ Testentscheidung: Gleichverteilungshypothese beibehalten

Der logische Zusammenhang zwischen beiden Konzepten lässt sich am Beispiel des praktizierten Chi-Quadrat-Anpassungstests auf eine diskrete Gleichverteilung wie folgt verdeutlichen: In beiden semantisch gleichartigen Testentscheidungen „korrespondieren" einerseits der aus dem empirischen Zufallsstichprobenbefund berechnete Testvariablenwert $\chi^2 = 5{,}0$ und das sogenannte empirische Signifikanzniveau $\alpha^* \cong 0{,}416$ und andererseits der aus dem theoretischen Prüfverteilungsmodell entlehnte Schwellenwert $\chi^2_{0.95,5} \cong 11{,}070$ und das vorgegebene bzw. vorab vereinbarte Signifikanzniveau $\alpha = 0{,}05$ miteinander.

---

[19] Quelle: SALSBURG, David: The Lady Tasting Tea, How Statistics Revolutionized Science in the Twentieth Century, 1st Holt Paperbacks Edition New York 2002, page 111

Quantilsberechnung. Für das vorgegebene Signifikanzniveau $\alpha = 0{,}05$, das per Definition die (Irrtums)Wahrscheinlichkeit dafür ist, im Zuge des χ^2-Anpassungstests die Gleichverteilungshypothese zu verwerfen, obgleich sie richtig ist, gilt die Beziehung

$$\alpha = P(X^2 > q) = 1 - P(X^2 \le q) = 1 - F_{X^2}(q) = 1 - 0{,}95 = 0{,}05.$$

Da im praktizierten Anpassungstest das theoretische Verteilungsmodell einer χ^2-Verteilung mit dem Parameter von $df = 5$ Freiheitsgraden zugrunde liegt, interessiert die Frage, wie groß der Wert des zugehörigen Quantils q der Verteilungsfunktion $F_{X^2}(q)$ ist, wenn der Verteilungsfunktionswert $p = F_{X^2}(q) = 0{,}95$ in seiner theoretischen Deutung als eine Wahrscheinlichkeit bekannt bzw. gegeben ist. Die Problemlösung liegt analog zur Abbildung 3.1.2-3 in SPSS in der Anwendung der Quantilsfunktion IDF.CHISQ(p,df), die für eine vorgegebene Wahrscheinlichkeit von $p = 1 - \alpha = 1 - 0{,}05 = 0{,}95$ und für den (durch den Zufallsstichprobenbefund fixierten) Verteilungsparameter von $df = 5$ Freiheitsgraden wegen

$$q = \chi^2_{0.95,5} = \text{IDF.CHISQ}(0.95,5) \cong 11{,}07$$

einen Wert liefert, der identisch ist mit dem Quantil $\chi^2_{0.95,5} \cong 11{,}07$ der Ordnung $p = 0{,}95$ einer Chi-Quadrat-Verteilung für $df = 5$ Freiheitsgrade, das im Kontext der klassischen Testentscheidung als sogenannter Schwellenwert fungiert.

Testvariablenwert. Analog berechnet man für das empirische Signifikanzniveau von $\alpha^* \cong 0{,}416$, für das im Kontext einer Chi-Quadrat-Verteilung allgemein

$$\alpha^* = P(X^2 > q) = 1 - P(X^2 \le q) = 1 - F_{X^2}(q)$$

gilt, mit Hilfe der SPSS Quantilsfunktion IDF.CHISQ(p,df) einen Wert der inversen Verteilungs- bzw. Quantilsfunktion von

$$q = \text{IDF.CHISQ}(1 - 0.416,5) \cong 5,$$

der offensichtlich mit dem stichprobenbasierten Testvariablenwert $\chi^2 = 5$ im Kontext der klassischen Testentscheidung übereinstimmt.

Wahrscheinlichkeitsberechnung. Analog zum Zusammenspiel von empirischem Testvariablenwert χ^2 und empirischem Signifikanzniveau α^* kann im Kontext des praktizierten χ^2-Anpassungstests auf eine diskrete Gleichverteilung die innere Logik von vorgegebenem Signifikanzniveau α und dem zugehörigen Schwellenwert $\chi^2_{p,df}$ wie folgt dargestellt werden: Die theoretische Verteilungsfunktion CDF.CHISQ(q,df), die in SPSS die typische Bezeichnung für die Verteilungsfunktion $F_{X^2}(q)$ einer χ^2-verteilten Zufallsgröße X^2 (engl.: *chisq(uare)*) mit df Freiheitsgraden darstellt, liefert für das Quantil $q = 11{,}07$ (Schwellenwert) und für den Verteilungsparameter $df = 5$ Freiheitsgrade einen Funktionswert von

$$p = F_{X^2}(11{,}07) = P(X^2 \le 11{,}07) = \text{CDF.CHISQ}(11.07,5) \cong 0{,}95,$$

der als Wahrscheinlichkeit dafür gedeutet werden kann, dass die Zufallsgröße X^2 positive und reelle Werte annimmt, die gleich oder kleiner als der theoretische Schwellenwert $q = \chi^2_{0.95,5} \cong 11{,}07$ sind. Die Komplementärwahrscheinlichkeit

$$\alpha = 1 - p = 1 - F_{X^2}(11{,}07) = 1 - P(X^2 \le 11{,}07) = 1 - 0{,}95 = 0{,}05$$

kennzeichnet das vorgegebene Signifikanzniveau α im Kontext des praktizierten Chi-Quadrat-Anpassungstests auf eine diskrete Gleichverteilung. Analog berechnet man für den empirisch gewonnenen und aus dem Stichprobenbefund berechneten Testvariablenwert $\chi^2 = 5$, der gleichsam als ein Quantil q einer Chi-Quadrat-Verteilung mit df = 5 Freiheitsgraden gedeutet werden kann, ein sogenanntes empirisches Signifikanzniveau von

$$\alpha^* = 1 - \text{CDF.CHISQ}(5,5) = \text{SIG.CHISQ}(5,5) \cong 0,416,$$

das in SPSS synonym als *Signifikanz*, als *asymptotische Signifikanz*, kurz auch als *Sig.* oder als *p*(robability)-*value* bezeichnet wird.

Signifikanzniveau. Der Vollständigkeit und der exemplarischen Nachvollziehbarkeit halber soll in diesem eher „trockenen Umfeld" noch darauf hingewiesen werden, dass in SPSS für das theoretische Modell einer χ^2-Verteilung sowohl ein empirisches als auch ein vorab vereinbartes Signifikanzniveau „vereinfacht" mit Hilfe der Funktion SIG.CHISQ(q,df) berechnet werden kann. In SPSS kann analog zu den Abbildungen 6.5.1-4 bzw. 6.5.2-3 die Funktion SIG.CHISQ(q,df) im Dialogfeld *Variable berechnen* in der Funktionsgruppe *Signifikanz* angefordert und optional sowie zahlenmäßig spezifiziert werden. ♣

Beispiel 7.3.2-4: χ^2-Anpassungstest auf ein theoretisches Verteilungsmodell
Motivation. Im Kontext dieses Beispiels soll paradigmatisch skizziert werden, wie man in SPSS einen Chi-Quadrat-Anpassungstest auf bzw. für ein beliebiges theoretisches Verteilungsmodell bewerkstelligen kann. Den praktischen Hintergrund gewährt das sogenannte Münzwurf-Experiment, das im Kontext des Beispiels 6.3-6 vorgestellt, skizziert und erläutert wurde.

Testproblem. Auf einem vorab vereinbarten Signifikanzniveau von $\alpha = 0,05$ soll mit Hilfe des χ^2-Anpassungstests die folgende Verteilungshypothese überprüft werden: Die n Studierenden, die im Rahmen einer Vorlesung zur Statistik am sogenannten Münzwurf-Experiment teilnehmen und jeweils das zufällige Ereignis Z = {Zahl} anzeigen, verteilen sich auf die k = 0,1,2… Münzwurf-Zyklen gemäß dem folgenden Verteilungsgesetz: $n^e_k = n \times (0,5)^k$.

Arbeitsschritte. Der angestrebte Chi-Quadrat-Anpassungstest kann in SPSS in den folgenden Arbeitsschritten bewerkstelligt werden:

Erstens. In einem ersten Arbeitsschritt wird analog zur Abbildung 7.3.2-7 eine SPSS Arbeitsdatei angelegt, welche auf dem Ergebnisprotokoll aus der Tabelle 6.3-1 beruht und die metrischen Variablen *Zyklus* und *Beob*(achtet) beinhaltet. Einzig und allein der Anschaulichkeit halber soll zudem die metrische Variable *Erwa*(rtet) via Sequenz 4.6.4-2 mittels der SPSS Berechnungsvorschrift

Erwa = 202 * (0.5) ** Zyklus

in die Arbeitsdatei eingefügt werden.

Zweitens. In einem zweiten Arbeitsschritt werden gemäß Abbildung 7.3.2-7 im SPSS Dialogfeld *Fälle gewichten* die sogenannten Zyklusfälle mit der sogenannten Häufigkeitsvariablen *Beob* gewichtet. Das SPSS Dialogfeld *Fälle gewichten* kann via *Daten, Fälle gewichten* aufgerufen werden.

Abbildung 7.3.2-7: SPSS Dateneditor mit Arbeitsdatei

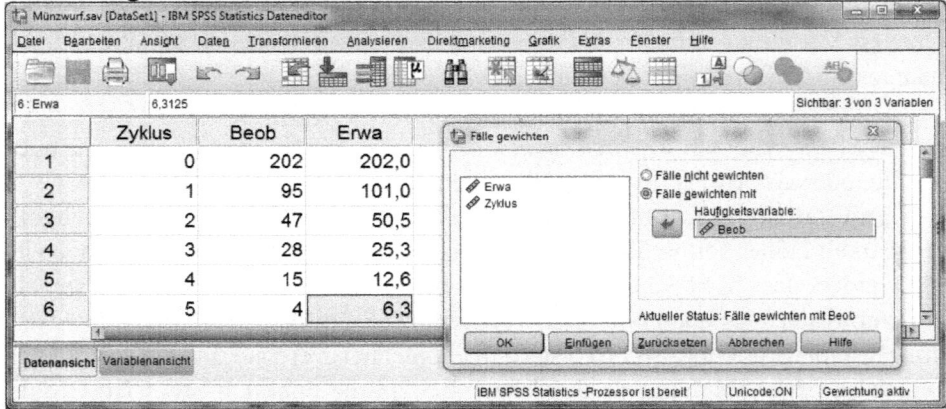

Drittens. In einem dritten Arbeitsschritt wird via Sequenz 7.3.2-1 der Chi-Quadrat-Anpassungstest aufgerufen und analog zur Abbildung 7.3.2-8 im SPSS Dialogfeld *Chi-Quadrat-Test* in der Rubrik *Erwartete Werte* mittels der Option *Werte* und der Schaltfläche *Hinzufügen* die unter der Verteilungshypothese ER-WArteten Werte via Tastatur eingetragen.

Abbildung 7.3.2-8: SPSS Dialogfeld χ^2-Test

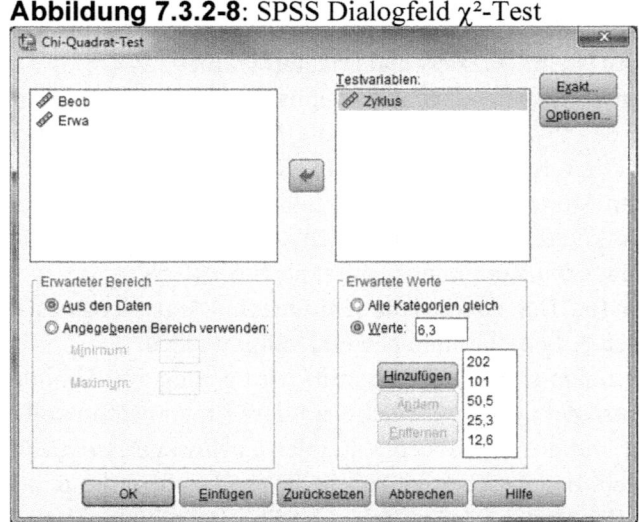

Testergebnis. Im praktizierten χ^2-Anpassungstest besteht analog zur Abbildung 7.3.2-9 gemäß dem p-value-Konzept wegen $\alpha^* \cong 0{,}834 > \alpha = 0{,}05$ kein Anlass, die eingangs formulierte Verteilungshypothese zu verwerfen.

Abbildung 7.3.2-9: SPSS Viewer mit Testergebnis

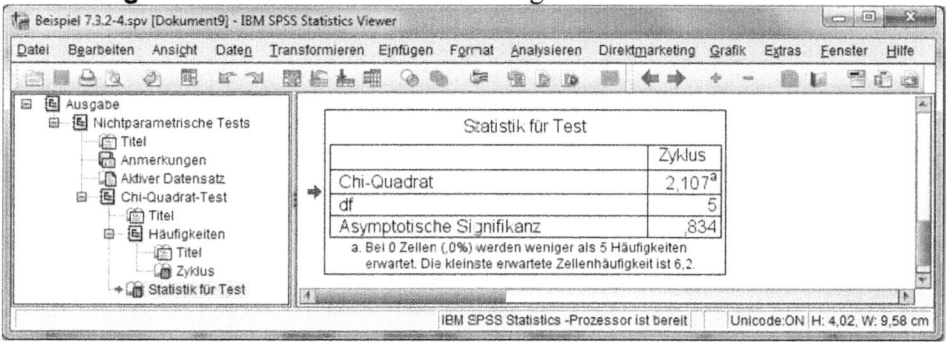

Offensichtlich kann das praktizierte Münzwurf-Experiment als ein geeignetes Experiment zur exemplarischen Beschreibung voneinander unabhängiger Zufallsereignisse angesehen werden. ♣

Beispiel 7.3.2-5: χ^2-Anpassungstest auf eine Normalverteilung
Motivation. Im Kontext dieses Beispiels soll paradigmatisch skizziert werden, wie man in SPSS einen Chi-Quadrat-Anpassungstest auf ein vollständig spezifiziertes Normalverteilungsmodell bewerkstelligen kann. Den praktischen Hintergrund bilden die 136 zufällig ausgewählten 3-Zimmer-Mietwohnungen in gehobener Wohnlage im Berliner Stadtteil Pankow, die in der SPSS Datendatei *Mieten.sav* erfasst und mittels des SPSS Filters
Zimmer = 3 & Lage = 3 & Stadtteil = "Pan"
ausgewählt wurden.

   Testproblem. Auf einem Signifikanzniveau von 0,05 soll mit Hilfe des Chi-Quadrat-Anpassungstests die folgende vollständig spezifizierte Verteilungshypothese überprüft werden: „Die Quadratmeterpreise X im betrachteten Marktsegment von Mietwohnungen sind Realisationen einer N(8,50 €/m², 1,00 €/m²)-verteilten Zufallsgröße".

   Stichprobenbefunde. Der in der Tabelle 7.3.2-5 zusammengefasste Zufallsstichprobenbefund basiert wiederum auf dem Stamm-Blatt-Diagramm innerhalb der Abbildung 7.3.2-10, das via Sequenz 5.1-5 und analog zur Abbildung 5.1-11 im Dialogfeld *Explorative Datenanalyse: Diagramme* optional vereinbart und angefordert wurde. Die unter der vollständig spezifizierten Verteilungshypothese
$$H_0: X \sim N(8,50\ €/m^2, 1,00\ €/m^2)$$
berechneten und theoretisch zu erwartenden absoluten Häufigkeiten wurden analog zur Abbildung 6.5.2-3 mittels der SPSS Funktion CDF.NORMAL aus der Funktionsgruppe *Verteilungsfunktionen* berechnet, wobei sich zum Beispiel für das gehobene Preissegment (der Nummer 3) das folgende Resultat ergibt:
$$n^e_3 = 136 \times (\text{CDF.NORMAL}(9, 8.5, 1) - \text{CDF.NORMAL}(8, 8.5, 1)) \cong 52,1.$$

Abbildung 7.3.2-10: Stamm-Blatt-Diagramm

```
Mietpreis (€/m²) Stamm-Blatt-Diagramm

Häufigkeit  Stamm &  Blatt
        2       6 .  02
        8       6 .  55667889
       13       7 .  0001223333444
       17       7 .  55666667777788999
       31       8 .  00011111111122223333333334444444
       21       8 .  55666666666677778889999
       21       9 .  00000000111233333344444
       12       9 .  556666777779
       10      10 .  0001123334
        1      10 .  9
Stammbreite:            1,00
Jedes Blatt:            1 Fall
```

Tabelle 7.3.2-5: Häufigkeitstabelle

Nummer	Preissegment	Klasse (Angaben in €/m²)	absolute Häufigkeit	
			beobachtet	erwartet
1	unteres	bis unter 7	10	9,1
2	mittleres	7 bis unter 8	30	32,9
3	gehobenes	8 bis unter 9	52	52,1
4	oberes	mindestens 9	44	41,9
	gesamt		136	136,0

Arbeitsschritte. Der angestrebte χ^2-Anpassungstest kann mittels einer auf der Häufigkeitstabelle basierenden SPSS Arbeitsdatei analog zu den im Beispiel 7.3.2-4 skizzierten Arbeitsschritten bewerkstelligt werden.

Abbildung 7.3.2-11: SPSS Viewer mit Testergebnis

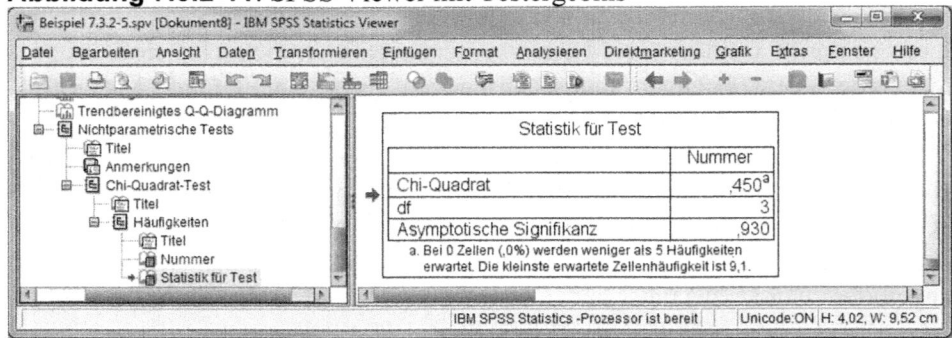

Testergebnis. Im skizzierten χ^2-Anpassungstest auf eine vollständig spezifizierte Normalverteilung besteht analog zur Abbildung 7.3.2-11 gemäß dem p-value-Konzept schlussendlich wegen $\alpha^* \cong 0,930 > \alpha = 0,05$ kein Anlass, die eingangs formulierte, vollständig spezifizierte und quadratmeterpreisbezogene Verteilungshypothese zu verwerfen. ♣

7.3.3 KOLMOGOROV-SMIRNOV-Anpassungstest

Motivation. Der KOLMOGOROV-SMIRNOV-Anpassungstest erfährt in der angewandten Statistik in seiner Eigenschaft als trennscharfer Omnibus-Test (lat.: *omnibus* → für alle) eine breite Anwendung, da er für ein metrisches Erhebungsmerkmal gleichermaßen Abweichungen in den Lage-, Streuungs-, Schiefe- und Wölbungsparametern einer empirisch beobachteten Verteilung im Vergleich zu einer theoretisch erwarteten Verteilung aufzudecken vermag.

KOLMOGOROV-SMIRNOV-Anpassungstest

Der KOLMOGOROV-SMIRNOV-Anpassungstest ist ein nichtparametrischer Ein-Stichproben-Test, mit dem man auf einem vorab vereinbarten Signifikanzniveau α mittels einer Zufallsstichprobe $\Gamma_n = \{\gamma_i, i = 1,2,...,n\}$ vom Umfang $n < N$ prüft, ob ein theoretisches Verteilungsmodell zur Beschreibung der „wahren und in der Regel unbekannten" Verteilung eines metrischen Erhebungsmerkmals $X(\gamma_i)$ angesehen werden kann, das über einer endlichen statistischen Grundgesamtheit $\Gamma = \{\gamma_i, i = 1,2,...,N\}$ vom Umfang N definiert ist.

Hinweise. Für die Applikation (lat.: *applicare* → zusammenfügen, anwenden) des KOLMOGOROV-SMIRNOV-Anpassungstests, der kurz auch als K-S-Test bezeichnet wird, erweisen sich die folgenden Hinweise als hilfreich: i) **Applikation.** Der K-S-Test kann gleichermaßen für stetige und für diskrete metrische Erhebungsmerkmale (mit vielen sich voneinander unterscheidenden Merkmalswerten) appliziert werden. In der Tabelle 7.3.3-1 sind die in SPSS implementierten theoretischen Verteilungsmodelle für einen vollständig spezifizierten K-S-Test bzw. für einen unvollständig spezifizierten K-S-Test auf eine Normalverteilung in der LILLIEFORS-Modifikation zusammengefasst. Während der modifizierte und unvollständig spezifizierte KOLMOGOROV-SMIRNOV-Anpassungstest auf eine Normalverteilung ein integraler Bestandteil der explorativen Datenanalyse ist (vgl. Beispiel 7.3.3-1), kann ein vollständig spezifizierter KOLMOGOROV-SMIRNOV-Anpassungstest für eines der vier in der Tabelle 7.3.3-1 angegebenen theoretischen Verteilungsmodelle via Sequenz 7.3.3-1 angefordert werden.

Tabelle 7.3.3-1: Verteilungsmodelle für einen K-S-Anpassungstest

Theoretisches Verteilungsmodell [a) stetig, b) diskret]	
unvollständig spezifiziert	vollständig spezifiziert
Normalverteilung [a)], K-S-Test in der vom US-amerikanischen Statistiker Hubert W. LILLIEFORS (*1928, †2008) vorgeschlagenen Modifikation, vgl. Beispiel 7.3.3-1	Normalverteilung [a)]
	Exponentialverteilung [a)]
	POISSON-Verteilung [b)], vgl. Beispiel 7.3.3-2
	Gleichverteilung [b)]

ii) **Spezifikation.** Die Unterscheidung zwischen einem unvollständig und einem vollständig spezifizierten Verteilungsmodell ist (bis auf das Modell einer Gleichverteilung) vor allem im Zuge einer Testentscheidung für die Berechnung des empirischen Signifikanzniveaus α^* bedeutungsvoll. Ein Verteilungsmodell heißt vollständig spezifiziert, wenn seine Parameter bekannt sind, unabhängig davon, ob sie vorgegeben oder aus einem realisierten Zufallsstichprobenbefund berechnet bzw. geschätzt wurden. Da man in praxi meist jedoch über die „wahren" Parameter eines Verteilungsmodells keinerlei Vorstellungen bzw. Kenntnisse besitzt, schätzt man diese in Ermangelung an verfügbaren Informationen aus einem realisierten Zufallsstichprobenbefund. In diesem Falle bezeichnet man ein Verteilungsmodell als ein (bezüglich seiner Parameter) unvollständig spezifiziertes Modell. iii) **LILLIEFORS-Modifikation**. Beachtenswert ist in diesem Zusammenhang, dass in SPSS der im Kontext der Explorativen Datenanalyse bereitgestellte K-S-Test auf eine Normalverteilung in der LILLIEFORS-Modifikation seinem Wesen nach ein Anpassungstest auf ein unvollständig spezifiziertes Normalverteilungsmodell ist. ♦

Beispiel 7.3.3-1: Test auf eine unvollständig spezifizierte Normalverteilung
Motivation. In Anlehnung an das Beispiel 5.1-5 und unter Verwendung der SPSS Datendatei *Golf.sav* soll auf einem vorab vereinbarten Signifikanzniveau von $\alpha = 0,05$ anhand der Zufallsstichprobe $\Gamma_n = \{\gamma_i, i = 1,2,...,n\}$ vom Umfang $n = 200$ Gebrauchtwagen γ_i vom Typ VW Golf mit Hilfe des KOLMOGOROV-SMIRNOV-Anpassungstests in der LILLIEFORS-Modifikation die folgende unvollständig spezifizierte Verteilungshypothese geprüft werden: Die jahresdurchschnittliche Laufleistung $X(\gamma_i) = x_i \in \mathbb{R}^+$ (Angaben in 1000 km) eines zufällig ausgewählten Gebrauchtwagens vom Typ VW Golf, Benziner, ist eine Realisation einer normalverteilten Zufallsgröße X, kurz: $X \sim N(\mu, \sigma)$.

K-S-Test. Der KOLMOGOROV-SMIRNOV-Anpassungstest in der LILLIEFORS-Modifikation auf eine unvollständig spezifizierte Normalverteilung kann via Sequenz 5.1-5 und analog zur Abbildung 7.3.3-1 bewerkstelligt werden.

Abbildung 7.3.3.-1: K-S-Anpassungstest auf eine Normalverteilung

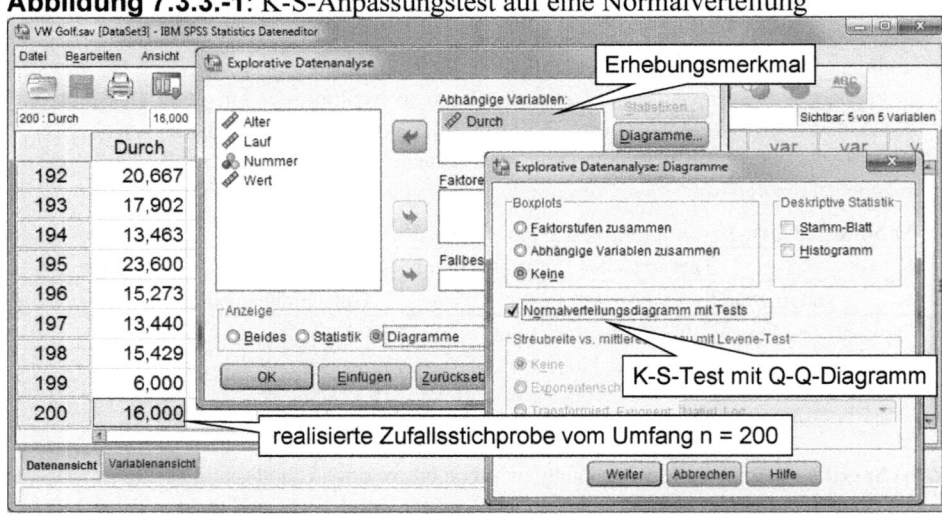

Ergebnisse. Die Abbildung 7.3.3-2 beinhaltet die im SPSS Viewer ausgewiesenen Ergebnisse des praktizierten KOLMOGOROV-SMIRNOV-Anpassungstests auf eine unvollständig spezifizierte Normalverteilung.

Abbildung 7.3.3-2: SPSS Viewer mit Testergebnis

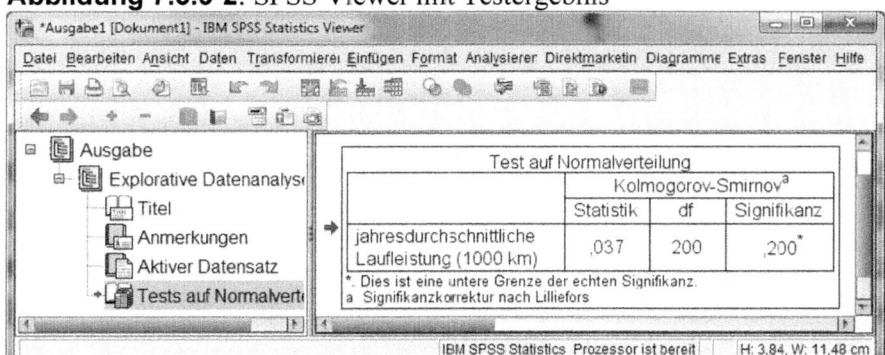

Testentscheidung. Im Zuge des Vergleichs des vorab vereinbarten Signifikanzniveaus α mit dem (aus dem Zufallsstichprobenbefund ermittelten) empirischen Signifikanzniveau α^* gibt es wegen $\alpha = 0{,}05 < \alpha^* \geq 0{,}200$ keinen Anlass,
an der unvollständig spezifizierten Normalverteilungshypothese zu zweifeln.

Interpretation. Demnach kann die jahresdurchschnittliche Laufleistung eines
zufällig ausgewählten Gebrauchtwagens vom Typ VW Golf als eine Realisation
einer stetigen Zufallsgröße aufgefasst werden, deren „Bewegungsgesetz" durch
das theoretische Modell einer unvollständig spezifizierten Normalverteilung
$N(\mu, \sigma)$ beschrieben werden kann. Da man keine Kenntnis über die „wahren, jedoch unbekannten" Verteilungsparametern μ und σ besitzt, schätzt man sie im
induktiven Sinne aus der realisierten Zufallsstichprobe vom Umfang n = 200.

Q-Q-Diagramme. Auf diesem induktiven Analysekonzept basieren auch die
beiden Q(antil)-Q(antil)-Diagramme innerhalb der Abbildung 7.3.3-3, die im
Zuge eines KOLMOGOROV-SMIRNOV-LILLIEFORS-Tests bereitgestellt werden.

Abbildung 7.3.3-3: Q-Q-Diagramme

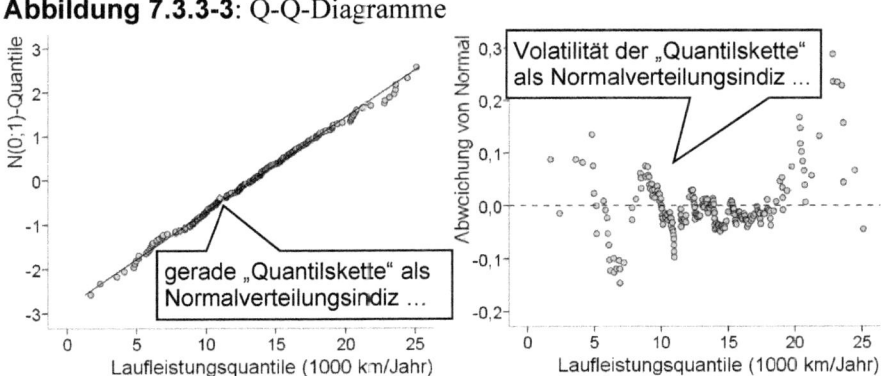

Aufgrund dessen, dass sich im linken Q-Q-Diagramm die „Quantilskette", deren
Kettenglieder jeweils durch ein Laufleistung-N(0, 1)-Quantilspaar bildhaft dar-

gestellt werden, an der sogenannten „Normalverteilungsgeraden entlang schlängelt", deutet man diesen explorativen Befund als ein Indiz dafür, dass die jahresdurchschnittliche Laufleistung (Angaben in 1000 km) der n = 200 zufällig ausgewählten Gebrauchtwagen vom Typ VW Golf, Benziner, jeweils als eine Realisation einer normalverteilten Zufallsgröße X aufgefasst werden kann. Dieser explorative Befund ist äquivalent zu der folgenden Verteilungsaussage, die zudem
noch durch das rechte und sogenannte „trendbereinigte" Q-Q-Diagramm ergänzt
wird, wo augenscheinlich die „Quantilskette" durch einen volatilen (lat.: *volare*
→ beweglich), zufallsbedingten und daher unsystematischen Verlauf um die sogenannte „Null-Linie" verläuft: Offensichtlich kann davon ausgegangenen werden, dass die n = 200 zufällig ausgewählten Gebrauchtwagen γ_i aus einer endlichen und hinsichtlich ihres Umfangs nicht näher bestimmten statistischen
Grundgesamtheit stammen, für die das metrische und stetige Erhebungsmerkmal
„jahresdurchschnittliche Laufleistung (Angaben in 1000 km)" mit Hilfe des theoretischen Modells einer Normalverteilung beschrieben werden kann. ♣

Beispiel 7.3.3-2: Test auf eine vollständig spezifizierte POISSON-Verteilung
Motivation. Im Kontext des Beispiels 5.1-4 wurde unter Verwendung der SPSS
Datendatei *Frage.sav* für die statistische Gesamtheit $\Gamma_n = \{\gamma_i, i = 1,2,...,n\}$ von
n = 2468 befragten Studierenden γ_i das metrische und diskrete Erhebungsmerkmal X: *Anzahl der Prüfungswiederholungen im vergangenen Semester*, dessen
erfasste Merkmalswerte in der Variablen *F11* gespeichert sind, analysiert und das
Ergebnis der deskriptiven Verteilungsanalyse in der Abbildung 5.1-10 tabellarisch und grafisch dargestellt. Aufgrund des empirischen Analysebefundes, wonach eine größere Anzahl von Prüfungswiederholungen je Student und Semester
ein vergleichsweise „seltenes Ereignis" ist, interessiert nunmehr die Frage, ob
dieser deskriptive Befund auch für die Teilmenge $\Gamma_n = \{\gamma_i, i = 1,2,...,n\}$ der
n = 330 Studierenden γ_i zutreffend ist, die in den Bachelor-Studiengängen im
Fach Statistik im Sommersemester 2014 und im Wintersemester 2014/15 befragt
wurden und mittels der Auswahlbedingung *Semester >= 13* auszuwählen sind.

    Hypothese. Einzig und allein aus didaktisch-methodischer Sicht soll auf ei-
nem vorab vereinbarten Signifikanzniveau von $\alpha = 0,05$ mit Hilfe des KOLMO-
GOROV-SMIRNOV-Anpassungstests die folgende vollständig spezifizierte Verteilungshypothese geprüft werden: Die Anzahl $X(\gamma_i) = x_i$ der semesterbezogenen
Prüfungswiederholungen eines (einer) zufällig ausgewählten Studenten(in) γ_i ist
eine poissonverteilte Zufallsgröße mit dem Verteilungsparameter $\lambda = 0,533$ Prüfungen je Student(in). Wegen H_0: $X \sim Po(0,533)$ kennzeichnet man sowohl die zu
prüfende Verteilungshypothese bezüglich des empirisch ermittelten Verteilungsparameters $\lambda = 0,533$ (lies: *Klein-Lambda*) als auch den zu praktizierenden
KOLMOGOROV-SMIRNOV-Anpassungstest auf eine POISSON-Verteilung als vollständig spezifiziert (hinsichtlich des Verteilungsparameters $\lambda = 0,533$).

Sequenz. Der KOLMOGOROV-SMIRNOV-Test auf eine vollständig spezifizierte POISSON-Verteilung kann via Sequenz 7.3.3-1 bewerkstelligt werden.

Sequenz 7.3.3-1: KOLMOGOROV-SMIRNOV-Test
Analysieren
   Nichtparametrische Tests
      Alte Dialogfelder
         K-S bei einer Stichprobe $\rightarrow$ Abbildung 7.3.3-4

Abbildung 7.3.3-4: SPSS Dateneditor mit Dialogfeld *K-S-Test bei einer* ...

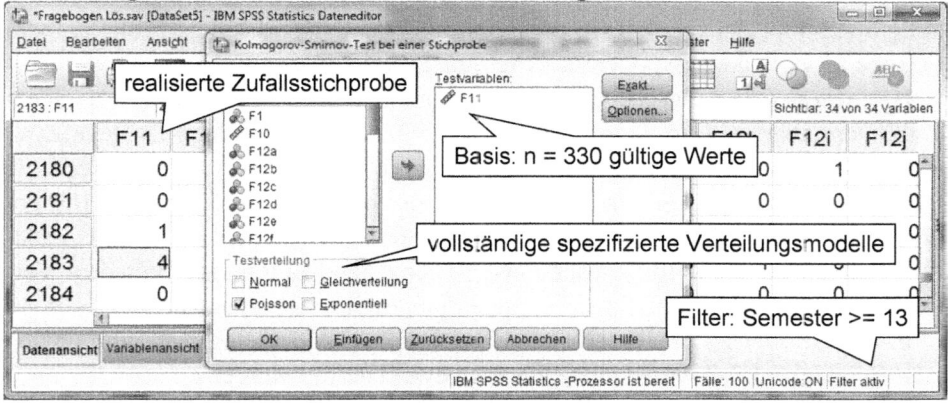

Testentscheidung. Die Abbildung 7.3.3-5 beinhaltet den SPSS Viewer mit dem Ergebnis des KOLMOGOROV-SMIRNOV-Anpassungstests auf eine vollständig spezifizierte POISSON-Verteilung.

Tabelle 7.3.3-5: SPSS Viewer mit Testergebnis

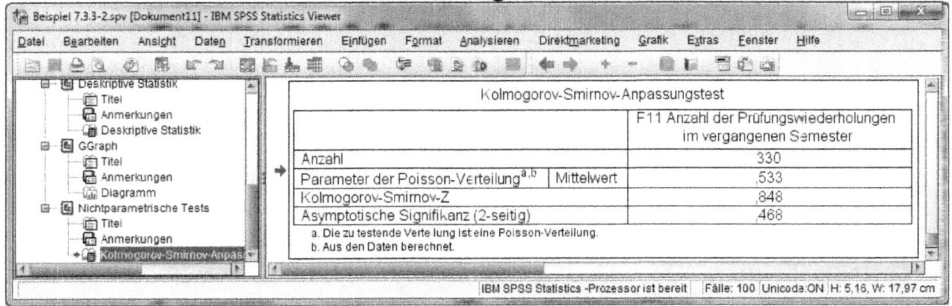

Da gemäß dem p-value-Konzept im Vergleich von vorgegebenem Signifikanzniveau $\alpha = 0{,}05$ und empirischem Signifikanzniveau $\alpha^* \cong 0{,}468$ letztlich

$$\alpha = 0{,}05 < \alpha^* \cong 0{,}468$$

gilt, gibt es keinen Anlass, die eingangs formulierte und vollständig spezifizierte Verteilungshypothese H_0: $X \sim Po(0{,}533)$ für die diskrete Zufallsgröße X: *Anzahl der Prüfungswiederholungen je Student(in) und Semester* zu verwerfen. ♣

Beispiel 7.3.3-3: Test auf eine vollständig spezifizierte Exponentialverteilung
Motivation. Im Beispiel 6.5.2-4 wurde unter Verwendung der SPSS Datendatei *Dauer.sav*, die das Resultat einer systematischen Zufallsstichprobe $\Gamma_n = \{\gamma_i, i = 1,2,...,n\}$ von n = 228 Mobilfunkgesprächen γ_i ist, anhand des metrischen und stetigen Erhebungsmerkmals X: *Gesprächsdauer (Angaben in Sekunden)*, das als eine stetige Zufallsgröße X aufgefasst werden kann, das theoretische Modell einer Exponentialverteilung paradigmatisch dargestellt, ohne statistisch überprüft zu haben, ob, inwieweit und wie „gut" sich die empirische beobachtete Verteilung der n = 228 Gesprächsdauern $\{X(\gamma_i) = x_i, i = 1,2,...,n\}$ innerhalb der Abbildung 6.5.2-4 an das ebenfalls in der Abbildung 6.5.2-4 grafisch dargestellte theoretische Modell einer Exponentialverteilung „anpasst".

Hypothese. Aus diesem Grunde soll nunmehr „im Nachhinein" auf einem vorab vereinbarten Signifikanzniveau von $\alpha = 0,05$ mit Hilfe des KOLMOGOROV-SMIRNOV-Anpassungstests wegen $E(X) = 1/\lambda = 56$ sec und $\lambda = 0,018$ sec^{-1} die folgende vollständig spezifizierte Verteilungshypothese H_0 X ~ Ex(0,018) geprüft werden, die semantisch wie folgt zu deuten ist: Die Dauer $X(\gamma_i)$ eines zufällig ausgewählten Mobilfunkgesprächs γ_i ist eine Realisation einer mit dem Verteilungsparameter $\lambda = 0,018$ sec^{-1} exponentialverteilten Zufallsgröße X.

K-S-Test. Der zu praktizierende Einstichproben-Anpassungstest kann analog zum Beispiel 7.3.3-2 via Sequenz 7.3.3-1 bewerkstelligt werden.

Abbildung 7.3.3-6: SPSS Viewer mit Testergebnis

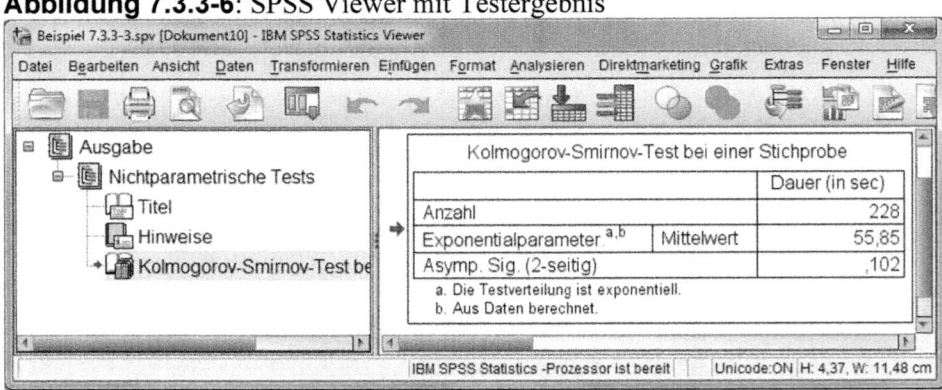

Testentscheidung. Da analog zur Abbildung 7.3.3-6 und gemäß dem p-value-Konzept im Vergleich von vorgegebenem und empirischem Signifikanzniveau $\alpha = 0,05 < \alpha^* \cong 0,102$ gilt, gibt es keinen Anlass, die eingangs formulierte und vollständig spezifizierte Verteilungshypothese H_0: X ~ Ex(0,018) für die stetige Zufallsgröße X: *Dauer eines Mobilfunkgesprächs (Angaben in Sekunden)* zu verwerfen. Demnach hat man „im Nachhinein" eine statistische Bestätigung dafür gefunden, dass die Dauer von Mobilfunkgesprächen mit Hilfe des theoretischen Modells einer Exponentialverteilung beschrieben werden kann. ♣

7.3.4 t-Test für zwei unabhängige Stichproben

Motivation. Der t-Test für zwei unabhängige Stichproben findet in der empirischen Wirtschafts- und Sozialforschung vor allem dort eine breite Anwendung, wo es statistisch zu prüfen gilt, ob in zwei disjunkten statistischen Grundgesamtheiten ein metrisches Erhebungsmerkmal durch ein homogenes durchschnittliches Niveau gekennzeichnet ist.

---

t-Test für zwei unabhängige Stichproben
Der t-Test für zwei unabhängige Zufallsstichproben ist ein Zwei-Stichproben-Test, mit dem man auf einem vorgegebenen Signifikanzniveau α prüft, ob die unbekannten Mittelwerte μ_1 und μ_2 eines metrischen und $N(\mu_1, \sigma_1)$-verteilten bzw. $N(\mu_2, \sigma_2)$-verteilten Merkmals aus zwei disjunkten statistischen Grundgesamtheiten $\Gamma_1 = \{\gamma_{i1}, i = 1,2,...,N_1\}$ vom Umfang N_1 und $\Gamma_2 = \{\gamma_{i2}, i = 1,2,...,N_2\}$ vom Umfang N_2 übereinstimmen. Dabei wird unterstellt, dass die Standardabweichungen $\sigma_1, \sigma_2 > 0$ bzw. die Varianzen $\sigma^2_1, \sigma^2_2 > 0$ in beiden disjunkten Grundgesamtheiten Γ_1 und Γ_2 gleichsam unbekannt sind.

Hinweise. Für die Anwendung eines t-Tests für zwei unabhängige Zufallsstichproben sind die folgenden Hinweise nützlich: i) **Normalverteilungsannahme.** Aufgrund dessen, dass der t-Test für zwei unabhängige Stichproben relativ robust ist gegenüber Verletzungen der Normalverteilungsannahme, kann er auch für nicht normalverteilte Stichprobenbefunde appliziert werden, sobald für jede der zwei unabhängigen Zufallsstichproben $\Gamma_n = \{\gamma_{i1}, i = 1,2,...,n_1\}$ und $\Gamma_n = \{\gamma_{i2}, i = 1,2,...,n_2\}$ der Stichprobenumfang n_1 bzw. n_2 größer als 50 ist. ii) **Varianzhomogenität.** Zudem wird unterstellt, dass die unbekannten Varianzen in beiden disjunkten Grundgesamtheiten Γ_1 und Γ_2 gleich sind, also wegen $\sigma^2_1 = \sigma^2_2 = \sigma^2$ in beiden disjunkten Grundgesamtheiten Γ_1 und Γ_2 Varianzhomogenität existiert. Im Falle von Varianzhomogenität wird der t-Test für zwei unabhängige Stichproben auch als doppelter t-Test bezeichnet. iii) **Varianzinhomogenität.** Existiert in beiden disjunkten Grundgesamtheiten Γ_1 und Γ_2 keine Varianzhomogenität, gilt also $\sigma^2_1 \neq \sigma^2_2$, dann ist der modifizierte t-Test für zwei unabhängige Stichproben, der auch als WELCH-Test bezeichnet wird, zu applizieren. ◆

Beispiel 7.3.4-1: Doppelter t-Test für varianzhomogene Gruppen
Motivation. Auf dem Berliner Mietwohnungsmarkt ist es ein allgemein bekanntes Faktum, dass (etwa durch die Ortslage, den Ausstattungsgrad etc. bedingt) das durchschnittliche Mietpreisniveau (Angaben in €/m²) von vergleichbaren Mietwohnungen in den einzelnen Stadtteilen unterschiedlich ist. Die gruppierten Boxplots innerhalb der Abbildung 7.3.4-1, welche im paarweisen Vergleich die empirischen Mietpreisverteilungen für Vier-Zimmer-Mietwohnungen für die drei nördlichen Berliner Stadtteile skizzieren, untermauern bildhaft diese Erfahrungstatsache. Mit Hilfe des t-Tests für zwei unabhängige Stichproben soll unter Verwendung der SPSS Datendatei *Mieten.sav* auf einem Signifikanzniveau von $\alpha = 0,05$ überprüft werden, ob die „wahren, jedoch unbekannten" durchschnittli-

chen Mietpreise, also die marktüblichen Durchschnittspreise μ_j (j = 1, 2) für Vier-Zimmer-Mietwohnungen zum Beispiel in den beiden „benachbarten" Berliner Stadtteilen Pankow (j = 1) und Weißensee (j = 2) homogen oder inhomogen bzw. heterogen sind.

Abbildung 7.3.4-1: Gruppierte Boxplots

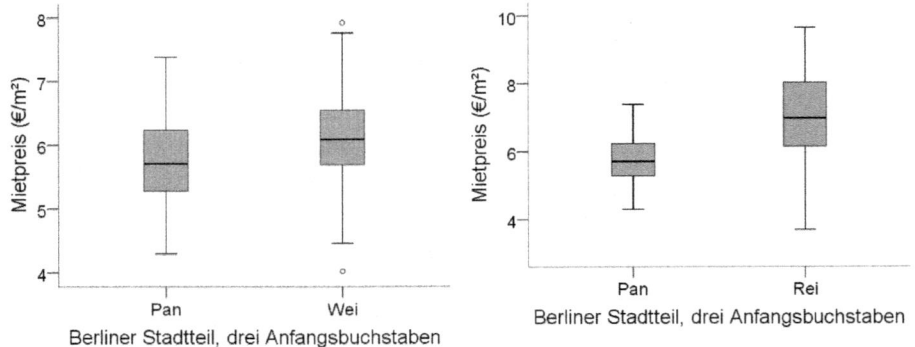

Hypothesen. Da man lediglich bestrebt ist, mit Hilfe des t-Tests für zwei unabhängige Stichproben den vermuteten Niveauunterschied in den marktüblichen durchschnittlichen Mietpreisen nachzuweisen, formuliert man genau das Gegenteil als Ausgangs- oder Nullhypothese

$$H_0: \mu_1 = \mu_2 \text{ bzw. } H_0: \mu_1 - \mu_2 = 0$$

und deutet diese sachlogisch wie folgt: Das „wahre, jedoch unbekannte" durchschnittliche Mietpreisniveau μ_j (j = 1, 2) in den zwei disjunkten und hinsichtlich ihres Umfanges N_j nicht näher bestimmten statistischen Grundgesamtheiten $\Gamma_j = \{\gamma_{ij}, i = 1,2,...,N_j\}$ der im Jahr 2014 in den disjunkten Mietwohnungsmärkten Pankow und Weißensee angebotenen Vier-Zimmer-Mietwohnungen γ_{ij} ist gleich. Ist man aufgrund zweier voneinander unabhängiger Zufallsstichprobenbefunde $\Gamma_n = \{\gamma_{ij}, i = 1,2,...,n_j\}$ auf einem vorab vereinbarten und festgelegten Signifikanzniveau von α = 0,05 gezwungen, die Ausgangshypothese $H_0: \mu_1 = \mu_2$ zu verwerfen und somit die zweiseitige Alternativhypothese $H_1: \mu_1 \neq \mu_2$ zu akzeptieren, dann hat man statistisch nachgewiesen, dass im Jahr 2014 in den beiden nördlichen Berliner Mietwohnungsmärkten ein unterschiedliches durchschnittliches Mietpreisniveau für Vier-Zimmer-Mietwohnungen existiert(e).

Voraussetzungen. Um im Sinne der formulierten Problemstellung den t-Test für zwei unabhängige Stichproben praktizieren zu können, ist es erforderlich, in Anlehnung an das Beispiel 4.6.4-4 die entsprechenden Mietwohnungen mit den jeweiligen Identifikationsmerkmalen etwa via SPSS Auswahlbedingung

Zimmer = 4 & (Stadtteil = "Pan" | Stadtteil = "Wei")

aus den stichprobenartig erhobenen und in der SPSS Datendatei *Mieten.sav* gespeicherten Daten „zu filtern" und in beiden bezüglich der erfassten Mietwohnungen γ disjunkten Berliner Stadtteilen für das Erhebungsmerkmal X: *Mietpreis (Angaben in €/m²)* sowohl die Normalitätsbedingung als auch die Varianzhomogenitätsbedingung zu überprüfen.

Mittelwerttabelle. Die Tabelle 7.3.4-1 beinhaltet die vereinfachte Mittelwerttabelle, die im Zuge eines t-Tests für zwei unabhängige Stichproben unter der Überschrift „Gruppenstatistiken" ausgewiesen wird.

Tabelle 7.3.4-1: Mittelwerttabelle

	Stadtteil	Anzahl	Mittelwert	Standardabweichung
Mietpreis (€/m²)	Pankow	105	5,76	,66
	Weißensee	103	6,10	,70

Demnach ergibt sich etwa für den Stadtteil WEIßensee das folgende Bild: Der durchschnittliche Mietpreis (Stichprobenmittel) der $n_2 = 103$ zufällig ausgewählten Vier-Zimmer-Mietwohnungen beläuft sich auf 6,10 €/m². Die Mietpreise $X(\gamma_i)$ in dieser Zufallsstichprobe $\Gamma_n = \{\gamma_i, i = 1,2,...,103\}$ von 103 Mietwohnungen γ_i streuen im Durchschnitt um 0,70 €/m² (Stichprobenstreuung) um ihren Durchschnittspreis von 6,10 €/m². Analog sind die Stichprobenparameter für die $n_1 = 105$ zufällig ausgewählten Mietwohnungen in PANkow zu deuten.

Unabhängige Zufallsstichproben. Beachtenswert ist in diesem Zusammenhang, dass mit der praktizierten Mietwohnungsauswahl garantiert ist, dass die betrachteten Vier-Zimmer-Mietwohnungen aus den beiden „disjunkten" statistischen Grundgesamtheiten (Stadtteilen bzw. Mietwohnungsmärkten) als zwei unabhängige Zufallsstichproben vom Umfang $n_1 = 105$ bzw. $n_2 = 103$ Mietwohnungen aufgefasst werden können. Die Unabhängigkeitsforderung kann im konkreten Fall wie folgt sachlogisch begründet werden: Aufgrund dessen, dass die Mietwohnungen jeweils mittels einer systematischen Zufallsauswahl aus beiden disjunkten Mietwohnungsmärkten $\Gamma_j = \{\gamma_j, i = 1,2,...,N_j\}$ der Ordnung $j = 1$ und $j = 2$ ermittelt wurden, leuchtet es intuitiv ein, dass die zufällige Auswahl einer annoncierten Mietwohnung in Weißensee nichts zu tun hat mit der zufälligen Auswahl einer annoncierten Mietwohnung in Pankow und umgekehrt.

Normalverteilungsannahme. Im Vorfeld des angestrebten Mittelwerthomogenitätstests gilt es in einem ersten Analyseschritt, die Normalverteilungsannahme im Hinblick auf das statistische Erhebungsmerkmal X: *Mietpreis* etwa mit Hilfe des KOLMOGOROV-SMIRNOV-Anpassungstests statistisch zu überprüfen. In Anlehnung an das Beispiel 7.3.3-1 soll vor allem aus didaktisch-methodischen und praxisnahen Gründen auf einem Signifikanzniveau von $\alpha = 0,05$ der sogenannte K-S-Test zur Überprüfung der beiden ($j = 1, 2$) unvollständig spezifizierten Verteilungshypothesen H_0: $X \sim N(\mu_j, \sigma_j)$ praktiziert werden. Die stichprobenspezifischen Ergebnisse des K-S-Tests sind in der Tabelle 7.3.4-2 zusammengefasst. Da im Vergleich von vorgegebenem Signifikanzniveau $\alpha = 0,05$ und empirischem Signifikanzniveau $\alpha^* \geq 0{,}20$ für jede der beiden stadtteilspezifischen Mietwohnungsstichproben $\alpha = 0{,}05 < \alpha^* \geq 0{,}20$ gilt, besteht jeweils kein Anlass, die Ausgangshypothese, wonach der Mietpreis $X(\gamma)$ von Vier-Zimmer-Mietwohnungen γ eine normalverteilte Zufallsgröße ist, zu zweifeln.

Tabelle 7.3.4-2: K-S-Test auf eine Normalverteilung

	Berliner Stadtteil, drei Anfangsbuchstaben	Kolmogorov-Smirnov[a]		
		Statistik	df	Signifikanz
Mietpreis (€/m²)	Pan	,043	105	,200[*]
	Wei	,069	103	,200[*]

[*]. Dies ist eine untere Grenze der echten Signifikanz.
a. Signifikanzkorrektur nach Lilliefors

Die beiden stadtteilspezifischen Testergebnisse koinzidieren zum einen mit den explorativen und stadtteilspezifischen Boxplots der Mietpreise innerhalb der Abbildung 7.3.4-1 (linke Grafik), die augenscheinlich für die beiden Stadtteile Pankow und Weißensee eine symmetrische Mietpreisverteilung indizieren, und zum anderen mit den stadtteilspezifischen Q-Q-Diagrammen innerhalb der Abbildung 7.3.4-2, in denen sich die sogenannte „Quantilskette" jeweils an der sogenannten „Normalverteilungsgeraden" entlang schlängelt.

Abbildung 7.3.4-2: Stadtteilspezifische Q-Q-Diagramme der Mietpreise

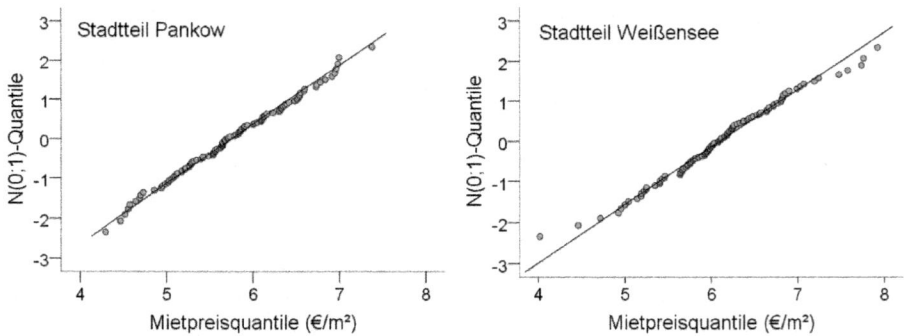

Varianzhomogenität. Nun ist der t-Test für zwei unabhängige Stichproben aufgrund seiner Konstruktion neben der Normalverteilungsannahme noch an die Varianzhomogenitätsannahme gebunden. Im logischen Testablauf ist es daher stets geboten, die Berechtigung der Homogenitätshypothese H_0: $\sigma_1^2 = \sigma_2^2$ für die unbekannte Mietpreisvarianz σ_1^2 im Mietwohnungsmarkt von Vier-Zimmer-Wohnungen in Pankow und für die unbekannte Mietpreisvarianz σ_2^2 im Mietwohnungsmarkt von Vier-Zimmer-Wohnungen in Weißensee zu prüfen. In SPSS wird im Zuge des t-Tests für zwei unabhängige Stichproben der Varianzhomogenitätstest nach LEVENE angeboten und praktiziert. Die Tabelle 7.3.4-3 beinhaltet das SPSS Ergebnisprotokoll für den LEVENE-Varianzhomogenitätstest, der nach dem US-amerikanischen Statistiker Howard LEVENE (*1914, †2003) benannt ist und in SPSS per Voreinstellung stets mit dem Ergebnisprotokoll eines t-Tests für zwei unabhängige Stichproben bereitgestellt wird.

Tabelle 7.3.4-3: Varianzhomogenitätstest

	Levene-Test der Varianzgleichheit	
	F	Signifikanz
Mietpreis (€/m²)	,001	,974

Da das empirische Signifikanzniveau $\alpha^* \cong 0,974$ größer ist als das vorgegebene Signifikanzniveau $\alpha = 0,05$, besteht gemäß den p-value-Konzept kein Anlass, an der Varianzhomogenitätshypothese für die Mietpreise in den disjunkten statistischen Grundgesamtheiten der Vier-Zimmer-Mietwohnungen in den Berliner Stadtteilen Pankow und Weißensee zu zweifeln.

Doppelter t-Test. Aufgrund dessen, dass es im bisherigen Mietpreisvergleich keine „statistischen Einwände" gegen die Normalverteilungs- und Varianzhomogenitätsannahme gibt, kann schließlich und endlich via Sequenz 7.3.4-1 der t-Test für zwei unabhängige Stichproben bei gleichen Varianzen in Gestalt des sogenannten doppelten t-Tests angefordert und praktiziert werden.

Sequenz 7.3.4-1: t-Test bei unabhängigen Stichproben
Analysieren
    Mittelwerte vergleichen
        T-Test bei unabhängigen Stichproben... → Abbildung 7.3.4-3

Abbildung 7.3.4-3: SPSS Dialogfelder *T-Test bei unabhängigen Stichproben*

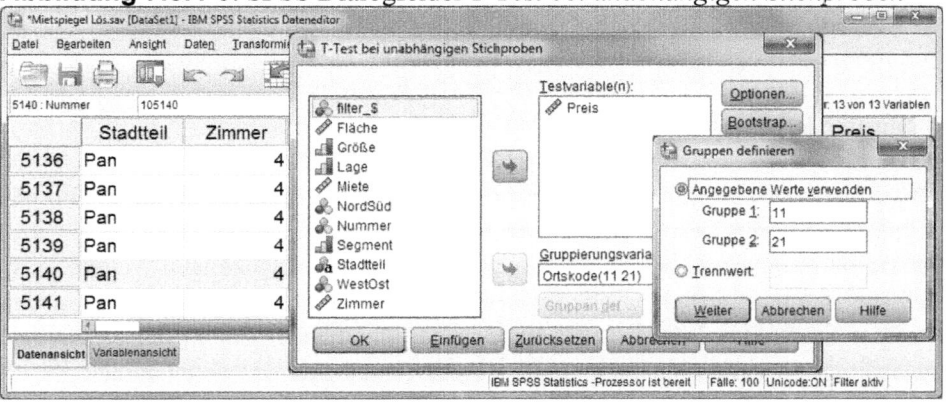

    Hinweise. Im Zuge des „Ausfüllens" des Dialogfeldes *T-Test bei unabhängigen Stichproben* sind die folgenden Hinweise zu beachten: i) **Testvariable**. Da im konkreten Fall der t-Test für zwei unabhängige Stichproben auf einen stadtteilspezifischen Mittelwertvergleich für die Mietpreise abstellt, fungiert die numerischen SPSS Variablen *Preis* bzw. *Ortskode* als sogenannte Testvariable bzw. Gruppierungsvariable.

ii) **Gruppierungsvariable**. Für die Gruppierungsvariable ist es stets erforderlich, zwei zulässige Ausprägungen via Schaltfläche *Gruppen def(inieren)* im Unterdialogfeld *Gruppen definieren* festzulegen. Bei der Festlegung der Ausprägungen ist zu beachten, dass diese stets mit dem vereinbarten Typ der jeweiligen Gruppenvariablen koinzidieren müssen. Eingedenk der Tatsache, dass die Gruppierungsvariable *Ortskode* eine numerische Variable ist, wurden im konkreten Fall im Unterdialogfeld *Gruppen definieren* in der Rubrik Gruppe 1 der Ortskode *11* für Pankow und in der Rubrik Gruppe 2 der Ortskode *21* für Weißensee vereinbart. Nach dem Betätigen der Schaltfläche *Weiter* werden die getroffenen Vereinbarungen für die Gruppierungsvariable protokolliert. Im konkreten Fall lautet die verbindliche SPSS Syntax *Ortskode(11 21)*. ♦

Testergebnisse. Die Tabelle 7.3.4-4 beinhaltet ein verkürztes SPSS Ergebnisprotokoll, das in seinen Komponenten wie folgt interpretiert werden kann:

Tabelle 7.3.4-4: T-Test für zwei unabhängige Stichproben

	T-Test für die Mittelwertgleichheit				95% Konfidenzintervall der Differenz	
	T	df	Sig. (2-seitig)	Mittlere Differenz	Untere	Obere
Mietpreis (€/m²)	-3,622	206	,000	-,343	-,530	-,156

Für die beobachtete Mittelwertdifferenz der Mietpreise von −0,34 €/m² wurde (unter Berücksichtigung der Mietpreis-Streuungsverhältnisse und der Stichprobenumfänge in den beiden unabhängigen Zufallsstichproben) ein empirisches Signifikanzniveau von $\alpha^* \cong 0,000$ errechnet. Da im Zuge des LEVENE-Tests kein Anlass bestand, die Varianzhomogenitätshypothese zu verwerfen, ist der doppelte t-Test zu praktizieren, dessen Ergebnisse in der Rubrik *Varianzen sind gleich* verzeichnet sind. Da gemäß dem praktizierten p-value-Konzept offensichtlich

$$\alpha^* \cong 0,000 < \alpha = 0,05$$

gilt, muss die eingangs formulierte Mittelwerthomogenitätshypothese

$$H_0: \mu_1 = \mu_2 \text{ bzw. } H_0: \mu_1 - \mu_2 = 0$$

zugunsten der zweiseitigen Alternativhypothese

$$H_1: \mu_1 \neq \mu_2 \text{ bzw. } H_1: \mu_1 - \mu_2 \neq 0$$

verworfen und der empirisch beobachtete Unterschied in den Stichprobenmittelwerten der Mietpreise von ca. −0,34 €/m² als ein signifikant von null verschiedener Befund eingestuft werden. Demnach kann davon ausgegangen werden, dass sich die durchschnittlichen Mietpreise für Vier-Zimmer-Mietwohnungen in den Berliner Stadtteilen Pankow und Weißensee voneinander unterscheiden. Dieses zweiseitige Testergebnis kann man sich auch anhand des sogenannten 95 %-Konfidenzintervalls [−0,53 €/m², −0,16 €/m²] für die Mittelwertdifferenz verdeutlichen, welches die „Homogenitätszahl" Null nicht überdeckt. Man deutet daher die empirisch beobachtete Stichprobenmittelwertdifferenz von −0,34 €/m² als nicht mehr vereinbar mit dem „freien Spiel des Zufalls" und somit als signifikant verschieden von null. ♣

Beispiel 7.3.4-2: WELCH-Test für varianzinhomogene Gruppen

Motivation. In der praktischen statistischen Arbeit wird man allerdings eher mit dem Umstand konfrontiert, dass im Zuge eines t-Tests für zwei unabhängige Stichproben sowohl die Normalverteilungs- als auch die Varianzhomogenitäts-annahme als verletzt angesehen werden muss. Ist garantiert, dass die Stichpro-benumfänge jeweils größer als 50 sind, dann kann aufgrund des zentralen Grenzwertsatzes die „strenge" Normalverteilungsannahme „aufgeweicht" und im Falle von Varianzinhomogenität der sogenannte WELCH-Test, der seinem Wesen nach ein modifizierter t-Test für varianzinhomogene Gruppen ist, praktiziert werden. Der WELCH-Test soll in Anlehnung an das Beispiel 7.3.4-1 und unter Verwendung der SPSS Datendatei *Mieten.sav* anhand des metrischen und steti-gen Erhebungsmerkmals *Mietpreis (Angaben in €/m²)* für die zufällig und unab-hängig voneinander ausgewählten Vier-Zimmer-Mietwohnungen in den Berliner Stadtteilen Pankow und Reinickendorf demonstriert werden.

Mittelwerttabelle. Unter Anwendung etwa der SPSS Auswahlbedingung

Zimmer = 4 & (Ortskode = 11 | Ortskode = 13)

erhält man die in der Tabelle 7.3.4-5 dargestellte die Mittelwerttabelle.

Tabelle 7.3.4-5: Mittelwerttabelle

	Ortskode	Anzahl	Mittelwert	Standardabweichung
Mietpreis	Pankow	105	5,76	,66
(€/m²)	Reinickendorf	121	7,02	1,22

Normalverteilungsannahme. Die stichprobenspezifischen Ergebnisse des KOLMOGOROV-SMIRNOV-Tests in der LILLIEFORS-Modifikation auf eine unvoll-ständig spezifizierte Normalverteilung für die stadtteilspezifischen Mietpreise sind in der Tabelle 7.3.4-2 zusammengefasst.

Tabelle 7.3.4-6: K-S-Test auf Normalverteilung

Ortskode		Kolmogorov-Smirnov[a]		
		Statistik	df	Signifikanz
Mietpreis (€/m²)	Pankow	,043	105	,200[*]
	Reinickendorf	,058	121	,200[*]

*. Dies ist eine untere Grenze der echten Signifikanz.
a. Signifikanzkorrektur nach Lilliefors

Da gemäß dem sogenannten p-value-Konzept im Vergleich von vorgegebenem Signifikanzniveau $\alpha = 0,05$ und empirischem Signifikanzniveau $\alpha^* \geq 0,20$ für jede der stadtteilspezifischen Mietwohnungsstichproben

$$\alpha = 0,05 < \alpha^* \geq 0,20$$

gilt, besteht kein Anlass, an der jeweiligen Ausgangshypothese, wonach die Mietpreise von Vier-Zimmer-Wohnungen in den beiden disjunkten Mietwoh-nungsmärkten Pankow und Reinickendorf normalverteilt sind, zu zweifeln.

LEVENE-Test. Die Tabelle 7.3.4-7 beinhaltet die Ergebnisse des LEVENE-Tests auf Varianzhomogenität, der auf einem Signifikanzniveau von $\alpha = 0{,}05$ entschieden werden soll. Da offensichtlich $\alpha^* \cong 0{,}000 < \alpha = 0{,}05$ gilt, muss die Homogenitätshypothese H_0: $\sigma_1^2 = \sigma_2^2$ bezüglich der unbekannten Mietpreisvarianzen σ_1^2 im Stadtteil Pankow und σ_2^2 im Stadtteil Reinickendorf verworfen werden. Demnach ist davon auszugehen, dass in beiden Mietwohnungsmärkten inhomogene bzw. heterogene Mietpreisstreuungsverhältnisse existieren.

WELCH-Test. Das Ergebnis des sogenannten WELCH-Tests in seiner Funktion als Mittelwerthomogenitätstest für zwei varianzinhomogene Gruppen ist im reduzierten SPSS Ergebnisprotokoll innerhalb der Tabelle 7.3.4-7 unter der Rubrik *Varianzen sind nicht gleich* bzw. *varianzinhomogen* vermerkt. Beachtenswert ist dabei, dass sich die Modifikation des praktizierten t-Tests für zwei unabhängige Stichproben vor allem in einer korrigierten und „reellwertigen" Anzahl von $df \cong 189{,}9$ Freiheitsgraden und damit auch im zugehörigen empirischen Signifikanzniveau $\alpha^* \cong 0{,}000$ niederschlägt.

Tabelle 7.3.4-7: LEVENE-Test und WELCH-Test

		Levene-Test der Varianzgleichheit		T-Test für die Mittelwertgleichheit		
		F	Signifikanz	T	df	Sig. (2-seitig)
Mietpreis (€/m²)	Varianzen sind gleich	34,839	,000	-9,429	224	,000
	Varianzen sind nicht gleich			-9,803	189,881	,000

Testentscheidung. Da im Kontext des praktizierten WELCH-Tests offensichtlich $\alpha^* \cong 0{,}000 < \alpha = 0{,}05$ gilt, verwirft man auf dem vorab vereinbarten Signifikanzniveau von $\alpha = 0{,}05$ die Mittelwerthomogenitätshypothese H_0: $\mu_1 = \mu_2$ und kennzeichnet trotz inhomogener Mietpreisvarianzen das durchschnittliche Mietpreisniveau für Vier-Zimmer-Mietwohnungen in den disjunkten statistischen Grundgesamtheiten der Berliner Stadtteile Pankow und Reinickendorf als voneinander verschieden.

Boxplots. Anhand der beiden stadtteilspezifischen Boxplots in der rechten Grafik innerhalb der Abbildung 7.3.4-1 kann man sich das Konzept des stadtteilbezogenen Vergleichs der durchschnittlichen Mietpreise im Kontext des praktizierten WELCH-Tests nochmals bildhaft verdeutlichen. Die augenscheinlich unterschiedlich großen Boxplots der Mietpreise beschreiben letztlich nichts anderes als zwei auf der Basis unabhängiger Zufallsstichproben empirisch beobachtete und nahezu symmetrische Mietpreisverteilungen, die nicht nur durch inhomogene Streuungsverhältnisse, sondern jeweils auch durch ein unterschiedliches mittleres „medianes" Mietpreisniveau gekennzeichnet sind, das bei (nahezu) symmetrischen Verteilungen stets mit dem jeweiligen durchschnittlichen Mietpreisniveau (von geringfügigen und vernachlässigbaren Abweichungen abgesehen) übereinstimmt. ♣

7.3.5 Einfaktorielle Varianzanalyse

Motivation. Die einfaktorielle Varianzanalyse, die auch als einfache ANOVA (engl.: *ANalysis Of VAariance*) bezeichnet wird, kann als eine Verallgemeinerung des t-Tests für zwei unabhängige Stichproben aufgefasst werden, der im Abschnitt 7.3.4 exemplarisch demonstriert wurde. Die einfaktorielle ANOVA findet in der empirischen Wirtschafts- und Sozialforschung vor allem dort eine breite Anwendung, wo es zu prüfen gilt, ob Mittelwerte aus zwei oder mehreren unabhängigen Zufallsstichproben als homogen angesehen werden können oder nicht. Die einfaktorielle Varianzanalyse kann wie folgt charakterisiert werden:

Einfaktorielle Varianzanalyse

Eine endliche statistische Grundgesamtheit $\Gamma = \{\gamma_i, i = 1,2,...,N\}$ vom Umfang N wird durch die Festlegung eines kategorialen Gruppierungsmerkmals in k disjunkte Teilgesamtheiten aufgeteilt und hinsichtlich eines metrischen Erhebungsmerkmals X beschrieben. Ist das metrische Erhebungsmerkmal X in den k Teilgesamtheiten normalverteilt mit einer homogenen Standardabweichung σ, gilt also $X_j \sim N(\mu_j, \sigma_j)$, $\sigma_j = \sigma > 0$ (j = 1,2,...,k, k $\geq$ 2), dann heißt das parametrische Verfahren zum Prüfen der Homogenitätshypothese H_0: $\mu_1 = \mu_2 = ... = \mu_k$ über die k unbekannten Mittelwerte μ_j auf der Grundlage von k unabhängigen Zufallsstichproben vom Umfang n_j einfaktorielle oder einfache Varianzanalyse.

Hinweise. Für das Verständnis der Grundidee einer einfaktoriellen oder einfachen Varianzanalyse erweisen sich die folgenden Hinweise als nützlich: i) **kategoriales Merkmal.** Das kategoriale Merkmal, das ein nominales oder ein ordinales Merkmal sein kann, bezeichnet man auch als Faktor und seine k Merkmalsausprägungen als Faktorgruppen. Das metrische Erhebungsmerkmal X wird dabei als ein Merkmal gedeutet, das von den k Faktorgruppen „abhängig" ist. ii) **Normalverteilung.** Die Erfüllung der Normalverteilungsbedingung für die k unabhängigen Zufallsstichproben kann gemäß Abschnitt 7.3.3 mit dem KOLMOGOROV-SMIRNOV-Anpassungstest überprüft werden. iii) **Varianzhomogenität.** Die Überprüfung der Varianzhomogenitätsbedingung erfolgt analog zum t-Test für zwei unabhängige Stichproben mit dem LEVENE-Test (vgl. Abschnitt 7.3.4). Existiert keine Varianzhomogenität, dann kann die Mittelwerthomogenitätshypothese mit dem WELCH-Test geprüft werden. iv) **Post-Hoc-Tests.** Wird auf einem Signifikanzniveau α die multiple Mittelwerthomogenitätshypothese H_0: $\mu_1 = \mu_2 = ... = \mu_k$ verworfen, so heißt das erst einmal nur, dass mindestens ein Mittelwertepaar aus den „k über 2" möglichen Mittelwertpaaren verschieden ist. Die Prüfung, welche Mittelwerte sich paarweise voneinander unterscheiden, ist eine Aufgabe von speziellen Post-Hoc-Tests (vgl. Beispiele 7.3.5-1 und 7.3.5-2). v) **Spezialfall.** Für k = 2 unabhängige Stichproben sind die Ergebnisse einer einfaktoriellen Varianzanalyse identisch mit denen eines t-Tests für zwei unabhängige Stichproben. vi) **Historie.** Die Varianzanalyse wurde vom englischen Statistiker Sir Ronald Aylmer FISHER (*1890, †1962) im Zusammenhang mit biologischen Feldversuchen zur Auswertung von Versuchsserien hinsichtlich des Einflusses von qualitativen Versuchseffekten auf quantitative Messergebnisse entwickelt. ♦

Beispiel 7.3.5-1: Einfache ANOVA bei varianzhomogenen Faktorgruppen

Motivation. Die SPSS Datendatei *Logo.sav* beinhaltet statusgruppenbezogene Daten, die im Sommersemester 2009 einzig und allein zur Bewertung des neuen Hochschullogos im Zuge einer Blitzumfrage an der HTW Berlin auf der Basis einer systematischen Zufallsauswahl und balancierter Stichproben empirisch erhoben wurden. Als metrische Bewertungsskala diente eine zehnstufige Punkteskala mit den Randwerten null für „Ablehnung" und neun für „Zustimmung". Als Schichtungsmerkmal fungierte das Erhebungsmerkmal *Statusgruppe*, das im konkreten Fall als ein nominales Merkmal aufgefasst wird. Mit Hilfe der einfachen Varianzanalyse soll auf einem vorab vereinbarten Signifikanzniveau von α = 0,05 für das metrische Erhebungsmerkmal *Votum* die folgende Mittelwerthomogenitätshypothese überprüft werden: Im Durchschnitt sind in den fünf Statusgruppen die abgegebenen Voten für das neue Hochschullogo gleich.

Explorative Datenanalyse. Im Vorfeld der Überprüfung der Mittelwerthomogenitätshypothese ist es geboten, die statusgruppenspezifischen Stichprobenbefunde einer explorativen Datenanalyse zu unterziehen. Die Tabelle 7.3.5-1 beinhaltet in Gestalt einer Mittelwerttabelle die fünf Stichprobenmittelwerte und die fünf Stichprobenstandardabweichungen.

Tabelle 7.3.5-1: Mittelwerttabelle

Votum (zehnstufige Skala)

Statusgruppe	Anzahl	Mittelwert	Standardabweichung
Professoren	20	2,45	1,57
Dozenten	20	3,50	1,61
Mitarbeiter	20	3,20	1,70
Studenten	20	5,95	1,43
Alumni	20	5,00	1,78
insgesamt	100	4,02	2,04

Im induktiven Sinne gilt es nunmehr die Frage zu klären, ob die k = 5 unabhängigen und hinsichtlich ihres Umfanges „balancierten" bzw. gleichgroßen Zufallsstichprobenbefunde jeweils als Realisationen von normalverteilten, varianzhomogenen und mittelwerthomogenen Zufallsgrößen aufgefasst werden können.

Normalverteilungstest. Die Tabelle 7.3.5-2 beinhaltet die statusgruppenspezifischen Ergebnisse des KOLMOGOROV-SMIRNOV-Anpassungstests auf eine unvollständig spezifizierte Normalverteilung, der jeweils auf einem (vorab vereinbarten) Signifikanzniveau von α = 0,05 entschieden werden soll. Da offensichtlich für alle k = 5 unabhängigen Zufallsstichproben $\alpha^* > \alpha$ = 0,05 gilt, besteht kein Anlass, an den k = 5 statusgruppenspezifischen Normalverteilungsannahmen zu zweifeln. Demnach können die in den fünf Statusgruppen abgegebenen und stichprobenartig erfassten Voten jeweils als Realisationen einer normalverteilten Zufallsgröße aufgefasst werden.

Tabelle 7.3.5-2: K-S-Test auf eine Normalverteilung

	Statusgruppe	Kolmogorow-Smirnow[a]		
		Statistik	df	Sig.
Votum (zehnstufige Skala)	Professoren	,163	20	,170
	Dozenten	,128	20	,200[*]
	Mitarbeiter	,147	20	,200[*]
	Studenten	,164	20	,165
	Alumni	,113	20	,200[*]

*. Dies ist eine Untergrenze der tatsächlichen Signifikanz.
a. Signifikanzkorrektur nach Lilliefors

Varianzhomogenitätstest. Die Tabelle 7.3.5-3 beinhaltet die Ergebnisse des Varianzhomogenitätstests nach LEVENE, der via Sequenz 7.3.5-1 im Unterdialogfeld *Einfaktorielle ANOVA: Optionen* angefordert werden kann.

Tabelle 7.3.5-3: LEVENE-Test

Votum (zehnstufige Skala)

Levene-Statistik	df1	df2	Sig.
,355	4	95	,840

Im konkreten Fall gibt es wegen $\alpha^* \cong 0,840 > \alpha = 0,05$ keinen Anlass, an der Varianzhomogenitätshypothese zu zweifeln. Demnach kann davon ausgegangen werden, dass die abgegebenen Voten in den $k = 5$ statusgruppenspezifischen Zufallsstichproben Realisationen von varianzhomogenen Zufallsgrößen sind.

Einfaktorielle ANOVA. Schließlich und endlich gilt es via Sequenz 7.3.5-1 mit Hilfe der einfaktoriellen Varianzanalyse, die eingangs formulierte (multiple) Mittelwerthomogenitätshypothese auf einem Signifikanzniveau von 0,05 zu prüfen. In der Tabelle 7.3.5-4 ist die „finale" Varianztabelle im Kontext der praktizierten einfaktoriellen Varianzanalyse dargestellt.

Tabelle 7.3.5-4: Varianztabelle für einfaktorielle ANOVA

Votum (zehnstufige Skala)

	Quadratsumme	df	Mittel der Quadrate	F	Sig.
Zwischen den Gruppen	161,860	4	40,465	15,371	,000
Innerhalb der Gruppen	250,100	95	2,633		
Gesamtsumme	411,960	99			

Testentscheidung. Wegen $\alpha^* \cong 0,000 < \alpha = 0,05$ verwirft man auf einem vorab vereinbarten Signifikanzniveau von 0,05 die eingangs formulierte Mittelwerthomogenitätshypothese und deutet die $k = 5$ im Zuge einer Blitzumfrage empirisch erhobenen statusgruppenspezifischen Voten „in Gänze" als signifikant voneinander verschieden. Das Ergebnis des zugrunde liegenden F(ISHER)-Tests wird gleichsam durch die Boxplots und durch das Mittelwertdiagramm innerhalb der Abbildung 7.3.5-2 bildhaft untermauert.

Sequenz 7.3.5-1: Einfaktorielle Varianzanalyse

Analysieren

   Mittelwerte vergleichen

      Einfaktorielle Varianzanalyse ... → Abbildung 7.3.5-1

Abbildung 7.3.5-1: SPSS Dateneditor, Dialogfelder *Einfaktorielle Varianz...*

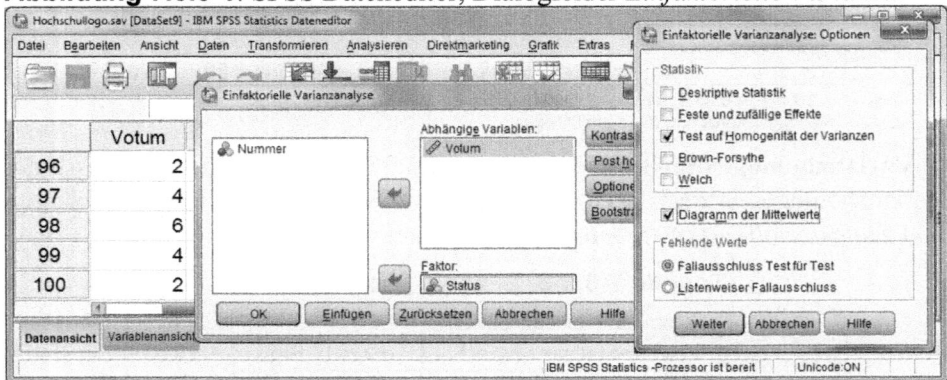

Hinweis. Im Zuge einer einfaktoriellen Varianzanalyse muss die in der Rubrik *Faktor* verwendete SPSS Variable numerischen Typs sein. Im konkreten Fall fungiert das als „nominal" definierte Erhebungsmerkmal in Gestalt der kodierten und numerischen SPSS Variablen *Status* als „Faktor" und das metrische Erhebungsmerkmal in Gestalt der SPSS Variablen *Votum* als sogenannte „Abhängige Variable". ♦

Abbildung 7.3.5-2: Boxplots und Mittelwertdiagramm der Voten

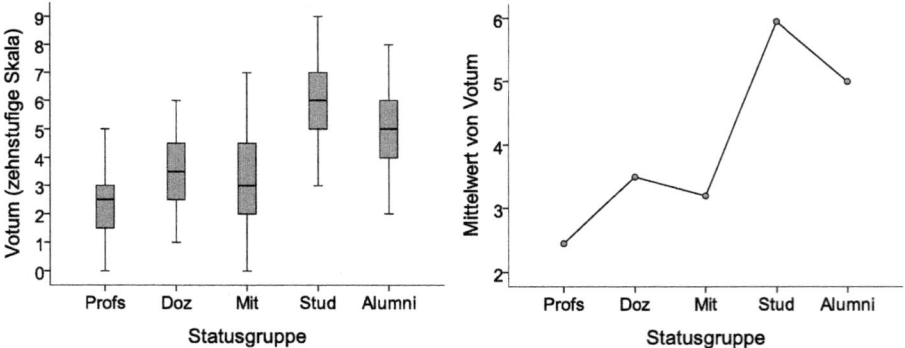

Diagramme. Während die nahezu symmetrischen und die nahezu gleichgroßen statusgruppenspezifischen Boxplots als ein Indiz für normalverteilte und varianzhomogene Stichprobenbefunde gedeutet werden können, koinzidieren sowohl die $k = 5$ niveauverschobenen Boxplots als auch der inhomogene Polygonzug (grch.: *polys* → viel + *gonia* → Winkel) der Stichprobenmittelwerte im Mittelwertdiagramm mit der zum vereinbarten Signifikanzniveau von 0,05 verworfenen multiplen Mittelwerthomogenitätshypothese.

Post-Hoc-Tests. Welche der k = 5 Statusgruppen sich im paarweisen Mittelwertvergleich hinsichtlich der abgegebenen Voten wesentlich voneinander unterscheiden, ist allerdings mit dem praktizierten F-Test im Kontext der einfaktoriellen Varianzanalyse allein nicht zu beantworten. Dies ist eine Aufgabe von speziellen Mittelwerttests, die auch als multiple Mittelwerttests oder Post-Hoc-Tests (lat.: *post hoc* → nach diesem) bezeichnet werden und via Sequenz 7.3.5-1 über die Schaltfläche *Post Hoc ...* analog zur Abbildung 7.3.5-3 im Unterdialogfeld *Einfaktorielle Varianzanalyse: Post-Hoc-Mehrfachvergleiche* anzufordern sind.

Abbildung 7.3.5-3: SPSS Dialogfeld Post-Hoc-Mehrfachvergleiche

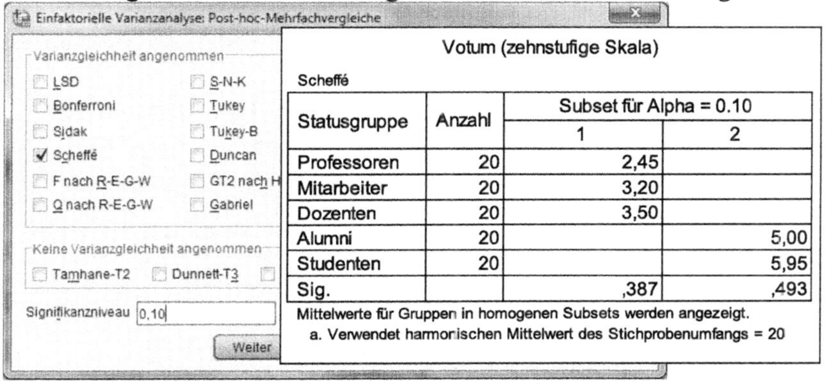

Votum (zehnstufige Skala)

Scheffé

Statusgruppe	Anzahl	Subset für Alpha = 0.10	
		1	2
Professoren	20	2,45	
Mitarbeiter	20	3,20	
Dozenten	20	3,50	
Alumni	20		5,00
Studenten	20		5,95
Sig.		,387	,493

Mittelwerte für Gruppen in homogenen Subsets werden angezeigt.
a. Verwendet harmonischen Mittelwert des Stichprobenumfangs = 20

Im konkreten Fall wurde aus dem Ensemble der Post-Hoc-Tests der nach dem amerikanischen Statistiker Henry SCHEFFÉ (*1907, †1977) benannte SCHEFFÉ-Test angefordert, der gleichermaßen für balancierte und für unbalancierte Stichproben geeignet ist und dessen Ergebnis in der Abbildung 7.3.5-3 zusammengefasst ist. Demnach können auf einem vorab vereinbarten multiplen Signifikanzniveau von $\alpha = 0,10$ offensichtlich zwei „Statusgruppenbündel" identifiziert werden, die sich im Hinblick auf das durchschnittliche Niveau der abgegebenen Voten signifikant voneinander unterscheiden: die Hochschullehrer, Dozenten und Mitarbeiter einerseits sowie die Studenten und Alumni andererseits. ♣

Beispiel 7.3.5-2: Einfache ANOVA bei varianzinhomogenen Faktorgruppen
Motivation. In Anlehnung an das Beispiel 7.3.4-1 soll unter Verwendung der SPSS Datendatei *Mieten.sav* auf einem Signifikanzniveau von $\alpha = 0,05$ mit Hilfe der einfaktoriellen Varianzanalyse geprüft werden, ob das durchschnittliche Mietpreisniveau von Vier-Zimmer-Mietwohnungen in den k = 3 nördlichen Stadtteilen Berlins als homogen angesehen werden kann. Zur Gruppe der im Norden Berlins gelegenen Stadtteile gehören im konkreten Fall die drei Stadtteile Pankow, Reinickendorf und Weißensee, die in der Arbeitsdatei der SPSS Auswahlbedingung *Zimmer = 4 & NordSüd > 6* genügen und im konkreten Fall insgesamt 329 Vier-Zimmer-Mietwohnungen umfassen.

Explorative Datenanalyse. Die einfaktorielle Varianzanalyse ist streng genommen an die „unheilige Dreifaltigkeit" von Unabhängigkeit, Normalität und Varianzhomogenität gebunden. Die Überprüfung dieser Voraussetzungen ist stets unabdingbar, wenn die Analyseergebnisse einer einfaktoriellen Varianzanalyse als valide gelten sollen. Wohl kann man im konkreten Fall davon ausgehen, dass die Unabhängigkeitsforderung für die k = 3 Mietwohnungsstichproben zumindest formal schon dadurch gegeben ist, dass etwa die Auswahl einer annoncierten Vier-Zimmer-Mietwohnung in Pankow nichts zu tun hat mit der Auswahl einer Vier-Zimmer-Mietwohnung in Reinickendorf oder in Weißensee. Die Frage aber, ob die Mietpreise in den k = 3 disjunkten Mietwohnungsmärkten als normalverteilt und varianzhomogen angesehen werden können, bedarf analog zum Beispiel 7.3.5-1 einer eingehenden Überprüfung.

Normalverteilungstest. In der Tabelle 7.3.5-5 sind die stadtteil- bzw. ortskodespezifischen Ergebnisse des KOLMOGOROV-SMIRNOV-Anpassungstests auf eine unvollständig spezifizierte Normalverteilung zusammengefasst.

Tabelle 7.3.5-5: K-S-Test auf eine Normalverteilung

Ortskode		Kolmogorov-Smirnov[a]		
		Statistik	df	Signifikanz
Mietpreis (€/m²)	Pankow	,043	105	,200*
	Reinickendorf	,058	121	,200*
	Weißensee	,069	103	,200*

*. Dies ist eine untere Grenze der echten Signifikanz.
a. Signifikanzkorrektur nach Lilliefors

Da im konkreten Fall für alle k = 3 unabhängigen und hinsichtlich ihres Umfangs unbalancierten stadtteilspezifischen Mietwohnungsstichproben das empirische Signifikanzniveau mit $\alpha^* \geq 0,2$ größer ist als das vorgegebene Signifikanzniveau $\alpha = 0,05$, gibt es keinen Anlass daran zu zweifeln, dass die zugehörigen Mietpreise $X(\gamma)$ im jeweiligen stadtteilspezifischen Mietwohnungsmarkt

$$\Gamma_j = \{\gamma_i, i = 1,2,...,N_j\}$$

der Ordnung j = 1,2,...,k mit k = 3 als Realisationen einer normalverteilten Zufallsgröße $X_j \sim N(\mu_j, \sigma_j)$ angesehen werden können. Die stadtteilspezifischen Ergebnisse des KOLMOGOROV-SMIRNOV-Anpassungstests in der sogenannten LILLIEFORS-Modifikation auf eine (unvollständig spezifizierte) Normalverteilung koinzidieren mit den gruppierten und stadtteilspezifischen Boxplots der Mietpreise innerhalb der Abbildung 7.3.4-1, die im paarweisen Stadtteilvergleich symmetrische Mietpreisverteilungen erkennen lassen. Augenscheinlich ist zudem die unterschiedliche Ausdehnung und die niveauverschobene Lage der Boxplots, die gleichsam wie die stichprobenspezifischen Verteilungsparameter innerhalb der erweiterten Mittelwerttabelle 7.3.5-6 ein Hinweis auf eine Inhomogenität der Varianzen und der Mittelwerte der stadtteilspezifischen Mietpreise sind.

Tabelle 7.3.5-6: Erweiterte Mittelwerttabelle

Mietpreis (€/m²)

	Anzahl	Mittelwert	Standardabweichung	Minimum	Maximum
Pankow	105	5,76	,66	4,29	7,38
Reinickendorf	121	7,02	1,22	3,70	9,65
Weißensee	103	6,10	,70	4,02	7,92

Nun wird das „freie Spiel des Zufalls" immer Abweichungen in den stadtteilspezifischen Verteilungsparametern bescheren. Die Frage ist nur, ob diese stadtteilspezifischen Mietpreisunterschiede auch im wahrscheinlichkeitstheoretischen Sinne wesentlich bzw. „signifikant" sind oder nicht.

LEVENE-**Test**. Die Vermutung einer Varianzinhomogenität der stadtteilspezifischen Mietpreise wird durch den Varianzhomogenitätstest nach LEVENE untermauert, dessen Ergebnis in der Tabelle 7.3.5-7 zusammengefasst ist.

Tabelle 7.3.5-7: LEVENE-Test

Mietpreis (€/m²)

Levene-Statistik	df1	df2	Signifikanz
27,144	2	326	,000

Wegen $\alpha^* \cong 0{,}000 < \alpha = 0{,}05$ wird auf einem Signifikanzniveau von $\alpha = 0{,}05$ die Varianzhomogenitätshypothese H_0: $\sigma^2_1 = \sigma^2_2 = \sigma^2_3$ bezüglich der drei „wahren, jedoch unbekannten" stadtteilspezifischen Mietpreisvarianzen verworfen.

Modifikationen. Die in den gruppierten Boxplots innerhalb der Abbildung 7.3.4-1 indizierte und durch den LEVENE-Varianzhomogenitätstest bestätigte Inhomogenität der stadtteilspezifischen Mietpreisstreuungen ist bei der induktiven Überprüfung der Mittelwerthomogenitätshypothese H_0: $\mu_1 = \mu_2 = \mu_3$ der drei stadtteilspezifischen Mietpreise zu berücksichtigen. Analog zum t-Test für zwei unabhängige Stichproben, der im Abschnitt 7.3.4 exemplarisch dargestellt wurde, muss auch das Modell einer einfaktoriellen Varianzanalyse, das aus wahrscheinlichkeitstheoretischer Sicht an die Normalverteilungs- und die Varianzhomogenitätsbedingung gebunden ist, modifiziert werden. Zwei Modifikationen, die in SPSS implementiert sind und gemäß Abbildung 7.3.5-1 via Sequenz 7.3.5-1 über die Schaltfläche *Optionen...* im Unterdialogfeld *Einfaktorielle Varianzanalyse: Optionen* wahlweise vereinbart und angefordert werden können, sind der sogenannte WELCH-Test und der sogenannte BROWN-FORSYTHE-Test. Beide modifizierten Testverfahren stellen einen Versuch dar, das sogenannte BEHRENS-FISHER-Problem, also das Prüfen der Gleichheit von zwei oder mehreren Mittelwerten bei varianzinhomogenen Faktorgruppen einer Lösung zuzuführen. Die Modifikation wird vor allem in den wesentlich geringeren Freiheitsgraden df augenscheinlich. Hinzu kommt noch, dass der jeweilige Testvariablenwert (und damit auch das empirische Signifikanzniveau α^*) nur asymptotisch einer F(ISHER)-Verteilung genügt.

WELCH-Test. Die Tabelle 7.3.5-8 beinhaltet die Ergebnisse des WELCH-Tests, der als Test auf Mittelwerthomogenität bei Varianzinhomogenität fungiert.

Tabelle 7.3.5-8: WELCH-Test

Mietpreis (€/m²)

	Statistik[a]	df1	df2	Sig.
Welch-Test	47,932	2	214,116	,000

a. Asymptotisch F-verteilt

Wegen $\alpha^* \cong 0,000 < \alpha = 0,05$ verwirft man auf einem Signifikanzniveau von $\alpha = 0,05$ die multiple Mittelwerthomogenitätshypothese H_0: $\mu_1 = \mu_2 = \mu_3$ und deutet das wahre, jedoch unbekannte durchschnittliche Mietpreisniveau in den disjunkten Grundgesamtheiten $\Gamma_j = \{\gamma_i, i = 1,2,...,N_j\}$ der k = 3 nördlichen Berliner Stadtteile „in Gänze" als voneinander verschieden.

Post-Hoc-Test. Welche der k = 3 Stadtteile sich im konkreten Fall in ihrem durchschnittlichen Mietpreisniveau μ_j (j = 1,2,...,k) voneinander unterscheiden, kann mit Hilfe der praktizierten und modifizierten einfaktoriellen Varianzanalyse in Gestalt des sogenannten WELCH-Tests nicht beantwortet werden. Die Beantwortung dieser Frage ist eine Aufgabe von speziellen Post-Hoc-Tests des multiplen Mittelwertvergleichs, die gemäß Abbildung 7.3.5-3 im Dialogfeld *Einfaktorielle Varianzanalyse: Post-Hoc-Mehrfachvergleiche* in der Rubrik *Keine Varianzgleichheit angenommen* optional vereinbart und angefordert werden können. Ein robuster und in praxi häufig applizierter Post-Hoc-Test bei varianzinhomogenen Faktorgruppen ist der sogenannte GAMES-HOWELL-Test, der im konkreten Fall auf einem optional vereinbarten Signifikanzniveau von 0,05 das in der Tabelle 7.3.5-9 zusammengefasste Ergebnis liefert:

Tabelle 7.3.5-9: GAMES-HOWELL-Test

Abhängige Variable: Mietpreis (€/m²)
Games-Howell

(I) Ortskode	(J) Ortskode	Mittlere Differenz (I-J)	Signifikanz	95%-Konfidenzintervall	
				Untergrenze	Obergrenze
Pankow	Reinickendorf	-1,261*	,000	-1,565	-,957
	Weißensee	-,343*	,001	-,567	-,119
Reinickendorf	Pankow	1,261*	,000	,957	1,565
	Weißensee	,918*	,000	,609	1,228
Weißensee	Pankow	,343*	,001	,119	,567
	Reinickendorf	-,918*	,000	-1,228	-,609

*. Die Differenz der Mittelwerte ist auf dem Niveau 0.05 signifikant.

Die zufällig ausgewählten Vier-Zimmer-Mietwohnungen in den drei nördlichen Berliner Stadtteilen Pankow, Reinickendorf und Weißensee unterscheiden sich sowohl „in Gänze" als auch im paarweisen Vergleich hinsichtlich des durchschnittlichen Mietpreisniveaus signifikant voneinander. ♣

Beispiel 7.3.5-3: F(ISHER)-Verteilung

Motivation. Für das Verständnis der inneren Logik eines auf einer F-Verteilung basierenden statistischen Testverfahrens (etwa des Varianzhomo-genitätstests nach LEVENE oder einer einfaktoriellen Varianzanaly-se) ist es geboten, das theoretische Modell einer sogenannten F(ISHER)-Verteilung kurz zu skizzieren und zu erläutern. Das Mo-dell einer sogenannten F-Verteilung, das nach dem englischen Sta-tistiker Sir Ronald Aylmer FISHER (*1890, †1962) benannt ist und  in der Induktiven Statistik eine breite Anwendung erfährt, kann wie folgt charak-terisiert werden:

F-Verteilung

Sind X^2_1 und X^2_2 zwei stetige, stochastisch unabhängige und χ^2-verteilte Zufalls-größen mit df_1 bzw. df_2 Freiheitsgraden, dann genügt die stetige Zufallsgröße $F = (X^2_1 / df_1)/(X^2_2 / df_2)$ einer F-Verteilung mit df_1, $df_2 \in \mathbb{R}^+$ Freiheitsgraden, kurz: $F \sim F(df_1, df_2)$.

Charakteristika. Eine F-Verteilung ist eine stetige, (in der Regel) asymmetri-sche und nur für positive Argumente definierte Wahrscheinlichkeitsverteilung. Die Zählerfreiheitsgrade $df_1 \in \mathbb{R}^+$ und die Nennerfreiheitsgrade $df_2 \in \mathbb{R}^+$ in Ge-stalt positiver reeller Zahlen (worin die natürlichen Zahlen eingeschlossen sind) sind die beiden Parameter einer F-Verteilung. Sie charakterisieren eine ganze Familie von F-Verteilungen. In der Abbildung 7.3.5-4 sind in Anlehnung an das Beispiel 7.3.5-1 die Graphen der Dichtefunktion $f_F = PDF.F(F,4,95)$ und der Ver-teilungsfunktion $F_F = CDF.F(F,4,95)$ einer mit $df_1 = 4$ und $df_2 = 95$ Freiheitsgra-den F-verteilten Zufallsgröße F für bestimmte F-Quantile skizziert.

Abbildung 7.3.5-4: F-Verteilung für $df_1 = 4$ und $df_2 = 95$ Freiheitsgrade

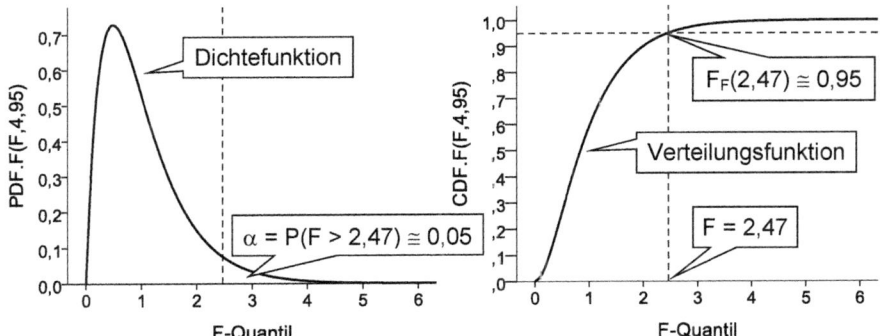

Quantile. Im Zuge der Verwendung einer F(ISHER)-Verteilung als eine statis-tische Prüfverteilung kommt für eine bestimmte Anzahl df_1 und df_2 von Frei-heitsgraden den Quantilen $F(p,df_1,df_2)$ der Ordnung p mit $0 < p < 1$ eine fundamentale Rolle zu, die man in SPSS mit Hilfe der sogenannten Quantilsfunktion IDF.F(p,df1,df2) bestimmen kann. So bestimmt man in Anlehnung an das Beispiel 7.3.5-1 und mit Bezug auf die Abbildung 7.3.5-4 zum Beispiel für p = 0,95, $df_1 = 4$ und $df_2 = 95$ ein Quantil der zugehörigen F-Verteilung von

$$F(0.95,4,95) = IDF.F(0.95,4,95) \cong 2,47,$$

das im Zuge einer „klassischen Testentscheidung" als sogenannter Schwellenwert fungiert und in der Abbildung 7.3.5-4 jeweils durch die gestrichelte und parallel zur Ordinate verlaufende Linie markiert ist. Die Kernaussage eines Quantils kann man sich anhand der Abbildung 7.3.5-4 wie folgt verdeutlichen: Offensichtlich ist ein Quantil ein bestimmter Wert, der eine Verteilung zweiteilt. Im konkreten Fall ist die Fläche unterhalb der (asymmetrischen) Dichtefunktion f_F derart zweigeteilt, dass an der Stelle F = 2,47 wegen

$$\int_{0}^{+\infty} f_F(t)dt = \int_{0}^{2,47} f_F(t)dt + \int_{2,47}^{+\infty} f_F(t)dt = 0,95 + 0,05 = 1$$

ein Flächenanteil von p = 0,95 unterhalb und ein Flächenanteil von 1 – p = 0,05 oberhalb des Quantils F = 2,47 liegt. Dies koinzidiert mit der Aussage, dass die (monoton wachsende) Verteilungsfunktion F_F einer mit $df_1 = 4$ und $df_2 = 95$ Freiheitsgraden F-verteilten Zufallsgröße F wegen

$$F_F(2,47) = P(F \leq 2,47) = CDF.F(2.47,4,95) \cong 0,95$$

an der Stelle F = 2,47 einen Funktionswert liefert, der im konkreten Fall als Wahrscheinlichkeit dafür gedeutet wird, dass die Zufallsgröße F Werte bzw. Realisationen annimmt, die gleich oder kleiner als 2,47 sind.

Signifikanzniveau. In der statistischen Testtheorie wird die Wahrscheinlichkeit dafür, dass eine mit $df_1 = 4$ und $df_2 = 95$ Freiheitsgraden F-verteilte Zufallsgröße Werte annimmt, die zum Beispiel größer als F = 2,47 sind, auch als (das vorab vereinbarte) Signifikanzniveau oder als Irrtumswahrscheinlichkeit

$$\alpha = P(F > 2,47) = 1 - F_F(2,47) = 1 - CDF.F(2.47,4,95) \cong 0,05$$

gedeutet und mit dem Symbol α (lies: *Alpha*) gekennzeichnet. Im Unterschied dazu bezeichnet man das Signifikanzniveau, das gemäß Tabelle 7.3.5-3 auf der sogenannten LEVENE-Statistik F = 0,355 bzw. in der Varianztabelle 7.3.5-4 auf dem sogenannten Testvariablenwert F = 15,37 beruht, wegen

$$\alpha^* = P(F > 0,355) = 1 - F_F(0,355) = 1 - CDF.F(0.355, 4, 95) \cong 0,840$$

bzw. wegen

$$\alpha^* = P(F > 15,37) = 1 - F_F(15,37) = 1 - CDF.F(15,37, 4, 95) \cong 0,000$$

als das aus den k = 5 statusgruppenbezogenen Stichprobenbefunden berechnete (testspezifische) empirische Signifikanzniveau α^*. Gemäß dem in SPSS üblichen p-value-Konzept behält man wegen $\alpha^* \cong 0,840 > \alpha = 0,05$ im Kontext des LEVENE-Tests die statusgruppenbezogene Varianzhomogenitätshypothese bei und verwirft (im Gegensatz dazu) wegen $\alpha^* \cong 0,000 < \alpha = 0,05$ die statusgruppenbezogene Mittelwerthomogenitätshypothese. ♣

8

Zusammenhangsanalyse

Schlüsselwörter

Bivariate Maßkorrelation

χ^2-Unabhängigkeitstest

CHAID-Klassifikation

Konditionalverteilung

Kontingenzmaß

Kontingenztabelle

Marginalverteilung

Partielle Maßkorrelation

Rangkorrelation

Streudiagramm

Gegenstand. Dieses Kapitel hat Verfahren der statistischen Zusammenhangsanalyse zum Gegenstand, die in der empirischen Wirtschafts- und Sozialforschung häufig appliziert werden. In der statistischen Zusammenhangsanalyse, die stets sachlogisch zu begründen ist und keine Kausalitätsanalyse (lat.: *causalis* → ursächlich) ersetzt, steht das Messen der Intensität und/oder der Richtung von Zusammenhängen zwischen zwei oder mehreren Merkmalen mit Hilfe geeigneter Maßzahlen im Vordergrund.

Analysekonzepte. In Abhängigkeit davon, ob die Merkmalsausprägungen auf einer nominalen, ordinalen oder metrischen Skala statistisch erhoben wurden, unterscheidet man in der statistischen Methodenlehre zwischen der Kontingenzanalyse (lat.: *contingentia* → das Zusammenfallen von Ereignissen), der Rangkorrelationsanalyse und der Maßkorrelationsanalyse (lat.: *con...* → zusammen mit + *relatio* → Beziehung).

Zielstellung. Das Ziel dieses Kapitels besteht darin, anhand praktischer Problemstellungen paradigmatisch zu zeigen, wie man unter Verwendung grafischer und numerischer Verfahren eine statistische Zusammenhangsanalyse a) für nominale und/oder ordinale Merkmale mit wenigen sich voneinander unterscheidenden Ausprägungen auf der Basis einer Kontingenztabelle bewerkstelligt, b) für ordinale Merkmale mit vielen sich voneinander unterscheidenden Ausprägungen bzw. für nicht normalverteilte metrische Daten eine Rangkorrelationsanalyse realisiert sowie c) für (normalverteilte) metrische Daten eine bivariate (lat.: *bis* → zweifach + *varia* → Allerlei) und eine partielle (lat.: *partialis* → anteilig) Maßkorrelationsanalyse bewerkstelligt. ♣

8.1   Kontingenzanalyse

Motivation. In der statistischen Methodenlehre wird die Zusammenhangsanalyse auf der Basis von Kontingenztabellen als Kontingenzanalyse bezeichnet. In diesem Abschnitt werden ausschließlich Verfahren der bivariaten Kontingenzanalyse dargestellt. Aus der Vielzahl der Verfahren zur Kontingenzanalyse, die in SPSS implementiert sind, werden nur diejenigen exemplarisch am praktischen Sachverhalt demonstriert, die vor allem in der empirischen Wirtschafts- und Sozialforschung eine breite praktische Anwendung erfahren. ♣

8.1.1   Kontingenztabelle

Motivation. Die Grundlage einer statistischen Kontingenzanalyse bildet eine Kontingenz- bzw. Kreuztabelle, die in der angewandten Statistik in der Regel nur für kategoriale, d.h. für nominale und/oder ordinale bzw. auf eine Nominalskala und/oder eine Ordinalskala transformierte metrische Erhebungsmerkmale mit wenigen sich voneinander unterscheidenden Merkmalswerten erstellt wird.

Kontingenztabelle

Für zwei kategoriale Erhebungsmerkmale
$$X(\gamma_i) = x_i \in \Xi_X = \{\xi_j, j = 1,2,...,r\}$$
und
$$Y(\gamma_i) = y_i \in \Xi_Y = \{\upsilon_k, k = 1,2,...,c\}$$
mit r bzw. c voneinander verschiedenen Ausprägungen ξ_j bzw. υ_k, die für eine statistische Gesamtheit $\Gamma_n = \{\gamma_i, i = 1,2,...,n\}$ vom Umfang n statistisch erhoben wurden, heißt die Häufigkeitstabelle, die in

Zeile	Spalte X \ Y	1 υ_1	2 υ_2	..	k υ_k	..	c υ_c	Summe
1	ξ_1	n_{11}	n_{12}	..	n_{1k}	..	n_{1c}	$n_{1\bullet}$
2	ξ_2	n_{21}	n_{22}	..	n_{2k}	..	n_{2c}	$n_{2\bullet}$
:	:	:	:	:	:	:	:	:
j	ξ_j	n_{j1}	n_{j2}	..	n_{jk}	..	n_{jc}	$n_{j\bullet}$
:	:	:	:	:	:	:	:	:
r	ξ_r	n_{r1}	n_{r2}	..	n_{rk}	..	n_{rc}	$n_{r\bullet}$
Summe		$n_{\bullet 1}$	$n_{\bullet 2}$	..	$n_{\bullet k}$	..	$n_{\bullet c}$	n

ihrem „Inneren" aus r Zeilen und aus c Spalten besteht und der Beschreibung der bivariaten absoluten Häufigkeitsverteilung
$$\{(\xi_j, \upsilon_k), n_{jk}\} \text{ mit } j = 1,2,...,r \text{ und } k = 1,2,...,c$$
der $(r \times c)$-Ausprägungspaare (ξ_j, υ_k) dient, $(r \times c)$-Kontingenztabelle oder $(r \times c)$-Kreuztabelle für die kategorialen Erhebungsmerkmale X und Y.

Hinweise. Für das Erstellen und die Interpretation einer Kontingenztabelle erweisen sich die folgenden Hinweise als hilfreich: i) **Typ**. Der Typ einer Kontingenztabelle wird durch die Anzahl r der Zeilen (engl.: *rows*) und der Anzahl c der Spalten (engl.: *columns*) markiert. Eine (r × c)-Kontingenztabelle heißt quadratisch, wenn r = c gilt. Im Fall r ≠ c heißt sie rechteckig. ii) **Zustandsmenge**. Die r bzw. c sich wohl voneinander unterscheidenden Merkmalsausprägungen ξ_j (lies: *Klein-Xi*) bzw. υ_k (lies: *Klein-Ypsilon*) sind jeweils in der zugehörigen Zustandsmenge Ξ (lies: *Groß-Xi*) zusammengefasst und erfassungsstatistisch definiert. iii) **Häufigkeit**. Die Anzahl

$$n(\xi_j, \upsilon_k) = n_{jk}$$

bzw. der Anteil

$$p(\xi_j, \upsilon_k) = p_{jk} = n_{jk} / n$$

mit der das Ausprägungspaar (ξ_j, υ_k) in einer statistischen Gesamtheit Γ_n beobachtet wurde, heißt absolute bzw. relative Häufigkeit des Ausprägungspaares (ξ_j, υ_k). iv) **Häufigkeitsverteilung**. Die Menge

$$\{(\xi_j, \upsilon_k), n_{jk}\} \text{ bzw. } \{(\xi_j, \upsilon_k), p_{jk}\}$$

aller (r × c) Ausprägungspaare (ξ_j, υ_k) und die zugehörigen absoluten Häufigkeiten n_{jk} bzw. relativen Häufigkeiten p_{jk} kennzeichnen die gemeinsame bzw. bivariate absolute bzw. relative Häufigkeitsverteilung der beiden kategorialen Erhebungsmerkmale X und Y. v) **Randhäufigkeit**. Die absolute Häufigkeit

$$n_{j\bullet} = \sum_{k=1}^{c} n_{jk} \text{ bzw. } n_{\bullet k} = \sum_{j=1}^{r} n_{jk}$$

der Ordnung j bzw. k „am Rande" der Kontingenztabelle heißt absolute Randhäufigkeit der Merkmalsausprägung ξ_j bzw. υ_k. Das Punktsymbol • im Index dient einer vereinfachenden Notation und kennzeichnet jeweils die Summe der Häufigkeiten in der j-ten Zeile bzw. in der k-ten Spalte. vi) **Marginalverteilung**. Die Menge der Ausprägungspaare

$$\{(\xi_j, n_{j\bullet}), j = 1,2,...,r\}$$

heißt absolute Marginal- oder Randverteilung (lat.: *marginalis* → den Rand betreffend) des Merkmals X. Sie ist identisch mit der absoluten Häufigkeitsverteilung des Merkmals X. Die Menge der Ausprägungspaare

$$\{(\upsilon_k, n_{\bullet k}), k = 1,2,...,c\}$$

heißt absolute Marginalverteilung des Merkmals Y. Sie ist identisch mit der absoluten Häufigkeitsverteilung des Merkmals Y. Für die Summe der Randhäufigkeiten gilt stets

$$n = \sum_{j=1}^{r} n_{j\bullet} = \sum_{k=1}^{c} n_{\bullet k} = \sum_{k=1}^{c} \sum_{j=1}^{r} n_{jk} \; .$$

vii) **Konditionalverteilung**. Die relative Häufigkeit, mit der das Merkmal X (bzw. Y) die Ausprägung ξ_j (bzw. υ_k) annimmt unter der Bedingung, dass das Merkmal Y (bzw. X) die Ausprägung υ_k (bzw. ξ_j) besitzt, heißt bedingte oder konditionale (lat.: *conditio* → Bedingung) relative Häufigkeit, wobei

$$p(\xi_j \mid \upsilon_k) = n_{jk} / n_{\bullet k} \text{ bzw. } p(\upsilon_k \mid \xi_j) = n_{jk} / n_{j\bullet}$$

gilt. Die c Mengen von geordneten Paaren

$$\{(\xi_j, p(\xi_j \mid \upsilon_k)), j = 1,2,...,r\}$$

kennzeichnen die c Konditionalverteilungen des Merkmals X unter der Bedingung, dass das Merkmal Y die Merkmalsausprägung υ_k annimmt. Analog kennzeichnen die r Mengen von geordneten Paaren

$$\{(\upsilon_k, p(\upsilon_k \mid \xi_j)), k = 1,2,...,c\}$$

die r Konditionalverteilungen des Merkmals Y unter der Bedingung, dass das Merkmal X die Merkmalsausprägung ξ_j annimmt. viii) **Unabhängigkeit**. Aus einer Kontingenztabelle vom Typ $(r \times c)$ können $(r + c)$ Konditionalverteilungen bestimmt werden. Sie bilden die Grundlage des statistischen Unabhängigkeitsbegriffes, der wie folgt skizziert werden kann: Stimmen in einer $(r \times c)$-Kontingenztabelle für zwei kategoriale Erhebungsmerkmale X und Y alle c Konditionalverteilungen

$$\{(\xi_j, p(\xi_j \mid \upsilon_k)), j = 1,2,...,r\}$$

bzw. alle r Konditionalverteilungen

$$\{(\upsilon_k, p(\upsilon_k \mid \xi_j)), k = 1,2,...,c\}$$

überein, dann heißen die kategorialen Erhebungsmerkmale X und Y statistisch unabhängig, ansonsten statistisch abhängig. Als sehr anschaulich und praktikabel erweist sich dabei die grafische Darstellung von Konditionalverteilungen mit Hilfe sogenannter normierter Struktogramme, mit deren Hilfe man „auf einem Blick" feststellen kann, ob Konditionalverteilung nahezu identisch sind oder nicht. ix) **Unabhängigkeitstest**. Stellen die n Ausprägungspaare $\{(x_i, y_i), i = 1,2,...,n\}$ eine realisierte Zufallsstichprobe vom Umfang n dar, dann prüft man mit Hilfe des χ^2-Unabhängigkeitstests, ob die beiden kategorialen Merkmale X und Y in einer statistischen Grundgesamtheit $\Gamma = \{\gamma_i, i = 1,2,...,N\}$ vom Umfang N als voneinander unabhängig angesehen werden können. ♦

Beispiel 8.1.1-1: Kontingenztabelle

Motivation. Unter Verwendung der „historischen" SPSS Datendatei *FKK.sav*, die auf einer Befragung von n = 425 zufällig ausgewählten Studierenden an Berliner Hochschulen im Sommersemester 1996 basiert, soll für die beiden nominalen Erhebungsmerkmale *Einstellung zur F(rei)K(örper)K(ultur)* und *Sozialisation* die Stärke der statistischen Kontingenz analysiert und „gemessen" werden.

Sequenz. Die angestrebte Kontingenzanalyse, die als Ausgangspunkt das Erstellen einer Kontingenztabelle zum Gegenstand hat, kann via Sequenz 8.1.1-1 bewerkstelligt werden.

> **Sequenz 8.1.1-1**: Kreuztabelle
> Analysieren
>   Deskriptive Statistiken
>   Kreuztabellen... → Abbildung 8.1.1-1

Hinweise. Im Zuge der Erstellung einer Kontingenztabelle, die synonym auch als Kreuztabelle bezeichnet wird, erweisen sich die folgenden Hinweise als nützlich: i) **Zuordnung**. Bei der Erstellung einer Kreuztabelle ist es ohne Belang, welches kategoriale Merkmal hinsichtlich seiner Ausprägungen in den Zeilen und welches in den Spalten der Kreuztabelle platziert wird, da im Zuge einer Kontingenzanalyse lediglich die Stärke einer Kontingenz gemessen wird. ii) **Häufigkeiten**. Im SPSS Unterdialogfeld *Kreuztabellen: Zellen anzeigen* können analog zur Abbildung 8.1.1-3 optional verschiedene absolute und/oder prozentuale sowie residuale (lat.: *residuum* → Rest) Häufigkeiten angefordert werden, die sich im Kontext einer Kontingenzanalyse in vielerlei Hinsicht als nützlich erweisen. Insbesondere können in der Rubrik *Prozentwerte* über die Optionen *Zeilen-* bzw. *Spaltenweise* die Konditionalverteilungen angefordert werden. In der Rubrik *Häufigkeiten* ist die Option *Beobachtet* standardmäßig eingestellt. ♦

Abbildung 8.1.1-1: SPSS Dateneditor mit Dialogfeld *Kreuztabellen*

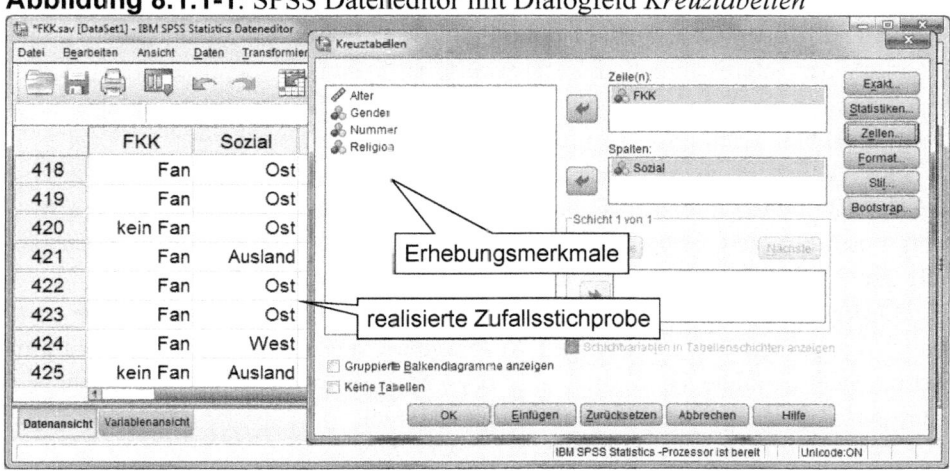

Kontingenztabelle. Die Tabelle 8.1.1-1 beinhaltet die angeforderte rechteckige Kontingenztabelle vom Typ (2×3) auf der Basis der beobachteten absoluten Häufigkeiten $n(\xi_j, \upsilon_k) = n_{jk}$ für die $2 \times 3 = 6$ nominalen Ausprägungspaare (ξ_j, υ_k) der Ordnung $j = 1, 2$ und $k = 1, 2, 3$.

Tabelle 8.1.1-1: (2×3)-Kontingenztabelle

Anzahl		Sozialisation			Gesamt
		Ost	West	Ausland	
Einstellung zur Frei-Körper-Kultur	kein Fan	92	73	37	202
	Fan	158	48	17	223
Gesamt		250	121	54	425

Zustandsmenge von Y, *Marginalverteilung von X*, *Zustandsmenge von X*, *Marginalverteilung von Y*, *bivariate (2 × 3)-Verteilung von X und Y*

Die Kontingenztabelle innerhalb der Tabelle 8.1.1-1 kann in ihren Bestandteilen wie folgt interpretiert werden:

Zustandsmenge. Während im konkreten Fall die Zufallsstichprobe durch die Menge $\Gamma_n = \{\gamma_i, i = 1,2,...,n\}$ der $n = 425$ zufällig ausgewählten und befragten Studierenden γ_i gekennzeichnet ist, ordnet man die beiden interessierenden Eigenschaften $X(\gamma_i) = x_i$ (FKK-Einstellung) und $Y(\gamma_i) = y_i$ (Sozialisation) in die Gruppe kategorialer Erhebungsmerkmale ein, die erfassungsstatistisch durch die folgenden kodierten Zustandsmengen gekennzeichnet sind:

$$X(\gamma_i) = x_i \in \Xi_X = \{\xi_1 = 0 \to \text{kein Fan}, \xi_2 = 1 \to \text{Fan}\}$$
$$Y(\gamma_i) = y_i \in \Xi_Y = \{\upsilon_1 = 1 \to \text{Ost}, \upsilon_2 = 2 \to \text{West}, \upsilon_3 = 3 \to \text{Ausland}\}.$$

Aufgrund dessen, dass die Zustandsmengen der beiden Erhebungsmerkmale X und Y per Definition nur zwei bzw. drei wohl voneinander verschiedene Ausprägungen ξ_j (j = 1, 2) bzw. υ_k (k = 1, 2, 3) beinhalten, mit deren Hilfe man lediglich eine Gleich- oder eine Verschiedenartigkeit der befragten Studierenden γ hinsichtlich der interessierenden Eigenschaft begrifflich beschreiben kann, kennzeichnet man das Erhebungsmerkmal X als nominal und dichotom und das Erhebungsmerkmal Y lediglich als nominal.

Typ. Aufgrund dessen, dass die in den Zeilen vermerkte nominale Variable *FKK* r = 2 und die in den Spalten vermerkte nominale Variable *Sozial* c = 3 Ausprägungen besitzen, bezeichnet man wegen r × c = 2 × 3 = 6 die Kontingenztabelle auch als eine rechteckige Sechsfeldertafel vom Typ (2 × 3).

Häufigkeiten. Jedes der sechs „inneren Felder" der Kontingenztabelle beinhaltet die bezüglich des jeweiligen Ausprägungspaares (ξ_j, υ_k) die „gemeinsam" beobachtete absolute Häufigkeit $n(\xi_j, \upsilon_k) = n_{jk}$. Demnach gaben von den insgesamt n = 425 befragten Studierenden zum Beispiel

$$n_{21} = n(\xi_2, \upsilon_1) = 158$$

Studierende an, sowohl FKK-Fan ($\xi_2 = 1$) als auch im Osten ($\upsilon_1 = 1$) sozialisiert worden zu sein. Das Symbol n_{21} kennzeichnet dabei die absolute Häufigkeit in der „Zelle" der Ordnung j = 2 (Zeile 2) und k = 1 (Spalte 1) im „Inneren" der Kontingenztabelle. Aus mengentheoretischer Sicht bilden die

$$n_{21} = n(\xi_2 \cap \upsilon_1) = 158$$

Studierenden γ die Schnittmenge aus der Teilmenge aller $n_{2\bullet} = n(\xi_2) = 223$ Studierenden γ, die angaben, ξ_2 = FKK-Fan zu sein und aller $n_{\bullet 1} = n(\upsilon_1) = 250$ Studierenden γ, die angaben, im υ_1 = Ost(en) sozialisiert worden zu sein.

Marginalverteilung. Die Rand- bzw. Marginalverteilung (lat.: *marginalis* → den Rand betreffend)

$$\{(\xi_j, n(\xi_j)), j = 1, 2\} = \{(\text{kein Fan}, 202), (\text{Fan}, 223)\}$$

des nominalen Erhebungsmerkmals X: *Einstellung zur FKK* kennzeichnet die univariate empirische Verteilung in der realisierten Zufallsstichprobe

$$\Gamma_n = \{\gamma_i, i = 1,2,...,n\}$$

der n = 425 befragten Studenten γ_i auf die zwei nominalen Ausprägungen ξ_1 = *kein FKK-Fan* und ξ_2 = *FKK-Fan*. Während

$$n(X(\gamma_i) = \xi_1) = n(\xi_1) = n_{1\bullet} = 202$$

Studierende γ_i angaben, ξ_1 = *kein FKK-Fan* zu sein, bezeichneten sich

$$n(X(\gamma_i) = \xi_2) = n(\xi_2) = n_{2\bullet} = 223$$

Studierende γ_i als ξ_2 = *FKK-Fan*. Im konkreten Fall überzeugt man sich leicht von der Tatsache, dass für das dichotome Erhebungsmerkmal X: *Einstellung zur FKK* die Summe der absoluten Randhäufigkeiten

$$n = n_{1\bullet} + n_{2\bullet} = n(\xi_1) + n(\xi_2) = 202 + 223 = 425$$

identisch ist mit dem Stichprobenumfang n = 425 Studierende. Analog kennzeichnet die Marginalverteilung

$$\{(\upsilon_k, n(\upsilon_k)), k = 1,2,3\} = \{(\text{Ost}, 250), (\text{West}, 121), (\text{Ausland}, 54)\}$$

des nominalen Erhebungsmerkmals Y: *Sozialisation* die univariate empirische Verteilung in der realisierten Zufallsstichprobe $\Gamma_n = \{\gamma_i, i = 1,2,...,n\}$ der n = 425 der befragten Studierenden γ_i auf die drei nominalen Ausprägungen $\upsilon_1 = Ost$, $\upsilon_2 = West$ und $\upsilon_3 = Ausland$. In logischer Konsequenz ist auch die Summe

$$n = n_{\bullet 1} + n_{\bullet 2} + n_{\bullet 3} = n(\upsilon_1) + n(\upsilon_2) + n(\upsilon_3) =$$
$$250 + 121 + 54 = 425$$

der drei absoluten Randhäufigkeiten für das Erhebungsmerkmal Y: *Sozialisation* identisch mit dem Stichprobenumfang von n = 425 befragten Studierenden γ_i.

Abbildung 8.1.1-2: Bivariate Verteilung

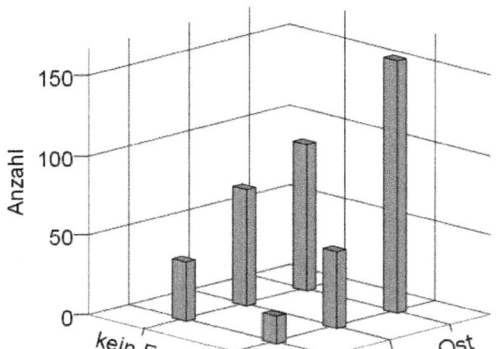

Grafik. In der Abbildung 8.1.1-2 ist die in der (2 × 3)-Kontingenztabelle eingefangene bivariate Häufigkeitsverteilung mit Hilfe eines dreidimensionalen Balkendiagramms bildhaft dargestellt, das via *Grafik, Diagrammerstellung, Einfache 3D-Balken* erstellt werden kann. Aus dem 3D-Balkendiagramm innerhalb der Abbildung 8.1.1-2 wird bereits ersichtlich, dass sich ungeachtet des unterschiedlichen absoluten Niveaus etwa die Einstellung zur FKK bei den Studierenden mit einer Ostsozialisation in einem anderen Verhältnis darstellt als bei den Studierenden mit einer West- oder einer Auslandssozialisation. Diese erkennbar „andersartigen" sozialisationsspezifischen Häufigkeitsverteilungen führen unmittelbar zur Betrachtung der zugehörigen Konditionalverteilungen.

Konditionalverteilungen. Aus der rechteckigen (2 × 3)-Kontingenztabelle innerhalb der Tabelle 8.1.1-1 können insgesamt

$$r + c = 2 + 3 = 5$$

bedingte Verteilungen bzw. Konditionalverteilungen entlehnt werden, die der Vollständigkeit halber in den beiden Tabellen innerhalb der Abbildung 8.1.1-3 aufgelistet und im plakatierten Unterdialogfeld *Kreuztabellen: Zellen anzeigen* in der Rubrik *Prozentwerte* über die Optionen *Zeilenweise* bzw. *Spaltenweise* angefordert und wie folgt interpretiert werden können.

Abbildung 8.1.1-3: Dialogfeld ... *Zellen* ... mit den 5 Konditionalverteilungen

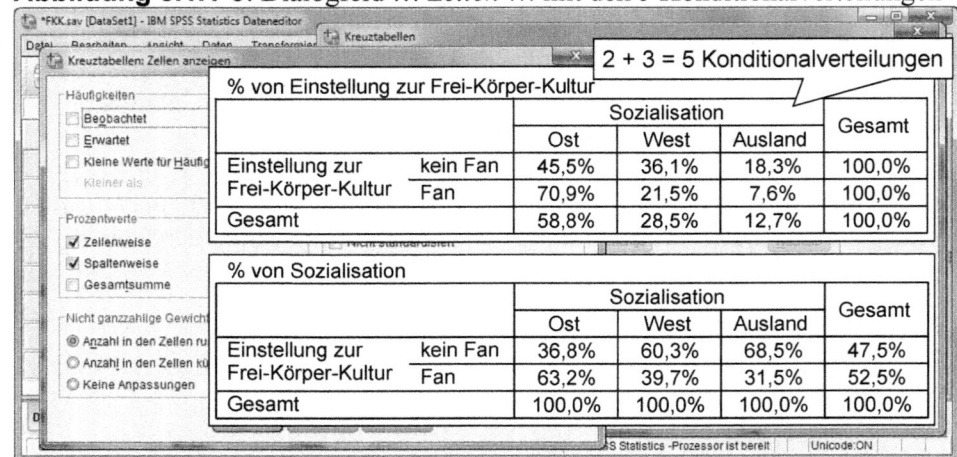

Betrachtet man einmal nur die Teilmenge der befragten Studierenden γ_i, die angaben, ein FKK-Fan ($\xi_2 = 1$) zu sein, so zeigt sich, dass von diesen insgesamt

$$n(X(\gamma_i) = \xi_2) = n(\xi_2) = n_{2\bullet} = 223$$

FKK-Fans

$$p(\upsilon_1 \mid \xi_2) = n(\upsilon_1, \xi_2) / n_{2\bullet} = n(\upsilon_1 \cap \xi_2) / n(\xi_2) = 158 / 223 \cong 0{,}709$$

bzw. $0{,}709 \times 100 \% = 70{,}9 \%$ angaben, im Osten ($\upsilon_1 = 1$) sozialisiert worden zu sein. Analog berechnet man für die FKK-Fans ($\xi_2 = 1$), die angaben, im Westen ($\upsilon_2 = 2$) sozialisiert worden zu sein, eine bedingte relative Häufigkeit von

$$p(\upsilon_2 \mid \xi_2) = n(\upsilon_2, \xi_2) / n_{2\bullet} = n(\upsilon_2 \cap \xi_2) / n(\xi_2) = 48 / 223 \cong 0{,}215$$

bzw. $0{,}215 \times 100 \% = 21{,}5 \%$ und schließlich für die FKK-Fans ($\xi_2 = 1$) mit einer Sozialisation im Ausland ($\upsilon_3 = 3$) eine bedingte relative Häufigkeit von

$$p(\upsilon_3 \mid \xi_2) = n(\upsilon_3, \xi_2) / n_{2\bullet} = n(\upsilon_3 \cap \xi_2) / n(\xi_2) = 17 / 223 \cong 0{,}076$$

bzw. $0{,}076 \times 100 \% = 7{,}6 \%$. Analog können auch die bedingten relativen bzw. prozentualen Häufigkeiten für die Teilmenge der Studierenden, die angaben, keine FKK-Fans ($\xi_1 = 0$) zu sein, berechnet und interpretiert werden. Da augenscheinlich die beiden $r = 2$ FKK-spezifischen Konditionalverteilungen bzw. die durch das nominale und dichotome Erhebungsmerkmal X: *Einstellung zur Frei-Körper-Kultur* bedingten Verteilungen des nominalen Erhebungsmerkmals Y: *Sozialisation* wegen

kein Fan: {(Ost, 45,5%), (West, 36,1 %), (Ausland, 18,3 %)}

Fan: {(Ost, 70,9%), (West, 21,5 %), (Ausland, 7,6 %)}

nicht kongruent (lat.: *congruere* → übereinstimmen, deckungsgleich sein) sind, kann dies bereits als ein Indiz dafür gewertet werden, dass die beiden betrachteten Erhebungsmerkmale X: *Einstellung zur Frei-Körper-Kultur* und Y: *Sozialisation* statistisch voneinander nicht unabhängig sind. Zu einer vergleichbaren Aussage gelangt man bei Betrachtung der $c = 3$ sozialisationsspezifischen Konditionalverteilungen innerhalb der Abbildung 8.1.1-3. Die sozialisationsspezifischen Konditionalverteilungen basieren auf der Betrachtung der Studierendenteilmengen, die durch die c = 3 Ausprägungen υ_k (k = 1, 2, 3) des Erhebungsmerkmals Y: *Sozialisation* definiert sind. So bestimmt man zum Beispiel für die Studierenden γ_i, die angaben, im Osten (υ_1 = 1) sozialisiert worden zu sein, die folgende „durch die Sozialisation bedingte FKK-Verteilung": Von den insgesamt

$$n(Y(\gamma_i) = \upsilon_1) = n(\upsilon_1) = n_{1\bullet} = 250$$

im Osten sozialisierten Studierenden γ_i gaben

$$p(\xi_1 \mid \upsilon_1) = n(\xi_1, \upsilon_1) / n_{\bullet 1} = n(\xi_1 \cap \upsilon_1) / n(\upsilon_1) = 92 / 250 \cong 0,368$$
$$\text{bzw. } 0,368 \times 100 \% = 36,8 \%$$

an, kein FKK-Fan (ξ_1 = 0) zu sein. In logischer Konsequenz gaben

$$p(\xi_2 \mid \upsilon_1) = n(\xi_2, \upsilon_1)/n_{\bullet 1} = n(\xi_2 \cap \upsilon_1)/n(\upsilon_1) = 158/250 \cong 0,632$$
$$\text{bzw. } 0,632 \times 100 \% = 63,2 \%$$

der im Osten (υ_1 = 1) sozialisierten Studierenden γ_i an, ein FKK-Fan (ξ_2 = 1) zu sein. Analog können auch die restlichen zwei sozialisationsspezifischen Konditionalverteilungen konstruiert und interpretiert werden. Da offensichtlich auch die c = 3 durch die Sozialisation bedingten prozentualen Einstellungs- bzw. Konditionalverteilungen

Ost: {(kein Fan, 36,8%), (Fan, 63,2 %)}
West: {(kein Fan, 60,3%), (Fan, 39,7 %)}
Ausland: {(kein Fan, 68,5%), (Fan, 31,5 %)}

in ihrem paarweisen Vergleich nicht deckungsgleich sind, ist mit diesem konditionalverteilungsbasierten Analysebefund gleichsam angezeigt, dass die beiden kategorialen Erhebungsmerkmale X: *Einstellung zur FKK* und Y: *Sozialisation* statistisch nicht voneinander unabhängig sind. Zu einer gleichen Einschätzung gelangt man bei der Betrachtung der jeweils auf 100 % normierten Struktogramme in der Abbildung 8.1.1-3, welche die 3 + 2 = 5 paarweise nicht kongruenten Konditionalverteilungen bildhaft darstellen.

Abbildung 8.1.1-4: 3 + 2 = 5 Konditionalverteilungen

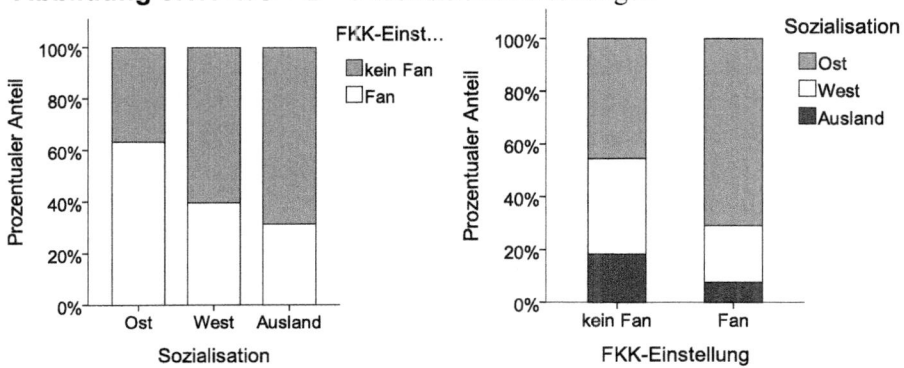

Ein „normiertes Struktogramm" in Gestalt eines gestapelten und auf 100 % normierten Balkendiagramms kann zum Beispiel via *Grafik, Diagrammerstellung* angefordert und gemäß Abbildung 8.1.1-5 hinsichtlich seiner Parameter festgelegt und bearbeitet werden.

Abbildung 8.1.1-5: Erstellung eines normierten Struktogramms

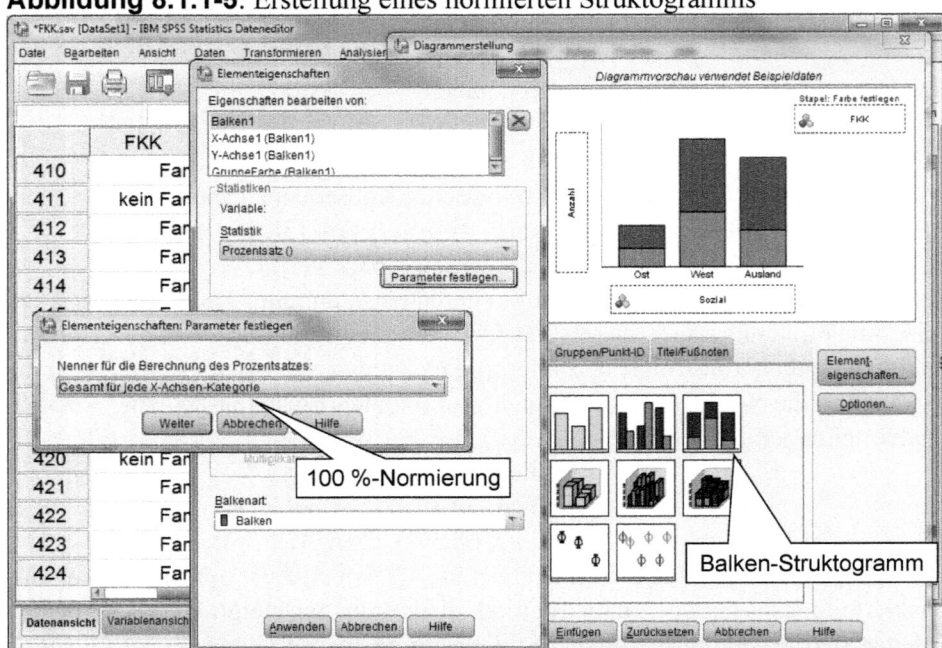

Die in der angewandten Statistik übliche Bezeichnung „normiertes Struktogramm" resultiert daraus, dass in jeder Säule die „innere und auf 100 % normierte Struktur" einer bedingten Verteilung bzw. einer Konditionalverteilung bildhaft dargestellt wird. ♣

8.1.2 Chi-Quadrat-Unabhängigkeitstest

Motivation. In der empirischen Wirtschafts- und Sozialforschung wird man oft mit der Problemstellung konfrontiert, für zwei (oder mehrere) kategoriale Erhebungsmerkmale mit wenigen sich wohl voneinander unterscheidenden Ausprägungen statistisch zu überprüfen, ob die Erhebungsmerkmale voneinander als unabhängig bzw. abhängig anzusehen sind.

Chi-Quadrat-Unabhängigkeitstest. Ein statistisches Verfahren, das diese (kausalanalytisch zu begründende) statistische Überprüfung ermöglicht und in der statistischen Kontingenzanalyse eine breite Anwendung erfährt, ist der sogenannte χ^2-Unabhängigkeitstest, der verbal wie folgt charakterisiert werden kann:

Chi-Quadrat-Unabhängigkeitstest

Der Chi-Quadrat-Unabhängigkeitstest ist ein Ein-Stichproben-Test, mit dem man auf einem vorab vereinbarten Signifikanzniveau α prüft, ob zwei kategoriale Erhebungsmerkmale mit wenigen voneinander verschiedenen Ausprägungen

$$X(\gamma_i) \in \Xi_X = \{\xi_j, j = 1,2,...,r < n\} \text{ und}$$
$$Y(\gamma_i) \in \Xi_Y = \{\upsilon_k, k = 1,2,...,c < n\},$$

die mittels einer Zufallsstichprobe $\Gamma_n = \{\gamma_i, i = 1,2,...,n\}$ vom Umfang n in einer (r × c)-Kontingenztabelle abgebildet wurden, in einer statistischen Grundgesamtheit $\Gamma = \{\gamma_i, i = 1,2,...,N\}$ vom Umfang N als unabhängig voneinander angesehen werden können.

Hinweis. Für eine (r × c)-Kreuztabelle (r, c ≥ 2) wird in SPSS die Anzahl der „inneren" Kreuztabellenfelder explizit angegeben, für welche die (unter der Unabhängigkeitshypothese theoretisch) erwarteten absoluten Häufigkeiten n^e_{jk} kleiner als fünf sind. Für den Fall, dass nicht mehr als ein Fünftel aller r × c erwarteten absoluten Häufigkeiten n^e_{jk} kleiner als fünf ist und alle r × c erwarteten absoluten Häufigkeiten n^e_{jk} größer als eins sind, kann der χ^2-Unabhängigkeitstest, der unter der Unabhängigkeitshypothese asymptotisch einer χ^2-Verteilung mit df = (r − 1) × (c − 1) Freiheitsgraden genügt (vgl. Beispiel 7.3.2-2), praktiziert werden. ♦

Beispiel 8.1.2-1: Chi-Quadrat-Unabhängigkeitstest

Motivation. In Weiterführung der Kontingenzanalyse, die im Kontext des Beispiels 8.1.1-1 skizziert wurde, soll unter Verwendung der SPSS Datendatei *FKK.sav* auf einem vorab vereinbarten Signifikanzniveau von $\alpha = 0,05$ für die Menge $\Gamma_n = \{\gamma_i, i = 1,2,...,n\}$ der n = 425 zufällig und unabhängig voneinander ausgewählten und befragten Berliner Studenten γ_i mit Hilfe des Chi-Quadrat-Unabhängigkeitstests die folgende Nullhypothese H_0 geprüft werden: In der statistischen Grundgesamtheit $\Gamma = \{\gamma_i, i = 1,2,...,N\}$ aller Studenten, die 1996 an Berliner Hochschulen eingeschrieben waren, ist die Einstellung zur Frei-Körper-Kultur (FKK) statistisch unabhängig von der Sozialisierung.

Sequenz. Der χ^2-Unabhängigkeitstest kann in SPSS via Sequenz 8.1.1-1 praktiziert werden. Dabei ist gemäß Abbildung 8.1.1-1 im Dialogfeld *Kreuztabellen* die Schaltfläche *Statistik* zu betätigen und analog zur Abbildung 8.1.2-1 im Unterdialogfeld *Kreuztabellen: Statistik* die Option *Chi-Quadrat* zu aktivieren.

Testentscheidung. Die Tabelle 8.1.2-1 beinhaltet das SPSS Ergebnisprotokoll für den praktizierten χ^2-Unabhängigkeitstest

Tabelle 8.1.2-1: χ^2-Unabhängigkeitstest

	Wert	df	Asymp. Sig.
Pearson-Chi-Quadrat	29.030[a]	2	,000
Anzahl der gültigen Fälle	425		

a. 0 Zellen (0,0%) haben die erwartete Anzahl von weniger als 5.
Die erwartete Mindestanzahl ist 25,67.

Gemäß dem sogenannten p-value-Konzept verwirft man wegen

$$\alpha^* = 0{,}000 < \alpha = 0{,}05$$

auf einem vorab vereinbarten Signifikanzniveau von $\alpha = 0{,}05$ die eingangs formulierte Unabhängigkeitshypothese H_0 und akzeptiert die Alternativhypothese
H_1. Demnach kann davon ausgegangen werden, dass in der statistischen Grundgesamtheit $\Gamma = \{\gamma_i, \ i = 1,2,...,N\}$ der Berliner Studenten die beiden Erhebungsmerkmale nicht voneinander unabhängig sind, also zwischen der Einstellung zur
Frei-Körper-Kultur und der Sozialisation ein Zusammenhang bzw. eine (statistische) Kontingenz besteht.

Abbildung 8.1.2-1: SPSS Dateneditor und Dialogfelder *Kreuztabellen*

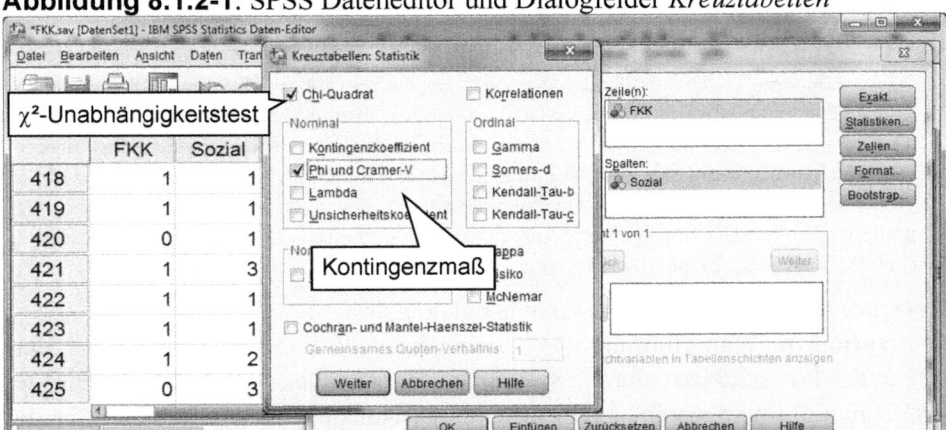

Kontingenzmaß V nach CRAMÉR. Wie stark allerdings die Kontingenz ausgeprägt ist, kann allein mit Hilfe des χ^2-Unabhängigkeitstests nicht beantwortet
werden. Dies ist eine Aufgabe spezieller Kontingenzmaße, die gemäß Abbildung
8.1.2-1 im Unterdialogfeld *Kreuztabellen: Statistik* optional angefordert werden
können. Dabei kommt dem χ^2-basierten und normierten Kontingenzmaß

$$V = \sqrt{\frac{\chi^2}{n \cdot (m-1)}} \ \text{ mit } \ \chi^2 = \sum_{j=1}^{r} \sum_{k=1}^{c} \frac{(n_{jk} - n_{jk}^e)^2}{n_{jk}^e},$$

das vom schwedischen Mathematiker Harald CRAMÉR (*1893, †1983) vorge-
schlagen wurde und für das stets $0 \le V \le 1$ und $m = \min(r, c)$ gilt, eine besondere
praktische Relevanz zu. Das Kontingenzmaß V kann gleichermaßen für eine
quadratische oder eine rechteckige $(r \times c)$-Kontingenztabelle berechnet werden,
unabhängig davon, ob die Kontingenztabelle auf nominalen und/oder ordinalen
Merkmalen beruht. Im Vorfeld der Berechnung und Interpretation des Kontin-
genzmaßes V nach CRAMÉR ist es aus didaktisch-methodischer Sicht vorteilhaft,
die inneren Konsistenzen der in der Tabelle 8.1.2-2 ausgewiesenen Größen zu

beleuchten: i) die unter der Unabhängigkeitshypothese theoretisch *erwarteten* absolute Häufigkeiten n^e_{jk}, ii) die *Residuen* ($n_{jk} - n^e_{jk}$) und iii) die *standardisierten* Residuen ($n_{jk} - n^e_{jk}$) / $\sqrt{(n^e_{jk})}$, die sämtlich gemäß Abbildung 8.1.1-2 im Unterdialogfeld *Kreuztabellen: Zellen* in den jeweiligen Rubriken optional vereinbart und angefordert werden können.

Tabelle 8.1.2-2: Erweiterte Kontingenztabelle

| | | | Sozialisation | | | Gesamtsumme |
			Ost	West	Ausland	
Einstellung zur Frei-Körper-Kultur	kein Fan	beobachtet	92	73	37	202
		erwartet	118,8	57,5	25,7	202,0
		residual	-26,8	15,5	11,3	
		standardisiert	-2,5	2,0	2,2	
	Fan	beobachtet	158	48	17	223
		erwartet	131,2	63,5	28,3	223,0
		residual	26,8	-15,5	-11,3	
		standardisiert	2,3	-1,9	-2,1	
Gesamtsumme		beobachtet	250	121	54	425
		erwartet	250,0	121,0	54,0	425,0

Interpretationen. Unter der Annahme, dass die eingangs formulierte Unabhängigkeitshypothese H_0 gilt, hätten von den n = 425 zufällig und unabhängig voneinander ausgewählten und befragten Studenten γ_i erwartungsgemäß nur

$$n^e_{11} = 250 \times 202 / 425 \cong 118,8$$

Studenten (und nicht wie beobachtet $n_{11} = 92$ Studenten) angeben müssen, kein FKK-Fan ($\xi_1 = 0$) und zugleich im Osten ($\upsilon_1 = 1$) sozialisiert worden zu sein. Die sich daraus ergebende residuale absolute Häufigkeit beträgt

$$(n_{11} - n^e_{11}) = 92 - 118,8 = -26,8.$$

Es sind somit rund 27 Studenten γ_i weniger beobachtet worden als unter der Unabhängigkeitshypothese H_0 erwartungsgemäß hätten beobachtet werden müssen. Für das zugehörige standardisierte Residuum (lat.: *residuum* → Rest) errechnet man im konkreten Fall einen Wert von

$$(n_{11} - n^e_{11}) / \sqrt{(n^e_{11})} = -26,8 / \sqrt{(118,8)} \cong -2,5.$$

Die Summe der Quadrate der standardisierten Residuen

$$\chi^2 = (-2,5)^2 + (2,0)^2 + (2,2)^2 + (2,3)^2 + (-1,9)^2 + (-2,1)^2 \cong 29$$

ergibt den Testvariablenwert χ^2, der in der Tabelle 8.1.2-1 als PEARSON's χ^2 benannt ist und die Basis für das Kontingenzmaß V nach CRAMÉR bildet. Wegen

$$m = \min(2, 3) = 2 \text{ und}$$
$$V = \sqrt{(29 / (425 \times (2 - 1)))} \cong 0,26 \text{ sowie}$$
$$0,2 < V < 0,5$$

deutet man im deskriptiven Sinne die gemessene statistische Kontingenz zwischen der Einstellung zur Frei-Körper-Kultur und der Sozialisation der zufällig ausgewählten und befragten Studierenden als mittelstark ausgeprägt. ♣

8.1.3 CHAID-basierter Entscheidungsbaum

Motivation. In Erweiterung der kontingenzanalytischen Betrachtungen im Kontext der Abschnitte 8.1.1 und 8.1.2 soll in diesem Abschnitt die SPSS Prozedur eines Entscheidungs- oder Klassifizierungsbaumes auf der Grundlage des CHAID-Konzeptes paradigmatisch skizziert und erläutert werden. Die Abbreviatur CHAID steht für *Chi-square Automatic Interaction Dedectors* und bezeichnet das automatische Aufdecken von statistischen Abhängigkeiten im Hinblick auf eine beliebig skalierte Zielgröße (abhängige Variable), derart, dass für eine Menge von vermuteten und beliebig skalierten Prädiktoren (lat.: *prae* → vor + *dictio* → das Sagen) einerseits die klassifizierten und disjunkten (lat.: *disiunctio* → Trennung) Merkmalsträgergruppen so homogen wie möglich sind und andererseits die Prädiktoren zur Vorhersage der Zielgröße benutzt werden können.

    Grundidee. Die Grundidee einer CHAID-basierten Klassifizierung lässt sich wie folgt skizzieren: Eine Aufteilung der Merkmalsträger γ_i eines Knotens (engl.: *node*) in Gestalt einer Menge $\{\gamma_i, i = 1,2,...,n\}$ von Merkmalsträgern in stets disjunkte Unterknoten basiert auf unterschiedlichen Baumaufbauverfahren, die sämtlich auf statistischen Tests beruhen. Ist die abhängige Zielgröße nominal skaliert, dann beruht das Baumaufbauverfahren auf dem χ^2-Unabhängigkeitstest (vgl. Abschnitt 8.1.2). Im Falle einer metrischen Zielgröße basiert die Baumkonstruktion auf dem F(ISHER)-Test (vgl. Abschnitt 7.3.5). Die Ausprägungen eines Prädiktors werden „automatisch" zusammengefasst, wenn sie im Hinblick auf die Zielgröße nicht signifikant unterschiedlich sind. Ist eine Gruppierung von Merkmalsträgern möglich, dann ist das Resultat einer CHAID-basierten Klassifikation stets ein Entscheidungsbaum mit mindestens zwei Endknoten in Gestalt mindestens zweier disjunkter Merkmalsträgergruppen. ♣

Beispiel 8.1.3-1: CHAID-basierter Entscheidungsbaum
Motivation. In Anlehnung an das Beispiel 8.1.2-1 und unter Verwendung der SPSS Datendatei *FKK.sav* gilt es im konkreten Fall zu analysieren, inwieweit für die Menge $\Gamma_n = \{\gamma_i, i = 1,2,...,n\}$ der n = 425 zufällig ausgewählten und befragten Studierenden γ_i die Einstellung zur Frei-Körper-Kultur, die in der nominalen und dichotomen SPSS Variablen *FKK* abgebildet ist, von vermuteten und beliebig skalierten Prädiktoren beeinflusst wird und wie diese aufgedeckten statistischen Abhängigkeiten es ermöglichen, sowohl eine Klassifikation der Studierenden γ_i als auch eine Vorhersage hinsichtlich ihrer Einstellung zur Frei-Körper-Kultur zu bewerkstelligen. Als vermutlich wesentliche statistische Prädiktoren werden im konkreten Fall die nominalen Erhebungsmerkmale *Geschlechtszugehörigkeit*, *Sozialisation* und *Religionszugehörigkeit* sowie das metrische Erhebungsmerkmal *Alter* angesehen, die in der SPSS Datendatei *FKK.sav* in den Variablen *Gender*, *Sozial*, *Religion* und *Alter* gespeichert sind.

Sequenz. Die angestrebte Analyse mittels eines CHAID-basierten Entscheidungsbaumes kann via Sequenz 8.1.3-1 realisiert werden.

Sequenz 8.1.3-1: Entscheidungsbaum
Analysieren
  Klassifizieren
    Baum... → Abbildung 8.1.3-1

Abbildung 8.1.3-1: SPSS Dateneditor mit Dialogfeld *Entscheidungsbaum*

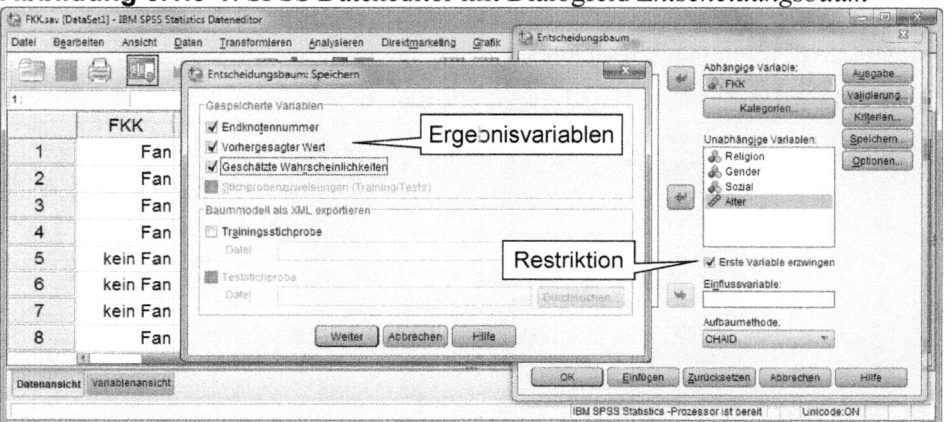

Hinweise. Für die Nutzung der SPSS Entscheidungsbaum-Prozedur sind die folgenden Hinweise nützlich: i) **Skalierung**. Die Skalierung der interessierenden SPSS Variablen muss analog zum Abschnitt 4.6.1 im Zuge der Variablendefinition adäquat vereinbart und in der Rubrik „Maß" vermerkt sein. ii) **Zielgröße**. Im konkreten Fall fungiert die nominale SPSS Variable *FKK* als Zielgröße bzw. abhängige Variable. iii) **Prädiktoren**. Als vermutete Prädiktoren bzw. unabhängige Variablen fungieren die drei nominalen SPSS Variablen *Religion, Sozial, Gender* sowie die stetige metrische SPSS Variable *Alter*, die im Zuge der Analyse per Voreinstellung automatisch in 10 Merkmalswerteklassen gruppiert wird. iv) **Aufbaumethode**. Im konkreten Fall wurde die CHAID-Prozedur als sogenannte Aufbaumethode für den Entscheidungsbaum vereinbart. v) **Einstellungen**. Die SPSS Prozedur zur Erstellung eines Entscheidungsbaumes ermöglicht eine babylonische Vielfalt von Steuerungsmöglichkeiten, die über die Schaltflächen *Ausgabe..., Validierung..., Kriterien..., Speichern...* und *Optionen...* vereinbart werden können. Gemäß Abbildung 8.1.3-1 wurden im konkreten Fall im Unterdialogfeld *Entscheidungsbaum: Speichern* die Ergebnisvariablen *Endknotennummer, Vorhergesagter Wert* und *Geschätzte Wahrscheinlichkeiten* angefordert. vi) **Restriktion**. Im Blickwinkel einer paradigmatischen Einführung in die CHAID-Prozedur wurde der Anschaulichkeit halber im Sinne einer „Restriktion" im Hauptdialogfeld *Entscheidungsbaum* die Option *Erste Variable erzwingen* vereinbart, wonach die erstplatzierte nominale Variable *Religion* als „primäre" unabhängige Variable „zwingend" festgelegt wird und darauf aufbauend der Einfluss der restlichen Prädiktoren in die statistische Klassifikation der Merkmalsträger Eingang finden. Ein Deaktivieren der Option *Erste Variable erzwingen* hat zur Folge, dass im prozeduralen Ablauf automatisch derjenige Prädiktor die höchste Priorität eingeräumt bekommt, der die höchste Erklärungsfähigkeit der Zielgröße *FKK* ermöglicht. Dabei ist zu beachten, dass man je nach Vorgehensweise in der Regel unterschiedliche Analyseergebnisse erhält. vi) **Testvoraussetzungen.** Aus statistisch-methodischer Sicht besteht ein Nachteil des CHAID-Konzeptes darin, dass die Voraussetzungen für die Anwendung des jeweils betreffenden statistischen Tests nicht „automatisch" überprüft werden. Aus diesem Grunde sollte man in praxi diese Analyseform nur für eine Zufallsstichprobe $\Gamma_n = \{\gamma_i, i = 1,2,...,n\}$ mit einem hinreichend großen Umfang n applizieren. ♦

Analyseergebnisse. Die optionalen Festlegungen und Ergebnisse der praktizierten Merkmalsträgerklassifikation, die in der Tabelle 8.1.3-1 und in der Abbildung 8.1.3-2 zusammengefasst sind, können wie folgt interpretiert werden:

Tabelle 8.1.3-1: Modell- und Ergebniszusammenfassung

Spezifikationen	Aufbaumethode	CHAID
	Abhängige Variable	FKK
	Unabhängige Variablen	Gender, Sozial, Alter, Religion
	Validierung	Keine
	Maximale Baumtiefe	3
	Minimale Fallzahl im übergeordneten Knoten	100
	Minimale Fallzahl im untergeordneten Knoten	50
Ergebnisse	Unabhängige Variablen einbezogen	Religion, Alter, Sozial
	Anzahl Knoten	7
	Anzahl Endknoten	4
	Tiefe	2

Aufbaumethode. Zur Erstellung eines sogenannten Entscheidungsbaumes zur bildhaften und numerischen Klassifikation der befragten Studierenden wurde die sogenannte CHAID-Prozedur appliziert.

Abhängige Variable. Als abhängige Variable fungiert die SPSS Variable *FKK*, welche die Einstellung der befragten Studierenden zur Frei-Körper-Kultur zum Inhalt hat.

Prädiktoren. Zur statistischen und modellhaften Beschreibung der Einstellung von Studierenden zur Frei-Körper-Kultur dienen die vier gleichsam empirisch erfassten SPSS Variablen *Gender*, *Religion*(szugehörigkeit), *Sozial*(isation) und *Alter*, die im Modellierungskonzept als die unabhängigen Variablen bzw. als die sogenannten Prädiktoren eingeordnet bzw. angesehen werden.

Validierung. Hinsichtlich einer Validierung (lat.: *validus* → gültig) des Entscheidungsbaumes im Sinne einer „Gültigkeitsüberprüfung" wurden keine Vereinbarungen getroffen.

Baumtiefe. Die maximale „Baumtiefe" wurde auf drei „Ebenen" fixiert.

Fallzahlen. Die kleinste Anzahl der Merkmalsträger in Gestalt der befragten Studierenden wurde jeweils auf 100 Studierende in einem übergeordneten Knoten und jeweils auf 50 Studierende in einem untergeordneten Knoten festgelegt. Ein sogenannter Knoten beschreibt dabei eine Teilmenge von Studierenden, wobei die Knoten einer Baumtiefe stets disjunkte Teilmengen sind.

Knoten. Insgesamt wurden im Zuge der CHAID-basierten Klassifizierung sieben Knoten identifiziert, worin im konkreten Fall vier Endknoten in Gestalt von vier disjunkten Teilgesamtheiten von Studierenden eingeschlossen sind. Der Knoten 0 kennzeichnet dabei nichts anderes als die realisierte Zufallsstichprobe $\Gamma_n = \{\gamma_i, i = 1,2,...,n\}$ von n = 425 befragten Studierenden γ_i in Gestalt der Marginalverteilung des nominalen und dichotomen Erhebungsmerkmals $X(\gamma_i)$: *Einstellung zur Frei-Körper-Kultur* innerhalb der Kontingenztabelle 8.1.1-1, die wiederum identisch ist mit der univariaten Verteilung der Zielgröße *FKK*. Demnach gaben von den insgesamt 425 zufällig ausgewählten und befragten Studierenden 202 Studierende bzw. (202 / 425) × 100 % ≅ 47,5 % der Studierenden an, kein FKK-Fan zu sein und in logischer Konsequenz gaben 223 Studierende bzw. (223 / 425) × 100 % ≅ 52,5 % der Studierenden an, ein FKK-Fan zu sein.

Abbildung 8.1.3-2: CHAID-basierter Entscheidungsbaum

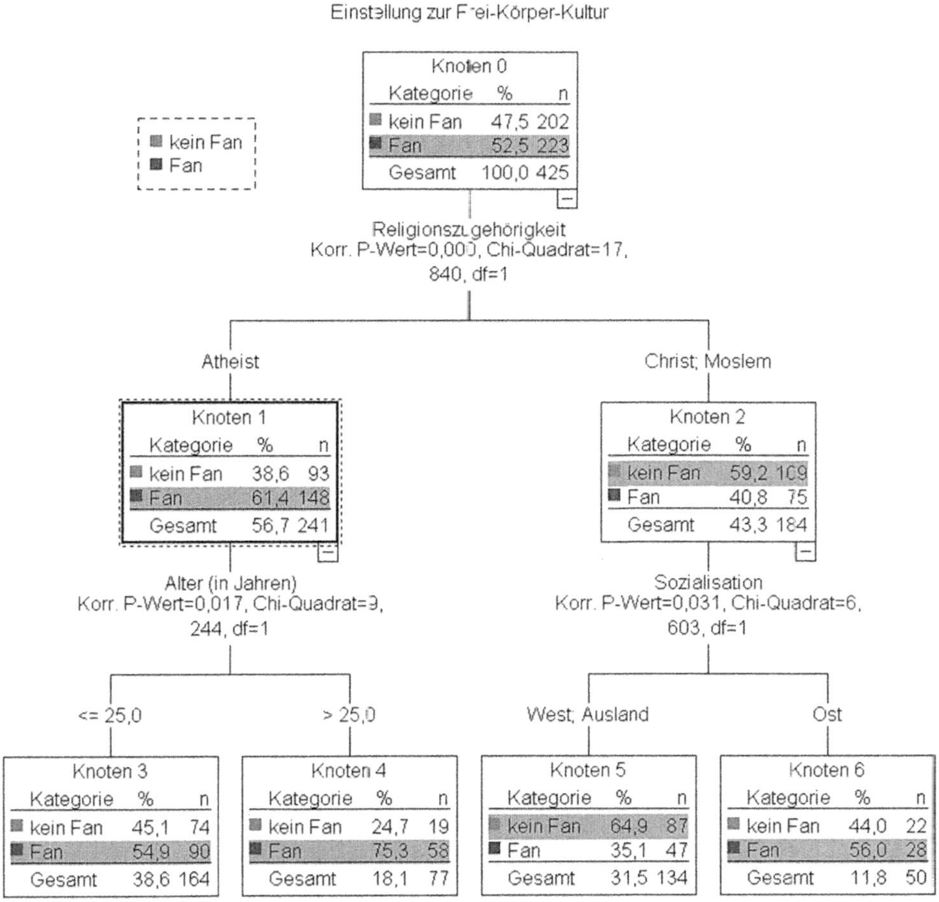

Einstellung zur Frei-Körper-Kultur

Wahrscheinlichkeiten. Deutet man gemäß dem schwachen Gesetz großer Zahlen (vgl. Abschnitt 6.6) eine relative Häufigkeit als eine „Wahrscheinlichkeit in Konvergenz", dann beträgt gemäß der Angaben im Knoten 0 die Wahrscheinlichkeit dafür, dass eine zufällig ausgewählte und befragte Person angibt, ein FKK-Fan zu sein, 223 / 425 = 0,525, was wiederum im deskriptiven Sinne einer prozentualen relativen Häufigkeit von 52,5 % entspricht. Beachtenswert ist dabei, dass im jeweiligen Knoten die dichotome (grch.: *dicha* → zweifach + *tome* → Scheibe) Ausprägung mit der höchsten prozentualen relativen Häufigkeit grau unterlegt ist. Während zum Beispiel im Knoten 4, der die Teilmenge der atheistisch geprägten Studierenden, die (im Zeitraum der Befragung) älter 25 Jahre waren, beschreibt, die Wahrscheinlichkeit für das zufällige Ereignis „FKK-Fan" mit 0,753 am höchsten ist, wird im Knoten 5, also bei den religiös gebundenen Studierenden, die in den alten Bundesländern bzw. im Ausland „sozialisiert" wurden, dem zufälligen Ereignis „kein FKK-Fan" mit 0,649 die höchste Wahrscheinlichkeit zugewiesen.

Klassifikation. Aufgrund dessen, dass gemäß Abbildung 8.1.3-1 vereinbarungsgemäß der Prädiktor *Religion* als „erste Variable zwingend festgelegt" wurde, wird im konkreten Fall in der ersten „Tiefe" des Entscheidungsbaumes die Menge der 425 Studierenden in zwei disjunkte religionsspezifische „Knoten" mit einem Umfang von 241 bzw. 184 Studierenden aufgeteilt, die sich hinsichtlich ihrer Einstellung zur FKK signifikant voneinander unterscheiden und im Entscheidungsbaum innerhalb der Abbildung 8.1.3-2 mittels der Knoten der Ordnung eins und zwei gekennzeichnet werden. In der zweiten „Tiefe" des Entscheidungsbaumes erhält man die Knoten 3 bis 6, die im konkreten Fall als Endknoten bezeichnet werden, da sie eine „finale" viergliedrige Klassifikation sowie eine Vorhersage der Studierenden hinsichtlich ihrer Einstellung zur Frei-Körper-Kultur anhand der drei im statistischen Sinne als „signifikant" identifizierten Prädiktoren *Religion*(szugehörigkeit), *Alter* und *Sozial*(isation) ermöglichen.

Abbildung 8.1.3-3: SPSS Dateneditor mit Prognoseergebnissen

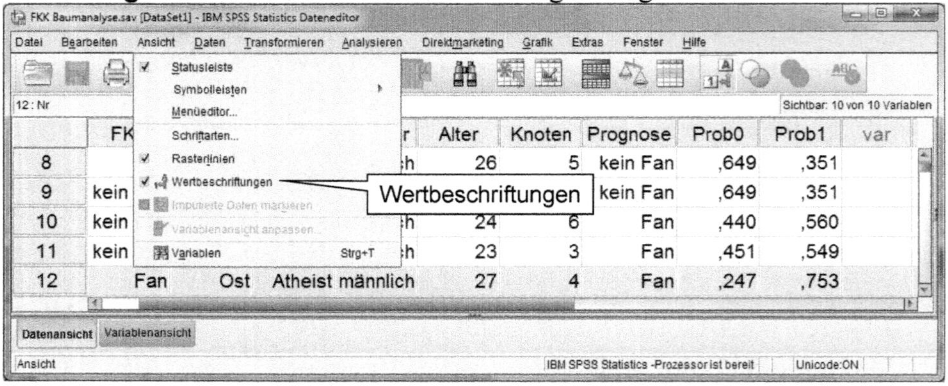

Prognose. Die Abbildung 8.1.3-3 beinhaltet einen Auszug aus den merkmals-trägerbezogenen Prognoseergebnissen, die im SPSS Unterdialogfeld *Entscheidungsbaum: Speichern* optional vereinbart werden können und im konkreten Fall gemäß Abbildung 8.1.3-1 in Gestalt der Endknotennummer, des vorhergesagten Wertes und der geschätzten Wahrscheinlichkeiten angefordert wurden. Demnach wurde zum Beispiel der Student mit der Ordnungsnummer 12 prognostisch dem Knoten 4 zugeordnet und bezüglich seiner Einstellung zur Frei-Körper-Kultur mit dem Modellprognose-Etikett *Fan* versehen. Diese dichotome Modellprognose wird einerseits für die Realisation *kein Fan* mit einer Wahrscheinlichkeit von 0,247 (*Prob0*) und in logischer Konsequenz für die Realisation *Fan* mit einer komplementären Wahrscheinlichkeit von 1 − 0,247 = 0,753 (*Prob1*) angegeben.

Wertbeschriftung. Einzig und allein aus didaktisch-methodischen Gründen einerseits und zur besseren Anschaulichkeit andererseits wurde gemäß Abbildung 8.1.3-3 im SPSS Dateneditor die Ansichtsoption *Wertebeschriftung* aktiviert, mit deren Hilfe man sich für nominale und/oder ordinale Erhebungsmerkmale anstelle der vereinbarten Kodierungen die in der zugehörigen Zustandsmenge begrifflich erfassten Ausprägungen anzeigen lassen kann.

Fehlklassifikation. Der Vollständigkeit halber gilt es noch, die sogenannte Fehlklassifikationsmatrix innerhalb der Tabelle 8.1.3-3 zu kommentieren, die man analog zur Abbildung 8.1.3-3 auch via Sequenz 8.1.1-1 als eine Kreuztabelle für die SPSS Variablen *FKK* und *Prognose* anfordern und erstellen kann.

Tabelle 8.1.3-3: Fehlklassifikationsmatrix

Beobachtet	Vorhersagewert		
	kein Fan	Fan	korrekt
kein Fan	87	115	43,1%
Fan	47	176	78,9%
Gesamtprozentsatz	31,5%	68,5%	61,9%

Aufbaumethode: CHAID
Abhängige Variable: Einstellung zur FKK

Demnach ist man mittels des CHAID-basierten Entscheidungsbaumes innerhalb der Abbildung 8.1.3-2 und der drei im erklärungsstatischen Sinne als wesentlich identifizierten Prädiktoren *Religion*(szugehörigkeit), *Sozial*(isation) und *Alter* bereits in der Lage, insgesamt

$$((87 + 176) / 425) \times 100\,\% \cong 61,9\,\%$$

der 425 zufällig ausgewählten und befragten Studierenden hinsichtlich ihrer Einstellung zur Frei-Körper-Kultur „richtig bzw. korrekt" zu klassifizieren bzw. einzuordnen. Das komplementäre Risiko im Sinne einer Fehlklassifikation ist wegen

$$((115 + 47) / 425) \times 100\,\% \cong 38,1\,\%$$

allerdings zu hoch und daher streng genommen und augenscheinlich für „glaubwürdige" prognostische Zwecke inakzeptabel. ♣

8.2   Rangkorrelationsanalyse

Motivation. Unter dem Begriff der Rangkorrelationsanalyse subsumiert man in der statistischen Methodenlehre die sachlogisch begründete Analyse eines statistischen Zusammenhanges zwischen zwei ordinalen bzw. mit Hilfe von Rangwerten ordinalisierten metrischen Erhebungsmerkmalen mit vielen sich voneinander unterscheidenden Merkmalsausprägungen. Ein in der empirischen Wirtschafts- und Sozialforschung häufig appliziertes Zusammenhangsmaß im Kontext einer Rangkorrelationsanalyse ist der Rangkorrelationskoeffizient nach SPEARMAN.

Rangkorrelationskoeffizient nach SPEARMAN

Für eine statistische Gesamtheit bzw. Zufallsstichprobe $\Gamma_n = \{\gamma_i, i = 1,2,...,n\}$ vom Umfang n, an deren Merkmalsträgern γ_i die Ausprägungspaare $\{(x_i, y_i), i = 1,2,...,n\}$ der beiden mindestens ordinalen Erhebungsmerkmale $X(\gamma_i)$ und $Y(\gamma_i)$ beobachtet wurden, wobei dem Ausprägungspaar (x_i, y_i) das zugehörige Rangzahlenpaar (R_i^X, R_i^Y) zugeordnet wird, heißt die Größe

$$r_S = 1 - \frac{6 \cdot \sum_{i=1}^{n}(R_i^X - R_i^Y)^2}{n \cdot (n^2 - 1)}$$

Rangkorrelationskoeffizient nach SPEARMAN.

Hinweise. Für die Berechnung und Interpretation des Rangkorrelationskoeffizienten nach SPEARMAN sind die folgenden Hinweise hilfreich: i) **Maßzahl**. Der Rangkorrelationskoeffizient r_S nach SPEARMAN ist ein normiertes Zusammenhangsmaß, für das stets $-1 \leq r_S \leq 1$ gilt. Liegt r_S nahe 1, dann ist ein positiver oder gleichläufiger monotoner statistischer Zusammenhang angezeigt. Ein r_S nahe -1 kennzeichnet einen negativen oder gegenläufigen monotonen statistischen Zusammenhang. Ein r_S um bzw. nahe 0 ist ein Indiz dafür, dass zwischen zwei Rangmerkmalen kein monotoner statistischer Zusammenhang nachweisbar ist. ii) **Berechnung**. Die Berechnung des Korrelationskoeffizienten nach SPEARMAN ist streng genommen an die Bedingung gebunden, dass in zwei ordinalen bzw. ordinalisierten Merkmalen X und Y keine Rangbindungen (engl.: *ties*) auftreten, also gleichsam die ordinalen bzw. ordinalisierten Ausprägungspaare (x_i, y_i) und damit auch die Rangzahlenpaare (R_i^X, R_i^Y) voneinander verschieden sind. Da in praktischen Anwendungen Rangbindungen häufig vorkommen, sollte in jeder der beiden Rangreihen höchstens ein Fünftel der Rangzahlen als Bindungen auftreten, wenn der Rangkorrelationskoeffizient r_S aussagefähig sein soll. Ordinale Zusammenhangsmaße, die Rangbindungen berücksichtigen, sind die in SPSS implementierten Rangkorrelationsmaße τ_b und τ_c (lies: *Tau-b* bzw. *Tau-c*) nach KENDALL. iii) **Unabhängigkeitstest**. In praxi erweisen sich der Rangkorrelationskoeffizient nach SPEARMAN und der darauf basierende Unabhängigkeitstest, der auf der HOTELLING-PAPST-Statistik beruht, vor allem dann von Vorteil, wenn es zu prüfen gilt, ob zwischen zwei bindungsfreien und rangzahlenbasierten bzw. zwischen zwei metrischen Merkmalen, die nicht normalverteilt sind und/oder durch Ausreißer- bzw. Extremwerte affiziert sind, ein signifikanter monotoner statistischer Zusammenhang besteht. In der angewandten Statistik testet man meist die

Nullhypothese H_0: $\rho_S = 0$ gegen die zweiseitige Alternativhypothese H_1: $\rho_S \neq 0$ bzw. in Abhängigkeit von sachlogischen Überlegungen gegen die jeweils einseitigen Alternativhypothesen H_1: $\rho_S < 0$ bzw. H_1: $\rho_S > 0$. Dabei bezeichnet ρ_S (lies: *Rho*) den wahren, jedoch unbekannten Korrelationskoeffizienten in einer statistischen Grundgesamtheit $\Gamma = \{\gamma_i, i = 1,2,...,N\}$ vom Umfang N Merkmalsträger γ_i. iv) **Genesis**. Der Rangkorrelationskoeffizient nach SPEARMAN ist ein Spezialfall des Maßkorrelationskoeffizienten nach BRAVAIS und PEARSON (vgl. Abschnitt 8.3). In Anwendung auf zwei bindungsfreie Rangreihen $\{(R_i{}^X, R_i{}^Y), i = 1,2,...,n\}$ liefern der Rangkorrelationskoeffizient nach SPEARMAN und der Maßkorrelationskoeffizient nach BRAVAIS und PEARSON ein gleiches Ergebnis. v) **Historie**. Die Idee des Rangkorrelationskoeffizienten geht auf den amerikanischen Psychologen Charles Edward SPEARMAN (*1863, †1945) zurück. ♦

Beispiel 8.2-1: Rangkorrelationskoeffizient nach SPEARMAN

Motivation. Unter Verwendung der SPSS Arbeitsdatei *Mitte.sav*, die auf n = 45 zufällig ausgewählten Berliner Ein-Raum-Mietwohnungen $\gamma_i \in \Gamma_n$ basiert, soll die Stärke und die Richtung des statistischen Zusammenhanges zwischen den beiden metrischen Erhebungsmerkmalen Wohnfläche $X(\gamma_i) = x_i$ (in m²) und monatliche Kaltmiete (in €) $Y(\gamma_i) = y_i$ analysiert und „gemessen" werden.

Abbildung 8.2-1: SPSS Dateneditor, gruppierte und „standardisierte" Boxplots

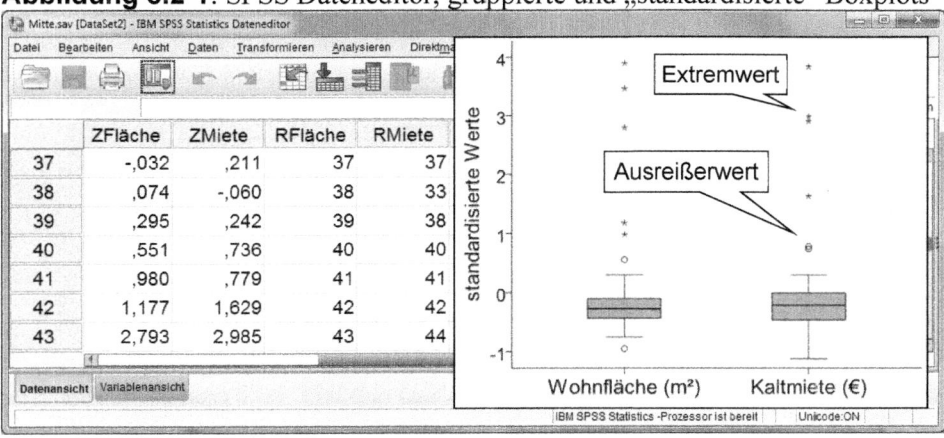

Boxplots. Im Vorfeld der angestrebten Zusammenhangsanalyse erweist es sich als vorteilhaft, die beiden metrischen Erhebungsmerkmale via Sequenz 5.1-5 einer Explorativen Datenanalyse zu unterziehen. Bereits die beiden merkmalsspezifischen Boxplots innerhalb der Abbildung 8.2-1 lassen erkennen, dass die Merkmalswerte der realisierten Zufallsstichprobe $\{(x_i, y_i), i = 1,2,...,n\}$, die zu Vergleichszwecken via Sequenz 5.5-1 standardisiert und als Boxplots gemeinsam in einem Diagramm dargestellt wurden, sowohl durch Ausreißer- als auch durch Extremwerte affiziert und augenscheinlich schief verteilt sind.

K-S-Test. Dass im konkreten Fall die empirisch erfassten Merkmalswerte x_i und y_i jeweils wegen $\alpha^* = 0,000 < \alpha = 0,05$ nicht als Realisationen einer normalverteilten Zufallsgröße aufgefasst werden können, wird zudem noch durch den KOLMOGOROV-SMIRNOV-Anpassungstest in der LILLIEFORS-Modifikation untermauert, dessen Ergebnisse in der Tabelle 8.2-1 zusammengefasst sind.

Tabelle 8.2-1: K-S-Test auf eine Normalverteilung

	Kolmogorow-Smirnow[a]		
	Statistik	df	Sig.
Wohnfläche (m²)	,335	45	,000
monatliche Kaltmiete (€)	,272	45	,000

a. Signifikanzkorrektur nach Lilliefors

Rangkorrelationsanalyse. Da die beiden metrischen Erhebungsmerkmale X: *Wohnfläche* und Y: *monatliche Kaltmiete* nicht als normalverteilt angesehen werden können, ist es aus methodischer Sicht geboten, via Sequenz 8.2-1 eine Rangkorrelationsanalyse durchzuführen.

Sequenz 8.2-1: Rangkorrelationsanalyse
Analysieren
   Korrelation
      Bivariat ... → Abbildung 8.2-2

Abbildung 8.2-2: SPSS Dateneditor mit Dialogfeld *Bivariate Korrelationen*

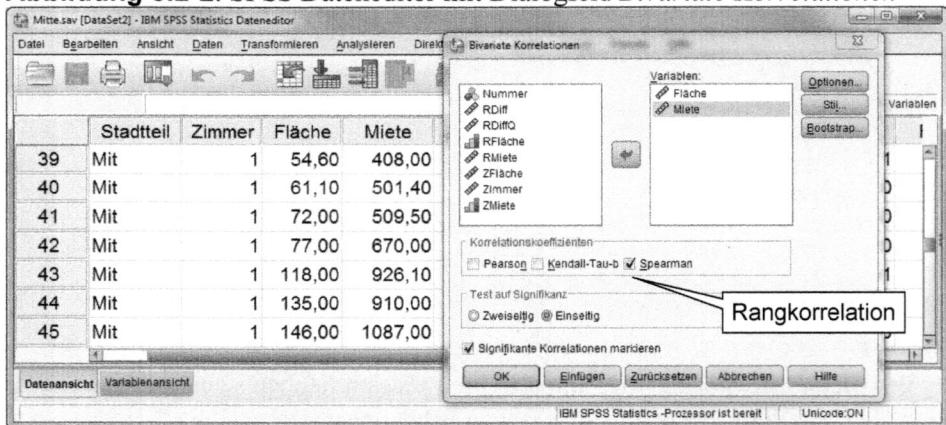

Ergebnisse. Die Tabelle 8.2-2 beinhaltet die Ergebnisse der Rangkorrelations-analyse, die aus statistisch-methodischer und sachlogischer Sicht wie folgt inter-pretiert werden können: Wegen $r_S \cong 0,771$ deutet man die positive Rangkorrelati-on zwischen der Wohnfläche $X(\gamma_i)$ und der monatlichen Kaltmiete $Y(\gamma_i)$ für die Zufallsstichprobe $\Gamma_n = \{\gamma_i, i = 1,2,...,n\}$ der zufällig ausgewählten n = 45 Ein-Raum-Mietwohnungen γ_i als ausgeprägt. Demnach geht für diese Mietwohnun-gen in der Regel ein hoher bzw. ein niedriger Wohnflächenrang R_i^X mit einem hohen bzw. einem niedrigen Kaltmietenrang R_i^Y einher und umgekehrt.

Tabelle 8.2-2: Rangkorrelationskoeffizient nach SPEARMAN

			Wohnfläche (m²)
Spearman-Rho	monatliche Kaltmiete (€)	Korrelationskoeffizient	,771
		Sig. (1-seitig)	,000
		Anzahl	45

Aus dieser sachbezogenen Interpretation lässt sich die folgende logische Schlussfolgerung ableiten: Offensichtlich ist eine positive bzw. eine negative statistische Rangkorrelation umso stärker ausgeprägt, je kleiner bzw. je größer die merkmalsträgerbezogenen Rangplatzdifferenzen $(R_i^X - R_i^Y)$ sind.

Abbildung 8.2-3: SPSS Dateneditor mit Rangdaten(analyse)

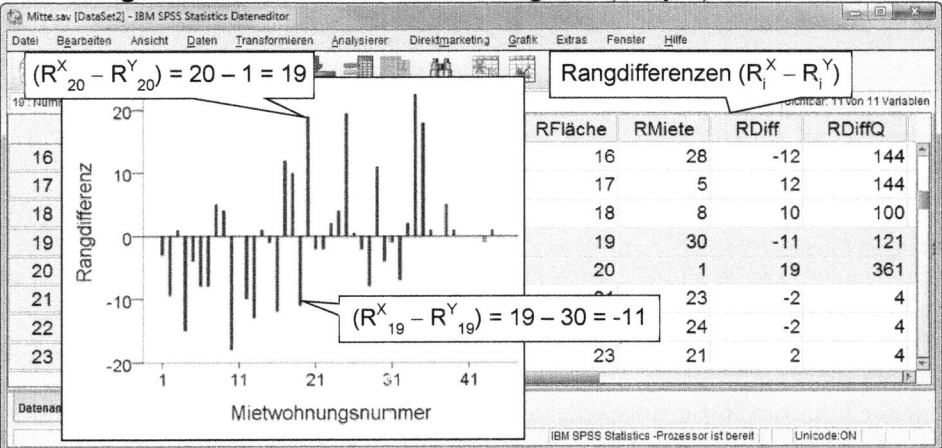

Anhand der Abbildung 8.2-3 kann man sich die Grundidee einer SPEARMAN-schen Rangkorrelation zahlenmäßig und bildhaft zugleich verdeutlichen. Aufgrund dessen, dass für die n = 45 Mietwohnungen γ_i die Wohnflächenränge R_i^X (Variable *RFläche*) zum Teil „augenscheinlich und gravierend" von den Kaltmieträngen R_i^Y (Variable *RMiete*) abweichen, hat dies zur Folge, dass die Rangkorrelation nur mittelstark ausgeprägt ist. Während man gemäß Abbildung 8.2-3 zum Beispiel für die Mietwohnung γ_i der Ordnung i = 19 eine Rangdifferenz von

$$R^X_{19} - R^Y_{19} = 19 - 30 = -11$$

ermittelt, konstatiert man für die Mietwohnung γ_i der Ordnung i = 20 eine merkmalsbezogene Rangdifferenz von

$$R^X_{20} - R^Y_{20} = 20 - 1 = 19$$

und für die letzte Mietwohnung γ_i der Ordnung i = 45 eine Rangdifferenz von

$$R^X_{45} - R_{45}^Y = 45 - 45 = 0.$$

Bemerkenswert ist in diesem Zusammenhang, dass sich gemäß Tabelle 8.2-2 alle n = 45 Rangdifferenzen $(R_i^X - R_i^Y)$, die im beigefügten Balkendiagramm innerhalb der Abbildung 8.2-3 bildhaft dargestellt sind, zu null addieren.

Tabelle 8.2-3: Zwischenergebnisse

	Anzahl		Summe
	Gültig	Fehlend	
Rangdifferenz	45	0	0
quadrierte Rangdifferenz	45	0	3483

Dies ist auch der formale Grund dafür, warum man im Zuge der Berechnung des Rangkorrelationskoeffizienten nach SPEARMAN die quadrierten Rangdifferenzen $(R_i^X - R_i^Y)^2$ in das Berechnungskalkül einfließen lässt, die sich gemäß Tabelle 8.2-3 zu einem Wert von 3483 summieren, so dass man gemäß Tabelle 8.2-2 einen empirischen Rangkorrelationskoeffizienten nach SPEARMAN von

$$r_S = 1 - \frac{6 \cdot 3483}{45 \cdot (45^2 - 1)} \cong 0{,}771$$

erhält, der sich im konkreten Fall vom PEARSONschen Maßkorrelationskoeffizienten (vgl. Abschnitt 8.3) in Höhe von $r_{YX} = r_{XY} \cong 0{,}965$ augenscheinlich und im konkreten Fall markant unterscheidet.

Bindungen. Aus didaktisch-methodischer Sicht ist es in diesem Zusammenhang geboten, darauf zu verweisen, dass im konkreten Fall (wie man leicht nachprüfen kann) die Wohnflächenwerte $X(\gamma_i) = x_i$ und die Kaltmieten $Y(\gamma_i) = y_i$ in der Zufallsstichprobe $\Gamma_n = \{\gamma_i, i = 1,2,...,n\}$ vom Umfang n = 45 Ein-Raum-Wohnungen durch keine Bindungen „affiziert" sind, also für alle i, j = 1,2,...,n sowohl die Wohnflächenwerte $x_i \neq x_j$ als auch die Kaltmietwerte $y_i \neq y_j$ und damit auch die zugehörigen Rangzahlen

$$R_i^X \neq R_j^X \text{ bzw. } R_i^Y \neq R_j^Y$$

wohl voneinander verschieden sind. Im Falle von existierenden Bindungen (also von gleichen Merkmalswerten) verwendet man in praxi in der Regel sogenannte mittlere Rangzahlen, die via *Transformieren*, *Rangfolge bilden* im SPSS Unterdialogfeld *Rangfolge bilden: Rangbindungen* vereinbart werden können.

Rangfolge. Gleichwohl im konkreten Fall mit dem Aufruf des Rangkorrelationskoeffizienten nach SPEARMAN via Sequenz 8.2-1 alle n = 45 reellen und „bindungsfreien" Wohnflächen-Kaltmiete-Wertepaare

$$\{(x_i, y_i), i = 1,2,...,n\}$$

automatisch auf die Menge der natürlichen Rangzahlen R_i^X und R_i^Y abgebildet werden, wurden analog zur Abbildung 8.2-3 einzig und allein aus didaktisch-methodischen und Anschaulichkeitsgründen via Sequenz 5.2.2-1 die Rangfolgen

$$R_i^X \equiv RFläche \text{ und } R_i^Y \equiv RMiete$$

im Unterdialogfeld *Rangfolge bilden: Typen* die Option *Rang* vereinbart und die Rangfolgen zusätzlich in die SPSS Arbeitsdatei eingefügt. Die Rangfolgenwerte werden für die Werte einer originären SPSS Variablen stets durch das Präfixum bzw. durch die Vorsilbe *R(ang)* automatisch gekennzeichnet bzw. etikettiert. ♣

Beispiel 8.2-2: Rangkorrelationsbasierter Unabhängigkeitstest

Motivation. Ist man in Weiterführung des Beispiels 8.2-1 und im Sinne der Induktiven Statistik daran interessiert, für die endliche statistische Grundgesamtheit $\Gamma = \{\gamma_i, i = 1,2,...,N\}$ aller Ein-Raum-Mietwohnungen γ_i, die in Berlin-Mitte angeboten werden, die einseitige Ausgangshypothese H_0: $\rho_S \leq 0$ gegen die einseitige Alternativhypothese H_1: $\rho_S > 0$ auf einem Signifikanzniveau von $\alpha = 0,05$ zu prüfen, dann praktiziert man den zugrundeliegenden Unabhängigkeitstest, dessen Ergebnisse in der Tabelle 8.2-1 vermerkt sind.

Hypothesen. Die einseitige Fragestellung lässt sich im konkreten Fall wie folgt motivieren: Da man aus sachlogischen Gründen im Marktsegment von Ein-Raum-Mietwohnungen in Berlin-Mitte, das hinsichtlich seiner Größe bzw. seines Umfanges N an Ein-Raum-Mietwohnungen γ_i nicht näher spezifiziert ist, einen positiven bzw. gleichläufigen monotonen Zusammenhang zwischen der Wohnfläche X und der monatlichen Kaltmiete Y erwartet, formuliert man als Nullhypothese H_0 genau das Gegenteil der sachlogischen Erwartung, nämlich, dass in der statistischen Grundgesamtheit $\Gamma = \{\gamma_i, i = 1,2,...,N\}$ von Ein-Raum-Mietwohnungen in Berlin-Mitte zwischen den beiden metrischen (und nicht normalverteilten) Erhebungsmerkmalen X und Y kein bzw. ein umgekehrter (monotoner) statistischer Zusammenhang besteht, also H_0: $\rho_S \leq 0$ gilt. Gelingt es aufgrund eines Zufallsstichprobenbefundes, die einseitige Nullhypothese H_0: $\rho_S \leq 0$ zu verwerfen und damit zugleich die Alternativhypothese H_1: $\rho_S > 0$ anzunehmen, kann auf einem vorab vereinbarten Signifikanzniveau α davon ausgegangen werden, dass im besagten Marktsegment $\Gamma = \{\gamma_i, i = 1,2,...,N\}$ von Ein-Raum-Mietwohnungen γ_i ein positiver monotoner statistischer Zusammenhang zwischen der Wohnfläche X und der monatlichen Kaltmiete Y besteht.

Unabhängigkeitstest. Da gemäß Tabelle 8.2-1 im Vergleich von empirischem und vorgegebenem Signifikanzniveau offensichtlich $\alpha^* = 0,000 < \alpha = 0,05$ gilt, verwirft man die einseitige Nullhypothese H_0: $\rho_S \leq 0$ zugunsten der einseitigen Alternativhypothese H_1: $\rho_s > 0$ und deutet den empirischen Rangkorrelationskoeffizienten nach SPEARMAN in Höhe von $r_S \cong 0,771$ auf einem Signifikanzniveau von $\alpha = 0,05$ als signifikant größer als null. Demnach kann man im Mietwohnungsmarkt „Berlin-Mitte", der aus statistisch-methodischer Sicht als eine endliche statistische Grundgesamtheit $\Gamma = \{\gamma_i, i = 1,2,...,N\}$ von Ein-Raum-Wohnungen γ_i aufgefasst werden kann, davon ausgehen, dass zwischen Wohnfläche $X(\gamma_i)$ und monatlicher Kaltmiete $Y(\gamma_i)$ ein gleichläufiger (bzw. direkter oder positiver) linearer Zusammenhang besteht. Mit dem Verwerfen der einseitigen Nullhypothese H_0: $\rho_s \leq 0$ findet man letzten Endes die einseitige Alternativhypothese H_1: $\rho_s > 0$ bestätigt, die formal nichts anderes beschreibt, als die eingangs sachlogisch begründete Zusammenhangsvermutung zwischen den beiden Erhebungsmerkmalen *Wohnfläche* X und *monatliche Kaltmiete* Y. ♣

8.3   Maßkorrelationsanalyse

Motivation. Unter dem Begriff der Maßkorrelationsanalyse fasst man in der statistischen Methodenlehre die sachlogisch begründete Analyse von statistischen Zusammenhängen zwischen mindestens zwei metrischen (und streng genommen normalverteilten) Erhebungsmerkmalen zusammen. Dabei erweist es sich stets als vorteilhaft, einer Maßkorrelationsanalyse sowohl eine explorative als auch eine grafische Datenanalyse vorzulagern. Bei der grafischen Datenanalyse kommt dem Streudiagramm eine besondere praktische Bedeutung zu.

Streudiagramm

Sind $X(\gamma_i) = x_i$ und $Y(\gamma_i) = y_i$ die empirisch beobachteten Merkmalswerte zweier metrischer Erhebungsmerkmale X und Y einer statistischen Gesamtheit $\Gamma_n = \{\gamma_i,$ i = 1,2,...,n$\}$ vom Umfang n Merkmalsträger γ_i, dann heißt eine grafische Darstellung der Wertepaare $\{(x_i, y_i),$ i = 1,2,...,n$\}$ in einem kartesischen Koordinatensystem Streudiagramm.

Hinweise. Für die Konstruktion und Interpretation eines Streudiagramms erweisen sich die folgenden Hinweise als hilfreich: i) **Synonym**. Ein Streudiagramm wird synonym auch als Scatterplot (engl.: *scatter* → zerstreuen + *plot* → Parzelle, Grundriss) bezeichnet. ii) **Punktewolke**. Die n Wertepaare $\{(x_i, y_i),$ i = 1,2,...,n$\}$ erscheinen als eine Punktewolke in einer zweidimensionalen Merkmalsebene. Aus dem Verlauf und der Form einer Punktewolke lassen sich Schlussfolgerungen hinsichtlich der Stärke und der Richtung eines statistischen Zusammenhangs bzw. der Form der Abhängigkeit zwischen den beiden Erhebungsmerkmalen ziehen. Dabei werden in der Regel die Merkmalswerte $X(\gamma_i) = x_i$ des Merkmals X auf der Abszisse und die Merkmalswerte $Y(\gamma_i) = y_i$ des Merkmals Y auf der Ordinate abgetragen. iii) **Interpretation**. Zeigt eine Punktewolke einen gestreckten und steigenden Verlauf, so ist dies ein Indiz für einen positiven oder gleichläufigen statistischen Zusammenhang. Ein gestreckter und fallender Verlauf einer Punktewolke ist ein Hinweis auf einen negativen oder gegenläufigen statistischen Zusammenhang. iv) **Modifikationen**. Die Konstruktion eines Streudiagramms ist nicht nur an die Betrachtung zweier Erhebungsmerkmale gebunden. Während man für drei Erhebungsmerkmale zum Beispiel ein dreidimensionales Streudiagramm konstruieren kann, so erweist sich vor allem in der explorativen Datenanalyse eine Streudiagramm-Matrix für drei oder mehrere Erhebungsmerkmale mitunter als dienlich. v) **Maßkorrelationskoeffizient**. Während ein Streudiagramm der Erkennung eines statistischen Zusammenhangs dient, ist der Maßkorrelationskoeffizient eine Maßzahl für die Stärke und die Richtung eines linearen statistischen Zusammenhangs. ♦

Maßkorrelationskoeffizient. Das in der empirischen Wirtschafts- und Sozialforschung wohl am häufigsten applizierte Zusammenhangsmaß im Kontext einer bivariaten (lat.: *bis* → zweifach + *varia* → Allerlei) Maßkorrelationsanalyse ist der Maßkorrelationskoeffizient, der auch als bivariater Korrelationskoeffizient nach BRAVAIS und PEARSON oder als PEARSONscher Korrelationskoeffizient bezeichnet wird und wie folgt charakterisiert werden kann:

Maßkorrelationskoeffizient

Ist $\{(x_i, y_i),\ i = 1,2,...,n\}$ eine Menge von n Wertepaaren, die für zwei metrische Merkmale $X(\gamma_i) = x_i$ und $Y(\gamma_i) = y_i$ einer statistischen Gesamtheit $\Gamma_n = \{\gamma_i,\ i = 1,2,...,n\}$ vom Umfang n empirisch erhoben wurden, dann heißt die Größe

$$r_{XY} = r_{YX} = \frac{\dfrac{1}{n-1} \cdot \sum_{i=1}^{n}(x_i - \overline{x}) \cdot (y_i - \overline{y})}{\sqrt{\dfrac{1}{n-1} \cdot \sum_{i=1}^{n}(x_i - \overline{x})^2} \cdot \sqrt{\dfrac{1}{n-1} \cdot \sum_{i=1}^{n}(y_i - \overline{y})^2}} = \frac{s_{XY}}{s_X \cdot s_Y}$$

bivariater Maßkorrelationskoeffizient nach BRAVAIS und PEARSON.

Hinweise. Für die Berechnung und Interpretation eines Maßkorrelationskoeffizienten erweisen sich die folgenden Hinweise als hilfreich: i) **Synonyme**. Der Korrelationskoeffizient nach BRAVAIS und PEARSON wird synonym auch als einfacher linearer oder bivariater oder dualer Maßkorrelationskoeffizient oder als Produkt-Moment-Koeffizient bezeichnet. ii) **Interpretation**. Der Maßkorrelationskoeffizient ist ein normiertes und symmetrisches Zusammenhangsmaß, für das stets $-1 \leq r_{XY} = r_{YX} \leq 1$ gilt. Ein Wert nahe 1 kennzeichnet einen starken gleichläufigen, ein Wert nahe -1 einen starken gegenläufigen linearen statistischen Zusammenhang. Ein Wert um 0 ist ein Indiz dafür, dass zwischen den Merkmalen X und Y statistisch kein linearer Zusammenhang nachweisbar ist bzw. dass die Merkmale X und Y (linear) voneinander unabhängig sind. Beachtenswert ist dabei, dass der Maßkorrelationskoeffizient stets nur die Stärke und die Richtung eines linearen statistischen Zusammenhangs zwischen zwei metrischen Merkmalen messen kann. iii) **Kovarianz**. Die Basis einer Maßkorrelation bildet die empirische Kovarianz in Gestalt der sogenannten Stichprobenkovarianz s_{XY}

$$s_{XY} = \frac{1}{n-1} \cdot \sum_{i=1}^{n}(x_i - \overline{x}) \cdot (y_i - \overline{y}),$$

die das durchschnittliche Abweichungsprodukt der Merkmale X und Y kennzeichnet. Sie lässt die Grundidee der statistischen Maßkorrelation augenscheinlich werden: die Gleich- oder die Gegenläufigkeit der Abweichungen der jeweiligen Merkmalswerte um ihre Mittelwerte. Ein großer positiver Wert einer Kovarianz ist ein Indiz für eine ausgeprägte positive lineare Maßkorrelation, ein großer negativer Wert einer Kovarianz für eine ausgeprägte negative lineare Maßkorrelation. Allerdings ist eine Kovarianz als ein Korrelationsmaß wenig geeignet, da man für ihre Größe keine Norm kennt. Hinzu kommt noch, dass sie eine dimensionsgeladene Maßzahl ist, die eine plausible und sachlogische Interpretation erschwert. Aus diesem Grunde standardisiert man sie mit den (empirischen oder Stichproben-) Standardabweichungen s_X und s_Y und interpretiert den Maßkorrelationskoeffizienten r_{XY} als eine standardisierte Kovarianz. iv) **Unabhängigkeitstest**. In praxi erweisen sich der Maßkorrelationskoeffizient und der daraus entlehnte Unabhängigkeitstest vor allem dann von Vorteil, wenn es zu prüfen gilt, ob zwischen zwei metrischen und normalverteilten Erhebungsmerkmalen bzw. Zufallsgrößen X und Y ein signifikanter statistischer Zusammenhang besteht. In der angewandten Statistik testet man auf einem vorab vereinbarten Signifikanzniveau α meist die Nullhypothese H_0: $\rho_{XY} = 0$ gegen die zweiseitige Alternativhypothese H_1: $\rho_{XY} \neq 0$ bzw. in Abhängigkeit von sachlogischen Überlegungen gegen die einseitigen Alternativhypothesen H_1: $\rho_{XY} < 0$ bzw. H_1: $\rho_{XY} > 0$. Dabei bezeichnet ρ_{XY} (lies: *Rho*) den wahren, jedoch unbekannten Korrelationskoeffizienten in einer statistischen Grundgesamtheit $\Gamma = \{\gamma_i, i = 1,2,...,N\}$ von N Merkmalsträgern γ_i. v) **Derivat**. Untrennbar mit dem Begriff eines bivariaten Maßkorrelationskoeffizienten ist der Begriff eines partiellen (lat.: *partialis* → anteilig) linearen Maßkorrelationskoeffizienten verbunden. Sind X, Y und Z drei metrische Erhebungsmerkmale bzw. Zufallsgrößen, dann verwendet man zum Beispiel den partiellen Maßkorrelationskoeffizienten $r_{XY.Z}$, um die Stärke und die Richtung des linearen statistischen Zusammenhanges zwischen Y und X unter der „Kontrolle" von Z zu analysieren und zu messen. vi) **Historie**. Die Idee des Maßkorrelationskoeffizienten geht auf den französischen Physiker Auguste BRAVAIS (*1811, †1863) zurück. Seinem triumphalen statistischen Siegeszug verdankt er dem englischen Statistiker Karl PEARSON (*1857, †1936). Ihnen zu Ehren wird das Korrelationsmaß auch als Maßkorrelationskoeffizient nach BRAVAIS und PEARSON bezeichnet. ♦

Beispiel 8.3-1: Bivariate Maßkorrelationsanalyse
Motivation. Unter Verwendung der SPSS Datendatei *Eier.sav* soll für die statistische Gesamtheit $\Gamma_n = \{\gamma_i, i = 1,2,...,n\}$ von n = 729 Hühnereiern γ_i analysiert werden, ob und in welcher Intensität und Richtung zwischen den metrischen, extremwertbereinigten und normalverteilten Erhebungsmerkmalen X: *Breite (in mm)* und Y: *Gewicht (in g)* ein statistischer Zusammenhang besteht.

Streudiagramm. Im Vorfeld einer bivariaten Maßkorrelationsanalyse erweist es sich stets als vorteilhaft, mit Hilfe eines sogenannten Streudiagramms „visuell" zu prüfen, ob die Annahme eines statistischen Zusammenhangs zwischen zwei metrischen Erhebungsmerkmalen berechtigt erscheint. Ein Streudiagramm kann in SPSS zum Beispiel via *Grafik, Veraltete Dialogfelder* oder analog zur Abbildung 8.1.1-4 via *Grafik, Diagrammerstellung* mittels der Galerieoption *Streu- oder Punktdiagramm* erstellt werden.

Abbildung 8.3-1: 2D-Streudiagramm und 3D-Histogramm

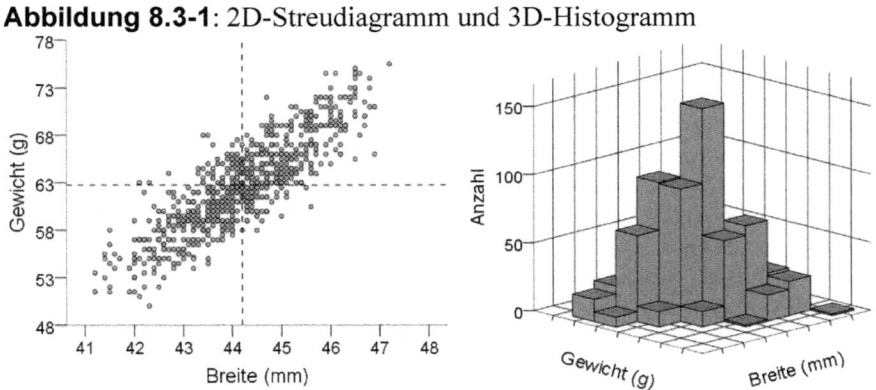

Die linke Grafik in der Abbildung 8.3-1 zeigt das im Diagrammeditor bearbeitete und durch Mittelwertlinien ergänzte Streudiagramm für die n = 729 Hühnereier γ_i bezüglich der metrischen und stetigen Erhebungsmerkmale X: *Breite (mm)* und Y: *Gewicht (g)*. Die rechte Grafik plakatiert mittels eines 3D-Histogramms die

bivariate Häufigkeitsverteilung für die beiden in Rede stehenden Erhebungsmerkmale. Das dreidimensionale bzw. 3D-Histogramm basiert im konkreten Fall
auf sieben Breitenklassen mit einer äquidistanten Klassenbreite von einem Millimeter und auf sieben Gewichtsklassen mit einer äquidistanten Klassenbreite
von fünf Gramm. Die jeweilige Merkmalswerteklassierung wurde analog zum
Beispiel 5.1-5 via Sequenz 5.1-6 bewerkstelligt. Das einfache bivariate oder
zweidimensionale Streudiagramm innerhalb der Abbildung 8.3-1 liefert die folgenden elementaren und leicht nachvollziehbaren Erkenntnisse: Die „gestreckte
und ansteigende" Punktewolke besitzt einen linearen Verlauf, der trotz einer augenscheinlichen und zufallsbedingten Streuung erkennen lässt, dass überdurchschnittlich breite Eier in der Regel auch ein überdurchschnittliches Gewicht besitzen und unterdurchschnittlich breite Eier eher durch ein unterdurchschnittliches Gewicht gekennzeichnet sind. Aus sachlogischer Sicht deutet diese noch
recht unscharfe Gewichts- und Breitenkonkordanz (lat.: *concordare* → übereinstimmen, gleichläufig) auf einen gleichläufigen bzw. positiven linearen statistischen Zusammenhang hin. Die gestrichelten Mittelwertlinien, welche die Streu-
fläche in vier Quadranten teilen, ermöglichen eine anschauliche Darstellung der
Grundidee der PEARSONschen Maßkorrelation: Das Studium der Gleich- oder der
Gegenläufigkeit der Merkmalswerte zweier metrischer Merkmale um ihre Mittelwerte. Zeigt sich anhand eines Streudiagramms, dass die überwiegende Mehrheit der Merkmalsträger bezüglich zweier metrischer Merkmale im ersten und im
dritten Quadranten angesiedelt ist, also die Merkmalswerte paarweise jeweils
unter- bzw. überdurchschnittlich ausgeprägt sind, dann ist dies ein Indiz für eine
positive statistische Maßkorrelation. Streuen hingegen die Punkte einer Punktewolke vorwiegend im zweiten und im vierten Quadranten, zeigen sie also mehr-
heitlich ein diskordantes (lat.: *discordare* → nicht übereinstimmen, gegenläufig),
also ein gegenläufiges Verhalten um ihre Mittelwerte, so ist dies ein Indiz für
eine negative oder gegenläufige Korrelation.

Kovariation. Da offensichtlich die überwiegende Mehrheit der n = 729 Hühnereier entweder unterdurchschnittlich leicht und breit (bzw. schmal) oder überdurchschnittlich schwer und breit ist, spricht man in der statistischen Methodenlehre auch von einer ausgeprägten gleichläufigen oder konkordanten oder positiven Kovariation von Gewicht und Breite der Hühnereier.

Maßkorrelation. Das Streudiagramm innerhalb der Abbildung 8.3-1 liefert
im konkreten Fall wohl eindeutige Informationen über die Richtung, nicht aber
über die Stärke des linearen statistischen Zusammenhangs zwischen Breite $X(\gamma_i)$
und Gewicht $Y(\gamma_i)$ der betrachteten Hühnereier γ_i. Beides vermag der bivariate
Maßkorrelationskoeffizient nach BRAVAIS und PEARSON, der via Sequenz 8.2-1
und gemäß Abbildung 8.2-2 bzw. 8.3-2 im Dialogfeld *Bivariate Korrelationen*
mittels der Option *Pearson* angefordert werden kann.

Abbildung 8.3-2: SPSS Dateneditor mit Dialogfeld *Bivariate Korrelationen*

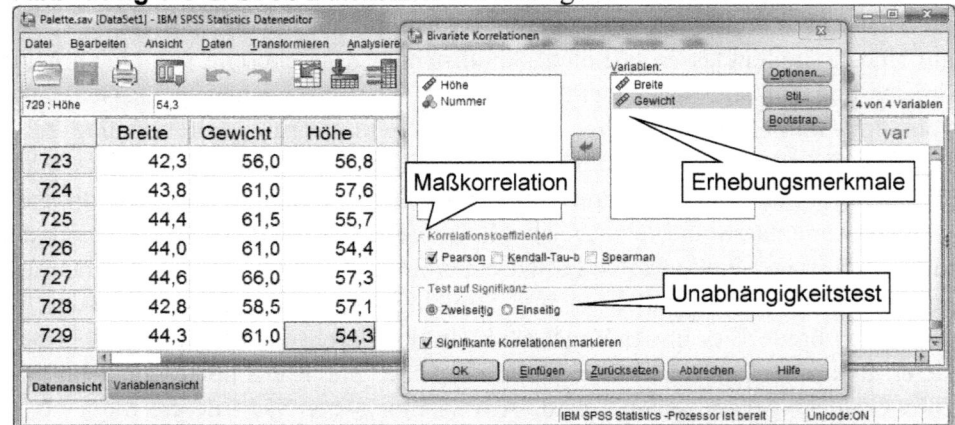

Die Tabelle 8.3-1 beinhaltet das (verkürzte) SPSS Ergebnisprotokoll für die praktizierte bivariate Maßkorrelationsanalyse in Gestalt einer (stets quadratischen und zugleich symmetrischen) Korrelationsmatrix vom Typ (2 × 2).

Tabelle 8.3-1: (2 × 2)-Korrelationsmatrix

		Breite (mm)	Gewicht (g)
Breite (mm)	Pearson-Korrelation	1	,861
	Anzahl	729	729
Gewicht (g)	Pearson-Korrelation	,861	1
	Anzahl	729	729

Interpretation. Der bivariate Maßkorrelationskoeffizient kann wie folgt interpretiert werden: Wegen $r_{XY} = r_{YX} \cong 0,861$ besteht in der statistischen Gesamtheit $\Gamma_n = \{\gamma_i, i = 1,2,...,n\}$ der n = 729 Hühnereier γ_i zwischen der Breite $X(\gamma_i)$ und dem Gewicht $Y(\gamma_i)$ ein starker gleichläufiger bzw. positiver linearer statistischer Zusammenhang. Demnach sind in der Regel überdurchschnittlich breite Hühnereier überdurchschnittlich schwer und unterdurchschnittlich breite Eier in der Regel unterdurchschnittlich schwer bzw. überdurchschnittlich schwere Hühnereier in der Regel überdurchschnittlich breit und unterdurchschnittliche schwere Hühnereier unterdurchschnittlich breit. Aus der angebotenen sachlogischen Interpretation wird deutlich, dass der einfache oder bivariate lineare Maßkorrelationskoeffizient seinem Wesen nach ein symmetrisches Zusammenhangsmaß ist. Dies ist auch der Grund dafür, warum in SPSS stets eine quadratische, symmetrische und (streng genommen) redundante Korrelationsmatrix bereitgestellt wird, die im konkreten Fall vom Typ (2 × 2) ist.

Kreuzproduktmatrix. In der Tabelle 8.3-2 ist die Matrix der sogenannten Breite-Gewicht-Kreuzprodukte zusammengefasst, welche die „inneren Zusammenhänge" bei der Berechnung des Maßkorrelationskoeffizienten verdeutlichen.

Tabelle 8.3-2: Kreuzproduktmatrix

		Breite (mm)	Gewicht (g)
Breite (mm)	Pearson-Korrelation	1	,861
	Quadratsummen und Kreuzprodukte	1013,343	3496,377
	Kovarianz	1,392	4,803
	Anzahl	729	729
Gewicht (g)	Pearson-Korrelation	,861	1
	Quadratsummen und Kreuzprodukte	3496,377	16291,816
	Kovarianz	4,803	22,379
	Anzahl	729	729

In der (2×2)-Kreuzproduktmatrix kennzeichnet der Wert

$$\sum_{i=1}^{n}(y_i - \bar{y})^2 \cong 16291{,}816 \ (g)^2$$

die Summe der quadratischen Abweichungen der empirisch beobachteten Hühnereiergewichte $Y(\gamma_i) = y_i$ von ihrem arithmetischen Mittel, der Wert

$$\sum_{i=1}^{n}(x_i - \bar{x})^2 \cong 1013{,}343 \ (mm)^2$$

die Summe der quadratischen Abweichungen der empirisch beobachteten Hühnereierbreiten $X(\gamma_i) = x_i$ von ihrem arithmetischen Mittel und der Wert

$$\sum_{i=1}^{n}(x_i - \bar{x}) \cdot (y_i - \bar{y}) \cong 3496{,}377 \ (mm \cdot g)$$

die Summe der Abweichungsprodukte der Hühnereierbreiten $X(\gamma_i) = x_i \in \mathbb{R}^+$ von ihrem arithmetischen Mittel und der Hühnereiergewichte $Y(\gamma_i) = y_i \in \mathbb{R}^+$ von ihrem arithmetischen Mittel, die auch als Kreuzproduktsumme bezeichnet wird.

Kovarianz. Die Kreuzproduktsumme bildet wiederum die Grundlage für die Berechnung der empirischen Kovarianz oder Stichprobenkovarianz

$$s_{XY} = \frac{1}{n-1} \cdot \sum_{i=1}^{n}(x_i - \bar{x}) \cdot (y_i - \bar{y}) \cong \frac{1}{729-1} \cdot 3496{,}377 \cong 4{,}803 \ (mm \cdot g)$$

der empirisch beobachteten Hühnereierbreiten $X(\gamma_i) = x_i$ und Hühnereiergewichte $Y(\gamma_i) = y_i$, die im konkreten Fall als eine Stichprobenkovarianz definiert ist, eine Festlegung, die letztlich für die Berechnung eines Maßkorrelationskoeffizienten ohne Belang ist. Der positive Wert der empirischen Kovarianz bestätigt für die statistische Gesamtheit Γ_n aller $n = 729$ Hühnereier γ_i zumindest im Vorzeichen den im Streudiagramm innerhalb der Abbildung 8.3-1 angezeigten positiven linearen statistischen Zusammenhang. Inwieweit allerdings die „dimensionsgeladene" empirische Kovarianz von $s_{XY} \cong 4{,}083$ „Millimeter-Gramm", für deren wertmäßige Größe man keine „Norm" kennt, als ein Indiz für einen starken positiven linearen statistischen Zusammenhang anzusehen ist, lässt sich zum Beispiel mittels der nachfolgend skizzierten „Normierung" plausibel beantworten.

Standardabweichungen. Verwendet man die jeweilige Summe der quadrierten Abweichungen, dann erhält man mit

$$s_Y = \sqrt{\frac{1}{n-1} \cdot \sum_{i=1}^{n}(y_i - \overline{y})^2} = \sqrt{\frac{1}{729-1} \cdot 16291{,}816} \cong \sqrt{22{,}379} \cong 4{,}731 \ (g)$$

die Standardabweichung s_Y der Hühnereiergewichte $Y(\gamma_i) = y_i$ und mit

$$s_X = \sqrt{\frac{1}{n-1} \cdot \sum_{i=1}^{n}(x_i - \overline{x})^2} = \sqrt{\frac{1}{729-1} \cdot 1013{,}343} \cong \sqrt{1{,}392} \cong 1{,}180 \ (mm)$$

die Standardabweichung s_X der Hühnereierbreiten $X(\gamma_i) = x_i \in \mathbb{R}^+$, die im konkreten Fall gleichsam als Stichprobenstandardabweichungen definiert sind.

Maßkorrelationskoeffizient. Normiert man nunmehr die dimensionsgeladene empirische Kovarianz mit dem Produkt der ebenso dimensionsgeladenen, jedoch plausibel interpretierbaren empirischen Standardabweichungen, so erhält man letztlich für die beiden metrischen und stetigen Erhebungsmerkmale Gewicht $X(\gamma_i)$ und Breite $Y(\gamma_i)$ in der statistischen Gesamtheit $\Gamma_n = \{\gamma_i, i = 1,2,\ldots,n\}$ aller $N = 729$ Hühnereier γ_i den bivariaten, symmetrischen, dimensionslosen und normierten Maßkorrelationskoeffizienten

$$r_{XY} = r_{YX} = \frac{s_{XY}}{s_X \cdot s_Y} = \frac{4{,}803 \ mm \cdot g}{1{,}180 \ mm \cdot 4{,}731 \ g} \cong 0{,}861$$

nach BRAVAIS und PEARSON. Verwendet man für die Berechnung nur die Kreuzproduktsummen aus der Kreuzproduktmatrix innerhalb der Tabelle 8.3-2, so gelangt man wegen

$$r_{XY} = r_{YX} = \frac{\sum_{i=1}^{n}(x_i - \overline{x}) \cdot (y_i - \overline{y})}{\sqrt{\sum_{i=1}^{n}(x_i - \overline{x})^2} \cdot \sqrt{\sum_{i=1}^{n}(y_i - \overline{y})^2}} = \frac{3496{,}377 \ mm \cdot g}{\sqrt{1013{,}343 \, g^2} \cdot \sqrt{16291{,}816 \ mm^2}} \cong 0{,}861$$

zu einem gleichen Ergebnis. ♣

Beispiel 8.3-2: Maßkorrelationsbasierter Unabhängigkeitstest
Motivation. In der empirischen Wirtschafts- und Sozialforschung besitzt man oft keinerlei Kenntnis darüber, ob zwischen zwei Phänomenen eine statistisch nachweisbare und messbare Wechselwirkung besteht, selbst wenn diese kausal und sachlogisch plausibel begründet werden kann. Aus diesem Grunde ist man bestrebt, anhand eines Zufallsstichprobenbefundes statistisch zu überprüfen, ob im konkreten Fall von einem signifikanten statistischen Zusammenhang ausgegangen werden kann oder nicht.
Unabhängigkeitshypothese. Dieses klassische Problem der angewandten Statistik soll exemplarisch anhand der SPSS Datendatei *Mitte.sav* demonstriert werden, indem es auf einem vorab vereinbarten Signifikanzniveau von $\alpha = 0{,}05$ die folgende Unabhängigkeitshypothese H_0 statistisch zu überprüfen gilt: In der (hin-

sichtlich ihres Umfang N nicht näher bestimmten) statistischen Grundgesamtheit $\Gamma = \{\gamma_i, i = 1,2,...,N\}$ in Gestalt des Marktsegments von Berliner Ein-Raum-Mietwohnungen besteht keine Wechselwirkung bzw. kein Zusammenhang zwischen der Wohnfläche $X(\gamma_i) = x_i \in \mathbb{R}^+$ (Angaben in m²) und dem Quadratmeterpreis $Y(\gamma_i) = y_i \in \mathbb{R}^+$ (Angaben in €/m²).

Explorative Datenanalyse. In der Abbildung 8.3-3 sind die gruppierten Boxplots der standardisierten Wohnflächenwerte und der standardisierten Quadratmeterpreiswerte sowie das sogenannte Streudiagramm auf der Basis der originären Daten dargestellt.

Abbildung 8.3-3: Standardisierte Boxplots und originäres Streudiagramm

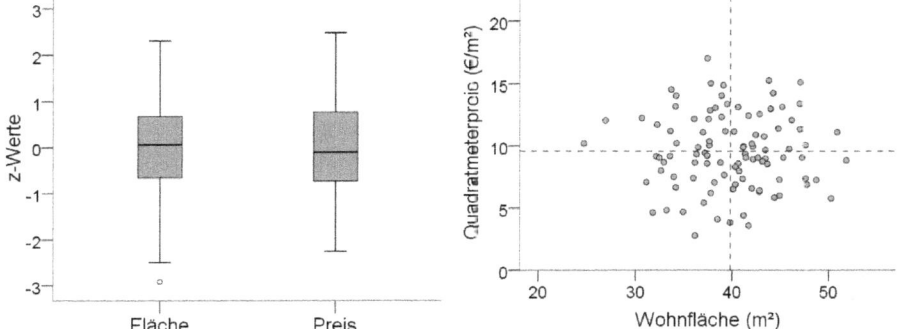

Die beiden symmetrischen Boxplots indizieren jeweils normalverteilte Wohnflächen x_i und Mietpreise y_i für die im Zuge einer Stichprobe $\Gamma_n = \{\gamma_i, i = 1,2,...,n\}$ vom Umfang n = 100 zufällig ausgewählten Ein-Raum-Mietwohnungen γ_i. Diesen explorativen Befund findet man zudem durch den jeweiligen KOLMOGOROV-SMIRNOV-Anpassungstest in der LILLIEFORS-Modifikation auf eine (unvollständig spezifizierte) Normalverteilung bestätigt (vgl. Abschnitt 7.3.3).

Maßkorrelationsanalyse. Da es sich bei beiden Merkmalen um metrische und normalverteilte Erhebungsmerkmale einer Ein-Raum-Mietwohnung handelt, ist die Maßkorrelationsanalyse in Verbindung mit dem darauf aufbauenden Unabhängigkeitstest für einen bivariaten Zufallsvektor ein geeignetes Analyseinstrument, der via Sequenz 8.2-1 und analog zur Abbildung 8.3-2 im Dialogfeld *Bivariate Korrelationen* angefordert werden kann.

Unabhängigkeitstest. Die Ergebnisse der bivariaten Maßkorrelationsanalyse und des zu praktizierenden (maßkorrelationsbasierten) Unabhängigkeitstests sind in der verkürzten Tabelle 8.3-3 zusammengefasst. Gemäß dem sogenannten p-value-Konzept besteht im konkreten Fall wegen $\alpha^* \cong 0{,}983 > \alpha = 0{,}05$ kein Anlass, die eingangs formulierte Unabhängigkeitshypothese (im Sinne eines zweiseitigen Tests) zu verwerfen. Der bivariate lineare Maßkorrelationskoeffizient von 0,002 wird daher als nicht signifikant verschieden von null gedeutet.

Tabelle 8.3-3: Unabhängigkeitstest

		Quadratmeterpreis (€/m²)
Wohnfläche (m²)	Korrelation nach Pearson	,002
	Signifikanz (2-seitig)	,983
	Anzahl	100

Der (sehr schwach ausgeprägte) Maßkorrelationskoeffizient von 0,002 koinzidiert mit dem Streudiagramm innerhalb der Abbildung 8.3-3. Die stark streuende und nahezu kreisförmige Punktewolke lässt augenscheinlich keinen linearen statistischen Zusammenhang zwischen der Wohnfläche X und dem Quadratmeterpreis Y für die n = 100 zufällig ausgewählten Mietwohnungen γ_i im besagten Mietwohnungsmarkt erkennen. Die gemessene und in einem ersten Augenblick sachlogisch als paradox erscheinende sehr schwach ausgeprägte statistische Korrelation ist im gegebenen Fall als ein Resultat des „freien Spiels des Zufalls" zu deuten. Im Sinne der Induktiven Statistik ist der Analysebefund wie folgt zu deuten: Im Marktsegment von Ein-Raum-Mietwohnungen können die Wohnfläche X und der Quadratmeterpreis Y als zwei linear voneinander unabhängige Erhebungsmerkmale aufgefasst werden. ♣

Beispiel 8.3-3: Partielle Maßkorrelationsanalyse
Motivation. Die Grundidee einer partiellen (lat.: *partialis* → anteilig) statistischen Maßkorrelationsanalyse soll in Anlehnung an das Beispiel 8.3-1 unter Verwendung der SPSS Datendatei *Eier.sav* für die statistische Gesamtheit $\Gamma_n = \{\gamma_i, i = 1,2,\ldots,n\}$ der n = 729 Hühnereier γ_i paradigmatisch erläutert werden, an denen die drei metrischen, auf der Menge $\mathbb{R}^+$ der positiven reellen Zahlen definierten und normalverteilten Merkmale Breite (in mm) $X(\gamma_i) = x_i \in \mathbb{R}^+$, Gewicht (in g) $Y(\gamma_i) = y_i \in \mathbb{R}^+$ und Höhe (in mm) $Z(\gamma_i) = z_i \in \mathbb{R}^+$ erhoben wurden.

Abbildung 8.3-4: SPSS Dateneditor mit Dialogfeld *Bivariate Korrelationen*

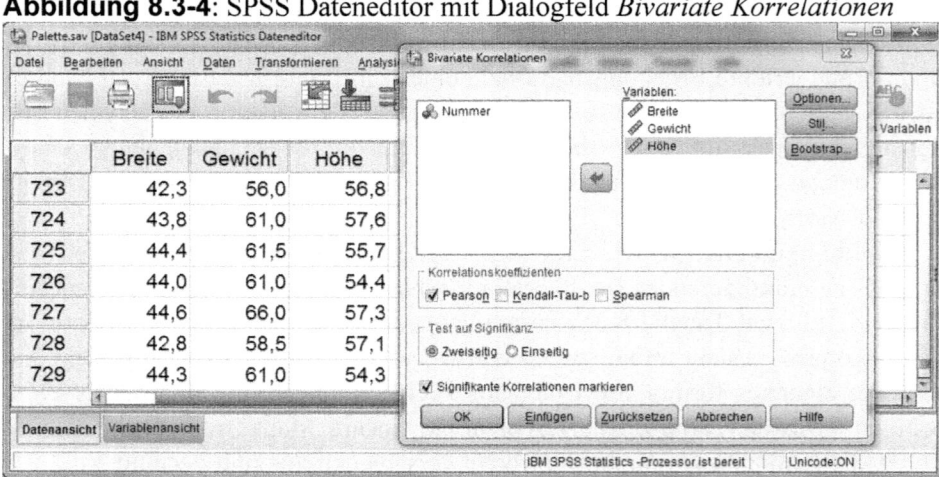

Korrelationsmatrix. In der (verkürzten) Tabelle 8.3-4 ist die (gemäß Abbildung 8.3-4 im Dialogfeld *Bivariate Korrelationen* angeforderte) (3×3)-Matrix der bivariaten linearen Maßkorrelationskoeffizienten dargestellt.

Tabelle 8.3-4: (3×3)-Korrelationsmatrix

	Breite (mm)	Gewicht (g)	Höhe (mm)
Breite (mm)	1	,861	,440
Gewicht (g)	,861	1	,758
Höhe (mm)	,440	,758	1

Die (3×3)-Korrelationsmatrix findet ihre bildhafte Darstellung in der (3×3)-Streudiagramm-Matrix innerhalb der Abbildung 8.3-5, die man zum Beispiel via *Grafik, Diagrammerstellung* mittels der sogenannten Galerie-Option *Streu- bzw. Punktdiagramm-Matrix* vereinbaren und anfordern kann.

Abbildung 8.3-5: SPSS Dateneditor mit (3×3)-Streudiagramm-Matrix

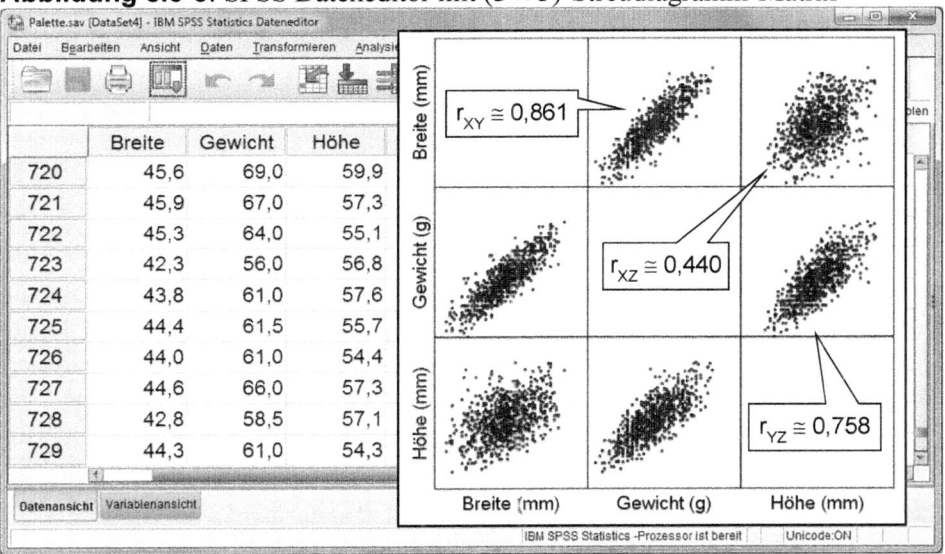

Bemerkenswert ist dabei, dass in der zugrundeliegenden statistischen Gesamtheit $\Gamma_n = \{\gamma_i, i = 1,2,\ldots,n\}$ der $n = 729$ Hühnereier γ_i der lineare statistische Zusammenhang zwischen Breite X und Höhe Z wegen $r_{XZ} = r_{ZX} \cong 0{,}440$ nicht allzu stark ausgeprägt ist. Hinzu kommt noch, dass im Ensemble der drei statistisch erhobenen metrischen Merkmale *Breite* $X(\gamma_i)$, *Gewicht* $Y(\gamma_i)$ und *Höhe* $Z(\gamma_i)$ dieser Teilzusammenhang nicht plausibel zu begründen ist, wenn er für eine Menge mehr oder weniger gleichgewichtiger Hühnereier γ_i betrachtet wird. In diesem Falle würde man (sachlogisch und kausalanalytisch) erwarten, dass sich Breite $X(\gamma_i)$ und Höhe $Z(\gamma_i)$ eher diskordant bzw. umgekehrt zueinander verhalten.

Partielle Korrelation. In der Tat findet man diese Überlegungen auch statistisch anhand der Ergebnisse einer partiellen Maßkorrelationsanalyse bestätigt, die man via Sequenz 8.3-1 anfordern kann und deren Ergebnis in der Tabelle 8.3-5 zusammengefasst ist.

Sequenz 8.3-1: Partielle Maßkorrelation
Analysieren
  Korrelation
    Partiell... → Abbildung 8.3-6

Abbildung 8.3-6: SPSS Dateneditor mit Dialogfeld *Partielle Korrelationen*

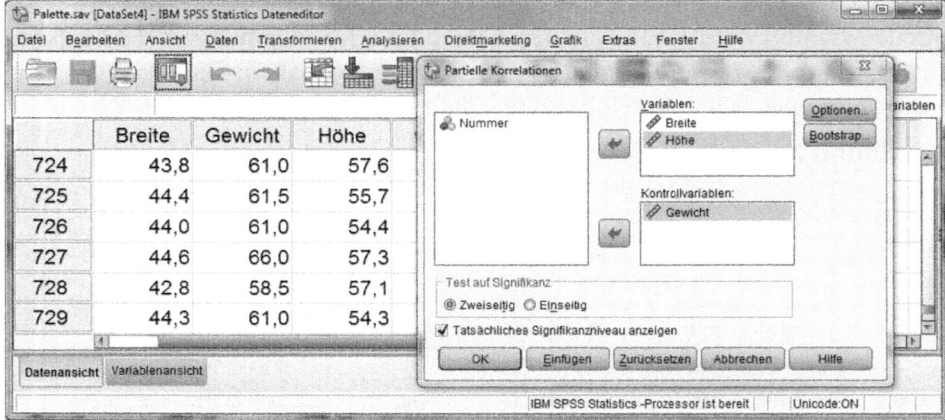

Kontrollvariable. Im konkreten Fall ist zu beachten, dass für die betrachteten Hühnereier der partielle lineare statistische Zusammenhang zwischen der Breite X und der Höhe Z unter Ausschaltung des Einflusses des Gewichts Y analysiert werden soll. Das Erhebungsmerkmal $Y(\gamma_i)$ eines Hühnereies γ_i fungiert dabei als die sogenannte Kontrollvariable, welche die Betrachtung des partiellen statistischen Zusammenhangs zwischen Breite X und Höhe Z erster Ordnung im Ensemble der drei Eiermerkmale X, Y und Z erst ermöglicht.

Tabelle 8.3-5: Partieller Maßkorrelationskoeffizient

Kontrollvariablen		Breite (mm)	Höhe (mm)
Gewicht (g)	Breite (mm)	1,000	-,638
	Höhe (mm)	-,638	1,000

Interpretation. Wegen $r_{XZ.Y} = r_{ZX.Y} \cong -0{,}638$ besteht in der statistischen Gesamtheit $\Gamma_n = \{\gamma_i, i = 1,2,\ldots,n\}$ der n = 729 Hühnereier γ_i zwischen der Breite $X(\gamma_i)$ und der Höhe $Z(\gamma_i)$ ein umgekehrter bzw. ein negativer partieller linearer statistischer Zusammenhang mittlerer Stärke. Das Adjektiv *partiell* bezieht sich im konkreten Fall darauf, dass der Einfluss des Gewichts $Y(\gamma_i)$ ausgeschaltet bzw. kontrolliert bzw. als konstant angenommen wurde.

Berechnung. Verwendet man die bivariaten Maßkorrelationskoeffizienten aus der (3 × 3)-Korrelationsmatrix innerhalb der Tabelle 8.3-4, so erhält man wegen

$$r_{XZ \cdot Y} = \frac{r_{XZ} - r_{XY} \cdot r_{YZ}}{\sqrt{(1 - r_{XY}^2) \cdot (1 - r_{YZ}^2)}} = \frac{0{,}440 - 0{,}861 \cdot 0{,}758}{\sqrt{(1 - (0{,}861)^2) \cdot (1 - (0{,}758)^2)}} \cong -0{,}638$$

ein gleiches Ergebnis. Beachtenswert ist dabei, dass man im konkreten Fall insgesamt drei wohl voneinander zu unterscheidende partielle Maßkorrelationskoeffizienten berechnen kann. Die beiden verbleibenden partiellen linearen Maßkorrelationskoeffizienten $r_{YZ \cdot X} \cong 0{,}829$ und $r_{XY \cdot Z} \cong 0{,}899$ belegen zahlenmäßig, dass die jeweilige Kontrollvariable den zugrundeliegenden bivariaten statistischen Zusammenhang noch stärker augenscheinlich werden lässt und diesen nicht „verzerrend" überlagert.

Maßkorrelation. Eine anschauliche Darstellung der Grundidee einer statistischen Maßkorrelation im Allgemeinen und einer partiellen statistischen Maßkorrelation im Speziellen vermittelt letztlich die Abbildung 8.3-7, die das Breite-Höhe-Streudiagramm für die Teilmenge von n = 33 Hühnereiern γ_i beinhaltet, die durch ein „konstantes" Gewicht von $Y(\gamma_i) = y_i = 64$ g gekennzeichnet sind und mittels des SPSS Filters *Gewicht = 64* ausgewählt wurden.

Abbildung 8.3-7: SPSS Dateneditor mit Breite-Höhe-Streudiagramm

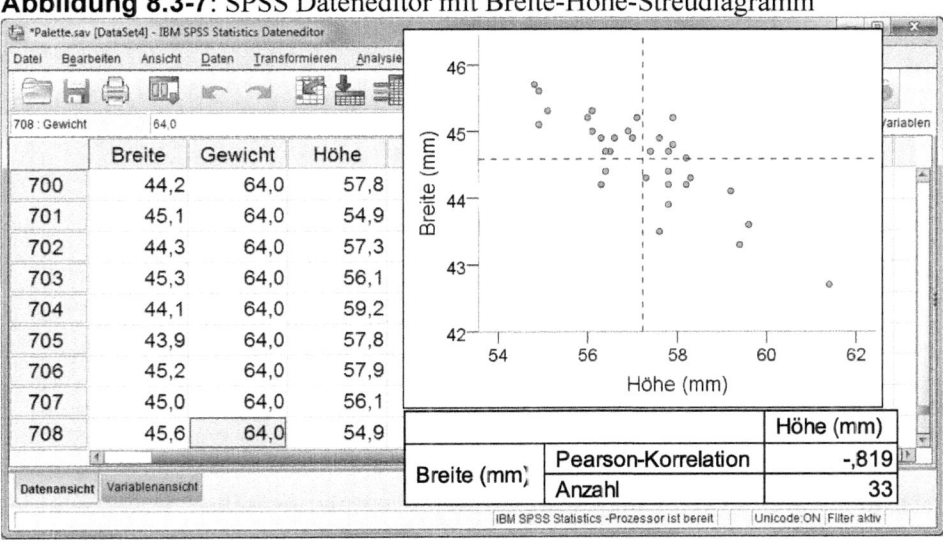

Die (aus 33 Punkten bestehende) Punktewolke im Breite-Höhe-Streudiagramm indiziert mit ihrem „fallenden Verlauf" eine stark ausgeprägte negative lineare statistische Korrelation zwischen Breite und Höhe der n = 33 Hühnereier mit einem „konstanten bzw. kontrollierten" Gewicht von 64 g. Der bivariate Maßkorrelationskoeffizient in Höhe von -0,819 untermauert nicht nur zahlenmäßig, sondern zugleich auch sachlogisch und plausibel den explorativen Datenbefund. ♣

Beispiel 8.3-4: Scheinkorrelation

Motivation. Was in einschlägigen Lehrbüchern nicht dick unterstrichen genug vermerkt und in der alltäglichen akademischen Lehre nicht lautstark genug verkündet werden kann, ist die einfache und doch so fundamentale Botschaft, dass eine statistische Zusammenhangsanalyse stets sachlogisch zu begründen ist und keine Kausalitätsanalyse ersetzt. Und dennoch wird sowohl in der empirischen Forschung als auch in der angewandten Statistik das Kausalitätslemma als „conditio sine qua non" oder als „unerlässliche Bedingung" immer wieder missachtet. Das Resultat dieser Missachtung ist allbekannt und hat auch einen Namen: die Schein- oder Nonsens(e)-Korrelation (engl.: *nonsense* → Unsinn).[20]

    Scheinkorrelation. Was meinen eigentlich Statistiker damit, wenn sie sich des Begriffes „Nonsens-Korrelation" bedienen? Die Antwort auf diese Frage lässt sich schwerlich nur mit einem klugen und überzeugenden Satz beantworten, zumal der Born von sinnentstellenden und sinnentleerten Korrelationen schier unerschöpflich zu sein scheint. Stark vereinfacht formuliert ist die Nonsens-Korrelation eine Umschreibung für die folgende Situation: Zwei Variablen oder zwei statistische Erhebungsmerkmale sind korreliert, ohne allerdings ursächlich miteinander in Verbindung zu stehen.

Abbildung 8.3-8: SPSS Dateneditor mit Streudiagramm für Scheinkorrelation[21]

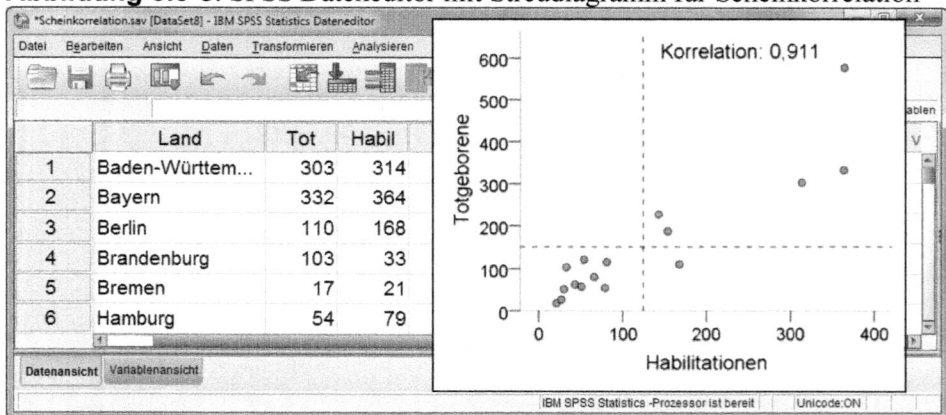

In der Abbildung 8.3-8 ist für die 16 Bundesländer der Bundesrepublik Deutschland im Jahr 2006 das zahlenmäßige Zusammenspiel zwischen der Anzahl der Totgeborenen und der Anzahl der Habilitationen an den Universitäten und Hoch-

---

[20] Ein lehr- und zugleich aufschlussreiches Kapitel zu Schein- und Nonsens(e)-Korrelationen findet man unter der Kapitelüberschrift „Des Unsinns liebstes Kind" in ECKSTEIN, Peter P.: Kostproben aus der Hexenküche der Statistik – Skurriles, Leichtbekömmliches und Schwerverdauliches, Rainer Hampp Verlag München und Mering 2009, Seite 43 ff.

[21] Quelle: Statistisches Jahrbuch 2008 für die Bundesrepublik Deutschland, Statistisches Bundesamt, Seite 49 und 151

schulen bildhaft dargestellt. Die zugehörigen Daten sind in der aus der SPSS Datendatei *Schein.sav* gespeichert. Spätestens an dieser Stelle wird man sich nach der Sinnhaftigkeit dieser Korrelationsanalyse fragen. Was haben aus sachlogischer Sicht Totgeborene und Habilitationen an Universitäten und Hochschulen miteinander zu tun? Überhaupt nichts, lautet das Urteil eines gesunden Menschenverstandes. Nur ein Zyniker wird den Maßkorrelationskoeffizienten nach BRAVAIS und PEARSON in Höhe von 0,911, der eine stark ausgeprägte positive lineare statistische Korrelation indiziert, dahingehend zu deuten versuchen, dass manche Habilitation eben von vornherein ein totgeborenes Kind ist. Wenn man sich nicht auf das zweifelhafte Argument verlegen möchte, dass in unserem irdischen Dasein eben alles von allem abhängt, dann wird man im Kontext von Korrelationsanalysen immer nur diejenigen Phänomene betrachten, deren Zusammenspiel auch sachlogisch und plausibel begründet werden kann. Die Kausalitätsanalyse, also die Betrachtung einer plausiblen und nachvollziehbaren Ursache-Wirkungs-Beziehung, gehört schlechthin nicht nur in das Vorfeld, sondern stets in das Zentrum einer zusammenhangsanalytischen Betrachtung gerückt.

Partielle Korrelation. Bereits die partielle Korrelationsanalyse, in deren Kontext gemäß Abbildung 8.3-9 der sinnentleerte statistische Zusammenhang zwischen den Totgeborenen und den Habilitationen unter Berücksichtigung des Bevölkerungsstandes und der Anzahl der Universitäten in den 16 Bundesländern betrachtet wird, scheint den trügerischen Problemnebel etwas zu lichten.

Abbildung 8.3-9: SPSS Dateneditor mit Dialogfeld *Partielle Korrelationen*

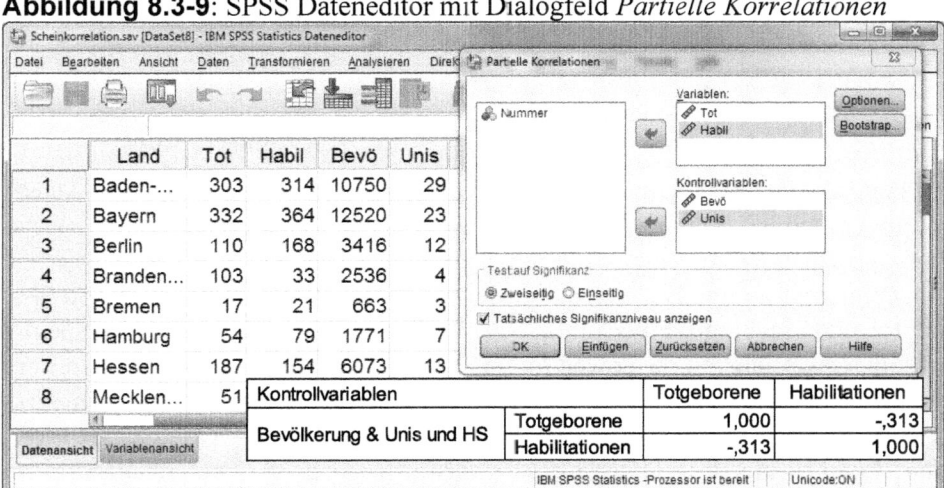

Der partielle Korrelationskoeffizient in Höhe von -0,313 untermauert zahlenmäßig den kausalanalytisch erwarteten Befund einer sehr schwachen, eher zufallsbedingten und daher auch in ihrem Vorzeichen vernachlässigbaren linearen statistischen Korrelation zwischen den Totgeborenen und den Habilitationen. ♣

Beispiel 8.3-5: Zeitreihenkorrelation

Motivation. Eingedenk der im Kontext des Beispiels 8.3-4 skizzierten Nonsens-Korrelation ist auch und vor allem bei einer Korrelationsanalyse auf der Basis trendbehafteter Zeitreihen stets äußerste Vorsicht und Skepsis angezeigt, zumal Zeitreihen, die durch einen gleichlaufenden Trend getragen werden, stets hochgradig korreliert sind, auch dann, wenn die indizierten Korrelationen sachlogisch nicht plausibel begründbar sind.

Musterbeispiel. Dass man allerdings bei einer angestrebten Zeitreihenkorrelationsanalyse nicht immer gleich „das Kind mit dem Bade ausschütten" muss, zeigt die Abbildung 8.3-10, die als ein Musterbeispiel für eine sachlogisch begründete und sinnvolle Zeitreihenkorrelation angesehen werden kann. Im konkreten Fall wurden für den Beobachtungszeitraum von 1942 bis 1961 in Portugal die Ernteerträge von Rotweintrauben (Angaben in 1000 hl) und die Rotweinpreise (Angaben in Escudo pro Liter) statistisch erfasst und analysiert.[22] Die Zeitreihendaten sind in der SPSS Datendatei *Rotwein.sav* verfügbar.

Abbildung 8.3-10: Zeitreihenkorrelation

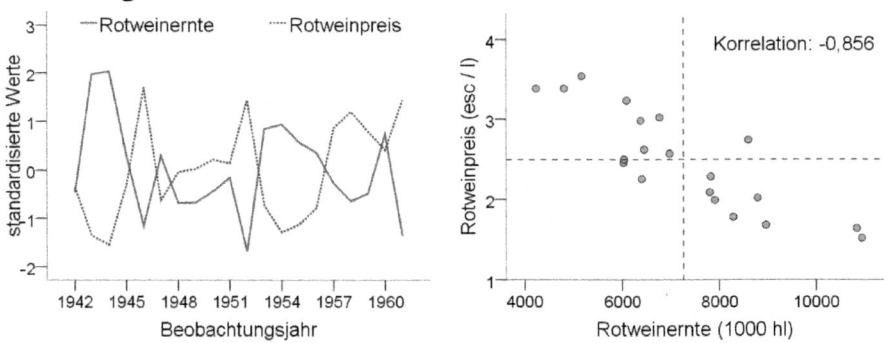

Im betrachteten Fall hat man es nicht mit einer trivialen, sondern mit einer kausalen und durch die makroökonomische Theorie sachlogisch begründeten Korrelation zwischen der Angebots- und der Preisentwicklung auf dem portugiesischen Rotweinmarkt zu tun. Der indizierte Maßkorrelationskoeffizient von -0,856 lässt die folgende sachlogisch plausible Interpretation zu: Demnach kann retrospektiv und über zwei Jahrzehnte hinweg für den portugiesischen Rotweinmarkt ein stark ausgeprägter negativer linearer statistischer Zusammenhang zwischen dem Erntevolumen von Rotweintrauben und dem Preisniveau für Rotwein gemessen werden. Einer Ernteertragsteigerung steht erwartungsgemäß und gleichzeitig ein Preisrückgang gegenüber und umgekehrt resultiert aus einem Ertragsrückgang erwartungsgemäß und im Mittel ein Preisanstieg. ♣

---

[22] Quelle: ALVES, António Monteiro: O Mercado do Vinho em Portugal (Análise Econométrica), Centro de Estudos de Economia Agrária, Lisboa, 1965

9

Regressionsanalyse

Schlüsselwörter

Bestimmtheitsmaß	Kollinearität
Bivariate Regression	Lineare Regression
Elastizitätsfunktion	Multiple Regression
Grenzfunktion	Nichtlineare Regression
Homogene Regression	Residualstandardfehler
Inhomogene Regression	Streudiagramm

Gegenstand. Dieses Kapitel hat die statistische Regressionsanalyse (lat.: *regressio* → das Zurückführen, Rückgang (auf ein mittleres Niveau)) zum Gegenstand. Im Kontext einer Regressionsanalyse, die ein Teilgebiet der multivariaten (lat.: *multus* → vielfach + *varia* → Allerlei) Statistik ist, steht das Messen einseitig gerichteter statistischer Abhängigkeiten zwischen zwei oder mehreren Merkmalen mit Hilfe geeigneter Modelle und Maßzahlen im Vordergrund.

Kausalität. Analog zur statistischen Zusammenhangsanalyse gelten auch für eine statistische Regressionsanalyse die folgenden Prämissen: Eine statistische Regressionsanalyse ist stets sachlogisch zu begründen und ersetzt keine Kausalitätsanalyse (lat.: *causalis* → ursächlich). Mit Hilfe der Zusammenhangsanalyse und der Regressionsanalyse ist man stets nur in der Lage, Kausalitäten aufdecken und/oder bestätigen zu helfen.

Zielstellung. Das Ziel dieses Kapitels besteht darin, paradigmatisch anhand praktischer Problemstellungen zu zeigen, wie unter Verwendung grafischer und numerischer Verfahren eine bivariate (lat.: *bis* → zweifach + *varia* → Allerlei) und eine multiple (lat.: *multus* → vielfach) Regressionsanalyse mit Hilfe eines linearen und eines nichtlinearen Regressionsmodells bewerkstelligt werden kann. Dabei stehen der Bau eines Regressionsmodells und die Interpretation seiner Komponenten im Vordergrund. ♣

9.1   Bivariate lineare Regression

Motivation. Dieser Abschnitt hat die bivariate lineare Regression auf der Basis zweier metrischer Merkmale zum Gegenstand. Dabei stehen Bau und Interpretation eines bivariaten linearen Kleinste-Quadrate-Regressionsmodells im Vordergrund. Das Modell einer bivariaten linearen Regression, das in der empirischen Wirtschaftsforschung wegen seiner Einfachheit eine breite Anwendung erfährt, kann wie folgt charakterisiert werden:

Bivariate lineare Regression

Sind $X(\gamma_i) = x_i$ und $Y(\gamma_i) = y_i$ die Werte zweier metrischer Erhebungsmerkmale X und Y einer statistischen Gesamtheit $\Gamma_n = \{\gamma_i,\ i = 1,2,...,n\}$ vom Umfang n Merkmalsträger γ_i, dann heißt das Modell $Y = b_0 + b_1 \cdot X + U$ zur funktionalen Beschreibung der linearen statistischen Abhängigkeit des Merkmals Y vom Merkmal X (inhomogene) bivariate lineare Regression von Y auf X.

    Hinweise. Für das Verständnis der Grundidee einer bivariaten linearen Regression, die auch als einfache lineare Regression bezeichnet wird, erweisen sich die folgenden Hinweise als nützlich: i) **Gegenstand.** Die Regressionsanalyse hat stets nur die statistische Analyse einseitig gerichteter Abhängigkeiten zum Gegenstand, wobei im konkreten Fall wegen Y ← X bzw. Y = f(X) die statistische Abhängigkeit eines Merkmals Y von einem Merkmal X analysiert wird. ii) **Regressand.** Das abhängige Merkmal Y wird auch als Regressand bezeichnet. Im stochastischen und induktiven Sinne wird der Regressand Y als eine Zufallsgröße (vgl. Abschnitt 6.4) aufgefasst. iii) **Regressor.** Das erklärende oder unabhängige Merkmal X, auch Regressor oder Prädiktor genannt, wird im Sinne eines kontrollierten Experiments als eine Kontrollvariable gedeutet, die in der Regel nur fest vorgegebene Werte annimmt. iv) **Restvariable.** U bezeichnet eine nicht direkt beobachtbare und zufallsbedingte Residualvariable (lat.: *residuum* → Rest), welche die Regression als mittlere statistische Abhängigkeit durch eine nicht unmittelbar beobachtbare, zufällige Rest- oder Störvariable additiv überlagert. v) **Parameter.** Die Koeffizienten b_0 und b_1 heißen Parameter der linearen Regression von Y auf X, kurz: Regressionsparameter. Der Parameter b_0 wird auch Regressionskonstante (engl.: *intercept* → Anfangswert) und der Parameter b_1 linearer Regressionskoeffizient (engl.: *slope* → Neigung, Anstieg) genannt. Die Regressionsparameter b_0 und b_1 werden aus den empirisch beobachteten Merkmalswerten $\{(x_i, y_i),\ i = 1,2,...,n\}$ numerisch bestimmt bzw. „geschätzt". Das in der Statistik am häufigsten applizierte Schätzverfahren ist die Methode der kleinsten Quadratesumme nach Carl Friedrich GAUß (*1777, †1855). vi) **Inhomogen** versus **homogen.** In ökonomischen Anwendungen ist es aus sachlogischen Gründen mitunter sinnvoll und geboten, ein Regressionsmodell ohne Ausgleichskonstante b_0 zu konstruieren. Während eine bivariate lineare Regression $Y = b_0 + b_1 \cdot X + U$ mit einer Ausgleichskonstanten b_0 als inhomogen klassifiziert wird, kennzeichnet man eine bivariate lineare Regression $Y = b_1 \cdot X + U$ ohne eine Ausgleichskonstante b_0 als homogen. Das Charakteristikum einer homogenen Regression besteht darin, dass ihr Graph durch den Koordinatenanfangspunkt (0, 0) verläuft. vii) **Zweckbestimmung.** Die Schätzung von Werten $y^*(x)$ eines Regressanden Y (etwa zur Entscheidungsfindung, Planung oder

Prognose) für zulässige und vorgegebene Werte x eines Regressors X ist die eigentliche Zweckbestimmung einer Regressionsanalyse. y*(x) symbolisiert den Regress- oder Schätzwert, den man unter Verwendung einer bivariaten Regression für einen bestimmten (meist fest vorgegebenen) Wert x erhält. Die Bestimmung einer Regressionsfunktion ist keineswegs nur an metrische und Querschnittsdaten gebunden. In den Wirtschaftswissenschaften wird die Regressionsanalyse auch auf kategoriale (nominale und ordinale) Daten und auf Zeitreihendaten angewandt. Die theoretischen Grundlagen sind ein spezieller Gegenstand der Ökonometrie (grch.: *oikomia* $\rightarrow$ Wirtschaft + *metron* $\rightarrow$ Maß). viii) **Residuen**. Die Abweichung $u_i = y_i - y_i*$ eines beobachteten Regressandenwertes $Y(\gamma_i) = y_i$ von seinem Regresswert y_i* heißt Residuum (lat.: *residuum* $\rightarrow$ Rest). Demnach gilt bei Kenntnis der Regressionsfunktion die folgende Beziehung: $y_i = y_i* + u_i$ (i = 1,2,...,n). Die Residuen u_i werden auch als Fehler gedeutet, die bei der Bestimmung einer Regression von Y auf X unterlaufen. Sie bilden wiederum die Basis einer sogenannten Residualanalyse, deren Grundidee im Kontext des Beispiels 9.3-2 paradigmatisch skizziert wird. ix) **Streudiagramm**. Zur Erkennung der Form der Abhängigkeit und zur Wahl einer geeigneten Regressionsfunktion ist es stets vorteilhaft, eine bivariate Regressionsanalyse durch ein Streudiagramm zu ergänzen. Dazu trägt man in der Regel den Regressanden Y auf der Ordinate und den Regressor X auf der Abszisse ab. Besitzt die Punktewolke $\{(x_i, y_i), i = 1,2,...,n\}$ eine lineare Tendenz, dann ist eine bivariate lineare Regression eine geeignete Funktion zur Beschreibung der einseitig gerichteten statistischen Abhängigkeit. x) **Historie**. Der statistische Regressionsbegriff geht auf den englischen Statistiker Sir Francis GALTON (*1822, †1911) zurück. GALTON, der ein Cousin des Begründers der Evolutionstheorie Charles DARWIN (*1809, †1882) war, widmete sich 1885 diesem Problemkreis in seinem berühmten Traktat „Die Regression in Richtung auf das allgemeine Mittelmaß bei der Vererbung der Körpergröße" (vgl. Abschnitt 1.1). ♦

Kleinste-Quadrate-Regression

Ist $\{(x_i, y_i), i = 1,2,...,n\}$ eine Menge von n Wertepaaren $(X(\gamma_i) = x_i, Y(\gamma_i) = y_i)$ zweier metrischer Merkmale X und Y, die für eine statistische Gesamtheit $\Gamma_n = \{\gamma_i, i = 1,2,...,n\}$ vom Umfang n Merkmalsträger γ_i empirisch erhoben wurden, dann heißt die (inhomogene) lineare Regressionsfunktion $y_i*(x_i) = b_0 + b_1 \cdot x_i$, für welche die Summe der quadrierten Residuen

$$S(b_0, b_1) = \sum_{i=1}^{n}(y_i - y_i*)^2 = \sum_{i=1}^{n}(y_i - (b_0 + b_1 \cdot x_i))^2 = \sum_{i=1}^{n}u_i^2 \rightarrow Min$$

ein Minimum wird, bivariate lineare Kleinste-Quadrate-Regression von Y auf X.

Hinweise. Für die Konstruktion und Interpretation einer (inhomogenen) bivariaten linearen Kleinste-Quadrate-Regression, die synonym auch als einfache lineare KQ- oder O(rdinary)L(east)S(quare)-Regression bezeichnet wird, erweisen sich die folgenden Hinweise als hilfreich: i) **Kriterium**. Die Forderung $S(b_0, b_1) \rightarrow$ min bezeichnet man auch als Kleinste-Quadrate-Kriterium. Das zugrundeliegende mathematische Verfahren subsumiert man unter dem Begriff der Methode der kleinsten Quadratesumme. ii) **Methode**. Die Methode der kleinsten Quadratesumme, die auf den deutschen Mathematiker Carl Friedrich GAUß (*1777, †1855) zurückgeht, ist eine spezielle Anwendung der Differentialrechnung auf Funktionen mit mehreren Variablen. Für das Verständnis der

Grundidee dieses Verfahrens ist es wichtig zu beachten, dass die Regressionsparameter b_0 und b_1 die „unbekannten Größen" sind, die unter Verwendung der empirisch beobachteten und daher „bekannten" Werte $X(\gamma_i) = x_i$ und $Y(\gamma_i) = y_i$ der beiden metrischen Erhebungsmerkmale X und Y numerisch bestimmt werden sollen. iii) **Bestimmungsgleichungen**. Unter Beachtung der notwendigen und der hinreichenden Bedingung zur Erfüllung des Kleinste-Quadrate-Kriteriums $S(b_0, b_1) \to$ min erhält man letztlich die folgenden Bestimmungsgleichungen für eine inhomogene bivariate lineare Regressionsfunktion

$$b_0 = \bar{y} - b_1 \cdot \bar{x} \text{ und } b_1 = \frac{d_{XY}}{d_X^2} = \frac{s_{XY}}{s_X^2}.$$

Während $d_{XY} = s_{XY} \cdot (n-1) / n$ die deskriptive Kovarianz und $d^2_X = s^2_X \cdot (n-1) / n$ die deskriptive Varianz bezeichnen, kennzeichnen

$$s_{XY} = \frac{1}{n-1} \cdot \sum_{i=1}^{n} (x_i - \bar{x}) \cdot (y_i - \bar{y}) \text{ und } s_X^2 = \frac{1}{n-1} \cdot \sum_{i=1}^{n} (x_i - \bar{x})^2$$

die Stichprobenkovarianz und die Stichprobenvarianz des Regressors X. Bemerkenswert ist dabei, dass der lineare Regressionskoeffizient b_1 gleichsam wie der Maßkorrelationskoeffizient r_{YX} nach BRAVAIS und PEARSON (vgl. Abschnitt 8.3) auf der Kovarianz der beiden metrischen Merkmale X und Y beruht. Der Regressionskoeffizient b_1 kann daher auch als eine mit der Varianz des Merkmals X normierte Kovarianz interpretiert werden. Dies ist ein Grund dafür, warum in der Statistik die Korrelations- und Regressionsanalyse oft „in einem Atemzug" genannt und dargestellt werden, obgleich sie unterschiedliche theoretische Ansätze darstellen. iv). **Signifikanztest**. Stellen die n Wertepaare $\{(x_i, y_i),$ $i = 1,2,...,n\}$ eine realisierte Zufallsstichprobe vom Umfang n dar, dann verwendet man die Parameter b_0 und b_1 als Schätzwerte für die „wahren", jedoch unbekannten Regressionsparameter $ß_0$ und $ß_1$ in einer statistischen Grundgesamtheit $\Gamma = \{\gamma_i, i = 1,2,...,N\}$ vom Umfang N und prüft mit Hilfe eines t-Tests, ob die geschätzten Regressionsparameter b_0 und b_1 signifikant verschieden von null sind. Analoge Aussagen gelten auch für eine homogene bivariate lineare Regression. ♦

Grenzfunktion und **Elastizitätsfunktion**. Für eine sachlogische Interpretation von Regressionsparametern erweisen sich die zu einer Regressionsfunktion gehörende Grenzfunktion und Elastizitätsfunktion als sehr hilfreich.

Grenzfunktion und Elastizitätsfunktion

Ist $y^*(x)$ eine (stetige und differenzierbare) bivariate Regressionsfunktion, dann heißt ihre Ableitung erster Ordnung

$$y^{*'}(x) = \frac{dy^*(x)}{dx}$$

Grenzfunktion $y^{*'}(x)$ und die Funktion

$$\varepsilon(x) = \frac{\dfrac{dy^*(x)}{dx} \cdot x}{y^*(x)} = \frac{x \cdot y^{*'}(x)}{y^*(x)},$$

die sich aus dem Quotienten von Grenzfunktion und Durchschnittsfunktion ergibt, die zur Regressionsfunktion $y^*(x)$ gehörende Elastizitätsfunktion $\varepsilon(x)$.

Hinweise. Für die Konstruktion und Interpretation der Grenzfunktion und der Elastizitätsfunktion einer (inhomogenen oder homogenen) bivariaten (linearen oder nichtlinearen) Regression erweisen sich die folgenden Hinweise als hilfreich und nützlich: i) **Grenzfunktion**. Für eine inhomogene $y^*(x) = b_0 + b_1 \cdot x$ bzw. homogene $y^*(x) = b_1 \cdot x$ bivariate lineare Regression ist die Grenzfunktion $y^{*\prime}(x) = b_1$ eine Konstante, die identisch ist mit dem Wert des Regressionskoeffizienten b_1. ii) **Grenzneigung**. Der Wert $y^{*\prime}(x_0)$ der zur bivariaten Regressionsfunktion $y^*(x)$ gehörenden Grenzfunktion $y^{*\prime}(x)$ für ein beliebiges und zulässiges x_0 heißt Grenzneigung oder marginale (lat.: *marginalis* → den Rand betreffend) Neigung des Regressanden Y an der Stelle $x = x_0$. Die marginale Neigung, die in der Regel dimensionsgeladen ist, gibt Auskunft über die durchschnittliche absolute Veränderung der Regressanden Y bei einer infinitesimal (lat.: *in ...* → nicht + *finire* → begrenzen + ... *esimal* → ...zigstmal) kleinen absoluten Veränderung des Regressors X auf dem Niveau $x = x_0$. iii) **Elastizitätsfunktion**. Für eine inhomogene bivariate lineare Regressionsfunktion $y^*(x) = b_0 + b_1 \cdot x$ ist die Elastizitätsfunktion eine gebrochen rationale Funktion, wobei $\varepsilon(x) = b_1 \cdot x / (b_0 + b_1 \cdot x)$ gilt. Für eine homogene bivariate lineare Regression gilt $\varepsilon(x) = b_1 \cdot x / b_1 \cdot x = 1 = $ const. iv) **Elastizität**. Der Wert $\varepsilon(x_0)$ der zur Regressionsfunktion $y^*(x)$ gehörenden Elastizitätsfunktion $\varepsilon(x)$ für ein beliebiges und zulässiges x_0 heißt Elastizität des Regressanden Y an der Stelle $x = x_0$. Die Elastizität gibt Auskunft über die durchschnittliche relative Veränderung des Regressanden Y bei einer (infinitesimal) kleinen relativen Veränderung des Regressors X auf dem Niveau $x = x_0$. In Anlehnung an die Wirtschaftstheorie gelten die folgenden drei Regeln für die Bewertung der „relativen Nachgiebigkeit" eines Regressanden Y bei (hinreichend kleinen) Veränderungen des Regressors X an der Stelle $x = x_0$: 1) $|\varepsilon(x_0)| > 1$ → überproportional elastisch, 2) $|\varepsilon(x_0)| = 1$ → proportional elastisch, 3) $|\varepsilon(x_0)| < 1$ → unterproportional elastisch. ◆

Gütemaße. Der Residualstandardfehler und das Bestimmtheitsmaß fungieren im Kontext einer Regressionsanalyse als Maßzahlen zur Einschätzung der Güte einer Regressionsfunktion.

Residualstandardfehler
Ist $y^*(x) = y^*$ eine bivariate Regression von Y auf X, dann heißt die Größe

$$d_u = \sqrt{\frac{1}{n} \cdot \sum_{i=1}^{n} (y_i - y_i^*)^2} = \sqrt{\frac{1}{n} \cdot \sum_{i=1}^{n} u_i^2} = s_u \cdot \sqrt{\frac{n-2}{n}}$$

deskriptiver Residualstandardfehler und die Größe

$$s_u = \sqrt{\frac{1}{n-2} \cdot \sum_{i=1}^{n} (y_i - y_i^*)^2} = \sqrt{\frac{1}{n-2} \cdot \sum_{i=1}^{n} u_i^2}$$

Stichprobenresidualstandardfehler der bivariaten Regression von Y auf X.

Hinweise. Für die Berechnung und Interpretation eines Residualstandardfehlers einer (inhomogenen oder homogenen) bivariaten (linearen oder nichtlinearen) Regression erweisen sich die folgenden Hinweise als nützlich: i) **Synonym**. Der Residualstandardfehler wird synonym auch als empirischer oder deskriptiver bzw. Stichprobenstandardfehler einer Regression bezeichnet. ii) **Residualvarianz**. Das Quadrat des Residualstandardfehlers heißt empirische oder deskriptive Residualvarianz d_u^2 bzw.

Stichprobenresidualvarianz s^2_u. Die Residualvarianz basiert auf dem Kleinste-Quadrate-Kriterium $S(b_0, b_1) \rightarrow$ min und kennzeichnet als Streuungs- bzw. Gütemaß den mittleren quadratischen Fehler einer bivariaten Regression. iii) **Interpretation.** Für den Fall, dass der Regressionsschätzung keine standardisierten, sondern originäre Daten zugrunde liegen, ist der Residualstandardfehler stets eine bezeichnete Zahl und trägt die Maßeinheit des Regressanden Y. iv) **Toleranzbreite.** Das auf dem Residualstandardfehler basierende (geschlossene) Intervall [Regresswert ± Residualstandardfehler] wird auch als Toleranzbreite einer Regression interpretiert. Im „Korridor" der Toleranzbreite liegt stets die Mehrheit aller Merkmalsträger γ_i bezüglich der beobachteten Werte $Y(\gamma_i) = y_i$ des abhängigen Erhebungsmerkmals bzw. Regressanden Y. ♦

Bestimmtheitsmaß

Ist $y^*(x) = y^*$ eine inhomogene Regression von Y auf X, dann heißt die Größe

$$R^2 = 1 - \frac{d^2_u}{d^2_Y} = 1 - \frac{\frac{1}{n} \cdot \sum_{i=1}^{n} (y_i - y_i^*)^2}{\frac{1}{n} \cdot \sum_{i=1}^{n} (y_i - \overline{y})^2} = 1 - \frac{\sum_{i=1}^{n} (y_i - y_i^*)^2}{\sum_{i=1}^{n} (y_i - \overline{y})^2}$$

empirisches Bestimmtheitsmaß einer Regression von Y auf X.

Hinweise. Für die Berechnung und Interpretation des Bestimmtheitsmaßes einer inhomogenen bivariaten bzw. inhomogenen multiplen Regression erweisen sich die folgenden Hinweise als hilfreich: i) **Charakteristik.** Das Bestimmtheitsmaß ist ein normiertes Maß, für das stets $0 \leq R^2 \leq 1$ gilt. ii) **Gütemaß.** Das Bestimmtheitsmaß R^2 fungiert als ein Gradmesser für die Güte der Anpassung einer inhomogenen Regressionsfunktion an die beobachteten Werte $Y(\gamma_i) = y_i$ des Regressanden Y für beobachtete Werte $X(\gamma_i) = x_i$ des Regressors X. Je näher das Bestimmtheitsmaß am Wert Eins liegt, umso höher sind die Bestimmtheit und damit die statistische Erklärungsfähigkeit einer inhomogenen Regression. In einem Streudiagramm wird eine hochbestimmte Regression (in der Regel mit einem Bestimmtheitsmaß von $R^2 > 0{,}8$) durch einen Funktionsgraphen dargestellt, der sich „eng" an die beobachtete Punktewolke „anschmiegt". Gleichwohl in SPSS die Berechnung des Bestimmtheitsmaßes R^2 auch für eine homogene bivariate lineare Regression bewerkstelligt wird, ist es im Falle einer homogenen Regression als Gütemaß ungeeignet. iii) **Nützliche Formel.** Für eine inhomogene bivariate lineare Regression $y^*(x) = b_0 + b_1 \cdot x$ (und nur für diese!) gilt die folgende Beziehung: $R^2 = r^2_{YX} = r^2_{XY}$. Demnach ist das Quadrat eines bivariaten linearen Maßkorrelationskoeffizienten r_{YX} (vgl. Abschnitt 8.3) gleich dem Bestimmtheitsmaß R^2 einer inhomogenen bivariaten linearen Regression von Y auf X. iv) **Interpretation.** Das Bestimmtheitsmaß „misst" den (prozentualen) Anteil an der Varianz des Regressanden Y, der durch die Regression von Y auf X statistisch erklärt werden kann. v) **Signifikanztest.** Stellen die n beobachteten Wertepaare $\{(x_i, y_i), i = 1,2,...,n\}$ eine realisierte Zufallsstichprobe vom Umfang n dar, dann kann man mit Hilfe eines F-Tests die Nullhypothese $H_0: \rho^2 = 0$ gegen die Alternativhypothese $H_1: \rho^2 > 0$ prüfen. Wird auf einem vorab vereinbarten Signifikanzniveau α die Nullhypothese H_0 verworfen, dann deutet man in der statistischen Grundgesamtheit $\Gamma = \{\gamma_i, i = 1,2,...,N\}$ von N Merkmalsträgern γ_i den Regressor X als eine Größe, die einen wesentlichen (linearen) Einfluss auf den Regressanden Y hat. ♦

Beispiel 9.1-1: Inhomogene bivariate lineare Regression

Motivation. Unter Verwendung der SPSS Datendatei *Mieten.sav* soll für das hinsichtlich seines Umfanges N nicht näher bestimmte Marktsegment $\Gamma = \{\gamma_i,\ i = 1,2,...,N\}$ von Berliner Vier-Zimmer-Mietwohnungen γ_i in guter Wohnlage im Zuge einer Regressionsanalyse statistisch untersucht werden, inwieweit die monatliche Kaltmiete $M(\gamma_i) = M_i \in \mathbb{R}^+$ (Angaben in €) von der Wohnfläche $F(\gamma_i) = F_i \in \mathbb{R}^+$ (Angaben in m²) abhängig ist.

Modell. Den Ausgangspunkt der statistischen Abhängigkeitsanalyse bilden die folgenden sachlogischen Überlegungen: Da für größere bzw. kleinere vergleichbare Mietwohnungen im besagten Wohnungsmarkt offensichtlich höhere bzw. niedrigere Kaltmieten zu zahlen sind, kann sachlogisch davon ausgegangen werden, dass zwischen den beiden Phänomenen Kaltmiete M und Wohnfläche F eine kausale Beziehung besteht, die wohl am einfachsten mit Hilfe eines inhomogenen linearen ökonomischen Modells

$$M = \text{ß}_0 + \text{ß}_1 \times F$$

beschrieben werden kann. Es leuchtet intuitiv ein, dass im besagten Marktsegment keine eindeutige funktionale Abhängigkeit zwischen der monatlichen Kaltmiete M und der Wohnfläche F existiert, wohl aber, dass die Abhängigkeit zumindest statistisch gesehen „im Mittel" besteht, wobei die monatliche Kaltmiete $M(\gamma_i)$ von Mietwohnungen γ_i für eine bestimmte Wohnfläche $F(\gamma_i)$ vom wohnflächenbedingten Mittel $M^*(\gamma_i)$ gleichermaßen nach oben und nach unten abweicht. Dieses Abweichen der monatlichen Kaltmiete M vom wohnflächenbedingten Mittel M^* lässt sich sachlogisch aus dem Einfluss weiterer Mietfaktoren (etwa die Wohnlage, die Wohnungsausstattung etc.) erklären, die der Einfachheit halber in Gestalt einer Restgröße U Eingang in das lineare Modell

$$M = \text{ß}_0 + \text{ß}_1 \times F + U$$

finden sollen.

Grenzfunktion. Unterstellt man weiterhin, dass die lineare Abhängigkeit der monatlichen Kaltmiete M von der Wohnfläche F mit Hilfe einer stetigen und differenzierbaren Funktion dargestellt werden kann, so kann die erste Ableitung

$$dM / dF = \text{ß}_1$$

des inhomogenen linearen Kaltmiete-Modells

$$M = \text{ß}_0 + \text{ß}_1 \times F + U$$

nach der Wohnfläche F entweder als Differentialquotient aus dem Differential dM der monatlichen Kaltmiete M und dem Differential dF der Wohnfläche F oder im Sinne einer Grenzfunktion als marginale Neigung dM der monatlichen Kaltmiete M bezüglich hinreichend kleiner absoluter Wohnflächenveränderungen dF interpretiert werden. Demnach würde die monatliche Kaltmiete M im Durchschnitt um ß_1 Einheiten steigen (fallen), wenn die Wohnfläche F um eine Einheit steigt (fällt).

Hypothesen. Da die marginale Mietneigung $dM / dF = \beta_1$ für die interessierenden Mietwohnungen im besagten Marktsegment unbekannt ist, soll sie anhand einer Zufallsstichprobe $\Gamma_n = \{\gamma_i, i = 1,2,...,n\}$ mit einem Umfang von n Mietwohnungen γ_i geschätzt und die Nullhypothese $H_0: \beta_1 \leq 0$ gegen die Alternativhypothese $H_1: \beta_1 > 0$ auf einem Signifikanzniveau von $\alpha = 0,05$ getestet werden. Die (einseitige) Nullhypothese H_0 „besagt sachlogisch", dass zwischen monatlicher Kaltmiete $M(\gamma_i)$ und Wohnfläche $F(\gamma_i)$ von Mietwohnungen γ_i keine Abhängigkeit bzw. eine negative Abhängigkeit besteht. Sie lässt sich wie folgt begründen: Da ein Signifikanztest stets auf die Ablehnung einer Nullhypothese H_0 abstellt und im konkreten Fall aus Plausibilitätsgründen eine marginale Mietneigung
$$dM / dF = \beta_1 > 0$$
größer als null erwartet wird, sollte das Gegenteil der Erwartung als Nullhypothese formuliert werden. Gelingt es im konkreten Fall, anhand einer realisierten Zufallsstichprobe $\{(M_i, F_i), i = 1,2,...,n\}$ die Nullhypothese zu verwerfen, kann zum vereinbarten Signifikanzniveau α davon ausgegangen werden, dass in der statistischen Grundgesamtheit $\Gamma = \{\gamma_i, i = 1,2,...,N\}$ von vergleichbaren Mietwohnungen γ_i die „wahre, jedoch unbekannte" marginale Mietneigung
$$dM / dF = \beta_1$$
größer als null ist und somit die Wohnfläche F als ein wesentlicher Faktor hinsichtlich der monatlichen Kaltmiete M aufgedeckt werden kann.

Stichprobe. Die statistische Schätzung der sogenannten marginalen Mietneigung in Gestalt des Regressionskoeffizienten β_1 soll auf der Basis der n = 288 Vier-Zimmer-Mietwohnungen γ_i in gebogener Wohnlage erfolgen, deren Daten in Gestalt einer realisierten Zufallsstichprobe $\{(M_i, F_i), i = 1,2,...,n\}$ in der SPSS Datendatei *Mieten.sav* enthalten sind und mittels der SPSS Auswahlbedingung *Zimmer = 4 & Lage = 3* bereitgestellt werden können.

Abbildung 9.1-1: SPSS Dateneditor mit Streudiagramm und Regression

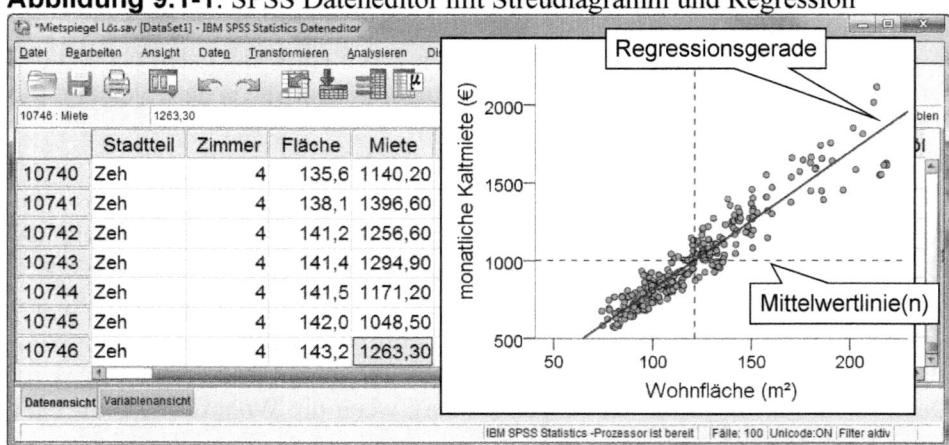

Streudiagramm. Die Abbildung 9.1-1 beinhaltet das via Sequenz 8.3-1 erstellte Streudiagramm, das zudem die inhomogene bivariate lineare Kleinste-Quadrate-Regressionsfunktion der monatlichen Kaltmiete M über der Wohnfläche F ergänzt wurde. Die Punktewolke für die n = 288 zufällig ausgewählten Vier-Zimmer-Mietwohnungen γ_i in guter Wohnlage lässt eine lineare statistische Abhängigkeit zwischen der monatlichen Kaltmiete M (Angaben in €) und der Wohnfläche F (Angaben in m²) erkennen. Unter Zuhilfenahme der gestrichelten Mittelwertlinien auf einem Niveau von

$$1002,67 \ € \ bzw. \ 121,42 \ m²$$

wird ersichtlich, dass für Mietwohnungen mit über- bzw. unterdurchschnittlich großen Wohnflächen in der Regel auch über- bzw. unterdurchschnittlich hohe monatliche Kaltmieten zu zahlen sind.

Regression. Die Regressionsgerade, deren Parameter via Sequenz 9.1-1 angefordert werden können, kennzeichnet den Graphen der inhomogenen bivariaten linearen Kleinste-Quadrate-Regressionsfunktion

$$M_i*(F_i) = -71,10 + 8,84 \times F_i$$

der monatlichen Kaltmieten $M(\gamma_i) = M_i$ über den Wohnflächen $F(\gamma_i) = F_i$ für die n = 288 Vier-Zimmer-Mietwohnungen γ_i in gehobener Wohnlage.

Sequenz 9.1-1: Lineare Regression
Analysieren
  Regression
    Linear... → Abbildung 9.1-2

Abbildung 9.1-2: SPSS Dateneditor mit Dialogfeldern *Lineare Regression*

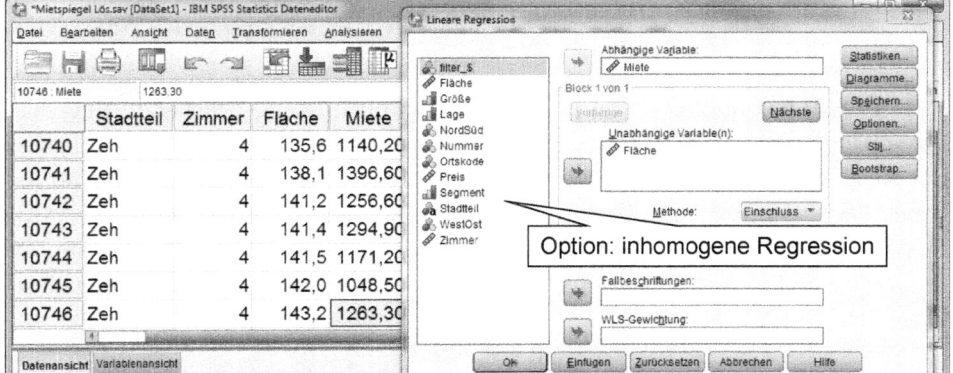

Anhand der Regressionsgeraden im Streudiagramm in der Abbildung 9.1-1 kann man sich recht anschaulich die Grundidee einer statistischen Regression verdeutlichen: Das Zurückführen (lat.: *regressio* → Rückführung) aller n = 288 Punkte (M_i, F_i) der Punktewolke $\{(M_i, F_i), i = 1,2,...,n\}$ auf eine Gerade, die ein durchschnittliches monatliches Kaltmietniveau $M_i^*(F_i)$ in Abhängigkeit vom Wohnflächenwert $F(\gamma_i) = F_i$ der jeweiligen Mietwohnungen γ_i kennzeichnet. Von allen Geraden, die man „virtuell" in diese Punktewolke „hineinlegen" würde, erzeugt die Regressionsgerade die kleinste Summe der quadratischen Abweichungen $(M_i - M_i^*)^2$ zwischen der beobachteten Kaltmiete M_i und der geschätzten Kaltmiete $M_i^*(F_i)$ der n = 288 Mietwohnungen γ_i. Aus der Punktewolke ist zudem ersichtlich, dass gleichgroße Mietwohnungen (etwa mit einer Wohnfläche von $F_0 = 150$ m²) durch unterschiedliche Kaltmieten M_i gekennzeichnet sind, die um die wohnflächenbedingte durchschnittliche Kaltmiete, also um den Regresswert $M^*(F_0)$ streuen. Dabei wird aus theoretischer Sicht unterstellt, dass für eine bestimmte Wohnfläche F_0 das zugehörige Kaltmiete-Residuum

$$U_0 = M_0 - M_0^*(F_0)$$

einer Mietwohnung γ_i eine Realisation einer normalverteilten Zufallsgröße mit einem Erwartungswert null und einer unveränderlichen Varianz ist.

Ergebnisse. Die Tabelle 9.1-1 enthält das verkürzte SPSS Ergebnisprotokoll für die inhomogene bivariate lineare Kleinste-Quadrate-Regressionsfunktion

$$M^*(F) = -71,10 + 8,84 \times F$$

der monatlichen Kaltmiete M (in €) über der Wohnfläche F (in m²), die in ihren Komponenten wie folgt interpretiert werden kann:

Tabelle 9.1-1: Kleinste-Quadrate-Regressionskoeffizienten

Koeffizienten[a]

Modell		Nicht standardisiert		T	Sig.
		B	Standardfehler		
linear	(Konstante)	-71,095	21,978	-3,235	,001
	Wohnfläche (m²)	8,844	,175	50,408	,000

a. Abhängige Variable: monatliche Kaltmiete (€)

Regressionskonstante. Die aus dem Stichprobenbefund geschätzte Regressionskonstante $b_0 \cong -71,10$ € ist eine bezeichnete Zahl. Sie besitzt die Dimension des Regressanden *monatliche Kaltmiete M*, deren Werte in € angegeben sind. Im Sinne der Funktionalanalysis markiert die Regressionskonstante b_0 an der Stelle $F_0 = 0$ den Schnittpunkt der linearen Regressionsfunktion mit der Ordinate. Da im konkreten Fall auf der Ordinate der Regressand *monatliche Kaltmiete M* abgetragen ist, würde man wegen

$$M^*(0) = -71,10 + 8,84 \times 0 = -71,10 = b_0$$

die Regressionskonstante aus theoretischer Sicht als eine geschätzte durchschnittliche wohnflächenautonome monatliche Kaltmiete M^* für die betrachteten Vier-Zimmer-Mietwohnungen deuten. Beachtenswert ist in diesem Zusammenhang, dass die Regressionskonstante $b_0 \cong -71,10$ € als „bloße" Ausgleichskonstante fungiert, die sich zudem auch noch einer sachlogisch plausiblen Interpretation verschließt. Dies ist ein Grund dafür, warum man in der angewandten Statistik über eine Regressionskonstante b_0 in der Regel keine Hypothesen formuliert und testet und anstelle einer inhomogenen eine homogene Regression konstruiert.

Regressionskoeffizient. Gemäß dem p-value-Konzept verwirft man wegen

$$\alpha^* / 2 \cong 0,000 < \alpha = 0,05$$

die formulierte einseitige Nullhypothese H_0: $\text{ß}_1 \leq 0$, akzeptiert zum vereinbarten Signifikanzniveau von $\alpha = 0,05$ die einseitige Alternativhypothese H_1: $\text{ß}_1 > 0$ und deutet den „wahren, jedoch unbekannten" Regressionskoeffizienten ß_1 in der statistischen Grundgesamtheit (Marktsegment) $\Gamma = \{\gamma_i, \, i = 1,2,...,N\}$ von N vergleichbaren Mietwohnungen γ_i größer als null bzw. den aus der realisierten Zufallsstichprobe $\{(M_i, F_i), \, i = 1,2,...,288\}$ geschätzten Regressionskoeffizienten $b_1 \cong 8,84$ der inhomogenen bivariaten linearen Kleinste-Quadrate-Regression als signifikant größer als null. Mehr noch: Wegen

$$dM^* / dF = b_1 \cong 8,84 \, \text{€/m}^2$$

kann der geschätzte Regressionskoeffizient b_1 als ein Punktschätzwert für die unbekannte marginale Mietneigung ß_1 bei hinreichend kleinen Wohnflächenveränderungen dF angesehen und wie folgt sachlogisch interpretiert werden: Steigt (fällt) ceteris paribus für Berliner Vier-Zimmer-Mietwohnungen in guter Wohnlage die Wohnfläche um 1 m², dann steigt (fällt) die monatliche Kaltmiete durchschnittlich um 8,84 €. Aufgrund dessen, dass das metrische Erhebungsmerkmal *monatliche Kaltmiete* in € und das metrische Erhebungsmerkmal *Wohnfläche* in m² „gemessen" wurden, ist auch der mit Hilfe der Methode der kleinsten Quadratesumme aus der realisierten Zufallsstichprobe geschätzte Regressionskoeffizient b_1 eine dimensionsgeladene Maßzahl, die im konkreten Fall als ein wohnflächenbedingter durchschnittlicher Mietpreis (Angaben in €/m²) für Berliner Vier-Zimmer-Mietwohnungen in guter Wohnlage interpretiert werden kann.

Elastizität. Ist man für ein bestimmtes Wohnflächenniveau F_0 an der relativen Nachgiebigkeit der monatlichen Kaltmiete M bei (hinreichend kleinen) relativen Wohnflächenveränderungen interessiert, dann berechnet man unter Verwendung der auf der linearen Regression $M^*(F) = -71,10 + 8,84 \times F$ der monatlichen Kaltmiete M über der Wohnfläche F beruhenden Elastizitätsfunktion

$$\varepsilon(F) = \frac{8,84 \times F}{-71,10 + 8,84 \times F}$$

die entsprechende Punkt-Elastizität. So ermittelt man für ein Wohnflächenniveau von $F_0 = 150$ m² eine Punkt-Elastizität der monatlichen Kaltmiete M von

$$\varepsilon(150 \, \text{m}^2) = \frac{(8,84 \, \text{€/m}^2) \times 150 \, \text{m}^2}{-71,10 \, \text{€} + (8,84 \, \text{€/m}^2) \times 150 \, \text{m}^2} \cong 1,06$$

und interpretiert sie wie folgt: Auf einem Wohnflächenniveau von 150 m² sind die relativen Veränderungen in der monatlichen Kaltmiete von Berliner Vier-Zimmer-Mietwohnungen in guter Wohnlage wegen

$$\epsilon(150\ m^2) \cong 1{,}06 > 1$$

leicht bzw. geringfügig überproportional elastisch bezüglich relativer Veränderungen der Wohnfläche. Demnach steht auf einem Wohnflächenniveau von 150 m² einer 1 %-igen Wohnflächenveränderung eine durchschnittliche Veränderung der monatlichen Kaltmiete von 1,06 % gegenüber.

Residualanalyse. Die Gütemaße gemäß Tabelle 9.1-2 in Gestalt des (multiplen) Korrelationskoeffizienten R, des Bestimmtheitsmaßes R² und des Residualstandardfehlers s_u beruhen auf den Residuen

$$U_i = M_i - M_i^*(F_i)$$

der inhomogenen bivariaten linearen Kleinste-Quadrate-Regression

$$M^*(F) = -71{,}10 + 8{,}84 \times F$$

der monatlichen Kaltmiete M über der Wohnfläche F. In der angewandten Statistik und Ökonometrie kommt der sogenannten Residualanalyse eine besondere Bedeutung bei der Bewertung der „Güte der Spezifikation und der Konstruktion" einer Regressionsfunktion zu (vgl. Beispiel 9.3-2).

Tabelle 9.1-2: Gütemaße

Modell	R	R-Quadrat	Residualstandradfehler
linear	,948[a]	,899	91,820

a. Einflußvariablen : (Konstante), Wohnfläche (m²)

Bestimmtheitsmaß. Mit Hilfe der inhomogenen bivariaten linearen Kleinste-Quadrate-Regressionsfunktion

$$M^*(F) = -71{,}10 + 8{,}84 \times F$$

der monatlichen Kaltmiete M über der Wohnfläche F ist man wegen $R^2 \cong 0{,}899$ bereits in der Lage, zu 89,9 % die Varianz der monatlichen Kaltmieten M_i allein aus der Varianz der Wohnflächen F_i statistisch zu erklären. Beachtenswert ist dabei, dass im konkreten Fall wegen

$$(r_{MF})^2 = (r_{FM})^2 \cong (0{,}948)^2 \cong 0{,}899 = R^2$$

das Quadrat des bivariaten Maßkorrelationskoeffizienten $r_{MF} = r_{FM}$ der Kaltmieten M_i und der Wohnfläche F_i (der mit dem „multiplen" Korrelationskoeffizienten $R \cong 0{,}948$ identisch ist) gleich dem Bestimmtheitsmaß R² der entsprechenden inhomogenen bivariaten linearen Kleinste-Quadrate-Regression ist. Die Grundidee des Bestimmtheitsmaßes einer Regression kann man sich anhand des Streudiagramms innerhalb der Abbildung 9.1-1 bildhaft wie folgt verdeutlichen: Je „näher" die sich auf der Regressionsgeraden befindenden Regresswerte M_i^* an den beobachteten Werten M_i des Regressanden M „zu liegen" kommen, also je geringer die Punktewolke „streut", umso höher vermögen die geschätzten Regresswerte M_i^* die beobachteten Werte M_i „im Mittel zu bestimmen". Im regressionsanalytischen „Idealfall", für den $M_i = M_i^*$ bzw. $M_i - M_i^* = 0$ gilt, würden alle Punkte im Streudiagramm (einer geradlinigen Punktekette gleich) „auf der

Regressionsgeraden liegen". In einem solchen Fall wäre wegen $R^2 = 1$ eine Regression „vollständig bestimmt".

Residualstandardfehler. Der Residualstandardfehler der inhomogenen bivariaten linearen Regressionsfunktion der monatlichen Kaltmiete M über der Wohnfläche F, der in SPSS unter der Bezeichnung „Standardfehler des Schätzers" firmiert, beläuft sich gemäß Tabelle 9.1-2 auf 91,82 €. Demnach streuen im Durchschnitt die beobachteten Kaltmieten M_i „zu beiden Seiten" um 91,82 € um die inhomogene bivariate lineare Kleinste-Quadrate-Regression

$$M^*(F) = -71,10 + 8,84 \times F,$$

wobei in der „Bandbreite" des sogenannten Toleranzintervalls

$$[M^* - 91,82; M^* + 91,82]$$

mindestens die Hälfte der n = 288 erfassten Berliner Vier-Zimmer- Mietwohnungen γ_i in guter Wohnlage bezüglich ihrer monatlichen Kaltmiete M liegen.

Mietabschätzung. Ist man schließlich und endlich daran interessiert, im Marktsegment der interessierenden Mietwohnungen die marktübliche monatliche Kaltmiete M zum Beispiel für eine $F_0 = 150$ m² große Mietwohnung zu bestimmen, dann kann man ceteris paribus und unter Verwendung der mittels der Methode der kleinsten Quadratesumme aus der realisierten Zufallsstichprobe

$$\{(M_i, F_i), i = 1,2,...,288\}$$

geschätzten inhomogenen bivariaten linearen Regressionsfunktion wegen

$$M^*(150 \text{ m}^2) = -71,10 \text{ €} + (8,84 \text{ €/m}^2) \times 150 \text{ m}^2 \cong 1254,90 \text{ €}$$

erwartungsgemäß mit einer monatlichen Kaltmiete von ca. 1255 € rechnen, die unter Einbeziehung des Residualstandardfehlers von ca. 92 € durch einen kaltmietebezogenen Toleranzbereich von

$$[1255 \text{ €} \pm 92 \text{ €}] = [1163 \text{ €}, 1347 \text{ €}]$$

ergänzt werden kann. Beachtenswert und nachprüfbar ist in diesem Fall, dass die Mehrheit der n = 288 zufällig ausgewählten Mietwohnungen γ_i in diesem Kaltmietbereich zu beobachten ist. ♣

Beispiel 9.1-2: Homogene bivariate lineare Regression
Motivation. In Anlehnung an das Beispiel 9.1-1 soll (einzig und allein aus didaktischen Gründen) unter Verwendung der SPSS Datendatei *Mieten.sav* für die Menge $\Gamma_n = \{\gamma_i, i = 1,2,...,n\}$ der n = 288 zufällig ausgewählten Berliner Vier-Zimmer-Mietwohnungen γ_i in guter Wohnlage eine homogene bivariate lineare Kleinste-Quadrate-Regression $M_i^*(F_i) = b_1 \times F_i$ der monatlichen Kaltmieten $M(\gamma_i) = M_i \in \mathbb{R}^+$ über den Wohnflächen $F(\gamma_i) = F_i \in \mathbb{R}^+$ geschätzt werden.

Regression. In der Abbildung 9.1-3 sind die erforderlichen Einstellungen in den SPSS Dialogfeldern *Lineare Regression* und *Lineare Regression: Optionen* sowie das Streudiagramm mit der homogenen bivariaten linearen Kleinste-Quadrate-Regressionsfunktion $M^*(F) = 8,294 \times F$ der monatlichen Kaltmiete M über der Wohnfläche F dargestellt.

Abbildung 9.1-3: SPSS Dateneditor mit Dialogfeldern *Lineare Regression*

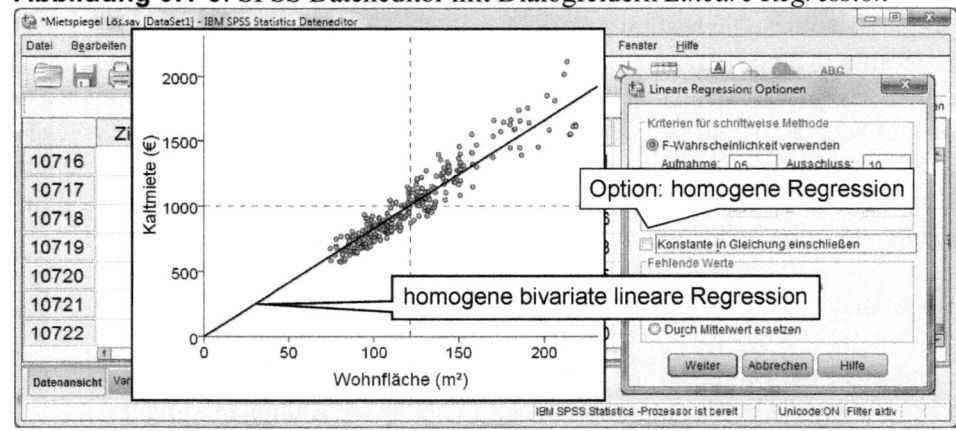

Regressionskoeffizient. Unter Verwendung des zugehörigen SPSS Ergebnisprotokolls deutet man im Sinne eines zweiseitigen Parametertests wegen

$$\alpha^* \cong 0{,}000 < \alpha = 0{,}05$$

auf einem vorab vereinbarten Signifikanzniveau von $\alpha = 0{,}05$ den geschätzten Regressionskoeffizienten $b_1 \cong 8{,}294$ als signifikant verschieden von null und damit die Wohnfläche F als einen wesentlichen Einflussfaktor für die monatliche Kaltmiete M. Demnach steigt (fällt) ceteris paribus wegen

$$dM^*/ dF = b_1 \cong 8{,}294 \ €/m^2$$

für Berliner Vier-Zimmer-Mietwohnungen in guter Wohnlage die Kaltmiete M im Durchschnitt um 8,29 €, wenn die Wohnfläche F um 1 m² steigt (fällt).

Elastizität. Wegen $\varepsilon(x_0) = 1$ steht im konkreten Fall und unabhängig vom jeweiligen Wohnflächenniveau F_0 einer einprozentigen Veränderung der Wohnfläche F stets eine durchschnittliche und proportionale Veränderung der monatlichen Kaltmiete M von 1 % gegenüber.

Residualstandardfehler. Der Residualstandardfehler der homogenen bivariaten linearen Regressionsfunktion $M^*(F) = 8{,}294 \times F$ beläuft sich auf 93,32 €. Demnach streuen im Durchschnitt die beobachteten Kaltmieten M_i zu beiden Seiten um ca. 93 € um die homogene bivariate lineare Regression.

Mietabschätzung. Während man unter Verwendung der homogenen bivariaten linearen Regression $M^*(F) = 8{,}294 \times F$ zum Beispiel für eine $F_0 = 150$ m² große Mietwohnung wegen

$$M_0^*(150) = 8{,}294 \times 150 \cong 1244{,}10$$

erwartungsgemäß mit einer monatlichen Kaltmiete von 1244 € zu rechnen hat, hätte man (etwa im Unterschied zur inhomogenen bivariaten linearen Regression aus dem Beispiel 9.1-1) wegen $M_0^*(0) = 8{,}294 \times 0 = 0$ für eine Mietwohnung ohne Wohnfläche in logischer Konsequenz auch keine Kaltmiete zu erwarten. ♣

Beispiel 9.1-3: Bivariate lineare Regression des Zeitwertes über dem Alter

Motivation. Unter Verwendung der SPSS Datendatei *Golf.sav* soll für die Menge $\Gamma_n = \{\gamma_i,\ i = 1,2,...,n\}$ der n = 200 zufällig ausgewählten Gebrauchtwagen γ_i vom Typ VW Golf Benziner mit einem 1,6 Liter Triebwerk, die im Jahr 2003 auf dem Berliner Gebrauchtwagenmarkt angeboten wurden, die statistische Abhängigkeit des Zeitwertes $Z(\gamma_i) = Z_i \in \mathbb{R}^+$ vom Alter $A(\gamma_i) = A_i \in \mathbb{R}^+$ mit Hilfe einer bivariaten linearen Regressionsfunktion beschrieben werden.

Streudiagramm. In der Abbildung 9.1-4 ist das Streudiagramm für die realisierte Zufallsstichprobe $\{(Z_i, A_i),\ i = 1,2,...,200\}$ dargestellt, das zudem noch durch die Mittelwertlinien und durch den Verlauf der inhomogenen bivariaten linearen Kleinste-Quadrate-Regressionsfunktion

$$Z^*(A) = 11716,98 - 74,80 \times A$$

des Zeitwertes Z (in €) über dem Alter A (in Monaten) ergänzt wurde.

Abbildung 9.1-4: SPSS Dateneditor und Streudiagramm mit linearer Regression

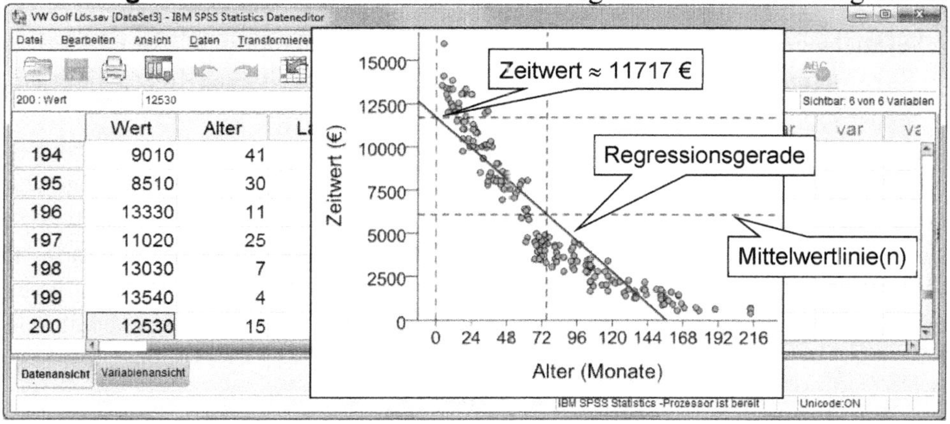

Tabelle 9.1-4: Kleinste-Quadrate-Regressionsparameter

Koeffizienten[a]

Modell		Nicht standardisierte Koeffizienten		t	Sig.
		B	Standardfehler		
linear	(Konstante)	11716,984	213,855	54,789	,000
	Alter (Monate)	-74,798	2,365	-31,633	,000

a. Abhängige Variable: Zeitwert (€)

Regressionsparameter. Die aus der realisierten Zufallsstichprobe

$$\{(Z_i, A_i),\ i = 1,2,...,200\}$$

mit Hilfe der Methode der kleinsten Quadratesumme geschätzten Regressionsparameter $b_0 \cong 11716,98$ und $b_1 \cong -74,80$ der inhomogenen bivariaten linearen Regressionsfunktion Z*(A) des Zeitwertes Z über dem Alter A können via Sequenz 9.1-1 angefordert und der Tabelle 9.1-4 entnommen werden.

Parameterinterpretation. Eine sachlogische Interpretation der Regressions-parameter ergibt das folgende Bild: Fasst man einen Gebrauchtwagen vom Typ VW Golf mit einem Alter von $A_0 = 0$ Monaten als einen Neuwagen auf, dann liegt der regressionsanalytisch geschätzte Neuwert eines VW Golf wegen

$$Z_0^*(0) = 11716,98 - 74,80 \times 0 = 11716,98 = b_0$$

bei ca. 11717 €. Der geschätzte Neuwert Z_0^* ist zahlenmäßig identisch mit der Regressionskonstanten b_0, die gemäß Abbildung 9.1-4 grafisch als der Schnitt-punkt der Regressionsgeraden mit der Ordinate bzw. der Zeitwertachse gedeutet werden kann. Der Regressionskoeffizient b_1, der im konkreten Fall wegen

$$dZ^*/ dA = b_1 \cong -74,80 \text{ € pro Monat}$$

unabhängig vom jeweiligen Alter A_0 als die marginale Zeitwertneigung eines gebrauchten VW Golf interpretiert werden kann, indiziert nicht nur eine fallende Regressionsgerade, sondern zugleich auch einen altersunabhängigen durch-schnittlichen monatlichen Zeitwertverlust von ca. 75 €.

Parametertest. Gleichwohl gemäß dem sogenannten p-value-Konzept wegen

$$\alpha^* \cong 0,000 < \alpha = 0,05$$

im besagten Gebrauchtwagenmarktsegment die beiden unbekannten Parameter ß$_0$ und ß$_1$ sowohl auf einem Signifikanzniveau von $\alpha = 0,05$ als verschieden von null als auch ökonomisch plausibel gedeutet werden können, versagt die regres-sionsanalytisch geschätzte und in der Abbildung 9.1-4 skizziert inhomogene bivariate lineare Zeitwertfunktion allerdings spätestens dann ihren Dienst, wenn sie die Grundlage einer ökonomisch plausiblen Zeitwertabschätzung bilden soll. Offensichtlich liefert die regressionsanalytisch ermittelte Zeitwertfunktion

$$Z^*(A) = 11716,98 - 74,80 \times A$$

für alle Altersangaben

$$A > (11716,8) / (74,8) \approx 157 \text{ Monate}$$

negative Zeitwerte $Z^*(A)$, die sich einer ökonomisch plausiblen Interpretation verschließen.

Punktewolke. Im Unterschied zum Streudiagramm innerhalb der Abbildung 9.1-1 wird aus dem Streudiagramm in der Abbildung 9.1-4 ersichtlich, dass die Punktewolke nicht nur einen fallenden, sondern zugleich auch noch einen nicht-linearen Verlauf besitzt, bei dem der Zeitwert Z eines Gebrauchtwagens γ_i vom Typ VW Golf mit zunehmendem Alter A gegen null tendiert. Demnach wird man (in Anlehnung an den Abschnitt 9.2) bestrebt sein, ein geeignetes nichtlineares Modell zu konstruieren, das die augenscheinlich nichtlineare statistische Abhän-gigkeit des Zeitwertes Z vom Alter A für theoretische Analyse- und praktische Prognosezwecke hinreichend genau beschreibt. ♣

9.2 Bivariate nichtlineare Regression

Motivation. Sowohl in der angewandten Ökonometrie als auch in der empirischen Wirtschaftsforschung erweist sich das im Abschnitt 9.1 skizzierte Konzept einer bivariaten linearen Regression mitunter als nicht geeignet, einseitig gerichtete statistische Abhängigkeiten zwischen zwei ökonomischen Phänomenen zu beschreiben. Dies gilt vor allem dann, wenn zwischen zwei ökonomischen Phänomenen eine nichtlineare statistische Abhängigkeit besteht, die in einem Streudiagramm durch eine gekrümmte Punktewolke indiziert wird. In einem solchen Fall erreicht man unter Verwendung spezieller nichtlinearer Funktionen, die sich durch geeignete Transformationen auf linearisierte Funktionen zurückführen lassen, für praktische Belange bereits befriedigende Ergebnisse. Charakteristisch für diese Familie von nichtlinearen Funktionen ist, dass sie nichtlinear in ihren Variablen, jedoch linear in ihren Parametern sind, so dass die Methode der kleinsten Quadratesumme zur Schätzung der Funktionsparameter ohne Einschränkungen anwendbar ist und beste unverzerrte Schätzergebnisse liefert.

Funktionstypen. In der Tabelle 9.2-1 sind sowohl der Funktionstyp als auch die funktionale Form der in SPSS implementierten nichtlinearen Funktionen zusammengefasst, wobei für die beiden metrischen Erhebungsmerkmale X und Y stets $Y > 0$ und $X > 0$ gelten soll. Im Kontext einer Regressionsanalyse können die Funktionstypen via Sequenz 9.2-1 optional angefordert werden.

Tabelle 9.2-1: Nichtlineare Funktionstypen

Funktionstyp	funktionale Form
Logarithmisch	$Y = \beta_0 + \beta_1 \cdot (\ln X)$
Invers	$Y = \beta_0 + \beta_1 \cdot X^{-1}$
Quadratisch	$Y = \beta_0 + \beta_1 \cdot X + \beta_2 \cdot X^2$
Kubisch	$Y = \beta_0 + \beta_1 \cdot X + \beta_2 \cdot X^2 + \beta_3 \cdot X^3$
Power bzw. Potenz	$Y = \beta_0 \cdot X^{\beta_1}$
Zusammengesetzt	$Y = \beta_0 \cdot \beta_1^{X}$
S (förmig)	$Y = \exp(\beta_0 + \beta_1 \cdot X^{-1})$
Logistisch	$Y = (1/c + \beta_0 \cdot \beta_1^{X})^{-1}$
Wachstum	$Y = \exp(\beta_0 + \beta_1 \cdot X)$
Exponentiell	$Y = \beta_0 \cdot \exp(\beta_1 \cdot X)$

Hinweis. Die vereinfachende Schreibweise $\exp(...) = e^{(...)}$ ist der Syntax von Programmiersprachen entlehnt und kennzeichnet einen EXPonenten zur Basis e. $e = 2{,}71828...$ bezeichnet dabei die EULERsche Konstante. Das Symbol $\ln(...)$ bezeichnet den *l(ogarithmus) n(aturalis)*, also den Logarithmus zur Basis e, der in seiner funktionalen Darstellung $y = \ln(x)$ nichts anderes ist, als die zur einfachen Exponentialfunktion $y = \exp(x)$ gehörende Umkehrfunktion. Die Parameter β_j $(j = 0, 1, 2, 3)$ bezeichnen die jeweiligen Modellparameter. ♦

Grenz- und Elastizitätsfunktionen. Im Zuge einer sachlogischen Interpretation der Modellparameter einer nichtlinearen Funktion erweisen sich die zugehörige Grenzfunktion und die zugehörige Elastizitätsfunktion als hilfreich und nützlich. In der Tabelle 9.2-2 sind die Grenz- und die Elastizitätsfunktion für ausgewählte und inhomogene bivariate Funktionen zusammengestellt.

Tabelle 9.2-2: Grenz- und Elastizitätsfunktionen

Funktionstyp	Grenzfunktion	Elastizitätsfunktion
Linear	$Y' = \text{ß}_1$	$\varepsilon = \text{ß}_1 \cdot X \cdot (\text{ß}_0 + \text{ß}_1 \cdot X)^{-1}$
Logarithmisch	$Y' = \text{ß}_1 \cdot X^{-1}$	$\varepsilon = \text{ß}_1 \cdot (\text{ß}_0 + \text{ß}_1 \cdot (\ln X))^{-1}$
Invers	$Y' = -\text{ß}_1 \cdot X^{-2}$	$\varepsilon = -\text{ß}_1 \cdot (\text{ß}_0 \cdot X + \text{ß}_1)^{-1}$
Power bzw. Potenz	$Y' = \text{ß}_0 \cdot \text{ß}_1 \cdot X^{\text{ß}_1} \cdot X^{-1}$	$\varepsilon = \text{ß}_1$
Wachstum	$Y' = \text{ß}_1 \cdot \exp(\text{ß}_0 + \text{ß}_1 \cdot X)$	$\varepsilon = \text{ß}_1 \cdot X$

Die Funktionsbezeichnungen koinzidieren mit den Modelltypen, die in der Tabelle 9.2-1 vermerkt sind und gemäß Abbildung 9.2-1 im Dialogfeld *Kurvenanpassung* optional vereinbart und sowohl als inhomogene als auch als homogene Modelle angefordert werden können. ♣

Beispiel 9.2-1: Inhomogene bivariate nichtlineare Regression
Motivation. In Anlehnung und in Weiterführung des Beispiels 9.1-3 soll unter Verwendung der SPSS Datendatei *Golf.sav* für die realisierte Zufallsstichprobe $\Gamma_n = \{\gamma_i, i = 1,2,...,n\}$ von n = 200 Gebrauchtwagen γ_i vom Typ VW Golf Benziner mit einem 1,6 Liter Triebwerk die statistische Abhängigkeit des Zeitwertes $Z(\gamma_i) = Z_i \in \mathbb{R}^+$ vom Alter $A(\gamma_i) = A_i \in \mathbb{R}^+$ mit Hilfe einer geeigneten nichtlinearen Regressionsfunktion beschrieben werden.

Streudiagramm. Bereits aus dem Streudiagramm innerhalb der Abbildung 9.1-4 wird ersichtlich, dass die Punktewolke einen nichtlinearen Verlauf besitzt, bei dem der Zeitwert $Z(\gamma_i)$ (Angaben in €) eines Gebrauchtwagens γ_i mit zunehmendem Alter $A(\gamma_i)$ gegen null tendiert. Demnach wird man bestrebt sein, ein geeignetes nichtlineares Modell zu schätzen, das die augenscheinlich nichtlineare statistische Abhängigkeit des Zeitwertes Z vom Alter A für praktische Zwecke hinreichend genau beschreibt.

Modellwahl. Aus der Vielzahl der nichtlinearen Funktionstypen, die in SPSS gemäß Abbildung 9.2-1 im Dialogfeld *Kurvenanpassung* in der Rubrik „Modelle" angeboten werden, gilt es denjenigen Modelltyp herauszufinden, der sich im statistischen Sinne bezüglich der Erklärungsfähigkeit des Zeitwertes Z in Abhängigkeit vom Alter A als geeignet erweist. In der angewandten Statistik und Ökonometrie hat es sich als vorteilhaft und praktikabel erwiesen, als Auswahlkriterium das Bestimmtheitsmaß R^2 zu verwenden. Die sogenannte heuristische (grch.: *heuriskein* → finden) Modellwahl auf der Basis des höchsten Bestimmtheitsmaßes R^2 kann via Sequenz 9.2-1 realisiert werden.

Sequenz 9.2-1: Nichtlineare Regression
Analysieren
  Regression
    Kurvenanpassung → Abbildung 9.2-1

Abbildung 9.2-1: SPSS Dateneditor mit Dialogfeld *Kurvenanpassung*

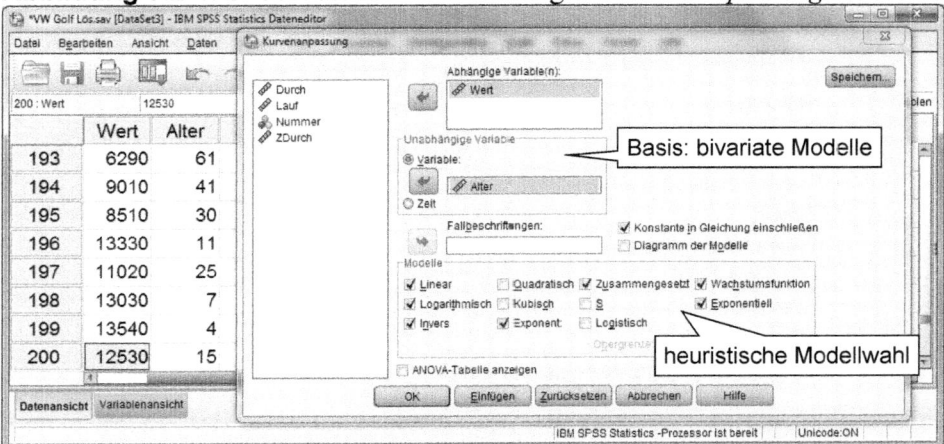

Hinweise. Im konkreten Fall sollen aus didaktischen Gründen sowohl die beiden logistischen Modellansätze als auch die Polynome zweiten und dritten Grades außer Acht bleiben, zumal zum Beispiel die beiden letztgenannten Ansätze als Spezialfälle einer multiplen Regressionsfunktion angesehen werden können. Beachtenswert ist zudem, dass für alle ausgewählten bivariaten Modelle eine Schätzung der Regressionskonstante $ß_0$ vereinbart wurde. In der Statistik bezeichnet man ein Regressionsmodell, das keine Regressionskonstante $ß_0$ beinhaltet, als homogen und ein Modell, das eine Konstante $ß_0$ beinhaltet, als inhomogen. Je nachdem, ob man ein homogenes oder ein inhomogenes Modell schätzen möchte, muss im Dialogfeld *Kurvenanpassung* die Option *Konstante in Gleichung einschließen* aktiviert bzw. deaktiviert werden. ◆

Schätzergebnisse. Die Tabelle 9.2-3 beinhaltet das vereinfachte SPSS Ergebnisprotokoll aller in der Abbildung 9.2-1 unter der Rubrik *Modelle* markierten inhomogenen bivariaten nichtlinearen Regressionsfunktionen einschließlich der inhomogenen bivariaten linearen Regression des Zeitwertes Z über dem Alter A, die bereits im Kontext des Beispiels 9.1-3 konstruiert und interpretiert wurde.

Modellauswahl. Aus der Tabelle 9.2-3 ist ersichtlich, dass zugleich drei inhomogene bivariate nichtlineare Regressionsfunktionen ein Bestimmtheitsmaß von $R^2 \cong 0{,}956$ liefern: die sogenannte zusammengesetzte Funktion
$$Z^*(A) = 15750{,}032 \times 0{,}984^A,$$
die sogenannte Wachstumsfunktion
$$Z^*(A) = \exp(9{,}665 - 0{,}017 \times A) = e^{9{,}665 - 0{,}017 \times A}$$
sowie die sogenannte exponentielle Funktion

$$Z^*(A) = 15750{,}032 \times \exp(-0{,}017 \times A) = 15750{,}032 \times e^{-0{,}017 \times A},$$

die offensichtlich (unter Vernachlässigung von Rundungsfehlern) wegen

$$Z^*(A) = e^{9{,}665 \,-\, 0{,}017 \times A} = 15750{,}032 \times e^{-0{,}017 \times A} = 15750{,}032 \times 0{,}984^A$$

algebraisch identische inhomogene bivariate nichtlineare Kleinste-Quadrate-Regressionsfunktionen sind.

Tabelle 9.2-3: Bivariate nichtlineare Regressionen

Abhängige Variable: Zeitwert (€)

Gleichung	Modellübersicht	Parameterschätzungen	
	R-Quadrat	Konstante	b1
Linear	,835	11716,984	-74,798
Logarithmisch	,922	24538,799	-4581,809
Invers	,556	3645,739	88188,452
Zusammengesetzt	,956	15750,032	,984
Potenzfunktion	,802	160167,220	-,886
Wachstumsfunktion	,956	9,665	-,017
Exponentiell	,956	15750,032	-,017

Die unabhängige Variable ist Alter (Monate).

Streudiagramme. Die Abbildung 9.2-2 zeigt zum einen das Streudiagramm und den Verlauf der inhomogenen bivariaten nichtlinearen Regressionsfunktion

$$Z^*(A) = e^{9{,}665 \,-\, 0{,}017 \times A} = 15750{,}032 \times e^{-0{,}017 \times A} = 15750{,}032 \times 0{,}984^A$$

des Zeitwertes Z über dem Alter A und zum anderen das Streudiagramm mit der linearisierten Regressionsfunktion

$$\ln(Z^*) = 9{,}665 - 0{,}017 \times A.$$

Abbildung 9.2-2: Streudiagramme mit Regressionsfunktion

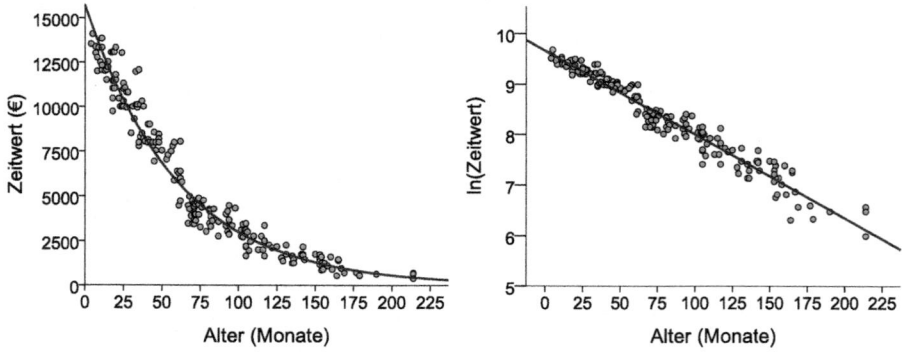

Linearisierung. Die aus dem originären realisierten Zufallsstichprobenbefund $\{(A_i, Z_i),\ i = 1,2,...,200\}$ mittels der Methode der kleinsten Quadratsumme geschätzte und linearisierte Regressionsfunktion

$$\ln(Z^*) = 9{,}665 - 0{,}017 \times A$$

lässt sich wie folgt motivieren: Überführt man die bivariate nichtlineare Funktion

$$Z = \exp(\beta_0 + \beta_1 \times A),$$

die in SPSS unter der Bezeichnung „Wachstumsfunktion" firmiert, durch beidseitiges Logarithmieren in einen quasilinearen Funktionsansatz

$$\ln(Z) = \beta_0 + \beta_1 \times A,$$

so ist es ohne Einschränkungen möglich, die unbekannten Parameter β_0 und β_1 mit Hilfe der Methode der kleinsten Quadratesumme zu schätzen, indem man lediglich die beobachteten Zeitwerte Z_i logarithmiert und über den originären Altersangaben A_i regressiert. Dabei ist zu beachten, dass das Kleinste-Quadrate-Kriterium nur für die linearisierte inhomogene bivariate Regressionsfunktion

$$\ln(Z^*) = 9{,}665 - 0{,}017 \times A$$

gilt und nicht für bivariate nichtlineare Regressionsfunktion

$$Z^*(A) = e^{9{,}665 - 0{,}017 \times A}.$$

Das Resultat der Linearisierung kann man sich anhand der Abbildung 9.2-2 anschaulich verdeutlichen. Die Punktewolke für die logarithmierten Zeitwerte $\ln(Z_i)$ und die originären Altersangaben A_i lässt einen linear fallenden Verlauf erkennen, der durch die inhomogene bivariate quasilineare Regression

$$\ln(Z^*) = 9{,}665 - 0{,}017 \times A$$

bildhaft untermauert wird. In der Tabelle 9.2-4 sind die zugehörigen Regressionsparameter und das Bestimmtheitsmaß R^2 nochmals zusammengefasst.

Tabelle 9.2-4: Inhomogene bivariate quasilineare Regression
Abhängige Variable: lnWert

Gleichung	Modellübersicht					Parameterschätzungen	
	R-Quadrat	F	df1	df2	Sig.	Konstante	b1
Linear	,956	4316,400	1	198	,000	9,665	-,017

Die unabhängige Variable ist Alter (Monate).

Bestimmtheitsmaß. Mit Hilfe der inhomogenen bivariaten quasilinearen Kleinste-Quadrate-Regressionsfunktion

$$\ln(Z^*) = 9{,}665 - 0{,}017 \times A$$

können wegen $R^2 \cong 0{,}956$ bereits 95,6 % der Varianz der logarithmierten Zeitwerte aus der Varianz der originären Alterswerte statistisch erklärt werden.

Signifikanztest. Gemäß dem sogenannten p-value-Konzept deutet man wegen

$$\alpha^* \cong 0{,}000 < \alpha = 0{,}05$$

das Bestimmtheitsmaß $R^2 \cong 0{,}956$ der quasilinearen Regressionsfunktion im induktiven Sinne als signifikant größer als null. Dies ist gleichbedeutend mit der Aussage, dass in der statistischen Grundgesamtheit $\Gamma = \{\gamma_i, i = 1,2,...,N\}$ aller auf dem Berliner Gebrauchtwagenmarkt angebotenen Gebrauchtwagen γ_i vom Typ VW Golf Benziner mit einem Triebwerk von 1,6 Litern das Alter A als ein wesentlicher Einflussfaktor zur Bestimmung des Zeitwertes Z aufgedeckt werden kann. Der auf dem Bestimmtheitsmaß beruhende Signifikanztest liefert das gleiche Ergebnis wie der Signifikanztest des geschätzten Regressionskoeffizienten

$b_1 \cong -0{,}017$ gegen null, der als ein signifikanter und von null verschiedener Faktor gedeutet werden kann. Obwohl die bivariate quasilineare Zeitwertregression

$$\ln(Z^*) = 9{,}665 - 0{,}017 \times A$$

hoch bestimmt ist und die geschätzten Regressionsparameter

$$b_0 \cong 9{,}665 \text{ und } b_1 \cong -0{,}017$$

den induktiven Schluss zulassen, dass die „wahren" Parameter ß_0 und ß_1 in der statistischen Grundgesamtheit $\Gamma = \{\gamma_i, i = 1,2,...,N\}$ vergleichbarer Gebrauchtwagen verschieden von null sind, lassen sie sich wegen der Nichtlinearität des Regressanden Z allerdings nur bedingt ökonomisch plausibel interpretieren.

Parameterinterpretation. Der geschätzte quasilineare Kleinste-Quadrate-Regressionskoeffizient $b_1 \cong -0{,}017$ kann mit Hilfe der zur bivariaten quasilinearen Regressionsfunktion gehörenden Grenzfunktion

$$Z^{*\prime}(A) = \frac{dZ^*}{dA}(A) = -0{,}017 \cdot e^{9{,}665 - 0{,}017 \times A}$$

wie folgt einer sachbezogenen Interpretation zugeführt werden: Ist man etwa am Zeitwertverlust von vergleichbaren Einjahreswagen interessiert, dann bestimmt man den Wert der Grenzfunktion an der Stelle $A_0 = 12$ Monate

$$Z^{*\prime}(12) = \frac{dZ^*}{dA}(12) = -0{,}017 \cdot e^{9{,}665 - 0{,}017 \times 12} \approx -218 \ (\text{€/Monat}),$$

die als marginale Zeitwertneigung wie folgt interpretiert werden kann: Für einen $A_0 = 12$ Monate alten Gebrauchtwagen vom Typ VW Golf Benziner mit einem 1,6-Liter-Triebwerk hätte man ceteris paribus im Verlaufe eines Monats erwartungsgemäß und im Durchschnitt mit einem Zeitwertverlust von 218 € zu rechnen. Dem gegenüber läge ceteris paribus der durchschnittliche monatliche Zeitwertverlust für zehn Jahre bzw. für $A_0 = 120$ Monate alte Gebrauchtwagen gleichen Typs wegen

$$Z^{*\prime}(120) = \frac{dZ^*}{dA}(120) = -0{,}017 \cdot e^{9{,}665 - 0{,}017 \cdot 120} \approx -35 \ (\text{€/Monat})$$

nur noch bei 35 €. Dieser in seinem Ausmaß geringere Zeitwertverlust leuchtet im speziellen Fall auch intuitiv ein, denn nicht nur bei Unterstellung einer nichtlinear fallenden Zeitwertfunktion, sondern auch „im realen Leben" fällt eine absolute Zeitwertveränderung umso geringer aus, je älter ein Gebrauchtwagen ist.

Elastizität. Ist man für den in Rede stehenden Gebrauchtwagentyp lediglich am Studium der altersbedingten relativen Nachgiebigkeit des Zeitwertes Z interessiert, dann bestimmt man auf der Basis der zur bivariaten nichtlinearen Regression (etwa in Gestalt der Wachstumsfunktion)

$$Z^*(A) = e^{9{,}665 - 0{,}017 \times A}$$

gehörenden Elastizitätsfunktion

$$\varepsilon(A) = -0{,}017 \times A$$

die jeweilige Punkt-Elastizität und interpretiert sie wie folgt: Während für Einjahreswagen, also für $A_0 = 12$ Monate alte Gebrauchtwagen γ_i wegen

$$|\epsilon(12)| = 0{,}017 \times 12 \approx 0{,}2 < 1$$

bei einer 1 %-igen Alterszunahme ein unterproportionaler durchschnittlicher relativer Zeitwertverfall von 0,2 % zu verzeichnen ist, gibt es für $A_0 = 120$ Monate bzw. zehn Jahre alte Gebrauchtwagen γ_i gleichen Typs wegen

$$|\epsilon(120)| = 0{,}017 \cdot 120 \approx 2 > 1$$

einen überproportionalen durchschnittlichen relativen Zeitwertverfall von 2 % zu konstatieren.

Zeitwertschätzung. Schlussendlich schätzt man für einen sogenannten Einjahreswagen mittels der bivariaten nichtlinearen Zeitwertfunktion

$$Z^*(A) = e^{9{,}665 - 0{,}017 \times A}$$

wegen $A_0 = 12$ Monate einen Zeitwert von

$$Z^*(12) = e^{9{,}665 - 0{,}017 \times 12} \approx 12850 \, €$$

und analog für einen zehn Jahre bzw. $A_0 = 120$ Monate alten VW Golf Benziner mit einem 1,6-Liter-Triebwerk einen Zeitwert von

$$Z^*(120) = e^{9{,}665 - 0{,}017 \times 120} \approx 2050 \, €.$$

Der Anschaulichkeit halber sind die beiden interessierenden und praktizierten Zeitwertschätzungen in der Abbildung 9.2-3 mit Hilfe gestrichelter Linien bildhaft dargestellt.

Abbildung 9.2-3: Zeitwertschätzungen

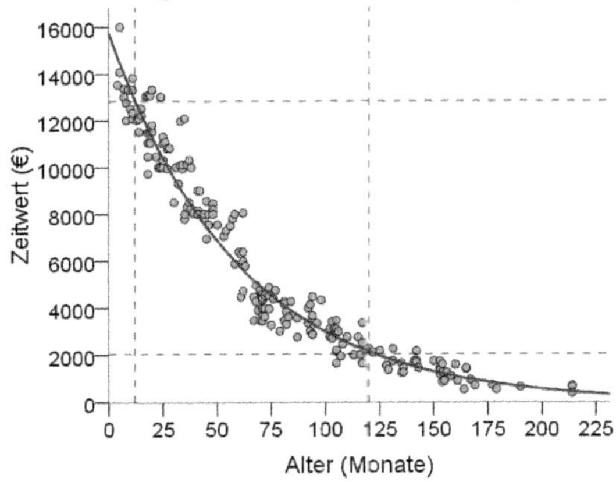

Während in der zweidimensionalen Hyperebene die Punktewolke die $n = 200$ empirisch beobachteten Wertepaare $\{(A_i, Z_i), i = 1, 2, \ldots, n\}$ bezüglich des Alters $A_i = A(\gamma_i)$ und des Zeitwertes $Z_i = Z(\gamma_i)$ eines Gebrauchtwagens γ_i der Ordnung i kennzeichnen, symbolisiert der durch die Punktewolke „mittig verlaufende" stetige Graph die bivariate nichtlineare Regressionsfunktion $Z^*(A)$ und eine Zeitwertschätzung den Wert der Regressionsfunktion $Z^*(A_0)$ an der Stelle A_0. ♣

9.3   Multiple Regression

Motivation. Eine multiple (lat.: *multus* → vielfach + *varia* → Allerlei) Regressionsfunktion kann dahingehend als eine Verallgemeinerung einer in den Abschnitten 9.1 und 9.2 dargestellten bivariaten linearen bzw. bivariaten nichtlinearen Regressionsfunktion angesehen werden, dass nunmehr zur Schätzung einer Regressionsfunktion nicht nur ein Regressor, sondern zwei oder mehrere Regressoren in das Analysekalkül einbezogen werden. Dies ist auch ein Grund dafür, warum aus statistisch-methodischer Sicht die multiple Regressionsanalyse als ein Teilgebiet der multivariaten Statistik aufgefasst wird. Dem Konzept einer multiplen Regressionsanalyse kommt vor allem in der empirischen Wirtschafts- und Sozialforschung sowie in der angewandten Ökonometrie bei der Beschreibung und Modellierung einer einseitig gerichteten statistischen Abhängigkeit eines in der Regel metrischen Merkmals Y von zwei oder mehreren metrischen Merkmalen X_j (j = 1,2,...,m) eine besondere praktische Bedeutung zu.

Kollinearität. Neben einer Reihe von theoretischen Modellannahmen wird dabei unter anderem unterstellt, dass die m ≥ 2 Regressoren X_j untereinander nicht korreliert sind. In praxi wird man im Kontext einer multiplen Regressionsanalyse mehr oder weniger immer mit dem sogenannten Multikollinearitätsproblem (lat.: *multus* → viel + *collinear* → in gerader Linie richten) konfrontiert, das (stark vereinfacht) darin besteht, dass die Regressoren X_j untereinander (mehr oder weniger) korreliert sind. Die Frage, die es vor allem in der angewandten Ökonometrie und in der empirischen Wirtschaftsforschung beim Bau multipler Regressionsfunktionen zu beantworten gilt, ist, ob die stochastische Kollinearität „unter den Regressoren bzw. Prädiktoren X_j" extrem ausgeprägt ist, oder ob sie aus stochastischer Sicht so geringfügig ist, dass sie nicht weiter beachtet zu werden braucht. Eine Folge extremer Multikollinearität sind zum Beispiel überhöhte Schätzwerte für die Standardfehler der Regressionskoeffizienten b_j kollinearer Regressoren X_j, die wiederum dazu führen, dass fälschlicherweise die entsprechenden Regressionskoeffizienten b_j als nicht signifikant bzw. die entsprechenden Regressoren X_j als nicht erklärungsfähig gekennzeichnet werden müssen.

Kollinearitätsdiagnostik. In der multivariaten Statistik und in der angewandten Ökonometrie appliziert man eine Reihe von Verfahren und Maßzahlen zur Aufdeckung multikollinearer Beziehungen zwischen zwei oder mehreren Regressoren X_j. Allerdings stellen diese nur mehr oder weniger befriedigende Lösungen des Kollinearitätsproblems dar. Stellvertretend für die in SPSS implementierten Diagnoseverfahren werden hier nur die sogenannten *V(ariance)I(nflation)F(actors)* zur Multikollinearitätsdiagnose herangezogen. Dabei gilt die folgende einfache und nützliche Faustregel: VIF-Werte größer als fünf sind ein Hinweis auf eine ausgeprägte Kollinearität zwischen den jeweiligen Regressoren. ♣

Beispiel 9.3-1: Inhomogene multiple lineare Regressionsfunktion

Motivation. Vor allem aus didaktisch-methodischen Gründen soll (in Anlehnung an das Beispiel 8.3-3) im Kontext dieses Beispiels unter Verwendung der SPSS Datendatei *Eier.sav* für die n = 729 zufällig ausgewählten (und auf einer Palette gelagerten) Hühnereier mit Hilfe der Methode der kleinsten Quadratsumme eine inhomogene multiple lineare Regressionsfunktion zur Beschreibung der statistischen Abhängigkeit des Gewichtes G (Angaben in Gramm) von der Breite B (Angaben in Millimeter(n)) und von der Höhe H (Angaben in Millimeter(n)) geschätzt und hinsichtlich ihrer Parameter interpretiert werden.

Hypothesen. Aus sachlogischer Sicht lassen sich die folgenden (intuitiv leicht nachvollziehbaren) Hypothesen über die B(reite) und die H(öhe) von Hühnereiern im Hinblick auf das G(ewicht) formulieren: Sowohl die B(reite) als auch die H(öhe) sind zwei Faktoren, die partiell einen Einfluss auf das G(ewicht) haben. In der angewandten Statistik ist man bestrebt, anhand eines Zufallsstichprobenbefundes und geeigneter Signifikanztests diese sachlogischen Erwartungen statistisch zu bestätigen. In der Regel formuliert man bei Signifikanztests das Gegenteil der Erwartung als Ausgangshypothese H_0 und die Erwartung selbst als Alternativhypothese H_1. Gelingt es, anhand eines Zufallsstichprobenbefundes auf einem vorab vereinbarten Signifikanzniveau α die Ausgangshypothese H_0 zu verwerfen und die Alternativhypothese H_1 anzunehmen, kann davon ausgegangen werden, dass die vermuteten und sachlogisch begründeten Abhängigkeiten in der hinsichtlich ihres Umfanges N nicht näher bestimmten statistischen Grundgesamtheit $\Gamma = \{\gamma_i, i = 1,2,...,N\}$ existieren. Für die angestrebte multiple Regressionsanalyse sollen daher die folgenden Festlegungen gelten: Während das metrische Erhebungsmerkmal Gewicht $G(\gamma_i)$ (Angaben in g) eines Hühnereies γ_i als Regressand fungiert, bilden die metrischen Erhebungsmerkmale Breite $B(\gamma_i)$ und Höhe $H(\gamma_i)$ (Angaben jeweils in mm) die zwei gewichtserklärenden Regressoren. Darauf aufbauend sind auf einem vorab vereinbarten Signifikanzniveau von $\alpha = 0,05$ die folgenden zweiseitigen Hypothesen über die unbekannten Koeffizienten β_1 und β_2 des inhomogenen multiplen linearen Gewichtsmodells

$$G(B, H) = \beta_0 + \beta_1 \times B + \beta_2 \times H + U,$$

die als Gewichtsfaktoren gedeutet werden können, zu prüfen: Für den Gewichtsfaktor B (der Ordnung j = 1) die (zweiseitigen) Hypothesen H_0: $\beta_1 = 0$ versus H_1: $\beta_1 \neq 0$ und für den Gewichtsfaktor H(öhe) (der Ordnung j = 2) die (zweiseitigen) Hypothesen H_0: $\beta_2 = 0$ versus H_1: $\beta_2 \neq 0$.

3D-Streudiagramm. Der lineare Modellansatz zur Analyse und Beschreibung des Dreiklangs von Gewicht, Breite und Höhe wird durch die beiden 3D-Streudiagramme innerhalb der Abbildung 9.3-1 bildhaft untermauert, da die Punktewolke in ihrer Betrachtung aus zwei verschiedenen Blickwinkeln jeweils augenscheinlich als ein „lineares Gebilde" im dreidimensionalen Raum erscheint.

Die beiden Diagramme wurden via *Grafik, Diagrammerstellung, Einfaches 3D-Steudigramm* angefordert und im Diagrammeditor zur besseren Erkennung des „Zusammenspiels" der drei Erhebungsmerkmale bearbeitet und rotiert.

Abbildung 9.3-1: Rotierte 3D-Streudiagramme

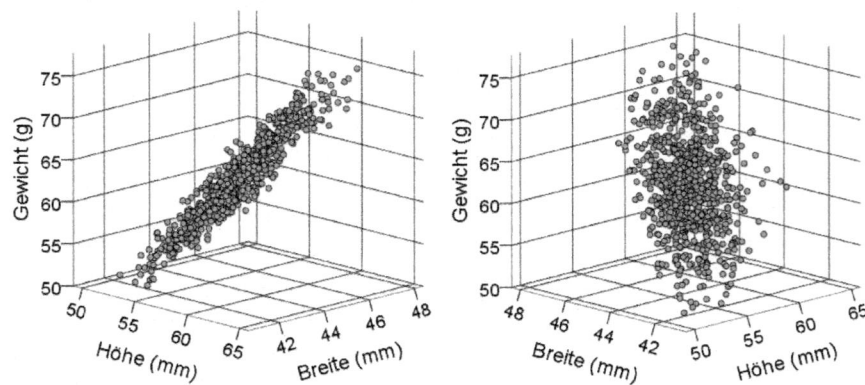

Vorgehen. In der angewandten Statistik geht man bei der Schätzung einer inhomogenen multiplen linearen Regressionsfunktion in der Regel so vor, dass man eine Regressionsfunktion schrittweise um jeweils einen Regressor (der auch als Prädiktor bezeichnet wird) erweitert und prüft, ob dieser zusätzlich in das Ensemble der Regressoren aufgenommene Regressor wesentlich zur Erklärung des Regressanden beiträgt. Einzig und allein aus „platz- und papiersparenden Gründen" wurde (analog zur Abbildung 9.3-2) davon abweichend im Dialogfeld *Lineare Regression* die Methode *Einschluss* gewählt, im Zuge derer die beiden Regressoren B(reite) und H(öhe) „umgehend und gemeinsam" via Sequenz 9.1-1 in die nunmehr multiple lineare Regressionsanalyse einbezogen wurden.

Abbildung 9.3-2: SPSS Dateneditor mit Dialogfeld *Lineare Regression*

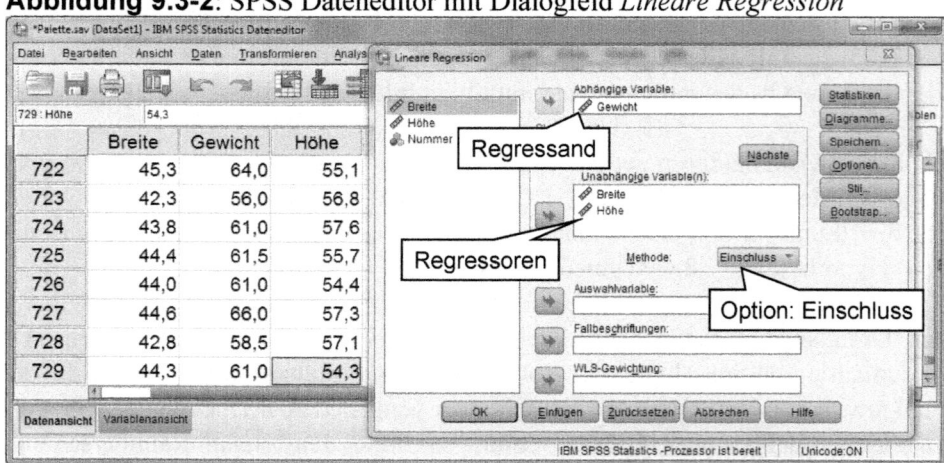

Ergebnisse. Für den Gewicht-Breite-Höhe-Modellansatz erhält man die in der Tabelle 9.3-1 zusammengefassten Analyseergebnisse, die in ihrer statistisch-methodischen und sachlogischen Betrachtung das folgende Bild ergeben:

Tabelle 9.3-1: Kleinste-Quadrate-Regressionsparameter

Koeffizienten[a]

Modell		Nicht standardisierte Koeffizienten		t	Sig.	Kollinearitätsstatistik	
		B	Standardfehler			Toleranz	VIF
linear	(Konstante)	-113,838	1,970	-57,781	,000		
	Breite (mm)	2,620	,047	55,462	,000	,806	1,240
	Höhe (mm)	1,065	,027	39,916	,000	,806	1,240

a. Abhängige Variable: Gewicht (g)

Regression. Für den G(ewicht)-B(reite)-H(öhe)-Modellansatz erhält man via Sequenz 9.1-1 die in der Tabelle 9.3-1 zusammengefassten Kleinste-Quadrate-Parameter der inhomogenen multiplen linearen Regressionsfunktion

$$G^*(B, H) = -113,838 + 2,620 \times B + 1,065 \times H$$

der Gewichtswerte $G(\gamma_i)$ in Abhängigkeit von den Breitenwerten $B(\gamma_i)$ und von den Höhenwerten $H(\gamma_i)$ der n = 729 zufällig ausgewählten Hühnereier $\gamma_i \in \Gamma_n$. Wegen $\alpha^* \cong 0,000 < \alpha = 0,05$ verwirft man für die beiden Regressoren die jeweilige Ausgangshypothese und deutet den jeweiligen Regressionskoeffizienten als signifikant verschieden von null. Demnach kann davon ausgegangen werden, dass in der statistischen Grundgesamtheit $\Gamma = \{\gamma_i, i = 1,2,...,N\}$ von vergleichbaren Hühnereiern γ_i (etwa in Gestalt eines sehr großen Loses) Breite und Höhe als wesentliche Gewichtsfaktoren aufgedeckt werden können, die partiell entweder zugleich gewichtserhöhend oder zugleich gewichtsmindernd wirken.

Kollinearität. Hinzu kommt noch, dass die beiden signifikant von null verschiedenen Regressionskoeffizienten $b_1 \cong 2,620$ und $b_2 \cong 1,065$ aufgrund des jeweils zugehörigen V(ariance)I(nflation)F(actor)s von $1,240 < 5$ als untereinander nicht hochgradig kollinear eingestuft werden können.

Parameterinterpretation. Aufgrund dessen, dass die inhomogene multiple lineare Regressionsfunktion $G^*(B, H) = -113,838 + 2,620 \times B + 1,065 \times H$ als geeignet spezifiziert angesehen werden kann, ist es auch sinnvoll, ihre Parameter einer sachlogischen Interpretation zu unterziehen. Unter Verwendung der beiden (stets dimensionsgeladenen) partiellen Ableitungen erster Ordnung

$$\frac{\partial G^*}{\partial B}(B, H) = 2,620 \text{ g/mm und } \frac{\partial G^*}{\partial H}(B, H) = 1,065 \text{ g/mm}$$

der inhomogenen multiplen linearen Kleinste-Quadrate-Regressionsfunktion $G^*(B, H)$ „des Gewichts G über der Breite B und der Höhe H" ergeben sich die folgenden parameterspezifischen Interpretationen, die im konkreten Fall als partielle marginale Gewichtsneigungen gedeutet werden können.

Marginale Neigungen. Demnach erhöht bzw. reduziert sich ceteris paribus (insbesondere für Hühnereier gleicher Höhe) wegen $\partial\, G^* / \partial\, B \cong 2{,}6$ g/mm das Gewicht G eines Hühnereies im Durchschnitt um 2,6 Gramm, wenn sich (unabhängig vom jeweiligen Breitenniveau) die Breite um einen Millimeter erweitert bzw. schmälert. Analog erhöht bzw. reduziert sich ceteris paribus (insbesondere für Hühnereier gleicher Breite) wegen $\partial\, G^* / \partial\, H \cong 1{,}1$ g/mm das Gewicht G eines Hühnereies im Durchschnitt um 1,1 Gramm, wenn (unabhängig vom jeweiligen Höhenniveau) die Höhe um einen Millimeter größer bzw. kleiner wird.

Tabelle 9.3-2: Gütemaße

Modell	R	R-Quadrat	Residualstandardfehler
linear	,959[a]	,919	1,350

a. Prädiktoren: (Konstante), Höhe (mm), Breite (mm)

Bestimmtheitsmaß. Mit Hilfe der inhomogenen multiplen linearen Kleinste-Quadrate-Regression $G^*(B, H) = -113{,}838 + 2{,}620 \times B + 1{,}065 \times H$ ist man gemäß Tabelle 9.3-2 wegen $R^2 \cong 0{,}919$ bereits in der Lage, zu 91,9 % die Varianz der Gewichtswerte $G(\gamma_i)$ der $n = 729$ Hühnereier $\gamma_i \in \Gamma_n$ (der Zufallsstichprobe $\Gamma_n = \{\gamma_i, i = 1,2,...,n\}$) allein aus der Varianz der Breitenwerte $B(\gamma_i)$ und der Varianz der Höhenwerte $H(\gamma_i)$ statistisch zu erklären. Aufgrund der „hohen" Erklärungsfähigkeit der inhomogenen multiplen linearen Gewichtsfunktion im Hinblick auf die drei empirisch erfassten metrischen Merkmale G(ewicht), B(reite) und H(öhe), die durch das „hohe" Bestimmtheitsmaß von $R^2 \cong 0{,}919$ indiziert wird, ist es jetzt auch sinnvoll, die regressionsanalytisch bestimmte Gewichtsfunktion für die Gewichtsabschätzung von Hühnereiern zu verwenden.

Gewichtsabschätzung. Ist man zum Beispiel daran interessiert, anhand der regressionsanalytisch ermittelten inhomogenen multiplen linearen Gewichtsfunktion das Gewicht eines (etwa auf einem Brandenburgischen Hühnerhof „frisch gelegten und begackerten") Hühnereies mit einer Breite von $B_0 = 44$ mm und einer Höhe von $H_0 = 57$ mm zu schätzen, kann man ceteris paribus wegen
$$G^*(44, 57) = -113{,}838 + 2{,}620 \times 44 + 1{,}065 \times 57 \cong 62{,}15$$
mit einem Gewicht von 62,15 Gramm rechnen.

Toleranzbereich. Ergänzt man die „punktuelle Gewichtsabschätzung" von 62,15 g unter Einbeziehung des Residualstandardfehlers von $s_e \cong 1{,}35$ g durch einen sogenannten Toleranzbereich, so kann man wegen
$$[G^*(44, 57) \pm 1{,}35] = [62{,}15 \pm 1{,}35] = [60{,}8;\ 63{,}5]$$
davon ausgehen, dass das Gewicht eines (hinsichtlich seiner Breite und seiner Höhe) so „bemessenen" Hühnereies ceteris paribus und erwartungsgemäß zwischen 60,8 g und 63,5 g variiert. Bemerkenswert ist dabei, dass sich im konkreten Fall mindestens die Hälfte aller $n = 729$ Hühnereier im Intervall $[G^*(B, H) \pm s_e]$ von Regresswert $G^*(B, H)$ und Residualstandardfehler s_e bewegt. ♣

Beispiel 9.3-2: Inhomogene multiple nichtlineare Regressionsfunktion
Motivation. Innerhalb des Beispiels 9.2-1 wurde mit Hilfe der Methode der kleinsten Quadratesumme eine bivariate nichtlineare Zeitwertfunktion für eine Zufallsstichprobe $\Gamma_n = \{\gamma_i,\ i = 1,2,...,n\}$ vom Umfang n = 200 Gebrauchtwagen γ_i vom Typ VW Golf geschätzt. Da allerdings bei Gebrauchtwagen nicht nur das Alter $A(\gamma_i)$, sondern auch solche Faktoren wie bisherige Laufleistung $L(\gamma_i)$, Hubraum $H(\gamma_i)$, Ausstattungsgrad $G(\gamma_i)$ etc. zeitwertbestimmend sind, interessiert die Frage, ob das für einen Gebrauchtwagen vom Typ VW Golf Benziner mit einem 1,6-Liter-Triebwerk zusätzlich erfasste und in der SPSS Datendatei *Golf.sav* gespeicherte Erhebungsmerkmal „Laufleistung (Angaben in 1000 km)" auch im statistischen Sinne als ein wesentlicher Zeitwertfaktor aufgedeckt werden kann.

Hypothesen. Aus ökonomischer Sicht lassen sich folgende (sachlogisch plausible und intuitiv nachvollziehbare) Hypothesen über die beiden Zeitwertfaktoren formulieren: Sowohl das Alter A als auch die bisherige Laufleistung L sind zwei partiell zeitwertmindernd wirkende Faktoren. Für das zu konstruierende inhomogene multiple quasilineare Regressionsmodell

$$\ln(Z(A, L)) = Y(A, L) = \text{ß}_0 + \text{ß}_1 \times A + \text{ß}_2 \times L + U$$

sollen die folgenden Festlegungen gelten: Während das metrische Erhebungsmerkmal Zeitwert $Z(\gamma_i)$ (Angaben in €) eines Gebrauchtwagens γ_i in seiner logarithmischen Transformation $Y(\gamma_i) = \ln(Z(\gamma_i))$ als Regressand fungiert, bilden die originären metrischen Erhebungsmerkmale Alter $A(\gamma_i)$ (Angaben in Monaten) und Laufleistung $A(\gamma_i)$ (Angaben in 1000 km) die m = 2 zeitwerterklärenden Regressoren. Darauf aufbauend sind auf einem vorab vereinbarten Signifikanzniveau von $\alpha = 0,05$ (etwa im Unterschied zum Beispiel 9.3-1) die folgenden einseitigen Hypothesen über die beiden unbekannten (und als Zeitwertfaktoren gedeuteten) Koeffizienten ß_1 und ß_2 des inhomogenen multiplen quasilinearen Zeitwertmodells zu prüfen: Für den Zeitwertfaktor Alter A die einseitigen Hypothesen H_0: $\text{ß}_1 \geq 0$ versus H_1: $\text{ß}_1 < 0$ und für den Zeitwertfaktor Laufleistung L die einseitigen Hypothesen H_0: $\text{ß}_2 \geq 0$ versus H_1: $\text{ß}_2 < 0$.

3D-Streudiagramm. Das nunmehr auf den Dreiklang von „Zeitwert, Alter, Laufleistung" erweiterte statistische Analysekonzept wird durch die Abbildung 9.3-3 verdeutlicht, in der die n = 200 stichprobenartig erhobenen (und als realisierte Zufallsstichprobe vom Umfang n = 200 gedeuteten) „originären" Gebrauchtwagendaten $\{(Z_i, A_i, L_i),\ i = 1,2,...,n\}$ jeweils in einem dreidimensionalen Streudiagramm dargestellt sind. Beachtenswert ist dabei, dass in SPSS 22 (bedauerlicherweise) nur noch das linke 3D-Streudiagramm zum Beispiel via *Grafik, Diagrammerstellung, Einfaches 3D-Steudigramm* angefordert werden kann. Beachtens- und notierenswert ist dabei, dass in Analogie zum bivariaten bzw. 2D-Streudiagramm innerhalb der Abbildung 9.2-2 die Punktewolke nunmehr als ein „gekrümmtes Flächengebilde" im dreidimensionalen Raum erscheint.

Abbildung 9.3-3: 3D-Streudiagramm ohne und mit Regressionsfunktion

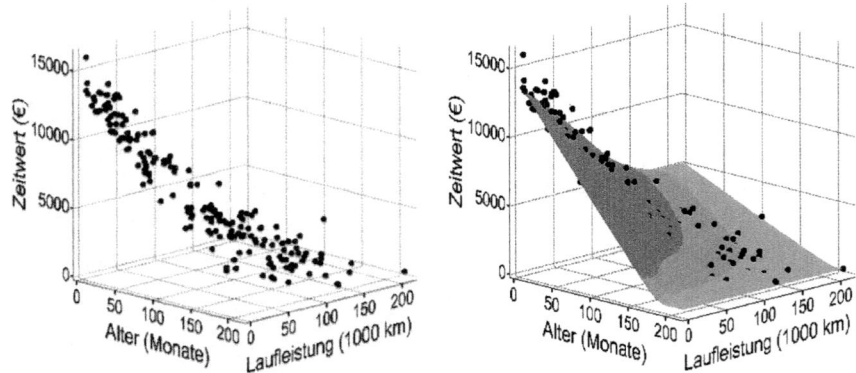

Die „gekrümmte" Fläche, die im rechten Streudiagramm „mittig" in die Punkte-wolke projiziert wurde, vermittelt eine bildhafte Vorstellung von der mit Hilfe der Methode der kleinsten Quadratesumme geschätzten quasilinearen und der daraus entlehnten inhomogenen multiplen nichtlinearen Regressionsfunktion des Zeitwertes Z über dem Alter A und der Laufleistung L.

Abbildung 9.3-4: SPSS Dateneditor mit Dialogfeldern *Lineare Regression*

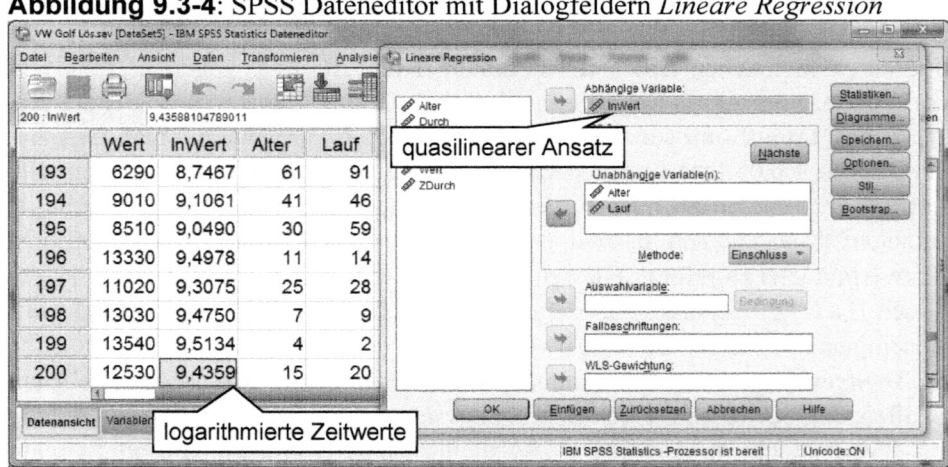

Regression. Für den Zeitwert-Alter-Laufleistungsansatz erhält man via Sequenz 9.1-1 und analog zur Abbildung 9.3-4 die in der Tabelle 9.3-3 zusammengefassten Parameter der inhomogenen multiplen quasilinearen Regression

$$Y^* = \ln(Z^*) = 9{,}707 - 0{,}015 \times A - 0{,}002 \times L$$

der logarithmierten Zeitwerte $\ln(Z_i)$ in Abhängigkeit von den originären Alterswerten A_i und von den originären Laufleistungswerten L_i. Beachtenswert ist in diesem Zusammenhang, dass die mittels der Methode der kleinsten Quadratesumme geschätzten Regressionskoeffizienten $b_1 \cong -0{,}015$ und $b_2 \cong -0{,}002$ in ihren Vorzeichen mit den eingangs formulierten einseitigen Alternativhypothesen koinzidieren. Wegen $\alpha*/2 \cong 0,000 < \alpha = 0,05$ verwirft man für beide Regressoren die Ausgangshypothese und deutet den jeweiligen Regressionskoeffizienten als signifikant kleiner als null. Demnach kann davon ausgegangen werden, dass im besagten Gebrauchtwagenmarktsegment $\Gamma = \{\gamma_i, i = 1,2,...,N\}$ das Alter A und die Laufleistung L als wesentliche Zeitwertfaktoren aufgedeckt werden können, die jeweils partiell zeitwertmindernd wirken.

Tabelle 9.3-3: Kleinste-Quadrate-Regressionsparameter

Koeffizienten[a]

Modell		Nicht standard sierte Koeffizienten		Sig.	Kollinearitätsstatistik	
		B	Standardfehler		Toleranz	VIF
linear	(Konstante)	9,707	,023	,000		
	Alter (Monate)	-,015	,000	,000	,327	3,058
	Laufleistung (1000 km)	-,002	,000	,000	,327	3,058

a. Abhängige Variable: ln(Wert)

Kollinearität. Hinzu kommt noch, dass die beiden signifikanten Koeffizienten $b_1 \cong -0,015$ und $b_2 \cong -0,002$ der Regressoren *Alter* und *Laufleistung* aufgrund des zugehörigen V(ariance)I(nflation)F(actor)s von $3,058 < 5$ als untereinander nicht hochgradig kollinear eingestuft werden können.

Transformation. Über die Exponentialtransformation erhält man die inhomogene multiple nichtlineare Regressionsfunktion

$$Z*(A, L) = \exp(9,707 - 0,015 \times A - 0,002 \times L)$$

des Zeitwertes Z über dem Alter A und der Laufleistung L, auf deren Grundlage man Zeitwertabschätzungen und Sensitivitätsbetrachtungen anstellen kann.

Parameterinterpretation. Aufgrund dessen, dass die inhomogene multiple quasilineare Kleinste-Quadrate-Regressionsfunktion

$$Y* = \ln(Z*) = 9,707 - 0,015 \times A - 0,002 \times L$$

und somit auch die zugehörige „transformierte" inhomogene multiple nichtlineare Regressionsfunktion

$$Z*(A, L) = \exp(9,707 - 0,015 \times A - 0,002 \times L)$$

als geeignet spezifiziert angesehen werden kann, ist es auch sinnvoll, ihre Parameter einer sachlogischen Interpretation zu unterziehen. Unter Verwendung der partiellen Ableitungen erster Ordnung

$$\frac{\partial Z*}{\partial A}(A, L) = -0,015 \times e^{9,707-0,015 \times A-0,002 \times L}$$

$$\frac{\partial Z*}{\partial L}(A, L) = -0,002 \times e^{9,707-0,015 \times A-0,002 \times L}$$

der Regressionsfunktion $Z*(A, L)$ ergeben sich die folgenden parameterspezifischen Interpretationen, wenn zusätzlich vereinbart wird, dass ein vier Jahre alter

Gebrauchtwagen γ vom Typ VW Golf Benziner mit einem 1,6-Liter-Triebwerk und mit einer bisherigen Laufleistung von 60.000 km von Interesse ist.

Marginale Zeitwertneigungen. Demnach muss man ceteris paribus für vier Jahre alte Gebrauchtwagen γ_i mit einer bisherigen Laufleistung von 60.000 km wegen $A_0 = 4 \times 12 = 48$ Monate und $L_0 = 60$ (1000 km) sowie

$$\frac{\partial Z*}{\partial A}(48, 60) = -0,015 \times e^{9,707-0,015\times48-0,002\times60} \approx -106 \ (\text{€ / Monat})$$

im Verlaufe eines Monats im Durchschnitt mit einem Zeitwertverlust von 106 € rechnen. Analog muss man ceteris paribus wegen

$$\frac{\partial Z*}{\partial L}(48, 60) = -0,002 \times e^{9,707-0,015\times48-0,002\times60} \approx -14 \ (\text{€ / 1000 km})$$

bei weiteren 1000 km Laufleistung im Durchschnitt mit einem Zeitwertverlust von 14 € rechnen.

Tabelle 9.3-4: Gütemaße

Modell	R	R-Quadrat	Residualstandardfehler
linear	,980ᵃ	,961	,16964

a. Prädiktoren: (Konstante), Laufleistung (1000 km), Alter (Monate)

Bestimmtheitsmaß. Mit Hilfe der inhomogenen multiplen quasilinearen Kleinste-Quadrate Zeitwertregression

$$Y* = \ln(Z*) = 9,707 - 0,015 \times A - 0,002 \times L$$

ist man gemäß Tabelle 9.3-4 wegen $R^2 \cong 0,961$ bereits in der Lage, zu 96,1 % die Varianz der logarithmierten Zeitwerte $\ln(Z(\gamma_i))$ der n = 200 betrachteten Gebrauchtwagen γ_i allein aus der Varianz der Alterswerte $A(\gamma_i)$ und der Varianz der Laufleistungswerte $L(\gamma_i)$ statistisch zu erklären. Aufgrund der angemessenen Erklärungsfähigkeit der multiplen quasilinearen Zeitwertfunktion ist es jetzt auch möglich und sinnvoll, diese für Zeitwertabschätzungen zu verwenden.

Zeitwertschätzung. Wegen $A_0 = 4 \times 12 = 48$ Monate, $L_0 = 60$ (1000 km) und

$$Z*(48, 60) = \exp(9,707 - 0,015 \times 48 - 0,002 \times 60) \approx 7094$$

schätzt man am einfachsten unter Verwendung der inhomogenen multiplen nichtlinearen Zeitwertfunktion für einen vier Jahre alten VW Golf Benziner mit einem 1,6-Liter-Triebwerk und einer bisherigen Laufleistung von 60.000 einen Zeitwert von 7094 €. Wird die „Punktschätzung Z*(48, 60)" des Zeitwertes Z in Höhe von 7094 € unter Einbeziehung des Residualstandardfehlers von $s_e \cong 0,170$ (der inhomogenen multiplen quasilinearen Regressionsfunktion) durch eine „Toleranzschätzung" ergänzt, so kann man wegen

$$[\ln(Z*(48, 60)) \pm 0,170] = [8,867 \pm 0,170] = [8,697; 9,037]$$

davon ausgehen, dass der Zeitwert eines so spezifizierten Gebrauchtwagens vom Typ VW Golf (Benziner mit einem 1,6-Liter-Triebwerk) ceteris paribus zwischen exp(8,697) $\approx$ 5984 € und exp(9,037) $\approx$ 8408 € variiert. ♣

Beispiel 9.3-3: Residualanalyse

Motivation. In Anlehnung an das Beispiel 9.3-1 soll das Grundanliegen einer sogenannten Residualanalyse paradigmatisch skizziert werden. In ihrem Kern zielt eine Residualanalyse auf die Einschätzung der „Güte der Konstruktion eines Regressionsmodells" ab, unabhängig davon, ob es sich (analog zu den Beispielen 9.1-1, 9.1-2, 9.1-3 und 9.3-1) um eine lineare Regression oder (analog zu den Beispielen 9.2-1 und 9.3-2) um eine nichtlineare Regression handelt.

Residuen. Gemäß Abbildung 9.3-5 wurden unter Verwendung der SPSS Datendatei *Eier.sav* im Kontext einer angestrebten Residualanalyse im Unterdialogfeld *Lineare Regression: Speichern* sowohl die sogenannten (vorhergesagten und nicht standardisierten) *Regress(werte)* $G_i^*(B_i, H_i)$ als auch die (nicht standardisierten) *Residuen* $U_i = G_i - G_i^*$ für die (beobachteten) Gewichte G_i in Abhängigkeit von den Breiten B_i und den Höhen H_i der n = 729 zufällig ausgewählten Hühnereier $\gamma_i \in \Gamma_n = \{\gamma_i, i = 1,2,...,n\}$ optional vereinbart und angefordert.

Abbildung 9.3-5: SPSS Dateneditor mit Dialogfeldern *Lineare Regression*

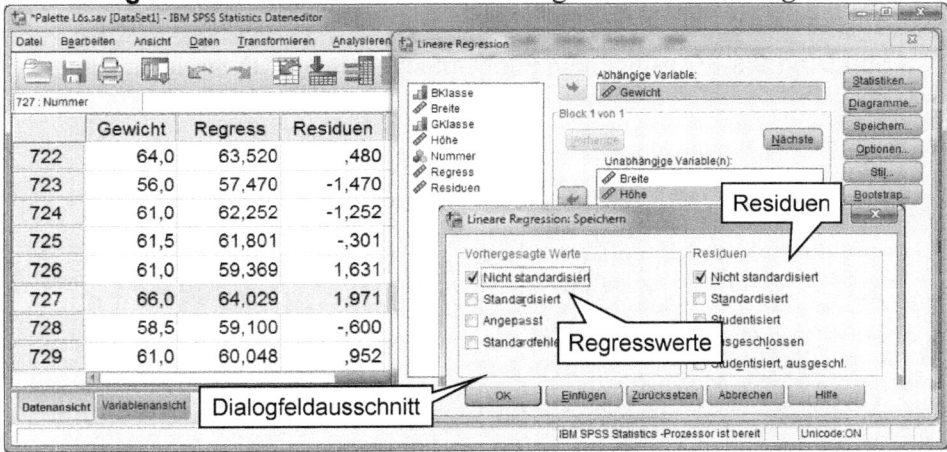

So berechnet man zum Beispiel für das Hühnerei $\gamma_i \in \Gamma_n$ der Ordnung i = 727 wegen $B_i = 44,6$ mm und $H_i = 57,3$ mm mit Hilfe der inhomogenen multiplen linearen Kleinste-Quadrate-Regression ein „Regressgewicht" von

$$G^*(44.6, 57.3) = -113,838 + 2,620 \times 44.6 + 1,065 \times 57.3 \cong 64,029$$

und ein „Gewichtsresiduum" von

$$U_i = G_i - G_i^* = 66,0 - 64,029 \cong 1,971,$$

das sachlogisch wie folgt gedeutet werden kann: Im Ensemble $\Gamma_n = \{\gamma_i, i = 1,2,...,n\}$ der n = 729 Hühnereier lag für das Hühnerei γ_i der Ordnung i = 727 das erfasste Gewicht $G_i = 66,0$ g um $U_i = 1,971$ g über dem regressionsanalytisch geschätzten Gewichtswert $G^* \cong 64,029$ g. Analog sind auch die restlichen 728 „Gewichtsresiduen" zu interpretieren. Beachtens- und bemerkenswert ist dabei, dass gemäß Tabelle 9.3-5 sowohl die Summe und als auch das arithmetische Mittel der n = 729 Gewichtsresiduen U_i null ist und die Standardabweichung s_u der Gewichtsresiduen unter Berücksichtigung der Freiheitsgradekorrektur mit

$$s_u = (729 - 1) / (729 - 2) \times 1{,}348 \text{ g} \cong 1{,}350 \text{ g}$$

identisch ist mit dem Residualstandradfehler innerhalb der Tabelle 9.3-2.

Tabelle 9.3-5: Mittelwerttabelle

	Anzahl	Summe	Mittelwert	Standardabweichung
Residuen	729	,000	,000	1,348

Normalverteilung. Bewerkstelligt man analog zu den Betrachtungen im Kontext des Beispiels 5.1-5 für die Residuen U_i eine Verteilungsanalyse, so zeigt sich, dass die Residuen U_i hinreichend genau durch das Modell einer Normalverteilung beschrieben werden können, das gemäß Tabelle 9.3-5 in seiner vollständigen Spezifikation wie folgt notiert werden kann: $U_i \sim N(0 \text{ g}, 1.348 \text{ g})$. Dieser explorative Analysebefund wird in der Abbildung 9.3-6 durch ein nahezu symmetrisches Histogramm untermauert, das zudem noch durch das vollständig spezifizierte Normalverteilungsmodell ergänzt wurde.

Abbildung 9.3-6: Histogramm mit Normalverteilung, 3D-Streudiagramm

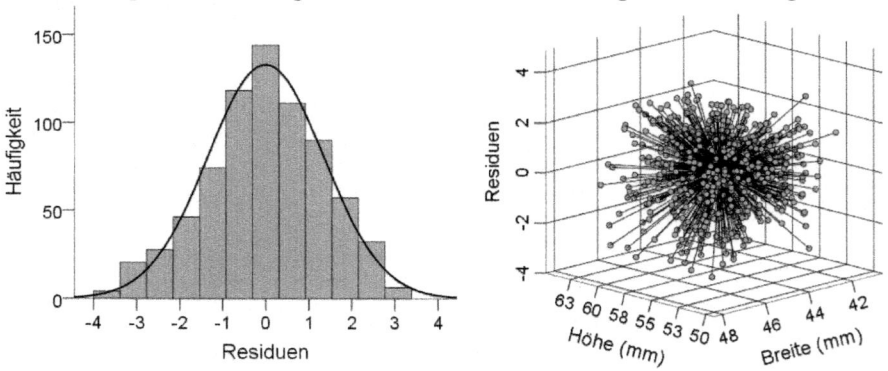

Modellspezifikation. Die „kugelförmige Punktewolke" der Residuen über den Regressoren Breite und Höhe, die im 3D-Streudiagramm mittels der sogenannten Zentroidprojektion augenscheinlich wird, vermittelt zugleich auch noch eine bildhafte Vorstellung davon, dass die normalverteilten Residuen von den Regressoren stochastisch unabhängig sind. Aufgrund dieser beiden explorativen Befunde deutet man die inhomogene multiple lineare Kleinste-Quadrate-Regression

$$G^*(B, H) = -113{,}838 + 2{,}620 \times B + 1{,}065 \times H$$

des Gewichtes G über der Breite B und der Höhe H der n = 729 Hühnereier in ihrer funktionalen Form als „geeignet spezifiziert". Analoge Aussagen gelten für die restlichen in diesem Kapitel skizzierten Modelle mit einer Ausnahme: Die lineare Regression des Zeitwertes über dem Alter im Beispiel 9.1-3. ♣

10

Zeitreihenanalyse

Schlüsselwörter

ARIMA-Modell

Autokorrelation

Beobachtungszeitraum

BOX-JENKINS-Verfahren

Ex-post-Prognose

Gleitende Durchschnitte

Korrelogramm

Partielle Autokorrelation

Prognosezeitraum

Residualanalyse

Sequenzdiagramm

Stochastischer Prozess

Trend-Saison-Modell

Zeitreihe

Gegenstand. Die Zeitreihenanalyse hat die statistische Beschreibung und die kurzfristige statistische Vorhersage von zeitlich geordneten Merkmalswerten eines oder mehrerer metrischer Merkmale mit Hilfe mathematisch-statistischer Verfahren und Modelle zum Gegenstand. Im Unterschied zur Regressionsanalyse, die auf die Modellierung der statistischen Abhängigkeit eines zu erklärenden Merkmals von einem oder mehreren erklärenden Merkmalen abstellt, steht in der Zeitreihenanalyse die Modellierung der statistischen Abhängigkeit eines zeitlich geordneten metrischen Merkmals von der Zeit und/oder von seinen vorhergehenden und/oder nachfolgenden Werten im Vordergrund.

Zielstellung. Das Ziel dieses Kapitels besteht darin, anhand praktischer Sachverhalte paradigmatisch zu zeigen, wie in SPSS unter Verwendung grafischer und numerischer Verfahren die statistische Analyse von unterjährigen Zeitreihendaten bewerkstelligt werden kann. Dabei stehen Bau und Interpretation sowohl von methodisch einfachen als auch von methodisch anspruchsvollen Zeitreihenmodellen im Vordergrund. In die paradigmatischen Betrachtungen eingeschlossen ist die Verwendung der konstruierten Zeitreihenmodelle für kurzfristige statistische Vorausberechnungen. ♣

10.1   Zeitreihen

Motivation. In der empirischen Wirtschaftsforschung im Allgemeinen und in der angewandten Statistik und Ökonometrie im Speziellen ist man vor allem zu prognostischen Zwecken an der Betrachtung von Merkmalswerten eines metrischen Erhebungsmerkmals in seiner zeitlichen Entwicklung interessiert. Das führt unmittelbar zum statistischen Begriff einer Zeitreihe.

Zeitreihe

Eine Zeitreihe $\{y_t, t = 1,2,...,n\}$ ist eine zeitlich geordnete Folge von Merkmalswerten y_t eines metrischen statistischen Erhebungsmerkmals Y eines sachlich und örtlich wohl definierten Merkmalsträgers γ.

Hinweise. Für das Verständnis des statistischen Konstrukts einer Zeitreihe erweisen sich die folgenden Hinweise als hilfreich: i) **Merkmalsträger.** Der Merkmalsträger kann sowohl ein reales Objekt oder ein Vorgang als auch eine statistische Gesamtheit von Merkmalsträgern sein. ii) **Zeitvariable.** Um eine Zeitreihe $\{y_t, t = 1,2,...,n\}$, die formal als eine Menge von Merkmalswerten y_t dargestellt wird, einer statistischen Analyse zugänglich machen zu können, ist die Vereinbarung einer geeigneten Zeitvariablen erforderlich, welche die Chronologie (grch.: *chronos* → Zeit + *logos* → Lehre), also die zeitlich logische Abfolge eines statistisch beobachteten Zustandes oder Prozesses widerspiegelt. In der Zeitreihenanalyse hat sich die Bezeichnung t_i (i = 1,2,...,n) für eine Zeitvariable durchgesetzt (lat.: *tempus* bzw. engl.: *time* → Zeit). Da in den folgenden Abschnitten ausschließlich Zeitreihen betrachtet werden, die auf einer äquidistanten (lat.: *aequus* → gleich + *distantia* → Abstand) Zeitvariablen t beruhen, genügt es, die Zeitvariable t nur auf den natürlichen Zahlen variieren zu lassen, so dass t = 1,2,...,n gilt. Dies hat den Vorteil, dass die Zeitvariable t gleichzeitig als Zeiger bzw. als Index (lat.: *index* → Register, Verzeichnis) für die zeitlich geordneten Werte y_t einer Zeitreihe $\{y_t, t = 1,2,...,n\}$ und als äquidistante Zeitvariable t fungieren kann. iii) **Indexmengen.** In der Zeitreihenanalyse bedient man sich zur Beschreibung des Zeithorizonts einer äquidistanten Zeitreihe $\{y_t, t = 1,2,...,n\}$ in der Regel der folgenden Indexmengen: Während die Indexmenge $T_B = \{t \mid t = 1,2,...,n\}$ den Beobachtungszeitraum von der Länge n, die Indexmenge $T_P = \{t \mid t = n + 1, n + 2,..., n + h\}$ den Prognosezeitraum von der Länge h kennzeichnet, bezeichnet man die Vereinigungsmenge $T_R = T_B \cup T_P$ aus den beiden disjunkten (lat.: *disiunctio* → Trennung) Zeiträumen T_B und T_P als den Relevanzzeitraum T_R von der Länge n + h. iv) **Stochastischer Prozess.** In Anlehnung an die Betrachtungen im Kontext zur Stochastik (vgl. Kapitel 6) kann eine empirisch beobachtete Zeitreihe $\{y_t, t \in T\}$ auch als eine (mögliche) Realisierung eines stochastischen Prozesses $\{Y_t, t \in T\}$ gedeutet werden. Ein stochastischer Prozess wird dabei als eine Folge von Zufallsgrößen Y_t aufgefasst, die über einem (endlichen) Zeitbereich T definiert sind. Im Zuge der Modellierung eines stochastischen Prozesses $\{Y_t, t \in T\}$ in seinem zeitlichen Verlauf wird unterstellt, dass er gleichsam in Vergangenheit, Gegenwart und Zukunft existiert und nur zeitdiskret zu bestimmten äquidistanten Zeitpunkten t bzw. in bestimmten äquidistanten Zeitintervallen t statistisch beobachtet wird, wobei der diskrete Zeitbereich $T = \{t \mid t = 0, \pm 1, \pm 2,...\}$ jetzt im Bereich der ganzen Zahlen variiert. ♦

Klassifikation. Ein Erhebungsmerkmal Y bzw. ein stochastischer Prozess Y_t kann im erfassungsstatischen Sinne hinsichtlich seiner Ausprägungen bzw. Realisationen y_t zu bestimmten Zeitpunkten oder in bestimmten Zeitintervallen beobachtet werden. Aus diesem Grunde unterscheidet man zwischen Zeitintervallreihen und Zeitpunktreihen.

Zeitintervallreihe

Eine Zeitreihe $\{y_t, t = 1,2,...,n\}$, die den zahlenmäßigen Stand einer Erscheinung oder eines Prozesses Y für bestimmte Zeitintervalle t angibt bzw. beschreibt, heißt Zeitintervallreihe.

Hinweise. Für das Verständnis des statistischen Konstrukts einer Zeitintervallreihe erweisen sich die folgenden Hinweise als hilfreich: i) **Charakteristikum**. Kennzeichnend für eine Zeitintervallreihe ist, dass sich die Zeitreihenwerte y_t auf eine Folge von (meist äquidistanten) Zeiträumen t beziehen. Dabei wird für jeden Zeitraum t ein Wert y_t statistisch erfasst, der durch das Wirken des beobachteten Prozesses Y während des gesamten Zeitraumes entstanden ist. Zwischenwerte sind nicht nur nicht erfasst, sie existieren per definitionem auch nicht. ii) **Beispiele**. Charakteristische ökonomische Zeitintervallreihen sind zum Beispiel der mengen- oder wertmäßige Monats-, Quartals- oder Jahresumsatz eines Unternehmens. ♦

Zeitpunktreihe

Eine Zeitreihe $\{y_t, t = 1,2,...,n\}$, die den zahlenmäßigen Stand einer Erscheinung oder eines Prozesses Y zu bestimmten Zeitpunkten t angibt, heißt Zeitpunktreihe.

Hinweise. Für das Verständnis des statistischen Konstrukts einer Zeitpunktreihe erweisen sich die folgenden Hinweise als hilfreich: i) **Charakteristikum**. Die Wesenheit einer Zeitpunktreihe besteht darin, dass die Zeitreihenwerte y_t für eine genau festgelegte Folge von (meist äquidistanten) Erfassungsmomenten t statistisch erhoben werden. ii) **Beispiele**. Typische ökonomische Zeitpunktreihen sind zum Beispiel der Bevölkerungsstand eines Territoriums jeweils am Jahresende, der Bargeldbestand einer Kasse jeweils am Ende eines Geschäftstages, die Spareinlagenhöhe inländischer Privatpersonen jeweils am Jahresende oder der Kassakurs eines Wertpapiers am Ende eines Börsentages. iii) **Spezifikum**. Zeitpunktreihen sind untrennbar verbunden mit der statistischen Erhebung von Beständen über die Zeit hinweg. Während die Zeitreihenanalyse auf die Analyse von Beständen in ihrer zeitlichen Entwicklung abstellt, hat die Bestandsanalyse die statistische Analyse eines Bestandes aus seinen Zugängen und seinen Abgängen zum Gegenstand. ♦

Sequenzdiagramm. Der zeitliche Verlauf eines Zustandes oder Prozesses, kann mit Hilfe eines Sequenzdiagramms grafisch dargestellt werden.

Sequenzdiagramm

Die grafische Darstellung von Zeitreihenwerten y_t einer Zeitreihe $\{y_t, t \in T_R\}$ in einem kartesischen Koordinatensystem mit Hilfe eines Polygonzuges bzw. einer Trajektorie heißt Sequenzdiagramm.

Hinweise. Für die Konstruktion und Interpretation eines Sequenzdiagramms erweisen sich die folgenden Hinweise als hilfreich: i) **Konstruktion**. Ein Sequenzdiagramm (lat.: *sequentia* → Aufeinanderfolge) ist ein Liniendiagramm in Gestalt eines Polygonzuges (grch.: *polys* → viel + *gonia* → Winkel) bzw. einer Trajektorie (lat.: *traicere* → hinübertragen), bei dem in der Regel auf der Abszisse die Zeitvariablenwerte t und auf der Ordinate die Zeitreihenwerte y_t einer Zeitreihe $\{y_t, t = 1,2,...,n\}$ abgetragen werden. ii) **Interpretation**. Bei der Interpretation eines Sequenzdiagramms ist zu beachten, dass die Zeitreihenwerte y_t nur für die Zeitvariablenwerte t beobachtet wurden. Zwischenwerte sind nicht definiert bzw. existieren nicht. Der Polygonzug bzw. die Trajektorie zwischen den Punkten $\{(t, y_t), t = 1,2,...,n\}$ ist streng genommen nicht zulässig und dient lediglich einem besseren Sichtbarmachen des zeitlichen Verlaufes eines beobachteten und in einer Zeitreihe $\{y_t, t = 1,2,...,n\}$ erfassten Prozesses. ◆

Beispiel 10.1-1: Zeitintervallreihe

Motivation. Die SPSS Datendatei *Flug.sav* beinhaltet die Zeitreihe, welche die Anzahl Y der FLUGgäste (Angaben in 1000 Personen) beschreibt, die jeweils im Verlaufe eines Monats auf den Berliner Flughäfen statistisch erfasst wurde. Die Zeitreihe $\{y_t, t = 1,2,...,n\}$ ist ihrem Wesen nach eine Zeitintervallreihe. Dies erklärt sich sachlogisch daraus, dass die Anzahl Y der Fluggäste aus statistisch-methodischer Sicht ein ökonomischer Prozess ist, der nicht zu einem bestimmten Zeitpunkt t, sondern nur in einem bestimmten Zeitraum t statistisch erfasst werden kann. Da im konkreten Fall die Anzahl Y der Fluggäste auf den Berliner Flughäfen für den Beobachtungszeitraum von Januar 2009 bis Dezember 2014 chronologisch erfasst wurde, hat man wegen a = 6 „vollständigen" Wirtschaftsjahren (lat.: *anus* → Jahr) mit jeweils m = 12 Monaten (lat.: *mensis* → Monat) letztlich eine äquidistante (lat.: *aequus* → gleich + *distantia* → Abstand) und zugleich unterjährige Zeitintervallreihe $\{y_t, t = 1,2,...,n\}$ mit $n = 6 \times 12 = 72$ monatlichen Zeitreihenwerten y_t verfügbar.

Zeitvariable. Für eine statistische Analyse, Modellierung und Prognose der monatlichen Fluggästezahlen erweist es sich als erforderlich, eine geeignete Zeitvariable t zu vereinbaren. Da es sich bei den Fluggästezahlen um eine äquidistante Zeitintervallreihe handelt, kann man sich in Anlehnung an das Beispiel 4.6.4-2 zum Beispiel mit Hilfe der SPSS Funktion *$CASENUM* eine äquidistante Zeitvariable t erzeugen, die für den ersten Zeitreihenwert $y_1 = 1330$ (1000 Fluggäste) den Wert t = 1 und in logischer Konsequenz für den letzten statistisch erfassten Zeitreihenwert $y_{72} = 2058$ (1000 Fluggäste) den Wert t = 72 annimmt. Gleichwohl diese Form der Zeitvariablenvereinbarung leicht nachvollziehbar ist, erweist sie sich vor allem bei der statistischen Analyse und Modellierung von unterjährigen Zeitreihendaten als nicht ausreichend.

Datum definieren. Sehr hilfreich und nützlich erweisen sich Zeitvariablen, die man in SPSS via Sequenz 10.1-1 aus einer breiten Palette von Variablenkonstrukten erzeugen und für eine Zeitreihenanalyse verwenden kann.

Sequenz 10.1-1: Datum definieren
Daten
   Datum definieren → Abbildung 10.1-1

Abbildung 10.1-1: SPSS Dateneditor mit Dialogfeld *Datum definieren*

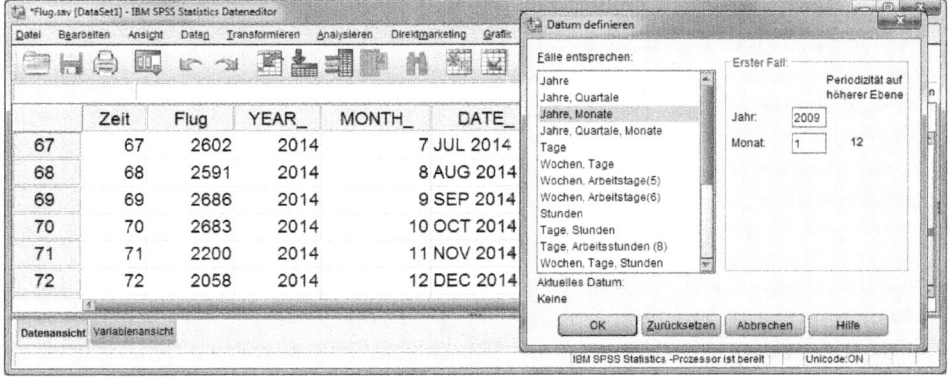

Aufgrund der Vereinbarungen, die gemäß Abbildung 10.1-1 im Dialogfeld *Datum definieren* getroffen wurden, sind in die SPSS Arbeitsdatei automatisch die Zeitvariablen *YEAR_*, *MONTH_* und *DATE_* zur Beschreibung der unterjährigen Zeitintervallreihe der Fluggästezahlen eingefügt worden. Beachtenswert ist dabei, dass die in die Arbeitsdatei automatisch eingefügten Zeitvariablen durch einen „Unterstrich" gekennzeichnet sind und zur Vermeidung von Perturbationen (lat.: *perturbatio* → Verwirrung, Störung) ihre „SPSS interne" Kennzeichnung nicht verändert werden sollte.

Beobachtungszeitraum. Auf der Grundlage der vereinbarten äquidistanten Zeitvariablen t, die im SPSS Dateneditor innerhalb der Abbildung 10.1-1 unter dem Namen *Zeit* firmiert, ist man nunmehr in der Lage, den Beobachtungszeitraum T_B der Anzahl Y der Fluggäste von der Länge n = 72 Monate mit Hilfe der folgenden Indexmengen zu beschreiben:
$$T_B = \{t \mid t = 1,2,...,72\} = \{t^* \mid t^* = \text{Jan 2009, Feb 2009,..., Dez 2014}\}.$$
Dabei wurden der Einfachheit halber die SPSS Variablen *Zeit* und *DATE_* durch die Bezeichnungen t bzw. t* ersetzt.

Sequenzdiagramm. Im Vorfeld einer Zeitreihenanalyse erweist es sich aus Anschaulichkeitsgründen stets als vorteilhaft, den zeitlichen Verlauf eines zu analysierenden Prozesses via Sequenz 10.1-2 in einem Sequenzdiagramm grafisch darzustellen.

Sequenz 10.1-2: Sequenzdiagramm
Analysieren
   Vorhersage
      Sequenzdiagramme... → Abbildung 10.1-2

Abbildung 10.1-2: SPSS Dateneditor mit Dialogfeld *Sequenzdiagramme*

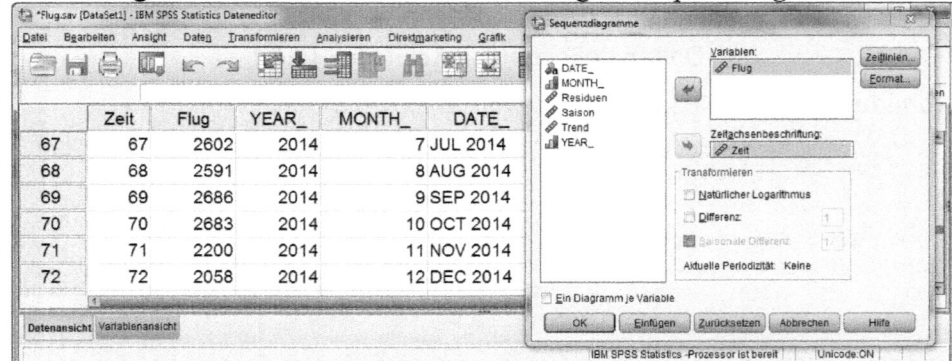

Die Abbildung 10.1-3 beinhaltet das Sequenzdiagramm der monatlichen Fluggästezahlen im Beobachtungszeitraum T_B in Gestalt eines sogenannten Polygonzuges (grch.: *polys* → viel + *gonia* → Winkel) und einer sogenannten Trajektorie
(lat.: *traicere* → hinübertragen).

Abbildung 10.1-3: Sequenzdiagramm als Polygonzug und als Trajektorie

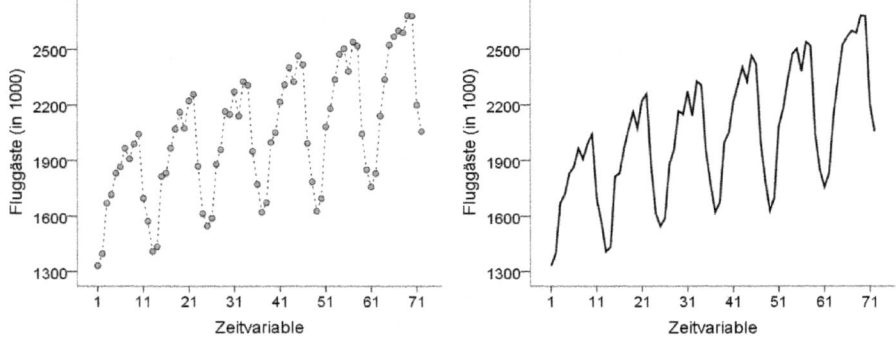

Aus den beiden inhaltsgleichen, aber statistisch-methodisch wohl zu unterscheidenden Sequenzdiagrammen wird ersichtlich, dass die äquidistante Zeitintervallreihe $\{y_t, t = 1,2,...,72\}$ der Fluggästezahlen y_t im Beobachtungszeitraum T_B zum
einen durch eine steigende Tendenz und zum anderen durch ausgeprägte und periodisch wiederkehrende Schwankungen mit nahezu gleichen Amplituden gekennzeichnet ist, die es im Zuge einer Zeitreihenanalyse modellhaft zu beschreiben gilt. Dabei ist zu beachten, dass die Zeitreihenwerte y_t nur für die Zeitvariablenwerte t statistisch beobachtet und in Gestalt eines Punktes grafisch dargestellt
wurden. Zwischenwerte sind nicht definiert bzw. existieren nicht. Sowohl der
„gestrichelte" Polygonzug als auch die „interpolierte" Trajektorie zwischen den
Punkten $\{(t, y_t), t = 1,2,...,72\}$ dienen lediglich einer besseren Sichtbarmachung
des zeitlichen Verlaufs der beobachteten Fluggästezahlen y_t mit $t \in T_B$. ♣

Beispiel 10.1-2: Zeitpunktreihe

Motivation. Die SPSS Datendatei *Daimler.sav* beinhaltet eine Zeitreihe, welche für das Wirtschaftsjahr 2014 die an der Frankfurter Börse börsentäglich erfassten Schlusskurse der Aktie der Daimler Aktiengesellschaft (Angaben in Punkten) zum Inhalt hat. Die n = 246 empirisch erfassten Schlusskurse y_t bilden im statistischen Sinne eine Zeitpunktreihe $\{y_t, t = 1,2,...,n\}$. Dies erklärt sich sachlogisch daraus, dass der börsentägliche Schlusskurs Y einer Aktei aus statistisch-methodischer Sicht ein ökonomischer Indikator ist, der stets nur zu einem bestimmten Zeitpunkt t statistisch erfasst werden kann. Im konkreten Fall wurde der Kurs der Daimler-Aktie jeweils zum Ende eines Börsentages notiert.

Beobachtungszeitraum. Der Beobachtungszeitraum der Zeitpunktreihe $\{y_t, t = 1,2,...,n\}$ der Schlusskurse der Daimler-Aktie von der Länge n = 246 Börsentage kann im Sinne einer äquidistanten Fünf-Arbeitstage-Chronologie mit Hilfe der folgenden Indexmengen beschrieben werden:

$T_B = \{t \mid t = 1,2,...,246\} = \{t^* \mid t^* = 6.$ Januar 2014,..., 19. Dezember 2014$\}$.

Die SPSS Variablen *Zeit* und *DATUM_* durch die Bezeichnungen t bzw. t* ersetzt.

Sequenzdiagramm. Die Abbildung 10.1-4 beinhaltet die beiden jeweils via Sequenz 10.1-2 erstellten Sequenzdiagramme für die Zeitpunktreihe der Schlusskurse der Daimler-Aktie, die einerseits auf der Basis der originären und andererseits auf der Basis der logarithmierten Schlusskurse erstellt wurden.

Abbildung 10.1-4: Sequenzdiagramm, originäre und logarithmierte Werte

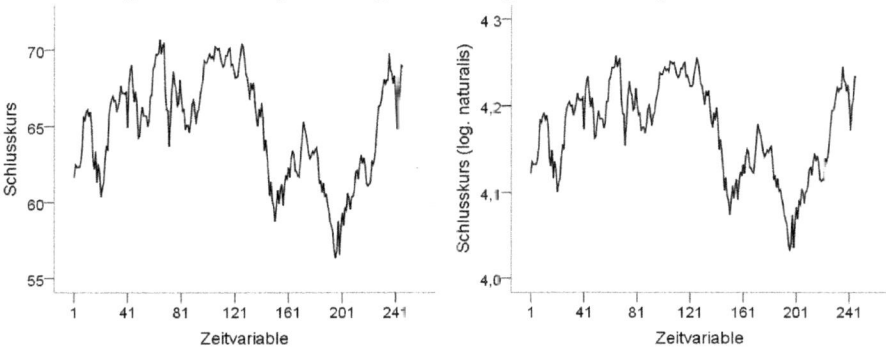

In der technischen Wertpapieranalyse benutzt man in der Regel nicht die originären, sondern die logarithmierten Schlusskurse eines Wertpapiers. Ungeachtet dieses später noch zu motivierenden und zu erklärenden Spezifikums wird aus den beiden Sequenzdiagrammen innerhalb der Abbildung 10.1-4 ersichtlich, dass im Beobachtungszeitraum T_B die börsentäglichen Schlusskurse y_t der Daimler-Aktie durch einen volatilen (lat.: *volare* → beweglich) Verlauf gekennzeichnet sind, der (etwa im Unterschied zur Zeitreihe der Fluggästezahlen in der Abbildung 10.1-3) augenscheinlich nicht saisonal bedingt ist. ♣

10.2 Gleitende Durchschnitte

Motivation. Gleitende Durchschnitte gehören zu den einfachen und in praxi zweifelsfrei häufig applizierten Verfahren im Kontext einer Zeitreihenanalyse. Ihre Zweckbestimmung besteht in der Sichtbarmachung der Grundrichtung einer volatilen (lat.: *volare* → beweglich) Zeitreihe, die mehr oder weniger starken Schwankungen unterliegt. Die Grundidee der Methode der gleitenden Durchschnitte besteht darin, eine volatile Zeitreihe $\{y_t, t = 1,2,...,n\}$ mittels einer einfachen und schrittweise über die beobachteten Zeitreihenwerte y_t hinweg „gleitenden" Durchschnittsbildung derart zu „glätten", dass die Grundrichtung der Zeitreihe „leichter und besser" erkennbar wird. In der Zeitreihenanalyse bedient man sich verschiedener Arten von gleitenden Durchschnitten, wozu auch die sogenannten zentrierten gleitenden Durchschnitte (engl.: *moving averages*) zählen, die wie folgt skizziert werden können:

Gleitende Durchschnitte

Ist $\{y_t, t = 1,2,...,n\}$ eine äquidistante Zeitreihe und $k \geq 0$ eine ganzzahlige Konstante, dann heißen die $(n - 2 \cdot k)$ arithmetischen Mittel

$$\overline{y}_j = \frac{1}{r} \cdot \sum_{i=-k}^{+k} y_{i+j} \quad \text{mit} \quad j = k+1, k+2,..., n-k$$

bzw. die $(n - 2 \cdot k + 1)$ arithmetischen Mittel

$$\overline{y}_j = \frac{1}{r} \cdot \sum_{i=-k}^{k-1} y_{i+j} \quad \text{mit} \quad j = k+1, k+2,..., n-k+1$$

aus jeweils r chronologischen Zeitreihenwerten y_t gleitende Durchschnitte zum ungeraden Stützbereich $r = 2 \cdot k + 1$ bzw. zum geraden Stützbereich $r = 2 \cdot k$.

Hinweise. Für die Berechnung und Nutzung von gleitenden Durchschnitten erweisen sich die folgenden Hinweise als hilfreich: i) **Wortursprung**. Die Bezeichnung „gleitender Durchschnitt" resultiert aus dem Umstand, dass man „gleitend" über eine originäre Zeitreihe $\{y_t, t = 1,2,...,n\}$ hinweg jeweils aus $r < n$ Zeitreihenwerten y_t einen Durchschnitt berechnet. ii) **Saisonbereinigung**. Wählt man für eine volatile und saisonal bedingte Zeitreihe $\{y_t, t = 1,2,...,n\}$ den Stützbereich $r <$ so, dass er der „Länge der Saison" (frz.: *Saison* → Jahreszeit) entspricht, dann werden durch die gleitenden Durchschnitte die Saisonschwankungen eliminiert. Die Verwendung eines geradzahligen Stützbereiches r ist vor allem dann vorteilhaft, wenn eine Zeitreihe mit „geradzahligen" Saisonkomponenten (etwa vier Quartale oder zwölf Monate) saisonbereinigt werden soll. iii) **Stützbereich**. Die ganzzahlige Konstante k heißt Stützbereichskonstante. Für $k = 0$ stimmen die n gleitenden Durchschnitte der Ordnung t mit den originären Zeitreihenwerten y_t überein. Ist die Länge n der Zeitreihe ungerade und gilt $k = (n-1)/2$, dann ergibt sich nur ein gleitender Durchschnitt, der mit dem arithmetischen Mittel aus allen Zeitreihenwerten y_t übereinstimmt. Die Wahl der Stützbereichskonstante k hängt vom Umfang n und von der Beschaffenheit einer zu glättenden Zeitreihe ab. Je kleiner (größer) die Stützbereichskonstante k ist, desto kleiner (größer) ist der Stützbereich r für die

Berechnung der gleitenden Durchschnitte. Je kleiner (größer) der Stützbereich r ist, umso geringer (stärker) ist die Glättung einer Zeitreihe. iv) **Funktionen**. In SPSS werden via Sequenz 10.2-1 zwei Funktionen zur Berechnung von gleitenden Durchschnitten bereitgestellt: die sogenannte MA-Funktion (engl.: *moving average* → gleitender Durchschnitt) zur Berechnung von „zentrierten gleitenden Durchschnitten" und die sogenannte PMA-Funktion (engl.: *prior moving average* → vorgezogener gleitender Durchschnitt) zur Berechnung von „zurückgreifenden gleitenden Durchschnitten". Der Unterschied zwischen den beiden SPSS Funktionen liegt nicht in der Art und Weise der gleitenden Durchschnittsberechnung, sondern lediglich in der grafischen Projektion des jeweiligen Durchschnittswertes auf der Zeitachse. Während bei der MA-Funktion ein Durchschnittswert in seiner grafischen Projektion in der „zeitlichen Mitte" abgetragen wird, erfolgt die zeitliche Projektion eines gleitenden Durchschnitts bei der PMA-Funktion „zeitlich vorgezogen" (oder je nach Blickrichtung „zeitlich zurückgreifend") des jeweils letzten und zugleich „aktuellen" Wertes einer Durchschnittsberechnung. v) **Vorteile** und **Nachteile**. Ein Vorteil der Methode der gleitenden Durchschnitte liegt in ihrer Einfachheit, Praktikabilität und Wirksamkeit bei der Aufdeckung der Grundtendenz einer volatilen bzw. saisonal bedingten Zeitreihe. Ein Nachteil besteht darin, dass eine geglättete Zeitreihe auf der Basis einer Stützbereichskonstante k nur noch aus (n − 2 × k) Zeitreihenwerten besteht, wobei jeweils am Anfang und am Ende k geglättete Werte entfallen. ♦

Beispiel 10.2-1: Gleitende Durchschnitte für Fluggästezahlen

Motivation. In Weiterführung des Beispiels 10.1-1 und unter Verwendung der SPSS Datendatei *Flug.sav* soll mit Hilfe von gleitenden Durchschnitten die Zeitintervallreihe $\{y_t, t = 1,2,...,72\}$ der monatlichen Fluggästezahlen y_t auf den Berliner Flughäfen derart geglättet werden, dass die Entwicklungsrichtung der Fluggästezahlen im Beobachtungszeitraum T_B augenscheinlicher wird. Da es sich bei den Fluggästezahlen y_t um Monatsdaten mit offensichtlich jährlich wiederkehrenden Schwankungen handelt, soll die Glättung der „unterjährigen" Zeitintervallreihe mit Hilfe zentrierter gleitender Durchschnitte auf der Basis eines Stützbereiches von r = 7 Monaten und von r = 12 Monaten praktiziert werden.

Sequenz. Eine Zeitreihenglättung mit Hilfe von gleitenden Durchschnitten kann via Sequenz 10.2-1 bewerkstelligt werden. Im Zuge der im Dialogfeld *Zeitreihen erstellen* innerhalb der Abbildung 10.2-1 getroffenen Vereinbarungen wird in die Arbeitsdatei automatisch eine Variable *M(oving)A(verage)7* eingefügt, die im konkreten Fall wegen

$$r = 2 \times k + 1 = 7 \text{ und } k = (7 - 1) / 2 = 3 \text{ sowie}$$
$$n - (2 \times k) = 72 - (2 \times 3) = 66$$

zentrierte gleitende Durchschnitte auf der Basis eines Stützbereiches von r = 7 Monaten beinhaltet. Analog wird durch die SPSS Zeitreihenfunktion zur Generierung von gleitenden Durchschnitten in die Arbeitsdatei automatisch eine numerische Variable *MA12* eingefügt, die im konkreten Fall

$$r = 2 \times k = 12 \text{ und } k = 12 / 2 = 6 \text{ sowie } n - (2 \times k) = 72 - (2 \times 6) = 60$$

zentrierte gleitende Durchschnitte zum Stützbereich r = 12 Monate beinhaltet.

Sequenz 10.2-1: Gleitende Durchschnitte

Transformieren

    Zeitreihen erstellen... → Abbildung 10.2-1

Abbildung 10.2-1: SPSS Dateneditor mit Dialogfeld *Zeitreihen erstellen*

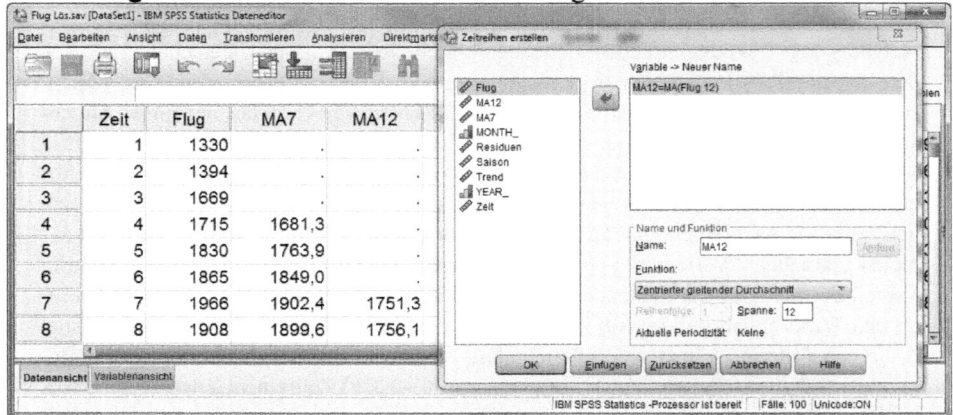

Sequenzdiagramm. Die Abbildung 10.2-2 beinhaltet die Sequenzdiagramme der beobachteten monatlichen Fluggästezahlen y_t mit den jeweils daraus entlehnten zentrierten gleitenden Durchschnitten *MA* auf der Basis einer Spanne bzw. eines Stützbereiches von r = 7 Monaten bzw. von r = 12 Monaten, die jeweils durch eine „fett" gezeichnete Trajektorie kenntlich gemacht sind.

Abbildung 10.2-2: Sequenzdiagramme mit gleitenden Durchschnitten

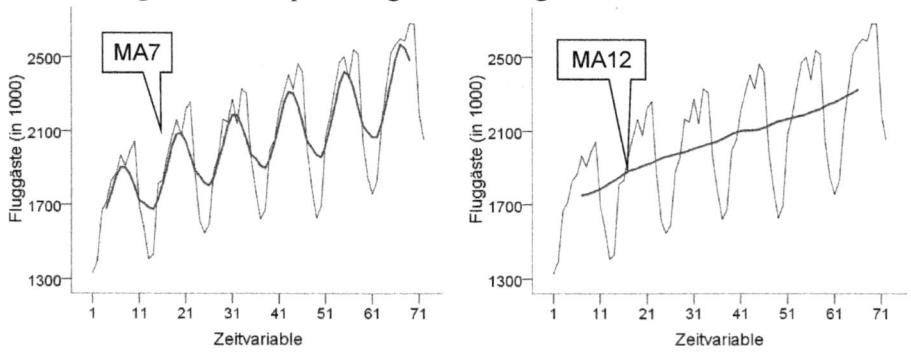

Mit der Hilfe der gleitenden Durchschnitte werden die statistisch beobachteten monatlichen Schwankungen der Fluggästezahlen in einem augenscheinlichen Maße „gedämpft" und „geglättet". Mehr noch: Während die zentrierten gleitenden Durchschnitte zum Stützbereich von r = 7 Monaten (MA7) einen ansteigenden und sinusförmigen Verlauf indizieren, werden durch die zentrierten gleitenden Durchschnitte zum Stützbereich von r = 12 Monaten (MA12), der mit der Periodizität der Fluggästezahlen von m = 12 Monaten identisch ist, die saisonalen Schwankungen eliminiert, so dass die linear ansteigende Entwicklungsrichtung der monatlichen Fluggästezahlen im Beobachtungszeitraum T_B noch besser sichtbar wird.

Analysebefunde. Bemerkenswert sind im konkreten Fall zwei elementare und zugleich augenscheinliche Analysebefunde: Zum einen sind die Fluggästezahlen im Beobachtungszeitraum T_B durch eine steigende Tendenz gekennzeichnet, die offensichtlich hinreichend genau durch eine Gerade bzw. durch eine lineare Trendfunktion beschrieben werden kann. Zum anderen wird dieser lineare Trend in den monatlichen Fluggästezahlen noch durch einen volatilen, sinusförmigen und offensichtlich saisonal bedingten Verlauf überlagert und getragen. Diese beiden allein mittels der gleitenden Durchschnittstrajektorien augenscheinlichen Phänomene gilt es bei der Konstruktion eines geeigneten Zeitreihenmodells zur kurzfristigen statistischen Vorausberechnung der monatlichen Fluggästezahlen zu berücksichtigen. Die Konstruktion eines geeigneten Trend-Saison-Modells ist ein spezieller Gegenstand des Abschnitts 10-3. ♣

Beispiel 10.2-2: Gleitende Durchschnitte für DAX-Schlusskurswerte
Motivation. In Weiterführung des Beispiels 10.1-2 soll unter Verwendung der SPSS Datendatei *Daimler.sav* mit Hilfe von gleitenden Durchschnitten die Zeitpunktreihe $\{y_t, t = 1,2,...,n\}$ der $n = 246$ im Wirtschaftsjahr 2014 börsentäglich erfassten Schlusskurse y_t der Aktie der Daimler AG derart geglättet werden, dass die Entwicklungsrichtung der Schlusskurse im Beobachtungszeitraum
$$T_B = \{t \mid t = 1,2,...,246\} = \{t^* \mid t^* = 6.\ \text{Januar 2014},..., 19.\ \text{Dezember 2014}\}$$
augenscheinlicher wird.

Abbildung 10.2-3: SPSS Dateneditor und Dialogfeld *Zeitreihen erstellen*

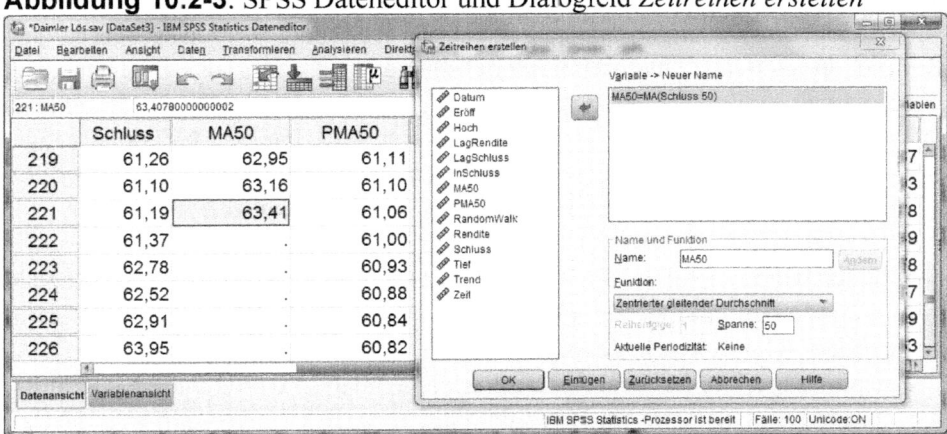

Einzig und allein aus didaktisch-methodischen und Vergleichbarkeitsgründen soll analog zur Abbildung 10.2-3 die Glättung der Zeitpunktreihe der Schlusskurse der Daimler-Aktie sowohl mit Hilfe der MA-Funktion als auch der PMA-

Funktion zur Erzeugung sogenannter zentrierter bzw. zurückgreifender gleitender Durchschnitte auf der Basis eines Stützbereiches von r = 50 Börsentagen praktiziert und paradigmatisch skizziert werden.

Sequenzdiagramme. In der Abbildung 10.2-4 sind die beiden Sequenzdiagramme für die logarithmierten Schlusskurse skizziert, die jeweils durch die „gestutzte" Zeitreihe der sogenannten zentrierten (MA) bzw. zurückgreifenden (PMA) gleitenden Durchschnitte ergänzt wurden.

Abbildung 10.2-4: Sequenzdiagramme mit gleitenden Durchschnitten

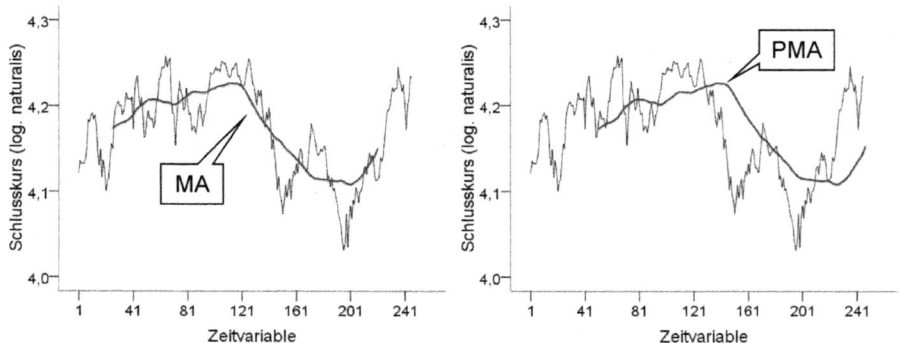

Im konkreten Fall ist es leicht nachvollziehbar, dass die Trajektorien der „gestutzten" Zeitreihen der gleitenden Durchschnitte MA und PMA zum Stützbereich von 50 Börsentagen wegen

$$r = 2 \times k = 50 \text{ und } k = 50 / 2 = 25 \text{ sowie}$$
$$n - (2 \times k) = 246 - (2 \times 25) = 196$$

jeweils aus 196 gleitenden Durchschnittswerten bestehen, die lediglich „zeitlich verschoben" im jeweiligen Sequenzdiagramm abgebildet werden. Während zum Beispiel der gleitende Durchschnitt der Ordnung i = 221, der aus den „letzten" 50 beobachteten Schlusskursen $\{y_t, t = 171, 172,…,221\}$ berechnet wurde und gemäß Abbildung 10.2-3 einen Wert von $MA_{221} \cong 63,41$ Punkten lieferte, als logarithmierter zentrierter gleitender Durchschnitt $\ln(63,41) \cong 4.1496$ im linken Sequenzdiagramm in der „zeitlichen Mitte" zum Zeitvariablenwert

$$t = 196 + 50 / 2 = 221$$

abgebildet wurde, erfolgte seine grafische Darstellung im rechten Sequenzdiagramm als logarithmierter zurückgreifender gleitender Durchschnitt PMA „zeitverschoben" zum Zeitvariablenwert t = 196 + 50 = 246.

Kernaussage. Im der technischen Wertpapieranalyse würde man den Schlusskursen der Daimler-Aktie im Beobachtungszeitraum T_B insgesamt eine Hausse (frz.: *hausse* → Anstieg) zuschreiben, die zwischenzeitlich durch eine Baisse (frz.: *baisse* → Rückfall) überlagert wird und sowohl im MA- als auch im PMA-gestützten Chart (engl.: *chart* → Zeichnung) bildhaft untermauert wird. ♣

10.3 Trend-Saison-Modelle

Motivation. Die in diesem Abschnitt skizzierten Trend-Saison-Modelle stellen auf die statistische Beschreibung und Modellierung der Trendkomponente y_t* und/oder der Saisonkomponente s_t* einer äquidistanten Zeitreihe $\{y_t, t = 1,2,...,n\}$ ab. In praxi häufig konstruierte und applizierte Trend-Saison-Modelle sind das additive und das multiplikative Trend-Saison-Modell. Beide Modelle finden vor allem wegen ihrer Einfachheit, Praktikabilität und Leistungsfähigkeit bei der kurzfristigen statistischen Vorausberechnung von trendbehafteten und/oder saisonal bedingten Prozessen eine breite Anwendung.

Trend-Saison-Modell

Ist $\{y_t, t = 1,2,...,n\}$ eine äquidistante Zeitreihe, die einen trendbehafteten und/oder einen saisonal bedingten Prozess zahlenmäßig beschreibt, dann kennzeichnen die Modelle $y_t = y_t^{**} + u_t = y_t^* + s_t^* + u_t$ bzw. $y_t = y_t^{**} + u_t = y_t^* \times s_t^* + u_t$ ein additives bzw. ein multiplikatives Trend-Saison-Modell zur statistischen Prozessbeschreibung.

Hinweise. Für die Charakteristik und für die Konstruktion eines additiven bzw. multiplikativen Trend-Saison-Modells erweisen sich die folgenden Hinweise als hilfreich und nützlich: i) **Additives Modell**. Bei einem additiven Modell wird unterstellt, dass die Zeitreihenwerte y_t durch drei sich in ihrer Wirkung additiv überlagernde Komponenten beschrieben werden können: durch eine Trendkomponente in Gestalt eines Trendmodells y_t* (engl.: *trend* → Richtung), durch eine Saisonkomponente s_t* (frz.: *saison* → Jahreszeit) und durch eine Residualkomponente u_t (lat.: *residuum* → Rest). In diese Betrachtung sind wegen $y_t = y_t^* + u_t$ bzw. $y_t = s_t^* + u_t$ die Spezialfälle eines Trend- bzw. eines Saisonmodells eingeschlossen. $y_t^{**} = y_t^* + s_t^*$ bezeichnet den Modellwert zum Zeitpunkt t. Charakteristisch für die Saisonkomponente s_t* in einem additiven Trend-Saison-Modell ist die Existenz periodisch wiederkehrender und in ihrem Ausmaß mehr oder weniger gleichbleibender bzw. homoskedastischer (grch.: *homos* → gleich + *skedastikos* → abweichen, streuen) Schwankungen der Zeitreihenwerte y_t um die Werte y_t* des Trendmodells. ii) **Multiplikatives Modell**. In der Zeitreihenanalyse werden verschiedene Versionen eines multiplikativen Trend-Saison-Modells appliziert. Für die weiteren Betrachtungen wird die multiplikative Verknüpfung $y_t^* \times s_t^*$ einer Trendkomponente in Gestalt einer Trendfunktion y_t* mit einer Saisonkomponente s_t* und deren additive Überlagerung durch eine Residualkomponente u_t angenommen. $y_t^{**} = y_t^* \times s_t^*$ bezeichnet den Modellwert zum Zeitpunkt t. Charakteristisch für die Saisonkomponente s_t* in einem multiplikativen Modell ist die Existenz periodisch wiederkehrender und sich in ihrem Ausmaß mehr oder weniger proportional zum Verlauf des Trendmodells y_t* verhaltender saisonaler bzw. heteroskedastischer (grch.: *heteros* → anders, verschieden + *skedastikos* → abweichen, streuen) Schwankungen s_t* in den Zeitreihenwerten y_t. iii) **Beispiele**. Während die Trend-Saison-Modelle in den Beispielen 10.3-1 und 10.3-2 „per Hand gebastelt" wurden, können in SPSS Zeitreihen auch mittels des sogenannten *Expert Modeler* auf automatisiertem und heuristischem (grch.: *heuriskein* → finden) Wege analysiert und modelliert werden. ♦

Beispiel 10.3-1: Additives Trend-Saison-Modell

Motivation. Die äquidistante Zeitintervallreihe der monatlichen Fluggästezahlen aus der SPSS Datendatei *Flug.sav* soll für den Beobachtungszeitraum

$$T_B = \{t \mid t = 1,2,...,72\} = \{t^* \mid t^* = \text{Jan } 2009,..., \text{Dez } 2014\}$$

mit Hilfe eines geeigneten Trend-Saison-Modells beschrieben werden. Mit Hilfe des Modells gilt es, die monatlichen Fluggästezahlen für das Jahr 2015 zu prognostizieren und dabei das sogenannte ex-post-Prognosekonzept zu skizzieren (vgl. Beispiel 10.3-3).

Trendkomponente. Im Beispiel 10.2-1 wurde mit Hilfe der Methode der gleitenden Durchschnitte für die Zeitreihe des monatlichen Fluggästeaufkommens auf den Berliner Flughäfen ein linear steigender Trend diagnostiziert. Die geschätzten Parameterwerte und der Graph des linearen Trendmodells

$$y^*(t) = 1677,522 + 10,067 \times t$$

zur Beschreibung der Entwicklungsrichtung der monatlichen Fluggästezahlen y_t in Abhängigkeit von der Zeitvariablen $t \in T_B$ sind gemeinsam mit dem SPSS Dateneditor, dem Sequenzdiagramm und dem Ergebnisprotokoll in der Abbildung 10.3-2 dargestellt.

Abbildung 10.3-2: SPSS Dateneditor mit Sequenzdiagramm und Protokoll

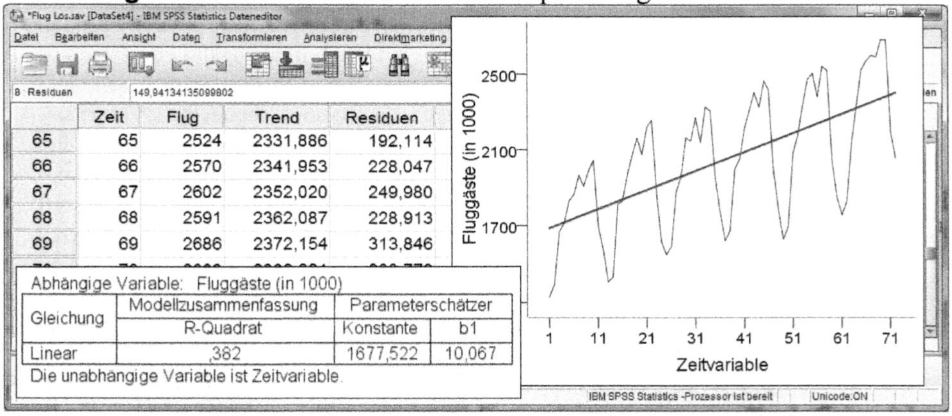

Aus statistisch-methodischer Sicht und mit Bezug auf die paradigmatischen Betrachtungen im Kontext der Abschnitte 9.1 und 9.3 kann das lineare Trendmodell

$$y^*(t) = 1677,522 + 10,067 \times t$$

als eine inhomogene bivariate lineare Kleinste-Quadrate-Regressionsfunktion der monatlichen Fluggästezahlen y_t über der Zeitvariablen $t \in T_B$ gedeutet werden. Im konkreten Fall wurden die erforderlichen Kennzahlen für das lineare Trendmodell via *Analysieren*, *Regression*, *Kurvenanpassung* in der Rubrik *Modelle* über die Option *linear* angefordert.

Parameterinterpretation. Die mit Hilfe der Methode der kleinsten Quadratesumme aus den beobachteten Fluggästezahlen y_t geschätzten und in der Abbildung 10.3-2 in der Rubrik *Parameterschätzer* aufgelisteten Trendparameter können wie folgt interpretiert werden: Unter Verwendung der inhomogenen linearen Trendfunktion $y^*(t) = 1677,522 + 10,067 \times t$ mit $t \in T_B$ hätte man wegen $t = 0$ das Fluggästeaufkommen im Dezember 2008 wegen

$$y^*(0) = 1677,522 + 10,067 \times 0 = 1677,522$$

auf 1,678 Millionen Fluggäste geschätzt. Unter sonst gleichen Bedingungen ist im Beobachtungszeitraum T_B wegen

$$dy^* / dt = 10,067 \text{ (1000 Fluggäste pro Monat)}$$

das Fluggästeaufkommen auf den Berliner Flughäfen von Monat zu Monat im Durchschnitt um 10067 Fluggäste gestiegen.

Bestimmtheitsmaß. Aufgrund eines Bestimmtheitsmaßes von $R^2 \cong 0,382$ ist man mit Hilfe der linearen Trendfunktion $y^*(t) = 1677,522 + 10,067 \times t$ bereits in der Lage, zu 38,2 % die Varianz der empirisch beobachteten Fluggästezahlen y_t auf den Berliner Flughäfen allein aus der Varianz der Zeitvariablen t statistisch zu erklären. Der „verbleibende und nicht erklärte" Varianzanteil der Fluggästezahlen von $(1 - 0,382) \times 100\,\% = 61,8\,\%$ ist zweifelsfrei und augenscheinlich vor allem den saisonal bedingten Schwankungen der Fluggästezahlen s_t um die lineare Trendfunktion $y^*(t)$ geschuldet. Da offensichtlich die lineare Trendfunktion $y^*(t)$ für brauchbare Prognosen der Fluggästezahlen allein wenig bzw. nicht geeignet ist, bedarf es zudem noch einer sachlogischen und operationalen Berücksichtigung und Modellierung der periodisch wiederkehrenden Schwankungen in den Fluggästezahlen um die lineare Trendfunktion $y^*(t)$, die in der Zeitreihenanalyse unter dem Begriff einer Saisonkomponente s_t^* subsumiert werden.

Unterjährigkeit. Bei der Modellierung einer Saisonkomponente s_t^* für unterjährige und äquidistante Zeitreihendaten geht man davon aus, dass der Beobachtungszeitraum T_B insgesamt $a \in \mathbb{N}$ Jahre und jedes Jahr insgesamt $m \in \mathbb{N}$ Unterzeiträume (etwa Tage, Wochen, Monate, Quartale, Tertiale, Halbjahre) umfasst, wobei letztlich insgesamt $n = a \times m$ Zeiträume betrachtet werden, in denen der zu analysierende ökonomische Prozess bzw. Zustand statistisch beobachtet wurde. Die im Bereich der natürlichen Zahlen $\mathbb{N} = \{1, 2, \ldots\}$ variierenden Variablen a und m sollen der Anschaulichkeit und der symbolischen Assoziation halber für die lateinischen Termini *a(nus)* $\rightarrow$ Jahr und *m(ensis)* $\rightarrow$ Monat stehen. Im Falle der äquidistanten Zeitintervallreihe $\{y_t, t = 1,2,\ldots,n\}$ der monatlichen Fluggästezahlen y_t umfasst der (eingangs vereinbarte) Beobachtungszeitraum T_B die Jahre 2009 bis 2014, also insgesamt $a = 6$ Jahre. Aufgrund dessen, dass die Fluggästezahlen y_t monatlich erfasst wurden, beläuft sich die Anzahl m der Perioden eines Jahres auf $m = 12$ Monate, so dass der Beobachtungszeitraum T_B im betrachteten Fall insgesamt $n = a \times m = 6 \times 12 = 72$ Monate und die beobachtete äquidistante und unterjährige Zeitintervallreihe $\{y_t, t = 1,2,\ldots,n\}$ insgesamt $n = 72$ zeitlich geordnete Fluggästezahlen y_t umfasst.

Symbolik. Für die Modellierung einer saisonalen Komponente und für die Konstruktion eines additiven Trend-Saison-Modells ist es aus vorteilhaft, die in der Tabelle 10.3-1 vereinbarte Symbolik zu verwenden.

Tabelle 10.3-1: Trend-Saison-Modell-Symbole und ihre Semantik

Symbol	Semantik
y_{jk}	Zeitreihenwert in Periode $k = 1,2,...,m$ des Jahres $j = 1,2,...,a$
y_{jk}^*	Trendwert in der Periode k des Jahres j
$s_{jk} = y_{jk} - y_{jk}^*$	Saisonwert in der Periode k des Jahres j (Trendresiduum)
s_{jk}^*	durchschnittlicher Saisonwert in der Periode k des Jahres j
$y_{jk}^{**} = y_{jk}^* + s_{jk}^*$	Modellschätzwert in der Periode k des Jahres j

Trendresiduen. Zur Modellierung der Saisonkomponente s_t^* benötigt man die für alle $t = k + m \times (j - 1) \in T_B$ die Abweichung $s_t = y_t - y_t^* = s_{jk} = y_{jk} - y_{jk}^*$ der beobachteten Fluggästezahlen $y_t = y_{jk}$ vom jeweiligen Trendwert $y_t^* = y_{jk}^*$. Da es sich bei der linearen Trendfunktion $y_t^* = y^*(t)$ aus statistisch-methodischer Sicht um eine inhomogene bivariate lineare Regressionsfunktion handelt, die mit Hilfe der Methode der kleinsten Quadratesumme aus den Zeitreihendaten geschätzt wurde, kann man für alle $t \in T_B$ die saisonal bedingten Schwankungen s_t, die im konkreten Fall als Residuen (lat.: *residuum* → Rest) des linearen Trendmodells $y^*(t)$ erscheinen, am einfachsten via *Analysieren, Regression, Kurvenanpassung* berechnen, indem man analog zur Abbildung 10.3-3 im Unterdialogfeld *Kurvenanpassung: Speichern* in der Rubrik *Variable speichern* die Optionen *Vorhergesagte Werte* und *Residuen* vereinbart.

Abbildung 10.3-3: SPSS Dialogfelder *Kurvenanpassung*

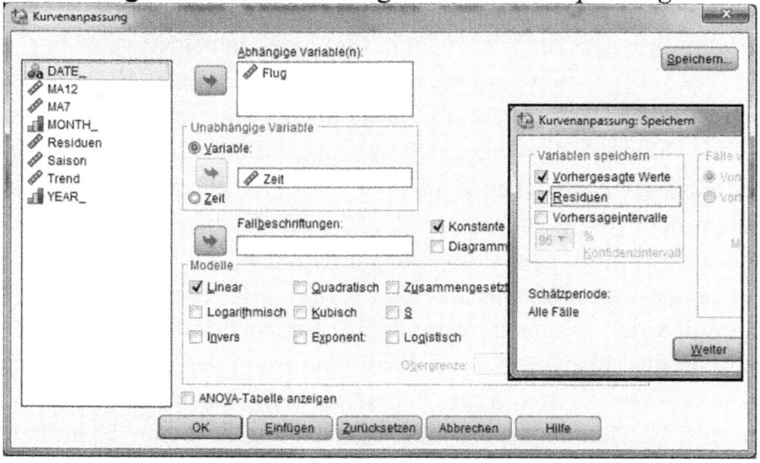

Im Zuge der optional vereinbarten Anforderungen werden in die SPSS Arbeitsdatei automatisch die Variablen *Pre(dicted)_1* und *Res(idual)_1* eingefügt, die

zum einen die mittels der linearen Trendfunktion y*(t) geschätzten Trendwerte y_t* und zum anderen die geschätzten Trendresiduen $s_t = y_t - y_t$* beinhalten, die in der SPSS Arbeitsdatei der Anschaulichkeit halber auf die Namen *Trend* bzw. *Residuen* umbenannt wurden.

Berechnung. Im konkreten Fall berechnet man unter Verwendung der inhomogenen linearen Trendfunktion y*(t) zum Beispiel für den Dezember 2014, also für das Jahr der Ordnung j = 6 und für den Monat der Ordnung k = 12 wegen

$$t = k + m \times (j - 1) = 12 + 12 \times (6 - 1) = 72$$

einen Trendwert von

$$y*(72) = 1677{,}522 + 10{,}067 \times 72 \cong 2402{,}356 \ (1000 \text{ Fluggäste})$$

und ein Trendresiduum in Höhe von

$$s_{72} = 2058 - 2402{,}356 = -344{,}356 \ (1000 \text{ Fluggäste}).$$

Demnach lag zum Zeitpunkt t = 72 bzw. im Dezember 2014 die beobachtete Fluggästeanzahl um 344,356 (1000 Fluggäste) unter dem linearen Trend. Analog sind gemäß Abbildung 10.3-4 für alle $t \in T_B$ die restlichen Trendresiduen s_t zu berechnen und zu interpretieren.

Sequenzdiagramm. Die Abbildung 10.3-4 beinhaltet das Sequenzdiagramm der Trendresiduen $s_t \in T_B$ für die Zeitintervallreihe $\{y_t, t = 1,2,...,n\}$ der monatlichen Fluggästezahlen y_t, die auf der Grundlage der inhomogenen linearen Trendfunktion y*(t) = 1677,522 + 10,067 × t mit $t \in T_B$ berechnet und gemäß Abbildung 10.3-4 in der SPSS Arbeitsdatei in der numerischen Variablen *Residuen* gespeichert wurden.

Abbildung 10.3-4: SPSS Dateneditor mit Sequenzdiagramm „Trendresiduen"

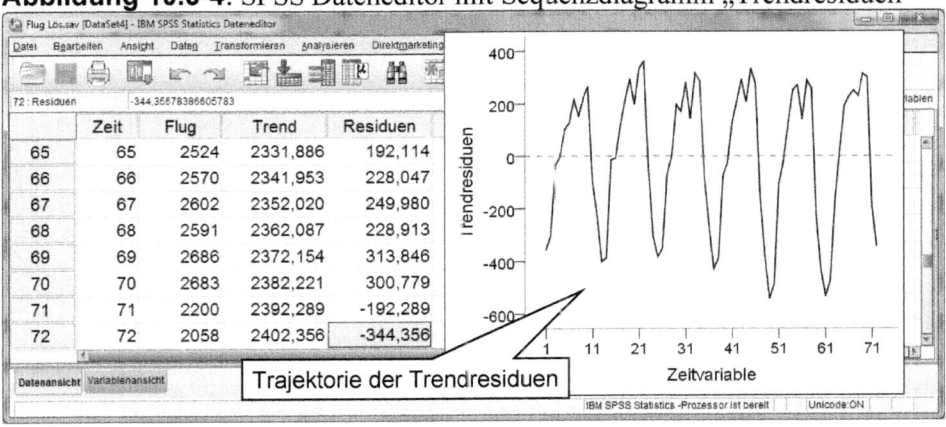

Während im Beobachtungszeitraum T_E die Fluggästezahlen y_t jeweils in den Hauptsaison-Monaten Juli bis Oktober mit etwa 300 (1000 Fluggäste) über dem Trend lagen, ist vor allem in den Monaten zum jeweiligen Jahresende bzw. Jahresanfang auf den Berliner Flughäfen ein unterdurchschnittliches Fluggästeaufkommen zu beobachten, welches das Niveau von −400 (1000 Fluggäste) teilweise noch weit unterschreitet. Dieser augenscheinliche empirische Tatbestand legt es nahe, die Saisonkomponente s_t^* im Beobachtungszeitraum T_B als eine jahresdurchschnittliche und monatsspezifische Abweichung der Fluggästezahlen y_t vom jeweiligen Trendmodellwert y_t^* zu modellieren.

Saisonkomponente. Die als eine durchschnittliche monatliche und saisonal bedingte Schwankung erscheinende Saisonkomponente s_t^* berechnet man am einfachsten via Sequenz 10.3-1, wobei im konkreten Fall als abhängige Variable die Variable *T*(rend)*Res*(iduum) und als unabhängige Variable die SPSS Variable *MONTH_* (engl.: *month* → Monat) fungieren. Um allerdings die in der zugehörigen Mittelwerttabelle aufgelisteten Werte der Saisonkomponente s_t^* in Gestalt der monatsspezifischen durchschnittlichen Trendresiduen in das weitere Analysekalkül einbeziehen zu können, ist es erforderlich, die berechneten „Mittelwerte" vom SPSS Viewer in die Arbeitsdatei „manuell" zu kopieren. Der Anschaulichkeit halber und zu Vergleichszwecken sind in der Abbildung 10.3-5 die Saisonkomponentenwerte s_t^* im Sequenzdiagramm grafisch und auszugsweise im SPSS Dateneditor in der Variablen *Saison* numerisch dargestellt.

Sequenz 10.3-1: Saisonkomponente
Analysieren
 Mittelwerte vergleichen
  Mittelwert(e) → Abbildung 10.3-5

Abbildung 10.3-5: SPSS Dateneditor, Sequenzdiagramm *Saisonkomponente*

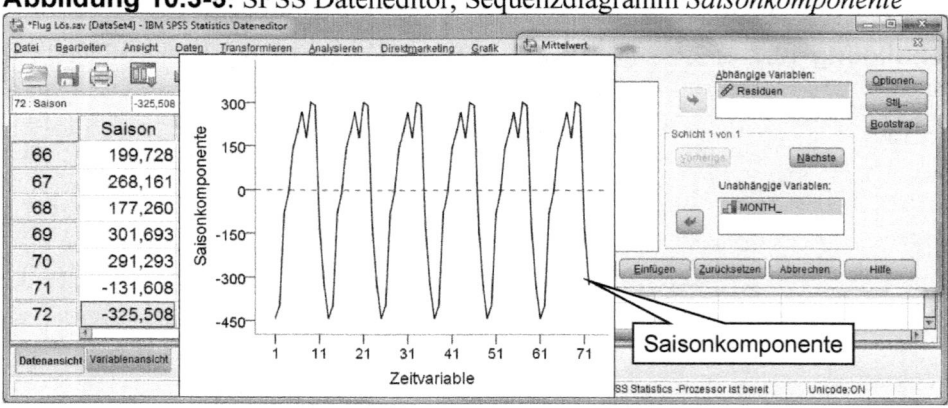

Interpretation. Unter Verwendung der Symbolik, die in der Tabelle 10.3-2 vereinbart wurde, beläuft sich der Saisonkomponentenwert s_{jk}^* (Angabe in 1000 Fluggästen) zum Beispiel im Monat der Ordnung $k = 7$ bzw. $k = 12$, also jeweils im Juli bzw. im Dezember eines der $a = 6$ Beobachtungsjahre $j = 1,2,...,a$ auf

$$s_{j7}^* \cong 268{,}161 \text{ bzw. } s_{j12}^* \cong -325{,}508.$$

Demnach lag im Beobachtungszeitraum T_B das Passagieraufkommen in den $a = 6$ Monaten Juli bzw. Dezember durchschnittlich um 268.161 Fluggäste über der linearen Trendfunktion bzw. um 325.508 Fluggäste unter der linearen Trendfunktion. Beachtenswert ist dabei das Faktum, dass sich im konkreten Fall wegen der Methode der kleinsten Quadratesumme zur Bestimmung der Trendfunktion sowohl die Trendresiduen s_t als auch die Saisonkomponentenwerte s_t* zu null addieren und somit jeweils die Zahl Null als ihr „Schwankungszentrum" haben.

Trend-Saison-Modell. So bestimmt man unter Verwendung eines additiven Trend-Saison-Modells, für das man im konkreten Fall via *Transformieren, Variable berechnen* die Berechnungsvorschrift

$$Modell = Trend + Saison$$

appliziert, gemäß Abbildung 10.3-6 zum Beispiel für den Dezember 2014 wegen

$$m = 12, j = 6, k = 12, t = 12 + 12 \times (6 - 1) = 72$$

$$\text{und } s_{72}* \cong -325{,}508 \text{ (1000 Fluggäste)}$$

schlussendlich eine Fluggästezahl auf den Berliner Flughäfen von

$$y**(72) = 1677{,}522 + 10{,}067 \times 72 - 325{,}508 \cong 2076{,}848 \text{ (in 1000)}$$

bzw. von ca. 2,077 Millionen Fluggästen.

Abbildung 10.3-6: SPSS Dateneditor, Basis: additives Trend-Saison-Modell

				Anzahl	Mittelwert	Standardabweichung
Modellresiduen				72	,000	49,040

	Flug	Modell	Trend	Saison	MResiduen	YEAR_	MONTH_	DATE_	filter
68	2591	2539,347	2362,087	177,260	51,653	2014		8 AUG 2014	
69	2686	2673,847	2372,154	301,693	12,153	2014		9 SEP 2014	
70	2683	2673,514	2382,221	291,293	9,486	2014		10 OCT 2014	
71	2200	2260,681	2392,289	-131,608	-30,681	2014		11 NOV 2014	
72	2058	2076,848	2402,356	-325,508	-18,848	2014		12 DEC 2014	

Gemäß Abbildung 10.3-6 bezeichnet man die Differenz

$$u_{72} = y_{72} - y_{72}** = 2058 - 2076{,}848 \cong -18{,}848 \text{ (1000 Fluggäste)}$$

aus der im Dezember 2014 beobachteten Fluggästeanzahl $y_{72} = 2058$ (in 1000) und dem Modellwert $y**(72) = 2076{,}848$ (in 1000) bezeichnet man als das Residuum u_t der Ordnung $t = 72$ des additiven Trend-Saison-Modells, das in der Abbildung 10.3-6 mit dem Etikett *MResiduen* versehen wurde.

Residualstandardfehler. Für die $n = 72$ Modellresiduen

$$u_t = y_t - y_t**, t \in T_B,$$

die in der Arbeitsdatei unter dem Variablennamen *M(odell)Residuen* gespeichert sind und via Sequenz 4.6.4-2 mittels der Berechnungsvorschrift

$$MResiduen = Flug - Modell$$

bestimmt wurden, berechnet man gemäß Abbildung 10.3-6 einen Residualstandardfehler in Gestalt der Standardabweichung der Modellresiduen von 49,040

(1000 Fluggästen). Demnach hat man ceteris paribus und unter Verwendung des additiven Trend-Saison-Modells

$$y**(t) = y**(72) = 1677,522 + 10,067 \times t + s_t* \text{ mit } t \in T_R$$

sowohl im Zuge der statistischen Modellierung als auch ceteris paribus bei einer statistischen Prognose (grch.: *pro* → vorher + *gnosis* → Wissen bzw. Vorhersage) der monatlichen Fluggästezahlen y_t auf den Berliner Flughäfen mit einem mittleren Modellfehler von 49.040 Fluggästen zu rechnen.

Prognose. Ist man in einem finalen Analyseschritt daran interessiert, auf der Basis des konstruierten additiven Trend-Saison-Modells die monatlichen Fluggästezahlen auf den Berliner Flughäfen für die zwölf Monate des Wirtschaftsjahres 2012 zu prognostizieren, so ergeben sich die in der Abbildung 10.3-7 numerisch und grafisch präsentierten Prognosewerte.

Abbildung 10.3-7: SPSS Dateneditor, Modellprognose mit Sequenzdiagramm

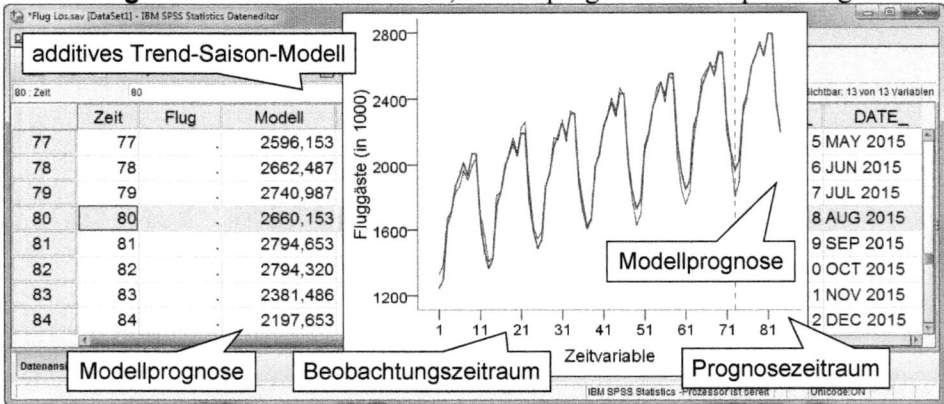

Das praktizierte Prognose-Szenario lässt sich unter Verwendung der in den Abbildungen 10.3-5 und 10.3-7 vermerkten Analysebefunde zum Beispiel für den Monat August 2015 wie folgt skizzieren: Der Prognosezeitraum

$$T_P = \{t \mid t = 73, 74,..., 84\} = \{t* \mid t* = \text{Jan } 2015,..., \text{Dez } 2015\}$$

erstreckt sich über h = 12 Monate, wobei man für den August 2015 wegen

$$j = 7, k = 8, m = 12 \text{ und } t = 8 + 12 \times (7 - 1) = 80$$

auf den Berliner Flughäfen ein Fluggästeaufkommen in Höhe von

$$y**(80) = 1677,522 + 10,067 \times 80 + 177,260 \cong 2660,153$$

(1000 Fluggästen) bzw. von ca. 2,66 Millionen Fluggästen prognostiziert.

Prämisse. In diesem Zusammenhang ist es geboten, nochmals zu vermerken, dass die praktizierte statistische Prognose der monatlichen Fluggästezahlen an die sogenannte ceteris-paribus-Prämisse (lat.: *ceteris paribus* → (wenn) das Übrig gleich (ist)) gebunden ist, wonach insbesondere die gleichen gesamtwirtschaftlichen und marktspezifischen Rahmenbedingungen unterstellt werden, die im Beachtungszeitraum T_B galten. ♣

Beispiel 10.3-2: Multiplikatives Trend-Saison-Modell

Motivation. In Anlehnung an das Beispiel 10.3-1, das den Bau und die Interpretation eines additiven Trend-Saison-Modells zum Gegenstand hatte, soll im Kontext dieses Beispiels zum Zwecke eines Modellvergleichs die äquidistante Zeitintervallreihe der monatlichen Fluggästezahlen (in 1000 Personen) aus der SPSS Datendatei *Flug.sav* mit Hilfe eines multiplikativen Trend-Saison-Modells beschrieben und mit dessen Hilfe sowohl eine Prognose der Fluggästezahlen für das Wirtschaftsjahr 2015 bewerkstelligt werden.

Trendkomponente. Zur statistischen Beschreibung der Entwicklungsrichtung der Zeitreihe der Fluggästezahlen wird gemäß dem Beispiel 10.3-1 wiederum das inhomogene lineare Trendmodell

$$y^*(t) = 1677{,}522 + 10{,}067 \times t$$

der monatlichen Fluggästezahlen y_t in Abhängigkeit von der Zeitvariablen

$$t \in T_B = \{t \mid t = 1{,}2{,}...{,}72\} = \{t^* \mid t^* = \text{Jan 2009},..., \text{Dez 2014}\}$$

verwendet.

Saisonkomponente. Die Trajektorie der Trendresiduen s_t innerhalb der Abbildung 10.3-4 zeigt vor allem für die unterdurchschnittlichen bzw. negativen Trendresiduen einen „fallenden" Trend, der nichts anderes beschreibt, als das Faktum, dass die jeweiligen monatlichen Schwankungen s_t der Fluggästezahlen mit dem steigenden Fluggästezahlentrend $y^*(t)$ auch in ihrem absoluten Niveau stärker „ausschlagen". In einem solchen Fall ist es angebracht, ein multiplikatives Trend-Saison-Modell $y^{**}(t)$ zu konstruieren etwa derart, dass man die Trendkomponente $y^*(t)$ und die Saisonkomponente s_t^* multiplikativ verknüpft, so dass jetzt $y^{**}(t) = y^*(t) \times s_t^*$ gilt.

Abbildung 10.3-8: SPSS Dateneditor mit Dialogfeld *Mittelwert*

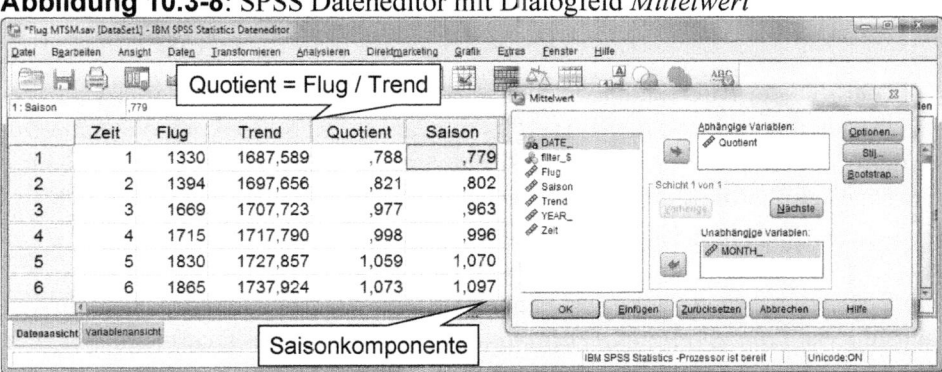

Die Saisonkomponentenwerte s_t^*, die gemäß Abbildung 10.3-8 im konkreten Fall als ein monatsspezifisches arithmetisches Mittel aus den *Quotienten*

$$s_t = y_t / y_t^* = s_{jk} = y_{jk} / y_{jk}^* \text{ mit } t = k + m \times (j - 1) \in T_B$$

der beobachteten *Flug*gästeanzahlen y_{jk} und dem zugehörigen *Trend*wert y_{jk}*
berechnet wurden, sind in der Arbeitsdatei in der Variablen *Saison* gespeichert.
Ihre Interpretation ergibt das folgende Bild: Während in den a = 6 Jahren der
Ordnung j = 1,2,…,a des Beobachtungszeitraumes T_B zum Beispiel im Monat der
Ordnung k = 1, also jeweils im Monat Januar, wegen s_{j1}* = 0,779 die Fluggäste-
zahlen y_{j1} im Durchschnitt um

$$(0,779 - 1) \times 100\ \% \cong -22,1\ \%$$

unter dem linearen Trend y_{j1}* lagen, indiziert der Wert s_{j5}* $\cong$ 1,084 der Saisonkomponente s_{jk}* für den Monat der Ordnung k = 5, also jeweils für den Monat
Mai, eine Fluggästeanzahl y_{jk}, die im Jahresdurchschnitt um

$$(1,070 - 1) \times 100\ \% \cong 7,0\ \%$$

über dem linearen Trend y_{jk}* lag. Analog sind die übrigen Saisonkomponentenwerte s_{jk}* zu interpretieren, die gemeinsam mit den Quotienten s_{jk} aus den beobachteten *Flug*(gästezahlen) und den geschätzten *Trend*(werten) in den Sequenzdiagrammen innerhalb der Abbildung 10.3-9 grafisch dargestellt sind.

Abbildung 10.3-9: Fluggäste-Trendwert-Quotient und Saisonkomponente

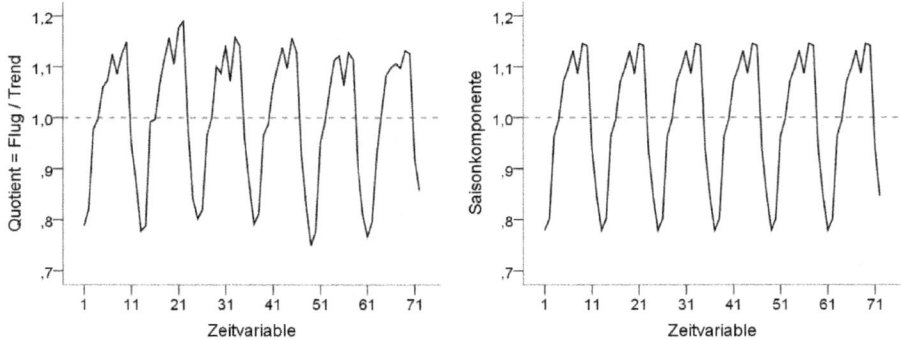

Trend-Saison-Modell. Die in der Arbeitsdatei in der Variablen *Saison* gespeicherten und stets um den Wert Eins schwankenden *Saison*komponentenwerte
s_t* der *Flug*gästezahlen y_t sowie die *Trend*werte y_t* bilden nunmehr den Erweite-
rungsbaustein für die Konstruktion des multiplikativen Trend-Saison-Modells

$$y^{**}(t) = (1677,522 + 10,067 \times t) \times s_t^* \text{ mit } t \in T_R \text{ und}$$
$$T_R = T_B \cup T_P = \{t \mid t = 1,2,…,84\} = \{t^* \mid t^* = \text{Jan } 2009,…, \text{Dez } 2015\}.$$

Die Berechnung der zugehörigen Modellwerte $y^{**}(t)$ bewerkstelligt man am einfachsten via *Transformieren, Variable berechnen* im SPSS Dialogfeld *Variable
berechnen* mittels der Berechnungsvorschrift *Modell = Trend * Saison*.

Residualstandardfehler. Für die n = 72 Modellresiduen

$$u_t = y_t - y_t^{**},\ t \in T_B,$$

die in der Arbeitsdatei unter dem Variablennamen *M*(odell)*Residuen* gespeichert
sind und mittels der Berechnungsvorschrift

$$MResiduen = Flug - Modell$$

bestimmt wurden, berechnet man gemäß Abbildung 10.3-10 einen Residualstandardfehler in Gestalt der Standardabweichung der Modellresiduen von 38,509
(1000 Fluggästen). Demnach hat man ceteris paribus und unter Verwendung des
multiplikativen Trend-Saison-Modells bei einer kurzfristigen statistischen Prognose der monatlichen Fluggästezahlen y_t auf den Berliner Flughäfen mit einem
mittleren Fehler von 38.509 Fluggästen zu rechnen, wobei $[y_t^{**} \pm 38,509]$ den
Toleranzbereich der Prognose kennzeichnet.

Abbildung 10.3-10: Dateneditor, Basis: multiplikatives Trend-Saison-Modell

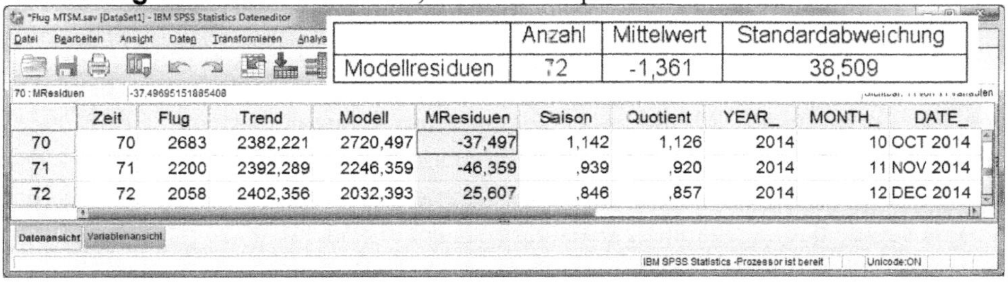

					Anzahl	Mittelwert	Standardabweichung			
				Modellresiduen	72	-1,361	38,509			

70 : MResiduen   -37.49695151885408

	Zeit	Flug	Trend	Modell	MResiduen	Saison	Quotient	YEAR_	MONTH_	DATE_
70	70	2683	2382,221	2720,497	-37,497	1,142	1,126	2014	10	OCT 2014
71	71	2200	2392,289	2246,359	-46,359	,939	,920	2014	11	NOV 2014
72	72	2058	2402,356	2032,393	25,607	,846	,857	2014	12	DEC 2014

Prognose. Das praktizierte Prognose-Szenario lässt sich analog zur Abbildung
10.3-11 zum Beispiel für den Monat Mai 2015 wie folgt skizzieren:

Abbildung 10.3-11: SPSS Dateneditor mit Modellprognosewerten

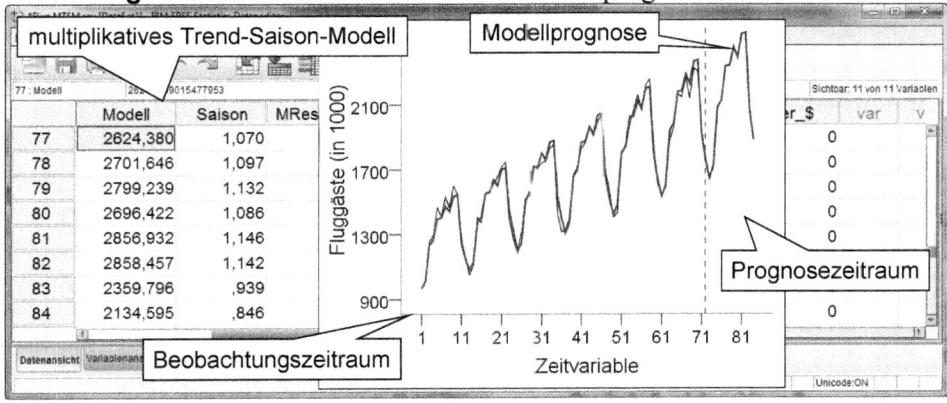

Der Prognosezeitraum
$$T_P = \{t \mid t = 73, 74,..., 84\} = \{t^* \mid t^* = Jan\ 2015,..., Dez\ 2015\}$$
erstreckt sich über h = 12 Monate, wobei man für den Mai 2015 wegen
$$j = 7, k = 5, m = 12 \text{ und } t = 5 + 12 \times (7 - 1) = 77$$
auf den Berliner Flughäfen unter sonst gleichen Marktbedingungen ein Fluggästeaufkommen in Höhe von
$$y^{**}(77) = (1677,522 + 10,067 \times 77) \times 1,070 \cong 2624,380$$
(1000 Fluggäste) bzw. von ca. 2,624 Millionen Fluggästen prognostiziert. ♣

Beispiel 10.3-3: Ex-post-Prognosekonzept

Motivation. Spätestens im Rahmen der nachfolgenden Ausführungen leuchtet es ein, warum im Kontext der Beispiele 10.3-1 und 10.3-2 der Beobachtungszeitraum $T_B = \{t \mid t = 1,2,\ldots,72\} = \{t^* \mid t^* = \text{Jan } 2009,\ldots, \text{Dez } 2014\}$ zur Konstruktion eines additiven und eines multiplikativen Trend-Saison-Modells für die Fluggästezahlen auf den Berliner Flughäfen auf die n = 72 Zeitreihenwerte y_t begrenzt wurde, obgleich in der SPSS Datendatei *Flug.sav* insgesamt n = 76 Fluggästezahlen y_t erfasst wurden: Einzig und allein, um die Grundidee einer sogenannten ex-post-Prognose (lat.: *ex post* → aus nachträglicher Sicht) paradigmatisch skizzieren zu können, die (vereinfacht formuliert) in einer Qualitätsbewertung einer Modellprognose „im Nachhinein" kulminiert.

JANUS-Koeffizient. In Anlehnung an den altrömischen Gott JANUS, der (analog zum beigefügten Abbild einer sogenannten Janusmünze) mit einem Doppelantlitz, nach innen (in den Beobachtungszeitraum) und nach außen (in den Prognosezeitraum) schauend, bildhaft dargestellt wird, soll zur Bewertung der Prognosegüte der sogenannte JANUS-Koeffizient $J \in \mathbb{R}^+$ mit

$$J = \sqrt{\left(\frac{1}{h} \cdot \sum_{t=n+1}^{n+h} (y_t - y_t^{**})^2\right) \Big/ \left(\frac{1}{n} \cdot \sum_{t=1}^{n} (y_t - y_t^{**})^2\right)}$$

herangezogen werden, mit dessen Hilfe im konkreten Fall für den Prognosezeitraum in Gestalt des ersten Quartals 2015

$$T_P = \{t \mid t = 73, 74, 75, 76\} = \{t^* \mid t^* = \text{Jan } 2015,\ldots,\text{Apr } 2015\}$$

von der Länge h = 76 – 72 = 4 Monate die „ex post" beobachteten y_t Fluggästezahlen den geschätzten y_t^{**} Fluggästezahlen und für den Beobachtungszeitraum

$$T_B = \{t \mid t = 1,2,\ldots,72\} = \{t^* \mid t^* = \text{Jan } 2009,\ldots,\text{Dez } 2014\}$$

von der Länge n = 72 Monate die „ex ante" beobachteten y_t den geschätzten y_t^{**} Fluggästezahlen vergleichend gegenübergestellt werden.

Regeln. Für eine Bewertung der Güte eines Zeitreihenmodells und einer darauf basierenden Prognose mit Hilfe des dimensionslosen und für die Menge der positiven reellen Zahlen $\mathbb{R}^+$ definierten JANUS-Koeffizienten gelten die folgenden Regeln: Ein $J \cong 1$ indiziert homogene Streuungs- bzw. Abweichungsverhältnisse von „ex-post" beobachteten und prognostizierten Werten im Beobachtungs- und im Prognosezeitraum. Ein $J > 1$ ist als ein Indiz für eine Verringerung und ein $J < 1$ für eine Erhöhung der Prognosegüte eines Zeitreihenmodells zu deuten.

Residualquadratsumme. Für das im Kontext des Beispiels 10.3-1 konstruierte additive Trend-Saison-Modell erhält man im konkreten Fall die folgenden Analyseergebnisse, wobei es im Falle eines numerischen Nachvollziehens vorteilhaft ist, zum Beispiel via Sequenz 10.3-2 analog zur Abbildung 10.3-12 im SPSS Dialogfeld *Distanzen* die angezeigten Analyseschritte einerseits für den Beobachtungszeitraum T_B mit Hilfe des SPSS Filters *Zeit <= 72* und andererseits für Prognosezeitraum T_P mittels des SPSS Filters *Zeit >= 73 & Zeit <= 76* zu bewerkstelligen.

Sequenz 10.3-2: Distanzen
Analysieren
  Korrelation
    Distanzen → Abbildung 10.3-12

Abbildung 10.3-12: SPSS Dateneditor mit Dialogfeld *Distanzen*

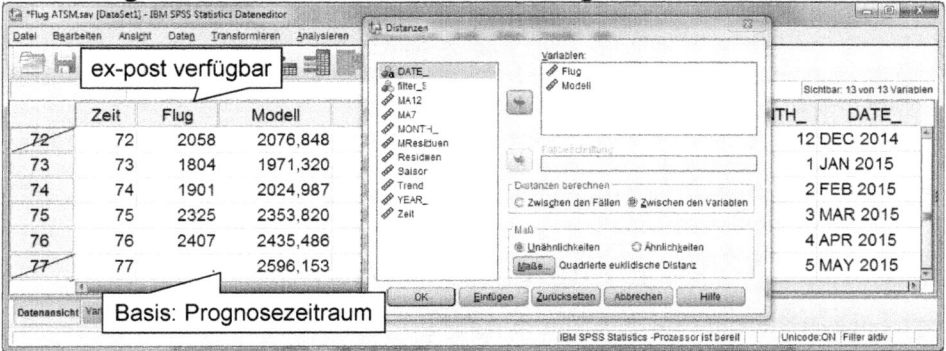

Die im Dialogfeld *Distanzen* optional angeforderte *quadrierte euklidische Distanz* „zwischen" den beiden metrischen Variablen *Flug* und *Modell* liefert analog zu den Tabellen 10.3-2 und 10.3-3 für das additive Trend-Saison-Modell und analog zu den Tabellen 10.3-4 und 10.3-5 für das multiplikative Trend-Saison-Modell die jeweilige Distanz- bzw. Unähnlichkeitsmatrix, die in ihrer zeitraumbezogenen bzw. filterbasierten Betrachtung die Grundlage für die Berechnung des JANUS-Koeffizienten bilden.

Tabelle 10.3-2: Distanzmatrix, Filter: Zeit <= 72

	Quadrierte Euklidische Distanz	
	Fluggäste (in 1000)	additives Trend-Saison-Modell
Fluggäste (in 1000)	,000	170746,948
additives Trend-Saison-Modell	170746,948	,000

Dies ist eine Unähnlichkeitsmatrix

Tabelle 10.3-3: Distanzmatrix, Filter: Zeit >= 73 & Zeit <= 76

	Quadrierte Euklidische Distanz	
	Fluggäste (in 1000)	additives Trend-Saison-Modell
Fluggäste (in 1000)	,000	45010,828
additives Trend-Saison-Modell	45010,828	,000

Dies ist eine Unähnlichkeitsmatrix

Die jeweilige Residualquadratsumme hätte man auch mittels der Beziehung

$$RQS = (Flug - Modell)^{**}2 = MResiduen^{**}2$$

bestimmen können, indem man für die Variable *RQS* im Unterdialogfeld *Häufig-keiten: Statistik* die Option *Summe* vereinbart.

Tabelle 10.3-4: Distanzmatrix, Filter: Zeit <= 72

	Quadrierte Euklidische Distanz	
	Fluggäste (in 1000)	multiplikatives Trend-Saison-Modell
Fluggäste (in 1000)	,000	105424,822
multiplikatives Trend-Saison-Modell	105424,822	,000

Dies ist eine Unähnlichkeitsmatrix

Tabelle 10.3-5: Distanzmatrix, Filter: Zeit >= 73 & Zeit <= 76

	Quadrierte Euklidische Distanz	
	Fluggäste (in 1000)	multiplikatives Trend-Saison-Modell
Fluggäste (in 1000)	,000	8393,549
multiplikatives Trend-Saison-Modell	8393,549	,000

Dies ist eine Unähnlichkeitsmatrix

Modellvergleich. Während man für das additive Trend-Saison-Modell einen JANUS-Koeffizienten in Höhe von

$$J_A = \sqrt{\left(\tfrac{1}{4} \cdot 45010{,}828\right) / \left(\tfrac{1}{72} \cdot 170746{,}948\right)} \cong 2{,}178$$

errechnet, erhält man für das multiplikative Trend-Saison-Modell einen augenscheinlich „besseren" JANUS-Koeffizienten in Höhe von

$$J_M = \sqrt{\left(\tfrac{1}{4} \cdot 8393{,}549\right) / \left(\tfrac{1}{72} \cdot 105424{,}822\right)} \cong 1{,}197$$

und interpretiert beide Koeffizienten wie folgt: Wegen

$$2{,}178 > 1 \text{ bzw. } 1{,}197 > 1$$

konstatiert man sowohl für das additive als auch für das multiplikative Trend-Saison-Modell eine „Verringerung" der Prognosegüte der monatlichen Fluggäs-tezahlen auf den Berliner Flughäfen für das erste Quartal 2015. Diese Aussage leuchtet ein, zumal (etwa für das additive Modell) im Zähler des JANUS-Koeffizienten der sogenannte ex-post Residualstandardfehler

$$RS_P = \sqrt{(45010{,}828 \,/\, 4)} \cong 106{,}079 \text{ (1000 Fluggäste)}$$

vermerkt ist, der wegen

$$106{,}079 \,/\, 48{,}698 \cong 2{,}178$$

geringfügig mehr als zweimal höher bemessen ist als der in der Tabelle 10.3-2 indizierte, auf den Beobachtungszeitraum bezogene und im Nenner des Koeffi-zienten J_A platzierte Residualstandardfehler in Höhe von

$$RS_B = \sqrt{(170746{,}948 \,/\, 72)} \cong 48{,}698 \text{ (1000 Fluggäste(n))}.$$

Analoge Aussagen gelten auch für die beiden vergleichsweise „homogeneren" Residualstandardfehler des multiplikativen Trend-Saison-Modells. ♣

10.4 ARIMA-Modelle

Motivation. Im Unterschied zu den im Abschnitt 10.3 konstruierten und skizzierten Trend-Saison-Modellen, die in der Regel auf die „bloße" statistische Deskription und Modellierung einer unterjährigen und saisonal bedingten Zeitreihe $\{y_t, t = 1,2,...,n\}$ zum Zwecke ihrer kurzfristigen statistischen Vorausberechnung abstellen, wird bei der Konstruktion von stochastischen Zeitreihenmodellen, worunter auch die Familie der ARIMA-Modelle gehört, von der Prämisse ausgegangen, dass eine zu modellierende Zeitreihe $\{y_t, t \in T\}$ ein „beobachtetes Abbild" eines stochastischen Prozesses $\{Y_t, t \in T\}$ ist.

Stochastischer Prozess

Eine Folge $\{Y_t, t \in T\}$ von Zufallsgrößen Y_t, die über einem (endlichen) Zeitbereich T definiert ist, heißt stochastischer Prozess.

Hinweise. Für das Verständnis eines stochastischen Prozesses erweisen sich die folgenden Hinweise als hilfreich: i) **Zufallsgröße.** Eine Zufallsgröße (vgl. Abschnitt 6.4) ist eine reellwertige Funktion zur Beschreibung zufälligen Geschehens. ii) **Zeitbereich.** In praxi geht man davon aus, dass ein stochastischer Prozess $\{Y_t, t \in T\}$ gleichsam in Vergangenheit, Gegenwart und Zukunft existiert und nur zeitdiskret zu bestimmten äquidistanten Zeitpunkten bzw. Zeitintervallen t in Gestalt einer Zeitreihe $\{y_t, t \in T_B\}$ in einem „begrenzten Zeitfenster" des abzählbar endlichen Zeitbereiches $T = \{t \mid t = 0, \pm1, \pm2,...\}$ statistisch beobachtet wird. iii) **Charakterisierung.** Für die Modellierung eines stochastischen Prozesses (etwa mit Hilfe eines ARIMA-Modells) ist seine Charakterisierung und Identifikation im Kontext der Dichotomie von stationär (lat.: *stationarius* → stillstehend, zeitlich unveränderlich) oder integriert (lat.: *integrare* → einbeziehen (einer Trend- und/oder Saisonkomponente)) erforderlich. iv) **Integrationsgrad.** Im weitesten Sinne heißt ein stochastischer Prozess integriert zum Grade $d \in \mathbb{N}$, wenn die Differenzenfolge $\{\Delta^d y_t, t = d + 1, d + 2,...\}$ der Ordnung d = 0, 1, 2, ... stationär ist. Der griechische Großbuchstabe Δ (lies: *Delta*) fungiert als Differenzen-Operator. $\Delta^d y_t$ kennzeichnet den Differenzenfilter der Ordnung d, der auf der Menge $\mathbb{N}$ der natürlichen Zahlen mit $\Delta^d y_t = \Delta(\Delta^{d-1} y_t) = \Delta^{d-1} y_t - \Delta^{d-1} y_{t-1}$ rekursiv definiert ist und in seiner Konstruktion und Anwendung auf integrierte und saisonale Zeitreihen erweitert werden kann. v) **Stationarität.** Ein stochastischer Prozess $\{Y_t, t \in T\}$ heißt (schwach) stationär, wenn für alle $t \in T$ (zumindest) der Erwartungswert $E(Y_t) = \mu_t = \mu$ und die Varianz $V(Y_t) = \sigma^2_t = \sigma^2 > 0$ konstant bzw. zeitinvariant sind sowie für beliebige k = 1,2,... die Kovarianz $C(Y_t, Y_{t-k})$ (und damit auch die sogenannte Autokorrelation) nur vom Timelag k (engl.: *timelag* → Zeitverschiebung) abhängt. Stationäre stochastische Prozesse ermöglichen eine sinnvolle und wahrscheinlichkeitstheoretisch begründete Zeitmittelbetrachtung. Diese Prämisse gilt auch für die Konstruktion von ARIMA-Modellen. vi) **ARIMA-Modell.** Das Initialwort ARIMA basiert auf dem englischen Terminus *Auto-**R**egressive **I**ntegrated **M**oving **A**verage (Model)* und kennzeichnet eine ganze Familie von Modellen zur Nachbildung autoregressiver und schockwirkungsbasierter stochastischer Prozesse, worin auch die Betrachtung saisonaler Komponenten eingeschlossen ist. Aus der Anzahl p der in Folge signifikanten Autoregressionskoeffizienten, des Integrationsgrades d und der Anzahl q der in

Folge signifikanten Schockwirkungskoeffizienten, die mittels des BOX-JENKINS- Verfahrens identifiziert, spezifiziert und modelliert werden können, erklärt sich auch die in SPSS übliche Notation und Spezifikation eines ARIMA(p, d, q)-Modells ohne saisonale Komponenten bzw. eines ARIMA(p, d, q)(s_p, s_d, s_q)-Modells mit saisonalen Komponenten.

vii) **Korrelogramme**. Als zwei nützliche Werkzeuge erweisen sich in der Diagnostik eines stochastischen Prozesses die Autokorrelationsfunktion ACF (engl.: *Auto-Correlation-Function*) und die partielle (lat.: *partialis* → anteilig) Autokorrelationsfunktion PACF (engl.: *Partial-Auto-Correlation-Function*), deren grafische Darstellungen auch als Korrelogramme bezeichnet werden und die aus statistisch-methodischer Sicht in einem unmittelbaren Zusammenhang mit der bivariaten und der partiellen linearen Maßkorrelationsanalyse (vgl. Abschnitt 8.3) stehen. viii) **Literaturhinweis**. Eine paradigmatische Einführung in die Konstruktion von ARIMA-Modellen unter Nutzung des sogenannten BOX-JENKINS-Verfahrens, das nach den beiden britischen Statistikern Georg E. P. BOX (*1919, †2013) und Gwilym M. JENKINS (*1932, †1982) benannt ist, findet man u.a. bei ECKSTEIN, Peter P.: Angewandte Statistik mit SPSS – Praktische Einführung für Wirtschaftswissenschaftler, 8., aktualisierte Auflage, SPRINGER GABLER Wiesbaden 2015. ♦

Beispiel 10.4-1: ARIMA-Modell ohne saisonale Parameter

Motivation. In Anlehnung an das Beispiel 10.1-2 soll unter Verwendung der SPSS Datendatei *Daimler.sav* die Zeitpunktreihe {y_t, t = 1,2,...,n} der n = 246 börsentäglichen Schlusskurse y_t der an der Frankfurter Börse notierten und im Deutschen Aktienindex DAX gelisteten Aktie der Daimler Aktiengesellschaft (Angaben in Punkten) mit Hilfe des sogenannten BOX-JENKINS-Verfahrens diagnostiziert werden mit dem Ziel, für die beobachteten Zeitreihenwerte ein geeignetes ARIMA-Modell zu konstruieren.

Korrelogramme. In der Abbildung 10.4-2 sind die via Sequenz 10.4-1 in Dialogfeld *Autokorrelationen* angeforderten Korrelogramme auf der Basis der originären und der logarithmisch transformierten Zeitreihenwerte dargestellt.

> **Sequenz 10.4-1**: Korrelogramme
> Analysieren
> Vorhersage
> Autokorrelationen → Abbildung 10.4-1

Abbildung 10.4-1: SPSS Dateneditor mit Dialogfeld *Autokorrelationen*

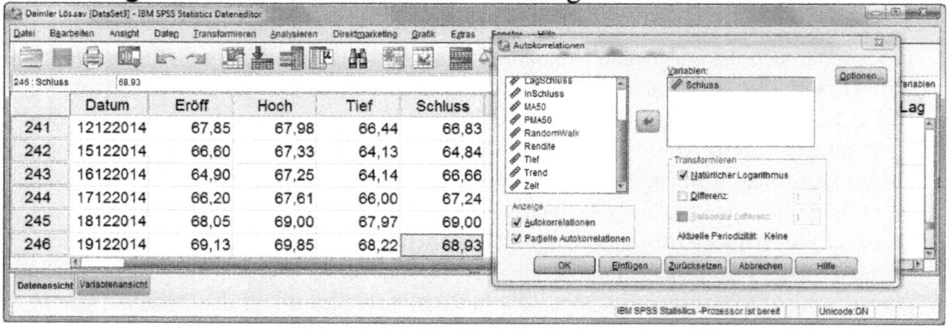

Abbildung 10.4-2: Korrelogramme, Basis: logarithmierte Schlusskurse

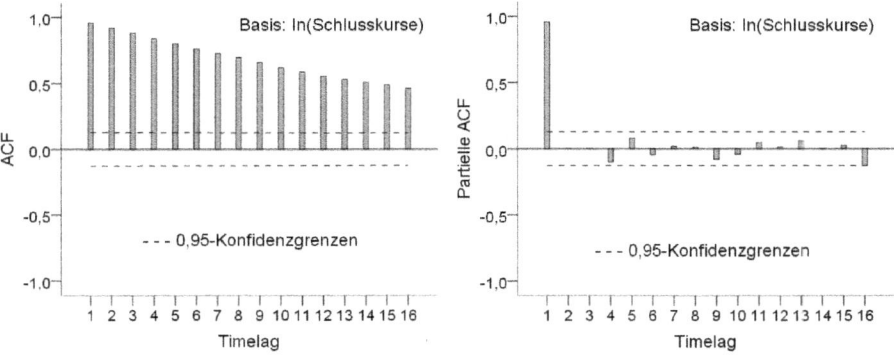

Diagnose. Die Prozessdiagnose anhand der beiden Korrelogramme innerhalb der Abbildung 10.4-2 ergibt gemäß dem BOX-JENKINS-Verfahren das folgende Bild: Aufgrund dessen, dass die empirischen Autokorrelationskoeffizienten ACF(k) für die Timelags der Ordnung k = 1,2,…,16 nur „langsam aussterben", deutet man diesen diagnostischen Befund als einen „augenscheinlichen und unumstößlichen" Hinweis darauf, dass die Zeitreihe $\{y_t, t \in T_B\}$ der n = 246 logarithmierten börsentäglichen Schlusskurse y_t der Daimler-Aktie im Beobachtungszeitraum $T_B = \{t \mid t = 1,2,…,n\}$ trendbehaftet bzw. integriert ist. Dieses Analyseergebnis koinzidiert mit dem zugehörigen rechten Sequenzdiagramm innerhalb der Abbildung 10.1-4, das eine volatile und trendbehaftete Trajektorie indiziert. Mehr noch: Aufgrund dessen, dass der geschätzte Koeffizient PACF(k) der Ordnung k = 1 der partiellen Autokorrelationsfunktion PACF nahezu bei eins liegt, während die restlichen partiellen Autokorrelationskoeffizienten im Konfidenzbereich von null liegen und im induktiven Sinne als nicht signifikant verschieden von null gedeutet werden, ist dieser Befund zudem noch ein Hinweis darauf, dass der den Schlusskursen der Daimler-Aktie innewohnende stochastische Prozess seinem Wesen nach ein „Random Walk" (engl.: *random* → Zufall + *walk* → Spaziergang) ist, der auch als „Irrfahrt" bezeichnet wird.

Differenzenfolge. Die Abbildung 10.4-3 beinhaltet der Anschaulichkeit und der Vergleichbarkeit halber die via Sequenz 10.1-2 erstellten Sequenzdiagramme für die originären und mittels des Differenzfilters erster Ordnung „trendbereinigten" logarithmierten Schlusskurse der Daimler-Aktie, die aus sachlogischer Sicht und bei einer Gewichtung mit dem Faktor 100 % als börsentägliche prozentuale Wachstumsraten bzw. Renditen der Daimler-Aktie gedeutet werden können. Im Unterschied zur Trajektorie im linken Sequenzdiagramm, die augenscheinlich durch einen volatilen Verlauf der logarithmierten Schlusskurse getragen wird, kann aufgrund der um null schwankenden Trajektorie im rechten Sequenzdiagramm davon ausgegangen werden, dass die Zeitreihe der börsentäglichen prozentualen Renditen der Daimler-Aktie zumindest schwach stationär ist. Aufgrund dieses scheinbar trivialen Analysebefundes deutet man die zugrunde liegende originäre Zeitreihe der logarithmierten Schlusskurse im Beobachtungszeitraum T_B als trendbehaftet und integriert zum Grade d = 1.

Abbildung 10.4-3: Sequenzdiagramm, integrierte und stationäre Zeitreihe

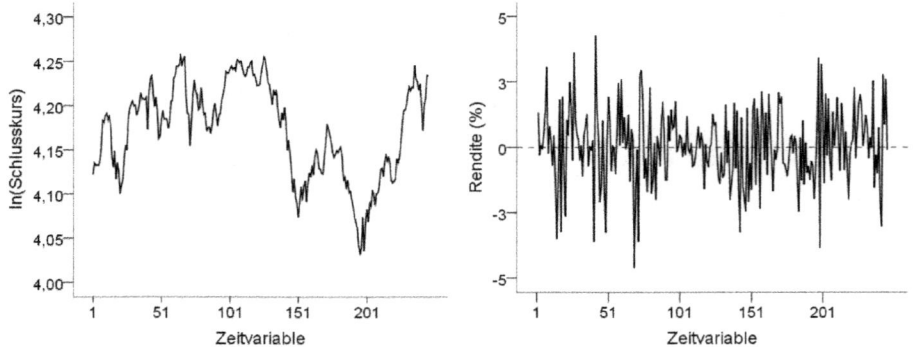

Chart. Sowohl anhand der beiden Sequenzdiagramme innerhalb der Abbildung 10.4-3 als auch angesichts des spektakulär anmutenden Charts (engl.: *chart* → Schaubild) in der Abbildung 10.4-4, das originalgetreu der Frankfurter Allgemeinen Zeitung vom Freitag, dem 12. Juni 2009 auf der Seite 21 entnommen wurde, kann man sich an dieser Stelle zudem noch von einem fundamentalen Arbeitsprinzip der technischen Wertpapieranalyse überzeugen: Der Nutzung einer logarithmischen Skala bei der grafischen Darstellung und Bewertung einer (stets als ein zeitstetiger Prozess aufgefassten) Wertpapierentwicklung.

Abbildung 10.4-4: Chart einer technischen Analyse des DAX

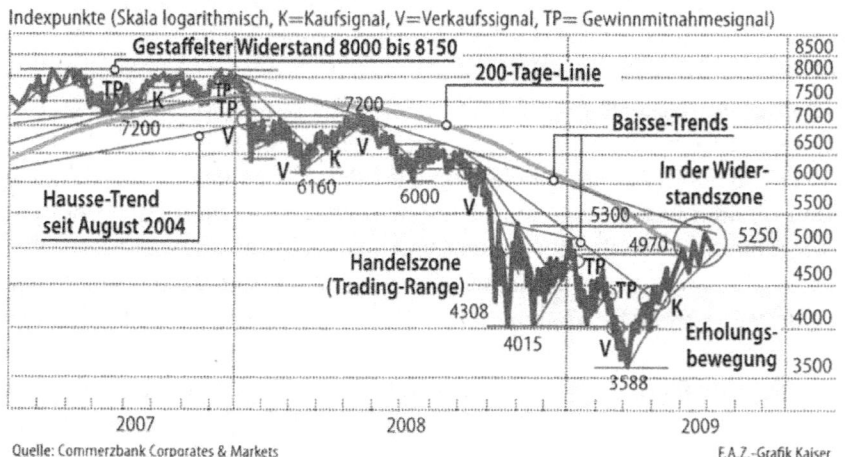

Abbildung 10.4-5: SPSS Dateneditor, Basis: Daimler-Aktie

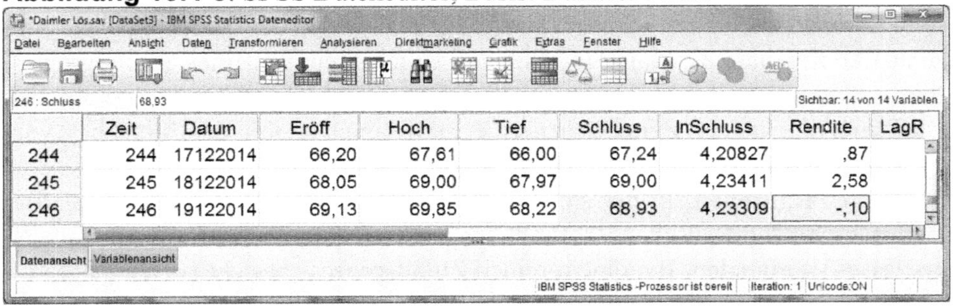

	Zeit	Datum	Eröff	Hoch	Tief	Schluss	InSchluss	Rendite	LagR
244	244	17122014	66,20	67,61	66,00	67,24	4,20827	,87	
245	245	18122014	68,05	69,00	67,97	69,00	4,23411	2,58	
246	246	19122014	69,13	69,85	68,22	68,93	4,23309	-,10	

Wachstumsrate. Zur Verdeutlichung des sogenannten zeitstetigen Analyse-konzeptes sollen die originären und im SPSS Dateneditor innerhalb der Abbildung 10.4-5 aufgelisteten Schlusskurse der Daimler-Aktie dienen. Demnach ist der Schlusskurs in seiner zeitdiskreten Betrachtung am 19. Dez 2014 ($t = 246$) im Vergleich zum Vortag ($t = 245$) absolut um

$$\Delta y_{246} = y_{246} - y_{245} = 68{,}93 - 69{,}00 = -0{,}07 \text{ Punkte}$$

und wegen

$$r_{246}{}^* = ((\Delta y_{246}) / y_{245}) \times 100\,\% = ((-0{,}07) / 69{,}00) \times 100\,\% \cong -0{,}101\,\%$$

relativ und prozentual um 0,10 % gefallen. Gemäß der stetigen Zinsformel

$$y_t = y_{t-1} \times \exp(r_t)$$

berechnet sich die stetige Wachstumsrate r_t, die im technischen Wertpapieranalyse auch als stetige Rendite bezeichnet wird, wie folgt: Bezeichnet $\exp(r_t)$ den Exponenten der stetigen Wachstumsrate r_t zur Basis $e = 2{,}71828\ldots$, so gilt wegen

$$(y_t) / (y_{t-1}) = \exp(r_t)$$

für die stetige Wachstumsrate bzw. Rendite

$$r_t = \ln((y_t) / (y_{t-1})) = \ln(y_t) - \ln(y_{t-1}).$$

Im konkreten Fall überzeugt man sich leicht von der Tatsache, dass die zeitstetige Betrachtung der benachbarten Schlusskurswerte

$$y_{246} = 68{,}93 \text{ Punkte und } y_{245} = 69{,}00 \text{ Punkte}$$

in Gestalt der mit dem Faktor 100 % gewichteten Differenz aus den natürlichen Logarithmen wegen

$$r_{246} = (\ln(68{,}93) - \ln(69{,}00)) \times 100\,\% \cong -0{,}102\,\%$$

zu einem Ergebnis führt, das wegen des sogenannten zeitstetigen Ansatzes nur geringfügig und praktisch vernachlässigbar von der „zeitdiskreten" prozentualen börsentäglichen Wachstumsrate $r_{246}{}^* = -0{,}101\,\%$ abweicht.

Trendelimination. Beachtenswert ist es in diesem Zusammenhang, dass man mit dem praktizierten Analysekonzept des Differenzenfilters erster Ordnung aus den logarithmierten Schlusskurswerten nichts anderes bewerkstelligt hat, als die Elimination eines linearen Trends aus den logarithmierten Schlusskursen bzw. eines exponentiellen Trends aus den börsentäglich in Punkten erfassten originären Schlusskurswerten. Hinzu kommt noch, dass die volatile, um den Wert Null schwankende und somit schwach stationäre Trajektorie der börsentäglichen prozentualen Renditen der Daimler-Aktie den Aufzeichnungen eines Oszillographen (lat.: *oscillare* → schwingen + grch.: *graphein* → schreiben) ähnelt, woraus sich wiederum die in der Zeitreihenanalyse gern benutzte mit der Metapher vom „weißen Rauschen" semantisch erklären lässt.

Weißes Rauschen. In der stochastischen Zeitreihenmodellierung ist der Begriff des „weißen Rauschens" untrennbar mit dem Begriff eines „reinen Zufallsprozesses" verbunden. Bei einem reinen Zufallsprozess besteht (vereinfacht ausgedrückt) zwischen den Werten einer Zeitreihe sowohl in „unmittelbarer als auch in ferner Nachbarschaft" keinerlei Beziehung bzw. Wechselwirkung. Man sagt daher auch: Die Zeitreihenwerte sind stochastisch voneinander unabhängig. Zur empirischen Überprüfung der stochastischen Unabhängigkeit von Zeitreihenwerten erweisen sich die bewährten diagnostischen Instrumente der Autokorrelationsfunktion ACF und der partiellen Autokorrelationsfunktion PACF als hilfreich. In der Abbildung 10.4-6 sind Korrelogramme mit den Koeffizienten der empirischen Autokorrelationsfunktion ACF und der empirischen partiellen Autokorrelationsfunktion PACF für die börsentäglichen prozentualen Renditen der Daimler-Aktie grafisch dargestellt.

Abbildung 10.4-6: Korrelogramme, Basis: börsentägliche Renditen

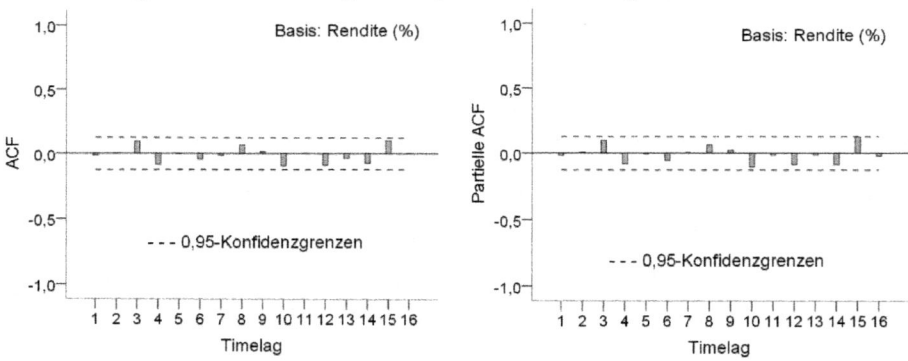

Die beiden grafischen Diagnosebefunde innerhalb der Abbildung 10.4-6 können wie folgt interpretiert werden: Da sowohl die empirischen Autokorrelationskoeffizienten ACF(k) als auch die empirischen partiellen Autokorrelationskoeffizienten PACF(k) für alle Timelags k = 1,2,…,16 die Konfidenzgrenzen auf einem vorab vereinbarten Konfidenzniveau von 0,95 nicht überschreiten, deutet man die aus den empirisch beobachteten prozentualen Renditen geschätzten Autokorrelationskoeffizienten im wahrscheinlichkeitstheoretischen Sinne als nicht signifikant verschieden von null und den zugrunde liegenden schwach stationären stochastischen Prozess als einen reinen Zufallsprozess, dessen Trajektorie dem

„weißen Rauschen" auf einem Oszillographen gleicht. Der jeweilige Timelag k markiert dabei das Ausmaß der Zeitverschiebung im Kontext der praktizierten Autokorrelationsanalyse, das im konkreten Fall von einem Börsentag bis zu sechzehn Börsentagen reicht.

Random Walk. Aufgrund dessen, dass man im Beobachtungszeitraum T_B die prozentualen börsentäglichen Wachstumsraten bzw. Renditen der Schlusskurse der Daimler-Aktie als Realisationen eines stationären und „reinen" stochastischen Prozesses identifizieren kann, kennzeichnet man die Trajektorie der zugehörigen Zeitreihe $\{y_t, t \in T_B\}$ der originären Schlusswerte y_t innerhalb der Abbildung 10.4-1 bzw. 10.4-3 unter dem Begriff eines „Random Walk" oder eines „Irrweges".

Normalverteilung. Untrennbar verbunden mit dem Phänomen des „weißen Rauschens" ist das Modell einer Normalverteilung, das im Kontext des Abschnittes 6.5.2 paradigmatisch skizziert wurde und die Kernbotschaft der Abbildung 10.4-7 ist. Die beiden Diagramme innerhalb der Abbildung 10.4-7 zeigen sehr anschaulich, dass sich hinter dem zufallsbedingten, unsystematischen und scheinbar chaotischen Auf und Ab der börsentäglichen prozentualen Renditen der Daimler-Aktie ein „ehrenwertes" Verteilungsgesetz verbirgt: das Modell einer Normalverteilung, das im konkreten Fall einerseits durch die GAUßsche Glockenkurve über dem normierten und nahezu symmetrischen Histogramm und andererseits durch ein „ideales" Q(uantil)-Q(uantil)-Diagramm plakatiert wird.

Abbildung 10.4-7: Histogramm mit Normalverteilungsdichte und Q-Q-Plot

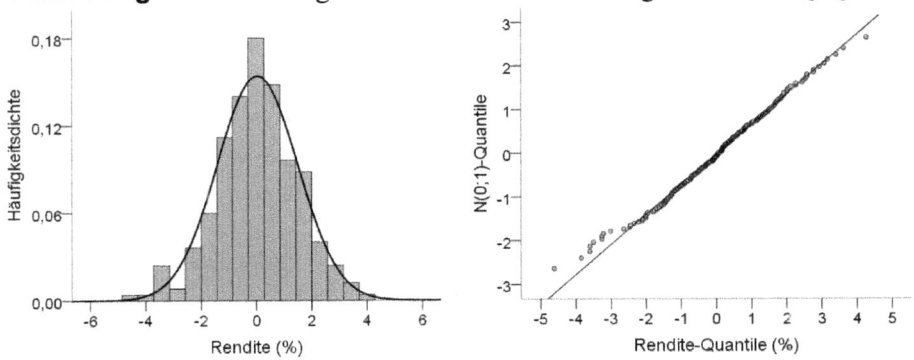

In der Explorativen Datenanalyse (vgl. Beispiel 5.1-5) wird ein Quantil-Quantil-Diagramm bzw. Q-Q-Plot als „ideal" klassifiziert und als ein „unmissverständlicher" Hinweis auf eine Normalverteilung gedeutet, wenn sich die „Punktekette" aus dem Zusammenspiel von empirischen Quantilen (vgl. Beispiel 5.2.2-2) und den Quantilen der Standardnormalverteilung N(0; 1) (vgl. Beispiel 6.5.2-4) an der sogenannten Normalitätsgeraden analog zur rechten Grafik innerhalb der Abbildung 10.4-7 „eng anliegend entlang schlängelt".

ARIMA-Modell. Aufgrund dessen, dass man in Anlehnung an die Prozess-diagnostik nach Georg BOX (*1919, †2013) und Gwilym JENKINS (*1932, †1982) die börsentäglichen prozentualen Renditen der Daimler-Aktie als einen stationären und zugleich reinen stochastischen Prozess aufgedeckt hat, der „bar" jeglicher signifikanter autoregressiver AR(p)-Komponente und/oder Störterm-Komponente MA(q) ist, diagnostiziert für die originären Schlusskurse einen zum Grade d = 1 integrierten stochastischen Prozess, der wegen

$$p = 0, d = 1 \text{ und } q = 0$$

mit einem ARIMA(0, 1, 0)-Modell „nachgebildet" werden kann. Das so spezifi-zierte ARIMA(0, 1, 0)-Modell wurde analog zur Abbildung 10.4-?? via *Analysie-ren, Vorhersage, Traditionelle Modelle erstellen* im Unterdialogfeld *Zeitreihen-modellierung: ARIMA-Kriterien* fixiert und angefordert.

Abbildung 10.4-8: Schlusskurs-Prognose, Basis: ARIMA(0, 1, 0)-Modell

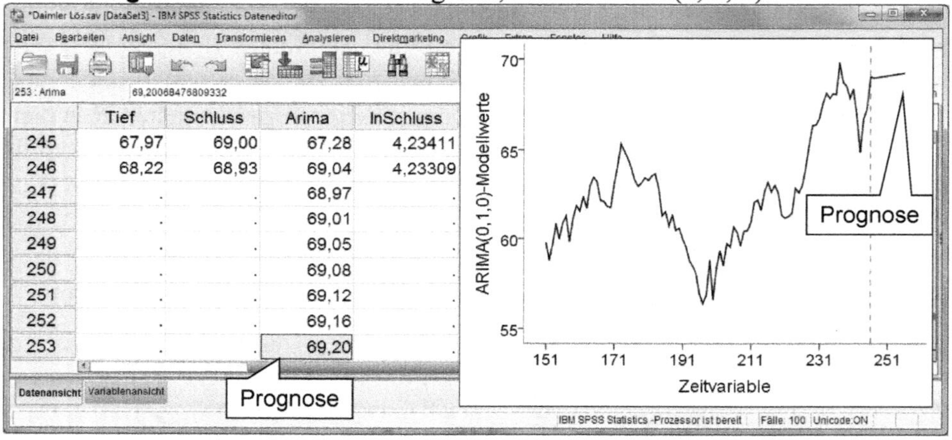

Prognose. In der Abbildung 10.4-8 sind auszugsweise die mit Hilfe des ARI-MA(0, 1, 0)-Modells bestimmten Prognosewerte y_t** für den Prognosezeitraum

$$T_P = \{t \mid t = 247,\dots, 256\}$$

in der Variablen *Arima* aufgelistet und zugleich die Trajektorie der börsentägli-chen Schlusskurse der Daimler-Aktie für den Relevanzzeitraum

$$T_R = T_B \cup T_P = \{t \mid t = 151,\dots,256\}$$

skizziert, worin auch die Prognosewerte für die verbleibenden und fiktiven h = 10 Börsentage der ersten beiden Börsenwochen des Jahres 2015 eingeschlos-sen sind. Beachtenswert ist dabei, dass die praktizierte Prognose der Schlusskur-se der Daimler-Aktie letztlich nichts anderes darstellt als die Fortschreibung ei-nes sogenannten Hausse-Trends (frz.: *hausse* → Anstieg, Aufschwung).

Gerade. Die kurzfristige Prognose der börsentäglichen Schlusskurse der Daimler-Aktie mittels eines ARIMA(0, 1, 0)-Modells ist gemäß Abbildung 10.4-8 in ihrer bildhaften Darstellung nichts anderes als die „bloße Fortschreibung" eines steigenden linearen Trends, den man sich analog zur Abbildung 10.4-9 sowohl grafisch als auch analytisch wesentlich einfacher wie folgt verdeutlichen kann: Gemäß dem geometrischen Lehrsatz, wonach „eine Gerade die kürzeste Verbindung zwischen zwei Punkten ist", braucht man nur mit Hilfe eines Lineals die Trajektorie der börsentäglichen Schlusskurse y_t durch eine Gerade zu ergänzen, die den Anfangs- und den Endpunkt mit den Koordinaten

$$(t = 1, y_t = 61{,}67) \text{ und } (t = 246, y_t = 68{,}93)$$

schneidet. In Anlehnung an die sogenannte Zwei-Punkte-Geradengleichung bestimmt man die zugehörige Geradengleichung

$$y_t^{**} = f(t) = 61{,}67 + \frac{(68{,}93 - 61{,}67)}{(246 - 1)} \cdot t,$$

deren Graph in der Abbildung 10.4-9 für den Relevanzzeitraum $T_R = T_B \cup T_P$ von der Länge n + h = 246 + 10 = 256 Börsentage skizziert ist und mit deren Hilfe man zum Beispiel für den Börsentag der Ordnung t = 256 wegen

$$y_{256}^{**} = f(256) = 61{,}67 + \frac{(68{,}93 - 61{,}67)}{(246 - 1)} \cdot 256 \cong 69{,}26$$

einen Schlusskurs in Höhe von 69,26 Punkten prognostiziert.

Abbildung 10.4-9: Trajektorie mit linearem Trend

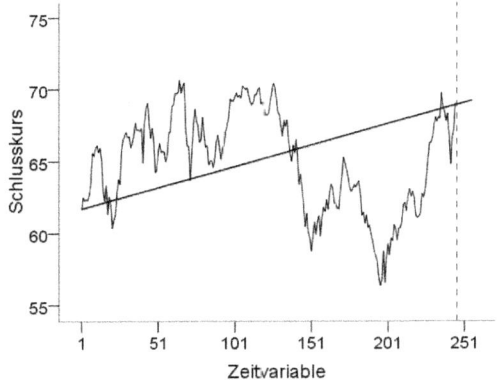

Quintessenz. Die paradigmatisch skizzierten zeitreihenanalytischen Betrachtungen kulminieren in einer ernüchternden Quintessenz (lat.: *quinta essentia* → das fünfte Seiende bzw. das Wesen einer Sache): Weder akribisch gestaltete Charts noch theoretisch anspruchsvolle statistische Analyse- und Modellierungsverfahren sind ein wirkungsvolles und vertrauenswürdiges Instrument für kurzfristige und schon gar nicht für mittel- oder langfristige Prognosen von Wertpapierentwicklungen. Was über eine sogenannte Hausse und/oder eine Baisse hinaus bleibt, die ihrem französischen Wortursprung gemäß eine Phase nachhaltig ansteigender bzw. fallender Wertpapierkurse etikettieren, ist letzten Endes und in der Regel nur das „weiße Rauschen" eines zufallsbedingten Oszillogramms. ♣

Beispiel 10.4-2: ARIMA-Modell mit saisonalen Parametern

Motivation. Die Konstruktion eines ARIMA-Modells mit saisonalen Parametern soll exemplarisch anhand der SPSS Datendatei *Flug.sav* demonstriert werden, in welcher die äquidistante Zeitintervallreihe $\{y_t, t \in T_B\}$ für die Anzahl Y der Fluggäste auf den Berliner Flughäfen gespeichert ist. In Anlehnung an die Beispiele im Abschnitt 10.3 soll auch hier der Beobachtungszeitraum

$$T_B = \{t \mid t = 1,2,\ldots,72\} = \{t^* \mid t^* = \text{Jan } 2009,\ldots, \text{Dez } 2014\}$$

nur die ersten 72 der insgesamt 76 erfassten Fluggästezahlen umspannen. Des Weiteren ist im Vorfeld der angestrebten Zeitreihenanalyse zu beachten, dass via Sequenz 10.1-1 und gemäß Abbildung 10.1-1 im Dialogfeld *Datum vereinbaren* die Zeitvariablen *YEAR_*, *MONTH_* und *DATE_* zu definieren sind.

Korrelogramme. Gemäß der Abbildung 10.4-10 wurden im konkreten Fall die via Sequenz 10.4-1 angeforderten und in der Abbildung 10.4-11 skizzierten Korrelogramme auf der Basis der n = 72 originären Zeitreihenwerte der *Flug*gästezahlen $\{y_t, t \in T_B\}$ mit einer optional vereinbarten maximalen Timelag-Länge von k = 20 Monaten erstellt.

Abbildung 10.4-10: SPSS Dateneditor mit Dialogfeldern *Autokorrelationen*

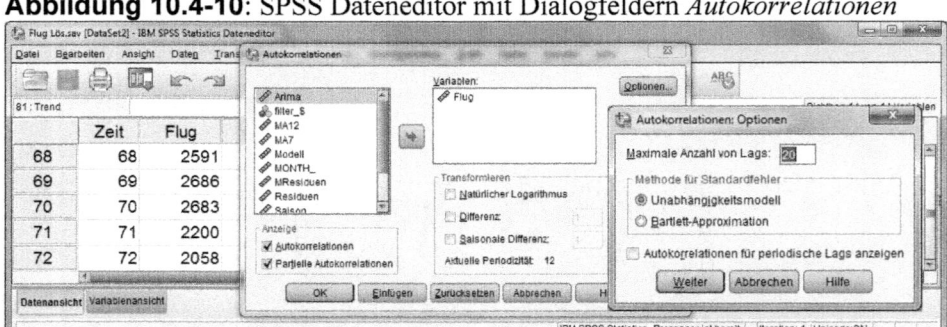

Abbildung 10.4-11: Korrelogramme, Basis: originäre Fluggästezahlen

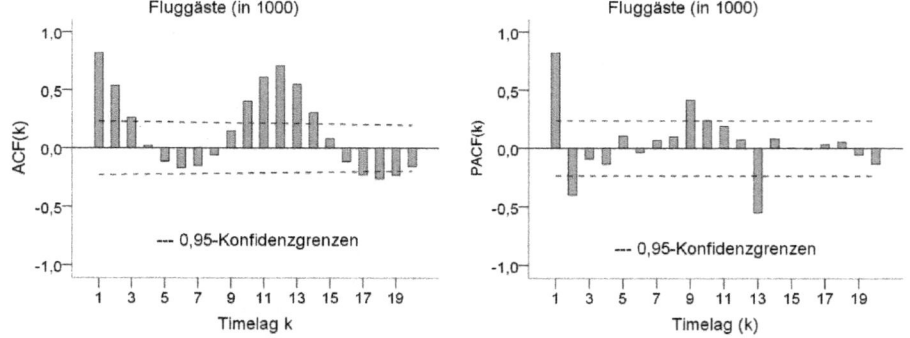

Die alleinige Betrachtung der Korrelogramme innerhalb der Abbildung 10.4-11 liefert den folgenden diagnostischen Befund: Aufgrund dessen, dass die empirischen Autokorrelationskoeffizienten ACF(k) mit steigendem Timelag k nur „sehr langsam aussterben" und zudem noch durch eine saisonale Bewegung getragen werden, geht man davon aus, dass die originäre Zeitreihe $\{y_t, t \in T_B\}$ der Fluggästezahlen im Beobachtungszeitraum T_B sowohl trend- als auch saisonbehaftet ist. Diese Aussage koinzidiert mit den deskriptiven Analysebefunden im Kontext der Beispiele 10.2-1 und 10.3-1.

Integrationsgrad. Anhand des Sequenzdiagramms innerhalb der Abbildung 10.4-12 überzeugt man sich leicht von der Tatsache, dass man bereits mit einem Differenzfilter erster Ordnung und einem saisonalen Differenzfilter ersten Ordnung eine schwach stationäre Zeitreihe erzeugen kann.

Abbildung 10.4-12: Sequenzdiagramm der stationären Zeitreihe

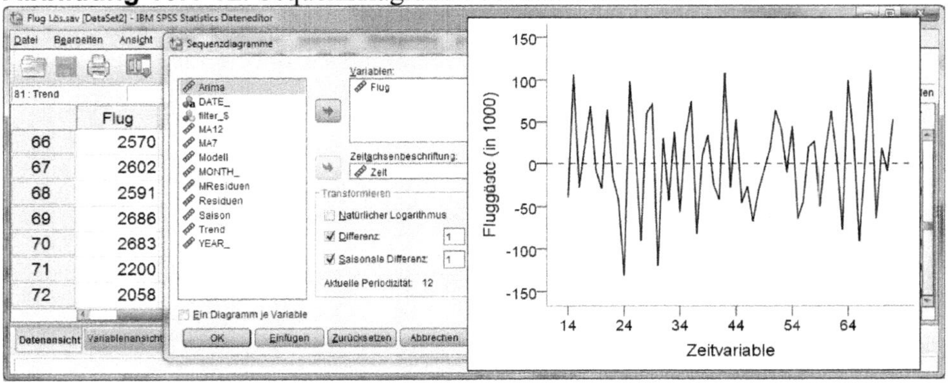

Differenzenfilter. Die Grundidee eines Differenzenfilters und saisonalen Differenzenfilters ersten Ordnung kann man sich anhand der originären Zeitreihe $\{y_t, t = 1,2,...,72\}$ der Fluggästezahlen wie folgt verdeutlichen: Bezeichnet

$$\Delta^1 y_t = y_t - y_{t-1}$$

die Differenz der Ordnung d = 1, also die Veränderung in den Fluggästezahlen im Monat t im Vergleich zum Vormonat t − 1, so kennzeichnet

$$\Delta^{1(s)} y_t = y_t - y_{t-s}$$

in logischer Konsequenz die saisonale Differenz der Ordnung d = 1, also die Veränderung der Fluggästezahlen im Monat t im Vergleich zu einem vorhergehenden Monat der Ordnung t − s. Da augenscheinlich bereits aus dem Sequenzdiagramm innerhalb der Abbildung 10.1-3 ersichtlich ist, dass jeweils für die Länge von s = 12 Monaten die Fluggästezahlen durch einen mehr oder minder gleichen und saisonalen Verlauf gekennzeichnet sind, misst im konkreten Fall

$$\Delta^{1(12)} y_t = y_t - y_{t-12}$$

die absolute Veränderung der Fluggästezahlen im Monat t im Vergleich zum vorhergehenden Monat der Ordnung t − 12, also im Vergleich zum gleichen Vorjahresmonat. Anhand der auf der Abszisse im Sequenzdiagramm 10.4-12 abgetragenen Zeitvariablenwerte überzeugt man sich von der Tatsache, dass man im Falle der originären Zeitintervallreihe $\{y_t, t = 1,2,...,72\}$ der Fluggästezahlen aufgrund der beiden Differenzfilter erster Ordnung letztlich eine trendbereinigte und zugleich auch saisonbereinigte Zeitreihe $\{x_t, t = 14, 15,..., 72\}$ mit insgesamt „nur noch" $72 - 1 - 12 = 59$ Werten

$$x_t = \Delta^{1(12)}(\Delta y_t)$$

verfügbar hat. Die Trajektorie dieser offensichtlich stationären und hinsichtlich ihres Umfangs auf $n = 59$ Werte „gestutzten" Zeitreihe der Fluggästezahlen ist in der Abbildung 10.4-12 grafisch dargestellt.

Korrelogramme. Die autokorrelationsbezogene Analyse der trend- und saisonbereinigten Zeitreihe $\{x_t, t = 14,...,72\}$ mit ihren $72 - 14 + 1 = 59$ Werten x_t ergibt unter Verwendung der Abbildung 10.4-13 das folgende Bild:

Abbildung 10.4-13: Korrelogramme, trend- und saisonbereinigte Zeitreihe

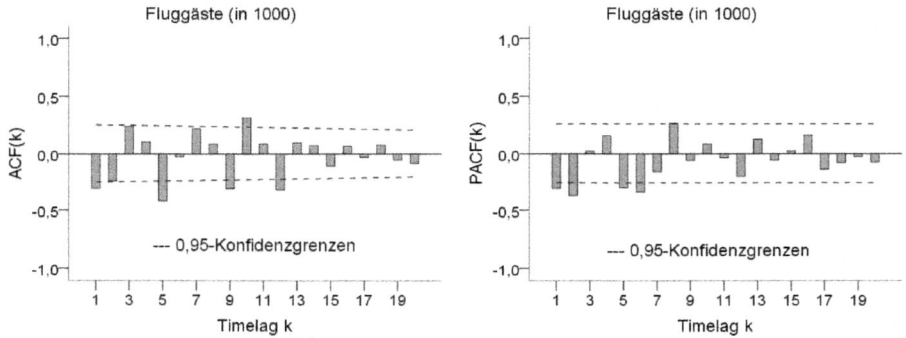

Aufgrund dessen, dass die Autokorrelationskoeffizienten ACF(k) mit wachsendem Timelag k „in Folge rasch aussterben" und die partiellen Autokorrelationskoeffizienten PACF(k) in der chronologischen Abfolge der Timelags der Ordnung $k = 1,2,...,16$ nur die zwei PACF-Koeffizienten der Ordnung $k = 1$ und $k = 2$ in Folge die „gestrichelten" 0,95-Konfidenzgrenzen überschreiten, diagnostiziert man auf der Basis des BOX-JENKINS-Verfahrens für die trend- und saisonbereinigte Zeitreihe der Fluggästezahlen $\{x_t, t = 14, 15,..., 72\}$ einen autoregressiven Prozess zweiter Ordnung, der mit einem AR(2)-Modell beschrieben werden kann. Dies entspricht der Spezifikation eines

ARIMA(2, 1, 0)(0, 1, 0)-Modells

für die originäre Zeitintervallreihe $\{y_t, t = 1,2,...,72\}$ der Fluggästezahlen.

Identifikationsregeln. Im Zuge der Analyse eines stochastischen Prozesses, seiner Spezifikation und seiner Nachbildung in einem ARIMA-Modell sowohl ohne als auch mit saisonalen Parametern erweisen sich die folgenden auf dem sogenannten BOX-JENKINS-Verfahren beruhenden Identifikationsregeln als hilfreich und nützlich.

Regel 1. Sterben die Koeffizienten ACF(k) der Autokorrelationsfunktion ACF mit zunehmendem Lag k nicht bzw. nur langsam aus und zeigt der partielle Autokorrelationskoeffizient PACF(k) der Ordnung k = 1 (einem Nagel gleich) einen Wert nahe eins, dann ist ein nicht stationärer bzw. integrierter stochastischer Prozess angezeigt, der durch einen geeigneten Differenzenfilter der Ordnung d in einen zumindest schwach stationären stochastischen Prozess zu transformieren ist. Für den schwach stationären stochastischen Prozess gilt es, ein geeignetes ARIMA(p, d, q)-Modell zu finden. **Regel 2.** Sind für einen schwach stationären stochastischen Prozess sowohl die Koeffizienten ACF(k) der Autokorrelationsfunktion ACF als auch die Koeffizienten PACF(k) der partiellen Autokorrelationsfunktion PACF für alle Lags k nicht signifikant verschieden von null, also „bereits ausgestorben", dann handelt es sich um einen „reinen" stochastischen Prozess, der auch als „weißes Rauschen" gekennzeichnet wird und „nur" mittels eines ARIMA(0, 0, 0)-Modells beschrieben werden kann. Ein zum Grade d integrierter stochastischer Prozess, der auf einem reinen stochastischen Prozess beruht und mittels eines ARIMA(0, d, 0)-Modells beschrieben werden kann, wird auch als „Irrweg" oder „Random Walk" bezeichnet. **Regel 3.** Sind für einen schwach stationären stochastischen Prozess in Folge die ersten p < k Koeffizienten PACF(k) der partiellen Autokorrelationsfunktion PACF signifikant verschieden von null und sterben die Koeffizienten ACF(k) der Autokorrelationsfunktion ACF mit zunehmendem Lag k rasch aus, dann ist ein AR(p)- bzw. ein ARIMA(p, 0, 0)-Modell zur Nachbildung des schwach stationären stochastischen Prozesses bzw. ein ARIMA(p, d, 0)-Modell für einen zum Grade d integrierten stochastischen Prozesses geeignet. **Regel 4.** Sind für einen schwach stationären stochastischen Prozess in Folge die ersten q < k Koeffizienten ACF(k) der Autokorrelationsfunktion ACF signifikant verschieden von null und sterben die Koeffizienten PACF(k) der partiellen Autokorrelationsfunktion PACF mit zunehmendem Lag k rasch aus, dann ist ein MA(q)- bzw. ein ARIMA(0, 0, q)-Modell zur Nachbildung des schwach stationären stochastischen Prozesses bzw. ein ARIMA(0, d, q)-Modell für einen zum Grade d integrierten stochastischen Prozesses geeignet. **Regel 5:** Sterben sowohl die Koeffizienten ACF(k) der Autokorrelationsfunktion ACF als auch die Koeffizienten PACF(k) der partiellen Autokorrelationsfunktion PACF mit zunehmendem Lag k rasch aus, dann ist ein ARMA(p, q)- bzw. ein ARIMA(p, 0, q)-Modell zur Nachbildung des schwach stationären stochastischen Prozesses bzw. ein ARIMA(p, d, q)-Modell für einen zum Grade d integrierten stochastischen Prozesses geeignet. Die Modellparameter der Ordnung p und q sind aus den Zeitreihendaten zu schätzen und statistisch auf Signifikanz zu prüfen. ◆

ARIMA-Modell. In den Abbildungen 10.4-14 und 10.4-15 sind die Spezifikation und die geschätzten Parameter des inhomogenen (mit einer Ausgleichskonstanten konstruierten) ARIMA(2, 1, 0)(0, 1, 0)-Modells zusammengefasst. Aufgrund dessen, dass für die beiden AR-Parameter der Ordnung p = 1 und p = 2 das empirische Signifikanzniveau mit $\alpha^* = 0{,}001$ bzw. $\alpha^* = 0{,}003$ kleiner ist als das auf $\alpha = 0{,}05$ festgelegte Signifikanzniveau, deutet man den geschätzten autoregressiven Koeffizienten in Höhe von -0,423 und -0,382 als signifikant verschieden von null und die autoregressiven Komponenten neben der Trend- und der Saisonkomponente als wesentliche Faktoren zur statistischen Erklärung der monatlichen Fluggästezahlen.

Abbildung 10.4-14: ARIMA-Modellspezifikation

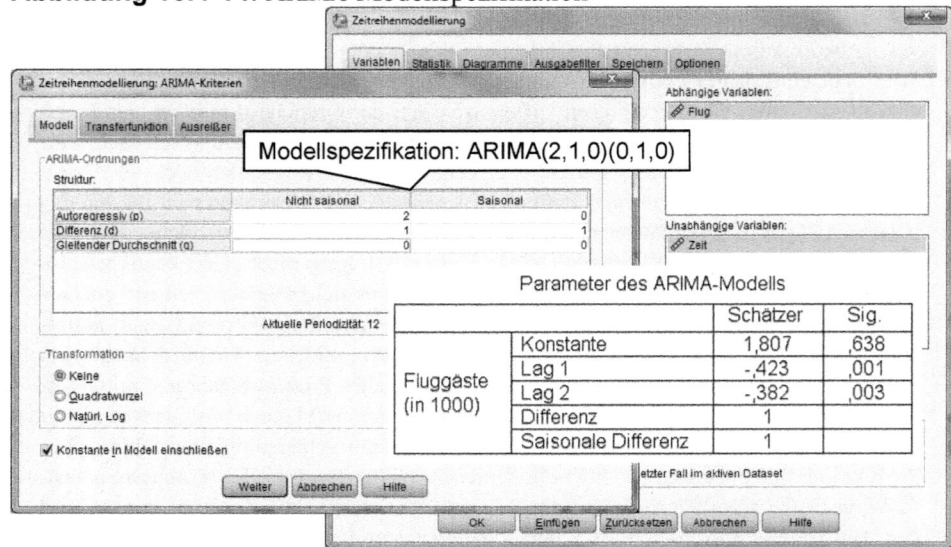

Prognose. In der Abbildung 10.4-15 sind auszugsweise die prognostizierten Fluggästezahlen für den Prognosezeitraum

$$T_P = \{t \mid t = 73, 74,\ldots, 84\} = \{t^* \mid t^* = \text{Jan } 2015,\ldots, \text{Dezember } 2015\}$$

von der Länge $h = 12$ Monate sowie das zugehörige Sequenzdiagramm mit den beobachteten und prognostizierten Fluggästezahlen dargestellt.

Abbildung 10.4-13: Prognosewerte für das ARIMA(2,1,0)(0,1,0)-Modell

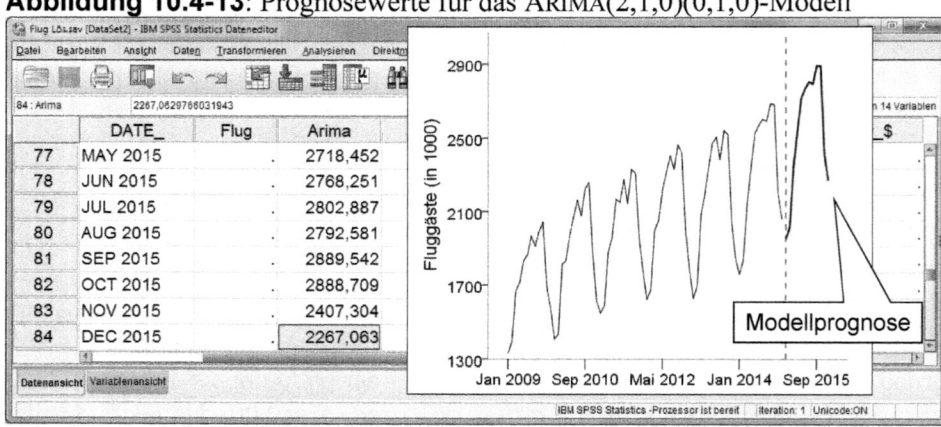

JANUS-Koeffizient. Bleibt noch zu vermerken, dass im Gegensatz zu den beiden vergleichsweise „einfachen" Trend-Saison-Modellen, deren Konstruktion im Abschnitt 10.3 skizziert wurde, der JANUS-Koeffizient für das „kompliziertere" ARIMA-Modell wegen $J \cong 2,180 > 1$ die vergleichsweise „geringste" Prognosegüte der Fluggästezahlen für das erste Quartal 2015 indiziert. ♣

11

Faktorenanalyse

Schlüsselwörter

Eigenwert	Kommunalität
Faktorenextraktion	Komponentenmatrix
Faktorenrotation	Korrelationsmatrix
Faktorladung	Ladungsdiagramm
Faktorwert	Scree-Plot

Gegenstand. Dieses Kapitel hat eine elementare und paradigmatische Einführung in die Faktorenanalyse zum Gegenstand, die aus statistisch-methodischer Sicht in die Familie der multivariaten (lat.: *multus* → vielfach + *varia* → Allerlei) statistischen Analyseverfahren eingeordnet wird. Die Faktorenanalyse, die ursprünglich in der Psychologie (grch.: *psyche* → Seele + *logos* → Lehre) aus dem Bemühen erwuchs, ein besseres Verständnis des latenten (lat.: *latens* → verborgen) Begriffs „Intelligenz" zu gewinnen, findet vor allem in der empirischen Wirtschafts- und Sozialforschung eine breite Anwendung.

Grundidee. Die Grundidee einer Faktorenanalyse besteht darin, aus einer bestimmten und meist größeren Anzahl beobachteter und „gleichartiger" metrischer Merkmale aufgrund ihrer korrelativen Beziehungen eine kleinere Anzahl „neuer" und voneinander unabhängiger Variablenkonstrukte in Gestalt von „Faktoren" zu „extrahieren". Ermöglichen diese extrahierten Faktoren eine sachlogisch plausibel zu benennende Klassifikation im Sinne einer „Namensgebung bzw. Taufe", dann können sie die Basis für weitere statistische Analysen bilden.

Zielstellung. Das Ziel dieses Kapitels besteht darin, die Grundidee der methodisch anspruchsvollen Faktorenanalyse an einem praktischen Sachverhalt exemplarisch, verständlich und nachvollziehbar zu demonstrieren. In die elementaren Betrachtungen eingeschlossen ist eine kurze Erläuterung des analytischen Grundprinzips einerseits und eine kurze begriffliche und inhaltliche Darstellung der in praxi am häufigsten applizierten Analysetechniken andererseits. ♣

11.1 Grundprinzip

Motivation. In der empirischen Wirtschafts- und Sozialforschung wird man aus Praktikabilitäts- und Plausibilitätsgründen oft mit der Forderung konfrontiert, im Sinne einer „Dimensionsreduktion" eine größere Anzahl „gleichartiger" metrischer Erhebungsmerkmale durch eine kleinere Anzahl (möglichst voneinander unabhängiger) Faktoren so genau und so einfach wie möglich statistisch zu erklären. Ein statistisches Verfahren, mit dessen Hilfe man unter bestimmten Bedingungen in der Lage ist, das praxisrelevante Problem einer „Variablenreduktion" einer befriedigenden Lösung zuzuführen, ist die Faktorenanalyse, deren analytisches Grundprinzip wie folgt skizziert werden kann:

Grundprinzip

Für die n Merkmalsträger γ_i einer wohldefinierten statistischen Gesamtheit $\Gamma_n = \{\gamma_i, \ i = 1,2,\dots,n\}$ werden $m \geq 2$ gleichartige metrische Merkmale X_j $(j = 1,2,\dots,m)$ empirisch erhoben und die erhobenen Merkmalswerte $X_j(\gamma_i) = x_{ij}$ in einer $(n \times m)$-Datenmatrix $\mathbf{X} = [x_{ij}]$ zusammengefasst. Aus methodischen Gründen wird mittels der z-Transformation die $(n \times m)$-Datenmatrix $\mathbf{X} = [x_{ij}]$ in eine standardisierte $(n \times m)$-Datenmatrix $\mathbf{Z} = [z_{ij}]$ transformiert und auf deren Grundlage eine $(m \times m)$-Korrelationsmatrix

$$\mathbf{R} = [r_{ij}] = (n - 1)^{-1} \cdot \mathbf{Z}'\mathbf{Z}$$

berechnet, welche mit Hilfe von bivariaten Maßkorrelationskoeffizienten r_{ij} die korrelativen Beziehungen zwischen den m standardisierten Merkmalen Z_j beschreibt. Aufgrund ihrer korrelativen Beziehungen werden mittels eines Extraktionsverfahrens aus m standardisierten Merkmalen Z_j insgesamt $p \leq m$ gemeinsame Faktoren F_k $(k = 1,2,\dots,p)$ „extrahiert". Werden die p Faktoren F_k mittels der Hauptkomponentenmethode extrahiert, dann bilden sie die Konstruktionsbasis für ein lineares faktoranalytisches Modell

$$Z_j = l_{j1} \times F_1 + l_{j2} \times F_2 + \dots + l_{jp} \times F_p + U_j,$$

das zum einen der statistischen Beschreibung der standardisierten Merkmale Z_j dient und zum anderen die Grundidee einer Faktorenanalyse kennzeichnet.

Hinweise. Für das Verständnis des faktoranalytischen Grundprinzips erweisen sich die folgenden Hinweise als hilfreich: i) **Modell**. Auf der Grundlage der $m \geq 2$ standardisierten Messvariablen Z_j konstruiert man vor allem aus Gründen der Einfachheit das lineare faktoranalytische Modell

$$Z_j = l_{j1} \times F_1 + \dots + l_{jp} \times F_p + U_j,$$

das als eine Linearkombination von p gemeinsamen und voneinander unabhängigen Faktoren F_k und den zugehörigen Faktorladungen l_{jk} gedeutet werden kann, die zudem noch von einem Einzelrestfaktor U_j additiv überlagert wird. ii) **Unterschied**. Der methodische Unterschied eines linearen faktoranalytischen Modells

$$Z_j = l_{j1} \times F_1 + \dots + l_{jp} \times F_p + U_j$$

im Vergleich zu einem homogenen linearen Regressionsmodell

$$Y = \text{ß}_1 \times X_1 + ... + \text{ß}_p \times X_p + U$$

(vgl. Abschnitt 9.3) besteht darin, dass bei einem Regressionsmodell sowohl der Regressand Y als auch die p Regressoren X_k (k = 1,2,...,p) empirisch erhoben wurden, während bei einem Faktorenmodell die Faktoren F_k ihrem Wesen nach latente (lat.: *latere* → verborgen sein) Variablenkonstrukte sind, die es aus m empirisch beobachteten und standardisierten Merkmalen Z_j „herauszulösen" bzw. zu extrahieren gilt. In diesem Sinne kann eine Faktorenanalyse stets als ein „variablenreduzierendes" multivariates statistisches Verfahren interpretiert werden. iii) **Extraktionsverfahren**. Ein Extraktionsverfahren, das zur Konstruktion eines linearen faktoranalytischen Modells

$$Z_j = l_{j1} \times F_1 + ... + l_{jp} \times F_p + U_j$$

appliziert wird, ist die sogenannte Hauptkomponentenmethode. iv) **Faktorladung**. Der Koeffizient l_{jk}, der im Kontext einer Faktorenanalyse als eine Faktorladung gedeutet wird, misst den Einfluss oder die „Ladung" des Faktors F_k der Ordnung k im Hinblick auf das standardisierte Erhebungsmerkmal Z_j der Ordnung j. v) **Faktortaufe**. Neben der Schätzung der Faktorladungen l_{jk}, die im konkreten Fall als Maßkorrelationskoeffizienten zwischen einem standardisierten Erhebungsmerkmal Z_j und einem Faktor F_k gedeutet werden und per Definition nur Werte zwischen −1 und +1 annehmen können, kommt in praxi vor allem einer sachlogischen und plausiblen „Faktortaufe" bzw. „Faktornamensgebung" eine besondere praktische Bedeutung zu. Bei einer Faktortaufe lässt man sich vor allem von den Faktoren F_k leiten und anregen, die mit einer „hohen Ladung" versehen sind, also gleichsam durch eine hochgradige Maßkorrelation zwischen einem standardisiertem Erhebungsmerkmal Z_j und einem Faktor F_k gekennzeichnet sind. Da es für eine Faktortaufe keine Patentrezepte gibt, kommt man ohne Sachkenntnis, Erfahrung, sprachliche Inspiration und plausible Semantik nicht aus. ♦

Analyseschritte. Die im Kontext dieses Kapitels dargestellte paradigmatische Einführung in die statistische Faktorenanalyse beruht auf den folgenden drei Arbeitsschritten: Erstens auf der sogenannten Faktorenextraktion, zweitens auf der sogenannten Faktorenrotation, worin die Taufe der extrahierten Faktoren eingeschlossen ist, und drittens auf der Berechnung und sachlogischen Interpretation der sogenannten Faktorwerte. ♣

11.2 Faktorenextraktion

Motivation. Unter dem Begriff der Faktorenextraktion subsumiert man im Kontext einer Faktorenanalyse das „Herausrechnen" von latenten Variablenkonstrukten F_k (k = 1,2,...,p ≤ m) aus einem Variablenkatalog, der aus m ≥ 2 „gleichartigen" metrischen Variablen X_j (j = 1,2,...,m) besteht, die für eine Menge wohldefinierter Merkmalsträger $\Gamma_n = \{\gamma_i, i = 1,2,...,n\}$ statistisch erhoben bzw. gemessen wurden. Die Extraktion von latenten Variablenkonstrukten, die synonym auch als Komponenten oder Faktoren bezeichnet werden, ist „SPSS intern" mit Analyseschritten verbunden, die der Einfachheit halber nachfolgend nur verbal skizziert werden. Hinter den „bloßen" Begriffen verbergen sich anspruchsvolle mathematische Prozeduren, für deren formale Darstellung es vorteilhaft und geboten ist, sich (analog zur linearen Algebra) des Matrizenkalküls zu bedienen.

Standardisierung. In einem ersten Analyseschritt werden die „originären" metrischen Erhebungsmerkmale X_j via Standardisierung bzw. z-Transformation

$$Z_j = (X_j - \mu_j) / \sigma_j$$

in standardisierte Variablen Z_j überführt. Gemäß der Betrachtungen im Kontext des Abschnittes 5.5 besitzen standardisierte Variablen die folgenden nützlichen Eigenschaften: Sie sind stets dimensionslos, ihr Mittelwert ist stets null und ihre Standardabweichung ist stets eins.

Korrelationsmatrix. Die $m \geq 2$ standardisierten Erhebungsmerkmale Z_j werden analog zum Abschnitt 8.3 einer Maßkorrelationsanalyse unterzogen und die berechneten bivariaten Korrelationskoeffizienten zwischen den einzelnen standardisierten Variablen Z_j in einer Korrelationsmatrix

$$\mathbf{R} = [r_{ij}] = (n - 1)^{-1} \cdot \mathbf{Z'Z}$$

vom Typ ($m \times m$) zusammengefasst, die stets quadratisch und symmetrisch ist.

Eigenwerte. Für die ($m \times m$)-Korrelationsmatrix $\mathbf{R}$ werden im konzeptionellen Ablauf mittels der sogenannten Hauptkomponentenmethode die zugehörigen Eigenwerte und Eigenvektoren bestimmt. In der linearen Algebra werden die Lösungen der zu einer quadratischen ($m \times m$)-Matrix gehörenden charakteristischen Gleichung in Gestalt eines Polynoms m-ten Grades als charakteristische Wurzeln oder Eigenwerte bezeichnet. Demnach besitzt eine quadratische Matrix der Ordnung $m \geq 2$ genau $m \geq 2$ Eigenwerte und eine symmetrische Matrix m-ter Ordnung genau $m \geq 2$ reelle Eigenwerte (vgl. Beispiel 11.2-1). Die Eigenwerte, die automatisch in absteigender Folge sortiert werden, bilden die Basis für die Faktorenextraktion. Der Eigenwert λ_k (lies: *Klein-Lambda*) eines extrahierten Faktors F_k, der im konkreten Fall als eine varianzerklärende Maßzahl gedeutet werden kann, gibt an, wie viel von der Gesamtvarianz aller $m \geq 2$ standardisierten Merkmale Z_j ($j = 1,2,...,m$) „allein" durch den extrahierten Faktor F_k der Ordnung k erfasst bzw. statistisch erklärt werden kann.

Extraktionsregel. Aus erklärungsstatistischer Sicht kann die folgende Extraktionsregel formuliert werden: Aus $m \geq 2$ standardisierten Merkmalen Z_j werden so viele Komponenten bzw. Faktoren $p \leq m$ extrahiert, wie Eigenwerte mit einem Wert größer als eins vorliegen. Die zu diesen Eigenwerten λ_k gehörenden Eigenvektoren bilden die extrahierten Faktoren F_k. Die Elemente der Eigenvektoren kennzeichnen die Faktorladungen l_{jk}. Eine Faktorladung l_{jk} ist ihrem Wesen nach ein Maßkorrelationskoeffizient zwischen einem standardisierten Merkmal Z_j und einem extrahierten Faktor F_k. Im Zuge einer sachlogischen Interpretation und statistischen Wertung einer Faktorladung l_{jk}, die stets nur Werte zwischen -1 und $+1$ annehmen kann, ist lediglich deren absoluter Betrag von Interesse.

Verfahren. Zur Lösung des „Extraktionsproblems" sind in SPSS verschiedene Verfahren implementiert, die gemäß Abbildung 11.2-2 im Unterdialogfeld *Faktorenanalyse: Extraktion* optional vereinbart werden können, worunter auch die

in praxi häufig applizierte Hauptkomponentenmethode (engl.: *principal compo-
nents analysis*) zählt, deren Charakteristikum darin besteht, dass sich mit dem
linearen Faktorenmodell

$$Z_j = l_{j1} \times F_1 + l_{j2} \times F_2 + \ldots + l_{jp} \times F_p + U_j$$

die Gesamtvarianz der $m \geq 2$ empirisch erhobenen und standardisierten Merkmale Z_j bis auf einen zufallsbedingten Rest U_j auf die $p \leq m$ gemeinsamen und voneinander unabhängigen Faktoren F_k zurückführen lässt. ♣

Beispiel 11.2-1: Eigenwerte einer (2×2)-Korrelationsmatrix
Motivation. Im Vorfeld der faktoranalytischen Betrachtungen soll die Bestim-
mung der Eigenwerte einer quadratischen und zugleich symmetrischen Matrix in
Gestalt der (2×2)-Korrelationsmatrix innerhalb der Tabelle 11.2-1 exemplarisch
skizziert werden. Die (2×2)-Korrelationsmatrix basiert auf der SPSS Datendatei
Frage.sav und beschreibt für die Studierenden, die im Wintersemester 2013/14
(Filter: *Semester = 12*) auf Grundlage des standardisierten Fragebogens innerhalb
der Abbildung 3.3-1 befragt wurden, die Korrelation zwischen den Variablen
F9a und *F9b*, welche die metrischen und auf einer 100 %-Skala „gelichartig"
gemessenen Erhebungsmerkmale *Intensität des Vorlesungsbesuches* und *Intensität des Übungsbesuches* von Studierenden zum Inhalt haben.

Tabelle 11.2-1: (2×2)-Korrelationsmatrix

	Vorlesungsbesuch (F9a)	Übungsbesuch (F9b)
Vorlesungsbesuch (F9a)	1	,821
Übungsbesuch (F9b)	,821	1

Demnach besteht wegen eines Maßkorrelationskoeffizienten von 0,821 (vgl. Abschnitt 8.3) für die $n = 169$ (von den insgesamt 171) befragten Studierenden, die
hinsichtlich dieser beiden Fragen eine gültige Antwort gaben, ein starker positiver linearer statistischer Zusammenhang zwischen der Intensität des Vorlesungsbesuches und der Intensität des Übungsbesuches.
Charakteristische Gleichung. Bezeichnet

$$\mathbf{R} = \begin{bmatrix} 1 & 0{,}821 \\ 0{,}821 & 1 \end{bmatrix}$$

die quadratische und zugleich symmetrische Korrelationsmatrix der Ordnung
$m = 2$, dann kennzeichnet

$$\det(\mathbf{R} - \lambda \cdot \mathbf{I}) = \begin{vmatrix} 1-\lambda & 0{,}821 \\ 0{,}821 & 1-\lambda \end{vmatrix} = (1-\lambda)^2 - (0{,}821)^2 = 0$$

die zur (2×2)-Korrelationsmatrix gehörende charakteristische Gleichung, die
wiederum als Normalform

$$\lambda^2 - 2 \times \lambda + 0{,}674041 = 0$$

einer gemischtquadratischen Gleichung bzw. als ein Polynom m = 2-ten Grades gemäß dem VIETAschen Wurzelsatz die zwei reellwertigen Lösungen

$$\lambda_1 = 1 + \sqrt{(1 - 0{,}674041)} \cong 1{,}571$$

und

$$\lambda_2 = 1 - \sqrt{(1 - 0{,}674041)} \cong 0{,}429$$

besitzt. Diese beiden reellwertigen Lösungen, deren Summe

$$1{,}571 + 0{,}429 = 2$$

wiederum mit dem Grad m = 2 des Polynoms (grch.: *polys* → viel + *nomos* → Anteil, Glied) bzw. der Ordnung m = 2 der quadratischen und symmetrischen Korrelationsmatrix **R** übereinstimmt, werden auch als die Eigenwerte oder als die charakteristischen Wurzeln der zugrunde liegenden quadratischen und symmetrischen (2 × 2)-Korrelationsmatrix **R** bezeichnet. ♣

Beispiel 11.2-2: Faktorenextraktion

Motivation. In Anlehnung an das Beispiel 11.2-1 sollen die faktoranalytischen Betrachtungen im Allgemeinen und die Faktorenextraktion im Speziellen unter Verwendung der SPSS Datendatei *Frage.sav* für die sechs metrischen und jeweils auf einer 100 %-Skala „gleichartig bemessenen" Variablen *F9a* bis *F9f* erfolgen, die gemäß Abbildung 3.3-1 im standardisierten Fragebogen die sechs Fragebogenitems zur „Messung der Intensität studentischer Aktivitäten" hinsichtlich des Vorlesungsbesuches, des Übungsbesuches, des Bibliotheksbesuches, des Selbststudiums, der Studiengruppenarbeit und der Nebenjobtätigkeit zum Inhalt haben. Einzig und allein aus didaktisch-methodischen Gründen werden die faktoranalytischen Betrachtungen nur für die n = 171 befragten Studierenden paradigmatisch skizziert und erläutert, die im Wintersemester 2013/14 befragt wurden und der SPSS Auswahlbedingung *Semester = 12* genügen.

> **Sequenz 11.2-1**: Faktorenanalyse
> Analysieren
>   Dimensionsreduktion
>   Faktorenanalyse... → Abbildung 11.2-1

Abbildung 11.2-1: SPSS Dateneditor mit Dialogfeldern *Faktorenanalyse*

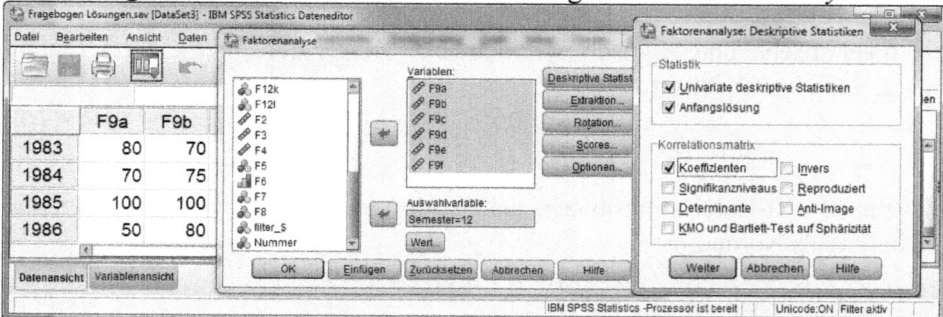

Faktorenanalyse. Zur statistischen Beschreibung des latenten Konstrukts *studentische Aktivitäten* ist es sinnvoll und geboten, für die ausgewählten Merkmalsträger die sechs gleichartigen metrischen Erhebungsmerkmale via Sequenz 11.2-1 einer Faktorenanalyse zu unterziehen.

Datendeskription. In der Abbildung 11.2-1 ist gemeinsam mit dem Dialogfeld *Faktorenanalyse* das Unterdialogfeld *Faktorenanalyse: Deskriptive Statistiken* dargestellt, das man im Dialogfeld *Faktorenanalyse* via Schaltfläche *Deskriptive Statistiken* aktivieren kann und mit dessen Hilfe im konkreten Fall die *Univariaten Statistiken*, die sogenannte *Anfangslösung* sowie die *Koeffizienten* der *Korrelationsmatrix* angefordert wurden. Die zugehörigen Analyseergebnisse sind in den Tabellen 11.2-2 bis 11.2-4 aufgelistet und können wie folgt interpretiert werden:

Tabelle 11.2-2: Mittelwerttabelle

Deskriptive Statistiken[a]

	Mittelwert	Standardabw.	Anzahl
Intensität Vorlesungsbesuch, Basis: 100 %-Skala	84,56	20,25	169
Intensität Übungsbesuch, Basis: 100 %-Skala	85,65	20,68	169
Intensität Bibliotheksbesuch, Basis: 100 %-Skala	21,62	20,61	169
Intensität Selbststudium, Basis: 100 %-Skala	45,06	25,99	169
Intensität Studiengruppenarbeit, Basis: 100 %-Skala	32,19	24,10	169
Intensität Nebenjobtätigkeit, Basis: 100 %-Skala	49,85	36,62	169

a. In der Analysephase werden nur Fälle verwendet, für die Befragungssemester = WS 1314 gilt.

Von den 169 befragten Studierenden, die im Hinblick auf den sechsgliedrigen Itemkatalog gültige und damit auswertbare Antworten gaben, wurde für die studentische Aktivität „Übungsbesuch" mit durchschnittlich 85,7 % der höchste und im Hinblick auf die studentische Aktivität „Bibliotheksbesuch" mit durchschnittlich 21,6 % der niedrigste Intensitätsgrad gemessen.

Korrelationsmatrix. Aufgrund dessen, dass für jeden Studenten γ insgesamt $m = 6$ studentische Aktivitäten X_j ($j = 1,2,...,m$) gemessen wurden, ist es evident, dass die Korrelationsmatrix **R** innerhalb der Tabelle 11.2-3 nicht nur quadratisch und vom Typ (6×6), sondern stets auch symmetrisch ist. Hinzu kommt noch die scheinbar triviale Aussage, dass zum einen die Hauptdiagonalelemente dem Werte nach eins sind, da man die jeweilig gemessene studentische Aktivität mit sich selbst korreliert und zum anderen die bivariaten Maßkorrelationskoeffizienten „redundant" an der sogenannten Einser-Hauptdiagonalen „gespiegelt" werden. Aufgrund dessen, dass eine bivariate Maßkorrelation sowohl für originäre als auch für standardisierte Werte stets zu einem gleichen Ergebnis führt, gelangt man zu den folgenden Aussagen: Offensichtlich korrelieren im Ensemble der $m = 6$ analysierten Fragebogenitems die metrischen, gleichartigen und standardisierten Variablen *F9a* (Vorlesungsbesuch) und *F9b* (Übungsbesuch) wegen eines

bivariaten und symmetrischen Maßkorrelationskoeffizienten nach BRAVAIS und
PEARSON von 0,821 am stärksten miteinander. Gleichwohl die übrigen bivariaten
Korrelationen mittelstark bzw. sehr schwach ausgeprägt sind, ist zu konstatieren,
dass zwischen den metrischen, gleichartigen und standardisierten Variablen *F9d*
(Selbststudium) und *F9e* (Studiengruppenarbeit) wegen 0,628 die zweitstärkste
und zwischen den Variablen *F9b* (Übungsbesuch) und *F9e* (Nebenjobtätigkeit)
wegen 0,010 die schwächste bivariate Maßkorrelation besteht.

Tabelle 11.2-3: (6×6)-Korrelationsmatrix

	F9a	F9b	F9c	F9d	F9e	F9f
F9a	1	,821	-,111	-,054	-,054	-,041
F9b	,821	1	-,083	-,086	-,050	,010
F9c	-,111	-,083	1	,485	,402	-,041
F9d	-,054	-,086	,485	1	,628	,078
F9e	-,054	-,050	,402	,628	1	,022
F9f	-,041	,010	-,041	,078	,022	1

Faktorenextraktion. Die Tabelle 11.2-4 beinhaltet das Ergebnis der „anfäng-
lichen" Faktorenextraktion, die gemäß Abbildung 11.2-2 im Unterdialogfeld
Faktorenanalyse: Extraktion mit den indizierten optionalen Festlegungen vereinbart und angefordert wurde.

Abbildung 11.2-2: SPSS Dateneditor mit Dialogfeld *Faktoren … Extraktion*

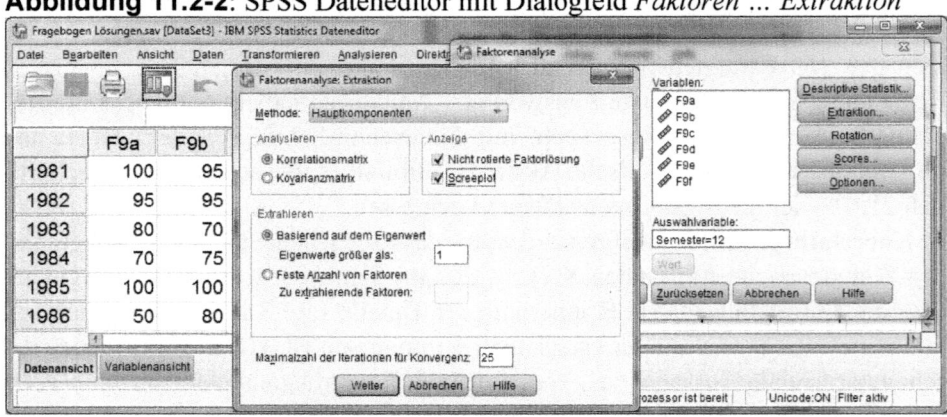

Aufgrund dessen, dass es drei Eigenwerte
$$\lambda_1 \cong 2,122, \quad \lambda_2 \cong 1,719 \text{ und } \lambda_3 \cong 1,014$$
gibt, die hinsichtlich ihrer Werte größer als eins sind, wurden aus dem Ensemble
der sechs empirisch erhobenen (und standardisierten) Variablen *F9a* bis *F9f*
schlussendlich p = 3 Komponenten F_k extrahiert, mit deren Hilfe man bereits in
der Lage ist, ca. 80,9 % die Gesamtvarianz der m = 6 standardisierten Fragebogenitems Z_j statistisch zu erklären.

Tabelle 11.2-4: Faktorenextraktion

Erklärte Gesamtvarianz[a]

Komponente	Anfängliche Eigenwerte		
	Gesamtsumme	% der Varianz	Kumulativ %
1	2,122	35,367	35,367
2	1,719	28,652	64,020
3	1,014	16,898	80,917
4	,611	10,190	91,107
5	,361	6,016	97,123
6	,173	2,877	100,000

Extraktionsmethode: Analyse der Hauptkomponente.

a. In der Analysephase werden nur Fälle verwendet, für die Befragungssemester = WS 1314 gilt.

Scree-Plot. Im Kontext der Faktorenextraktion erweist sich das sogenannte Scree-Plot (engl.: *scree* → Geröll + *plot* → Zeichnung) innerhalb der Abbildung 11.2-3 vor allem dann als hilfreich, wenn man eine größere Anzahl von Variablen (etwa m > 10) einer Faktorenanalyse unterzieht und abweichend von der eingangs formulierten Extraktionsregel „selbstbestimmend" die extrahierten Faktoren gemäß dem Aschenputtel-Prinzip in „bedeutsame" und „unbedeutende" Faktoren aufzuteilen gedenkt. In einem Scree-Plot, das gemäß Abbildung 11.2-2 im Unterdialogfeld *Faktorenanalyse: Extraktion* angefordert werden kann, klassifiziert man alle diejenigen Faktoren als „bedeutsam", die numerisch durch vergleichsweise große Eigenwerte und grafisch durch einen Polygonzug (grch.: *polys* → viel + *gonia* → Winkel) mit einem vergleichsweise starken (negativen) Anstieg gekennzeichnet sind. Die restlichen Faktoren, die gemäß der Allegorie von einem „Geröllhang" im degressiv fallenden Polygonzug der Eigenwerte durch Polygonzugglieder mit einem geringeren (negativen) Anstieg gekennzeichnet sind, ordnet man den „unbedeutenden" Faktoren bzw. dem faktoranalytischen „Geröll" zu.

Abbildung 11.2-3: Anfängliche Eigenwerte und Scree-Plot

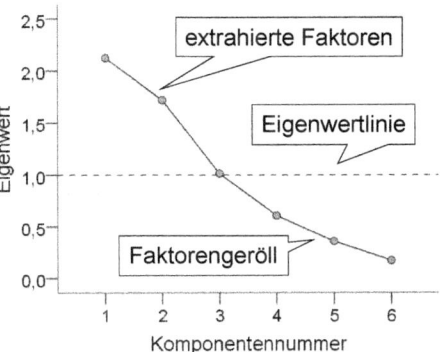

Erklärte Gesamtvarianz[a]

Komponente	Anfängliche Eigen	
	Gesamtsumme	% der Varia
1	2,122	35,
2	1,719	28,
3	1,014	16,
4	,611	˙0,
5	,361	6,
6	,173	2,

Extraktionsmethode: Analyse der Hauptkompo

a. In der Analysephase werden nur Fälle verwendet, fü Befragungssemester = WS 1314 gilt.

Ungeachtet der eingangs formulierten Extraktionsregel würde man im Scree-Plot innerhalb der Abbildung 11.2-3, das durch einen fallenden Polygonzug getragen wird, zum Beispiel die extrahierten Komponenten bzw. Faktoren 1, 2 und 3, die durch den Polygonzug oberhalb der „gestichelten Eigenwertlinie auf dem Niveau eins" als „faktoranalytisch bedeutsam" und die extrahierten Faktoren 4, 5 und 6 im Polygonzugbereich unterhalb der gestrichelten Niveaulinie als „unbedeutendes faktoranalytisches Geröll" klassifizieren.

Faktorladungen. In der Tabelle 11.2-5 ist die im Zuge der Hauptkomponentenanalyse anfallende (6×3)-Komponentenmatrix dargestellt, deren Elemente die Faktorladungen l_{jk} für die $p = 3$ extrahierten Faktoren F_k ($k = 1,2,...,p$) aus den $m = 6$ standardisierten Erhebungsmerkmalen Z_j ($j = 1,2,...,m$) beinhalten.

Tabelle 11.2-5: (6×3)-Komponentenmatrix mit Faktorladungen

Komponentenmatrix[a,b]

	Komponente		
	1	2	3
Intensität Vorlesungsbesuch, Basis: 100 %-Skala	-,525	,797	-,020
Intensität Übungsbesuch, Basis: 100 %-Skala	-,525	,795	,033
Intensität Bibliotheksbesuch, Basis: 100 %-Skala	,678	,306	-,165
Intensität Selbststudium, Basis: 100 %-Skala	,766	,422	,072
Intensität Studiengruppenarbeit, Basis: 100 %-Skala	,721	,424	,009
Intensität Nebenjobtätigkeit, Basis: 100 %-Skala	,058	,007	,990

Extraktionsmethode: Analyse der Hauptkomponente.
a. 3 Komponenten extrahiert.
b. In der Analysephase werden nur Fälle verwendet, für die Befragungssemester = WS 1314 gilt.

Die Faktorladung $l_{12} \cong 0,797$, die ihrem Wesen nach ein bivariater Maßkorrelationskoeffizient ist, kann zum Beispiel wie folgt interpretiert werden: Zwischen dem standardisierten Erhebungsmerkmal Z_1: *Vorlesungsbesuch* und der im Zuge der Hauptkomponentenanalyse extrahierten Komponente der Ordnung $k = 2$ besteht eine ausgeprägte positive lineare Korrelation. Demnach kann man wegen
$$l_{12} \cong 0,797 > 0,5$$
eine vergleichsweise „hohe Ladung" der standardisierten Variablen Z_1: *Vorlesungsbesuch* auf der extrahierten Komponente der Ordnung $k = 2$ feststellen. Im Vergleich dazu besteht wegen
$$l_{11} \cong |-0,525| = 0,525 > 0,5$$
eine mittelmäßig ausgeprägte negative lineare Korrelation zwischen dem standardisierten Erhebungsmerkmal Z_1: *Vorlesungsbesuch* und der extrahierten Komponente der Ordnung $k = 1$. Dieses Ergebnis deutet man dahingehend, dass die standardisierte Variable Z_1: *Vorlesungsbesuch* auf der extrahierten Komponente der Ordnung $k = 1$ auf einem „absoluten" Niveau „relativ hoch geladen" ist. Im Gegensatz dazu ist zum Beispiel wegen
$$l_{53} \cong 0,009 < 0,5$$

die standardisierte Variable Z_5: *Studiengruppenarbeit* auf der extrahierten Komponente der Ordnung k = 3 augenscheinlich „schwach oder gering geladen". Analog sind die restlichen Komponentenladungen l_{jk} in der Tabelle 11.2-5 in ihren „Absolutwerten" zu deuten.

Ladungsdiagramm. In einem unmittelbaren Zusammenhang mit der Komponentenmatrix bzw. der Matrix der Komponentenladungen innerhalb der Tabelle 11.2-5 steht das sogenannte Ladungs- bzw. Komponentendiagramm, das in der Abbildung 11.3-2 dargestellt ist und dessen Konstruktion und Interpretation im Kontext des Beispiels 11.3-1 am konkreten Sachverhalt näher erläutert werden.

Kommunalitäten. Für ein elementares Verständnis der inneren Konsistenzen einer hauptkomponentenbasierten Faktorenanalyse ist in diesem Zusammenhang noch beachtenswert, dass die p = 3 Komponentenladungen l_{jk} für die m = 6 standardisierten Erhebungsmerkmale Z_j, die einem 3D-Ladungsdiagramm innerhalb der Abbildung 11.3-2 grafisch dargestellt sind, unmittelbar zum Begriff der Kommunalitäten führen. In der Tabelle 11.2-6 sind die Kommunalitäten (lat.: *communis* → gemeinsam) aufgelistet, die im Zuge der praktizierten Faktorenextraktion ermittelt wurden.

Tabelle 11.2-6: Kommunalitäten

Kommunalitäten[a]

	Extraktion
Intensität Vorlesungsbesuch, Basis: 100 %-Skala	,912
Intensität Übungsbesuch, Basis: 100 %-Skala	,909
Intensität Bibliotheksbesuch, Basis: 100 %-Skala	,581
Intensität Selbststudium, Basis: 100 %-Skala	,770
Intensität Studiengruppenarbeit, Basis: 100 %-Skala	,700
Intensität Nebenjobtätigkeit, Basis: 100 %-Skala	,983

Extraktionsmethode: Analyse der Hauptkomponente.
a. In der Analysephase werden nur Fälle verwendet, für die Befragungssemester = WS 1314 gilt.

Zwischen den Komponentenladungen innerhalb der Tabelle 11.2-5 und den Kommunalitäten aus der Tabelle 11.2-6 bestehen die folgenden elementaren und am konkreten Sachverhalt leicht nachvollziehbaren Beziehungen: Bildet man für jedes der m = 6 standardisierten Erhebungsmerkmale Z_j das Quadrat der zugehörigen Komponentenladung l_{jk} und summiert die quadrierten Komponentenladungen $(l_{jk})^2$ über die p Komponenten F_k (k = 1,2,…,p), dann erhält man jeweils mit

$$0 \le h_j^2 = \sum_{k=1}^{p} l_{jk}^2 \le 1$$

die merkmalsspezifische Kommunalität h_j^2, die stets nur Werte zwischen null und eins annehmen kann. Im Falle des standardisierten Erhebungsmerkmals Z_3: *Bibliotheksbesuch* berechnet man zum Beispiel wegen

$$h^2_3 = (l_{31})^2 + (l_{32})^2 + (l_{33})^2 = (0,678)^2 + (0,306)^2 + (-0,165)^2 \cong 0,581$$

eine bibliotheksbesuchsbezogene Kommunalität, die in ihrem Wert mit der Kommunalität in der Spalte *Extraktion* innerhalb der Tabelle 11.2-6 übereinstimmt und wie folgt interpretiert werden kann: Im Ensemble der p = 3 extrahierten Komponenten bzw. Faktoren F_k (k = 1,2,…,p) ist man hinsichtlich ihres gemeinsamen oder „kommunalen" Zusammenwirkens bereits in der Lage, zu 58,1 % die Varianz des standardisierten Erhebungsmerkmals Z_3: *Bibliotheksbesuch* statistisch zu erfassen bzw. zu erklären. Analog sind die restlichen merkmalsbezogenen Kommunalitäten zu interpretieren. Offensichtlich ist die „kommunale" statistische Erklärungsfähigkeit der p = 3 extrahierten Komponenten F_k im Hinblick auf das standardisierte Erhebungsmerkmal Z_6: *Nebenjobtätigkeit* wegen $h^2_6 \cong 0,983$ am stärksten und wegen $h^2_3 \cong 0,581$ für das standardisierte Merkmal Z_3: *Bibliotheksbesuch* am geringsten ausgeprägt.

Eigenwerte. Aufgrund dessen, dass eine Korrelationsmatrix stets quadratisch und zugleich symmetrisch ist, existieren für die (6 × 6)-Korrelationsmatrix der m = 6 standardisierten Erhebungsmerkmale Z_j (j = 1,2,…,m) innerhalb der Tabelle 11.2-3 genau die m = 6 in der Tabelle 11.2-4 aufgelisteten reellen Eigenwerte

$$\lambda_1 \cong 2,122, \ \lambda_2 \cong 1,719, \ \lambda_3 \cong 1,014,$$
$$\lambda_4 \cong 0,611, \ \lambda_5 \cong 0,361 \text{ und } \lambda_6 \cong 0,173,$$

die in ihrer Summe

$$2,122 + 1,719 + 1,014 + 0,611 + 0,361 + 0,173 = 6$$

wiederum die Matrixordnung m = 6 ergeben. Summiert man die quadrierten Komponentenladungen $(l_{jk})^2$ innerhalb eines extrahierten Faktors F_k der Ordnung k = 1,2,…,p über alle m = 6 standardisierten Merkmale Z_j, dann erhält man mit

$$\lambda_k = \sum_{j=1}^{m} l^2_{jk} = l^2_{1k} + l^2_{2k} + … + l^2_{mk}$$

den zur extrahierten Komponente F_k der Ordnung k gehörenden reellen Eigenwert λ_k. Im konkreten Fall berechnet man gemäß Tabelle 11.2-5 etwa für die extrahierte Komponente F_1 einen reellen Eigenwert von

$$\lambda_1 = (-0,525)^2 + (-0,525)^2 + 0,678^2 + 0,766^2 + 0,721^2 + 0,058^2 \cong 2,122$$

und interpretiert ihn wie folgt: Für die m = 6 standardisierten Merkmale Z_j errechnet man wegen $V(Z_j) = 1$ eine Gesamtvarianz von

$$1 + 1 + 1 + 1 + 1 + 1 = 6,$$

die wiederum identisch ist mit der Summe der m = 6 reellen Eigenwerte λ_k. Demnach ist man mittels der extrahierten Komponente F_1 bereits in der Lage, zu

$$(2,122 / 6) \times 100 \ \% \cong 35,367 \ \%$$

die Gesamtvarianz aller m = 6 empirischen erhobenen und standardisierten Variablen Z_j allein durch die extrahierte Komponente F_1 statistisch zu erfassen bzw. zu erklären. Analog berechnet und interpretiert man die reellen Eigenwerte

$$\lambda_2 = 0,797^2 + 0,795^2 + 0,306^2 + 0,422^2 + 0,424^2 + 0,007^2 \cong 1,719$$

$$\lambda_3 = (-0{,}020)^2 + 0{,}033^2 + (-0{,}165)^2 + 0{,}072^2 + 0{,}009^2 + 0{,}990^2 \cong 1{,}014$$

für die Komponenten F_k der Ordnung $k = 2$ und $k = 3$, mit denen man jeweils

$$(1{,}719 / 6) \times 100\ \% \cong 28{,}652\ \%\ \text{bzw.}$$

$$(1{,}014 / 6) \times 100\ \% \cong 16{,}898\ \%$$

der Gesamtvarianz aller $m = 6$ standardisierten Erhebungsmerkmale Z_j statistisch erklären kann. Gemäß Tabelle 11.2-4 ermöglichen letztlich die $p = 3$ extrahierten Faktoren F_k eine statistische Erklärung der Gesamtvarianz aller $m = 6$ standardisierten Erhebungsmerkmale von

$$35{,}367\ \% + 28{,}652\ \% + 16{,}898\ \% \cong 80{,}917\ \%.$$

Spätestens im Zuge dieser exemplarischen und eigenwertbezogenen Betrachtungen leuchtet auch der Titel der Tabelle 11.2-4 ein, zumal mit Hilfe der Eigenwerte die „Erklärungsfähigkeit" der extrahierten Komponenten im Hinblick auf die empirisch erhobenen und standardisierten Merkmale bewertet werden kann.

Interpretation. Die eingangs formulierte Extraktionsregel kann im konkreten Fall anhand der Tabelle 11.2-4 wie folgt motiviert werden: Ein reeller Eigenwert λ_k einer mittels der Hauptkomponentenmethode extrahierten Komponente F_k von höchstens eins ist gleichbedeutend mit einem komponentenbezogenen Erklärungsbeitrag für die Gesamtvarianz aller m standardisierten Erhebungsmerkmale Z_j, der nicht besser ist, als die Teilvarianz eines standardisierten Erhebungsmerkmals Z_j der Ordnung $j = 1,2,...,m$, die stets ihrem Wert nach eins ist. Aus diesem Grunde deutet man extrahierte Komponenten F_k, deren Eigenwerte λ_k gleich oder kleiner als eins sind, als erklärungsstatistisch unbedeutend und im Sinne eines sogenannten Scree-Plot(s) als erklärungsstatistisches bzw. faktoranalytisch unbedeutendes „Geröll". Da die extrahierten Komponenten F_k der Ordnung $k = 4, 5, 6$ durch die Eigenwerte

$$\lambda_4 \cong 0{,}611 < 1,\ \lambda_5 \cong 0{,}361 < 1\ \text{und}\ \lambda_6 \cong 0{,}173 < 1$$

bzw. durch die prozentualen Erklärungsbeiträge von

$$(0{,}611 / 6) \times 100\ \% \cong 10{,}190\ \% < (1 / 6) \times 100\ \% \cong 16{,}67\ \%$$

$$(0{,}361 / 6) \times 100\ \% \cong 6{,}016\ \% < (1 / 6) \times 100\ \% \cong 16{,}67\ \%$$

$$(0{,}439 / 6) \times 100\ \% \cong 2{,}877\ \% < (1 / 6) \times 100\ \% \cong 16{,}67\ \%$$

gekennzeichnet sind, werden sie im faktoranalytischen und erklärungsstatistischen Sinne als unbedeutende Faktoren bzw. Komponenten identifiziert. ♣

11.3 Faktorenrotation

Motivation. Motiv und Ziel einer Komponenten- bzw. Faktorenrotation bestehen darin, für extrahierte Komponenten bzw. Faktoren, die gemäß Abschnitt 11.2 im Zuge einer Faktorenanalyse als „bedeutsam" aufgedeckt, extrahiert und identifiziert wurden, im Hinblick auf eine angestrebte und analytisch erforderliche „Faktorentaufe" eine möglichst einfache und sachlogisch plausibel interpretierbare Struktur zu finden.

Einfachstruktur. Von einer „Einfachstruktur" extrahierter Komponenten spricht man dann, wenn jeweils auf einer extrahierten Komponente F_k einige standardisierte Erhebungsmerkmale Z_j möglichst hoch und andere möglichst niedrig geladen sind. Werden also extrahierte Komponenten im Bestreben, für sie eine Einfachstruktur zu finden, rotiert, dann hat dies zur Folge, dass sowohl die Komponentenladungen l_{jk} als auch die Eigenwerte λ_k der „rotierten" Komponenten F_k verändert und zugleich die Varianz der Komponentenladungen einer rotierten Komponente „vergrößert" und in einem optimierenden Sinne „maximiert" wird. Beachtenswert ist dabei, dass von einer Faktorenrotation die Gesamtvarianz der extrahierten Komponenten bzw. Faktoren unberührt bleibt. Im Zuge einer Faktorenrotation wird lediglich die Struktur der Gesamtvarianz in ihrer Verteilung auf die extrahierten Komponenten bzw. Faktoren verändert.

Rotationsverfahren. In der Tabelle 11.3-1 sind analog zur Abbildung 11.3-1 die in SPSS implementierten und im Unterdialogfeld *Faktorenanalyse: Rotation* optional aufrufbaren Rotationsverfahren zusammengefasst, die gemäß ihrer Charakteristik in orthogonale (grch.: *orthos* → richtig + recht + *gonia* → Winkel) bzw. rechtwinklige Rotationsverfahren oder in oblique (frz.: *oblique* → schief) bzw. schiefwinklige Rotationsverfahren klassifiziert werden.

Tabelle 11.3-1: Rotationsverfahren

Verfahren	Charakteristik
Quartimax	orthogonal
Varimax	orthogonal, in praxi häufig appliziert
Equamax	orthogonal, Kompromiss aus Varimax und Quartimax
Oblimin, direkt	oblique
Promax	Kombination aus orthogonaler und obliquer Rotation

Varimax-Verfahren. Das Varimax-Verfahren, das auf den amerikanischen Psychologen und Psychometriker Henry Felix KAISER (*1927, †1992) zurückgeht, wird in praxi häufig appliziert. Dies erklärt sich daraus, dass dieses orthogonale bzw. rechtwinkelige Rotationsverfahren darauf zielt, zum einen die VARIanz der Faktorladungen zu MAXImieren (woraus sich der Name des Verfahrens ableitet) und zum anderen die Anzahl p extrahierter Komponenten bzw. Faktoren F_k (k = 1,2,...,p) zu minimieren. Dabei leuchtet es ein, dass sich die sachlogische Etikettierung bzw. „Taufe" einer kleineren Anzahl extrahierter Komponenten bzw. Faktoren leichter bewerkstelligen lässt als umgekehrt. Hinzu kommt noch, dass orthogonale Rotationsverfahren die Extraktion von Faktoren ermöglichen, die im paarweisen Vergleich selbst wieder orthogonal und damit unkorreliert sind. Im Gegensatz dazu sind Faktoren, die mit Hilfe eines obliquen bzw. „gemixten" Rotationsverfahrens extrahiert wurden, nicht mehr paarweise untereinander unkorreliert. ♣

Beispiel 11.3-1. Faktorenrotation

Motivation. In Weiterführung des Beispiels 11.2-1 soll analog zur Abbildung 11.3-1 mit Hilfe des Rotationsverfahrens VARIMAX nach KAISER die Faktorenanalyse der $m = 6$ standardisierten Erhebungsmerkmale Z_j zur Beschreibung „studentischer Aktivitäten" erweitert und ergänzt werden.

Abbildung 11.3-1: SPSS Dateneditor mit Dialogfeld *Faktoren ... Rotation*

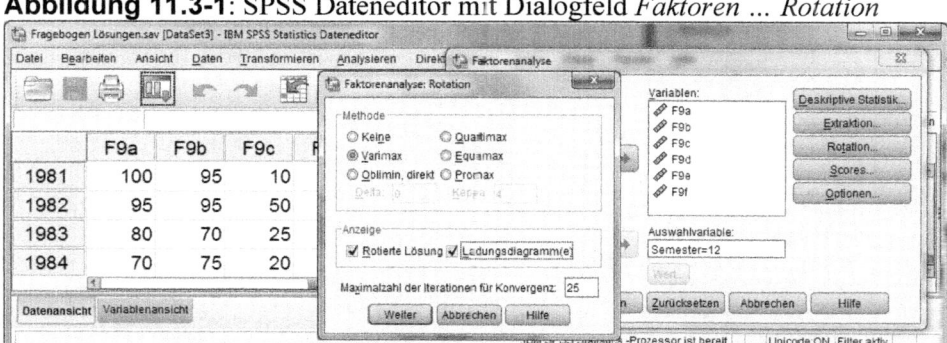

Faktorladungen. Während die Tabelle 11.3-2 das Extraktionsergebnis der durchgeführten orthogonalen Faktorenrotation beinhaltet, ist in der Abbildung 11.3-2 gemeinsam mit dem sogenannten 3D-Ladungsdiagramm die rotierte (6×3)-Komponentenmatrix dargestellt. Ein Vergleich der rotierten Komponentenmatrix innerhalb der Abbildung 11.3-2 mit der Komponentenmatrix aus der Tabelle 11.2-4 zeigt, dass im Ergebnis der Rotation eine augenscheinliche „Polarisierung" der Faktorladungen l_{jk} in den $p = 3$ extrahierten und rotierten Faktoren F_k ($k = 1,2,\ldots,p$) zu erkennen ist. Während zum Beispiel auf dem Faktor F_k der Ordnung $k = 2$ die standardisierten Erhebungsmerkmale Z_1: *Vorlesungsbesuch* und Z_2: *Übungsbesuch* durch die Rotation eine „höhere Ladung" erfahren, verschwinden für die restlichen vier standardisierten Erhebungsmerkmale Z_3: *Bibliotheksbesuch*, Z_4: *Selbststudium*, Z_5: *Studiengruppenarbeit* und Z_6: *Nebenjobtätigkeit* die Faktorladungen l_{jk} nahezu. Für den extrahierten und rotierten Faktor F_k der Ordnung $k = 1$ und $k = 3$ gelten analoge ladungsbezogene Rotationsbefunde.

Tabelle 11.3-2: Faktorenrotation

Erklärte Gesamtvarianz[a]

Komponente	Rotierte Summen von quadrierten Ladungen		
	Gesamtsumme	% der Varianz	Kumulativ %
1	2,016	33,593	33,593
2	1,823	30,390	63,984
3	1,016	16,934	80,917

Extraktionsmethode: Analyse der Hauptkomponente.

a. In der Analysephase werden nur Fälle verwendet, für die Befragungssemester = 12 gilt.

Ladungsdiagramm. Eine anschauliche Darstellung des Rotationsergebnisses liefert das sogenannte Ladungsdiagramm innerhalb der Abbildung 11.3-2.

Abbildung 11.3-2: Rotierte Komponentenmatrix, Ladungsdiagramm

Rotierte Komponentenmatrix[a,b]

	Komponente		
	1	2	3
F9a	-,045	,953	-,033
F9b	-,048	,952	,020
F9c	,746	-,084	-,132
F9d	,870	-,026	,110
F9e	,835	-,002	,045
F9f	,010	-,012	,991

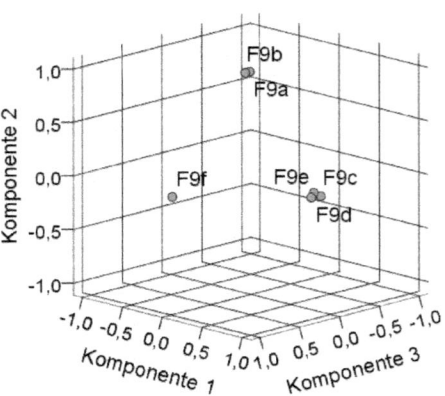

Extraktionsmethode: Analyse der Hauptkomponente.
Rotationsmethode: Varimax mit Kaiser-Normalisierung.
a. Rotation konvergierte in 3 Iterationen.
b. In der Analysephase werden nur Fälle verwendet, für die Befragungssemester = 12 gilt.

Anhand des dreidimensionalen Ladungsdiagramms wird augenscheinlich, dass nicht nur alle m = 6 standardisierten Erhebungsmerkmale Z_j in Gestalt der empirisch erhobenen studentischen Aktivitäten vom jeweiligen komponentenspezifischen Nullpunkt „weit entfernt" zu liegen kommen, sondern zugleich auch noch im dreidimensionalen Komponenten- bzw. Faktorraum drei grafisch wohl voneinander zu unterscheidende und faktoranalytisch zu begründende Variablenbündel bilden: das ausschließlich auf der Komponente 1 „hoch geladene" Variablentripel *Bibliotheksbesuch (F9c)*, *Selbststudium (F9d)* und *Studiengruppenarbeit (F9e)*, das ausschließlich auf der Komponente 2 hoch geladene Variablenpaar *Vorlesungsbesuch (F9a)* und *Übungsbesuch (F9b)* und schlussendlich die alleinige auf der Komponente 3 hoch geladene Variable *F9f*, welche die studentischen Aktivität einer *Nebenjobtätigkeit* zum Inhalt hat.

Faktorentaufe. Gelingt es im Kontext der Faktorenrotation letztendlich noch, die p = 3 extrahierten und rotierten Komponenten einer sachlogisch plausiblen „Faktorentaufe" zu unterziehen, dann kann die praktizierte Faktorenanalyse als „erfolgreich" angesehen werden. Offensichtlich beschreibt die extrahierte und rotierte Komponente F_k der Ordnung k = 1 in Gestalt des empirisch erhobenen Variablentripels *Bibliotheksbesuch*, *Selbststudium* und *Studiengruppenarbeit* die studentischen Aktivitäten im Rahmen eines klassischen Selbststudiums oder extracurricularen Studiums, der extrahierte und rotierte Komponente F_k der Ordnung k = 2 in Gestalt des Variablenpaares *Vorlesungsbesuch* und *Übungsbesuch* die studentischen Aktivitäten im Kontext eines klassischen lehrveranstaltungsbezogenen oder curricularen Studiums und schlussendlich die extrahierte und rotierte Komponente F_k der Ordnung k = 3 in Gestalt des Erhebungsmerkmals *Nebenjobtätigkeit* die studentische Aktivität gleichen Namens.

> **Hinweise.** Im Rahmen einer Faktorenrotation und einer Faktorentaufe erweisen sich die folgenden Hinweise als nützlich und hilfreich: i) **Absolutwerte.** Im Ergebnis einer Faktorenrotation sind stets nur die Absolutbeträge der Ladungskoeffizienten einer rotierten Komponentenmatrix von Interesse. ii) **Faustregel.** Ein empirisch beobachtetes und standardisiertes Merkmal gilt auf einer Komponente bzw. auf einem Faktor als „hoch geladen", wenn der Absolutbetrag des zugehörigen Ladungskoeffizienten größer als 0,5 ist. Beachtenswert ist dabei, dass ein Merkmal durchaus auf zwei oder mehreren Faktoren „hoch geladen" sein kann und daher bei jedem Faktor zur „Faktorentaufe" heranzuziehen bzw. zu berücksichtigen ist. iii) **Faktorentaufe.** Ist eine plausible Faktorentaufe nicht möglich, dann gilt eine Faktorenanalyse als gescheitert. ♦

Extraktionsergebnis. Schließlich und endlich gilt es noch das finale Extraktionsergebnis, also das Extraktionsresultat „nach der Rotation" zu kommentieren, das in der Tabelle innerhalb der Abbildung 11.3-2 zusammengefasst ist. Beachtenswert ist in diesem Zusammenhang, dass im Vergleich zur Tabelle 11.2-4 die p = 3 reellen Eigenwerte

$$\lambda_1 \cong 2{,}016, \ \lambda_2 \cong 1{,}823 \text{ und } \lambda_3 \cong 1{,}016$$

für die p = 3 extrahierten, rotierten und sachlogisch plausibel etikettierten Faktoren F_k der Ordnung k = 1,2,...,p und die daraus resultierenden faktorenspezifischen prozentualen Varianzerklärungen von

$$(2{,}016 \ / \ 6) \times 100\ \% \cong 33{,}59\ \% > (1 \ / \ 6) \times 100\ \% \cong 16{,}67\ \%$$
$$(1{,}823 \ / \ 6) \times 100\ \% \cong 30{,}39\ \% > (1 \ / \ 6) \times 100\ \% \cong 16{,}67\ \%$$
$$(1{,}016 \ / \ 6) \times 100\ \% \cong 16{,}93\ \% > (1 \ / \ 6) \times 100\ \% \cong 16{,}67\ \%$$

verschieden sind, jedoch in ihrer Summe

$$33{,}59\ \% + 30{,}39\ \% + 16{,}93 \cong 80{,}91\ \%$$

und im Vergleich zur originären Extraktionstabelle 11.2-4 ein gleiches Resultat liefern, das darin kulminiert, dass die p = 3 extrahierten, rotierten und sachlogisch plausibel „getauften" Faktoren F_k insgesamt nahezu 81 % der gesamten Varianz der m = 6 gleichartig bemessenen, empirisch erhobenen und standardisierten studentischen Aktivitäten Z_j zu erfassen vermögen. ♣

11.4   Faktorwerte

Motivation. Im Beispiel 11.3-1 wurden im Rahmen einer hauptkomponentenbasierten Faktorenanalyse aus den m = 6 standardisierten Erhebungsmerkmalen Z_j (j = 1,2,...,m) in Gestalt des *Vorlesungs-*, *Übungs-* und *Bibliotheksbesuchs*, des *Selbststudiums*, der *Studiengruppenarbeit* und der *Nebenjobtätigkeit* die zur Beschreibung des latenten Konstrukts „studentische Aktivitäten" empirisch gemessen und statistisch erfasst wurden, insgesamt p = 3 Faktoren F_k extrahiert, welche die lehrveranstaltungsbezogenen bzw. die „curricularen" Studienaktivitäten eines

Studierenden einerseits und die „extracurricularen" Aktivitäten andererseits in ihrer Gliederung von Selbststudium und Nebenjobtätigkeit beschreiben. Im Unterschied zu den m = 6 empirisch beobachteten und standardisierten Variablen Z_j sind diese p = 3 extrahierten Faktoren F_k der Ordnung k = 1,2,...,p ihrem Wesen nach hypothetische bzw. latente Variablenkonstrukte. Was die p = 3 extrahierten Faktoren F_k mit den empirisch beobachteten und standardisierten Variablen Z_j gemeinsam haben, ist die Möglichkeit der „individuellen" Zuordnung der beobachteten und standardisierten Variablenwerte z_{ij} bzw. der berechneten Faktorwerte f_{ik} zu den einzelnen Merkmalsträgern γ_i, welche die statistische Gesamtheit $\Gamma_n = \{\gamma_i, i = 1,2,...,n\}$ vom Umfang n = 169 befragte Studierende γ_i bilden.

Faktorwert. Ein berechneter Faktorwert f_{ik} für einen Merkmalsträger γ_i der Ordnung i einer wohldefinierten statistische Gesamtheit $\Gamma_n = \{\gamma_i, i = 1,2,...,n\}$ vom Umfang n beschreibt gewissermaßen dessen Position auf dem Faktor F_k der Ordnung k = 1,2,...,p. Ein Faktorwert f_{ik} gibt letztlich darüber Auskunft, wie stark die in einem Faktor F_k „zusammengefassten" und empirisch beobachteten und standardisierten Erhebungsmerkmale Z_j beim Merkmalsträger γ_i der Ordnung i ausgeprägt sind. Gemäß Abbildung 11.4-1 werden in SPSS drei Verfahren zur Berechnung von Faktorwerten angeboten, deren Bezeichnung und Kurzcharakteristik in der Tabelle 11.4-1 zusammengefasst sind.

Tabelle 11.4-1. Berechnung der Faktorwerte

Verfahren	Charakteristik der Faktorwerte
Regression	Mittelwert von null, korrelierte Faktorwerte
BARTLETT	Mittelwert von null, minimierte Varianz
ANDERSON-RUBIN	standardisierte und unkorrelierte Faktorwerte

Beachtenswert ist in diesem Zusammenhang, dass Faktorwerte, die mit Hilfe des sogenannten ANDERSON-RUBIN-Verfahrens berechnet werden, sehr nützliche statistische Eigenschaften besitzen, welche den orthogonalen (grch.: *orthos* → recht + *gonia* → Winkel) und somit unkorrelierten Faktoren F_k entsprechen: Die jeweiligen merkmalsträgerbezogenen Faktorwerte f_{ik} eines Faktors F_k der Ordnung k sind standardisierte und somit dimensionslose Werte, deren Mittelwert stets null und deren Standardabweichung dem Werte nach stets eins ist. Das Verfahren selbst geht auf die beiden amerikanischen Mathematiker und Statistiker Theodore W. ANDERSON (*1927) und Herman RUBIN (*1926) zurück.

Zweckbestimmung. Die berechneten und merkmalsträgerbezogenen Faktorwerte f_{ik} extrahierter Faktoren F_k können in vielfältiger Art und Weise wiederum zum Bau und zur Konstruktion statistischer Modelle herangezogen werden etwa derart, dass analog zum Abschnitt 9.3 die Faktorwerte als Regressorwerte in einer zu schätzenden multiplen Regressionsfunktion fungieren, die nicht durch hochgradig kollineare Regressoren affiziert ist. ♣

Beispiel 11.4-1: Faktorwerte, Berechnung und Interpretation

Motivation. In Weiterführung der Beispiele 11.2-1 und 11.3-1 soll die Berechnung der Faktorwerte, die auch unter Bezeichnung *Faktorscores* (engl.: *score* → Punkt, Wert) firmieren, für die p = 3 extrahierten Faktoren F_k skizziert werden, wobei im konkreten Fall für die Berechnung der Faktorwerte das Verfahren nach ANDERSON und RUBIN appliziert wird, das via Sequenz 11.2-1 und gemäß Abbildung 11.4-1 im Unterdialogfeld *Faktorenanalyse: Faktorscores* optional vereinbart werden kann. Um die Berechnung der Faktorwerte f_{ik} exemplarisch verdeutlichen zu können, wurde zudem noch die Koeffizientenmatrix der Faktorwerte angefordert, die in der Tabelle 11.4-2 dargestellt ist.

Abbildung 11.4-1: SPSS Dateneditor mit Dialogfeld *Faktoren … Faktorwerte*

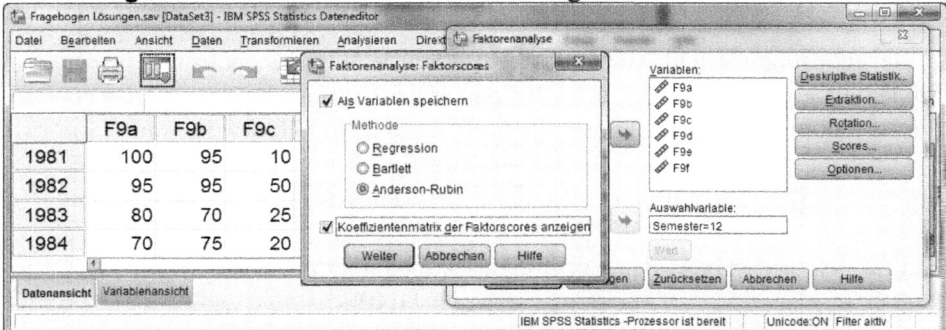

Tabelle 11.4-2: Koeffizientenmatrix der Faktorwerte

Koeffizientenmatrix der Komponentenscores[a]

	Komponente		
	1	2	3
F9a Intensität Vorlesungsbesuch, Basis: 100 %-Skala	,024	,525	-,025
F9b Intensität Übungsbesuch, Basis: 100 %-Skala	,021	,525	,027
F9c Intensität Bibliotheksbesuch, Basis: 100 %-Skala	,372	-,012	-,147
F9d Intensität Selbststudium, Basis: 100 %-Skala	,432	,028	,089
F9e Intensität Studiengruppenarbeit, Basis: 100 %-Skala	,417	,039	,027
F9f Intensität Nebenjobtätigkeit, Basis: 100 %-Skala	-,017	,001	,977

Extraktionsmethode: Analyse der Hauptkomponente.
Rotationsmethode: Varimax mit Kaiser-Normalisierung.
a. In der Analysephase werden nur Fälle verwerdet, für die Befragungssemester = 12 gilt.

Faktorwerte. In der Abbildung 11.4-2 ist der SPSS Dateneditor mit der Arbeitsdatei *WS1314.sav* auszugsweise dargestellt, wobei die im Unterdialogfeld *Faktorscores* via Option *Als Variablen speichern* angeforderten Faktorwerte mit *FAC1*, *FAC2* und *FAC3* bezeichnet und gespeichert wurden. Die mit dem Präfix Z versehenen Variablen bezeichnen die standardisierten Fragebogen-Items im Kontext der Frage 9 des Fragebogens, der in der Abbildung 3.3-1 abgebildet ist. Die sechs standardisierten Fragebogen-Items *ZF9a* bis *ZF9f* wurden für die 169

validen (der insgesamt 171) Fragebögen aus dem Wintersemester 2013/14 via
Sequenz 5.5-1 im Dialogfeld *Deskriptive Statistik* optional angefordert.

Abbildung 11.4-2: SPSS Dateneditor, standardisierte Daten und Faktorwerte

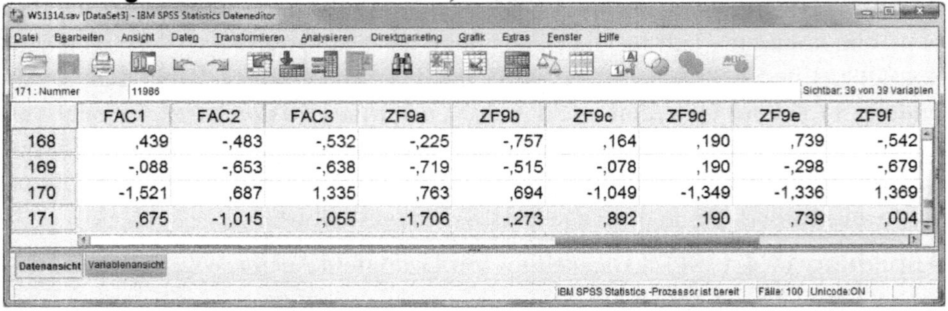

	FAC1	FAC2	FAC3	ZF9a	ZF9b	ZF9c	ZF9d	ZF9e	ZF9f
168	,439	-,483	-,532	-,225	-,757	,164	,190	,739	-,542
169	-,088	-,653	-,638	-,719	-,515	-,078	,190	-,298	-,679
170	-1,521	,687	1,335	,763	,694	-1,049	-1,349	-1,336	1,369
171	,675	-1,015	-,055	-1,706	-,273	,892	,190	,739	,004

Berechnung. Gemäß Abbildung 11.4-2 wurde zum Beispiel für den befragten
Studenten γ_i der Ordnung i = 171 für den ersten Faktor, der als extracurricularer
Studienfaktor kennzeichnet bzw. „getauft" wurde, ein Faktorwert von

$$FAC1 = f_{171,1} \cong 0{,}675,$$

für den zweiten, also für den curricularen Studienfaktor ein Faktorwert von

$$FAC2 = f_{171,2} \cong -1{,}015$$

und für den dritten bzw. den Nebenjobtätigkeitsfaktor ein Faktorwert von

$$FAC3 = f_{171,3} \cong -0{,}055$$

berechnet. Fasst man gemäß Abbildung 11.4-2 die standardisierten Werte für den
Studenten γ_i der Ordnung i = 171 in einem (1 × 6) Zeilenvektor

$$\mathbf{z}' = [-1{,}706 \quad -0{,}273 \quad 0{,}892 \quad 0{,}190 \quad 0{,}739 \quad 0{,}004]$$

zusammen, so zeigt sich, dass das Produkt $\mathbf{z}'\mathbf{K}$ aus dem (1 × 6)-Zeilenvektor $\mathbf{z}'$
der standardisierten Messwerte und der (6 × 3)-Koeffizientenmatrix $\mathbf{K}$ innerhalb
der Tabelle 11.4-2 wegen

$$[-1{,}706 \quad -0{,}273 \quad 0{,}892 \quad 0{,}190 \quad 0{,}739 \quad 0{,}004] \cdot \begin{bmatrix} 0{,}024 & 0{,}525 & -0{,}025 \\ 0{,}021 & 0{,}525 & 0{,}027 \\ 0{,}372 & -0{,}012 & -0{,}147 \\ 0{,}432 & 0{,}028 & 0{,}089 \\ 0{,}417 & 0{,}039 & 0{,}027 \\ -0{,}017 & 0{,}001 & 0{,}977 \end{bmatrix}$$

einen (1 × 3)-Zeilenvektor

$$[0{,}675 \quad -1{,}015 \quad -0{,}055]$$

liefert, dessen Elemente (von Rundungsfehlern abgesehen) ihrem Wesen nach
nichts anderes sind, als die zum Studenten γ_i der Ordnung i = 171 gehörenden
und im Dateneditor innerhalb der Abbildung 11.4-2 berechneten Faktorwerte

$$FAC1 \cong 0{,}675,\ FAC2 \cong -1{,}015\ \text{und}\ FAC3 \cong -0{,}055.$$

Analog können im konkreten Fall für alle n = 169 im Wintersemester 2013/14 befragten Studierenden γ_i, für die „valide" standardisierte Messgrößen vorliegen, die zugehörigen Faktorwerte f_{ik} berechnet werden.

Interpretation. Aufgrund dessen, dass für den befragten Studenten γ_i der Ordnung i = 171 der Faktorwert $f_{171,1} \cong 0{,}675$ größer als null ist, wird damit indiziert, dass der Student im Ensemble der n = 169 befragten Studierenden, die hinsichtlich der sechs studentischen Aktivitäten valide und auswertbare Antworten gaben, bezüglich seines extracurricularen Studiums überdurchschnittlich aktiv ist. Im Gegensatz dazu ist der Student wegen $f_{171,2} \cong -1{,}065$ bezüglich seines curricularen Studiums im Ensemble der befragten Studierenden, die gültige Antworten gaben, als unterdurchschnittlich bzw. wenig aktiv zu kennzeichnen. Schließlich und endlich kann er im Hinblick auf den Faktor *Nebenjobtätigkeit* aufgrund des Faktorwertes $f_{171,3} \cong -0{,}055$ von nahezu null als durchschnittlich aktiv charakterisiert werden. Analog können auch die Faktorwerte der restlichen 168 Studierenden gedeutet werden, die im Wintersemester 2013/14 auf der Basis des standardisierten Fragebogens innerhalb der Abbildung 3.3-1 befragt wurden.

Orthogonalität. Dass es sich bei den p = 3 extrahierten Faktoren F_k um orthogonale, also gleichsam um (paarweise) nichtkorrelierende Faktoren handelt, die bezüglich ihrer merkmalsträgerbezogenen Faktorwerte f_{ik} zudem auch noch standardisiert sind, kann man sich recht einfach wie folgt verdeutlichen: Fordert man für die mittels des ANDERSON-RUBIN-Verfahrens ermittelten Faktorwerte der p = 3 Faktoren via Sequenz 5.5-1 eine Mittelwerttabelle an, dann erhält man analog zur Tabelle 11.4-3 jeweils ein arithmetisches Mittel von null und eine Standardabweichung von eins.

Tabelle 11.4-3: Mittelwerttabelle

Deskriptive Statistik

	Anzahl	Mittelwert	Standardabweichung
Faktor 1	169	,000	1,000
Faktor 2	169	,000	1,000
Faktor 3	169	,000	1,000

Fordert man für die Faktorwerte der p = 3 Faktoren etwa via Sequenz 5.2-2 die zugehörige (3 × 3)-Korrelationsmatrix an, dann überzeugt man sich leicht davon, dass die Korrelationsmatrix der Faktorwerte analog zur Tabelle 11.4-4 eine sogenannte Einheitsmatrix ist.

Tabelle 11.4-4: Korrelationsmatrix

Korrelationen

	Faktor 1	Faktor 2	Faktor 3
Faktor 1	1	0	0
Faktor 2	0	1	0
Faktor 3	0	0	1

Aufgrund dessen, dass die Diagonalelemente der stets quadratischen und zugleich symmetrischen Korrelationsmatrix dem Werte nach eins und die Nebendiagonalelemente dem Werte nach null sind, hat man letztlich eine bildhafte und zahlenmäßig unterlegte Vorstellung dafür gewonnen, dass die Faktoren orthogonal und unkorreliert sind.

Faktorladungen. Fordert man hingegen für die n = 169 hinsichtlich der Variablen *F9a* bis *F9f* validen bzw. auswertbaren Fragebögen aus dem Wintersemester 2013/14 sowohl für die drei extrahierten Faktoren als auch für die sechs empirisch beobachteten und die Studienaktivitäten beschreibenden Variablen *Vorlesungsbesuch (F9a)*, *Übungsbesuch (F9b)*, *Bibliotheksbesuch (F9c)*, *Selbststudium (F9d)*, *Studiengruppenarbeit (F9e)* und *Nebenjobtätigkeit (F9f)* gleichsam via Sequenz 5.2-2 die zugehörige (9×9)-Korrelationsmatrix an, so ergibt sich der in der Tabelle 11.4-5 zusammengefasste Analysebefund.

Tabelle 11.4-5: (9×9)-Korrelationsmatrix

Korrelationen

	F9a	F9b	F9c	F9d	F9e	F9f	FAC1	FAC2	FAC3
F9a	1	,821	-,111	-,054	-,054	-,041	-,045	,953	-,033
F9b	,821	1	-,083	-,086	-,050	,010	-,048	,952	,020
F9c	-,111	-,083	1	,485	,402	-,041	,746	-,084	-,132
F9d	-,054	-,086	,485	1	,628	,078	,870	-,026	,110
F9e	-,054	-,050	,402	,628	1	,022	,835	-,002	,045
F9f	-,041	,010	-,041	,078	,022	1	,010	-,012	,991
FAC1	-,045	-,048	,746	,870	,835	,010	1	,000	,000
FAC2	,953	,952	-,084	-,026	-,002	-,012	,000	1	,000
FAC3	-,033	,020	-,132	,110	,045	,991	,000	,000	1

Die quadratische und symmetrische Korrelationsmatrix vom Typ (9×9) vermittelt schlussendlich und augenscheinlich die Kernbotschaft einer Faktorenanalyse: Die Reduktion einer Menge metrischer Erhebungsmerkmale aufgrund ihrer korrelativen Beziehungen. So kann man zum Beispiel die ausgeprägte bivariate Korrelation von 0,821 zwischen dem Vorlesungsbesuch (F9a) und dem Übungsbesuch (F9b) als einen Hinweis darauf deuten, dass diese beiden empirisch gemessenen studentischen Aktivitäten im Kontext der praktizierten Faktorenanalyse zum einen „auf den curricularen Studienfaktor (FAC2) reduziert" wurden und zum anderen die metrischen und standardisierten Erhebungsmerkmale *Vorlesungsbesuch (F9a)* mit 0,953 und *Übungsbesuch (F9b)* mit 0,952 auf dem extrahierten und rotierten Faktor 2 (FAC2) „hoch geladen" sind bzw. mit diesem jeweils „stark ausgeprägt korrelieren". Letzten Endes überzeugt man sich anhand der Tabelle 11.4-5 von der Tatsache, dass die bivariaten linearen Korrelationskoeffizienten zwischen den p = 3 Faktoren F_k und den m = 6 standardisierten Erhebungsmerkmalen Z_j mit den Faktorladungen l_{jk} der rotierten Komponentenmatrix innerhalb der Abbildung 11.3-2 übereinstimmen. ♣

12

Clusteranalyse

Schlüsselwörter

Cluster	Fusionstabelle
Clusterzentren	Geometrische Klassifikation
Dendrogramm	Hierarchische Klassifikation
Distanzmaß	Partition
Distanzmatrix	Partitionierende Klassifikation

Gegenstand. Dieses Kapitel hat eine elementare und paradigmatische Einführung in die Clusteranalyse (engl.: *cluster* → Klumpen, Gruppe, Bündel) zum Gegenstand. Die Clusteranalyse wird aus statistisch-methodischer Sicht in die Familie der multivariaten (lat.: *multus* → vielfach + *varia* → Allerlei) Verfahren eingeordnet und erfährt vor allem in der empirischen Wirtschafts- und Sozialforschung eine breite Anwendung.

Grundidee. Die Grundidee einer Clusteranalyse besteht darin, eine wohldefinierte Menge von Objekten bzw. Merkmalsträgern, an denen jeweils eine wohldefinierte Menge von nominalen, ordinalen oder metrischen Merkmalen, die auch als Cluster- oder Gruppierungsmerkmale bezeichnet werden, statistisch erhoben wurden, so zu gruppieren, zu bündeln bzw. zu klassifizieren, dass die Objekte innerhalb einer Gruppe möglichst homogen bezüglich der Menge der Clustermerkmale und die Objekte unterschiedlicher Gruppen möglichst heterogen bezüglich der Menge der Clustermerkmale sind.

Zielstellung. Das Ziel des Kapitels besteht darin, die Grundidee der methodisch anspruchsvollen und weitgefächerten clusteranalytischen Verfahren und Methoden einmal nur für ausgewählte Verfahren und für metrische Clustermerkmale an einem praktischen Sachverhalt exemplarisch, verständlich und nachvollziehbar zu demonstrieren. ♣

12.1 Grundprinzip und Verfahrensüberblick

Motivation. In der empirischen Wirtschafts- und Sozialforschung wird man oft mit der Forderung konfrontiert, Merkmalsträger einer wohldefinierten statistischen Gesamtheit, die durch gleichartige und problemadäquate Erhebungsmerkmale beschrieben wurden, derart zu klassifizieren, dass diejenigen Merkmalsträger, die sich hinsichtlich der Ausprägungen der erfassten Erhebungsmerkmale am ähnlichsten sind, in Cluster (engl.: *cluster* → Gruppe, Bündel) zusammengefasst werden. Ein statistisches Verfahren, dass diese Form einer Merkmalsträgerklassifikation ermöglicht, ist die Clusteranalyse, die gemäß Abbildung 12.1-1 selbst wiederum auf einer breiten Palette von Klassifikationsverfahren beruht. Aus dieser breiten Palette der Klassifikationsverfahren soll in den folgenden Betrachtungen die numerische und deterministische Klassifikation näher beleuchtet werden, deren Grundprinzip wie folgt skizziert werden kann:

Grundprinzip
Werden die n Merkmalsträger γ_i einer wohldefinierten statistischen Gesamtheit $\Gamma_n = \{\gamma_i, i = 1,2,...,n\}$ durch $m \geq 2$ problemadäquate metrische Erhebungsmerkmale X_j ($j = 1,2,...,m$) beschrieben und die Merkmalswerte $X_j(\gamma_i) = x_{ij}$ in einer $(n \times m)$-Datenmatrix $\mathbf{X} = [x_{ij}]$ zusammengefasst, dann können die n Merkmalsträger γ_i geometrisch als Punkte in einem m-dimensionalen euklidischen Raum gedeutet werden. Das Grundprinzip einer numerischen Clusterbildung besteht dabei in der Messung bzw. Berechnung der Distanz zwischen den n Merkmalsträgern γ_i. Die berechneten Distanzen werden in einer $(n \times n)$-Distanz- oder Unähnlichkeitsmatrix $\mathbf{D} = [d_{ik}]$ (i, k = 1,2,...,n) zusammengefasst. Dabei deutet man Merkmalsträger γ_i und γ_k hinsichtlich der metrischen Erhebungsmerkmale X_j ($j = 1,2,...,m$) als ähnlich oder homogen, wenn ihre Distanz d_{ik} zueinander vergleichsweise gering ist. Ansonsten bezeichnet man sie als heterogen oder unähnlich. Merkmalsträger γ_i, die hinsichtlich der Erhebungsmerkmale X_j als homogen klassifiziert werden, bilden jeweils ein Cluster. In diesem Sinne ist die Clusteranalyse eine Form der statistischen Klassifikation von Merkmalsträgern γ_i derart, dass innerhalb der Cluster eine Homogenität der Merkmalsträger und zwischen den Clustern eine Heterogenität der Merkmalsträger angestrebt wird.

Hinweise. Für ein elementares Verständnis der methodisch anspruchsvollen Clusteranalyse erweisen sich die folgenden Hinweise als hilfreich und nützlich: i) **Verfahrensüberblick**. Die Abbildung 12.1-1 vermittelt einen Überblick über eine breite Palette von Klassifikationsverfahren, die in der Clusteranalyse appliziert werden. Neben geometrischen Clusterverfahren (vgl. Abschnitt 12.2) erfahren in praxi vor allem die deterministischen Clusterverfahren der hierarchischen Klassifikation (vgl. Abschnitt 12.3) und der partitionierenden Klassifikation (vgl. Abschnitt 12.4) eine breite Anwendung. Während geometrische Verfahren vor allem auf die bildhafte Ähnlichkeit von Merkmalsträgern bezüglich der zugrunde liegenden Clustermerkmale abstellen, basieren die deterministischen Verfahren vor allem auf einer Quantifizierung der durch die Erhebungsmerkmale bedingten Distanzen (lat.: *distantia* → Abstand) zwischen den Merkmalsträgern. In den folgenden Abschnitten werden der Einfachheit und Übersichtlichkeit halber die probabilistischen (engl.: *probability* → Wahrscheinlichkeit) und die hierarchisch (grch.: *hieros* → heilig + *ar-chein* → herrschen) divisiven (lat.: *divisio* → Teilung) Verfahren nicht näher beleuchtet. ii) **Proximitätsmaße**. In der Clusteranalyse bezeichnet man Maße zur Quantifizierung der Ähnlichkeit bzw. der Unähnlichkeit von Merkmalsträgern als Ähnlichkeitsmaße (engl.: *similarity measures*) bzw. als Unähnlichkeits- oder Distanzmaße (engl.: *dissimilarity measures*) und fasst diese unter dem Oberbegriff der Proximitätsmaße (lat.: *proximus* → der Nächste) zusammen. Aus der babylonischen Vielfalt der Proximitätsmaße, die in der Clusteranalyse appliziert und in SPSS

Abbildung 12.1-1: Verfahrensüberblick

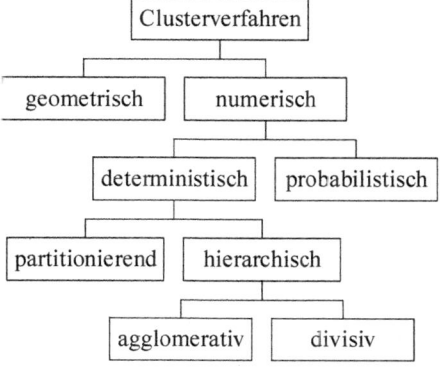

implementiert sind, kommt vor allem der Euklidischen Distanz und der quadrierten Euklidischen Distanz eine besondere praktische Bedeutung zu (vgl. Beispiel 12.1-1). iii) **Partition**. Die Zusammenfassung oder Fusion von n Objekten γ_i einer statistischen Gesamtheit $\Gamma_n = \{\gamma_i, i = 1,2,...,n\}$, die durch m gleichartige und problemadäquate Clustermerkmale X_j beschrieben wurden, in eine Folge von c disjunkten (lat.: *disiunctio* → Trennung) Clustern $P_c = \{C_k, k = 1,2,...,c\}$ wird auch als Partition P_c der Länge c bezeichnet. Je länger bzw. kürzer eine Partition P_c ist, umso feiner bzw. gröber ist eine Partition. Die feinste Partition P_c von n Merkmalsträgern γ_i besteht demnach aus c = n Clustern $C_{k=i} = \{\gamma_i\}$ und die gröbste Partition P_c wegen c = 1 aus einem Cluster $C_{k=1} = \{\gamma_i, i = 1,2,...,n\}$, in dem alle n Merkmalsträger γ_i einer statistischen Gesamtheit Γ_n „fusioniert" sind. ♦

Beispiel 12.1-1: Euklidische Distanzmaße

Motivation. So fest wie in der griechischen Mythologie „PROMETHEUS an den Felsen geschmiedet" war, so fest ist eine Clusteranalyse an die Betrachtung von Distanzmaßen gebunden. Dabei kommt den sogenannten Euklidischen Distanzmaßen eine besondere praktische Bedeutung zu. Die Euklidischen Distanzmaße, die nach dem griechischen Mathematiker EUKLID von Alexandria (*ca. 365, †300 v.Chr.) benannt sind, beruhen auf dem sogenannten Euklidischen Kathetensatz, aus dem unmittelbar der Satz des PYTHAGORAS abgeleitet werden kann, dessen Formulierung wiederum dem griechischen Philosophen PYTHAGORAS von Samos (*ca. 580, †496 v.Chr.) zugeschrieben wird und der verbal wie folgt zusammengefasst werden kann: In einem rechtwinkligen Dreieck ist die Fläche des Quadrats über der Hypotenuse c gleich der Summe der Flächen der Quadrate über den Katheten a und b, so dass $a^2 + b^2 = c^2$ gilt. Während die Hypotenuse c (grch.: *hypo* → unter + *teinein* → sich erstrecken) die Dreieckseite ist, die sich „unter dem rechten Winkel erstreckt" bzw. ihm gegenüber liegt, sind die beiden Katheten a und b (grch.: *kathetos* → Senkblei) die Schenkel eines rechten Winkels, die (je nach Blickwinkel) senkrecht aufeinander stehen.

Euklidische Distanz. In der Abbildung 12.1-2 ist die Euklidische Distanz für zwei Merkmalsträger γ_i (i = 1, 2) skizziert, für die jeweils zwei problemadäquate (lat.: *adaequatus* → gleichgemacht, entsprechend) metrische Merkmale X_j (j = 1, 2) empirisch erhoben und in einer zweidimensionalen Hyperebene bzw. in einem zweidimensionalen Euklidischen Raum grafisch dargestellt wurden.

Abbildung 12.1-2: Euklidische Distanz

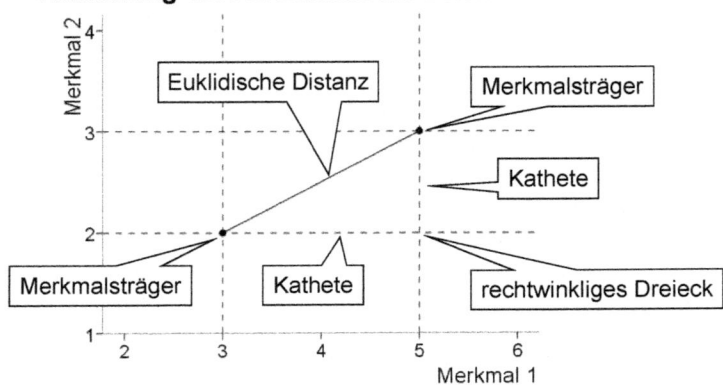

Die Euklidische Distanz zwischen den beiden Merkmalsträgern γ_i in Gestalt der Länge der Hypotenuse c berechnet sich gemäß dem Lehrsatz des PYTHAGORAS wie folgt: Da gemäß Abbildung 12.1-2 im rechtwinkligen Dreieck die Länge der Kathete a durch die Merkmalswertedifferenz a = 5 – 3 = 2 des Merkmals 1 und die Länge der Kathete b durch die Merkmalswertedifferenz b = 3 – 2 = 1 des Merkmals 2 gegeben ist, ergibt sich zwischen beiden Merkmalsträgern im Hinblick auf die beiden Merkmale 1 und 2 eine quadrierte Euklidische Distanz von

$$c^2 = a^2 + b^2 = (5 – 3)^2 + (3 – 2) = 2^2 + 1^2 = 4 + 1 = 5$$

und in logischer Konsequenz eine Euklidische Distanz von

$$c = \sqrt{(a^2 + b^2)} = \sqrt{(4 + 1)} = \sqrt{5} \cong 2{,}236.$$

Analog können für die n Merkmalsträger $\gamma_i \in \Gamma_n$ einer Gesamtheit Γ_n die Euklidischen Distanzen für mehr als zwei Erhebungsmerkmale X_j (j = 1,…,m ≥ 2) berechnet, als sogenannte Proximitätsmaße (lat.: *proximus* → der Nächste) interpretiert und für eine Merkmalsträgerklassifikation verwendet werden.

Kuriosität. Eine in diesem Kontext erwähnenswerte Kuriosität basiert auf dem sogenannten Pythagoreischen Tripel $3^2 + 4^2 = 5^2$, wonach in einem rechtwinkligen Dreieck mit den Kathetenlängen a = 3 und b = 4 die Hypotenusenlänge und damit die Euklidische Distanz c = $\sqrt{(3^2 + 4^2)} = \sqrt{25} = 5$ beträgt. ♣

12.2 Geometrische Klassifikation

Motivation. Verfahren der geometrischen (grch.: *ge* → Erde + *metron* → Maß) Klassifikation basieren auf der Grundidee, eine Menge {γ_i, i = 1,2,...,n} von Merkmalsträgern γ_i mit Hilfe grafischer Darstellungen und/oder geometrischer Figuren zu klassifizieren. Gleichwohl eine geometrische Merkmalsträgerklassifikation stets subjektiv ist, erweist sich diese Analyseform vor allem dann als praktikabel und zielführend, wenn sowohl die Anzahl n der zu klassifizierenden Merkmalsträger γ_i als auch die Anzahl m der problemadäquaten Clustermerkmale X_j (j = 1,2,...,m) überschaubar groß ist. Obwohl in SPSS geometrische Klassifikationsverfahren etwas „unterbelichtet" sind, soll im folgenden Beispiel die Idee einer geometrischen Klassifikation paradigmatisch demonstriert werden. ♣

Beispiel 12.2-1: Geometrische Klassifikation
Motivation. Die Abbildung 12.2-1 beinhaltet einen Auszug aus der SPSS Datendatei *Grund.sav*, in der die fächerspezifischen Abschlussbewertungen für den (ehemaligen) Diplomstudiengang Betriebswirtschaftslehre an der HTW Berlin aus dem Wintersemester 2002/03 zusammengefasst sind.

Abbildung 12.2-1: SPSS Dateneditor mit Datendatei *Grund.sav*

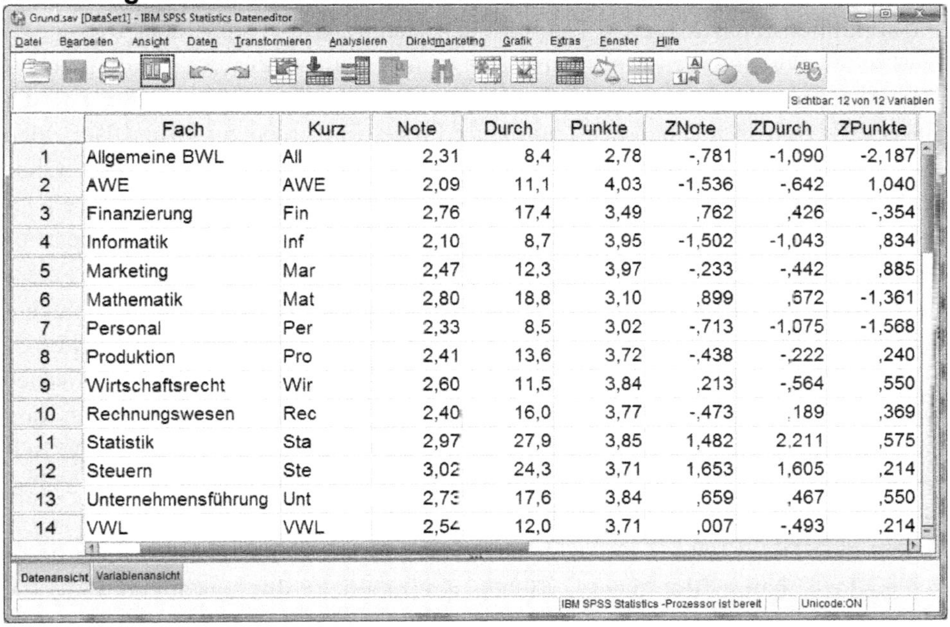

	Fach	Kurz	Note	Durch	Punkte	ZNote	ZDurch	ZPunkte
1	Allgemeine BWL	All	2,31	8,4	2,78	-,781	-1,090	-2,187
2	AWE	AWE	2,09	11,1	4,03	-1,536	-,642	1,040
3	Finanzierung	Fin	2,76	17,4	3,49	,762	,426	-,354
4	Informatik	Inf	2,10	8,7	3,95	-1,502	-1,043	,834
5	Marketing	Mar	2,47	12,3	3,97	-,233	-,442	,885
6	Mathematik	Mat	2,80	18,8	3,10	,899	,672	-1,361
7	Personal	Per	2,33	8,5	3,02	-,713	-1,075	-1,568
8	Produktion	Pro	2,41	13,6	3,72	-,438	-,222	,240
9	Wirtschaftsrecht	Wir	2,60	11,5	3,84	,213	-,564	,550
10	Rechnungswesen	Rec	2,40	16,0	3,77	-,473	,189	,369
11	Statistik	Sta	2,97	27,9	3,85	1,482	2,211	,575
12	Steuern	Ste	3,02	24,3	3,71	1,653	1,605	,214
13	Unternehmensführung	Unt	2,73	17,6	3,84	,659	,467	,550
14	VWL	VWL	2,54	12,0	3,71	,007	-,493	,214

Die n = 14 Merkmalsträger γ_i in Gestalt der Grundstudienfächer, die jeweils durch die m = 3 problemadäquaten und metrischen Erhebungsmerkmale *DurchschnittsNOTE*, prozentuale *DURCHfallerquote* und von den Studierenden im

Durchschnitt vergebenen *EvaluationsPUNKTE* in Gestalt der originären und der (via Sequenz 5.5-1) standardisierten Werte bzw. z-Scores beschrieben wurden, sollen einer geometrischen bzw. grafischen Clusteranalyse unterzogen werden.

3D-Streudiagramm. Die Abbildung 12.2-2 beinhaltet die zugehörigen 3D-Streudiagramme mit einer Grundflächen- und einer Zentriod-Projektion, die man via *Diagramme, Diagrammerstellung, 3D-Streudiagramm* anfordern kann.

Abbildung 12.2-2: 3D-Streudiagramme mit Projektionslinien

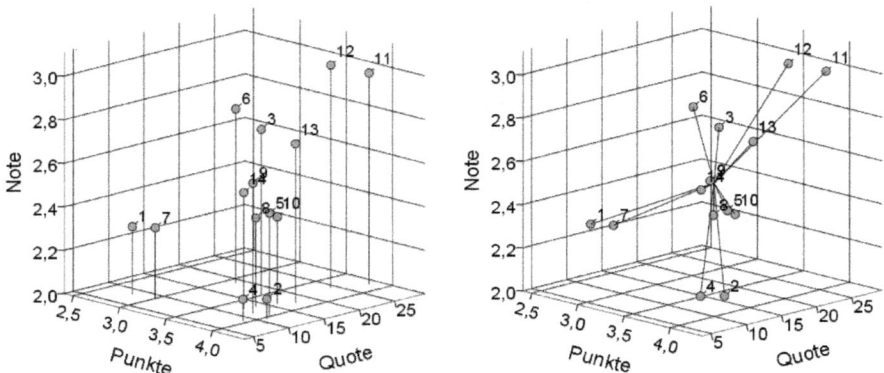

Im dreidimensionalen reellen Euklidischen Raum symbolisiert jeder der $n = 14$ markierten Punkte einen Merkmalsträger γ_i in Gestalt eines Grundstudienfaches. Der Anschaulichkeit halber wurde die dreidimensionale Punktewolke auf der Basis der originären Daten noch durch die Projektionslinien zur Grundfläche und zum sogenannten Zentroid (grch., engl.: *centroid* → Schwerpunkt) ergänzt. Ohne großen analytischen Aufwand kann man im konkreten Fall (recht augenscheinlich, allerdings subjektiv bedingt) $c = 4$ disjunkte Cluster bzw. eine Fächerpartition der Länge $c = 4$ identifizieren: Cluster $C_1 = \{\gamma_1$: allgemeine BWL, γ_7: Personalwirtschaft$\}$, Cluster $C_2 = \{\gamma_2$: Allgemeinwissenschaftliche Ergänzungsfächer AWE, γ_4: Informatik$\}$, Cluster $C_3 = \{\gamma_{11}$: Statistik, γ_{12}: Steuern$\}$ und Cluster C_4 als Menge der restlichen acht Grundstudienfächer. Der Nachteil dieses grafischen Klassifizierungsverfahrens besteht allerdings darin, dass man für mehr als drei Erhebungsmerkmale X_j ($j = 1,2,...,m$) eine andere Form der grafischen Darstellung finden muss, mit der man in der Lage ist, höher dimensionierte ($m > 3$) Datenbefunde grafisch zu präsentieren.

PARETO-Diagramm. Eine weitere und für praktische Zwecke nützliche grafische Klassifikation der $n = 14$ Fächer γ_i ermöglicht das gestapelte PARETO-Diagramm innerhalb der Abbildung 12.2-3, das via Sequenz 5.1-2 im Dialogfeld *Gestapeltes PARETO-Diagramm definieren: Summe verschiedener Variablen* erstellt und im SPSS Diagrammeditor bearbeitet werden kann. Zum Zwecke der Vergleichbarkeit der in Niveau und Dimension unterschiedlichen $m = 3$ Clustermerkmale X_j wurden gemäß Abbildung 12.2-1 die Werte der standardisierten Erhebungsmerkmale Z_j verwendet. Aufgrund dessen, dass ein PARETO-Diagramm aufgrund seiner Konstruktion als Häufigkeitsdiagramm nur für positive Werte erstellt werden kann, wurden die standardisierten und mit dem Präfix Z gekennzeichneten Erhebungsmerkmale Z_j mittels der Berechnungsvorschriften

NNote = ZNote + 3, NDurch = ZDurch + 3 und NPunkte = ZPunkte + 3

derart „niveauverschoben", dass alle z-Werte innerhalb der Abbildung 12.2-1 letztlich als positive reelle Zahlen erscheinen.

Abbildung 12.2-3: Gestapeltes PARETO-Diagramm und ANDREWS-Plots

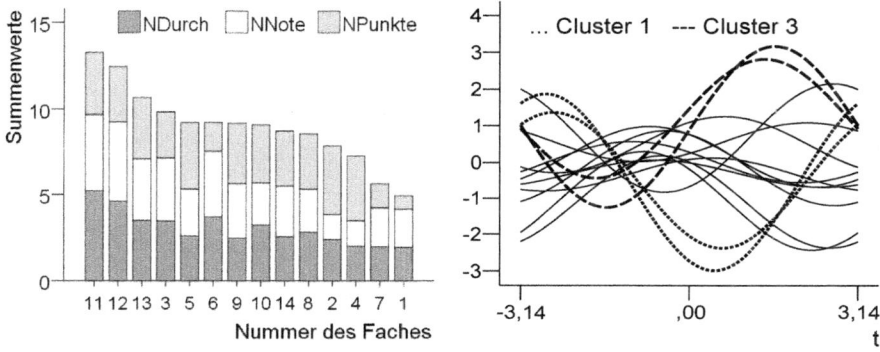

Ein augenscheinlicher Vorteil des gestapelten PARETO-Diagramms besteht darin, dass man allein schon aus der absteigend geordneten Folge der strukturierten Säulen eine Fächerklassifikation entlehnen kann, die sich weitestgehend mit der vorherigen Klassifikation auf der Basis des dreidimensionalen Streudiagramms in der Abbildung 12.2-2 deckt. Ein Nachteil dieses grafischen Klassifizierungs-verfahrens besteht allerdings darin, dass man es in SPSS erst „basteln" muss. Gleiches gilt auch für die sogenannten ANDREWS-Plots, deren Idee auf den kana-dischen Statistiker David F. ANDREWS (*1943) zurückgeht.

ANDREWS-Plots. Eine in SPSS leicht nachvollziehbare grafische Darstellung von mehr als zwei standardisierten Merkmalen Z_j ermöglichen die ANDREWS-Plots, die in der rechten Grafik innerhalb der Abbildung 12.2-3 mittels orthogo-naler (grch.: *orthos* → recht + *gonia* → Winkel) trigonometrischer (grch.: *tri* → drei + *gonia* → Winkel + *metron* → Maß) Funktionen dargestellt sind. Die or-thogonalen trigonometrischen Funktionen können via Sequenz 10.1-2 mit Hilfe eines Sequenzdiagramms und der Berechnungsvorschrift

$$y_i(t) = Z_{1i} \times (\sqrt{2})^{-1} + Z_{2i} \times \sin t + Z_{3i} \times \cos t + Z_{4i} \times \sin(2 \times t) +$$
$$Z_{5i} \times \cos(2 \times t) + Z_{6i} \times \sin(3 \times t) \dots$$

erzeugt werden. Für eine grafische Klassifikation genügt es, wenn die Variable t in äquidistanten (lat.: *aequus* → gleich + *distantia* → Entfernung) Abständen die reellen Zahlen zwischen $-\pi$ und π durchläuft. $\pi = 3{,}14159\dots$ bezeichnet die transzendente Zahl Pi, die als Quotient aus Umfang und Durchmesser eines Kreises definiert ist. Im „Büschel" der $n = 14$ fächerspezifischen Graphen $y_i(t)$ sind der Anschaulichkeit halber die Cluster C_i der Ordnung $i = 1$ und $i = 3$, die eingangs identifiziert wurden, kenntlich gemacht. Im konkreten Fall sind dies jeweils zwei Fächer, die bezüglich der drei Merkmale X_j jeweils durch einen ähnlichen Graphen der orthogonalen trigonometrischen Funktion $y_i(t)$ gekennzeichnet sind.

CHERNOFF-Gesichter. Zu einem vergleichbaren Fusionsergebnis der Grundstudienfächer gelangt man, wenn man die alphabethisch geordneten Gesichter innerhalb der Abbildung 12.2-4 analysiert, die mit Hilfe des Software-Paketes *Statistica* erstellt wurden und deren Idee und Konstruktionsprinzip auf den amerikanischen Statistiker Herman CHERNOFF (*1923) zurückgeht.

Abbildung 12.2-4: CHERNOFF-Gesichter

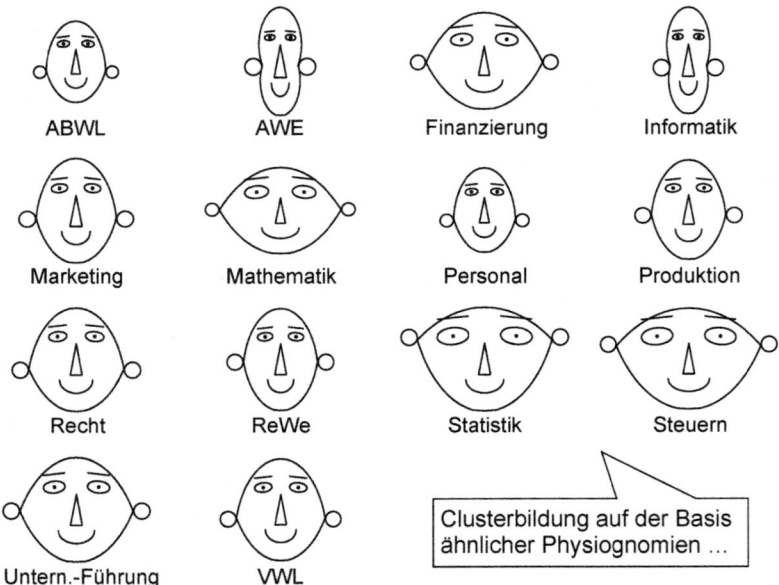

Die Grundidee der sogenannten CHERNOFF-Faces bzw. CHERNOFF-Gesichter ist so einfach wie wirkungsvoll: Den $m \geq 2$ Merkmalen X_j ($j = 1,2,...,m$) werden Gesichtspartien zugeordnet, wobei sich Niveau und Variation der Merkmalswerte x_{ij} in unterschiedlich ausgeprägten und merkmalsträgerspezifischen Physiognomien (grch.: *physis* $\rightarrow$ Natur + *gnonai* $\rightarrow$ erkennen) niederschlagen. Ähnliche merkmalsträgerspezifische Physiognomien, werden jeweils subjektiv einem Cluster zugeordnet. In der subjektiven physiognomischen Klassifikation der $n = 14$ Fächer γ_i springen die Fächercluster „Statistik und Steuerlehre" einerseits und „AWE-Fächer und Informatik" andererseits wegen ihrer „ähnlichen Physiognomien" sofort ins Auge. ♣

12.3   Hierarchisch-agglomerative Klassifikation

Motivation. Besitzt man für eine statistische Gesamtheit $\Gamma_n = \{\gamma_i, i = 1,2,...,n\}$ im Vorfeld einer Clusteranalyse keinerlei Kenntnisse über die Anzahl „homogener" Cluster, dann verwendet man zur Aufdeckung der Clusterstruktur ein geeignetes hierarchisches (grch.: *hieros* → heilig + *archein* → herrschen) Klassifikations-verfahren, wobei in praxi lediglich den agglomerativen (lat.: *agglomerare* → fest anschließen, zusammenballen) Verfahren eine praktische Bedeutung zukommt. Während man bei einem hierarchisch-agglomerativen Klassifikationsverfahren von der „feinsten Partitionierung" einelementiger Cluster ausgeht und schrittwei-se die sich jeweils am stärksten ähnelnden Cluster zu einem „neuen" Cluster zu-sammenfügt, bis letztlich alle Merkmalsträger $\gamma_i \in \Gamma_n$ in einem „finalen" Cluster zusammengefasst sind, geht man bei einem hierarchisch-divisiven (lat.: *divisio* → Teilung) Klassifikationsverfahren umgekehrten Weg.

Verfahrensübersicht. Die Tabelle 12.3-1 beinhaltet die in SPSS implemen-tierten hierarchisch-agglomerativen Klassifikationsverfahren.

Tabelle 12.3-1: Hierarchisch-agglomerative Klassifikationsverfahren

Verfahren	Charakteristik
Linkage-Methode (engl.: *linkage* → Verknüpfung)	
nächstgelegener Nachbar (engl.: *single linkage, nearest neighbour*)	kleinste Distanz zwischen zwei Objekten zweier Cluster; beliebiges Proximitäts-maß
entferntester Nachbar (engl: *complete linkage, furthest neigh-bour*)	größte Distanz zwischen zwei Objekten zweier Cluster, beliebiges Proximitäts-maß
Linkage zwischen den Gruppen (engl.: *average linkage between groups*)	mittlere Distanz zwischen den Objekten zweier Cluster, beliebiges Proximitäts-maß
Linkage innerhalb der Gruppen (engl.: *average linkage within groups*)	mittlere Distanz zwischen den Objekten zweier Cluster und innerhalb zweier Cluster, beliebiges Proximitätsmaß
Zentroid-Methode (grch., engl.: *centroid* → Schwerpunkt)	
Zentroid-Verfahren (engl.: *Centroid-Clustering*)	Distanz zwischen den Zentroiden zweier Cluster; metrische Clustermerkmale, qua-driertes euklidisches Distanzmaß
Median-Verfahren (engl.: *Median-Clustering*)	Modifiziertes Zentroid-Verfahren, qua-driertes euklidisches Distanzmaß
Varianz-Methode	
WARD-Verfahren	kleinster Zuwachs der Fehlerquadrat-summe bei Clusterfusion, metrische Clus-termerkmale, quadriertes euklidisches Distanzmaß

Aufgrund dessen, dass jedes hierarchisch-agglomerative Verfahren noch mit ver-schiedenen Proximitätsmaßen kombiniert werden kann, ergibt sich eine babylonische Vielfalt unterschiedlicher Klassifikationsmethoden, die für die Merkmalsträger $\gamma_i \in \Gamma_n$ ein und derselben statistischen Gesamtheit $\Gamma_n = \{\gamma_i, i = 1,2,...,n\}$ durchaus unterschiedliche Ergebnisse liefern können.

Fusionstabelle. Die Fusionsergebnisse im Kontext einer hierarchischen Klassifikation werden in tabellarischer Form in einer sogenannten Zuordnungs- oder Fusionstabelle zusammengefasst. Ist eine statistische Gesamtheit Γ_n, die es hinsichtlich ihrer Merkmalsträger $\gamma_i \in \Gamma_n$ zu klassifizieren gilt, bezüglich ihres Umfanges n nicht allzu groß und somit noch „überschaubar", dann kann das Fusionsergebnis einer hierarchisch-agglomerativen Klassifikation noch durch ein sogenanntes Dendrogramm (grch.: *dendron* $\rightarrow$ Baum + *gramma* $\rightarrow$ Zeichnung) ergänzt werden. Hierarchisch-agglomerative Klassifikationsverfahren finden in praxi vor allem dann eine breite Anwendung, wenn es eine überschaubare Menge von Merkmalsträgern $\gamma_i \in \Gamma_n$ zu klassifizieren gilt und man keinerlei Vorstellung bzw. Kenntnis über die Clusterstruktur der statistischen Gesamtheit Γ_n besitzt. In diesem Sinne kann eine hierarchisch-agglomerative Klassifikation auch als eine Vorstufe einer partitionierenden Klassifikation gedeutet werden.

WARD-Verfahren. Ein Klassifikationsverfahren, das in praxi eine breite Anwendung findet, sobald die Merkmalsträger $\gamma_i \in \Gamma_n$ einer statistischen Gesamtheit Γ_n ausschließlich mittels metrischer Erhebungsmerkmale X_j (j = 1,2,...,m) beschrieben wurden, ist das sogenannte WARD-Verfahren, das auf den amerikanischen Statistiker Joe H. WARD (*1926, †2011) zurückgeht. ♣

Beispiel 12.3-1: WARD-Verfahren

Motivation. Das Grundprinzip einer hierarchischen Clusteranalyse auf der Basis eines agglomerativen Klassifikationsverfahrens soll in Anlehnung an das Beispiel 12.2-1 unter Verwendung der m = 3 fächerspezifischen und jeweils auf einer metrischen Skala erfassten Semesterbewertungen demonstriert werden, die für die statistische Gesamtheit $\Gamma_n = \{\gamma_i, i = 1,2,...,n\}$ der n = 14 Grundstudienfächer γ_i in der Abbildung 12.2-1 aufgelistet und in der SPSS Datendatei *Grund.sav* zum Zwecke des „Nachvollziehens" gespeichert sind.

Sequenz. Die angestrebte hierarchische Clusteranalyse für die n = 14 Grundstudienfächer $\gamma_i \in \Gamma_n$ auf der Basis der m = 3 problemadäquaten metrischen Clustermerkmale X_j kann in SPSS via Sequenz 12.3-1 bewerkstelligt werden.

Standardisierung. Aufgrund dessen, dass für die n = 14 Grundstudienfächer γ_i jeweils m = 3 metrische, allerdings unterschiedlich dimensionierte Clustermerkmale X_j statistisch erhoben wurden, ist es für die angestrebte hierarchische Clusteranalyse sowohl aus Vergleichbarkeitsgründen als auch aus statistisch-methodischer Sicht geboten, gemäß Abbildung 12.3-4 im Unterdialogfeld *Hierarchische Clusteranalyse: Methode* für die m = 3 metrischen Clustermerkmale optional eine Standardisierung bzw. eine z-Transformation zu vereinbaren und zu bewerkstelligen.

Sequenz 12.3-1: Hierarchische Clusteranalyse
Analysieren
  Klassifizieren
    Hierarchische Cluster... → Abbildung 12.3-1

Abbildung 12.3-1: SPSS Dateneditor, Dialogfelder *Hierarchische Cluster...*

Distanzmatrix. In der Tabelle 12.3-2 ist die gemäß Abbildung 12.3-1 im Unterdialogfeld *Hierarchische Clusteranalyse: Statistik* angeforderte und aus Übersichtlichkeitsgründen „gestutzte" Distanzmatrix der n = 14 Grundstudienfächer γ_i auf der Basis des quadrierten Euklidischen Distanzmaßes (QED) dargestellt.

Tabelle 12.3-2: „Gestutzte" Distanzmatrix

Fall	quadrierte euklidische Distanz							
	1:All	...	9:Wir	10:Rec	11:Sta	12:Ste	13:Unt	14:VWL
1:All	,000	...	8,756	8,265	23,650	18,958	11,989	6,744
:	:							:
9:Wir	8,756		,000	1,070	9,311	6,893	1,262	,160
10:Rec	8,265		1,070	,000	7,951	6,550	1,391	,719
11:Sta	23,650		9,311	7,951	,000	,527	3,718	9,615
12:Ste	18,958		6,893	6,550	,527	,000	2,397	7,112
13:Unt	11,989		1,262	1,391	3,718	2,397	,000	1,459
14:VWL	6,744	...	,160	,719	9,615	7,112	1,459	,000

Dies ist eine Unähnlichkeitsmatrix.

Demnach besteht zum Beispiel zwischen den Fächern *ALLgemeine BWL* und *STAtistik* im Hinblick auf die m = 3 metrischen und standardisierten Erhebungsmerkmale X_1: *DURCHfallerquote*, X_2: *DurchschnittsNOTE* und X_3: *EvaluationsPUNKTE* eine vergleichsweise große Distanz bzw. Unähnlichkeit, die sich gemäß Abbildung 12.1-1 für die Fächer γ_i (i = 1 und i = 11) wie folgt errechnet:
$$QED_{1;11} = (-0,781 - 1,482)^2 + (-1,090 - 2,211)^2 +$$
$$(-2,187 - 0,575)^2 \cong 23,650$$

Analog können die übrigen Distanzwerte innerhalb der Distanzmatrix, die auch als Unähnlichkeitsmatrix oder als Proximitätsmatrix bezeichnet wird, berechnet und interpretiert werden.

Tabelle 12.3-3: Zuordnungsübersicht als „Fusionstabelle"

Stufe	Zusammengeführte Cluster		Koeffizienten	Erstes Vorkommen des Clusters		Nächster Schritt
	Cluster 1	Cluster 2		Cluster 1	Cluster 2	
1	9	14	,080	0	0	5
2	8	10	,173	0	0	8
3	2	4	,275	0	0	10
4	1	7	,470	0	0	12
5	5	9	,722	0	1	8
6	11	12	,985	0	0	11
7	3	13	1,400	0	0	9
8	5	8	1,997	5	2	10
9	3	6	3,474	7	0	11
10	2	5	6,763	3	8	12
11	3	11	10,562	9	6	13
12	1	2	20,688	4	10	13
13	1	3	39,000	12	11	0

Fusionstabelle. In der Tabelle 12.3-3 ist die sogenannte Fusionstabelle dargestellt, die in ihren Komponenten wie folgt interpretiert werden kann: Im Zuge des WARD-Verfahrens sind insgesamt $f = n - 1 = 14 - 1 = 13$ Fusionsschritte erforderlich, um die gröbste Partitionierung erzielen zu können, die im konkreten Fall darin besteht, dass alle $n = 14$ Grundstudienfächer γ_i in einem Cluster $C_1 = \{\gamma_i,$ $i = 1,2,...,n\}$ fusioniert werden, das in logischer Konsequenz mit der statistischen Gesamtheit Γ_n identisch ist. Im ersten Fusionsschritt wurden (gemäß der mit „zusammengeführte Cluster" überschriebenen Rubrik) die einelementigen Cluster $C_9 = \{\gamma_9\}$ und $C_{14} = \{\gamma_{14}\}$ in Gestalt der Grundstudienfächer *Wirtschaftsrecht* und *Volkswirtschaftslehre* als die zwei Cluster mit der größten Ähnlichkeit bzw. der kleinsten quadrierten Euklidischen Distanz von $QED_{9;14} \cong 0{,}160$ identifiziert und in einem „neuen" Cluster mit der Ordnungsnummer $k = 9$ zusammengefasst. Der in der Rubrik *Koeffizienten* ausgewiesene und kleinste Heterogenitäts- oder Unähnlichkeitskoeffizient von 0,080 koinzidiert mit der Aussage von der größten Cluster- bzw. Merkmalsträgerähnlichkeit. In der Rubrik, die mit „erstes Vorkommen des Clusters" überschrieben ist, wird angezeigt, in welchen Fusionsschritten das jeweilige Cluster bereits fusioniert wurde. Da sowohl das Cluster C_9 (Cluster 1) als auch das Cluster C_{14} (Cluster 2) bisher keinmal fusioniert wurden, sind die beiden Ordnungsnummern ihres ersten Vorkommens jeweils null. Schließlich und endlich wird in der letzten Tabellenspalte, die mit „nächster Schritt" überschrieben ist, angezeigt, dass das „neufusionierte" Cluster C_9 (das analog zum traditionellen Familienrecht stets den Namen des Erstgenannten trägt) im Fusionsschritt 5 mit dem erstgenannten Cluster C_5 fusioniert wird, das wiederum zu einem „neuen" Cluster mit dem „Familiennamen" bzw. der Clusterkennung 5 zusammengefasst wird. Analog sind die weiteren Fusionsschritte clusteranalytisch zu deuten, deren innere Logik im Dendrogramm in der Abbildung 12.3-2 bildhaft nachvollzogen werden kann.

Abbildung 12.3-2: SPSS Dateneditor mit Dendrogramm

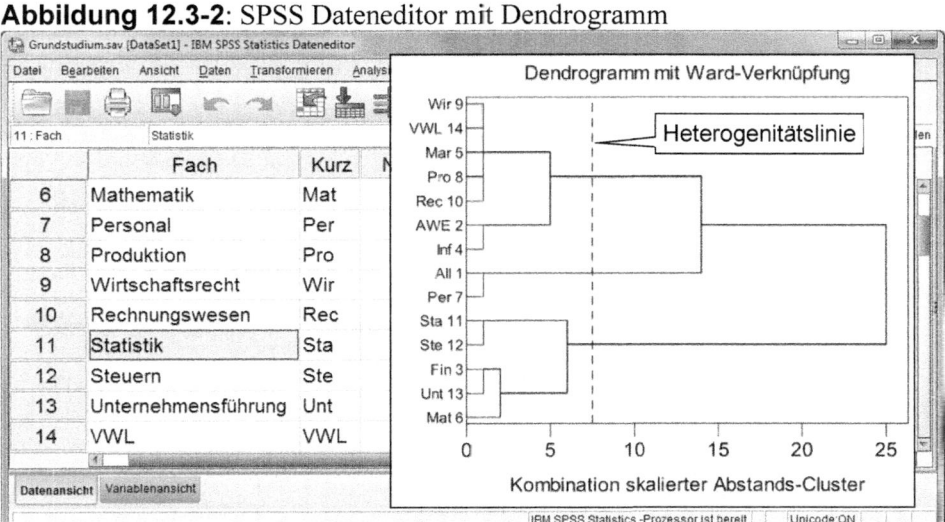

Dendrogramm. Im Dendrogramm innerhalb der Abbildung 12.3-2, das mit seiner leicht nachvollziehbaren Baumstruktur als eine bildhafte Umsetzung bzw. Ergänzung der Fusionstabelle 12.3-3 gedeutet werden kann, ist die (subjektiv und „per Hand" eingefügte) senkrechte und gestrichelte Linie von Interesse, die einer „Baumsäge" gleich im konkreten Fall an „drei Äste des bereits gefällten Baumes angelegt" wird. Offensichtlich hat man auf einem Wert des Unähnlichkeits- oder Heterogenitätskoeffizienten von 7,5, der in SPSS auf eine reellwertige Skala mit den Randwerten 0 und 25 umgerechnet wird und im Dendrogramm unter dem sinnentstellenden Begriff „Kombination skalierter Abstands-Cluster" firmiert, eine vergleichsweise niedrige Heterogenität bzw. eine vergleichsweise hohe Homogenität von letztlich drei schrittweise und hierarchisch fusionierten Clustern von Grundstudienfächern zu vermerken.

Clusterstruktur. Die „finale" Clusterstruktur auf der Basis von drei Clustern, die gemäß Abbildung 12.3-3 im Unterdialogfeld *Hierarchische Clusteranalyse: Speichern* optional vereinbart werden kann und im konkreten Fall auf drei Cluster fixiert wurde, ist für die n = 14 Objekte in Gestalt der Grundstudienfächer in der Abbildung 12.3-4 zusammengefasst. Die Tabelle der „finalen Clusterstruktur" wurde via *Analysieren, Berichte, Fallzusammenfassung* angefordert.

Abbildung 12.3-3: SPSS Dialogfelder *Hierarchische Clusteranalyse*

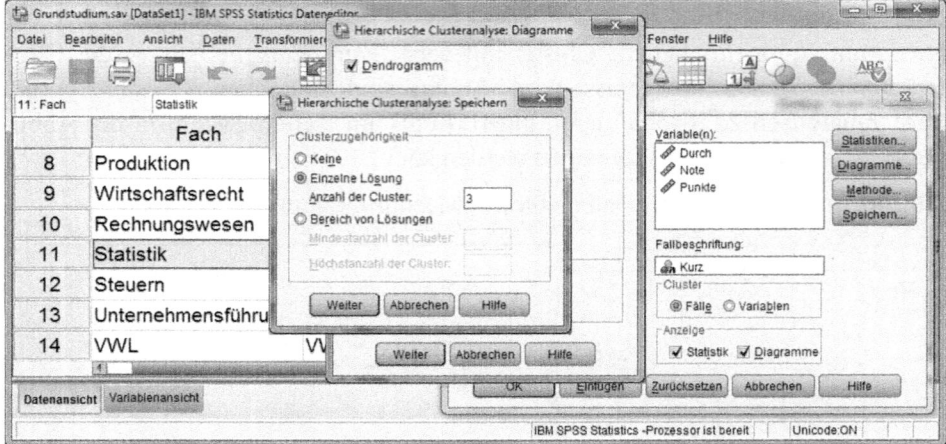

Abbildung 12.3-4: SPSS Dateneditor mit finaler Clusterstruktur

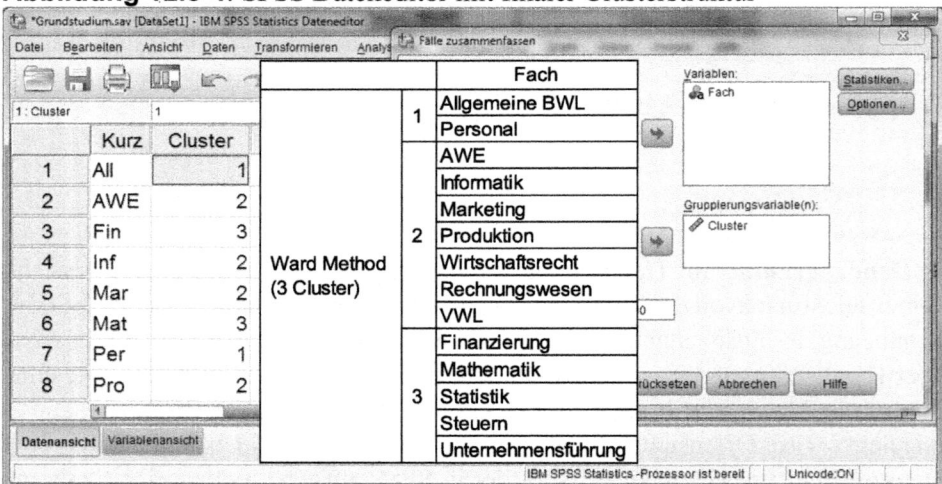

Hinweise. Für die Festlegung einer finalen und zugleich „optimalen" Partition P_c einer n-elementigen Objektmenge in Gestalt einer statistischen Gesamtheit $\Gamma_n = \{\gamma_i, i = 1,2,...,n\}$ gibt es keine „harten" Regeln, die für eine statistisch und sachlogisch plausible Deutung der erzielten Ergebnisse hilfreich sind. Mitunter bedient man sich auf der Suche nach einer „optimalen" Partition auch der Heterogenitätskoeffizienten innerhalb der Fusionstabelle 12.3-3, wobei man sich im konkreten Fall der folgenden „weichen" Entscheidungsregel bedienen würde: Da der Heterogenitätskoeffizient mit dem Fusionsschritt der Ordnung $f = 11$ regelrecht in seinen Werten „zu explodieren" scheint, identifiziert man letztlich $n - f = c = 14 - 11 = 3$ „optimale" Cluster. ♦

Methode. Gleichwohl das Unterdialogfeld *Hierarchische Clusteranalyse: Methode* innerhalb der Abbildung 12.3-5 erst zum Schluss der paradigmatischen

Betrachtungen dargestellt wird, ist es zweifelsfrei eines der wichtigen SPSS Dialogfelder im Kontext einer hierarchischen Clusteranalyse, zumal man mit dessen Hilfe jeweils die Clustermethode und das Distanzmaß sowie die Standardisierung bzw. z-Transformation der Clustermerkmale optional vereinbaren kann.

Abbildung 12.3-5: SPSS Dateneditor mit Dialogfeld ... *Methode*

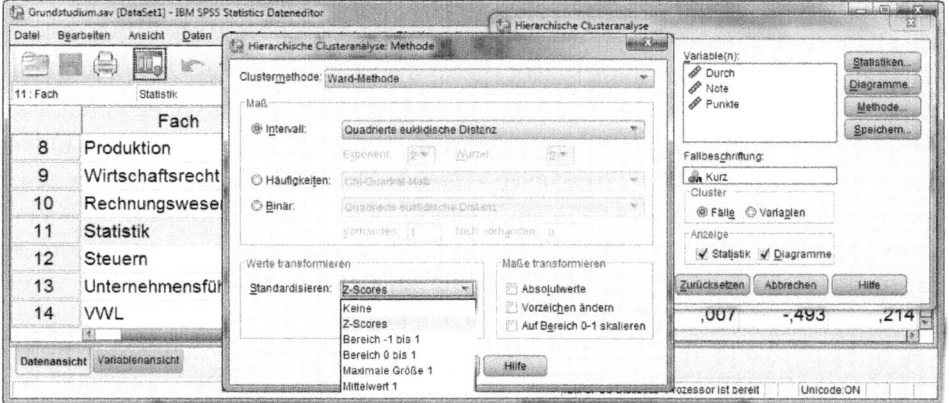

Auf Grund dessen, dass im konkreten Fall die m = 3 Clustermerkmale X_j metrisch skaliert sind, wobei in der statistischen Methodenlehre eine Intervallskala, die in der Abbildung 12.3-4 in der Rubrik *Messniveau* unter der Option *Intervall* vereinbart werden kann, stets als die niedrigstwertige Form einer metrischen Skala eingestuft wird, wurde als Clustermethode das WARD-Verfahren appliziert, das gemäß Tabelle 12.3-1 wiederum auf dem quadrierten Euklidischen Distanzmaß basiert. Schlussendlich wurden die m = 3 metrischen Clustermerkmale X_j, die erfassungsstatistisch unterschiedlich „bemessen" sind, aus Gründen der Vergleichbarkeit im Zuge der hierarchisch-agglomerativen Clusteranalyse standardisiert und in sogenannte z-Scores transformiert (vgl. Abschnitt 5.5). ♣

12.4   Partitionierende Klassifikation

Motivation. Im Unterschied zur hierarchischen Klassifikation, die im Abschnitt paradigmatisch skizziert wurde, besitzt man bei einer partitionierenden (lat.: *partitio* → Teilung, Verteilung) Klassifikation eine gewisse Vorstellung von der Anzahl mehr oder weniger homogener Merkmalsträgergruppen bzw. Cluster, selbst wenn die antizipierte, vermutete bzw. angenommene Clusteranzahl im Sinne einer numerischen Klassifikation nicht als optimal anzusehen ist. Im Bestreben, für eine Objektmenge in Gestalt einer statistischen Gesamtheit $\Gamma_n = \{\gamma_i, i = 1,2,...,n\}$ eine „optimale" Partitionierung zu finden, verwendet man entweder optimierende Austauschverfahren oder iterative Minimal-Distanz-Verfahren. Im Vergleich zu einem hierarchischen Verfahren, bei dem sich „Schritt für Schritt" die Anzahl der Cluster verändert, wobei ein bereits fusioniertes Cluster nicht mehr „aufgelöst" werden kann, bleibt bei einem partitionierenden Verfahren die Clusteranzahl unveränderlich. Hinzu kommt noch, dass bei partitionierenden Verfahren ein bereits gebildetes Cluster wieder „aufgelöst" werden kann und diese Partitionierungen auch dann noch praktikabel sind, wenn die Anzahl der zu fusionierenden Merkmalsträger vergleichsweise groß ist.

Applikation. Verfahren der partitionierenden Klassifikation finden in praxi vor allem dann eine breite Anwendung, wenn es eine große Menge von Merkmalsträgern $\gamma_i \in \Gamma_n$ einer statistischen Gesamtheit $\Gamma_n = \{\gamma_i, i = 1,2,...,n\}$ zu klassifizieren gilt und man sachlogisch begründete Vorstellungen und/oder Kenntnisse über die Partitionierung der Merkmalsträgermenge besitzt. Dabei wird die unterstellte bzw. angenommene Ausgangspartition selbst nicht als „optimal" angesehen. Im Zuge einer partitionierenden Klassifikation wird schrittweise eine Verbesserung einer Partition dadurch angestrebt, dass man mittels eines Merkmalsträgeraustausches eine bessere Partitionierung der Merkmalsträger $\gamma_i \in \Gamma_n$ einer statistischen Gesamtheit Γ_n erreicht. Im Unterschied zu einem hierarchischen Klassifikationsverfahren, bei dem sowohl die Anzahl der Cluster als auch die Länge einer Partition schrittweise verändert wird, bleibt die Partitionslänge bei einer partitionierenden Klassifikation konstant. Einschränkend kommt noch hinzu, dass partitionierende Klassifikationsverfahren, worunter auch das im Kontext des Beispiels 12.4-1 paradigmatisch skizzierte k-Means-Verfahren einzuordnen ist, nur für metrische Clustermerkmale sinnvoll sind.

Standardisierung. Analog zur hierarchischen Clusteranalyse, die im Abschnitt 12.3 paradigmatisch skizziert wurde, sollte im Vorfeld einer Clusterzentrenanalyse via Sequenz 5.5-1 eine Standardisierung der Clustermerkmale X_j bewerkstelligt werden. Eine vorgelagerte Standardisierung der Clustermerkmale ist vor allem immer dann geboten, wenn einer Clusterzentrenanalyse unterschiedlich dimensionierte metrische Clustermerkmale zugrunde liegen.

Arten. In Abhängigkeit vom Kriterium, das auf der Suche nach einer „optimalen" Partition zugrunde gelegt wird, unterscheidet man im Kontext einer partitionierenden Klassifikation zwischen *optimierenden Austauschverfahren* und *iterativen Minimal-Distanz-Verfahren*. Im Unterschied zu den optimierenden Austauschverfahren, die unmittelbar von einem Optimierungskriterium Gebrauch machen, basieren die iterativen Minimal-Distanz-Verfahren im Allgemeinen und das in SPSS implementierte k-Means-Verfahren im Speziellen auf einem „mittelbaren" Optimierungskonzept, das wie folgt skizziert werden kann: Eine Verbesserung einer bestehenden Partition wird sukzessive dadurch angestrebt, dass durch einen Objektaustausch die (quadrierte Euklidische) Distanz des ausgetauschten Objekts zum Zentroid(en) (grch., engl.: *centroid* → zentraler Schwerpunkt) des neu entstandenen Clusters eine geringere (quadrierte Euklidische) Distanz besitzt als zum Zentrum des ursprünglichen Clusters. ♣

Beispiel 12.4-1: k-Means-Clusteranalyse

Motivation. Im Kontext des Kapitels 11 zur Faktorenanalyse wurden unter Verwendung der SPSS Datendatei *Frage.sav* insgesamt p = 3 Faktoren aus m = 6 empirisch erfassten studentischen Aktivitäten extrahiert und auf die Namen „curriculares Studium", „extracurriculares Studium" und „Nebenjobtätigkeit" getauft. Diese faktorspezifischen und zugleich standardisierten sowie orthogonalen statistischen Informationen über die vergleichsweise große Anzahl von n = 169 Studierenden $\gamma_i \in \Gamma_n = \{\gamma_i, i = 1,2,...,n\}$, die bezüglich der Frage 9 des standardisierten Fragebogens innerhalb der Abbildung 3.3-1 im Rahmen der semesterbezogenen Studierendenbefragung im Wintersemester 2013/14 eine gültige Antwort gaben, sollen clusteranalytisch derart aufbereitet werden, dass die befragten Studierenden γ_i im Hinblick auf ihre Studienaktivitäten der Übersichtlichkeit halber einmal nur in c = 4 disjunkte Studierendencluster eingeordnet werden. Aufgrund dessen, dass für jeden Studierenden γ_i der Ordnung i = 1,2,...,n jeweils drei metrische und standardisierte Faktorwerte f_{ij} vorliegen, ist es sinnvoll und zielführend, die angestrebte Partition P_c der Ordnung c = 4 mit Hilfe einer partitionierenden Klassifikation zu bewerkstelligen.

Sequenz. Eine partitionierende Klassifikation von Merkmalsträgern $\gamma_i \in \Gamma_r$ einer wohldefinierten statistischen Gesamtheit $\Gamma_n = \{\gamma_i, i = 1,2,...,n\}$ kann mittels des sogenannten k-Means-Verfahrens via Sequenz 12.4-1 realisiert werden.

> **Sequenz 12.4-1**: k-Means-Clusteranalyse
> Analysieren
>   Klassifizieren
>   K-Means-Clusteranalyse → Abbildung 12.4-1

Abbildung 12.4-1: SPSS Dateneditor mit Dialogfeldern *k-Means-Cluster…*

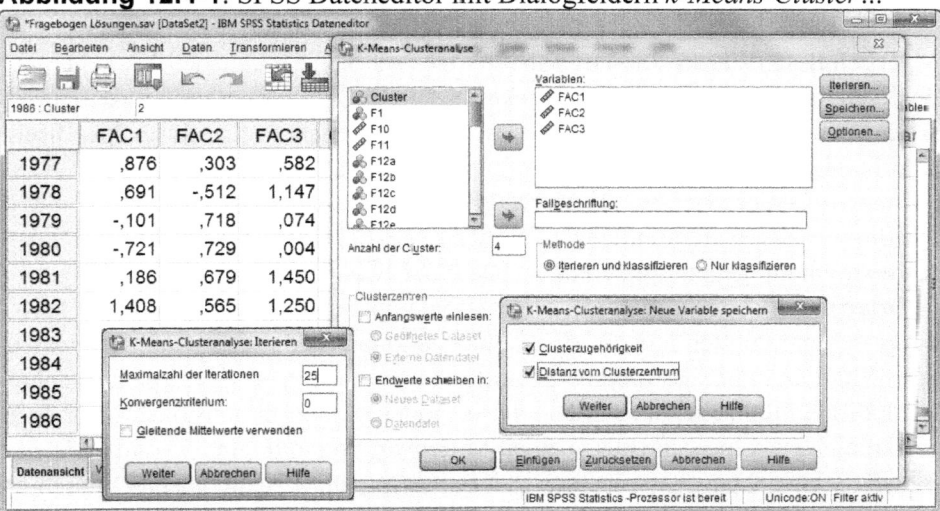

Hinweise. Im konkreten Fall wurde eine iterative Minimal-Distanz-Partition der Länge c = 4 vereinbart, wobei die für einen „Merkmalsträgeraustausch" erforderlichen Clusterzentroide der Anfangspartition automatisch erzeugt werden. Damit erübrigt sich ein Einlesen der Anfangswerte aus einer externen SPSS Datendatei. Obgleich im konkreten Fall die Standardeinstellung von 10 Iterationen zum Auffinden der „finalen und optimalen" Partition ausreicht, wurde zu Demonstrationszwecken die Anzahl der Iterationen im Unterdialogfeld *K-Means-Clusteranalyse: Iterieren* optional auf 25 Iterationen (lat.: *iterum* → wiederum, wiederholend) verändert. Ist man an einer Zuordnung der Objekte bzw. Merkmalsträger zu einem Cluster interessiert, dann kann man im Unterdialogfeld *K-Means-Clusteranalyse: Neue Variable speichern*, das man via Schaltfläche *Speichern* öffnen kann, die Option *Clusterzugehörigkeit* und/oder *Distanz vom Clusterzentrum* aktivieren. ♦

Abbildung 12.4-1: SPSS Dateneditor mit Dialogfeldern *k-Means-Cluster*...

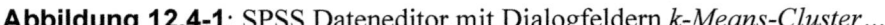

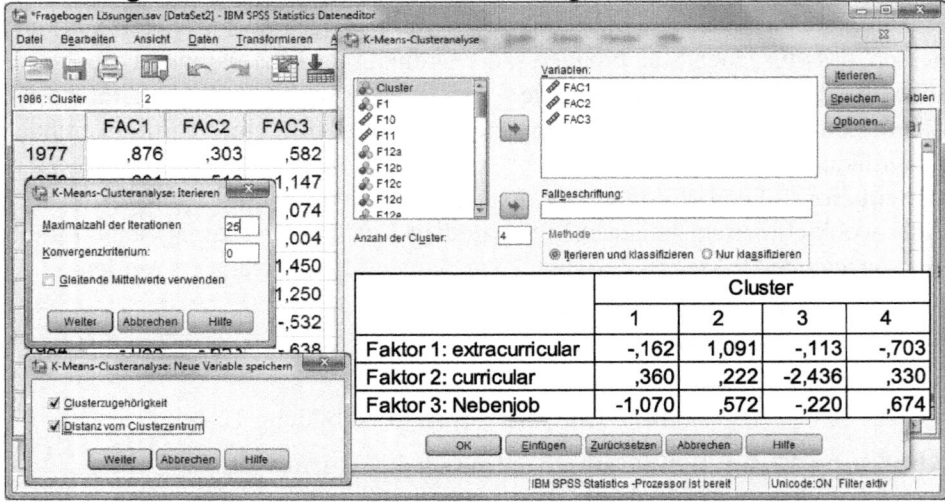

	Cluster			
	1	2	3	4
Faktor 1: extracurricular	-,162	1,091	-,113	-,703
Faktor 2: curricular	,360	,222	-2,436	,330
Faktor 3: Nebenjob	-1,070	,572	-,220	,674

Ergebnisse. Während in der Tabelle innerhalb der Abbildung 12.4-1 die optional vereinbarten vier finalen und faktorbasierten Clusterzentren in ihrer numerischen Beschreibung zusammengefasst sind, beinhaltet die clusterspezifische Häufigkeitstabelle innerhalb der Abbildung 12.4-2 die Verteilung der n = 169 befragten Studierenden γ_i, für die valide Faktorwerte ermittelt werden konnten, auf die vier disjunkten und bezüglich der p = 3 Faktoren studentischer Aktivitäten relativ homogenen Studierendencluster der finalen Klassifikationslösung.

Interpretation. Aufgrund dessen, dass gemäß der Beispiele 11.3-1 und 11.4-1 die p = 3 extrahierten und auf die Namen „extracurriculares Studium", „curriculares Studium" und „Nebenjob" getauften Faktoren F_j (j = 1, 2,...,p) im konkreten Fall als metrische, standardisierte, orthogonale und dimensionslose Clustermerkmale erscheinen, die durch einen Mittelwert von null, eine Varianz und eine Standardabweichung von eins sowie im „paarweisen Zusammenspiel" durch einen Maßkorrelationskoeffizienten von null gekennzeichnet sind, ergibt sich gemäß Abbildung 12.4-2 die folgende sachbezogene Ergebnisinterpretation der partitionierenden Klassifikation der n = 169 im Wintersemester 2013/14 in den wirtschaftswissenschaftlichen Bachelor-Programmen befragten Studierenden, die im Hinblick auf die m = 6 studentischen Aktivitäten im Kontext der Frage 9 des standardisierten Fragebogens innerhalb der Abbildung 3.3-1 statistisch auswertbare Antworten gaben:

Cluster 1. Unter Berücksichtigung der drei faktorbezogenen Clusterzentren aus der Tabelle innerhalb der Abbildung 12.4-1 ordnet man gemäß der Clustertabelle innerhalb der Abbildung 12.4-2 insgesamt

$$(53 \, / \, 169) \times 100 \, \% \cong 31{,}4 \, \%$$

der Studierenden in die Gruppe derer ein, die sowohl im Hinblick auf das extracurriculare Studium (−0,162) als auch im Hinblick auf eine Nebenjobtätigkeit (−1,070) unterdurchschnittlich, jedoch hinsichtlich des curricularen Studiums überdurchschnittlich (0,360) aktiv sind.

Cluster 2. Demgegenüber zeigen „leider nur"

$$(44 \, / \, 169) \times 100 \, \% \cong 26{,}0 \, \%$$

der befragten Studierenden gleichsam auf allen drei „Bühnen" studentischer Aktivitäten ein überdurchschnittliches Engagement und führen daher zweifelsohne und zu recht die akademische Bezeichnung „Studiosus" (lat.: *studiosis* → eifrig).

Cluster 3. Aufgrund dessen, dass gemäß Abbildung 12.4-1 alle drei Clusterzentren „unter null" sind, ordnet man insgesamt

$$(19 \, / \, 169) \times 100 \, \% \cong 11{,}2 \, \%$$

der Studierenden in die Gruppe derer ein, die im Ensemble aller Befragten hinsichtlich der drei studentischen Aktivitäten unterdurchschnittlich aktiv sind. Mehr noch: Wegen eines extrem niedrigen Clusterzentrums von −2,436 handelt es sich offensichtlich um Studierende, die vermutlich nicht nur aus klaustrophobischen (lat.: *claustrum* → geschlossener Raum + grch.: *phobos* → Furcht) Gründen einen großen Bogen um ihre „Alma Mater" machen.

Cluster 4. Schließlich und endlich ordnet man insgesamt

$$(53 \, / \, 169) \times 100 \, \% \cong 31{,}4 \, \%$$

der befragten Studierenden in die Gruppe derer ein, die im Ensemble aller befragten Studierenden sowohl im curricularen Studium (0,330) als auch in einer Nebenjobtätigkeit (0,673) überdurchschnittlich, dafür aber (meist aus Gründen eines bemessenen Zeitfonds) im extracurricularen Studium (−0,703) nur unterdurchschnittlich aktiv sind.

Cluster-Diagramm. In der Abbildung 12.4-2 ist neben der clusterbezogenen Häufigkeitstabelle zur bildhaften Untermauerung der Ergebnisse der Clusterzentrenanalyse zudem noch ein Clusterzentren-Diagramm dargestellt, das man zum Beispiel via *Diagramme, Diagrammerstellung* mittels eines 3D-Streudiagramms für die p = 3 Faktoren „studentischer Aktivitäten" konstruieren kann, wobei in die Rubrik *Farbe festlegen* die Variable zu platzieren ist, welche die merkmalsträgerspezifischen Clusternummern enthält. In der angezeigten SPSS Arbeitsdatei sind die Clusternummern in der Variablen *Cluster* gespeichert. Projiziert man das Diagramm in den SPSS Diagrammeditor, dann kann man im Dialogfeld *Eigenschaften* mittels der Option *Projektionslinien* die Darstellung *Zentroid* clusterbezogen anfordern und über die Option *Markierung* das 3D-Diagramm spezifizieren und hinsichtlich seiner grafischen Bausteine komplettieren.

Abbildung 12.4-2: 3D-Clusterzentren-Diagramm mit Häufigkeitstabelle

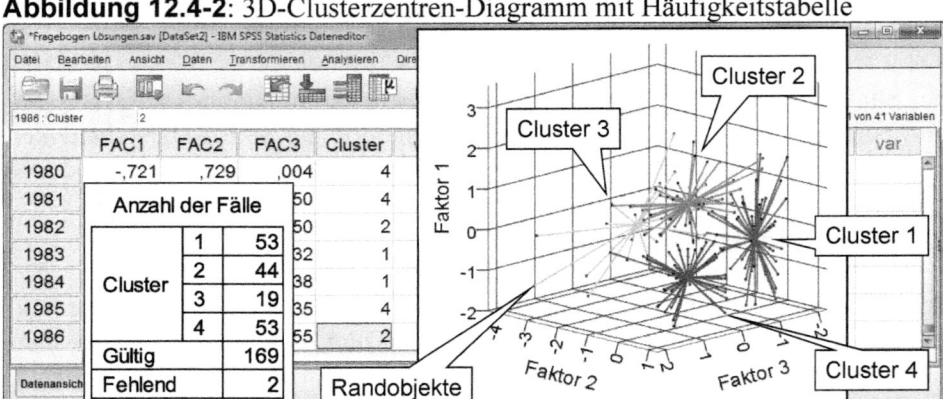

Partitionsbeschreibung. Anhand des dreidimensionalen Clusterzentren-Diagramms innerhalb der Abbildung 12.4-2 kann man sich nicht nur die disjunkte Vierteilung der n = 169 befragten Studierenden γ_i, für die valide und studienaktivitätsbezogene Faktorwerte berechnet werden konnten, hinsichtlich ihrer studentischen Aktivitäten verdeutlichen, man erkennt auch, dass ein Cluster zudem noch durch sogenannte Kernobjekte und durch sogenannte Randobjekte gekennzeichnet ist. Während die „Kernobjekte" diejenigen Merkmalsträger bzw. befragten Studierenden sind, die sich mehr oder weniger eng um ein Clusterzentrum „scharen", sind die sogenannten „Randobjekte" dadurch gekennzeichnet, dass sie eine „größere Distanz" zum jeweiligen Clusterzentrum besitzen und (Außenseitern gleich) sich im wahren Sinne des Wortes „am Rande eines Clusters" befinden. Die zugehörigen Distanzwerte zum jeweiligen Clusterzentrum kann man gemäß Abbildung 12.4-1 im Dialogfeld *K-Means-Clusteranalyse* via Schaltfläche *Speichern* anfordern und je nach Erfordernis statistisch „tiefer greifend" analysieren. Offensichtlich sind die drei Studierenden-Cluster der Ordnung 1, 2 und 4 in einem höheren Maße durch Kernobjekte getragen als das hinsichtlich seines Umfangs kleinste Cluster der Ordnung 3, in dessen Umfeld vor allem wegen der zum Teil stark negativ bemessenen studentischen Aktivitätswerte das Phänomen „Randobjekt oder Außenseiter" noch augenscheinlicher wird. ♣

Anhang

A   Verzeichnis der SPSS Datendateien

In die alphabetische Auflistung sind alle SPSS Datendateien einbezogen, welche die Basis für die paradigmatischen Betrachtungen im Kontext der zwölf Kapitel des vorliegenden Lehrbuches bilden. Zur Vermeidung von Perturbationen und Irritationen mit den vorherigen Auflagen wurden die Namen der SPSS Datendateien geändert bzw. verkürzt und zur inhaltlichen Identifikation jeweils mit Kapitälchen gekennzeichnet.

Billet.sav Die SPSS Datendatei basiert auf einem Marktforschungsprojekt aus dem Jahr 1995 im Rahmen dessen mittels einer geschichteten Zufallsauswahl Fahrgäste im Berliner Öffentlichen Personen-Nahverkehr unter anderem im Hinblick auf die von ihnen benutzte Fahrscheinart (BILLET) befragt wurden.

Daimler.sav Die SPSS Datendatei beinhaltet die an der Frankfurter Börse im Wirtschaftsjahr 2014 börsentäglich erfassten Schlusskurse der Aktie der DAIMLER AG.

Dauer.sav Die SPSS Datendatei beinhaltet Daten über die DAUER von Mobilfunkgesprächen, die im Zuge einer systematischen Zufallswahl empirisch erfasst wurden.

Eier.sav Die SPSS Datendatei beinhaltet Gewichts-, Breiten- und Höhendaten von 729 HühnerEIERn, die von Hühnern der Rasse Loheimer Braun gelegt wurden.

FKK.sav Die SPSS Datendatei basiert auf einer Umfrage unter Studierenden an Berliner Hochschulen, die im Sommersemester 1996 mit dem Ziel durchgeführt wurde, die Einstellung von Studierenden zur Frei-Körper-Kultur zu erforschen.

Flug.sav Die SPSS Datendatei beinhaltet für den Beobachtungszeitraum von Januar 2009 bis Dezember 2014 die Zeitintervallreihe der monatlichen FLUGgästezahlen auf den Berliner Flughäfen.

Frage.sav Die SPSS Datendatei basiert auf semesterbezogenen Studierendenbefragungen, die seit dem Sommersemester 2008 am Fachbereich Wirtschafts- und Rechtswissenschaften der Hochschule für Technik und Wirtschaft Berlin in den wirtschaftswissenschaftlichen Bachelor-Studiengängen auf der Grundlage eines standardisierten FRAGEbogens durchgeführt wurden.

Golf.sav Die SPSS Datendatei beinhaltet Daten von 200 zufällig ausgewählten Personenkraftwagen vom Typ VW GOLF Benziner mit einem 1,6-Liter-Triebwerk, die im Jahr 2005 auf dem Berliner Gebrauchtwagenmarkt zum Verkauf angeboten wurden.

Grund.sav Die SPSS Datendatei enthält Semesterabschlussbewertungen aus dem Wintersemester 2002/03 für die GRUNDstudienfächer in den ehemaligen wirtschaftswissenschaftlichen Diplom-Studiengängen der Hochschule für Technik und Wirtschaft Berlin.

Hufschlag.sav Die SPSS Datendatei basiert auf einer vom deutschen Statistiker Ladislaus von BORTKIEWICZ (*1868, †1931) zusammengetragene Mortalitätsstatistik, welche die durch HUFSCHLAG zu Tode gekommenen Soldaten im kaiserlich-preußischen Heer zum Inhalt hat.

Logo.sav Die SPSS Datendatei basiert auf einer Blitzumfrage, die im Sommersemester 2009 an der Hochschule für Technik und Wirtschaft Berlin durchgeführt wurde und die Bewertung des neuen HochschulLOGOS zum Inhalt hatte.

Mieten.sav Die SPSS Datendatei beinhaltet Daten von zufällig ausgewählten MIETwohnungEN, die im Jahr 2014 auf dem Berliner Wohnungsmarkt angeboten wurden.

Mitte.sav Die SPSS Datendatei beinhaltet Daten von 45 zufällig ausgewählten Ein-Raum-Mietwohnungen, die im Jahr 2013 Berliner Wohnungsmarkt angeboten wurden und sich im Berliner Stadtteil MITTE befinden.

Nutzer.sav Die SPSS Datendatei basiert auf einem Markforschungsprojekt. Im Rahmen des Projektes wurden im Herbst 2006 mittels einer geschichteten Zufallsauswahl NUTZER von Berliner Parkhäusern befragt.

Rotwein.sav Die SPSS Datendatei beinhaltet für den Beobachtungszeitraum von 1942 bis 1961 die Ernteerträge von Rotweintrauben (Angaben in 1000 hl) und die Rotweinpreise (Angaben in Escudo pro Liter) in Portugal.

Schein.sav Die SPSS Datendatei beinhaltet zur paradigmatischen Erläuterung einer SCHEINkorrelation für das Jahr 2006 die bundesländerspezifischen Angaben über die Anzahl der Totgeborenen und der Anzahl der Habilitationen an Hochschulen und Universitäten.

Zahl.sav Die SPSS Datendatei beinhaltet die AugenZAHLen, die beim sechzigmaligen Werfen eines gewöhnlichen Spielwürfels empirisch erfasst wurden.

Zehn.sav Die SPSS Datendatei beinhaltet Daten von Hühnereiern, die insgesamt ZEHNmal zu je einem Dutzend im Zuge einer reinen Zufallsauswahl aus der SPSS Datendatei *Eier.sav* ausgewählt wurden. ♣

B   Datenzugriff via Internet

Internet. Alle im Lehrbuch verwendeten und im alphabetisch geordneten Verzeichnis A aufgelisteten SPSS Datendateien stehen im Internet unter der Adresse

http://www.f3.htw-berlin.de/Professoren/Eckstein/download.html

zur freien Verfügung. Der Downloadbereich ist in der Abbildung B-1 skizziert.

Abbildung B-1: Auszug aus dem Downloadbereich

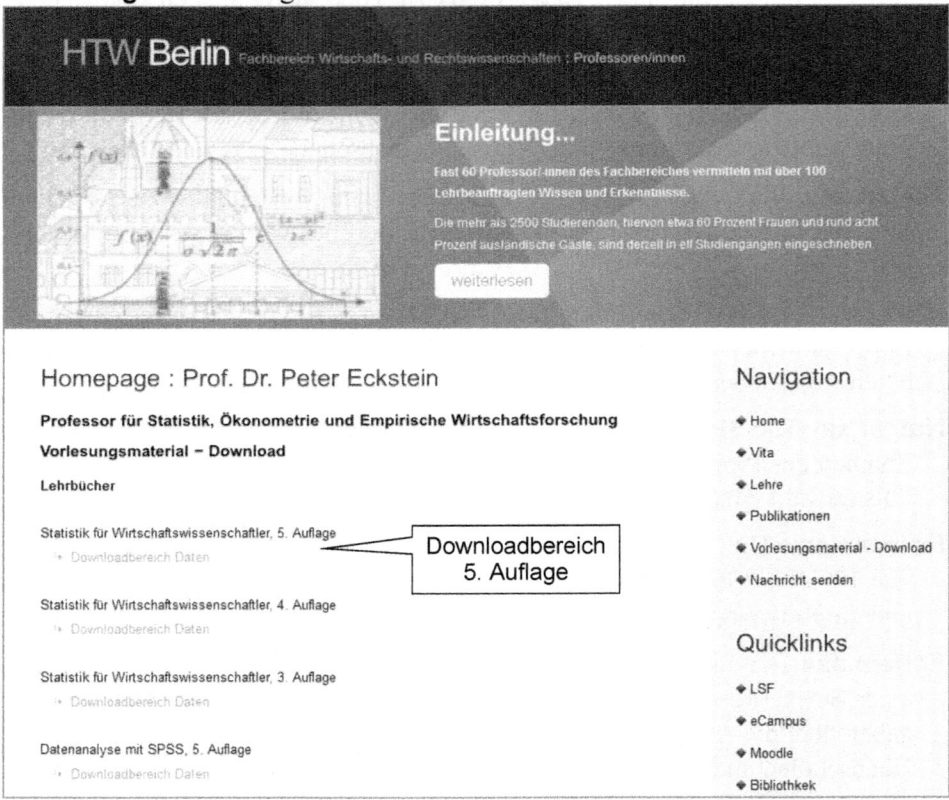

Download. Das „Herunterladen" einer SPSS Datendatei aus dem Internet erfolgt in kommentierten Arbeitsschritten, die den Vorgang des Herunterladens begleiten und erleichtern. Eine heruntergeladene SPSS Datendatei kann via Sequenz 4.6.3-1 geöffnet und in den SPSS Dateneditor eingelesen werden.

Hotline. Für den Fall, dass beim Datentransfer Probleme auftreten, wende man sich an eine der folgenden eMail-Adressen:

Peter.Eckstein@htw-berlin.de bzw. *Frank.Steinke@htw.berlin.de*

Herr Diplom-Wirtschaftsinformatiker Frank STEINKE betreut den Downloadbereich und ist bestrebt, jederzeit sachdienliche Hinweise und Unterstützung bei auftretenden Problemen des Datentransfers zu gewähren. ♣

Stichwortverzeichnis